Herausgegeben von
Alexander Mitscherlich · Angela Richards · James Strachey †
Mitherausgeber des Ergänzungsbandes
Ilse Grubrich-Simitis

Band II: Die Traumdeutung (1900)

SIGMUND FREUD

Studienausgabe

BAND II

Die Traumdeutung

FISCHER TASCHENBUCH VERLAG

Die Freud-Studienausgabe erschien ursprünglich (1969–1979)
im Rahmen der S. Fischer-Reihe
CONDITIO HUMANA
ERGEBNISSE AUS DEN WISSENSCHAFTEN VOM MENSCHEN
(Herausgeber: Thure von Uexküll und Ilse Grubrich-Simitis;
Berater: Johannes Cremerius, Hans J. Eggers, Thomas Luckmann).
Der vorliegende Abdruck übernimmt unverändert den Text
der sechsten, korrigierten Auflage von Band II.

Ungekürzte Ausgabe
Fischer Taschenbuch Verlag
April 1982
Fischer Taschenbuch Verlag GmbH, Frankfurt am Main
Lizenzausgabe mit freundlicher Genehmigung
des S. Fischer Verlages GmbH, Frankfurt am Main

Umschlaggestaltung: Mendell & Oberer
Satz: Buchdruckerei Eugen Göbel, Tübingen
Druck und Bindung: Clausen & Bosse, Leck
Printed in Germany
3980-ISBN 3-596-27302-1

INHALT

ANHANG

ZU DIESEM BAND

Eine genauere Darstellung der Gliederung und der Ziele der vorliegenden Ausgabe sowie der editorischen Methode findet sich in den ›Erläuterungen zur Edition‹, die Band 1 vorangestellt sind. Diese Gesichtspunkte sollen daher hier nur noch einmal kurz zusammengefaßt werden; zugleich möchten wir dem Leser mit einigen Erklärungen einen Wegweiser zum vorliegenden Band geben.
Ziel dieser nach Themen gegliederten Ausgabe ist es, vor allem den Studenten aus den an die Psychoanalyse angrenzenden Wissensgebieten – der Soziologie, den Politischen Wissenschaften, der Sozialpsychologie, Pädagogik usw. –, aber auch interessierten Laien die Hauptwerke Sigmund Freuds in preiswerter Ausstattung mit einem detaillierten Anmerkungsapparat systematischer und in größerem Umfang zugänglich zu machen, als dies in den Taschenbuchausgaben einiger Einzelwerke möglich ist. Zunächst bestand die Absicht, die Schriften zur Behandlungstechnik und zur Theorie der Therapie nicht in die Edition aufzunehmen. Auf vielfachen Wunsch wurde dieser Teil von Freuds Werk in einem nichtnumerierten Ergänzungsband nachgereicht.
Die Veröffentlichung der *Studienausgabe* erfolgt nach dem Tode von James Strachey, des Seniors des Herausgebergremiums, der jedoch bis zu seinem Tode im April 1967 an den Vorbereitungen, vor allem am Inhaltsplan und an den Richtlinien für die Kommentierung, mitgearbeitet hat.
Die für diese Ausgabe benutzten Texte sind im allgemeinen die der letzten deutschen Ausgaben, die noch zu Freuds Lebzeiten veröffentlicht wurden, in den meisten Fällen also die der zuerst in London erschienenen *Gesammelten Werke* (die ihrerseits großenteils Photokopien der noch in Wien publizierten *Gesammelten Schriften* sind). Wo dies nicht zutrifft, wird die Quelle in der das betreffende Werk einführenden ›Editorischen Vorbemerkung‹ genannt. Ein paar Seitenhinweise Freuds auf frühere, heute kaum noch erreichbare Ausgaben seines Werkes sind von den Herausgebern weggelassen worden, statt dessen wurden deskriptive Fußnoten hinzugefügt, welche es dem Leser ermöglichen, die entsprechenden Stellen in heute greifbaren Editionen aufzufinden. Um

unnötige Wiederholungen zu vermeiden, sind auch ausführliche bibliographische Angaben Freuds über eigene Werke sowie über Schriften anderer Autoren, die in den älteren Editionen im Text enthalten sind, in der Regel in die Bibliographie am Schluß der Bände der *Studienausgabe* verwiesen worden. Außer diesen unwesentlichen Änderungen und dem einheitlichen Gebrauch der Abkürzung »S.« für Seitenverweise (auch dort, wo Freud, wie vor allem in den frühen Arbeiten, »p.« schrieb) sowie schließlich einigen wenigen Modernisierungen der Orthographie, Interpunktion und Typographie wird jede Änderung, die am Quellentext vorgenommen wurde, in der ›Editorischen Einleitung‹ oder in Fußnoten erklärt.

Das in die *Studienausgabe* aufgenommene editorische Material entstammt der *Standard Edition of the Complete Psychological Works of Sigmund Freud*, der englischen Ausgabe also, die unter der Leitung von James Strachey hergestellt wurde; es wird hier mit Erlaubnis des Institute of Psycho-Analysis (London) und des Verlages Hogarth Press (London) in der Übersetzung wiedergegeben. Wo es das Ziel der vorliegenden Ausgabe erforderte, wurde dieses Material gekürzt und adaptiert; zugleich wurden einige wenige Korrekturen vorgenommen und ergänzende Anmerkungen hinzugefügt. Abgesehen von den editorischen Vorbemerkungen, stehen sämtliche von den Herausgebern stammenden Zusätze in eckigen Klammern.

Die Herausgeber sind Ilse Grubrich-Simitis vom S. Fischer Verlag zu großem Dank verbunden. Ohne ihre Initiative wäre diese Studienausgabe nicht begonnen worden; in allen Stadien der Vorbereitung hat sie unschätzbare Hilfen und kenntnisreiche Anregungen gegeben. Großer Dank gebührt auch Käte Hügel für die Übertragung des editorischen Materials ins Deutsche sowie Ingeborg Meyer-Palmedo für ihr sorgfältiges Korrekturlesen und die Herstellung der Register.

Die in diesem Band verwendeten speziellen Abkürzungen sind in der Liste der Abkürzungen auf S. 622 erklärt. Im Text oder in den Fußnoten sind gelegentlich Werke von Freud erwähnt, die nicht in die *Studienausgabe* aufgenommen wurden. Die Bibliographie am Ende jedes Bandes (in welcher die Daten aller erwähnten technischen Arbeiten Freuds und anderer Autoren enthalten sind) informiert den Leser darüber, ob die betreffende Arbeit in die *Studienausgabe* aufgenommen wurde oder nicht. Auf S. 695 ff. findet sich außerdem ein Gesamtinhaltsverzeichnis der *Studienausgabe*.

Die Herausgeber

Die Traumdeutung

(1900)

Flectere si nequeo superos, Acheronta movebo

EDITORISCHE EINLEITUNG

(1) Bibliographisches

1900 Leipzig und Wien, Franz Deuticke. (Ausgeliefert 1899.) IV + 375 Seiten.
1909 2. (vermehrte und revidierte) Aufl., im gleichen Verlag. VII + 389 Seiten.
1911 3. (vermehrte und revidierte) Aufl., im gleichen Verlag. X + 418 Seiten.
1914 4. (vermehrte und revidierte) Aufl., im gleichen Verlag. X + 498 Seiten.
1919 5. (vermehrte und revidierte) Aufl., im gleichen Verlag. IX + 474 Seiten.
1921 6. Aufl. (unveränderter Abdruck der 5. Aufl., jedoch mit neuem Vorwort und revidierter Bibliographie), im gleichen Verlag. VII + 478 Seiten.
1922 7. Aufl. (unveränderter Abdruck der 6. Aufl.), im gleichen Verlag.
1925 *G. S.*, Bd. 2 und ein Teil von Bd. 3 (vermehrt und revidiert). Leipzig, Wien und Zürich, Internationaler Psychoanalytischer Verlag. 543 Seiten und Seiten 1–185.
1930 8. (vermehrte und revidierte) Aufl., Leipzig und Wien, Franz Deuticke. X + 435 Seiten.
1942 *G. W.*, Doppelband 2/3 (unveränderter Abdruck der 8. Aufl.). Seiten XV + 1–642.

Obwohl auf der Titelseite ins neue Jahrhundert vordatiert, erschien *Die Traumdeutung* bereits Anfang November 1899. Sie ist das eine der beiden Bücher – das andere ist die Arbeit *Drei Abhandlungen zur Sexualtheorie* (1905 *d*) –, die Freud mit jeder neuen Auflage mehr oder weniger systematisch auf den neuesten Wissensstand brachte. Nach der dritten Auflage des vorliegenden Werkes wurden die Änderungen, die Freud jeweils vornahm, jedoch nicht mehr gekennzeichnet; und dies hat beim Leser der späteren Auflagen zu einiger Verwirrung geführt, weil das neue Material mitunter Vertrautheit mit jenen Modifikationen voraussetzt, welche lange nach der Entstehung des Buches in Freuds Ansichten eingetreten sind. Die Herausgeber der ersten großen Ausgabe von Freuds Werken (der *Gesammelten Schriften*) haben versucht, dieser Schwierigkeit Herr zu werden, indem sie die Erstauflage der *Traumdeutung* in ihrer ursprünglichen Form in einem Bande abdruckten und in einem zweiten Band all das sammelten, was nach und nach später hinzugekommen war. Leider wurde diese Arbeit damals nicht sehr systematisch durchgeführt, die Ergänzungen selbst sind nicht datiert, wodurch man viele Vorzüge dieses Editionsplans opferte. In nachfolgenden Auflagen kehrte man dann wieder zur alten Fassung einer einbändigen, die verschiedenen Stadien nicht differenzierenden Ausgabe zurück.

Das Einzelthema, das die weitaus meisten Zusätze erhielt, ist die Traumsymbolik. Freud erklärt zu Beginn des Abschnitts E, VI. Kapitel, des vorliegenden Werkes (S. 345), daß ihm die Bedeutung dieser Seite des Problems erst spät ganz klar geworden sei.
In der Erstauflage beschränkte sich die Erörterung der Symbolik auf einige wenige Seiten am Schluß des Abschnitts über ›Die Rücksicht auf Darstellbarkeit‹ im VI. Kapitel. Zu diesem Abschnitt kam in der zweiten Auflage (1909) nichts hinzu; dagegen fügte Freud im V. Kapitel am Schluß des Abschnitts über ›Typische Träume‹ mehrere Seiten über sexuelle Symbolik ein. Diese wurden in der dritten Auflage (1911) noch erheblich erweitert, während die ursprüngliche Passage in Kapitel VI wiederum unverändert blieb. Eine Umgruppierung war zweifellos überfällig, und so führte Freud bei der vierten Auflage (1914) in das VI. Kapitel einen ganz neuen Abschnitt (E) über Symbolik ein, in den er das zu diesem Thema gehörende Material, das sich mittlerweile im V. Kapitel angesammelt hatte, übertrug und noch durch weiteres, ganz neues Material ergänzte. In allen späteren Auflagen änderte sich an diesem Gesamtaufbau des Buches nichts mehr, obwohl auch dann noch viel neues Material hinzukam. Nach der zweibändigen Fassung (1925), also in der achten Auflage (1930), wurden im Abschnitt über ›Typische Träume‹ einige Passagen, die vordem weggelassen worden waren, wieder aufgenommen.
In der vierten, fünften, sechsten und siebenten Auflage (also von 1914 bis 1922) finden sich am Schluß des VI. Kapitels zwei Aufsätze von Otto Rank (›Traum und Dichtung‹, 1914*a*, und ›Traum und Mythus‹, 1914*b*; in der *Traumdeutung* erstmals veröffentlicht), die in der Folge jedoch wieder fortblieben.
Zu den Bibliographien: Die erste Auflage enthielt eine Liste von rund achtzig Büchern, zumeist solcher Werke, auf die sich Freud im Text bezieht. Sie ist, unverändert, auch in der zweiten und dritten Auflage enthalten, jedoch wurde in der dritten Auflage eine zweite Liste von etwa vierzig Büchern hinzugefügt, welche seit 1900 erschienen waren. Danach wuchsen beide Bibliographien rasch an, bis in der achten Auflage die erste Liste über zweihundertsechzig, die zweite mehr als zweihundert Werke umfaßte. In diesem Stadium war nur noch ein Bruchteil der Titel der ersten Liste vor 1900 erschienener Werke tatsächlich in Freuds Text erwähnt; andererseits konnte die zweite, sich auf die nach 1900 publizierte Literatur beziehende Liste (wie man aus Freuds eigenen Bemerkungen in seinen verschiedenen Vorworten entnehmen kann) nicht mit der raschen Produktion analytischer oder quasi-analytischer Arbeiten zum Thema des Traums Schritt halten. Schließlich findet sich eine ganze Anzahl der von Freud im Text angeführten Titel in *keiner* der beiden Listen. Wie aus einem Brief Freuds an André Breton (1933*e*) zu entnehmen ist, war von der vierten Auflage an Otto Rank für diese Bibliographien allein verantwortlich.

(2) Die vorliegende Ausgabe

Die vorliegende Ausgabe beruht auf dem Text des Doppelbandes 2/3 der *Gesammelten Werke*, der seinerseits dem der achten Auflage (1930) – der letzten zu Freuds Lebzeiten veröffentlichten – entspricht. Zugleich unterscheidet sie sich von allen früheren deutschen Ausgaben in einem wichtigen Punkt: sie berücksichtigt die in den verschiedenen Auflagen enthaltenen Varianten. Es ist der Versuch gemacht worden, jede wesentliche Änderung, die seit der Erstveröffentlichung des Buches vorgenommen worden ist, kenntlich zu machen und zu datieren. In der Folge der Auflagen ging es Freud stets mehr darum, Material *hinzuzufügen* als etwas wegzulassen. Gestrichene Passagen sowie frühere Versionen von Material, das Freud später fortgelassen oder stark verändert hat, sind in die vorliegende Ausgabe in der Regel *nicht* aufgenommen. Eine Ausnahme bilden einige wenige Beispiele von, wie uns schien, besonderem Interesse; sie stehen in den editorischen Anmerkungen. Ranks Anhänge zu Kapitel VI wurden weggelassen: die beiden Aufsätze sind völlig unabhängig und haben keine direkte Beziehung zu Freuds Buch; außerdem hätten sie wohl weitere fünfzig Seiten beansprucht.

Die Bibliographien sind gänzlich umgearbeitet; sie werden hier nach Band V der englischen *Standard Edition* von Freuds Werken wiedergegeben, mit zusätzlichen Korrekturen und Ergänzungen. Die erste Bibliographie enthält sämtliche Arbeiten, die tatsächlich im Text oder in den Fußnoten erwähnt sind. Die zweite führt alle jene Arbeiten von vor 1900 auf, die Freud in der in die *Gesammelten Werke* aufgenommenen Bibliographie genannt hatte und die nicht in Freuds Text zitiert werden. Diese Aufstellung abzudrucken, erschien uns deshalb als wertvoll, weil keine ähnlich umfassende Bibliographie der älteren Traumliteratur leicht zugänglich ist. Abgesehen von den tatsächlich im Text erwähnten und daher in die erste Bibliographie aufgenommenen, sind *nach* 1900 erschienene Arbeiten nicht berücksichtigt worden. Indessen muß bezüglich beider Verzeichnisse eine Warnung ausgesprochen werden. Nachforschungen haben ergeben, daß in den Bibliographien der früheren deutschen Ausgaben sehr viele Fehler enthalten sind. Sie wurden, soweit möglich, schon in der *Standard Edition* korrigiert, einige weitere sind in der vorliegenden Ausgabe berichtigt worden. Eine nicht unerhebliche Zahl von Eintragungen hat sich jedoch bisher als nicht verifizierbar erwiesen; diese mit einem Sternchen markierten Titel müssen als zweifelhaft angesehen werden.

Die editorischen Ergänzungen – Fußnoten, Quellenangaben bei Zitaten sowie die zahlreichen Querverweise – sind in eckige Klammer gesetzt.

(3) Historisches

Wie wir aus den Briefen an Fließ (1950*a*) wissen, arbeitete Freud mit Unterbrechungen von Ende 1897 bis September 1899 an der *Traumdeutung*. Die in dem Werk dargelegten Theorien hatten sich bei ihm jedoch schon geraume Zeit vorher zu bilden begonnen; das gilt auch für die Materialsammlung.

Von einzelnen verstreuten Erwähnungen des Gegenstandes abgesehen, die sich in Freuds Briefen mindestens bis 1882 zurückverfolgen lassen, findet sich die erste wichtige, im Druck erschienene Belegstelle, die von Freuds Interesse an Träumen Kunde gibt, in einer langen Fußnote zur ersten seiner Krankengeschichten (dem Fall der Frau Emmy von N., unter dem Datum des 15. Mai) in Breuer und Freuds *Studien über Hysterie* (1895). Dort erörtert er die Tatsache, daß neurotische Patienten das Bedürfnis zu haben scheinen, alle Vorstellungen, die ihnen zufällig gleichzeitig durch den Sinn gehen, miteinander in Beziehung zu setzen. Er fährt fort: »Von der Macht eines solchen Zwanges zur Assoziation habe ich mich unlängst durch Beobachtungen auf anderem Gebiete überzeugen können. Ich mußte durch mehrere Wochen mein gewohntes Bett mit einem härteren Lager vertauschen, auf dem ich wahrscheinlich mehr oder lebhafter träumte, vielleicht nur die normale Schlaftiefe nicht erreichen konnte. Ich wußte in der ersten Viertelstunde nach dem Erwachen alle Träume der Nacht und gab mir die Mühe, sie niederzuschreiben und mich an ihrer Lösung zu versuchen. Es gelang mir, diese Träume sämtlich auf zwei Momente zurückzuführen: 1. auf die Nötigung zur Ausarbeitung solcher Vorstellungen, bei denen ich tagsüber nur flüchtig verweilt hatte, die nur gestreift und nicht erledigt worden waren, und 2. auf den Zwang, die im selben Bewußtseinszustande vorhandenen Dinge miteinander zu verknüpfen. Auf das freie Walten des letzteren Momentes war das Sinnlose und Widerspruchsvolle der Träume zurückzuführen.«

Im September des gleichen Jahres (1895) schrieb Freud den ersten Teil seines ›Entwurfs einer Psychologie‹ (als Anhang zu den Fließ-Briefen veröffentlicht); die Abschnitte 19, 20 und 21 dieses ›Entwurfs‹ bilden eine erste Annäherung an eine kohärente Traumtheorie. Sie enthalten schon viele wichtige Elemente, die im vorliegenden Werk wieder auftreten, so (1) den Wunscherfüllungscharakter des Traumes, (2) seinen halluzinatorischen Charakter, (3) die regrediente Funktionsweise der Psyche in Halluzination und Traum, (4) die Tatsache, daß der Schlafzustand motorische Lähmung impliziert, (5) den Mechanismus der Verschiebung im Traum und (6) die Ähnlichkeit zwischen den Mechanismen des Traumes und denjenigen neurotischer Symptome. Weit wichtiger jedoch als all dies: Der ›Entwurf‹ gibt bereits eindeutige Hinweise auf die wohl wesentlichste unter den Entdeckungen, die der Welt in der *Traumdeutung* geschenkt wurden – die Unterscheidung zwischen den beiden verschiedenen seelischen Funktionsweisen – dem Primär- und dem Sekundärvorgang.

Damit ist jedoch die Bedeutung des ›Entwurfs‹ und der mit ihm in Zusammenhang stehenden Briefe an Fließ vom Ende des Jahres 1895 keineswegs erschöpft. Es ist keine Übertreibung zu behaupten, daß ein Großteil des siebenten Kapitels der *Traumdeutung*, ja sogar der späteren ›metapsychologischen‹ Studien Freuds erst durch die Veröffentlichung des ›Entwurfs‹ voll verständlich geworden sind.

Es ist zwar nicht möglich, die Frage hier im einzelnen zu erörtern[1], aber die Position kann in ihren Grundzügen doch recht einfach skizziert werden. Im wesentlichen verfolgte Freud in seinem ›Entwurf‹ den Zweck, zwei Theorien verschiedenen Ursprungs zu einem einheitlichen Ganzen zu vereinigen. Die erste ging letztlich auf die physiologische Schule von Helmholtz zurück, zu der Freuds Lehrer, der Physiologe Ernst von Brücke, als einer ihrer Hauptvertreter gehörte. Nach dieser Theorie gehorcht die Neurophysiologie und infolgedessen auch die Psychologie rein chemisch-physikalischen Gesetzen. Ein solches Gesetz ist z. B. das »Konstanzprinzip«, welches sowohl von Freud als auch von Breuer häufig erwähnt wird und 1892 (in einer posthum veröffentlichten Skizze, Breuer und Freud, 1940) in folgenden Worten beschrieben ist: »Das Nervensystem (ist) bestrebt..., etwas in seinen Funktionsverhältnissen, was man die ›Erregungssumme‹ nennen mag, konstant zu halten.« Die zweite von Freud in seinem ›Entwurf‹ ins Spiel gebrachte Theorie war die anatomische Lehre von den Neuronen, die sich Ende der achtziger Jahre bei Neuro-Anatomen durchzusetzen begann. (Die Bezeichnung ›Neuron‹ wurde allerdings erst 1891 von Waldeyer geprägt.) Danach war die Funktionseinheit des Zentralnervensystems eine bestimmte Zelle, die mit den Nachbarzellen keinen direkten anatomischen Zusammenhang hat. Die einleitenden Sätze des ›Entwurfs‹ zeigen deutlich, daß er auf einer Kombination dieser beiden Theorien aufbaut. Sein Ziel sei, schrieb Freud, »psychische Vorgänge darzustellen als quantitativ bestimmte Zustände aufzeigbarer materieller Teile« (Freud, 1950*a*, S. 378). Er postulierte anschließend, diese »materiellen Teile« seien die Neuronen; was ihren Zustand der Tätigkeit von ihrem Zustand der Ruhe unterscheide, sei eine »Quantität«, die dem »allgemeinen Bewegungsgesetz unterworfen ist«. So kann ein Neuron entweder »leer« oder »mit gewisser Quantität gefüllt«, d. h. »besetzt« sein[2]. Die nervöse Erregung sei als eine durch ein Neuronensystem fließende »Quantität« zu deuten; eine solche Strömung könne, je nach dem Zustand der »Kontaktschranken« zwischen den Neuronen, entweder auf einen »Widerstand« oder auf eine »Bahnung« treffen. (Der Terminus »Synapse« wurde erst 1897 von Foster und Sherrington eingeführt.) Die Tätigkeit des ge-

---

[1] Nähere Auskunft findet der Leser in dem genannten Briefband (Freud, 1950*a*) sowie in Ernst Kris' aufschlußreicher Einleitung dazu. Auch Siegfried Bernfelds Arbeit über ›Freud's Earliest Theories‹ (1944) ist in diesem Zuammenhang von Interesse.

[2] Es muß betont werden, daß diese Spekulationen Freuds angestellt wurden, lange bevor irgendwelche systematischen Untersuchungen über das Wesen der nervösen Impulse und die Bedingungen ihrer Weiterleitung vorlagen.

samten Nervensystems unterliege einem allgemeinen Prinzip der »Trägheit«, wonach die Neuronen sich stets der »Quantität«, von der sie besetzt sind, zu entledigen trachten – ein dem »Konstanzprinzip« korrelatives Prinzip. Mit diesen und ähnlichen Begriffen als Bauelementen errichtete Freud sein hochkompliziertes und äußerst ingeniöses Arbeitsmodell der Psyche als eines neurologischen Apparates.

Bald aber begannen die Unklarheiten und Schwierigkeiten sich zu häufen, und in den Monaten nach der Niederschrift des ›Entwurfs‹ war Freud ständig damit beschäftigt, seine Theorie zu verbessern. Mit der Zeit verschob sich jedoch sein Interesse von den neurologischen und theoretischen Problemen zu psychologischen und klinischen Fragestellungen; schließlich gab er das ganze Projekt auf. Als er einige Jahre später, im siebenten Kapitel des vorliegenden Buches, das theoretische Problem wieder aufgriff, war er offenbar nicht mehr um eine neuro-physiologische Fundierung bemüht – obwohl er gewiß niemals aufhörte zu glauben, daß eines Tages das physikalische Fundament für die Psychologie errichtet werden würde[1]. Gleichwohl sind viele allgemeine Strukturmerkmale des früheren Modells wie auch zahlreiche Einzelzüge in das in der *Traumdeutung* entwickelte neue Modell eingegangen, und das ist der Grund, weshalb der ›Entwurf‹ für die Leser des späteren Werks von Bedeutung ist. Die Neuronensysteme, die Freud ehedem postuliert hatte, wurden nun durch *psychische* Systeme oder Instanzen ersetzt; anstelle der physikalischen »Quantität« trat die hypothetische »Besetzung« mit psychischer Energie; das Prinzip der Trägheit wurde zur Grundlage des Lust- (oder, wie Freud es hier nennt, des Unlust-)prinzips. Ferner verdanken auch einige der detaillierten Darstellungen psychischer Prozesse, die sich im siebenten Kapitel finden, viel jenen physiologischen Vorläufern und sind im Rückblick auf sie besser zu verstehen. Dies gilt z. B. für die Beschreibung der Niederlegung von Erinnerungsspuren in den »Erinnerungssystemen«, für die Erörterung dessen, was ein Wunsch ist, sowie der verschiedenen Arten von Wunscherfüllung, aber auch für die Betonung der Rolle verbaler Denkvorgänge bei der Anpassung an die Erfordernisse der Wirklichkeit.

All dies reicht aus, Freuds Behauptung, daß *Die Traumdeutung* »in allem Wesentlichen anfangs 1896 fertig« gewesen sei (Freud, ›Zur Geschichte der psychoanalytischen Bewegung‹, 1914*d*, gegen Ende des Abschnitts I), weitgehend zu rechtfertigen. (Drei Punkte von theoretischer Bedeutung wurden von Freud allerdings erst später entdeckt, nämlich die Existenz des Ödipuskomplexes, was allererst zur richtigen Einschätzung der *infantilen* Wurzeln der den Träumen zugrunde liegenden unbewußten Wünsche führte –, der in allen

[1] Vgl. die Bemerkung Freuds in seiner Diskussion des Primär- und Sekundärvorgangs, unten S. 569: »Die Mechanik dieser Vorgänge ist mir ganz unbekannt; wer mit diesen Vorstellungen Ernst machen wollte, müßte die physikalischen Analogien heraussuchen und sich einen Weg zur Veranschaulichung des Bewegungsvorgangs bei der Neuronenerregung bahnen.«

Träumen waltende Schlafwunsch und die Rolle der »sekundären Bearbeitung«.)

Freud hat sowohl das Manuskript als auch die Fahnen laufend Fließ zur Kritik übersandt. Dieser scheint auf die endgültige Gestalt des Buches erheblichen Einfluß gehabt zu haben und dafür verantwortlich zu sein, daß einige Passagen aus Diskretionsrücksichten weggelassen wurden. Aber die strengste Kritik kam vom Autor selbst und galt hauptsächlich dem Stil und der literarischen Form: »...ich glaube«, schreibt er am 21. September 1899 (1950*a*, Brief 119), als das Buch abgeschlossen war, »meine Selbstkritik war nicht ganz unberechtigt. Es steckt auch in mir irgendwo ein Stück Formgefühl, eine Schätzung der Schönheit als einer Art der Vollkommenheit, und die gewundenen, auf indirekten Worten stolzierenden, nach dem Gedanken schielenden Sätze meiner Traumschrift haben ein Ideal in mir schwer beleidigt. Ich tue auch kaum unrecht, wenn ich diesen Formmangel als ein Zeichen fehlender Stoffbeherrschung auffasse.«

Trotz dieser Selbstkritik und ungeachtet der Verstimmung, an der er eine Zeitlang litt, als das Buch von der Öffentlichkeit fast gänzlich ignoriert wurde – in den ersten sechs Jahren nach Veröffentlichung verkaufte man 351 Exemplare –, betrachtete Freud *Die Traumdeutung* doch immer als sein wichtigstes Werk. »Insight such as this«, schrieb er in seinem Vorwort zur dritten englischen Ausgabe (S. 28 unten), »falls to one's lot but once in a lifetime.«

VORBEMERKUNG

[ZUR ERSTEN AUFLAGE]

Indem ich hier die Darstellung der Traumdeutung versuche, glaube ich den Umkreis neuropathologischer Interessen nicht überschritten zu haben. Denn der Traum erweist sich bei der psychologischen Prüfung als das erste Glied in der Reihe abnormer psychischer Gebilde, von deren weiteren Gliedern die hysterische Phobie, die Zwangs- und die Wahnvorstellung den Arzt aus praktischen Gründen beschäftigen müssen. Auf eine ähnliche praktische Bedeutung kann der Traum – wie sich zeigen wird – Anspruch nicht erheben; um so größer ist aber sein theoretischer Wert als Paradigma, und wer sich die Entstehung der Traumbilder nicht zu erklären weiß, wird sich auch um das Verständnis der Phobien, Zwangs- und Wahnideen, eventuell um deren therapeutische Beeinflussung, vergeblich bemühen.

Derselbe Zusammenhang aber, dem unser Thema seine Wichtigkeit verdankt, ist auch für die Mängel der vorliegenden Arbeit verantwortlich zu machen. Die Bruchflächen, welche man in dieser Darstellung so reichlich finden wird, entsprechen ebenso vielen Kontaktstellen, an denen das Problem der Traumbildung in umfassendere Probleme der Psychopathologie eingreift, die hier nicht behandelt werden konnten und denen, wenn Zeit und Kraft ausreichen und weiteres Material sich einstellt, spätere Bearbeitungen gewidmet werden sollen.

Eigentümlichkeiten des Materials, an dem ich die Traumdeutung erläutere, haben mir auch diese Veröffentlichung schwer gemacht. Es wird sich aus der Arbeit selbst ergeben, warum alle in der Literatur erzählten oder von Unbekannten zu sammelnden Träume für meine Zwecke unbrauchbar sein mußten; ich hatte nur die Wahl zwischen den eigenen Träumen und denen meiner in psychoanalytischer Behandlung stehenden Patienten. Die Verwendung des letzteren Materials wurde mir durch den Umstand verwehrt, daß hier die Traumvorgänge einer unerwünschten Komplikation durch die Einmengung neurotischer Charaktere unterlagen. Mit der Mitteilung meiner eigenen Träume aber erwies sich als untrennbar verbunden, daß ich von den Intimitäten meines psychischen Lebens fremden Einblicken mehr eröffnete, als mir lieb sein konnte und als sonst einem Autor, der nicht Poet, sondern Naturforscher ist, zur Aufgabe fällt. Das war peinlich, aber unvermeidlich; ich habe mich also darein gefügt, um nicht auf die Beweisführung für meine psychologischen Ergebnisse überhaupt verzichten zu müssen. Natürlich habe ich doch der Versuchung nicht widerstehen können, durch Auslassungen und Ersetzungen manchen Indiskretionen die Spitze abzubrechen; sooft dies geschah, gereichte es dem Werte der von mir verwendeten Beispiele zum entschiedensten Nachteile. Ich kann nur die Erwartung aussprechen, daß die Leser dieser Arbeit sich in meine schwierige Lage versetzen werden, um Nachsicht mit mir zu üben, und ferner, daß alle Personen, die sich in den mitgeteilten Träumen irgendwie betroffen finden, wenigstens dem Traumleben Gedankenfreiheit nicht werden versagen wollen.

VORWORT ZUR ZWEITEN AUFLAGE

Daß von diesem schwer lesbaren Buche noch vor Vollendung des ersten Jahrzehntes eine zweite Auflage notwendig geworden ist, verdanke ich nicht dem Interesse der Fachkreise, an die ich mich in den vorstehenden Sätzen gewendet hatte. Meine Kollegen von der Psychiatrie scheinen sich keine Mühe gegeben zu haben, über das anfängliche Befremden hinauszukommen, welches meine neuartige Auffassung des Traumes erwecken konnte, und die Philosophen von Beruf, die nun einmal gewohnt sind, die Probleme des Traumlebens als Anhang zu den Bewußtseinszuständen mit einigen – meist den nämlichen – Sätzen abzuhandeln, haben offenbar nicht bemerkt, daß man gerade an diesem Ende allerlei hervorziehen könne, was zu einer gründlichen Umgestaltung unserer psychologischen Lehren führen muß. Das Verhalten der wissenschaftlichen Buchkritik konnte nur zur Erwartung berechtigen, daß Totgeschwiegenwerden das Schicksal dieses meines Werkes sein müsse; auch die kleine Schar von wackeren Anhängern, die meiner Führung in der ärztlichen Handhabung der Psychoanalyse folgen und nach meinem Beispiel Träume deuten, um diese Deutungen in der Behandlung von Neurotikern zu verwerten, hätte die erste Auflage des Buches nicht erschöpft. So fühle ich mich denn jenem weiteren Kreise von Gebildeten und Wißbegierigen verpflichtet, deren Teilnahme mir die Aufforderung verschafft hat, die schwierige und für so vieles grundlegende Arbeit nach neun Jahren von neuem vorzunehmen.

Ich freue mich, sagen zu können, daß ich wenig zu verändern fand. Ich habe hie und da neues Material eingeschaltet, aus meiner vermehrten Erfahrung einzelne Einsichten hinzugefügt, an einigen wenigen Punkten Umarbeitungen versucht; alles Wesentliche über den Traum und seine Deutung sowie über die daraus ableitbaren psychologischen Lehrsätze ist aber ungeändert geblieben; es hat wenigstens subjektiv die Probe der Zeit bestanden. Wer meine anderen Arbeiten (über Ätiologie und Mechanismus der Psychoneurosen) kennt, weiß, daß ich niemals Unfertiges für fertig ausgegeben und mich stets bemüht habe, meine Aussagen nach meinen fortschreitenden Einsichten abzuändern; auf dem Gebiete des Traumlebens durfte ich bei meinen ersten Mitteilungen stehenbleiben. In den langen Jahren meiner Arbeit an den Neurosenproblemen bin ich wiederholt ins Schwanken geraten und an manchem irre geworden; dann war es immer wieder die *Traumdeutung*, an der ich meine Sicherheit wiederfand. Meine zahlreichen wissenschaftlichen Gegner zeigen

also einen sicheren Instinkt, wenn sie mir gerade auf das Gebiet der Traumforschung nicht folgen wollen.
Auch das Material dieses Buches, diese zum größten Teil durch die Ereignisse entwerteten oder überholten eigenen Träume, an denen ich die Regeln der Traumdeutung erläutert hatte, erwies bei der Revision ein Beharrungsvermögen, das sich eingreifenden Änderungen widersetzte. Für mich hat dieses Buch nämlich noch eine andere subjektive Bedeutung, die ich erst nach seiner Beendigung verstehen konnte. Es erwies sich mir als ein Stück meiner Selbstanalyse, als meine Reaktion auf den Tod meines Vaters, also auf das bedeutsamste Ereignis, den einschneidendsten Verlust im Leben eines Mannes. Nachdem ich dies erkannt hatte, fühlte ich mich unfähig, die Spuren dieser Einwirkung zu verwischen[1]. Für den Leser mag es aber gleichgültig sein, an welchem Material er Träume würdigen und deuten lernt.
Wo ich eine unabweisbare Bemerkung nicht in den alten Zusammenhang einfügen konnte, habe ich ihre Herkunft von der zweiten Bearbeitung durch eckige Klammern angedeutet[2].

Berchtesgaden, im Sommer 1908.

VORWORT ZUR DRITTEN AUFLAGE

Während zwischen der ersten und der zweiten Auflage dieses Buches ein Zeitraum von neun Jahren verstrichen ist, hat sich das Bedürfnis einer dritten bereits nach wenig mehr als einem Jahre bemerkbar gemacht. Ich darf mich dieser Wandlung freuen; wenn ich aber vorhin die Vernachlässigung meines Werkes von Seite der Leser nicht als Beweis für dessen Unwert gelten lassen wollte, kann ich das nunmehr zutage getretene Interesse auch nicht als Beweis für seine Trefflichkeit verwerten.
Der Fortschritt wissenschaftlicher Erkenntnis hat auch die *Traumdeutung* nicht unberührt gelassen. Als ich sie 1899 niederschrieb, bestand

[1] [Freuds Vater war 1896 gestorben. Hinweise auf die Gefühle, die Freud damals bewegten, finden sich in seinem Brief an Fließ vom 2. November 1896 (Freud, 1950*a*, Brief 50).]
[2] [*Zusatz 1914:*] Diese wurden in den folgenden Auflagen [von der 4. Auflage an] wieder fallengelassen.

die *Sexualtheorie* [1905 *d*] noch nicht, war die Analyse der komplizierteren Formen von Psychoneurosen noch in ihren Anfängen. Die Deutung der Träume sollte ein Hilfsmittel werden, um die psychologische Analyse der Neurosen zu ermöglichen; seither hat das vertiefte Verständnis der Neurosen auf die Auffassung des Traumes zurückgewirkt. Die Lehre von der Traumdeutung selbst hat sich nach einer Richtung weiterentwickelt, auf welche in der ersten Auflage dieses Buches nicht genug Akzent gefallen war. Durch eigene Erfahrung wie durch die Arbeiten von W. Stekel und anderen habe ich seither den Umfang und die Bedeutung der Symbolik im Traume (oder vielmehr im unbewußten Denken) richtiger würdigen gelernt. So hat sich im Laufe dieser Jahre vieles angesammelt, was Berücksichtigung verlangte. Ich habe versucht, diesen Neuerungen durch zahlreiche Einschaltungen in den Text und Anfügung von Fußnoten Rechnung zu tragen. Wenn diese Zusätze nun gelegentlich den Rahmen der Darstellung zu sprengen drohen oder wenn es doch nicht an allen Stellen gelungen ist, den früheren Text auf das Niveau unserer heutigen Einsichten zu heben, so bitte ich für diese Mängel des Buches um Nachsicht, da sie nur Folgen und Anzeichen der nunmehr beschleunigten Entwicklung unseres Wissens sind. Ich getraue mich auch vorherzusagen, nach welchen anderen Richtungen spätere Auflagen der *Traumdeutung* – falls sich ein Bedürfnis nach solchen ergeben würde – von der vorliegenden abweichen werden. Dieselben müßten einerseits einen engeren Anschluß an den reichen Stoff der Dichtung, des Mythus, des Sprachgebrauchs und der Folklore suchen, anderseits die Beziehungen des Traumes zur Neurose und zur Geistesstörung noch eingehender, als es hier möglich war, behandeln.

Herr Otto Rank hat mir bei der Auswahl der Zusätze wertvolle Dienste geleistet und die Revision der Druckbogen allein besorgt. Ich bin ihm und vielen anderen für ihre Beiträge und Berichtigungen zu Dank verpflichtet.

Wien, im Frühjahr 1911.

VORWORT ZUR VIERTEN AUFLAGE

Im Vorjahre (1913) hat Dr. A. A. Brill in New York eine englische Übersetzung dieses Buches zustande gebracht. (*The Interpretation of Dreams.* G. Allen & Co., London.)
Herr Dr. Otto Rank hat diesmal nicht nur die Korrekturen besorgt, sondern auch den Text um zwei selbständige Beiträge bereichert. (Anhang zu Kapitel VI.)

Wien, im Juni 1914.

VORWORT ZUR FÜNFTEN AUFLAGE

Das Interesse für die *Traumdeutung* hat auch während des Weltkrieges nicht geruht und noch vor Beendigung desselben eine neue Auflage notwendig gemacht. In dieser konnte aber die neue Literatur seit 1914 nicht voll berücksichtigt werden; soweit sie fremdsprachig war, kam sie überhaupt nicht zu meiner und Dr. Ranks Kenntnis.
Eine ungarische Übersetzung der *Traumdeutung*, von den Herren Dr. Hollós und Dr. Ferenczi besorgt, ist dem Erscheinen nahe. In meinen 1916/17 veröffentlichten *Vorlesungen zur Einführung in die Psychoanalyse* (bei H. Heller, Wien) ist das elf Vorlesungen umfassende Mittelstück einer Darstellung des Traumes gewidmet, welche elementarer zu sein bestrebt ist und einen innigeren Anschluß an die Neurosenlehre herzustellen beabsichtigt. Sie hat im ganzen den Charakter eines Auszugs aus der *Traumdeutung*, obwohl sie an einzelnen Stellen Ausführlicheres bietet.
Zu einer gründlichen Umarbeitung dieses Buches, welche es auf das Niveau unserer heutigen psychoanalytischen Anschauungen heben, dafür aber seine historische Eigenart vernichten würde, konnte ich mich nicht entschließen. Ich meine aber, es hat in nahezu zwanzigjähriger Existenz seine Aufgabe erledigt.

Budapest-Steinbruch, im Juli 1918.

VORWORT ZUR SECHSTEN AUFLAGE

Die Schwierigkeiten, unter denen gegenwärtig das Buchgewerbe steht, haben zur Folge gehabt, daß diese neue Auflage weit später erschienen ist, als dem Bedarf entsprochen hätte, und daß sie – zum ersten Male – als unveränderter Abdruck der ihr vorhergehenden auftritt. Nur das Literaturverzeichnis am Ende des Buches ist von Dr. O. Rank vervollständigt und fortgeführt worden.

Meine Annahme, dieses Buch hätte in nahezu zwanzigjähriger Existenz seine Aufgabe erledigt, hat also keine Bestätigung gefunden. Ich könnte vielmehr sagen, daß es eine neue Aufgabe zu erfüllen hat. Handelte es sich früher darum, einige Aufklärungen über das Wesen des Traumes zu geben, so wird es jetzt ebenso wichtig, den hartnäckigen Mißverständnissen zu begegnen, denen diese Aufklärungen ausgesetzt sind.

Wien, im April 1921.

VORWORT ZUR ACHTEN AUFLAGE

In den Zeitraum zwischen der letzten, siebenten Auflage dieses Buches (1922) und der heutigen Erneuerung fällt die Ausgabe meiner *Gesammelten Schriften*, veranstaltet vom Internationalen Psychoanalytischen Verlag in Wien. In diesen bildet der wiederhergestellte Text der ersten Auflage den zweiten Band, alle späteren Zusätze sind im dritten Band vereinigt. Die in der gleichen Zwischenzeit erschienenen Übersetzungen schließen an die selbständige Erscheinungsform des Buches an, so die französische von I. Meyerson 1926 unter dem Titel *La science des rêves* (in der »Bibliothèque de Philosophie contemporaine«), die schwedische von John Landquist 1927 *(Drömtydning)* und die spanische von Luis López-Ballesteros y de Torres [1922], die den VI. und VII. Band der *Obras Completas* füllt. Die ungarische Übersetzung, die ich bereits 1918 für nahe bevorstehend hielt, liegt auch heute nicht vor[1].

Auch in der hier vorliegenden Revision der *Traumdeutung* habe ich das Werk im wesentlichen als historisches Dokument behandelt und nur

---

[1] [Sie erschien 1934. – Außer den in diesen Vorworten erwähnten Übersetzungen kamen zu Freuds Lebzeiten 1913 eine russische, 1930 eine japanische und 1938 eine tschechische Ausgabe heraus.]

solche Änderungen an ihm vorgenommen, als mir durch die Klärung und Vertiefung meiner eigenen Meinungen nahegelegt waren. Im Zusammenhang mit dieser Einstellung habe ich es endgültig aufgegeben, die Literatur der Traumprobleme seit dem ersten Erscheinen der *Traumdeutung* in dies Buch aufzunehmen, und die entsprechenden Abschnitte früherer Auflagen weggelassen. Ebenso sind die beiden Aufsätze ›Traum und Dichtung‹ und ›Traum und Mythus‹ entfallen, die Otto Rank zu den früheren Auflagen beigesteuert hatte. [Vgl. S. 14 und S. 15.]

Wien, im Dezember 1929.

PREFACE TO THE THIRD (REVISED) ENGLISH EDITION[1]

In 1909 G. Stanley Hall invited me to Clark University, in Worcester, to give the first lectures on psycho-analysis[2]. In the same year Dr. Brill published the first of his translations of my writings, which were soon followed by further ones. If psycho-analysis now plays a role in American intellectual life, or if it does so in the future, a large part of this result will have to be attributed to this and other activities of Dr. Brill's.

His first translation of *The Interpretation of Dreams* appeared in 1913. Since then much has taken place in the world, and much has been changed in our views about the neuroses. This book, with the new contribution to psychology which surprised the world when it was published (1900), remains essentially unaltered. It contains, even according to my present-day judgement, the most valuable of all the discoveries it has been my good fortune to make. Insight such as this falls to one's lot but once in a lifetime.

Vienna, March 15, 1931.

---

[1] [Dieses Vorwort fehlt in den bisher erschienenen deutschen Ausgaben, es gibt keinen deutschen Wortlaut. Der hier abgedruckte Text ist unverändert der englischen Ausgabe von 1932 entnommen.]

[2] [*Über Psychoanalyse*, 1910 *a*.]

I
DIE WISSENSCHAFTLICHE LITERATUR DER TRAUMPROBLEME

Auf den folgenden Blättern werde ich den Nachweis erbringen, daß es eine psychologische Technik gibt, welche gestattet, Träume zu deuten, und daß bei Anwendung dieses Verfahrens jeder Traum sich als ein sinnvolles psychisches Gebilde herausstellt, welches an angebbarer Stelle in das seelische Treiben des Wachens einzureihen ist. Ich werde ferner versuchen, die Vorgänge klarzulegen, von denen die Fremdartigkeit und Unkenntlichkeit des Traumes herrührt, und aus ihnen einen Rückschluß auf die Natur der psychischen Kräfte ziehen, aus deren Zusammen- oder Gegeneinanderwirken der Traum hervorgeht. So weit gelangt, wird meine Darstellung abbrechen, denn sie wird den Punkt erreicht haben, wo das Problem des Träumens in umfassendere Probleme einmündet, deren Lösung an anderem Material in Angriff genommen werden muß.
Eine Übersicht über die Leistungen früherer Autoren sowie über den gegenwärtigen Stand der Traumprobleme in der Wissenschaft stelle ich voran, weil ich im Verlaufe der Abhandlung nicht häufig Anlaß haben werde, darauf zurückzukommen. Das wissenschaftliche Verständnis des Traumes ist nämlich trotz mehrtausendjähriger Bemühung sehr wenig weit gediehen. Dies wird von den Autoren so allgemein zugegeben, daß es überflüssig scheint, einzelne Stimmen anzuführen. In den Schriften, deren Verzeichnis ich zum Schlusse meiner Arbeit anfüge, finden sich viele anregende Bemerkungen und reichlich interessantes Material zu unserem Thema, aber nichts oder wenig, was das Wesen des Traumes träfe oder eines seiner Rätsel endgültig löste. Noch weniger ist natürlich in das Wissen der gebildeten Laien übergegangen.

Welche Auffassung[1] der Traum in den Urzeiten der Menschheit bei den primitiven Völkern gefunden und welchen Einfluß er auf die Bildung ihrer Anschauungen von der Welt und von der Seele genommen haben mag, das ist ein Thema von so hohem Interesse, daß ich es nur ungern von der Bearbeitung in diesem Zusammenhange ausschließe. Ich ver-

---

[1] [Dieser und der folgende Absatz wurden 1914 hinzugefügt.]

weise auf die bekannten Werke von Sir J. Lubbock, H. Spencer, E. B. Tylor u. a. und füge nur hinzu, daß uns die Tragweite dieser Probleme und Spekulationen erst begreiflich werden kann, nachdem wir die uns vorschwebende Aufgabe der »Traumdeutung« erledigt haben.

Ein Nachklang der urzeitlichen Auffassung des Traumes liegt offenbar der Traumschätzung bei den Völkern des klassischen Altertums zugrunde[1]. Es war bei ihnen Voraussetzung, daß die Träume mit der Welt übermenschlicher Wesen, an die sie glaubten, in Beziehung stünden und Offenbarungen von seiten der Götter und Dämonen brächten. Ferner drängte sich ihnen auf, daß die Träume eine für den Träumer bedeutsame Absicht hätten, in der Regel, ihm die Zukunft zu verkünden. Die außerordentliche Verschiedenheit in dem Inhalt und dem Eindruck der Träume machte es allerdings schwierig, eine einheitliche Auffassung derselben durchzuführen, und nötigte zu mannigfachen Unterscheidungen und Gruppenbildungen der Träume, je nach ihrem Wert und ihrer Zuverlässigkeit. Bei den einzelnen Philosophen des Altertums war die Beurteilung des Traumes natürlich nicht unabhängig von der Stellung, die sie der *Mantik* überhaupt einzuräumen bereit waren.

In den beiden den Traum behandelnden Schriften des Aristoteles ist der Traum bereits Objekt der Psychologie geworden. Wir hören, der Traum sei nicht gottgesandt, nicht göttlicher Natur, wohl aber dämonischer, da ja die Natur dämonisch, nicht göttlich ist, d. h. der Traum entstammt keiner übernatürlichen Offenbarung, sondern folgt aus den Gesetzen des allerdings mit der Gottheit verwandten menschlichen Geistes. Der Traum wird definiert als die Seelentätigkeit des Schlafenden, insofern er schläft[2].

Aristoteles kennt einige der Charaktere des Traumlebens, z. B. daß der Traum kleine, während des Schlafes eintretende Reize ins Große umdeutet (»man glaubt, durch ein Feuer zu gehen und heiß zu werden, wenn nur eine ganz unbedeutende Erwärmung dieses oder jenes Gliedes stattfindet«[3]), und zieht aus diesem Verhalten den Schluß, daß die Träume sehr wohl die ersten bei Tag nicht bemerkten Anzeichen einer beginnenden Veränderung im Körper dem Arzt verraten könnten[4].

---

[1] [*Zusatz 1914:*] Das Folgende nach Büchsenschütz' sorgfältiger Darstellung (1868).

[2] [*Von der Traumdeutung*, 2. Kapitel, deutsche Übersetzung von H. Bender, 1855–97, S. 73, und *Über Träume und Traumdeutung*, 3. Kapitel, ibid., S. 69.]

[3] [*Von der Traumdeutung*, 1. Kapitel, ibid., S. 72.]

[4] [*Zusatz 1914:*] Über die Beziehung des Traumes zu den Krankheiten handelt der griechische Arzt Hippokrates in einem Kapitel seines berühmten Werkes. [Deutsche Übersetzung, ›Über die Träume‹, 1962; s. a. *Die alte Heilkunst*, X (ibid.).]

Die Alten vor Aristoteles haben den Traum bekanntlich nicht für ein Erzeugnis der träumenden Seele gehalten, sondern für eine Eingebung von göttlicher Seite, und die beiden gegensätzlichen Strömungen, die wir in der Schätzung des Traumlebens als jederzeit vorhanden auffinden werden, machten sich bereits bei ihnen geltend. Man unterschied wahrhafte und wertvolle Träume, dem Schläfer gesandt, um ihn zu warnen oder ihm die Zukunft zu verkünden, von eiteln, trügerischen und nichtigen, deren Absicht es war, ihn in die Irre zu führen oder ins Verderben zu stürzen.

Gruppe (1906, Bd. 2, 930)[1] gibt eine solche Einteilung der Träume nach Makrobius und Artemidoros [aus Daldis (s. S. 119, Anm. 1)] wieder: »Man teilte die Träume in zwei Klassen. Die eine sollte nur durch die Gegenwart (oder Vergangenheit) beeinflußt, für die Zukunft aber bedeutungslos sein; sie umfaßte die ἐνύπνια, *insomnia*, die unmittelbar die gegebene Vorstellung oder ihr Gegenteil wiedergeben, z. B. den Hunger oder dessen Stillung, und die φαντάσματα, welche die gegebene Vorstellung phantastisch erweitern, wie z. B. der Alpdruck, *ephialtes*. Die andere Klasse dagegen galt als bestimmend für die Zukunft; zu ihr gehören: 1) die direkte Weissagung, die man im Traume empfängt (χρηματισμός, *oraculum*), 2) das Voraussagen eines bevorstehenden Ereignisses (ὅραμα, *visio*), 3) der symbolische, der Auslegung bedürftige Traum (ὄνειρος, *somnium*). Diese Theorie hat sich viele Jahrhunderte hindurch erhalten.«

Mit dieser wechselnden Einschätzung der Träume[2] stand die Aufgabe einer »Traumdeutung« im Zusammenhange. Da man von den Träumen im allgemeinen wichtige Aufschlüsse erwartete, aber nicht alle Träume unmittelbar verstand und nicht wissen konnte, ob nicht ein bestimmter unverständlicher Traum doch Bedeutsames ankündigte, war der Anstoß zu einer Bemühung gegeben, welche den unverständlichen Inhalt des Traums durch einen einsichtlichen und dabei bedeutungsvollen ersetzen konnte. Als die größte Autorität in der Traumdeutung galt im späteren Altertum Artemidoros aus Daldis, dessen ausführliches Werk [*Oneirocritica*] uns für die verloren gegangenen Schriften des nämlichen Inhaltes entschädigen muß[3].

---

[1] [Dieser Absatz wurde 1911 als Fußnote beigefügt und 1914 in den Text aufgenommen.]

[2] [Dieser Absatz wurde 1914 hinzugefügt.]

[3] [*Zusatz 1914:*] Die weiteren Schicksale der Traumdeutung im Mittelalter siehe bei Diepgen (1912) und in den Spezialuntersuchungen von M. Förster (1910 und 1911),

Die vorwissenschaftliche Traumauffassung der Alten stand sicherlich im vollsten Einklange mit ihrer gesamten Weltanschauung, welche als Realität in die Außenwelt zu projizieren pflegte, was nur innerhalb des Seelenlebens Realität hatte. Sie trug überdies dem Haupteindruck Rechnung, welchen das Wachleben durch die am Morgen übrigbleibende Erinnerung von dem Traum empfängt, denn in dieser Erinnerung stellt sich der Traum als etwas Fremdes, das gleichsam aus einer anderen Welt herrührt, dem übrigen psychischen Inhalte entgegen. Es wäre übrigens irrig zu meinen, daß die Lehre von der übernatürlichen Herkunft der Träume in unseren Tagen der Anhänger entbehrt; von allen pietistischen und mystischen Schriftstellern abgesehen – die ja recht daran tun, die Reste des ehemals ausgedehnten Gebietes des Übernatürlichen besetzt zu halten, solange sie nicht durch naturwissenschaftliche Erklärung erobert sind –, trifft man doch auch auf scharfsinnige und allem Abenteuerlichen abgeneigte Männer, die ihren religiösen Glauben an die Existenz und an das Eingreifen übermenschlicher Geisteskräfte gerade auf die Unerklärbarkeit der Traumerscheinungen zu stützen versuchen (Haffner, 1887). Die Wertschätzung des Traumlebens von seiten mancher Philosophenschulen, z. B. der Schellingianer[1], ist ein deutlicher Nachklang der im Altertum unbestrittenen Göttlichkeit des Traumes, und auch über die divinatorische, die Zukunft verkündende Kraft des Traumes ist die Erörterung nicht abgeschlossen, weil die psychologischen Erklärungsversuche zur Bewältigung des angesammelten Materials nicht ausreichen, so unzweideutig auch die Sympathien eines jeden, der sich der wissenschaftlichen Denkungsart ergeben hat, zur Abweisung einer solchen Behauptung hinneigen mögen.

Eine Geschichte unserer wissenschaftlichen Erkenntnis der Traumprobleme zu schreiben ist darum so schwer, weil in dieser Erkenntnis, so wertvoll sie an einzelnen Stellen geworden sein mag, ein Fortschritt längs gewisser Richtungen nicht zu bemerken ist. Es ist nicht zur Bil-

---

Gotthard (1912) u. a. Über die Traumdeutung bei den Juden handeln Almoli (1848), Amram (1901), Löwinger (1908), sowie neuestens, mit Berücksichtigung des psychoanalytischen Standpunktes, Lauer (1913). Kenntnis der arabischen Traumdeutung vermitteln Drexl (1909), F. Schwarz (1913) und der Missionär Tfinkdji (1913), der japanischen Miura (1906) und Iwaya (1902), der chinesischen Secker (1909–10), der indischen Negelein (1912).

[1] [Friedrich Schelling war der Hauptvertreter der pantheistischen »Naturphilosophie«, die zu Anfang des 19. Jahrhunderts in Deutschland populär war. – Freud ist oft auf die Frage der okkulten Bedeutung der Träume zurückgekommen. Vgl. insbesondere *Neue Folge der Vorlesungen,* 1933*a* (30. Vorlesung). S. auch S. 87 und S. 588 unten.]

dung eines Unterbaus von gesicherten Resultaten gekommen, auf dem dann ein nächstfolgender Forscher weitergebaut hätte, sondern jeder neue Autor faßt die nämlichen Probleme von neuem und wie vom Ursprung her wieder an. Wollte ich mich an die Zeitfolge der Autoren halten und von jedem einzelnen im Auszug berichten, welche Ansichten über die Traumprobleme er geäußert, so müßte ich darauf verzichten, ein übersichtliches Gesamtbild vom gegenwärtigen Stande der Traumerkenntnis zu entwerfen; ich habe es darum vorgezogen, die Darstellung an die Themata anstatt an die Autoren anzuknüpfen, und werde bei jedem der Traumprobleme anführen, was an Material zur Lösung desselben in der Literatur niedergelegt ist.

Da es mir aber nicht gelungen ist, die gesamte, so sehr verstreute und auf anderes übergreifende Literatur des Gegenstands zu bewältigen, so muß ich meine Leser bitten, sich zu bescheiden, wenn nur keine grundlegende Tatsache und kein bedeutsamer Gesichtspunkt in meiner Darstellung verlorengegangen ist.

Bis vor kurzem haben die meisten Autoren sich veranlaßt gesehen, Schlaf und Traum in dem nämlichen Zusammenhang abzuhandeln, in der Regel auch die Würdigung analoger Zustände, welche in die Psychopathologie reichen, und traumähnlicher Vorkommnisse (wie der Halluzinationen, Visionen usw.) anzuschließen. Dagegen zeigt sich in den jüngsten Arbeiten das Bestreben, das Thema eingeschränkt zu halten und etwa eine einzelne Frage aus dem Gebiet des Traumlebens zum Gegenstande zu nehmen. In dieser Veränderung möchte ich einen Ausdruck der Überzeugung sehen, daß in so dunkeln Dingen Aufklärung und Übereinstimmung nur durch eine Reihe von Detailuntersuchungen zu erzielen sein dürften. Nichts anderes als eine solche Detailuntersuchung, und zwar speziell psychologischer Natur, kann ich hier bieten. Ich hatte wenig Anlaß, mich mit dem Problem des Schlafs zu befassen, denn dies ist ein wesentlich physiologisches Problem, wenngleich in der Charakteristik des Schlafzustands die Veränderung der Funktionsbedingungen für den seelischen Apparat mit enthalten sein muß. Es bleibt also auch die Literatur des Schlafs hier außer Betracht.

Das wissenschaftliche Interesse an den Traumphänomenen an sich führt zu den folgenden, zum Teil ineinanderfließenden Fragestellungen:

A
BEZIEHUNG DES TRAUMES ZUM WACHLEBEN

Das naive Urteil des Erwachten nimmt an, daß der Traum – wenn er schon nicht aus einer anderen Welt stammt – doch den Schläfer in eine andere Welt entrückt hatte. Der alte Physiologe Burdach, dem wir eine sorgfältige und feinsinnige Beschreibung der Traumphänomene verdanken, hat dieser Überzeugung in einem viel bemerkten Satze Ausdruck gegeben (1838, 499): »... nie wiederholt sich das Leben des Tages mit seinen Anstrengungen und Genüssen, seinen Freuden und Schmerzen, vielmehr geht der Traum darauf aus, uns davon zu befreien. Selbst wenn unsere ganze Seele von einem Gegenstande erfüllt war, wenn tiefer Schmerz unser Inneres zerrissen oder eine Aufgabe unsere ganze Geisteskraft in Anspruch genommen hatte, gibt uns der Traum entweder etwas ganz Fremdartiges, oder er nimmt aus der Wirklichkeit nur einzelne Elemente zu seinen Kombinationen, oder er geht nur in die Tonart unserer Stimmung ein und symbolisiert die Wirklichkeit.« – I. H. Fichte (1864, Bd. 1, 541) spricht im selben Sinne direkt von *Ergänzungsträumen* und nennt diese eine von den geheimen Wohltaten selbstheilender Natur des Geistes[1]. – In ähnlichem Sinne äußert sich noch L. Strümpell in der mit Recht von allen Seiten hochgehaltenen Studie über die Natur und Entstehung der Träume (1887, 16): »Wer träumt, ist der Welt des wachen Bewußtseins abgekehrt...« (Ibid., 17): »Im Traume geht das Gedächtnis für den geordneten Inhalt des wachen Bewußtseins und dessen normales Verhalten so gut wie ganz verloren...« (Ibid., 19): »Die fast erinnerungslose Abgeschiedenheit der Seele im Traum von dem regelmäßigen Inhalte und Verlaufe des wachen Lebens ...«

Die überwiegende Mehrheit der Autoren hat aber für die Beziehung des Traumes zum Wachleben die entgegengesetzte Auffassung vertreten. So Haffner (1887, 245): »Zunächst setzt der Traum das Wachleben fort. Unsere Träume schließen sich stets an die kurz zuvor im Bewußtsein gewesenen Vorstellungen an. Eine genaue Beobachtung wird beinahe immer einen Faden finden, in welchem der Traum an die Erlebnisse des vorhergehenden Tages anknüpfte.« Weygandt (1893, 6) widerspricht direkt der oben zitierten Behauptung Burdachs, »denn es läßt sich oft, anscheinend in der überwiegenden Mehrzahl der Träume beobachten, daß dieselben uns gerade ins gewöhnliche Leben zurückführen, statt uns

---

[1] [Dieser Satz wurde 1914 hinzugefügt.]

davon zu befreien«. Maury (1878, 51) sagt in einer knappen Formel: *»nous rêvons de ce que nous avons vu, dit, désiré ou fait«;* Jessen in seiner 1855 erschienenen *Psychologie* (S. 530) etwas ausführlicher: »Mehr oder weniger wird der Inhalt der Träume stets bestimmt durch die individuelle Persönlichkeit, durch das Lebensalter, Geschlecht, Stand, Bildungsstufe, gewohnte Lebensweise und durch die Ereignisse und Erfahrungen des ganzen bisherigen Lebens.«

Am unzweideutigsten nimmt zu dieser Frage[1] der Philosoph J. G. E. Maaß (1805 [Bd. 1, 168 und 173]) Stellung: »Die Erfahrung bestätigt unsere Behauptung, daß wir am häufigsten von den Dingen träumen, auf welche unsere wärmsten Leidenschaften gerichtet sind. Hieraus sieht man, daß unsere Leidenschaften auf die Erzeugung unserer Träume Einfluß haben müssen. Der Ehrgeizige träumt von den (vielleicht nur in seiner Einbildung) errungenen oder noch zu erringenden Lorbeeren, indes der Verliebte sich in seinen Träumen mit dem Gegenstand seiner süßen Hoffnungen beschäftigt... Alle sinnlichen Begierden und Verabscheuungen, die im Herzen schlummern, können, wenn sie durch irgendeinen Grund angeregt werden, bewirken, daß aus den mit ihnen vergesellschafteten Vorstellungen ein Traum entsteht oder daß sich diese Vorstellungen in einen bereits vorhandenen Traum einmischen.« (Mitgeteilt von Winterstein, 1912.)

Nicht anders dachten die Alten über die Abhängigkeit des Trauminhaltes vom Leben. Ich zitiere nach Radestock (1879, 134): Als Xerxes vor seinem Zuge gegen Griechenland von diesem seinem Entschluß durch guten Rat abgelenkt, durch Träume aber immer wieder dazu angefeuert wurde, sagte schon der alte rationelle Traumdeuter der Perser, Artabanos, treffend zu ihm, daß die Traumbilder meist das enthielten, was der Mensch schon im Wachen denke.

Im Lehrgedicht des Lucretius, *De rerum natura,* findet sich (IV, 962) die Stelle:

> *»Et quo quisque fere studio devinctus adhaeret,*
> *aut quibus in rebus multum sumus ante morati*
> *atque in ea ratione fuit contenta magis mens,*
> *in somnis eadem plerumque videmur obire;*
> *causidici causas agere et componere leges,*
> *induperatores pugnare ac proelia obire,* ... etc. etc.*«* [2]

---

[1] [Dieser Absatz wurde 1914 hinzugefügt.]

[2] [»Welchem Geschäfte man nun im Geist am eifrigsten obliegt, Oder wobei sich zuvor das Gemüt am meisten verweilt hat, Sich der Verstand darauf mit strengerem Fleiße

Cicero (*De divinatione* II, lxvii, 140) sagt ganz ähnlich, wie so viel später Maury: *»Maximeque reliquiae earum rerum moventur in animis et agitantur, de quibus vigilantes aut cogitavimus aut egimus.«* [1]

Der Widerspruch dieser beiden Ansichten über die Beziehung von Traumleben und Wachleben scheint in der Tat unauflösbar. Es ist darum am Platze, der Darstellung von F. W. Hildebrandt (1875, 8 ff.) zu gedenken, welcher meint, die Eigentümlichkeiten des Traums ließen sich überhaupt nicht anders beschreiben als durch eine »Reihe von [drei] Gegensätzen, welche scheinbar bis zu Widersprüchen sich zuspitzen«. »Den *ersten* dieser Gegensätze bilden einerseits die *strenge Abgeschiedenheit oder Abgeschlossenheit* des Traumes von dem wirklichen und wahren Leben, und anderseits das stete *Hinübergreifen* des einen in das andere, die stete Abhängigkeit des einen von dem andern. – Der Traum ist etwas von der wachend erlebten Wirklichkeit durchaus Gesondertes, man möchte sagen, ein in sich selbst hermetisch abgeschlossenes Dasein, von dem wirklichen Leben getrennt durch eine unübersteigliche Kluft. Er macht uns von der Wirklichkeit los, löscht die normale Erinnerung an dieselbe in uns aus und stellt uns in eine andere Welt und in eine ganz andere Lebensgeschichte, die im Grunde nichts mit der wirklichen zu schaffen hat ...« Hildebrandt führt dann aus, wie mit dem Einschlafen unser ganzes Sein mit seinen Existenzformen »wie hinter einer unsichtbaren Falltür« verschwindet. Man macht dann etwa im Traum eine Seereise nach St. Helena, um dem dort gefangenen Napoleon etwas Vorzügliches in Moselweinen anzubieten. Man wird von dem Exkaiser aufs liebenswürdigste empfangen und bedauert fast, die interessante Illusion durch das Erwachen gestört zu sehen. Nun aber vergleicht man die Traumsituation mit der Wirklichkeit. Man war nie Weinhändler und hat's auch nie werden wollen. Man hat nie eine Seereise gemacht und würde St. Helena am wenigsten zum Ziel einer solchen nehmen. Gegen Napoleon hegt man durchaus keine sympathische Gesinnung, sondern einen grimmigen patriotischen Haß. Und zu alledem war der Träumer überhaupt noch nicht unter den Lebenden, als Napoleon auf der Insel starb; eine persönliche Beziehung zu ihm zu knüpfen lag

---

verwendet, Ebendasselbe kommt gewöhnlich uns wieder im Traum vor. Rechtsgelehrte verfassen Gesetz' und führen Prozesse; Feldherrn ordnen das Heer und liefern blutige Schlachten ...« (Übersetzung von K. L. von Knebel, 1831, 2. Aufl., S. 142.)]

[1] [»... besonders aber wälzen und tummeln sich in den Seelen die Reste derjenigen Gegenstände umher, die wir wachend gedacht und getrieben haben.« (Übersetzung von G. H. Moser, 1828, *Von der Weissagung*, II. Buch, 67.)]

außerhalb des Bereiches der Möglichkeit. So erscheint das Traumerlebnis als etwas eingeschobenes Fremdes zwischen zwei vollkommen zueinander passenden und einander fortsetzenden Lebensabschnitten.
»Und dennoch«, setzt Hildebrandt fort [ibid., 10] »ebenso wahr und richtig ist das scheinbare *Gegenteil.* Ich meine, mit dieser Abgeschlossenheit und Abgeschiedenheit geht doch die innigste Beziehung und Verbindung Hand in Hand. Wir dürfen geradezu sagen: Was der Traum auch irgend biete, er nimmt das Material dazu aus der Wirklichkeit und aus dem Geistesleben, welches an dieser Wirklichkeit sich abwickelt ... Wie wunderlich er's damit treibe, er kann doch eigentlich niemals von der realen Welt los, und seine sublimsten wie possenhaftesten Gebilde müssen immer ihren Grundstoff entlehnen von dem, was entweder in der Sinnenwelt uns vor Augen getreten ist oder in unserem wachen Gedankengange irgendwie bereits Platz gefunden hat, mit anderen Worten, von dem, was wir äußerlich oder innerlich bereits erlebt haben.«

B

DAS TRAUMMATERIAL – DAS GEDÄCHTNIS IM TRAUM

Daß alles Material, das den Trauminhalt zusammensetzt, auf irgendeine Weise vom Erlebten abstammt, also im Traum reproduziert, *erinnert* wird, dies wenigstens darf uns als unbestrittene Erkenntnis gelten. Doch wäre es ein Irrtum anzunehmen, daß ein solcher Zusammenhang des Trauminhaltes mit dem Wachleben sich mühelos als augenfälliges Ergebnis der angestellten Vergleichung ergeben muß. Derselbe muß vielmehr aufmerksam gesucht werden und weiß sich in einer ganzen Reihe von Fällen für lange Zeit zu verbergen. Der Grund hiefür liegt in einer Anzahl von Eigentümlichkeiten, welche die Erinnerungsfähigkeit im Traume zeigt und die, obwohl allgemein bemerkt, sich doch bisher jeder Erklärung entzogen haben. Es wird der Mühe lohnen, diese Charaktere eingehend zu würdigen.

Es kommt zunächst vor, daß im Trauminhalt ein Material auftritt, welches man dann im Wachen nicht als zu seinem Wissen und Erleben gehörig anerkennt. Man erinnert wohl, daß man das Betreffende geträumt, aber erinnert nicht, daß und wann man es erlebt hat. Man bleibt dann im unklaren darüber, aus welcher Quelle der Traum geschöpft hat, und ist wohl versucht, an eine selbständig produzierende Tätigkeit des Traumes zu glauben, bis oft nach langer Zeit ein neues Erlebnis die verloren gegebene Erinnerung an das frühere Erlebnis wiederbringt und damit die Traumquelle aufdeckt. Man muß dann zugestehen, daß man im Traum etwas gewußt und erinnert hatte, was der Erinnerungsfähigkeit im Wachen entzogen war [1].
Ein besonders eindrucksvolles Beispiel dieser Art erzählt Delboeuf [1885, 107 ff.] aus seiner eigenen Traumerfahrung. Er sah im Traum den Hof seines Hauses mit Schnee bedeckt und fand zwei kleine Eidechsen halb erstarrt und unter dem Schnee begraben, die er als Tierfreund aufnahm, erwärmte und in die für sie bestimmte kleine Höhle im Gemäuer zurückbrachte. Außerdem steckte er ihnen einige Blätter von einem kleinen Farnkraut zu, das auf der Mauer wuchs und das sie, wie er wußte, sehr liebten. Im Traum kannte er den Namen der Pflanze: *Asplenium ruta muralis.* – Der Traum ging dann weiter, kehrte nach

[1] [*Zusatz 1914:*] Vaschide (1911) behauptet auch, es sei oft bemerkt worden, daß man im Traume fremde Sprachen geläufiger und reiner spreche als im Wachen.

einer Einschaltung zu den Eidechsen zurück und zeigte Delboeuf zu seinem Erstaunen zwei neue Tierchen, die sich über die Reste des Farns hergemacht hatten. Dann wandte er den Blick aufs freie Feld, sah eine fünfte, eine sechste Eidechse den Weg zu dem Loch in der Mauer nehmen, und endlich war die ganze Straße bedeckt von einer Prozession von Eidechsen, die alle in derselben Richtung wanderten usw.

Delboeufs Wissen umfaßte im Wachen nur wenige lateinische Pflanzennamen und schloß die Kenntnis eines *Asplenium* nicht ein. Zu seinem großen Erstaunen mußte er sich überzeugen, daß ein Farn dieses Namens wirklich existiert. *Asplenium ruta muraria* war seine richtige Bezeichnung, die der Traum ein wenig entstellt hatte. An ein zufälliges Zusammentreffen konnte man wohl nicht denken; es blieb aber für Delboeuf rätselhaft, woher er im Traume die Kenntnis des Namens *Asplenium* genommen hatte.

Der Traum war im Jahre 1862 vorgefallen; sechzehn Jahre später erblickt der Philosoph bei einem seiner Freunde, den er besucht, ein kleines Album mit getrockneten Blumen, wie sie als Erinnerungsgaben in manchen Gegenden der Schweiz an die Fremden verkauft werden. Eine Erinnerung steigt in ihm auf, er öffnet das Herbarium, findet in demselben das *Asplenium* seines Traumes und erkennt seine eigene Handschrift in dem beigefügten lateinischen Namen. Nun ließ sich der Zusammenhang herstellen. Eine Schwester dieses Freundes hatte im Jahre 1860 – zwei Jahre vor dem Eidechsentraum – auf der Hochzeitsreise Delboeuf besucht. Sie hatte damals dieses für ihren Bruder bestimmte Album bei sich, und Delboeuf unterzog sich der Mühe, unter dem Diktat eines Botanikers zu jedem der getrockneten Pflänzchen den lateinischen Namen hinzuzuschreiben.

Die Gunst des Zufalls, welche dieses Beispiel so sehr mitteilenswert macht, gestattete Delboeuf, noch ein anderes Stück aus dem Inhalt dieses Traums auf seine vergessene Quelle zurückzuführen. Eines Tages im Jahre 1877 fiel ihm ein alter Band einer illustrierten Zeitschrift in die Hände, in welcher er den ganzen Eidechsenzug abgebildet sah, wie er ihn 1862 geträumt hatte. Der Band trug die Jahreszahl 1861, und Delboeuf wußte sich zu erinnern, daß er von dem Erscheinen der Zeitschrift an zu ihren Abonnenten gehört hatte.

Daß der Traum über Erinnerungen verfügt, welche dem Wachen unzugänglich sind, ist eine so merkwürdige und theoretisch bedeutsame Tatsache, daß ich durch Mitteilung noch anderer »hypermnestischer« Träume die Aufmerksamkeit für sie verstärken möchte. Maury erzählt

[1878, 142], daß ihm eine Zeitlang das Wort *Mussidan* bei Tag in den Sinn zu kommen pflegte. Er wußte, daß es der Name einer französischen Stadt sei, aber weiter nichts. Eines Nachts träumte ihm von einer Unterhaltung mit einer gewissen Person, die ihm sagte, sie käme aus Mussidan, und auf seine Frage, wo die Stadt liege, zur Antwort gab: Mussidan sei eine Kreisstadt im *Département de la Dordogne.* Erwacht, schenkte Maury der im Traume erhaltenen Auskunft keinen Glauben; das geographische Lexikon belehrte ihn aber, daß sie vollkommen richtig war. In diesem Falle ist das Mehrwissen des Traumes bestätigt, die vergessene Quelle dieses Wissens aber nicht aufgespürt worden.

Jessen erzählt (1855, 551) ein ganz ähnliches Traumvorkommnis aus älteren Zeiten: »Dahin gehört u. a. der Traum des älteren Scaliger (Hennings, 1784, 300), welcher ein Gedicht zum Lobe der berühmten Männer in Verona schrieb und dem ein Mann, welcher sich Brugnolus nannte, im Traume erschien und sich beklagte, daß er vergessen sei. Obgleich Scaliger sich nicht erinnerte, je etwas von ihm gehört zu haben, so machte er doch Verse auf ihn, und sein Sohn erfuhr nachher in Verona, daß ehemals ein solcher Brugnolus als Kritiker daselbst berühmt gewesen sei.«

Einen hypermnestischen Traum[1], welcher sich durch die besondere Eigentümlichkeit auszeichnet, daß sich in einem darauffolgenden Traum die Agnoszierung der zuerst nicht erkannten Erinnerung vollzieht, erzählt der Marquis d'Hervey de St. Denis [1867, 305] (nach Vaschide, 1911, 232 f.): »Ich träumte einmal von einer jungen Frau mit goldblondem Haar, die ich mit meiner Schwester plaudern sah, während sie ihr eine Stickereiarbeit zeigte. Im Traume kam sie mir sehr bekannt vor, ich meinte sogar, sie zu wiederholten Malen gesehen zu haben. Nach dem Erwachen habe ich dieses Gesicht noch lebhaft vor mir, kann es aber absolut nicht erkennen. Ich schlafe nun wieder ein, das Traumbild wiederholt sich. In diesem neuen Traume spreche ich nun die blonde Dame an und frage sie, ob ich nicht schon das Vergnügen gehabt, sie irgendwo zu treffen. ›Gewiß‹, antwortet die Dame, ›erinnern Sie sich nur an das Seebad von Pornic.‹ Sofort wachte ich wieder auf und weiß mich nun mit aller Sicherheit an die Einzelheiten zu besinnen, mit denen dieses anmutige Traumgesicht verknüpft war.«

Derselbe Autor [ibid., 306] (bei Vaschide, ibid., 233–4) berichtet: Ein ihm bekannter Musiker hörte einmal im Traum eine Melodie, die ihm völlig neu erschien. Erst mehrere Jahre später fand er dieselbe in einer

[1] [Dieser und der nächste Absatz wurden 1914 hinzugefügt.]

alten Sammlung von Musikstücken aufgezeichnet, die vorher in der Hand gehabt zu haben er sich noch immer nicht erinnert.

An einer mir leider nicht zugänglichen Stelle *(Prcceedings of the Society for Psychical Research)* soll Myers [1892] eine ganze Sammlung solcher hypermnestischer Träume veröffentlicht haben. Ich meine, jeder, der sich mit Träumen beschäftigt, wird es als ein sehr gewöhnliches Phänomen anerkennen müssen, daß der Traum Zeugnis für Kenntnisse und Erinnerungen ablegt, welche der Wachende nicht zu besitzen vermeint. In den psychoanalytischen Arbeiten mit Nervösen, von denen ich später berichten werde, komme ich jede Woche mehrmals in die Lage, den Patienten aus ihren Träumen zu beweisen, daß sie Zitate, obszöne Worte u. dgl. eigentlich sehr gut kennen und daß sie sich ihrer im Traume bedienen, obwohl sie sie im wachen Leben vergessen haben. Einen harmlosen Fall von Traumhypermnesie will ich hier noch mitteilen, weil sich bei ihm die Quelle, aus welcher die nur dem Traum zugängliche Kenntnis stammte, sehr leicht auffinden ließ.

Ein Patient träumte in einem längeren Zusammenhange, daß er sich in einem Kaffeehaus eine *»Kontuszówka«* geben lasse, fragte aber nach der Erzählung, was das wohl sei; er habe den Namen nie gehört. Ich konnte antworten, *Kontuszówka* sei ein polnischer Schnaps, den er im Traume nicht erfunden haben könne, da mir der Name von Plakaten her schon lange bekannt sei. Der Mann wollte mir zuerst keinen Glauben schenken. Einige Tage später, nachdem er seinen Traum im Kaffeehaus hatte zur Wirklichkeit werden lassen, bemerkte er den Namen auf einem Plakate, und zwar an einer Straßenecke, welche er seit Monaten wenigstens zweimal im Tage hatte passieren müssen.

Ich habe selbst an eigenen Träumen erfahren[1], wie sehr man mit der Aufdeckung der Herkunft einzelner Traumelemente vom Zufalle abhängig bleibt. So verfolgte mich durch Jahre vor der Abfassung dieses Buches das Bild eines sehr einfach gestalteten Kirchturmes, den gesehen zu haben ich mich nicht erinnern konnte. Ich erkannte ihn dann plötzlich, und zwar mit voller Sicherheit, auf einer kleinen Station zwischen Salzburg und Reichenhall. Es war in der zweiten Hälfte der neunziger Jahre, und ich hatte die Strecke im Jahre 1886 zum erstenmal befahren. In späteren Jahren, als ich mich bereits intensiv mit dem Studium der Träume beschäftigte, wurde das häufig wiederkehrende Traumbild einer gewissen merkwürdigen Lokalität mir geradezu lästig. Ich sah in bestimmter örtlicher Beziehung zu meiner Person, zu meiner Linken, einen

[1] [Dieser Absatz wurde 1909 hinzugefügt.]

dunklen Raum, aus dem mehrere groteske Sandsteinfiguren hervorleuchteten. Ein Schimmer von Erinnerung, dem ich nicht recht glauben wollte, sagte mir, es sei ein Eingang in einen Bierkeller; es gelang mir aber weder aufzuklären, was dieses Traumbild bedeuten wolle, noch woher es stamme. Im Jahre 1907 kam ich zufällig nach Padua, das ich zu meinem Bedauern seit 1895 nicht wieder hatte besuchen können. Mein erster Besuch in der schönen Universitätsstadt war unbefriedigend geblieben, ich hatte die Fresken Giottos in der Madonna dell'Arena nicht besichtigen können und machte mitten auf der dahin führenden Straße kehrt, als man mir mitteilte, das Kirchlein sei an diesem Tage gesperrt. Bei meinem zweiten Besuche, zwölf Jahre später, gedachte ich mich zu entschädigen und suchte vor allem den Weg zur Madonna dell'Arena auf. An der zu ihr führenden Straße, linker Hand von meiner Wegrichtung, wahrscheinlich an der Stelle, wo ich 1895 umgekehrt war, entdeckte ich die Lokalität, die ich so oft im Traume gesehen hatte, mit den in ihr enthaltenen Sandsteinfiguren. Es war in der Tat der Eingang in einen Restaurationsgarten.

Eine der Quellen, aus welcher der Traum Material zur Reproduktion bezieht, zum Teil solches, das in der Denktätigkeit des Wachens nicht erinnert und nicht verwendet wird, ist das Kindheitsleben. Ich werde nur einige der Autoren anführen, die dies bemerkt und betont haben:
Hildebrandt (1875, 23): »Ausdrücklich ist schon zugegeben worden, daß der Traum bisweilen mit wunderbarer Reproduktionskraft uns ganz abgelegene und selbst vergessene Vorgänge aus fernster Zeit treu vor die Seele zurückführt.«
Strümpell (1877, 40): »Die Sache steigert sich noch mehr, wenn man bemerkt, wie der Traum mitunter gleichsam aus den tiefsten und massenhaftesten Verschüttungen, welche die spätere Zeit auf die frühesten Jugenderlebnisse gelagert hat, die Bilder einzelner Lokalitäten, Dinge, Personen ganz unversehrt und mit ursprünglicher Frische wieder hervorzieht. Dies beschränkt sich nicht bloß auf solche Eindrücke, die bei ihrer Entstehung ein lebhaftes Bewußtsein gewonnen oder sich mit starken psychischen Werten verbunden haben und nun später im Traum als eigentliche Erinnerungen wiederkehren, an denen das erwachte Bewußtsein sich erfreut. Die Tiefe des Traumgedächtnisses umfaßt vielmehr auch solche Bilder von Personen, Dingen, Lokalitäten und Erlebnissen der frühesten Zeit, die entweder nur ein geringes Bewußtsein oder keinen psychischen Wert besaßen oder längst das eine wie das andere

verloren hatten und deshalb auch sowohl im Traum wie nach dem Erwachen als gänzlich fremd und unbekannt erscheinen, bis ihr früher Ursprung entdeckt wird.«

Volkelt (1875, 119): »Besonders bemerkenswert ist es, wie gern Kindheits- und Jugenderinnerungen in den Traum eingehen. Woran wir längst nicht mehr denken, was längst für uns alle Wichtigkeit verloren: der Traum mahnt uns daran unermüdlich.«

Die Herrschaft des Traumes über das Kindheitsmaterial, welches bekanntlich zum größten Teil in die Lücken der bewußten Erinnerungsfähigkeit fällt, gibt Anlaß zur Entstehung von interessanten hypermnestischen Träumen, von denen ich wiederum einige Beispiele mitteilen will.

Maury erzählt (1878, 92), daß er von seiner Vaterstadt Meaux als Kind häufig nach dem nahe gelegenen Trilport gekommen war, wo sein Vater den Bau einer Brücke leitete. In einer Nacht versetzt ihn der Traum nach Trilport und läßt ihn wieder in den Straßen der Stadt spielen. Ein Mann nähert sich ihm, der eine Art Uniform trägt. Maury fragt ihn nach seinem Namen; er stellt sich vor, er heiße C... und sei Brückenwächter. Nach dem Erwachen fragt der an der Wirklichkeit der Erinnerung noch zweifelnde Maury eine alte Dienerin, die seit der Kindheit bei ihm ist, ob sie sich an einen Mann dieses Namens erinnern kann. »Gewiß«, lautet die Antwort, »er war der Wächter der Brücke, die Ihr Vater damals gebaut hat.«

Ein ebenso schön bestätigtes Beispiel von der Sicherheit der im Traume auftretenden Kindheitserinnerung berichtet Maury [ibid., 143–4] von einem Herrn F..., der als Kind in Montbrison aufgewachsen war. Dieser Mann beschloß, fünfundzwanzig Jahre nach seinem Weggang, die Heimat und alte, seither nicht gesehene Freunde der Familie wieder zu besuchen. In der Nacht vor seiner Abreise träumt er, daß er am Ziele ist und in der Nähe von Montbrison einem ihm vom Ansehen unbekannten Herrn begegnet, der ihm sagt, er sei der Herr T., ein Freund seines Vaters. Der Träumer wußte, daß er einen Herrn dieses Namens als Kind gekannt hatte, erinnerte sich aber im Wachen nicht mehr an sein Aussehen. Einige Tage später nun wirklich in Montbrison angelangt, findet er die für unbekannt gehaltene Lokalität des Traumes wieder und begegnet einem Herrn, den er sofort als den T. des Traumes erkennt. Die wirkliche Person war nur stärker gealtert, als sie das Traumbild gezeigt hatte.

Ich kann hier einen eigenen Traum erzählen, in dem der zu erinnernde

Eindruck durch eine Beziehung ersetzt ist. Ich sah in einem Traum eine Person, von der ich im Traum wußte, es sei der Arzt meines heimatlichen Ortes. Ihr Gesicht war nicht deutlich, sie vermengte sich aber mit der Vorstellung eines meiner Gymnasiallehrer, den ich noch heute gelegentlich treffe. Welche Beziehung die beiden Personen verknüpfe, konnte ich dann im Wachen nicht ausfindig machen. Als ich aber meine Mutter nach dem Arzt dieser meiner ersten Kinderjahre fragte, erfuhr ich, daß er einäugig gewesen war, und einäugig ist auch der Gymnasiallehrer, dessen Person die des Arztes im Traum gedeckt hatte. Es waren achtunddreißig Jahre her, daß ich den Arzt nicht mehr gesehen, und ich habe meines Wissens im wachen Leben niemals an ihn gedacht [1], obwohl eine Narbe am Kinn mich an seine Hilfeleistung hätte erinnern können.

Es klingt, als sollte ein Gegengewicht gegen die übergroße Rolle der Kindheitseindrücke im Traumleben geschaffen werden, wenn mehrere Autoren behaupten, in den meisten Träumen ließen sich Elemente aus den allerjüngsten Tagen nachweisen. Robert (1886, 46) äußert sogar: Im allgemeinen beschäftigt sich der normale Traum nur mit den Eindrücken der letztvergangenen Tage. Wir werden allerdings erfahren, daß die von Robert aufgebaute Theorie des Traumes eine solche Zurückdrängung der ältesten und Vorschiebung der jüngsten Eindrücke gebieterisch fordert. Die Tatsache aber, der Robert Ausdruck gibt, besteht, wie ich nach eigenen Untersuchungen versichern kann, zu Recht. Ein amerikanischer Autor, Nelson, meint [1888, 380f.], am häufigsten fänden sich im Traum Eindrücke vom Tage vor dem Traumtag oder vom dritten Tag vorher verwertet, als ob die Eindrücke des dem Traum unmittelbar vorhergehenden Tages nicht abgeschwächt – nicht abgelegen – genug wären.

Es ist mehreren Autoren, die den intimen Zusammenhang des Trauminhaltes mit dem Wachleben nicht bezweifeln mochten, aufgefallen, daß Eindrücke, welche das wache Denken intensiv beschäftigen, erst dann im Traume auftreten, wenn sie von der Tagesgedankenarbeit einigermaßen zur Seite gedrängt worden sind. So träumt man in der Regel von einem

[1] [Das letzte Stück dieses Satzes hinter dem Komma wurde 1909 hinzugefügt, ist in allen späteren Auflagen bis 1922 enthalten, wurde danach aber wieder fortgelassen. Die Bezugnahme auf die nämliche Person auf S. 278 unten ergibt nur dann einen Sinn, wenn sie auf dieses weggelassene Ende des Satzes anspielt. Es ist wohl jener Unfall, dessen Folge die Narbe war, den Freud auf S. 534 unten beschreibt. Der Traum wird ferner erwähnt in Freud, 1916–17, 13. Vorlesung (*Studienausgabe*, Bd. 1, S. 206).]

lieben Toten nicht die erste Zeit, solange die Trauer den Überlebenden ganz ausfüllt (Delage, 1891 [40]). Indes hat eine der letzten Beobachterinnen, Miß Hallam, auch Beispiele vom gegenteiligen Verhalten gesammelt und vertritt für diesen Punkt das Recht der psychologischen Individualität (Hallam und Weed, 1896 [410–11]).

Die dritte, merkwürdigste und unverständlichste Eigentümlichkeit des Gedächtnisses im Traum zeigt sich in der Auswahl des reproduzierten Materials, indem nicht wie im Wachen nur das Bedeutsamste, sondern im Gegenteil auch das Gleichgültigste, Unscheinbarste der Erinnerung wert gehalten wird. Ich lasse hierüber jene Autoren zu Worte kommen, welche ihrer Verwunderung den kräftigsten Ausdruck gegeben haben.
Hildebrandt (1875, 11): »Denn das ist das Merkwürdige, daß der Traum seine Elemente in der Regel nicht aus den großen und tiefgreifenden Ereignissen, nicht aus den mächtigen und treibenden Interessen des vergangenen Tages, sondern aus den nebensächlichen Zugaben, sozusagen aus den wertlosen Brocken der jüngst verlebten oder weiter rückwärts liegenden Vergangenheit nimmt. Der erschütternde Todesfall in unserer Familie, unter dessen Eindrücken wir spät einschlafen, bleibt ausgelöscht aus unserem Gedächtnisse, bis ihn der erste wache Augenblick mit betrübender Gewalt in dasselbe zurückkehren läßt. Dagegen die Warze auf der Stirn eines Fremden, der uns begegnete und an den wir keinen Augenblick mehr dachten, nachdem wir an ihm vorübergegangen waren, die spielt eine Rolle in unserem Traume...«
Strümpell (1877, 39): »... solche Fälle, wo die Zerlegung eines Traumes Bestandteile desselben auffindet, die zwar aus den Erlebnissen des vorigen oder vorletzten Tages stammen, aber doch so unbedeutend und wertlos für das wache Bewußtsein waren, daß sie kurz nach dem Erleben der Vergessenheit anheimfielen. Dergleichen Erlebnisse sind etwa zufällig gehörte Äußerungen oder oberflächlich bemerkte Handlungen eines anderen, rasch vorübergegangene Wahrnehmungen von Dingen oder Personen, einzelne kleine Stücke aus einer Lektüre u. dgl.«
Havelock Ellis (1899, 727): *»The profound emotions of waking life, the questions and problems on which we spread our chief voluntary mental energy, are not those which usually present themselves at once to dream consciousness. It is, so far as the immediate past is concerned, mostly the trifling, the incidental, the ›forgotten‹ impressions of daily life which reappear in our dreams. The psychic activities that are awake most intensely are those that sleep most profoundly.«*

Binz (1878, 44–5) nimmt gerade die in Rede stehenden Eigentümlichkeiten des Gedächtnisses im Traume zum Anlaß, seine Unbefriedigung mit den von ihm selbst unterstützten Erklärungen des Traumes auszusprechen: »Und der natürliche Traum stellt uns ähnliche Fragen. Warum träumen wir nicht immer die Gedächtniseindrücke der letztverlebten Tage, sondern tauchen oft ein, ohne irgend erkennbares Motiv, in weit hinter uns liegende, fast erloschene Vergangenheit? Warum empfängt im Traum das Bewußtsein so oft den Eindruck *gleichgültiger* Erinnerungsbilder, während die Gehirnzellen da, wo sie die reizbarsten Aufzeichnungen des Erlebten in sich tragen, meist stumm und starr liegen, es sei denn, daß eine akute Auffrischung während des Wachens sie kurz vorher erregt hatte?«
Man sieht leicht ein, wie die sonderbare Vorliebe des Traumgedächtnisses für das Gleichgültige und darum Unbeachtete an den Tageserlebnissen zumeist dazu führen mußte, die Abhängigkeit des Traumes vom Tagesleben überhaupt zu verkennen und dann wenigstens den Nachweis derselben in jedem einzelnen Falle zu erschweren. So war es möglich, daß Miß Whiton Calkins (1893 [315]) bei der statistischen Bearbeitung ihrer (und ihres Gefährten) Träume doch elf Prozent der Anzahl übrig behielt, in denen eine Beziehung zum Tagesleben nicht ersichtlich war. Sicherlich hat Hildebrandt mit der Behauptung recht (1875 [12 f.]), daß sich alle Traumbilder uns genetisch erklären würden, wenn wir jedesmal Zeit und Sammlung genug darauf verwendeten, ihrer Herkunft nachzuspüren. Er nennt dies freilich »ein äußerst mühseliges und undankbares Geschäft. Denn es liefe ja meistens darauf hinaus, allerlei psychisch ganz wertlose Dinge in den abgelegensten Winkeln der Gedächtniskammer aufzustöbern, allerlei völlig indifferente Momente längst vergangener Zeit aus der Verschüttung, die ihnen vielleicht schon die nächste Stunde brachte, wieder zutage zu fördern«. Ich muß aber doch bedauern, daß der scharfsinnige Autor sich von der Verfolgung des so unscheinbar beginnenden Weges abhalten ließ; er hätte ihn unmittelbar zum Zentrum der Traumerklärung geleitet.

Das Verhalten des Traumgedächtnisses ist sicherlich höchst bedeutsam für jede Theorie des Gedächtnisses überhaupt. Es lehrt, daß »Nichts, was wir geistig einmal besessen, ganz und gar verlorengehen kann« (Scholz, 1887, 34). Oder, wie Delboeuf es ausdrückt [1885, 115], *»que toute impression même la plus insignifiante, laisse une trace inaltérable, indéfiniment susceptible de reparaître au jour«*, ein Schluß, zu welchem so viele andere, pathologische Erscheinungen des Seelenlebens gleichfalls drängen. Man halte sich nun diese außerordentliche Leistungsfähigkeit des Gedächtnisses im Traum vor Augen, um den Widerspruch lebhaft zu empfinden, den gewisse später zu erwähnende Traumtheorien aufstellen müssen, welche die Absurdität und Inkohärenz der Träume durch ein partielles Vergessen des uns bei Tag Bekannten erklären wollen.

Man könnte etwa auf den Einfall geraten, das Phänomen des Träumens überhaupt auf das des Erinnerns zu reduzieren, im Traum die Äußerung einer auch nachts nicht rastenden Reproduktionstätigkeit sehen, die sich Selbstzweck ist. Mitteilungen wie die von Pilcz (1899) würden hiezu stimmen, denen zufolge feste Beziehungen zwischen der Zeit des Träumens und dem Inhalt der Träume nachweisbar sind in der Weise, daß im tiefen Schlaf Eindrücke aus den ältesten Zeiten, gegen Morgen aber rezente Eindrücke vom Traum reproduziert werden. Es wird aber eine solche Auffassung von vornherein unwahrscheinlich durch die Art, wie der Traum mit dem zu erinnernden Material verfährt. Strümpell [1877, 18] macht mit Recht darauf aufmerksam, daß Wiederholungen von Erlebnissen im Traume nicht vorkommen. Der Traum macht wohl einen Ansatz dazu, aber das folgende Glied bleibt aus; es tritt verändert auf, oder an seiner Stelle erscheint ein ganz fremdes. Der Traum bringt nur Bruchstücke von Reproduktionen. Dies ist sicherlich so weit die Regel, daß es eine theoretische Verwertung gestattet. Indes kommen Ausnahmen vor, in denen ein Traum ein Erlebnis ebenso vollständig wiederholt, wie unsere Erinnerung im Wachen es vermag. Delboeuf erzählt [1885, 239 f.] von einem seiner Universitätskollegen, daß er im Traume eine gefährliche Wagenfahrt, bei welcher er einem Unfall nur wie durch ein Wunder entging, mit all ihren Einzelheiten wieder durchgemacht habe. Miß Calkins erwähnt (1893) zweier Träume, welche die genaue Reproduktion eines Erlebnisses vom Vortag zum Inhalt hatten, und ich selbst werde späterhin Anlaß nehmen, ein mir bekanntgewordenes Beispiel von unveränderter Traumwiederkehr eines Kindererlebnisses mitzuteilen. [Vgl. S. 201 und S. 209.] [1]

[1] [*Zusatz 1909:*] Aus späterer Erfahrung füge ich hinzu, daß gar nicht selten harmlose und unwichtige Beschäftigungen des Tages vom Traume wiederholt werden, etwa: Koffer packen, in der Küche Speisen zubereiten u. dgl. Bei solchen Träumen betont der Träumer selbst aber nicht den Charakter der Erinnerung, sondern den der »Wirklichkeit«. »Ich habe das alles am Tage wirklich getan.« [Vgl. S. 199 und S. 365 f. Die in diesem und dem vorhergehenden Abschnitt erörterten Themen werden in den beiden ersten Abschnitten des V. Kapitels wieder aufgenommen (S. 177 ff.).]

C
TRAUMREIZE UND TRAUMQUELLEN

Was man unter Traumreizen und Traumquellen verstehen soll, das kann durch eine Berufung auf die Volksrede »Träume kommen vom Magen« verdeutlicht werden. Hinter der Aufstellung dieser Begriffe verbirgt sich eine Theorie, die den Traum als Folge einer Störung des Schlafes erfaßt. Man hätte nicht geträumt, wenn nicht irgendetwas Störendes im Schlaf sich geregt hätte, und der Traum ist die Reaktion auf diese Störung.

Die Erörterungen über die erregenden Ursachen der Träume nehmen in den Darstellungen der Autoren den breitesten Raum ein. Daß das Problem sich erst ergeben konnte, seitdem der Traum ein Gegenstand der biologischen Forschung geworden war, ist selbstverständlich. Die Alten, denen der Traum als göttliche Sendung galt, brauchten nach einer Reizquelle für ihn nicht zu suchen; aus dem Willen der göttlichen oder dämonischen Macht erfloß der Traum, aus deren Wissen oder Absicht sein Inhalt. Für die Wissenschaft erhob sich alsbald die Frage, ob der Anreiz zum Träumen stets der nämliche sei oder ein vielfacher sein könne, und damit die Erwägung, ob die ursächliche Erklärung des Traumes der Psychologie oder vielmehr der Physiologie anheimfalle. Die meisten Autoren scheinen anzunehmen, daß die Ursachen der Schlafstörung, also die Quellen des Träumens, mannigfaltiger Art sein können und daß Leibreize ebenso wie seelische Erregungen zur Rolle von Traumerregern gelangen. In der Bevorzugung der einen oder der anderen unter den Traumquellen, in der Herstellung einer Rangordnung unter ihnen je nach ihrer Bedeutsamkeit für die Entstehung des Traumes gehen die Ansichten weit auseinander.

Wo die Aufzählung der Traumquellen vollständig ist, da ergeben sich schließlich vier Arten derselben, die auch zur Einteilung der Träume verwendet worden sind: 1) *Äußere (objektive) Sinneserregung.* 2) *Innere (subjektive) Sinneserregung.* 3) *Innerer (organischer) Leibreiz.* 4) *Rein psychische Reizquellen.*

Ad 1) Die äußeren Sinnesreize

Der jüngere Strümpell, der Sohn des Philosophen, dessen Werk über den Traum uns bereits mehrmals als Wegweiser in die Traumprobleme diente, hat bekanntlich die Beobachtung eines Kranken mitgeteilt [1883–4, Bd. 2], der mit allgemeiner Anästhesie der Körperdecken und Lähmung mehrerer der höheren Sinnesorgane behaftet war. Wenn man bei diesem Manne die wenigen noch offenen Sinnespforten von der Außenwelt abschloß, verfiel er in Schlaf. Wenn wir einschlafen wollen, pflegen wir alle eine Situation anzustreben, die jener im Strümpellschen Experimente ähnlich ist. Wir verschließen die wichtigsten Sinnespforten, die Augen, und suchen von den anderen Sinnen jeden Reiz oder jede Veränderung der auf sie wirkenden Reize abzuhalten. Wir schlafen dann ein, obwohl uns unser Vorhaben nie völlig gelingt. Wir können weder die Reize vollständig von den Sinnesorganen fernhalten noch die Erregbarkeit unserer Sinnesorgane völlig aufheben. Daß wir durch stärkere Reize jederzeit zu erwecken sind, darf uns beweisen, »daß die Seele auch im Schlaf in fortdauernder Verbindung mit der außerleiblichen Welt« geblieben ist[1]. Die Sinnesreize, die uns während des Schlafes zukommen, können sehr wohl zu Traumquellen werden.

Von solchen Reizen gibt es nun eine große Reihe, von den unvermeidlichen an, die der Schlafzustand mit sich bringt oder nur gelegentlich zulassen muß, bis zum zufälligen Weckreiz, welcher geeignet oder dazu bestimmt ist, dem Schlafe ein Ende zu machen. Es kann stärkeres Licht in die Augen dringen, ein Geräusch sich vernehmbar machen, ein riechender Stoff die Nasenschleimhaut erregen. Wir können im Schlaf durch ungewollte Bewegungen einzelne Körperteile entblößen und so der Abkühlungsempfindung aussetzen oder durch Lageveränderung uns selbst Druck- und Berührungsempfindungen erzeugen. Es kann uns eine Fliege stechen, oder ein kleiner nächtlicher Unfall kann mehrere Sinne zugleich bestürmen. Die Aufmerksamkeit der Beobachter hat eine ganze Reihe von Träumen gesammelt, in welchen der beim Erwachen konstatierte Reiz und ein Stück des Trauminhalts so weit übereinstimmten, daß der Reiz als Traumquelle erkannt werden konnte.

Eine Sammlung solcher auf objektive – mehr oder minder akzidentelle – Sinnesreizung zurückgehender Träume führe ich hier nach Jessen (1855, 527 f.) an: »Jedes undeutlich wahrgenommene Geräusch erweckt ent-

---

[1] [Vgl. die Bemerkungen Burdachs auf S. 76.]

sprechende Traumbilder, das Rollen des Donners versetzt uns mitten in eine Schlacht, das Krähen eines Hahns kann sich in das Angstgeschrei eines Menschen verwandeln, das Knarren einer Tür Träume von räuberischen Einbrüchen hervorrufen.«

»Wenn wir des Nachts unsere Bettdecke verlieren, so träumen wir vielleicht, daß wir nackt umhergehen oder daß wir ins Wasser gefallen sind. Wenn wir schräg im Bett liegen und die Füße über den Rand desselben herauskommen, so träumt uns vielleicht, daß wir am Rande eines schrecklichen Abgrundes stehen oder daß wir von einer steilen Höhe hinabstürzen. Kommt unser Kopf zufällig unter das Kopfkissen, so hängt ein großer Felsen über uns und steht im Begriff, uns unter seiner Last zu begraben. Anhäufungen des Samens erzeugen wollüstige Träume, örtliche Schmerzen die Idee erlittener Mißhandlungen, feindlicher Angriffe oder geschehender Körperverletzungen ...«

»Meier (1758, 33) träumte einmal, daß er von einigen Personen überfallen würde, welche ihn der Länge nach auf den Rücken auf die Erde hinlegten und ihm zwischen die große und die nächste Zehe einen Pfahl in die Erde schlugen. Indem er sich dies im Traum vorstellte, erwachte er und fühlte, daß ihm ein Strohhalm zwischen den Zehen stecke. Demselben soll nach Hennings (1784, 258) ein anderes Mal, als er sein Hemd am Halse etwas fest zusammengesteckt hatte, geträumt haben, daß er gehenkt würde. Hoffbauer [1796, 146] träumte in seiner Jugend, von einer hohen Mauer hinabzufallen, und bemerkte beim Erwachen, daß die Bettstelle auseinandergegangen und daß er wirklich gefallen war... Gregory berichtet, er habe einmal beim Zubettegehen eine Flasche mit heißem Wasser an die Füße gelegt und darauf im Traum eine Reise auf die Spitze des Ätna gemacht, wo er die Hitze des Erdbodens fast unerträglich gefunden. Ein anderer träumte nach einem auf den Kopf gelegten Blasenpflaster, daß er von einem Haufen von Indianern skalpiert werde; ein dritter, der in einem feuchten Hemde schlief, glaubte durch einen Strom gezogen zu werden. Ein im Schlaf eintretender Anfall von Podagra ließ einen Kranken glauben, er sei in den Händen der Inquisition und erdulde die Qualen der Folter (Macnish [1835, 40]).«

Das auf die Ähnlichkeit zwischen Reiz und Trauminhalt gegründete Argument läßt eine Verstärkung zu, wenn es gelingt, bei einem Schlafenden durch planmäßige Anbringung von Sinnesreizen dem Reiz entsprechende Träume zu erzeugen. Solche Versuche hat nach Macnish [loc. cit., in Jessen (1855, 529)] schon Girou de Buzareingues angestellt [1848, 55]. »Er ließ seine Knie unbedeckt und träumte, daß er in der Nacht auf einem Postwagen reise. Er bemerkt dabei, daß Reisende wohl wissen würden, wie in einer Kutsche die Knie des Nachts kalt würden. Ein anderes Mal ließ er den Kopf hinten unbedeckt und träumte, daß er einer religiösen Zeremonie in freier Luft beiwohne. Es war nämlich in dem Lande, in welchem er lebte, Sitte, den Kopf stets bedeckt zu tragen, ausgenommen bei solchen Veranlassungen wie die eben genannte.«

Maury (1878 [154–6]) teilt neue Beobachtungen von an ihm selbst erzeugten Träumen mit. (Eine Reihe anderer Versuche brachte keinen Erfolg.)

1) Er wird an Lippen und Nasenspitze mit einer Feder gekitzelt. – Träumt von einer schrecklichen Tortur; eine Pechlarve wird ihm aufs Gesicht gelegt, dann weggerissen, so daß die Haut mitgeht.

2) Man wetzt eine Schere an einer Pinzette. – Er hört Glocken läuten, dann Sturmläuten und ist in die Junitage des Jahres 1848 versetzt.

3) Man läßt ihn Kölnerwasser riechen. – Er ist in Kairo im Laden von Johann Maria Farina. Daran schließen sich tolle Abenteuer, die er nicht reproduzieren kann.

4) Man kneipt ihn leicht in den Nacken. – Er träumt, daß man ihm ein Blasenpflaster auflegt, und denkt an einen Arzt, der ihn als Kind behandelt hat.

5) Man nähert ein heißes Eisen seinem Gesicht. Er träumt von den »Heizern« [1], die sich ins Haus eingeschlichen haben und die Bewohner zwingen, ihr Geld herauszugeben, indem sie ihnen die Füße ins Kohlenbecken stecken. Dann tritt die Herzogin von Abrantès auf, deren Sekretär er im Traume ist.

8) Man gießt ihm einen Tropfen Wasser auf die Stirne. – Er ist in Italien, schwitzt heftig und trinkt den weißen Wein von Orvieto.

9) Man läßt wiederholt durch ein rotes Papier das Licht einer Kerze auf ihn fallen. – Er träumt vom Wetter, von Hitze und befindet sich wieder in einem Seesturm, den er einmal auf dem Kanal La Manche mitgemacht.

Andere Versuche, Träume experimentell zu erzeugen, rühren von d'Hervey [1867, 268 f. und 376 f.], Weygandt (1893) u. a. her.

Von mehreren Seiten ist die »auffällige Fertigkeit des Traumes bemerkt worden, plötzliche Eindrücke aus der Sinneswelt dergestalt in seine Gebilde zu verweben, daß sie in diesen eine allmählich schon vorberei-

---

[1] *Chauffeurs* hießen [zur Zeit der Französischen Revolution] Banden von Räubern in der Vendée, die sich dieser Tortur bedienten.

tete und eingeleitete Katastrophe bilden« (Hildebrandt, 1875 [36]). »In jüngeren Jahren«, erzählt dieser Autor, »bediente ich mich zuzeiten, um regelmäßig in bestimmter Morgenstunde aufzustehen, des bekannten, meist an Uhrwerken angebrachten Weckers. Wohl zu hundertmalen ist mirs begegnet, daß der Ton dieses Instrumentes in einen vermeintlich sehr langen und zusammenhängenden Traum dergestalt hineinpaßte, als ob dieser ganze Traum eben nur auf ihn angelegt sei und in ihm seine eigentliche logisch unentbehrliche Pointe, sein natürlich gewiesenes Endziel fände.« [Ibid., 37.]

Ich werde drei dieser Weckerträume noch in anderer Absicht zitieren [S. 53 f.].

Volkelt (1875, 108 f.) erzählt: »Einem Komponisten träumte einmal, er halte Schule und wolle eben seinen Schülern etwas klarmachen. Schon ist er damit fertig und wendet sich an einen der Knaben mit der Frage: ›Hast du mich verstanden?‹ Dieser schreit wie ein Besessener: ›Oh ja.‹ Ungehalten hierüber verweist er ihm das Schreien. Doch schon schreit die ganze Klasse: *›Orja.‹* Hierauf: *›Eurjo.‹* Und endlich: *›Feuerjo!‹* Und nun erwacht er von wirklichem Feuerjogeschrei auf der Straße.«

Garnier (1872 [Bd. 1, 476]) bei Radestock berichtet, daß Napoleon I. durch die Explosion der Höllenmaschine aus einem Traum geweckt wurde, den er im Wagen schlafend hatte und der ihn den Übergang über den Tagliamento und die Kanonade der Österreicher wieder erleben ließ, bis er mit dem Ausruf aufschreckte: »Wir sind unterminiert.«[1]

Zur Berühmtheit gelangt ist ein Traum, den Maury erlebt hat (1878, 161). Er war leidend und lag in seinem Zimmer zu Bett; seine Mutter saß neben ihm. Er träumte nun von der Schreckensherrschaft zur Zeit der Revolution, machte greuliche Mordszenen mit und wurde dann endlich selbst vor den Gerichtshof zitiert. Dort sah er Robespierre, Marat, Fouquier-Tinville und alle die traurigen Helden jener gräßlichen Epoche, stand ihnen Rede, wurde nach allerlei Zwischenfällen, die sich in seiner Erinnerung nicht fixierten, verurteilt und dann, von einer unübersehbaren Menge begleitet, auf den Richtplatz geführt. Er steigt aufs Schafott, der Scharfrichter bindet ihn aufs Brett; es kippt um; das Messer der Guillotine fällt herab; er fühlt, wie sein Haupt vom Rumpf getrennt wird, wacht in der entsetzlichsten Angst auf – und findet, daß

---

[1] [Weiteres hierzu unten S. 240 f. und S. 478 f.]

der Bettaufsatz herabgefallen war und seine Halswirbel, wirklich ähnlich wie das Messer der Guillotine, getroffen hatte.
An diesen Traum knüpft sich eine interessante, von Le Lorrain (1894) und Egger (1895) in der *Revue philosophique* eingeleitete Diskussion, ob und wie es dem Träumer möglich werde, in dem kurzen Zeitraum, der zwischen der Wahrnehmung des Weckreizes und dem Erwachen verstreicht, eine anscheinend so überaus reiche Fülle von Trauminhalt zusammenzudrängen[1].
Beispiele dieser Art lassen die objektiven Sinnesreizungen während des Schlafes als die am besten sichergestellte unter den Traumquellen erscheinen. Sie ist es auch, die in der Kenntnis des Laien einzig und allein eine Rolle spielt. Fragt man einen Gebildeten, der sonst der Traumliteratur fremd geblieben ist, wie die Träume zustande kommen, so wird er zweifellos mit der Berufung auf einen ihm bekanntgewordenen Fall antworten, in dem ein Traum durch einen nach dem Erwachen erkannten objektiven Sinnesreiz aufgeklärt wurde. Die wissenschaftliche Betrachtung kann dabei nicht haltmachen; sie schöpft den Anlaß zu weiteren Fragen aus der Beobachtung, daß der während des Schlafes auf die Sinne einwirkende Reiz im Traume ja nicht in seiner wirklichen Gestalt auftritt, sondern durch irgendeine andere Vorstellung vertreten wird, die in irgendwelcher Beziehung zu ihm steht. Die Beziehung aber, die den Traumreiz und den Traumerfolg verbindet, ist nach den Worten Maurys *»une affinité quelconque, mais qui n'est pas unique et exclusive«* (1853, 72). Man höre z. B. drei der Weckerträume Hildebrandts (1875, 37 f.); man wird sich dann die Frage vorzulegen haben, warum derselbe Reiz so verschiedene und warum er gerade diese Traumerfolge hervorrief:
»Also ich gehe an einem Frühlingsmorgen spazieren und schlendre durch die grünenden Felder weiter bis zu einem benachbarten Dorfe, dort sehe ich die Bewohner in Feierkleidern, das Gesangbuch unter dem Arm, zahlreich der Kirche zuwandern. Richtig! Es ist ja Sonntag, und der Frühgottesdienst wird bald beginnen. Ich beschließe, an diesem teilzunehmen, zuvor aber, weil ich etwas echauffiert bin, auf dem die Kirche umgebenden Friedhofe mich abzukühlen. Während ich hier verschiedene Grabschriften lese, höre ich den Glöckner den Turm hinansteigen und sehe nun in der Höhe des letzteren die kleine Dorfglocke, die das Zeichen zum Beginn der Andacht geben wird. Noch eine ganze

---

[1] [Weiter erörtert unten auf S. 86 und S. 476 ff.]

Weile hängt sie bewegungslos da, dann fängt sie an zu schwingen – und plötzlich ertönen ihre Schläge hell und durchdringend – so hell und durchdringend, daß sie meinem Schlaf ein Ende machen. Die Glockentöne aber kommen von dem Wecker.«

»Eine zweite Kombination. Es ist heller Wintertag; die Straßen sind hoch mit Schnee bedeckt. Ich habe meine Teilnahme an einer Schlittenfahrt zugesagt, muß aber lange warten, bis die Meldung erfolgt, der Schlitten stehe vor der Tür. Jetzt erfolgen die Vorbereitungen zum Einsteigen – der Pelz wird angelegt, der Fußsack hervorgeholt – und endlich sitze ich auf meinem Platze. Aber noch verzögert sich die Abfahrt, bis die Zügel den harrenden Rossen das fühlbare Zeichen geben. Nun ziehen diese an; die kräftig geschüttelten Schellen beginnen ihre wohlbekannte Janitscharenmusik mit einer Mächtigkeit, die augenblicklich das Spinngewebe des Traumes zerreißt. Wieder ist's nichts anderes als der schrille Ton der Weckerglocke.«

»Noch das dritte Beispiel! Ich sehe ein Küchenmädchen mit einigen Dutzend aufgetürmter Teller den Korridor entlang zum Speisezimmer schreiten. Die Porzellansäule in ihren Armen scheint mir in Gefahr, das Gleichgewicht zu verlieren. ›Nimm dich in acht‹, warne ich, ›die ganze Ladung wird zur Erde fallen.‹ Natürlich bleibt der obligate Widerspruch nicht aus: man sei dergleichen schon gewohnt usw., während dessen ich noch immer mit Blicken der Besorgnis die Wandelnde begleite. Richtig, an der Türschwelle erfolgt ein Straucheln, – das zerbrechliche Geschirr fällt und rasselt und prasselt in hundert Scherben auf dem Fußboden umher. Aber – das endlos sich fortsetzende Getön ist doch, wie ich bald merke, kein eigentliches Rasseln, sondern ein richtiges Klingeln – und mit diesem Klingeln hat, wie nunmehr der Erwachende erkennt, nur der Wecker seine Schuldigkeit getan.«

Die Frage, warum die Seele im Traum die Natur des objektiven Sinnesreizes verkenne, ist von Strümpell (1877 [103]) – und fast ebenso von Wundt (1874 [659 f.]) – dahin beantwortet worden, daß sie sich gegen solche im Schlaf angreifende Reize unter den Bedingungen der Illusionsbildung befindet. Ein Sinneseindruck wird von uns *erkannt, richtig gedeutet,* d. h. unter die Erinnerungsgruppe eingereiht, in die er nach allen vorausgegangenen Erfahrungen gehört, wenn der Eindruck stark, deutlich, dauerhaft genug ist und wenn uns die für diese Überlegung erforderliche Zeit zu Gebote steht. Sind diese Bedingungen nicht erfüllt, so verkennen wir das Objekt, von dem der Eindruck herrührt; wir bilden auf Grund desselben eine Illusion. »Wenn jemand auf freiem Felde spazierengeht und einen entfernten Gegenstand undeutlich wahrnimmt, kann es kommen, daß er denselben zuerst für ein Pferd hält.« Bei näherem Zusehen kann die Deutung einer ruhenden Kuh sich aufdrängen, und endlich kann sich die Vorstellung mit Bestimmtheit in die einer Gruppe von sitzenden Menschen auflösen. Ähnlich unbestimmter Natur sind nun die Eindrücke, welche die Seele im Schlafe durch äußere Reize empfängt; sie bildet auf Grund derselben Illusionen, indem durch den Eindruck eine größere oder kleinere Anzahl von Erinnerungsbildern wachgerufen wird, durch welche der Eindruck seinen psychischen Wert bekommt. Aus welchem der vielen in Betracht kommenden Erinnerungskreise die zugehörigen Bilder geweckt werden und welche der möglichen Assoziationsbeziehungen dabei in Kraft treten, dies bleibt auch nach Strümpell unbestimmbar und gleichsam der Willkür des Seelenlebens überlassen.

Wir stehen hier vor einer Wahl. Wir können zugeben, daß die Gesetzmäßigkeit in der Traumbildung wirklich nicht weiter zu verfolgen ist, und somit verzichten zu fragen, ob die Deutung der durch den Sinneseindruck hervorgerufenen Illusion nicht noch anderen Bedingungen unterliegt. Oder wir können auf die Vermutung geraten, daß die im Schlaf angreifende objektive Sinnesreizung als Traumquelle nur eine bescheidene Rolle spielt und daß andere Momente die Auswahl der wachzurufenden Erinnerungsbilder determinieren. In der Tat, wenn man die experimentell erzeugten Träume Maurys prüft, die ich in dieser Absicht so ausführlich mitgeteilt habe, so ist man versucht zu sagen, der angestellte Versuch deckt eigentlich nur eines der Traumelemente nach seiner Herkunft, und der übrige Trauminhalt erscheint vielmehr zu selbständig, zu sehr im einzelnen bestimmt, als daß er durch die eine Anforderung, er müsse sich mit dem experimentell eingeführten Element vertragen, aufgeklärt werden könnte. Ja man beginnt selbst an der Illusionstheorie und an der Macht des objektiven Eindrucks, den Traum zu gestalten, zu zweifeln, wenn man erfährt, daß dieser Eindruck gelegentlich die allersonderbarste und entlegenste Deutung im Traume erfährt. So erzählt z. B. Simon (1888) einen Traum, in dem er riesenhafte Personen bei Tische sitzen sah und deutlich das furchtbare Geklapper hörte, das ihre aufeinanderschlagenden Kiefer beim Kauen erzeugten. Als er erwachte, hörte er den Hufschlag eines vor seinem Fenster vorbeigaloppierenden Pferdes. Wenn hier der Lärm der Pferdehufe gerade Vorstellungen aus dem Erinnerungskreis von *Gullivers*

Reisen, Aufenthalt bei den Riesen von Brobdingnag und bei den tugendhaften Pferdewesen wachgerufen hat – wie ich ohne alle Unterstützung von Seite des Autors etwa deuten möchte –, sollte die Auswahl dieses für den Reiz so ungewöhnlichen Erinnerungskreises nicht außerdem durch andere Motive erleichtert gewesen sein? [1]

Ad 2) Innere (subjektive) Sinneserregung

Allen Einwendungen zum Trotz wird man zugeben müssen, daß die Rolle objektiver Sinneserregungen während des Schlafs als Traumerreger unbestritten feststeht, und wenn diese Reize ihrer Natur und Häufigkeit nach vielleicht unzureichend erscheinen, um alle Traumbilder zu erklären, so wird darauf hingewiesen, nach anderen, aber ihnen analog wirkenden Traumquellen zu suchen. Ich weiß nun nicht, wo zuerst der Gedanke aufgetaucht ist, neben den äußeren Sinnesreizen die inneren (subjektiven) Erregungen in den Sinnesorganen in Anspruch zu nehmen; es ist aber Tatsache, daß dies in allen neueren Darstellungen der Traumätiologie mehr oder minder nachdrücklich geschieht. »Eine wesentliche Rolle spielen ferner, wie ich glaube«, sagt Wundt (1874, 657), »bei den Traumillusionen jene subjektiven Gesichts- und Gehörsempfindungen, die uns aus dem wachen Zustande als Lichtchaos des dunkeln Gesichtsfeldes, als Ohrenklingen, Ohrensausen usw. bekannt sind, unter ihnen namentlich die subjektiven Netzhauterregungen. So erklärt sich die merkwürdige Neigung des Traumes, ähnliche oder ganz übereinstimmende Objekte in der Mehrzahl dem Auge vorzuzaubern. Zahllose Vögel, Schmetterlinge, Fische, bunte Perlen, Blumen u. dgl. sehen wir vor uns ausgebreitet. Hier hat der Lichtstaub des dunkeln Gesichtsfeldes phantastische Gestalt angenommen, und die zahlreichen Lichtpunkte, aus denen derselbe besteht, werden von dem Traum in ebenso vielen Einzelbildern verkörpert, die wegen der Beweglichkeit des Lichtchaos als *bewegte* Gegenstände angeschaut werden. – Hierin wurzelt wohl auch die große Neigung des Traumes zu den mannigfachsten Tiergestalten, deren Formenreichtum sich der besonderen Form der subjektiven Lichtbilder leicht anschmiegt.«

---

[1] [*Zusatz 1911:*] Riesenhafte Personen im Traume lassen annehmen, daß es sich um eine Szene aus der Kindheit des Träumers handelt. [Vgl. S. 397.]
[*Zusatz 1925:*] Die obige Deutung auf eine Reminiszenz aus *Gullivers Reisen* ist übrigens ein gutes Beispiel dafür, wie eine Deutung nicht sein soll. Der Traumdeuter soll nicht seinen eigenen Witz spielen lassen und die Anlehnung an die Einfälle des Träumers hintansetzen.

Die subjektiven Sinneserregungen haben als Quelle der Traumbilder offenbar den Vorzug, daß sie nicht wie die objektiven vom äußeren Zufall abhängig sind. Sie stehen sozusagen der Erklärung zu Gebote, sooft diese ihrer bedarf. Sie stehen aber hinter den objektiven Sinnesreizen darin zurück, daß sie jener Bestätigung ihrer Rolle als Traumerreger, welche Beobachtung und Experiment bei den letzteren ergeben, nur schwer oder gar nicht zugänglich sind. Den Haupterweis für die traumerregende Macht subjektiver Sinneserregungen erbringen die sogenannten hypnagogischen Halluzinationen, die von Joh. Müller (1826) als »phantastische Gesichtserscheinungen« beschrieben worden sind. Es sind dies oft sehr lebhafte, wechselvolle Bilder, die sich in der Periode des Einschlafens, bei vielen Menschen ganz regelmäßig, einzustellen pflegen und auch nach dem Öffnen der Augen eine Weile bestehen bleiben können. Maury, der ihnen im hohen Grade unterworfen war, hat ihnen eine eingehende Würdigung zugewendet und ihren Zusammenhang, ja vielmehr ihre Identität mit den Traumbildern (wie übrigens schon Joh. Müller [ibid., 49 f.]) behauptet. Für ihre Entstehung, sagt Maury, ist eine gewisse seelische Passivität, ein Nachlaß der Aufmerksamkeitsspannung erforderlich (1878, 59 f.). Es genügt aber, daß man auf eine Sekunde in solche Lethargie verfalle, um bei sonstiger Disposition eine hypnagogische Halluzination zu sehen, nach der man vielleicht wieder aufwacht, bis das sich mehrmals wiederholende Spiel mit dem Einschlafen endigt. Erwacht man dann nach nicht zu langer Zeit, so gelingt es nach Maury häufig, im Traum dieselben Bilder nachzuweisen, die einem als hypnagogische Halluzinationen vor dem Einschlafen vorgeschwebt haben (ibid., 134 f.). So erging es Maury einmal mit einer Reihe von grotesken Gestalten mit verzerrten Mienen und sonderbaren Frisuren, die ihn mit unglaublicher Aufdringlichkeit in der Periode des Einschlafens belästigten und von denen er nach dem Erwachen sich erinnerte geträumt zu haben. Ein andermal, als er gerade an Hungergefühl litt, weil er sich schmale Diät auferlegt hatte, sah er hypnagogisch eine Schüssel und eine mit einer Gabel bewaffnete Hand, die sich etwas von der Speise in der Schüssel holte. Im Traume befand er sich an einer reichgedeckten Tafel und hörte das Geräusch, das die Speisenden mit ihren Gabeln machten. Ein andermal, als er mit gereizten und schmerzenden Augen einschlief, hatte er die hypnagogische Halluzination von mikroskopisch kleinen Zeichen, die er mit großer Anstrengung einzeln entziffern mußte; nach einer Stunde aus dem Schlafe geweckt, erinnerte er sich an einen Traum, in dem ein aufgeschlagenes Buch, mit sehr klei-

nen Lettern gedruckt, vorkam, welches er mühselig hatte durchlesen müssen.
Ganz ähnlich wie diese Bilder können auch Gehörshalluzinationen von Worten, Namen usw. hypnagogisch auftreten und dann im Traum sich wiederholen, als Ouvertüre gleichsam, welche die Leitmotive der mit ihr beginnenden Oper ankündigt.
Auf den nämlichen Wegen wie Joh. Müller und Maury wandelt ein neuerer Beobachter der hypnagogischen Halluzinationen, G. Trumbull Ladd (1892). Er brachte es durch Übung dahin, daß er sich zwei bis fünf Minuten nach dem allmählichen Einschlafen jäh aus dem Schlaf reißen konnte, ohne die Augen zu öffnen, und hatte dann die Gelegenheit, die eben entschwindenden Netzhautempfindungen mit den in der Erinnerung überlebenden Traumbildern zu vergleichen. Er versichert, daß sich jedesmal eine innige Beziehung zwischen beiden erkennen ließ in der Weise, daß die leuchtenden Punkte und Linien des Eigenlichts der Netzhaut gleichsam die Umrißzeichnung, das Schema für die psychisch wahrgenommenen Traumgestalten brachten. Einem Traum z. B., in welchem er deutlich gedruckte Zeilen vor sich sah, die er las und studierte, entsprach eine Anordnung der leuchtenden Punkte in der Netzhaut in parallelen Linien. Um es mit seinen Worten zu sagen: Die klar bedruckte Seite, die er im Traum gelesen, löste sich in ein Objekt auf, das seiner wachen Wahrnehmung erschien wie ein Stück eines reellen bedruckten Blattes, das man aus allzu großer Entfernung, um etwas deutlich auszunehmen, durch ein Löchelchen in einem Stück Papier ansieht. Ladd meint, ohne übrigens den zentralen [zerebralen] Anteil des Phänomens zu unterschätzen, daß kaum ein visueller Traum in uns abläuft, der sich nicht an das Material der inneren Erregungszustände der Netzhaut anlehnte. Besonders gilt dies für die Träume kurz nach dem Einschlafen im dunkeln Zimmer, während für die Träume am Morgen nahe dem Erwachen das objektive, im erhellten Zimmer ins Auge dringende Licht die Reizquelle abgebe. Der wechselvolle, unendlich abänderungsfähige Charakter der Eigenlichterregung entspricht genau der unruhigen Bilderflucht, die unsere Träume uns vorführen. Wenn man den Beobachtungen von Ladd Bedeutung beimißt, wird man die Ergiebigkeit dieser subjektiven Reizquelle für den Traum nicht gering anschlagen können, denn Gesichtsbilder machen bekanntlich den Hauptbestandteil unserer Träume aus. Der Beitrag von anderen Sinnesgebieten bis auf den des Gehörs ist geringfügiger und inkonstant.

Ad 3) Innerer, organischer Leibreiz

Wenn wir auf dem Wege sind, die Traumquellen nicht außerhalb, sondern innerhalb des Organismus zu suchen, so müssen wir uns daran erinnern, daß fast alle unsere inneren Organe, die im Zustande der Gesundheit uns kaum Kunde von ihrem Bestand geben, in Zuständen von Reizung – die wir so heißen – oder in Krankheiten eine Quelle von meist peinlichen Empfindungen für uns werden, welche den Erregern der von außen anlangenden Schmerz- und Empfindungsreize gleichgestellt werden muß. Es sind sehr alte Erfahrungen, welche z. B. Strümpell zu der Aussage veranlassen (1877, 107): »Die Seele gelangt im Schlaf zu einem viel tieferen und breiteren Empfindungsbewußtsein von ihrer Leiblichkeit als im Wachen und ist genötigt, gewisse Reizeindrücke zu empfangen und auf sich wirken zu lassen, die aus Teilen und Veränderungen ihres Körpers herstammen, von denen sie im Wachen nichts wußte.« Schon Aristoteles erklärt es für sehr wohl möglich, daß man im Traum auf beginnende Krankheitszustände aufmerksam gemacht würde, von denen man im Wachen noch nichts merkt (kraft der Vergrößerung, die der Traum den Eindrücken angedeihen läßt, siehe oben S. 30), und ärztliche Autoren, deren Anschauung es sicherlich ferne-lag, an eine prophetische Gabe des Traumes zu glauben, haben wenigstens für die Krankheitsankündigung diese Bedeutung des Traumes gelten lassen. (Vgl. M. Simon, 1888, 31, und viele ältere Autoren [1].)

Es scheint an beglaubigten Beispielen für solche diagnostische Leistungen des Traumes auch aus neuerer Zeit nicht zu fehlen. So z. B. berichtet Tissié (1898 [62 f.]) nach Artigues (1884 [43]) die Geschichte einer dreiundvierzigjährigen Frau, die durch einige Jahre in scheinbar voller Gesundheit von Angstträumen heimgesucht wurde und bei der ärztlichen Untersuchung dann eine beginnende Herzaffektion aufwies, welcher sie alsbald erlag.

[1] [*Zusatz 1914:*] Außer dieser diagnostischen Verwertung der Träume (z. B. bei Hippokrates [s. oben S. 30, Anm. 4] muß man ihrer therapeutischen Bedeutung im Altertum gedenken.

Bei den Griechen gab es Traumorakel, welche gewöhnlich Genesung suchende Kranke aufzusuchen pflegten. Der Kranke ging in den Tempel des Apollo oder des Äskulap, dort wurde er verschiedenen Zeremonien unterworfen, gebadet, gerieben, geräuchert, und so in Exaltation versetzt, legte man ihn im Tempel auf das Fell eines geopferten Widders. Er schlief ein und träumte von Heilmitteln, die ihm in natürlicher Gestalt oder in Symbolen und Bildern gezeigt wurden, welche dann die Priester deuteten.

Weiteres über die Heilträume der Griechen bei Lehmann (1908, Bd. 1, 74), Bouché-Leclerq (1879–1882), Hermann (1858, § 41, 262 ff., und 1882, § 38, 356), Böttinger (1795, 163 ff.), Lloyd (1877), Döllinger (1857, 130).

Ausgebildete Störungen der inneren Organe wirken offenbar bei einer ganzen Reihe von Personen als Traumerreger. Allgemein wird auf die Häufigkeit der Angstträume bei Herz- und Lungenkranken hingewiesen, ja diese Beziehung des Traumlebens wird von vielen Autoren so sehr in den Vordergrund gedrängt, daß ich mich hier mit der bloßen Verweisung auf die Literatur (Radestock [1879, 70], Spitta [1882, 241 f.], Maury [1878, 33 f.], M. Simon (1888), Tissié [1898, 60 ff.]) begnügen kann. Tissié meint sogar, daß die erkrankten Organe dem Trauminhalt das charakteristische Gepräge aufdrücken. Die Träume der Herzkranken sind gewöhnlich sehr kurz und enden mit schreckhaftem Erwachen; fast immer spielt im Inhalt derselben die Situation des Todes unter gräßlichen Umständen eine Rolle. Die Lungenkranken träumen vom Ersticken, Gedränge, Flucht und sind in auffälliger Zahl dem bekannten Alptraum unterworfen, den übrigens Börner (1855) durch Lagerung aufs Gesicht, durch Verdeckung der Respirationsöffnungen experimentell hat hervorrufen können. Bei Digestionsstörungen enthält der Traum Vorstellungen aus dem Kreise des Genießens und des Ekels. Der Einfluß sexueller Erregung endlich auf den Inhalt der Träume ist für die Erfahrung eines jeden einzelnen greifbar genug und leiht der ganzen Lehre von der Traumerregung durch Organreiz ihre stärkste Stütze.

Es ist auch, wenn man die Literatur des Traumes durcharbeitet, ganz unverkennbar, daß einzelne der Autoren (Maury [1878, 451 f.], Weygandt, 1893) durch den Einfluß ihrer eigenen Krankheitszustände auf den Inhalt ihrer Träume zur Beschäftigung mit den Traumproblemen geführt worden sind.

Der Zuwachs an Traumquellen aus diesen unzweifelhaft festgestellten Tatsachen ist übrigens nicht so bedeutsam, als man meinen möchte. Der Traum ist ja ein Phänomen, das sich bei Gesunden – vielleicht bei allen, vielleicht allnächtlich – einstellt und das Organerkrankung offenbar nicht zu seinen unentbehrlichen Bedingungen zählt. Es handelt sich für uns aber nicht darum, woher besondere Träume rühren, sondern was für die gewöhnlichen Träume normaler Menschen die Reizquelle sein mag.

Indes bedarf es jetzt nur eines Schrittes weiter, um auf eine Traumquelle zu stoßen, die reichlicher fließt als jede frühere und eigentlich für keinen Fall zu versiegen verspricht. Wenn es sichergestellt ist, daß das Körperinnere im kranken Zustande zur Quelle der Traumreize wird, und wenn wir zugeben, daß die Seele im Schlafzustande, von der

Außenwelt abgelenkt, dem Innern des Leibes größere Aufmerksamkeit zuwenden kann, so liegt es nahe anzunehmen, daß die Organe nicht erst zu erkranken brauchen, um Erregungen, die irgendwie zu Traumbildern werden, an die schlafende Seele gelangen zu lassen. Was wir im Wachen dumpf als Gemeingefühl nur seiner Qualität nach wahrnehmen und wozu nach der Meinung der Ärzte alle Organsysteme ihre Beiträge leisten, das würde nachts, zur kräftigen Einwirkung gelangt und mit seinen einzelnen Komponenten tätig, die mächtigste und gleichzeitig die gewöhnlichste Quelle für die Erweckung der Traumvorstellungen ergeben. Es erübrigte dann noch die Untersuchung, nach welchen Regeln sich die Organreize in Traumvorstellungen umsetzen.

Wir haben hier jene Theorie der Traumentstehung berührt, welche die bevorzugte bei allen ärztlichen Autoren geworden ist. Das Dunkel, in welches der Kern unseres Wesens, das *»moi splanchnique«*, wie Tissié es nennt [1898, 23], für unsere Kenntnisse gehüllt ist, und das Dunkel der Traumentstehung entsprechen einander zu gut, um nicht in Beziehung zueinander gebracht zu werden. Der Ideengang, welcher die vegetative Organempfindung zum Traumbildner macht, hat überdies für den Arzt den anderen Anreiz, daß er Traum und Geistesstörung, die soviel Übereinstimmung in ihren Erscheinungen zeigen, auch ätiologisch vereinigen läßt, denn Alterationen des Gemeingefühls und Reize, die von den inneren Organen ausgehen, werden auch einer weitreichenden Bedeutung für die Entstehung der Psychosen bezichtigt. Es ist darum nicht zu verwundern, wenn die Leibreiztheorie sich auf mehr als einen Urheber, der sie selbständig angegeben, zurückführen läßt.

Für eine Reihe von Autoren wurde der Gedankengang maßgebend, den der Philosoph Schopenhauer im Jahre 1851 entwickelt hat. Das Weltbild entsteht in uns dadurch, daß unser Intellekt die ihn von außen treffenden Eindrücke in die Formen der Zeit, des Raums und der Kausalität umgießt. Die Reize aus dem Inneren des Organismus, vom sympathischen Nervensystem her, äußern bei Tag höchstens einen unbewußten Einfluß auf unsere Stimmung. Bei Nacht aber, wenn die übertäubende Wirkung der Tageseindrücke aufgehört hat, vermögen jene aus dem Innern heraufdringenden Eindrücke sich Aufmerksamkeit zu verschaffen – ähnlich wie wir bei Nacht die Quelle rieseln hören, die der Lärm des Tages unvernehmbar machte. Wie anders aber soll der Intellekt auf diese Reize reagieren, als indem er seine ihm eigentümliche Funktion vollzieht? Er wird also die Reize zu raum- und zeiterfüllenden Gestalten, die sich am Leitfaden der Kausalität bewegen, umformen, und so entsteht der Traum [vgl. Schopenhauer, 1862, Bd. 1, 249 ff.]. In die nähere Beziehung zwischen Leibreizen und Traumbildern versuchten dann Scherner (1861) und nach ihm Volkelt (1875) einzudringen, deren Würdigung wir uns auf den Abschnitt über die Traumtheorien aufsparen. [S. unten, S. 104 ff.]

In einer besonders konsequent durchgeführten Untersuchung hat der Psychiater Krauß [1859, 255] die Entstehung des Traumes wie der Delirien[1] und Wahnideen von dem nämlichen Element, der *organisch bedingten Empfindung*, abgeleitet. Es lasse sich kaum eine Stelle des Organismus denken, welche nicht der Ausgangspunkt eines Traumes oder Wahnbildes werden könne. Die organisch bedingte Empfindung »läßt sich aber in zwei Reihen trennen: 1) in die der Totalstimmungen (Gemeingefühle), 2) in die spezifischen, den Hauptsystemen des vegetativen Organismus immanenten Sensationen, wovon wir fünf Gruppen unterschieden haben, *a)* die Muskelempfindungen, *b)* die pneumatischen, *c)* die gastrischen, *d)* die sexuellen und *e)* die peripherischen«.

Den Hergang der Traumbilderentstehung auf Grund der Leibreize nimmt Krauß folgendermaßen an: Die geweckte Empfindung ruft nach irgendeinem Assoziationsgesetz eine ihr verwandte Vorstellung wach und verbindet sich mit ihr zu einem organischen Gebilde, gegen welches sich aber das Bewußtsein anders verhält als normal. Denn dies schenkt der Empfindung selbst keine Aufmerksamkeit, sondern wendet sie ganz den begleitenden Vorstellungen zu, was zugleich der Grund ist, warum dieser Sachverhalt so lange verkannt werden konnte. [Ibid., 233 f.] Krauß findet für den Vorgang auch den besonderen Ausdruck der *Transsubstantiation* der Empfindungen in Traumbilder. [Ibid., 246.]

Der Einfluß der organischen Leibreize auf die Traumbildung wird heute nahezu allgemein angenommen, die Frage nach dem Gesetz der Beziehung zwischen beiden sehr verschiedenartig, oftmals mit dunkeln Auskünften, beantwortet. Es ergibt sich nun auf dem Boden der Leibreiztheorie die besondere Aufgabe der Traumdeutung, den Inhalt eines Traums auf die ihn verursachenden organischen Reize zurückzuführen, und wenn man nicht die von Scherner (1861) aufgefundenen Deutungsregeln anerkennt, steht man oft vor der mißlichen Tatsache, daß die organische Reizquelle sich eben durch nichts anderes als durch den Inhalt des Traumes verrät.

Ziemlich übereinstimmend hat sich aber die Deutung verschiedener

---

[1] [Wohl »Halluzinationen«.]

Traumformen gestaltet, die man als »typische« bezeichnet hat, weil sie bei so vielen Personen mit ganz ähnlichem Inhalt wiederkehren. Es sind dies die bekannten Träume vom Herabfallen von einer Höhe, vom Zahnausfallen, vom Fliegen und von der Verlegenheit, daß man nackt oder schlecht bekleidet ist. Letzterer Traum soll einfach von der im Schlaf gemachten Wahrnehmung herrühren, daß man die Bettdecke abgeworfen hat und nun entblößt daliegt. Der Traum vom Zahnausfallen wird auf »Zahnreiz« zurückgeführt, womit aber nicht ein krankhafter Erregungszustand der Zähne gemeint zu sein braucht. Der Traum zu fliegen ist nach Strümpell [1877, 119] das von der Seele gebrauchte adäquate Bild, womit sie das von den auf- und niedersteigenden Lungenflügeln ausgehende Reizquantum deutet, wenn gleichzeitig das Hautgefühl des Thorax schon bis zur Bewußtlosigkeit herabgesunken ist. Durch den letzteren Umstand wird die an die Vorstellungsform des Schwebens gebundene Empfindung vermittelt. Das Herabfallen aus der Höhe soll darin seinen Anlaß haben, daß bei eingetretener Bewußtlosigkeit des Hautdruckgefühls entweder ein Arm vom Körper herabsinkt oder ein eingezogenes Knie plötzlich gestreckt wird, wodurch das Gefühl des Hautdrucks wieder bewußt wird, der Übergang zum Bewußtwerden aber als Traum vom Niederfallen sich psychisch verkörpert (Strümpell, ibid., 118). Die Schwäche dieser plausibeln Erklärungsversuche liegt offenbar darin, daß sie ohne weiteren Anhalt die oder jene Gruppe von Organempfindungen aus der seelischen Wahrnehmung verschwinden oder sich ihr aufdrängen lassen, bis die für die Erklärung günstige Konstellation hergestellt ist. Ich werde übrigens später Gelegenheit haben, auf die typischen Träume und ihre Entstehung zurückzukommen. [Vgl. S. 247 ff. und S. 377 ff.]

M. Simon hat versucht, aus der Vergleichung einer Reihe von ähnlichen Träumen einige Regeln für den Einfluß der Organreize auf die Bestimmung ihrer Traumerfolge abzuleiten. Er sagt (1888, 34): Wenn im Schlaf irgendein Organapparat, der normalerweise am Ausdruck eines Affektes beteiligt ist, durch irgendeinen anderen Anlaß sich in dem Erregungszustande befindet, in den er sonst bei jenem Affekt versetzt wird, so wird der dabei entstehende Traum Vorstellungen enthalten, die dem Affekt angepaßt sind.

Eine andere Regel lautet (ibid., 35): Wenn ein Organapparat sich im Schlafe in Tätigkeit, Erregung oder Störung befindet, so wird der Traum Vorstellungen bringen, welche sich auf die Ausübung der organischen Funktion beziehen, die jener Apparat versieht.

Mourly Vold (1896) hat es unternommen, den von der Leibreiztheorie supponierten Einfluß auf die Traumerzeugung für ein einzelnes Gebiet experimentell zu erweisen. Er hat Versuche gemacht, die Stellungen der Glieder des Schlafenden zu verändern, und die Traumerfolge mit seinen Abänderungen verglichen. Er teilt folgende Sätze als Ergebnis mit.

1) Die Stellung eines Gliedes im Traum entspricht ungefähr der in der Wirklichkeit, d. h. man träumt von einem statischen Zustand des Gliedes, welcher dem realen entspricht.

2) Wenn man von der Bewegung eines Gliedes träumt, so ist diese immer so, daß eine der bei ihrer Vollziehung vorkommenden Stellungen der wirklichen entspricht.

3) Man kann die Stellung des eigenen Gliedes im Traum auch einer fremden Person zuschieben.

4) Man kann auch träumen, daß die betreffende Bewegung gehindert ist.

5) Das Glied in der betreffenden Stellung kann im Traum als Tier oder Ungeheuer erscheinen, wobei eine gewisse Analogie beider hergestellt wird.

6) Die Stellung eines Gliedes kann im Traum Gedanken anregen, die zu diesem Glied irgendeine Beziehung haben, so z. B. träumt man bei Beschäftigung mit den Fingern von Zahlen.

Ich würde aus solchen Ergebnissen schließen, daß auch die Leibreiztheorie die scheinbare Freiheit in der Bestimmung der zu erweckenden Traumbilder nicht gänzlich auszulöschen vermag[1].

Ad 4) Psychische Reizquellen

Als wir die Beziehungen des Traums zum Wachleben und die Herkunft des Traummaterials behandelten, erfuhren wir, es sei die Ansicht der ältesten wie der neuesten Traumforscher, daß die Menschen von dem träumen, was sie bei Tag treiben und was sie im Wachen interessiert [s. S. 34 ff.]. Dieses aus dem Wachleben in den Schlaf sich fortsetzende Interesse wäre nicht nur ein psychisches Band, das den Traum ans Leben knüpft, sondern ergibt uns auch eine nicht zu unterschätzende Traumquelle, die neben dem im Schlaf interessant Gewordenen – den während des Schlafes einwirkenden Reizen – ausreichen sollte, die Herkunft aller

[1] [*Zusatz 1914:*] Näheres über die seither in zwei Bänden (1910 und 1912) veröffentlichten Traumprotokolle dieses Forschers siehe unten [S. 231, Anm.].

Traumbilder aufzuklären. Wir haben aber auch den Widerspruch gegen obige Behauptung gehört, nämlich daß der Traum den Schläfer von den Interessen des Tages abzieht und daß wir – meistens – von den Dingen, die uns bei Tag am meisten ergriffen haben, erst dann träumen, wenn sie für das Wachleben den Reiz der Aktualität verloren haben. [S. 34 und S. 44 f.] So erhalten wir in der Analyse des Traumlebens bei jedem Schritt den Eindruck, daß es unstatthaft ist, allgemeine Regeln aufzustellen, ohne durch ein »oft«, »in der Regel«, »meistens« Einschränkungen vorzusehen und auf die Gültigkeit der Ausnahmen vorzubereiten.

Wenn das Wachinteresse nebst den inneren und äußeren Schlafreizen zur Deckung der Traumätiologie ausreichte, so müßten wir imstande sein, von der Herkunft aller Elemente eines Traums befriedigende Rechenschaft zu geben; das Rätsel der Traumquellen wäre gelöst, und es bliebe noch die Aufgabe, den Anteil der psychischen und der somatischen Traumreize in den einzelnen Träumen abzugrenzen. In Wirklichkeit ist diese vollständige Auflösung eines Traums noch in keinem Falle gelungen, und jedem, der dies versucht hat, sind – meist sehr reichlich – Traumbestandteile übriggeblieben, über deren Herkunft er keine Aussage machen konnte. Das Tagesinteresse als psychische Traumquelle trägt offenbar nicht so weit, als man nach den zuversichtlichen Behauptungen, daß jeder im Traum sein Geschäft weiter betreibe, erwarten sollte.

Andere psychische Traumquellen sind nicht bekannt. Es lassen also alle in der Literatur vertretenen Traumerklärungen – mit Ausnahme etwa der später [S. 104 ff.] zu erwähnenden von Scherner – eine große Lücke offen, wo es sich um die Ableitung des für den Traum am meisten charakteristischen Materials von Vorstellungsbildern handelt. In dieser Verlegenheit hat die Mehrzahl der Autoren die Neigung entwickelt, den psychischen Anteil an der Traumerregung, dem so schwer beizukommen ist, möglichst zu verkleinern. Sie unterscheiden zwar als Haupteinteilung den *Nervenreiz-* und den *Assoziationstraum,* welch letzterer ausschließlich in der Reproduktion [bereits erlebten Materials] seine Quelle findet (Wundt, 1874, 657 f.), aber sie können den Zweifel nicht loswerden, »ob sie sich ohne anstoßgebenden Leibreiz einstellen« (Volkelt, 1875, 127). Auch die Charakteristik des reinen Assoziationstraumes versagt: »In den eigentlichen Assoziationsträumen kann von einem solchen festen [von somatischer Reizung herrührenden] Kern nicht mehr die Rede sein. Hier dringt die lose Gruppierung auch in den Mittelpunkt des Traumes ein. Das ohnedies von Vernunft und Verstand freigelassene Vorstellungsleben ist hier auch von jenen gewichtvolleren Leib- und Seelenerregungen nicht mehr zusammengehalten und so seinem eigenen bunten Schieben und Treiben, seinem eigenen lockeren Durcheinandertaumeln überlassen.« (Volkelt, ibid., 118.) Eine Verkleinerung des psychischen Anteils an der Traumerregung versucht dann Wundt (1874, 656–7), indem er ausführt, daß man die »Phantasmen des Traumes wohl mit Unrecht als reine Halluzinationen ansehe. Wahrscheinlich sind die meisten Traumvorstellungen in Wirklichkeit Illusionen, indem sie von den leisen Sinneseindrücken ausgehen, die niemals im Schlafe erlöschen.« Weygandt hat sich diese Ansicht angeeignet und sie verallgemeinert (1893, 17). Er behauptet für alle Traumvorstellungen, daß »ihre nächste Ursache Sinnesreize sind, daran erst schließen sich reproduktive Assoziationen«. Noch weiter in der Verdrängung der psychischen Reizquellen geht Tissié (1898, 183): *»Les rêves d'origine absolument psychique n'existent pas«*, und anderswo (ibid., 6): *»Les pensées de nos rêves nous viennent du dehors...«*

Diejenigen Autoren, welche wie der einflußreiche Philosoph Wundt eine Mittelstellung einnehmen, versäumen nicht anzumerken, daß in den meisten Träumen somatische Reize und die unbekannten oder als Tagesinteresse erkannten psychischen Anreger des Traumes zusammenwirken.

Wir werden später erfahren, daß das Rätsel der Traumbildung durch die Aufdeckung einer unvermuteten psychischen Reizquelle gelöst werden kann. Vorläufig wollen wir uns über die Überschätzung der nicht aus dem Seelenleben stammenden Reize zur Traumbildung nicht verwundern. Nicht nur daß diese allein leicht aufzufinden und selbst durchs Experiment zu bestätigen sind; es entspricht auch die somatische Auffassung der Traumentstehung durchwegs der heute in der Psychiatrie herrschenden Denkrichtung. Die Herrschaft des Gehirns über den Organismus wird zwar nachdrücklichst betont, aber alles, was eine Unabhängigkeit des Seelenlebens von nachweisbaren organischen Veränderungen oder eine Spontaneität in dessen Äußerungen erweisen könnte, schreckt den Psychiater heute so, als ob dessen Anerkennung die Zeiten der Naturphilosophie [s. S. 32, Anm. 1] und des metaphysischen Seelenwesens wiederbringen müßte. Das Mißtrauen des Psychiaters hat die Psyche gleichsam unter Kuratel gesetzt und fordert nun, daß keine ihrer Regungen ein ihr eigenes Vermögen verrate. Doch zeugt dies Benehmen von nichts anderem als von einem geringen Zutrauen in die Haltbarkeit der Kausalverkettung, die sich zwischen Leiblichem und Seelischem erstreckt. Selbst wo das Psychische sich bei der Erforschung als der primäre Anlaß eines Phänomens erkennen läßt, wird ein tieferes Eindringen die Fortsetzung des Weges bis zur organischen Begründung des Seelischen einmal zu finden wissen. Wo aber das Psychische für unsere derzeitige Erkenntnis die Endstation bedeuten müßte, da braucht es darum nicht geleugnet zu werden [1].

---

[1] [Die Themen dieses Abschnitts werden im V. Kapitel, Abschnitt C (S. 228 ff.) wieder aufgegriffen.]

D
WARUM MAN DEN TRAUM NACH DEM ERWACHEN VERGISST?

Daß der Traum am Morgen »zerrinnt«, ist sprichwörtlich. Freilich ist er der Erinnerung fähig. Denn wir kennen den Traum ja nur aus der Erinnerung an ihn nach dem Erwachen; aber wir glauben sehr oft, daß wir ihn nur unvollständig erinnern, während in der Nacht mehr von ihm da war; wir können beobachten, wie eine des Morgens noch lebhafte Traumerinnerung im Laufe des Tages bis auf kleine Brocken dahinschwindet; wir wissen oft, daß wir geträumt haben, aber nicht, was wir geträumt haben, und wir sind an die Erfahrung, daß der Traum dem Vergessen unterworfen ist, so gewöhnt, daß wir die Möglichkeit nicht als absurd verwerfen, daß auch der bei Nacht geträumt haben könnte, der am Morgen weder vom Inhalt noch von der Tatsache des Träumens etwas weiß. Anderseits kommt es vor, daß Träume eine außerordentliche Haltbarkeit im Gedächtnisse zeigen. Ich habe bei meinen Patienten Träume analysiert, die sich ihnen vor fünfundzwanzig und mehr Jahren ereignet hatten, und kann mich an einen eigenen Traum erinnern, der durch mindestens siebenunddreißig Jahre vom heutigen Tag getrennt ist und doch an seiner Gedächtnisfrische nichts eingebüßt hat. Dies alles ist sehr merkwürdig und zunächst nicht verständlich.

Über das Vergessen der Träume handelt am ausführlichsten Strümpell [1877, 79f.]. Dieses Vergessen ist offenbar ein komplexes Phänomen, denn Strümpell führt es nicht auf einen einzigen, sondern auf eine ganze Reihe von Gründen zurück.

Zunächst sind für das Vergessen der Träume alle jene Gründe wirksam, die im Wachleben das Vergessen herbeiführen. Wir pflegen als Wachende eine Unzahl von Empfindungen und Wahrnehmungen alsbald zu vergessen, weil sie zu schwach waren, weil die an sie geknüpfte Seelenerregung einen zu geringen Grad hatte. Dasselbe ist rücksichtlich vieler Traumbilder der Fall; sie werden vergessen, weil sie zu schwach waren, während stärkere Bilder aus ihrer Nähe erinnert werden. Übrigens ist das Moment der Intensität für sich allein sicher nicht entscheidend für die Erhaltung der Traumbilder; Strümpell [1877, 82] gesteht wie auch andere Autoren (Calkins, 1893 [312]) zu, daß man häufig Traumbilder rasch vergißt, von denen man weiß, daß sie sehr lebhaft waren, während unter den im Gedächtnis erhaltenen sich sehr viele schattenhafte, sinnesschwache Bilder befinden. Ferner pflegt man im Wachen leicht zu vergessen, was sich nur einmal ereignet hat, und besser zu merken, was man wiederholt wahrnehmen konnte. Die meisten Traumbilder sind aber einmalige Erlebnisse[1]; diese Eigentümlichkeit wird gleichmäßig zum Vergessen aller Träume beitragen. Weit bedeutsamer ist dann ein dritter Grund des Vergessens. Damit Empfindungen, Vorstellungen, Gedanken usw. eine gewisse Erinnerungsgröße erlangen, ist es notwendig, daß sie nicht vereinzelt bleiben, sondern Verbindungen und Vergesellschaftungen passender Art eingehen. Löst man einen kleinen Vers in seine Worte auf und schüttelt diese durcheinander, so wird es sehr schwer, ihn zu merken. »Wohlgeordnet und in sachgemäßer Folge hilft ein Wort dem anderen, und das Ganze steht sinnvoll in der Erinnerung leicht und lange fest. Widersinniges behalten wir im allgemeinen ebenso schwer und ebenso selten wie das Verworrene und Ordnungslose.« [Strümpell, 1877, 83.] Nun fehlt den Träumen in den meisten Fällen Verständlichkeit und Ordnung. Die Traumkompositionen entbehren an sich der Möglichkeit ihres eigenen Gedächtnisses und werden vergessen, weil sie meistens schon in den nächsten Zeitmomenten auseinanderfallen. – Zu diesen Ausführungen stimmt allerdings nicht ganz, was Radestock (1879, 168) bemerkt haben will, daß wir gerade die sonderbarsten Träume am besten behalten.

Noch wirkungsvoller für das Vergessen des Traumes erscheinen Strümpell [1877, 82f.] andere Momente, die sich aus dem Verhältnis von Traum und Wachleben ableiten. Die Vergeßlichkeit der Träume für das wache Bewußtsein ist augenscheinlich nur das Gegenstück zu der früher [S. 47] erwähnten Tatsache, daß der Traum (fast) nie geordnete Erinnerungen aus dem Wachleben, sondern nur Einzelheiten aus demselben übernimmt, die er aus ihren gewohnten psychischen Verbindungen reißt, in denen sie im Wachen erinnert werden. Die Traumkomposition hat somit keinen Platz in der Gesellschaft der psychischen Reihen, mit denen die Seele erfüllt ist. Es fehlen ihr alle Erinnerungshilfen. »Auf diese Weise hebt sich das Traumgebilde gleichsam von dem Boden unseres Seelenlebens ab und schwebt im psychischen Raum wie eine Wolke am Himmel, die der neu belebte Atem rasch verweht.« (1877, 87.) Nach derselben Richtung wirkt der Umstand, daß mit dem Erwachen sofort die herandrängende Sinneswelt die Aufmerksamkeit mit Beschlag be-

---

[1] Periodisch wiederkehrende Träume sind wiederholt bemerkt worden, vgl. die Sammlung von Chabaneix (1897). [Vgl. S. 202.]

legt, so daß vor dieser Macht die wenigsten Traumbilder standhalten können. Diese weichen vor den Eindrücken des jungen Tages wie der Glanz der Gestirne vor dem Licht der Sonne.

An letzter Stelle ist als förderlich für das Vergessen der Träume der Tatsache zu gedenken, daß die meisten Menschen ihren Träumen überhaupt wenig Interesse entgegenbringen. Wer sich z. B. als Forscher eine Zeitlang für den Traum interessiert, träumt währenddessen auch mehr als sonst, das heißt wohl: er erinnert seine Träume leichter und häufiger.

Zwei andere Gründe des Vergessens der Träume, die Bonatelli [1880] (bei Benini [1898, 155–6]) zu den Strümpellschen hinzugefügt, sind wohl bereits in diesen enthalten, nämlich: 1) daß die Veränderung des Gemeingefühls zwischen Schlafen und Wachen der wechselseitigen Reproduktion ungünstig ist und 2) daß die andere Anordnung des Vorstellungsmaterials im Traume diesen sozusagen unübersetzbar fürs Wachbewußtsein macht.

Nach all diesen Gründen fürs Vergessen wird es, wie Strümpell [1877, 6] selbst hervorhebt, erst recht merkwürdig, daß soviel von den Träumen doch in der Erinnerung behalten wird. Die fortgesetzten Bemühungen der Autoren, das Erinnern der Träume in Regeln zu fassen, kommen einem Eingeständnis gleich, daß auch hier etwas rätselhaft und ungelöst geblieben ist. Mit Recht sind einzelne Eigentümlichkeiten der Erinnerung an den Traum neuerdings besonders bemerkt worden, z. B. daß man einen Traum, den man am Morgen für vergessen hält, im Laufe des Tages aus Anlaß einer Wahrnehmung erinnern kann, die zufällig an den – doch vergessenen – Inhalt des Traums anrührt (Radestock 1879 [169], Tissié 1898 [148 f.]). Die gesamte Erinnerung an den Traum unterliegt aber einer Einwendung, die geeignet ist, ihren Wert in kritischen Augen recht ausgiebig herabzusetzen. Man kann zweifeln, ob unsere Erinnerung, die soviel vom Traum wegläßt, das, was sie erhalten hat, nicht verfälscht.

Solche Zweifel an der Exaktheit der Reproduktion des Traumes spricht auch Strümpell aus (1877 [119]): »Dann geschieht es eben leicht, daß das wache Bewußtsein unwillkürlich manches in die Erinnerung des Traumes einfügt: man bildet sich ein, allerlei geträumt zu haben, was der gewesene Traum nicht enthielt.«

Besonders entschieden äußert sich Jessen (1855, 547): »Außerdem ist aber bei der Untersuchung und Deutung zusammenhängender und folgerichtiger Träume der, wie es scheint, bisher wenig beachtete Umstand sehr in Betracht zu ziehen, daß es dabei fast immer mit der Wahrheit hapert, weil wir, wenn wir einen gehabten Traum in unser Gedächtnis zurückrufen, ohne es zu bemerken oder zu wollen, die Lücken der Traumbilder ausfüllen und ergänzen. Selten und vielleicht niemals ist ein zusammenhängender Traum so zusammenhängend gewesen, wie er uns in der Erinnerung erscheint. Auch dem wahrheitsliebendsten Menschen ist es kaum möglich, einen gehabten merkwürdigen Traum ohne allen Zusatz und ohne alle Ausschmückung zu erzählen: das Bestreben des menschlichen Geistes, alles im Zusammenhange zu erblicken, ist so groß, daß er bei der Erinnerung eines einigermaßen unzusammenhängenden Traumes die Mängel des Zusammenhanges unwillkürlich ergänzt.«

Fast wie eine Übersetzung dieser Worte Jessens klingen die doch gewiß selbständig konzipierten Bemerkungen von V. Egger [1895, 41]: »... *l'observation des rêves a ses difficultés spéciales et le seul moyen d'éviter toute erreur en pareille matière est de confier au papier sans le moindre retard ce que l'on vient d'éprouver et de remarquer; sinon, l'oubli vient vite ou total ou partiel; l'oubli total est sans gravité; mais l'oubli partiel est perfide; car si l'on se met ensuite à raconter ce que l'on n'a pas oublié, on est exposé à compléter par imagination les fragments incohérents et disjoints fourni par la mémoire...; on devient artiste à son insu, et le récit périodiquement répété s'impose à la créance de son auteur, qui, de bonne foi, le présente comme un fait authentique, dûment établi selon les bonnes méthodes...*«

Ganz ähnlich Spitta (1882, 338), der anzunehmen scheint, daß wir überhaupt erst bei dem Versuch, den Traum zu reproduzieren, die Ordnung in die lose miteinander assoziierten Traumelemente einführen – »aus dem *Nebeneinander* ein *Hintereinander, Auseinander* machen, also den Prozeß der logischen Verbindung, der im Traum fehlt, hinzufügen«.

Da wir nun eine andere als eine objektive Kontrolle für die Treue unserer Erinnerung nicht besitzen, diese aber beim Traum, der unser eigenes Erlebnis ist und für den wir nur die Erinnerung als Quelle kennen, nicht möglich ist, welcher Wert bleibt da unserer Erinnerung an den Traum noch übrig? [1]

---

[1] [Die in diesem Abschnitt aufgeworfenen Fragen werden im VII. Kapitel, Abschnitt A S. 491 ff.) weiter verfolgt.]

E

DIE PSYCHOLOGISCHEN BESONDERHEITEN DES TRAUMES

Wir gehen in der wissenschaftlichen Betrachtung des Traumes von der Annahme aus, daß der Traum ein Ergebnis unserer eigenen Seelentätigkeit ist; doch erscheint uns der fertige Traum als etwas Fremdes, zu dessen Urheberschaft zu bekennen es uns so wenig drängt, daß wir ebenso gerne sagen: »Mir hat geträumt« wie: »Ich habe geträumt.« Woher rührt diese »Seelenfremdheit« des Traumes? Nach unseren Erörterungen über die Traumquellen sollten wir meinen, sie sei nicht durch das Material bedingt, das in den Trauminhalt gelangt; dies ist ja zum größten Teile dem Traumleben wie dem Wachleben gemeinsam. Man kann sich fragen, ob es nicht Abänderungen der psychischen Vorgänge im Traume sind, welche diesen Eindruck hervorrufen, und kann so eine psychologische Charakteristik des Traumes versuchen.

Niemand hat die Wesensverschiedenheit von Traum- und Wachleben stärker betont und zu weitgehenderen Schlüssen verwendet als G. Th. Fechner in einigen Bemerkungen seiner *Elemente der Psychophysik*. (1889, Bd. 2, 520–1.) Er meint, »weder die einfache Herabdrückung des bewußten Seelenlebens unter die Hauptschwelle« noch die Abziehung der Aufmerksamkeit von den Einflüssen der Außenwelt genüge, um die Eigentümlichkeiten des Traumlebens dem wachen Leben gegenüber aufzuklären. Er vermutet vielmehr, daß auch der *Schauplatz der Träume ein anderer ist als der des wachen Vorstellungslebens.* »Sollte der Schauplatz der psychophysischen Tätigkeit während des Schlafens und des Wachens derselbe sein, so könnte der Traum meines Erachtens bloß eine auf einem niederen Grade der Intensität sich haltende Fortsetzung des wachen Vorstellungslebens sein und müßte übrigens dessen Stoff und dessen Form teilen. Aber es verhält sich ganz anders.«

Was Fechner mit einer solchen Umsiedlung der Seelentätigkeit meint, ist wohl nicht klar geworden; auch hat kein anderer, soviel ich weiß, den Weg weiter verfolgt, dessen Spur er in jener Bemerkung aufgezeigt. Eine anatomische Deutung im Sinne der physiologischen Gehirnlokalisation oder selbst mit Bezug auf die histologische Schichtung der Hirnrinde wird man wohl auszuschließen haben. Vielleicht aber erweist sich der Gedanke einmal als sinnreich und fruchtbar, wenn man ihn auf einen seelischen Apparat bezieht, der aus mehreren hintereinander eingeschalteten Instanzen aufgebaut ist[1].

---

1 [Diese Idee wird im VII. Kapitel, Abschnitt B (S. 512 ff.) weiterentwickelt.]

Andere Autoren haben sich damit begnügt, die eine oder die andere der greifbaren psychologischen Besonderheiten des Traumlebens hervorzuheben und etwa zum Ausgangspunkt weiter reichender Erklärungsversuche zu machen.

Es ist mit Recht bemerkt worden, daß eine der Haupteigentümlichkeiten des Traumlebens schon im Zustand des Einschlafens auftritt und als den Schlaf einleitendes Phänomen zu bezeichnen ist. Das Charakteristische des wachen Zustandes ist nach Schleiermacher (1862, 351), daß die Denktätigkeit in *Begriffen* und nicht in *Bildern* vor sich geht. Nun denkt der Traum hauptsächlich in Bildern, und man kann beobachten, daß mit der Annäherung an den Schlaf in demselben Maße, in dem die gewollten Tätigkeiten sich erschwert zeigen, *ungewollte Vorstellungen* hervortreten, die alle in die Klasse der Bilder gehören. Die Unfähigkeit zu solcher Vorstellungsarbeit, die wir als absichtlich gewollte empfinden, und das mit dieser *Zerstreuung* regelmäßig verknüpfte Hervortreten von Bildern, dies sind zwei Charaktere, die dem Traum verbleiben und die wir bei der psychologischen Analyse desselben als wesentliche Charaktere des Traumlebens anerkennen müssen. Von den Bildern – den hypnagogischen Halluzinationen – haben wir [S. 57 f.] erfahren, daß sie selbst dem Inhalt nach mit den Traumbildern identisch sind[1].

Der Traum denkt also vorwiegend in visuellen Bildern, aber doch nicht ausschließlich. Er arbeitet auch mit Gehörsbildern und in geringerem Ausmaße mit den Eindrücken der anderen Sinne. Vieles wird auch im Traum einfach gedacht oder vorgestellt (wahrscheinlich also durch Wortvorstellungsreste vertreten), ganz wie sonst im Wachen. Charakteristisch für den Traum sind aber doch nur jene Inhaltselemente, welche sich wie Bilder verhalten, d. h. den Wahrnehmungen ähnlicher sind als den Erinnerungsvorstellungen. Mit Hinwegsetzung über alle die dem Psychiater wohlbekannten Diskussionen über das Wesen der Halluzination können wir mit allen sachkundigen Autoren aussagen, daß der Traum *halluziniert*, daß er Gedanken durch Halluzinationen ersetzt. In dieser Hinsicht besteht kein Unterschied zwischen visuellen und akustischen Vorstellungen; es ist bemerkt worden, daß die Erinnerung an eine Tonfolge, mit der man einschläft, sich beim Versinken in den Schlaf in die

---

[1] [*Zusatz 1911:*] H. Silberer hat an schönen Beispielen gezeigt, wie sich selbst abstrakte Gedanken im Zustande der Schläfrigkeit in anschaulich-plastische Bilder umsetzen, die das nämliche ausdrücken wollen (1909). [*Zusatz 1925:*] Ich werde auf diese Befunde in anderem Zusammenhange zurückkommen. [Vgl. S. 339 f. und S. 483 ff.]

Halluzination derselben Melodie verwandelt, um beim Zusichkommen, das mit dem Einnicken mehrmals abwechseln kann, wieder der leiseren und qualitativ anders gearteten Erinnerungsvorstellung Platz zu machen.

Die Verwandlung der Vorstellung in Halluzination ist nicht die einzige Abweichung des Traumes von einem etwa ihm entsprechenden Wachgedanken. Aus diesen Bildern gestaltet der Traum eine Situation, er stellt etwas als gegenwärtig dar, er *dramatisiert* eine Idee, wie Spitta (1882, 145) sich ausdrückt. Die Charakteristik dieser Seite des Traumlebens wird aber erst vollständig, wenn man hinzunimmt, daß man beim Träumen – in der Regel, die Ausnahmen fordern eine besondere Aufklärung – nicht zu denken, sondern zu erleben vermeint, die Halluzinationen also mit vollem Glauben aufnimmt. Die Kritik, man habe nichts erlebt, sondern nur in eigentümlicher Form gedacht – geträumt –, regt sich erst beim Erwachen. Dieser Charakter scheidet den echten Schlaftraum von der Tagträumerei, die niemals mit der Realität verwechselt wird.

Burdach hat die bisher betrachteten Charaktere des Traumlebens in folgenden Sätzen zusammengefaßt (1838, 502 f.): »Zu den wesentlichen Merkmalen des Traumes gehört *a)* daß die subjektive Tätigkeit unserer Seele als objektiv erscheint, indem das Wahrnehmungsvermögen die Produkte der Phantasie so auffaßt, als ob es sinnliche Rührungen wären; ... *b)* der Schlaf ist eine Aufhebung der Eigenmächtigkeit. Daher gehört eine gewisse Passivität zum Einschlafen ... Die Schlummerbilder werden durch den Nachlaß der Eigenmächtigkeit bedingt.«

Es handelt sich nun um den Versuch, die Gläubigkeit der Seele gegen die Traumhalluzinationen, die erst nach Einstellung einer gewissen eigenmächtigen Tätigkeit auftreten können, zu erklären. Strümpell (1877) führt aus, daß die Seele sich dabei korrekt und ihrem Mechanismus gemäß benimmt. Die Traumelemente sind keineswegs bloße Vorstellungen, sondern *wahrhafte* und *wirkliche Erlebnisse der Seele,* wie sie im Wachen durch Vermittlung der Sinne auftreten (ibid., 34). Während die Seele wachend in Wortbildern und in der Sprache vorstellt und denkt, stellt sie vor und denkt im Traum in wirklichen Empfindungsbildern (ibid., 35). Überdies kommt im Traum ein Raumbewußtsein hinzu, indem, wie im Wachen, Empfindungen und Bilder in einen äußeren Raum versetzt werden (ibid., 36). Man muß also zugestehen, daß sich die Seele im Traume ihren Bildern und Wahrnehmungen gegenüber in derselben Lage befindet wie im Wachen (ibid., 43). Wenn sie dabei dennoch irregeht, so rührt dies daher, daß ihr im Schlafzustand das Kriterium fehlt, welches allein zwischen von außen und von innen gegebenen Sinneswahrnehmungen unterscheiden kann. Sie kann ihre Bilder nicht den Proben unterziehen, welche allein deren objektive Realität erweisen. Sie vernachlässigt *außerdem* den Unterschied zwischen *willkürlich* vertauschbaren Bildern und anderen, wo diese Willkür wegfällt. Sie irrt, weil sie das Gesetz der Kausalität nicht auf den Inhalt ihres Traumes anwenden kann (ibid., 50–1). Kurz, ihre Abkehrung von der Außenwelt enthält auch den Grund für ihren Glauben an die subjektive Traumwelt.

Zum selben Schlusse gelangt nach teilweise abweichenden psychologischen Entwicklungen Delboeuf (1885, 84). Wir schenken den Traumbildern den Realitätsglauben, weil wir im Schlafe keine anderen Eindrücke zum Vergleiche haben, weil wir von der Außenwelt abgelöst sind. Aber nicht etwa darum glauben wir an die Wahrheit unserer Halluzinationen, weil uns im Schlafe die Möglichkeit entzogen ist, Proben anzustellen. Der Traum kann uns alle diese Prüfungen vorspiegeln, uns etwa zeigen, daß wir die gesehene Rose berühren, und wir träumen dabei doch. Es gibt nach Delboeuf kein stichhältiges Kriterium dafür, ob etwas ein Traum ist oder wache Wirklichkeit, außer – und dies nur in praktischer Allgemeinheit – der Tatsache des Erwachens. Ich erkläre alles für Täuschung, was zwischen Einschlafen und Erwachen erlebt worden ist, wenn ich durch das Erwachen merke, daß ich ausgekleidet in meinem Bette liege. Während des Schlafes habe ich die Traumbilder für wahr gehalten infolge der nicht einzuschläfernden *Denkgewohnheit*, eine Außenwelt anzunehmen, zu der ich mein Ich in Gegensatz bringe[1].

---

[1] Einen ähnlichen Versuch wie Delboeuf, die Traumtätigkeit zu erklären durch die Abänderung, welche eine abnorm eingeführte Bedingung an der sonst korrekten Funktion des intakten seelischen Apparats zur Folge haben muß, hat Haffner (1887, 243) unternommen, diese Bedingung aber in etwas anderen Worten beschrieben. Das erste Kennzeichen des Traums ist nach ihm die Ort- und Zeitlosigkeit, d. i. die Emanzipation der Vorstellung von der dem Individuum zukommenden Stelle in der örtlichen und zeitlichen Ordnung. Mit diesem verbindet sich der zweite Grundcharakter des Traums, die Verwechslung der Halluzinationen, Imaginationen und Phantasiekombinationen mit äußeren Wahrnehmungen. »Da die Gesamtheit der höheren Seelenkräfte, insbesondere Begriffsbildung, Urteil und Schlußfolgerung einerseits und die freie Selbstbestimmung anderseits, an die sinnlichen Phantasiebilder sich anschließen und diese jederzeit zur Unterlage haben, so nehmen auch diese Tätigkeiten an der Regellosigkeit der Traumvorstellungen teil. Sie nehmen teil, sagen wir, denn an und für sich ist unsere Urteilskraft, wie unsere Willenskraft, im Schlafe in keiner Weise alteriert. Wir sind der Tätigkeit nach ebenso scharfsinnig und ebenso frei wie im wachen Zustande. Der

Wird so die Abwendung von der Außenwelt zu dem bestimmenden Momente für die Ausprägung der auffälligsten Charaktere des Traumlebens erhoben, so verlohnt es sich, einige feinsinnige Bemerkungen des alten Burdach anzuführen, welche auf die Beziehung der schlafenden Seele zur Außenwelt Licht werfen und dazu angetan sind, vor einer Überschätzung der vorstehenden Ableitungen zurückzuhalten. »Der Schlaf erfolgt nur unter der Bedingung«, sagt Burdach, »daß die Seele nicht von Sinnesreizen angeregt wird, ... aber es ist nicht sowohl der Mangel an Sinnesreizen die Bedingung des Schlafes, als vielmehr der Mangel an Interesse dafür[1]; mancher sinnliche Eindruck ist selbst notwendig, insofern er zur Beruhigung der Seele dient, wie denn der Müller nur dann schläft, wenn er das Klappern seiner Mühle hört, und der, welcher aus Vorsicht ein Nachtlicht zu brennen für nötig hält, im Dunkeln nicht einschlafen kann.« (1838, 482.)

»Die Seele isoliert sich im Schlafe gegen die Außenwelt und zieht sich von der Peripherie ... zurück ... Indes ist der Zusammenhang nicht ganz unterbrochen; wenn man nicht im Schlafe selbst, sondern erst nach dem Erwachen hörte und fühlte, so könnte man überhaupt nicht geweckt werden. Noch mehr wird die Fortdauer der Sensation dadurch bewiesen, daß man nicht immer durch die bloß sinnliche Stärke eines Eindruckes, sondern durch die psychische Beziehung desselben geweckt wird; ein gleichgültiges Wort weckt den Schlafenden nicht, ruft man ihn aber beim Namen, so erwacht er..., die Seele unterscheidet also im Schlafe zwischen den Sensationen... Daher kann man denn auch durch den Mangel eines Sinnesreizes, wenn dieser sich auf eine für die Vorstellung wichtige Sache bezieht, geweckt werden; so erwacht man vom Auslöschen eines Nachtlichtes und der Müller vom Stillstande seiner

---

Mensch kann auch im Traume nicht gegen die Denkgesetze an sich verstoßen, d. h. nicht das ihm als entgegengesetzt sich Darstellende identisch setzen usw. Er kann auch im Traume nur das begehren, was er als ein Gutes sich vorstellt *(sub ratione boni)*. Aber in dieser Anwendung der Gesetze des Denkens und Wollens wird der menschliche Geist im Traume irregeführt durch die Verwechslung einer Vorstellung mit einer anderen. So kommt es, daß wir im Traum die größten Widersprüche setzen und begehen, während wir anderseits die scharfsinnigsten Urteilsbildungen und die konsequentesten Schlußfolgerungen vollziehen, die tugendhaftesten und heiligsten Entschließungen fassen können. *Mangel an Orientierung* ist das ganze Geheimnis des Fluges, mit welchem unsere Phantasie im Traume sich bewegt, und *Mangel an kritischer Reflexion*, sowie an Verständigung mit anderen, ist die Hauptquelle der maßlosen Extravaganzen unserer Urteile wie unserer Hoffnungen und Wünsche im Traum.« [Das Problem der »Realitätsprüfung« wird später, auf S. 539 f., erörtert.]

[1] [*Zusatz 1914:*] Man vergleiche hiezu das *»désintérêt«*, in dem Claparède (1905 [306 f.]) den Mechanismus des Einschlafens findet.

Mühle, also vom Aufhören der Sinnestätigkeit, und dies setzt voraus, daß diese perzipiert worden ist, aber als gleichgültig, oder vielmehr befriedigend, die Seele nicht aufgestört hat.« (Ibid., 485–6.)

Wenn wir selbst von diesen nicht geringzuschätzenden Einwendungen absehen wollen, so müssen wir doch zugestehen, daß die bisher gewürdigten und aus der Abkehrung von der Außenwelt abgeleiteten Eigenschaften des Traumlebens die Fremdartigkeit desselben nicht voll zu decken vermögen. Denn im anderen Falle müßte es möglich sein, die Halluzinationen des Traumes in Vorstellungen, die Situationen des Traumes in Gedanken zurückzuverwandeln und damit die Aufgabe der Traumdeutung zu lösen. Nun verfahren wir nicht anders, wenn wir nach dem Erwachen den Traum aus der Erinnerung reproduzieren, und ob uns diese Rückübersetzung ganz oder nur teilweise gelingt, der Traum behält seine Rätselhaftigkeit unverringert bei.

Die Autoren nehmen auch alle unbedenklich an, daß im Traume noch andere und tiefer greifende Veränderungen mit dem Vorstellungsmaterial des Wachens vorgefallen sind. Eine derselben sucht Strümpell in folgender Erörterung herauszugreifen (1877, 27–8): »Die Seele verliert mit dem Aufhören der sinnlich tätigen Anschauung und des normalen Lebensbewußtseins auch den Grund, in welchem ihre Gefühle, Begehrungen, Interessen und Handlungen wurzeln. Auch diejenigen geistigen Zustände, Gefühle, Interessen, Wertschätzungen, welche im Wachen den Erinnerungsbildern anhaften, unterliegen ... einem verdunkelnden Drucke, infolgedessen sich ihre Verbindung mit den Bildern auflöst, die Wahrnehmungsbilder von Dingen, Personen, Lokalitäten, Begebenheiten und Handlungen des wachen Lebens werden einzeln sehr zahlreich reproduziert, aber keines derselben bringt seinen *psychischen Wert* mit. Dieser ist von ihnen abgelöst, und sie schwanken deshalb in der Seele nach eigenen Mitteln umher...«

Diese Entblößung der Bilder von ihrem psychischen Wert, die selbst wiederum auf die Abwendung von der Außenwelt zurückgeführt wird, soll nach Strümpell einen Hauptanteil an dem Eindruck der Fremdartigkeit haben, mit dem sich der Traum in unserer Erinnerung dem Leben gegenüberstellt.

Wir haben gehört [S. 73], daß schon das Einschlafen den Verzicht auf eine der seelischen Tätigkeiten, nämlich auf die willkürliche Leitung des Vorstellungsablaufs, mit sich bringt. Es wird uns so die ohnedies naheliegende Vermutung aufgedrängt, daß der Schlafzustand sich auch über die seelischen Verrichtungen erstrecken möge. Die eine oder andere dieser Verrichtungen wird etwa ganz aufgehoben; ob die übrigbleibenden ungestört weiterarbeiten, ob sie unter solchen Umständen normale Arbeit leisten können, kommt jetzt in Frage. Der Gesichtspunkt taucht auf, daß man die Eigentümlichkeiten des Traumes erklären könne durch die psychische Minderleistung im Schlafzustande, und nun kommt der Eindruck, den der Traum unserem wachen Urteil macht, einer solchen Auffassung entgegen. Der Traum ist unzusammenhängend, vereinigt ohne Anstoß die ärgsten Widersprüche, läßt Unmöglichkeiten zu, läßt unser bei Tag einflußreiches Wissen beiseite, zeigt uns ethisch und moralisch stumpfsinnig. Wer sich im Wachen so benehmen würde, wie es der Traum in seinen Situationen vorführt, den würden wir für wahnsinnig halten; wer im Wachen so spräche oder solche Dinge mitteilen wollte, wie sie im Trauminhalt vorkommen, der würde uns den Eindruck eines Verworrenen oder eines Schwachsinnigen machen. Somit glauben wir nur dem Tatbestand Worte zu leihen, wenn wir die psychische Tätigkeit im Traum nur sehr gering anschlagen und insbesondere die höheren intellektuellen Leistungen als im Traum aufgehoben oder wenigstens schwer geschädigt erklären.

Mit ungewöhnlicher Einmütigkeit – von den Ausnahmen wird an anderer Stelle [S. 82ff.] die Rede sein – haben die Autoren solche Urteile über den Traum gefällt, die auch unmittelbar zu einer bestimmten Theorie oder Erklärung des Traumlebens hinleiten. Es ist an der Zeit, daß ich mein eben ausgesprochenes Resumé durch eine Sammlung von Aussprüchen verschiedener Autoren – Philosophen und Ärzte – über die psychologischen Charaktere des Traumes ersetze:

Nach Lemoine (1855) ist die *Inkohärenz* der Traumbilder der einzig wesentliche Charakter des Traumes.

Maury pflichtet dem bei; er sagt (1878, 163): »*Il n'y a pas de rêves absolument raisonnables et qui ne contiennent quelque incohérence, quelque anachronisme, quelque absurdité.*«

Nach Hegel bei Spitta [1882, 193] fehlt dem Traum aller objektive verständige Zusammenhang.

Dugas sagt [1897*a*, 417]: »*Le rêve c'est l'anarchie psychique affective et mentale, c'est le jeu des fonctions livrées à elles-mêmes et s'exerçant sans contrôle et sans but; dans le rêve l'esprit est un automate spirituel.*«

»Die Auflockerung, Lösung und Durcheinandermischung des im Wachen durch die logische Gewalt des zentralen Ich zusammengehaltenen Vorstellungslebens« räumt selbst Volkelt ein (1875, 14), nach dessen Lehre die psychische Tätigkeit während des Schlafes keineswegs zwecklos erscheint.

Die *Absurdität* der im Traume vorkommenden Vorstellungsverbindungen kann man kaum schärfer verurteilen, als es schon Cicero (*De divinatione*, II [lxxi, 146]) tat: *»Nihil tam praepostere, tam incondite, tam monstruose cogitari potest, quod non possimus somniare.«* [1]

Fechner sagt (1889, Bd. 2, 522): »Es ist, als ob die psychologische Tätigkeit aus dem Gehirne eines Vernünftigen in das eines Narren übersiedelt.«

Radestock (1879, 145): »In der Tat scheint es unmöglich, in diesem tollen Treiben feste Gesetze zu erkennen. Der strengen Polizei des vernünftigen, den wachen Vorstellungslauf leitenden Willens und der Aufmerksamkeit sich entziehend, wirbelt der Traum in tollem Spiel alles kaleidoskopartig durcheinander.«

Hildebrandt (1875, 45): »Welche wunderlichen Sprünge erlaubt sich der Träumende z. B. bei seinen Verstandesschlüssen! Mit welcher Unbefangenheit sieht er die bekanntesten Erfahrungssätze geradezu auf den Kopf gestellt! Welche lächerlichen Widersprüche kann er in den Ordnungen der Natur und der Gesellschaft vertragen, bevor ihm, wie man sagt, die Sache zu bunt wird und die Überspannung des Unsinnes das Erwachen herbeiführt! Wir multiplizieren gelegentlich ganz harmlos: Drei mal drei macht zwanzig; es wundert uns gar nicht, daß ein Hund uns einen Vers hersagt, daß ein Toter auf eigenen Füßen nach seinem Grabe geht, daß ein Felsstück auf dem Wasser schwimmt; wir gehen alles Ernstes in höherem Auftrage nach dem Herzogtum Bernburg oder dem Fürstentum Liechtenstein, um die Kriegsmarine des Landes zu beobachten, oder lassen uns von Karl dem Zwölften kurz vor der Schlacht bei Pultawa als Freiwillige anwerben.«

Binz (1878, 33) mit dem Hinweis auf die aus diesen Eindrücken sich ergebende Traumtheorie: »Unter zehn Träumen sind mindestens neun absurden Inhaltes. Wir koppeln in ihnen Personen und Dinge zusammen, welche nicht die geringsten Beziehungen zueinander haben. Schon im nächsten Augenblick, wie in einem Kaleidoskop, ist die Gruppierung eine andere geworden, womöglich noch unsinniger und toller, als sie es schon vorher war; und so geht das wechselnde Spiel des unvollkommen schlafenden Gehirns weiter, bis wir erwachen, mit der Hand nach der

[1] [»Es läßt sich nichts so Verkehrtes, so Regelloses, so Ungeheures erdenken, was wir nicht träumen könnten.« (Deutsche Übersetzung von G. H. Moser: *Von der Weissagung*, II. Buch, 71.)]

Stirne greifen und uns fragen, ob wir in der Tat noch die Fähigkeit des vernünftigen Vorstellens und Denkens besitzen.«

Maury (1878, 50) findet für das Verhältnis der Traumbilder zu den Gedanken des Wachens einen für den Arzt sehr eindrucksvollen Vergleich: »*La production de ces images que chez l'homme éveillé fait le plus souvent naître la volonté, correspond, pour l'intelligence, à ce que sont pour la motilité certains mouvements que nous offrent la chorée et les affections paralytiques ...*« Im übrigen ist ihm der Traum »*toute une série de dégradations de la faculté pensante et raisonnante*« (ibid., 27).

Es ist kaum nötig, die Äußerungen der Autoren anzuführen, welche den Satz von Maury für die einzelnen höheren Seelenleistungen wiederholen.

Nach Strümpell treten im Traum – selbstverständlich auch dort, wo der Unsinn nicht augenfällig ist – sämtliche logischen, auf Verhältnissen und Beziehungen beruhenden Operationen der Seele zurück (1877, 26). Nach Spitta (1882, 148) scheinen im Traum die Vorstellungen dem Kausalitätsgesetz völlig entzogen zu sein. Radestock (1879 [153–4]) u. a. betonen die dem Traum eigene Schwäche des Urteils und des Schlusses. Nach Jodl (1896, 123) gibt es im Traum keine Kritik, keine Korrektur einer Wahrnehmungsreihe durch den Inhalt des Gesamtbewußtseins. Derselbe Autor äußert: »Alle Arten der Bewußtseinstätigkeit kommen im Traume vor, aber unvollständig, gehemmt, gegeneinander isoliert.« Die Widersprüche, in welche sich der Traum gegen unser waches Wissen setzt, erklärt Stricker (mit vielen anderen) daraus, daß Tatsachen im Traum vergessen oder logische Beziehungen zwischen Vorstellungen verlorengegangen sind (1879, 98) usw., usw.

Von den Autoren, die im allgemeinen so ungünstig über die psychischen Leistungen im Traume urteilen, wird indes zugegeben, daß ein gewisser Rest von seelischer Tätigkeit dem Traume verbleibt. Wundt, dessen Lehren für so viele andere Bearbeiter der Traumprobleme maßgebend geworden sind, gesteht dies ausdrücklich zu. Man könnte nach der Art und Beschaffenheit des im Traume sich äußernden Restes von normaler Seelentätigkeit fragen. Es wird nun ziemlich allgemein zugegeben, daß die Reproduktionsfähigkeit, das Gedächtnis, im Traum am wenigsten gelitten zu haben scheint, ja eine gewisse Überlegenheit gegen die gleiche Funktion des Wachens (vgl. oben S. 38 ff.) aufweisen kann, obwohl ein Teil der Absurditäten des Traumes durch die Vergeßlichkeit eben dieses Traumlebens erklärt werden soll. Nach Spitta ist es das *Gemütsleben* der Seele, was vom Schlaf nicht befallen wird und dann den Traum dirigiert. Als »Gemüt« bezeichnet er »die konstante Zusammenfassung der Gefühle als des innersten subjektiven Wesens des Menschen« (1882, 84f.).

Scholz (1887, 37) erblickt eine der im Traume sich äußernden Seelentätigkeiten in der *»allegorisierenden Umdeutung«*, welcher das Traummaterial unterzogen wird. Siebeck konstatiert auch im Traum die *»ergänzende Deutungsfähigkeit«* der Seele (1877, 11), welche von ihr gegen alles Wahrnehmen und Anschauen geübt wird. Eine besondere Schwierigkeit hat es für den Traum mit der Beurteilung der angeblich höchsten psychischen Funktion, der des Bewußtseins. Da wir vom Traum nur durchs Bewußtsein etwas wissen, kann an dessen Erhaltung kein Zweifel sein; doch meint Spitta (1882 [84–5]), es sei im Traum nur das Bewußtsein erhalten, nicht auch das *Selbst*bewußtsein. Delboeuf gesteht ein (1885 [19]), daß er diese Unterscheidung nicht zu begreifen vermag.

Die Assoziationsgesetze, nach denen sich die Vorstellungen verknüpfen, gelten auch für die Traumbilder, ja ihre Herrschaft kommt im Traume reiner und stärker zum Ausdruck. Strümpell (1877, 70): »Der Traum verläuft entweder ausschließlich, wie es scheint, nach den Gesetzen nackter Vorstellungen oder organischer Reize mit solchen Vorstellungen, das heißt, ohne daß Reflexion und Verstand, ästhetischer Geschmack und sittliches Urteil etwas dabei vermögen.« [Vgl. S. 78f. und S. 229f.] Die Autoren, deren Ansichten ich hier reproduziere, stellen sich die Bildung der Träume etwa folgenderart vor: Die Summe der im Schlaf einwirkenden Sensationsreize aus den verschiedenen, an anderer Stelle [s. Abschnitt C, oben] angeführten Quellen wecken in der Seele zunächst eine Anzahl von Vorstellungen, die sich als Halluzinationen (nach Wundt [s. S. 66] richtiger Illusionen wegen ihrer Abkunft von den äußeren und inneren Reizen) darstellen. Diese verknüpfen sich untereinander nach den bekannten Assoziationsgesetzen und rufen ihrerseits nach denselben Regeln eine neue Reihe von Vorstellungen (Bildern) wach. Das ganze Material wird dann vom noch tätigen Rest der ordnenden und denkenden Seelenvermögen, so gut es eben gehen will, verarbeitet (vgl. etwa Wundt [1874, 658] und Weygandt [1893]). Es ist bloß noch nicht gelungen, die Motive einzusehen, welche darüber entscheiden, daß die Erweckung der nicht von außen stammenden Bilder nach diesem oder nach jenem Assoziationsgesetz vor sich gehe.

Es ist aber wiederholt bemerkt worden, daß die Assoziationen, welche die Traumvorstellungen untereinander verbinden, von ganz besonderer

Art und verschieden von den im wachen Denken tätigen sind. So sagt Volkelt (1875, 15): »Im Traume jagen und haschen sich die Vorstellungen nach zufälligen Ähnlichkeiten und kaum wahrnehmbaren Zusammenhängen. Alle Träume sind von solchen nachlässigen, zwanglosen Assoziationen durchzogen.« Maury legt auf diesen Charakter der Vorstellungsbindung, der ihm gestattet, das Traumleben in engere Analogie mit gewissen Geistesstörungen zu bringen, den größten Wert. Er anerkennt zwei Hauptcharaktere des *»délire«*: 1) *une action spontanée et comme automatique de l'esprit;* 2) *une association vicieuse et irrégulière des idées* (1878, 126). Von Maury selbst rühren zwei ausgezeichnete Traumbeispiele her, in denen der bloße Gleichklang der Worte die Verknüpfung der Traumvorstellungen vermittelt. Er träumte einmal, daß er eine Pilgerfahrt *(pélerinage)* nach Jerusalem oder Mekka unternehme, dann befand er sich nach vielen Abenteuern beim Chemiker *Pelletier,* dieser gab ihm nach einem Gespräch eine Schaufel *(pelle)* von Zink, und diese wurde in einem darauffolgenden Traumstück sein großes Schlachtschwert (ibid., 137). Ein andermal ging er im Traum auf der Landstraße und las auf den Meilensteinen die *Kilo*meter ab, darauf befand er sich bei einem Gewürzkrämer, der eine große Waage hatte, und ein Mann legte *Kilo*gewichte auf die Waagschale, um Maury abzuwägen; dann sagte ihm der Gewürzkrämer: »Sie sind nicht in Paris, sondern auf der Insel *Gilolo.*« Es folgten darauf mehrere Bilder, in welchen er die Blume *Lo*belia sah, dann den General *Lo*pez, von dessen Tod er kurz vorher gelesen hatte; endlich erwachte er, eine Partie *Lo*tto spielend. (Ibid. [126].)[1]

Wir sind aber wohl gefaßt darauf, daß diese Geringschätzung der psychischen Leistungen des Traumes nicht ohne Widerspruch von anderer Seite geblieben ist. Zwar scheint der Widerspruch hier schwierig. Es will auch nicht viel bedeuten, wenn einer der Herabsetzer des Traumlebens versichert (Spitta, 1882, 118), daß dieselben psychologischen Gesetze, die im Wachen herrschen, auch den Traum regieren, oder wenn ein anderer (Dugas [1897*a*]) ausspricht *»le rêve n'est pas déraison ni même irraison pure«*, solange beide sich nicht die Mühe nehmen, diese Schätzung mit der von ihnen beschriebenen psychischen Anarchie und Auflösung aller Funktionen im Traum in Einklang zu bringen. Aber anderen scheint die Möglichkeit gedämmert zu haben, daß der Wahnsinn

[1] [*Zusatz 1909:*] An späterer Stelle [S. 508, Anm.] wird uns der Sinn solcher Träume, die von Worten mit gleichen Anfangsbuchstaben und ähnlichem Anlaute erfüllt sind, zugänglich werden.

des Traumes vielleicht doch nicht ohne Methode sei, vielleicht nur Verstellung wie der des Dänenprinzen, auf dessen Wahnsinn sich das hier zitierte, einsichtsvolle Urteil bezieht. Diese Autoren müssen es vermieden haben, nach dem Anschein zu urteilen, oder der Anschein, den der Traum ihnen bot, war ein anderer.

So würdigt Havelock Ellis [1899, 721] den Traum, ohne bei seiner scheinbaren Absurdität verweilen zu wollen, als *»an archaic world of vast emotions and imperfect thoughts«*, deren Studium uns primitive Entwicklungsstufen des psychischen Lebens kennen lehren könnte.

J. Sully (1893, 362) vertritt dieselbe Auffassung des Traumes[1] in einer noch weiter ausgreifenden und tiefer eindringenden Weise. Seine Aussprüche verdienen um so mehr Beachtung, wenn wir hinzunehmen, daß er wie vielleicht kein anderer Psychologe von der verhüllten Sinnigkeit des Traumes überzeugt war. *»Now our dreams are a means of conserving these successive personalities. When asleep we go back to the old ways of looking at things and of feeling about them, to impulses and activities which long ago dominated us.«*

Ein Denker wie Delboeuf behauptet – freilich ohne den Beweis gegen das widersprechende Material zu führen und darum eigentlich mit Unrecht: *»Dans le sommeil, hormis la perception, toutes les facultés de l'esprit, intelligence, imagination, mémoire, volonté, moralité, restent intactes dans leur essence; seulement, elles s'appliquent à des objets imaginaires et mobiles. Le songeur est un acteur qui joue à volonté les fous et les sages, les bourreaux et les victimes, les nains et les géants, les démons et les anges.«* (1885, 222.) Am energischsten scheint die Herabsetzung der psychischen Leistung im Traum der Marquis d'Hervey [1867] bestritten zu haben, gegen den Maury lebhaft polemisiert und dessen Schrift ich mir trotz aller Bemühung nicht verschaffen konnte[2]. Maury sagt über ihn (1878, 19): *»M. le Marquis d'Hervey prête à l'intelligence durant le sommeil, toute sa liberté d'action et d'attention et il ne semble faire consister le sommeil que dans l'occlusion des sens, dans leur fermeture au monde extérieur; en sorte que l'homme qui dort ne se distingue guère, selon sa manière de voir, de l'homme qui laisse vaguer sa pensée en se bouchant les sens; toute la différence qui sépare alors la pensée ordinaire de celle du dormeur c'est que, chez celui-ci, l'idée prend une forme visible, objective et ressemble, à s'y méprendre, à la sensation*

---

[1] [Dieser Absatz ist 1914 hinzugefügt worden.]

[2] [Das von dem berühmten Sinologen stammende Werk wurde anonym veröffentlicht.]

déterminée par les objets extérieurs; le souvenir revêt l'apparence du fait présent.«

Maury fügt aber hinzu: *»qu'il y a une différence de plus et capitale à savoir que les facultés intellectuelles de l'homme endormi n'offrent pas l'équilibre qu'elles gardent chez l'homme éveillé.«*

Bei Vaschide (1911, 146 f.)[1], der uns eine bessere Kenntnis des Buches von d'Hervey vermittelt, finden wir, daß sich dieser Autor in folgender Art [1867, 35] über die scheinbare Inkohärenz der Träume äußert. *»L'image du rêve est la copie de l'idée. Le principal est l'idée; la vision n'est qu'accessoire. Ceci établi, il faut savoir suivre la marche des idées, il faut savoir analyser le tissu des rêves; l'incohérence devient alors compréhensible, les conceptions les plus fantasques deviennent des faits simples et parfaitement logiques.«* Und: *»Les rêves les plus bizarres trouvent même une explication des plus logiques quand on sait les analyser.«*[2]

J. Stärcke (1913 [243]) hat darauf aufmerksam gemacht, daß eine ähnliche Auflösung der Trauminkohärenz von einem alten Autor, Wolf Davidson, der mir unbekannt war, 1799 verteidigt worden ist (S. 136): »Die sonderbaren Sprünge unserer Vorstellungen im Traume haben alle ihren Grund in dem Gesetze der Assoziation, nur daß diese Verbindung manchmal sehr dunkel in der Seele vorgeht, so daß wir oft einen Sprung der Vorstellung zu beobachten glauben, wo doch keiner ist.«

Die Skala der Würdigung des Traumes als psychisches Produkt hat in der Literatur einen großen Umfang; sie reicht von der tiefsten Geringschätzung, deren Ausdruck wir kennengelernt haben, durch die Ahnung eines noch nicht enthüllten Wertes bis zur Überschätzung, die den Traum weit über die Leistungen des Wachlebens stellt. Hildebrandt, der, wie wir wissen [s. oben, S. 36], in drei Antinomien die psychologische Charakteristik des Traumlebens entwirft, faßt im dritten dieser Gegensätze die Endpunkte dieser Reihe zusammen (1875, 19 f.): »Es ist der zwischen einer *Steigerung*, einer nicht selten bis zur *Virtuosität* sich erhebenden *Potenzierung*, und anderseits einer entschiedenen, oft bis unter das Niveau des Menschlichen führenden *Herabminderung* und *Schwächung* des Seelenlebens.«

»Was das erstere betrifft, wer könnte nicht aus eigener Erfahrung be-

---

[1] [Dieser und der nächste Absatz wurden 1914 hinzugefügt.]

[2] [In Wirklichkeit ist dies kein wörtliches Zitat Hervey de Saint-Denys, sondern eine Umschreibung von Vaschide.]

stätigen, daß in dem Schaffen und Weben des Traumgenius bisweilen eine Tiefe und Innigkeit des Gemütes, eine Zartheit der Empfindung, eine Klarheit der Anschauung, eine Feinheit der Beobachtung, eine Schlagfertigkeit des Witzes zutage tritt, wie wir solches alles als konstantes Eigentum während des wachen Lebens zu besitzen bescheidentlich in Abrede stellen würden? Der Traum hat eine wunderbare Poesie, eine treffliche Allegorie, einen unvergleichlichen Humor, eine köstliche Ironie. Er schauet die Welt in einem eigentümlich idealisierenden Lichte und potenziert den Effekt ihrer Erscheinungen oft im sinnigsten Verständnisse des ihnen zum Grunde liegenden Wesens. Er stellt uns das irdisch Schöne in wahrhaft himmlischem Glanze, das Erhabene in höchster Majestät, das erfahrungsgemäß Furchtbare in der grauenvollsten Gestalt, das Lächerliche mit unbeschreiblich drastischer Komik vor Augen; und bisweilen sind wir nach dem Erwachen irgendeines dieser Eindrücke noch so voll, daß es uns vorkommen will, dergleichen habe die wirkliche Welt uns noch nie und niemals geboten.«

Man darf sich fragen, ist es wirklich das nämliche Objekt, dem jene geringschätzigen Bemerkungen und diese begeisterte Anpreisung gilt? Haben die einen die blödsinnigen Träume, die anderen die tiefsinnigen und feinsinnigen übersehen? Und wenn beiderlei vorkommt, Träume, die solche und die jene Beurteilung verdienen, scheint es da nicht müßig, nach einer psychologischen Charakteristik des Traumes zu suchen, genügt es nicht zu sagen, im Traume sei alles möglich, von der tiefsten Herabsetzung des Seelenlebens bis zu einer im Wachen ungewohnten Steigerung desselben? So bequem diese Lösung wäre, sie hat dies eine gegen sich, daß den Bestrebungen aller Traumforscher die Voraussetzung zugrunde zu liegen scheint, es gäbe eine solche in ihren wesentlichen Zügen allgemeingültige Charakteristik des Traumes, welche über jene Widersprüche hinweghelfen müßte.

Es ist unstreitig, daß die psychischen Leistungen des Traumes bereitwilligere und wärmere Anerkennung gefunden haben in jener, jetzt hinter uns liegenden, intellektuellen Periode, da die Philosophie und nicht die exakten Naturwissenschaften die Geister beherrschte. Aussprüche, wie die von Schubert (1814 [20f.]), daß der Traum eine Befreiung des Geistes von der Gewalt der äußeren Natur sei, eine Loslösung der Seele von den Fesseln der Sinnlichkeit, und ähnliche Urteile von dem jüngeren Fichte (1864, Bd. 1 [143f.])[1] u. a., welche sämtlich den Traum als

[1] Vgl. Haffner (1887) und Spitta (1882 [11 f.]).

einen Aufschwung des Seelenlebens zu einer höheren Stufe darstellen, erscheinen uns heute kaum begreiflich; sie werden in der Gegenwart auch nur bei Mystikern und Frömmlern wiederholt[1]. Mit dem Eindringen naturwissenschaftlicher Denkweise ist eine Reaktion in der Würdigung des Traumes einhergegangen. Gerade die ärztlichen Autoren sind am ehesten geneigt, die psychische Tätigkeit im Traume für geringfügig und wertlos anzuschlagen, während Philosophen und nicht zünftige Beobachter – Amateurpsychologen –, deren Beiträge gerade auf diesem Gebiete nicht zu vernachlässigen sind, im besseren Einvernehmen mit den Ahnungen des Volkes, meist an dem psychischen Wert der Träume festgehalten haben. Wer zur Geringschätzung der psychischen Leistung im Traume neigt, der bevorzugt begreiflicherweise in der Traumätiologie die somatischen Reizquellen; für den, welcher der träumenden Seele den größeren Teil ihrer Fähigkeiten im Wachen belassen hat, entfällt natürlich jedes Motiv, ihr nicht auch selbständige Anregungen zum Träumen zuzugestehen.

Unter den Überleistungen, welche man auch bei nüchterner Vergleichung versucht sein kann, dem Traumleben zuzuschreiben, ist die des Gedächtnisses die auffälligste; wir haben die sie beweisenden, gar nicht seltenen Erfahrungen ausführlich behandelt [s. Abschnitt B]. Ein anderer, von alten Autoren häufig gepriesener Vorzug des Traumlebens, daß es sich souverän über Zeit- und Ortsentfernungen hinwegzusetzen vermöge, ist mit Leichtigkeit als eine Illusion zu erkennen. Dieser Vorzug ist, wie Hildebrandt (1875 [25]) bemerkt, eben ein illusorischer Vorzug; das Träumen setzt sich über Zeit und Raum nicht anders hinweg als das wache Denken, und eben weil es nur eine Form des Denkens ist. Der Traum sollte sich in bezug auf die Zeitlichkeit noch eines anderen Vorzugs erfreuen, noch in anderem Sinne vom Ablauf der Zeit unabhängig sein. Träume, wie der oben S. 52 f. mitgeteilte Maurys von seiner Hinrichtung durch die Guillotine, scheinen zu beweisen, daß der Traum in eine sehr kurze Spanne Zeit weit mehr Wahrnehmungsinhalt zu drängen vermag, als unsere psychische Tätigkeit im Wachen Denkinhalt bewältigen kann. Diese Folgerung ist indes mit mannigfaltigen Argumenten bestritten worden; seit den Aufsätzen von Le Lorrain (1894) und Egger (1895) »über die scheinbare Dauer der Träume« hat

[1] [*Zusatz 1914:*] Der geistreiche Mystiker Du Prel, einer der wenigen Autoren, denen ich die Vernachlässigung in früheren Auflagen dieses Buches abbitten möchte, äußert, nicht das Wachen, sondern der Traum sei die Pforte zur Metaphysik, soweit sie den Menschen betrifft (1885, 59).

sich hierüber eine interessante Diskussion angesponnen, welche in dieser heikeln und tiefreichenden Frage wahrscheinlich noch nicht die letzte Aufklärung erreicht hat[1].

Daß der Traum die intellektuellen Arbeiten des Tages aufzunehmen und zu einem bei Tag nicht erreichten Abschluß zu bringen vermag, daß er Zweifel und Probleme lösen, bei Dichtern und Komponisten die Quelle neuer Eingebungen werden kann, scheint nach vielfachen Berichten und nach der von Chabaneix (1897) angestellten Sammlung unbestreitbar zu sein. Aber wenn auch nicht die Tatsache, so unterliegt doch deren Auffassung vielen, ans Prinzipielle streifenden Zweifeln[2].

Endlich bildet die behauptete divinatorische Kraft des Traumes ein Streitobjekt, an welchem schwer überwindliche Bedenken mit hartnäckig wiederholten Versicherungen zusammentreffen. Man vermeidet es – und wohl mit Recht –, alles Tatsächliche an diesem Thema abzuleugnen, weil für eine Reihe von Fällen die Möglichkeit einer natürlichen psychologischen Erklärung vielleicht nahe bevorsteht.

---

1 [*Zusatz 1914:*] Weitere Literatur und kritische Erörterung dieser Probleme in der Pariser Dissertation der Tobowolska (1900). [S. auch S. 476 ff.]

2 [*Zusatz 1914:*] Vgl. die Kritik bei H. Ellis (1911, [265; deutsche Übersetzung, S.] 268). [S. auch unten, S. 539.]

F
DIE ETHISCHEN GEFÜHLE IM TRAUME

Aus Motiven, welche erst nach Kenntnisnahme meiner eigenen Untersuchungen über den Traum verständlich werden können, habe ich von dem Thema der Psychologie des Traumes das Teilproblem abgesondert, ob und inwieweit die moralischen Dispositionen und Empfindungen des Wachens sich ins Traumleben erstrecken. Der nämliche Widerspruch in der Darstellung der Autoren, den wir für alle anderen seelischen Leistungen mit Befremden bemerken mußten, macht uns auch hier betroffen. Die einen versichern mit ebensolcher Entschiedenheit, daß der Traum von den sittlichen Anforderungen nichts weiß, wie die andern, daß die moralische Natur des Menschen auch fürs Traumleben erhalten bleibt.

Die Berufung auf die allnächtliche Traumerfahrung scheint die Richtigkeit der ersteren Behauptung über jeden Zweifel zu erheben. Jessen sagt (1855, 553): »Auch besser und tugendhafter wird man nicht im Schlafe, vielmehr scheint das Gewissen in den Träumen zu schweigen, indem man kein Mitleid empfindet und die schwersten Verbrechen, Diebstahl, Mord und Totschlag mit völliger Gleichgültigkeit und ohne nachfolgende Reue verüben kann.«

Radestock (1879, 146): »Es ist zu berücksichtigen, daß die Assoziationen im Traume ablaufen und die Vorstellungen sich verbinden, ohne daß Reflexion und Verstand, ästhetischer Geschmack und sittliches Urteil etwas dabei vermögen; das Urteil ist höchst schwach, und es herrscht *ethische Gleichgültigkeit* vor.«

Volkelt (1875, 23): »Besonders zügellos aber geht es, wie jeder weiß, im Traume in geschlechtlicher Beziehung zu. Wie der Träumende selbst aufs äußerste schamlos und jedes sittlichen Gefühls und Urteils verlustig ist, so sieht er auch alle anderen und selbst die verehrtesten Personen mitten in Handlungen, die er im Wachen auch nur in Gedanken mit ihnen zusammenzubringen sich scheuen würde.«

Den schärfsten Gegensatz hiezu bilden Äußerungen wie die von Schopenhauer [1862, Bd. 1, 245], daß jeder im Traum in vollster Gemäßheit seines Charakters handelt und redet. K. Ph. Fischer [1] behauptet, daß die subjektiven Gefühle und Bestrebungen oder Affekte und Leidenschaften in der Willkür des Traumlebens sich offenbaren, daß die mora-

[1] (1850 [72 f.]) nach Spitta (1882 [188]).

lischen Eigentümlichkeiten der Personen in ihren Träumen sich spiegeln.

Haffner (1887, 251): »Seltene Ausnahmen abgerechnet, ... wird ein tugendhafter Mensch auch im Traum tugendhaft sein; er wird den Versuchungen widerstehen, dem Haß, dem Neid, dem Zorn und allen Lastern sich verschließen; der Mann der Sünde aber wird auch in seinen Träumen in der Regel die Bilder finden, die er im Wachen vor sich hatte.«

Scholz (1887, 36): »Im Traum ist Wahrheit, trotz aller Maskierung in Hoheit oder Erniedrigung erkennen wir unser eigenes Selbst wieder ... Der ehrliche Mann kann auch im Traume kein entehrendes Verbrechen begehen, oder wenn es doch der Fall ist, so entsetzt er sich darüber, als über etwas seiner Natur Fremdes. Der römische Kaiser, der einen seiner Untertanen hinrichten ließ, weil diesem geträumt hatte, er habe dem Kaiser den Kopf abschlagen lassen, hatte darum so unrecht nicht, wenn er dies damit rechtfertigte, daß, wer so träume, auch ähnliche Gedanken im Wachen haben müsse. Von etwas, das in unserem Innern keinen Raum haben kann, sagen wir deshalb auch bezeichnenderweise: Es fällt mir auch im Traum nicht ein.«

Im Gegensatz hiezu meint Plato, diejenigen seien die besten, denen das, was andere wachend tun, nur im Traume einfalle[1].

Pfaff[2] sagt geradezu in Abänderung eines bekannten Sprichwortes: »Erzähle mir eine Zeitlang deine Träume, und ich will dir sagen, wie es um dein Inneres steht.«

Die kleine Schrift von Hildebrandt, der ich bereits so zahlreiche Zitate entnommen habe, der formvollendetste und gedankenreichste Beitrag zur Erforschung der Traumprobleme, den ich in der Literatur gefunden, rückt gerade das Problem der Sittlichkeit im Traume in den Mittelpunkt ihres Interesses. Auch für Hildebrandt [1875, 54] steht es als Regel fest: Je reiner das Leben, desto reiner der Traum; je unreiner jenes, desto unreiner dieser.

Die sittliche Natur des Menschen bleibt auch im Traume bestehen: »Aber während kein noch so handgreiflicher Rechnungsfehler, keine noch so romantische Umkehr der Wissenschaft, kein noch so scherzhafter Anachronismus verletzt oder uns auch nur verdächtig wird, so geht uns doch der Unterschied zwischen Gut und Böse, zwischen Recht und Unrecht,

[1] [Dieser Satz wurde 1914 hinzugefügt. Vgl. auch S. 587. Der Hinweis bezieht sich ohne Zweifel auf die Eingangsabschnitte des IX. Buches von Platons *Staat*.]

[2] 1868 [9] (bei Spitta, 1882, 192).

zwischen Tugend und Laster nie verloren. Wie vieles auch von dem, was am Tage mit uns geht, in den Schlummerstunden weichen mag – Kants kategorischer Imperativ hat sich als untrennbarer Begleiter so an unsere Fersen geheftet, daß wir ihn auch schlafend nicht loswerden. ... Erklären aber läßt sich (diese Tatsache) eben nur daraus, daß das Fundamentale der Menschennatur, das sittliche Wesen, zu fest gefügt ist, um an der Wirkung der kaleidoskopischen Durchschüttelung teilzunehmen, welcher Phantasie, Verstand, Gedächtnis und sonstige Fakultäten gleichen Ranges im Traume unterliegen.« (Ibid., 45 f.)

In der weiteren Diskussion des Gegenstandes sind nun merkwürdige Verschiebungen und Inkonsequenzen bei beiden Gruppen von Autoren hervorgetreten. Strenggenommen wäre für alle diejenigen, welche meinen, im Traum zerfalle die sittliche Persönlichkeit des Menschen, das Interesse an den unmoralischen Träumen mit dieser Erklärung zu Ende. Sie könnten den Versuch, den Träumer für seine Träume verantwortlich zu machen, aus der Schlechtigkeit seiner Träume auf eine böse Regung in seiner Natur zu schließen, mit derselben Ruhe ablehnen wie den anscheinend gleichwertigen Versuch, aus der Absurdität seiner Träume die Wertlosigkeit seiner intellektuellen Leistungen im Wachen zu erweisen. Die anderen, für die sich »der kategorische Imperativ« auch in den Traum erstreckt, hätten die Verantwortlichkeit für unmoralische Träume ohne Einschränkung anzunehmen; es wäre ihnen nur zu wünschen, daß eigene Träume von solch verwerflicher Art sie nicht an der sonst festgehaltenen Wertschätzung der eigenen Sittlichkeit irremachen müßten.

Nun scheint es aber, daß niemand von sich selbst so recht sicher weiß, inwieweit er gut oder böse ist, und daß niemand die Erinnerung an eigene unmoralische Träume verleugnen kann. Denn über jenen Gegensatz in der Beurteilung der Traummoralität hinweg zeigen sich bei den Autoren beider Gruppen Bemühungen, die Herkunft der unsittlichen Träume aufzuklären, und es entwickelt sich ein neuer Gegensatz, je nachdem deren Ursprung in den Funktionen des psychischen Lebens oder in somatisch bedingten Beeinträchtigungen desselben gesucht wird. Die zwingende Gewalt der Tatsächlichkeit läßt dann Vertreter der Verantwortlichkeit wie der Unverantwortlichkeit des Traumlebens in der Anerkennung einer besonderen psychischen Quelle für die Immoralität der Träume zusammentreffen.

Alle die, welche die Sittlichkeit im Traume fortbestehen lassen, hüten sich doch davor, die volle Verantwortlichkeit für ihre Träume zu übernehmen. Haffner sagt (1887, 250): »Wir sind für Träume nicht verantwortlich, weil unserem Denken und Wollen die Basis entrückt ist, auf welcher unser Leben allein Wahrheit und Wirklichkeit hat... Es kann eben darum kein Traumwollen und Traumhandeln Tugend oder Sünde sein.« Doch ist der Mensch für den sündhaften Traum verantwortlich, sofern er ihn indirekt verursacht. Es erwächst für ihn die Pflicht, wie im Wachen, so ganz besonders vor dem Schlafengehen seine Seele sittlich zu reinigen.

Viel tiefer reicht die Analyse dieses Gemenges von Ablehnung und von Anerkennung der Verantwortlichkeit für den sittlichen Inhalt der Träume bei Hildebrandt [1875, 48 f.]. Nachdem er ausgeführt, daß die dramatische Darstellungsweise des Traumes, die Zusammendrängung der kompliziertesten Überlegungsvorgänge in das kleinste Zeiträumchen, und die auch von ihm zugestandene Entwertung und Vermengung der Vorstellungselemente im Traume gegen den unsittlichen Anschein der Träume in Abzug gebracht werden muß, gesteht er, daß es doch den ernstesten Bedenken unterliege, alle Verantwortung für Traumsünden und Schulden schlechthin zu leugnen.

(Ibid., 49): »Wenn wir irgendeine ungerechte Anklage, namentlich eine solche, die sich auf unsere Absichten und Gesinnungen bezieht, recht entschieden zurückweisen wollen, so gebrauchen wir wohl die Redensart: Das sei uns nicht im Traume eingefallen. Damit sprechen wir allerdings einerseits aus, daß wir das Traumgebiet für das fernste und letzte halten, auf welchem wir für unsere Gedanken einzustehen hätten, weil dort diese Gedanken mit unserem wirklichen Wesen nur so lose und locker zusammenhängen, daß sie kaum noch als die unsrigen betrachtet werden dürfen; aber indem wir eben auch auf diesem Gebiete das Vorhandensein solcher Gedanken ausdrücklich zu leugnen uns veranlaßt fühlen, so geben wir doch indirekt damit zugleich zu, daß unsere Rechtfertigung nicht vollkommen sein würde, wenn sie nicht bis dort hinüber reichte. Und ich glaube, wir reden hier, wenn auch unbewußt, die Sprache der Wahrheit.«

(Ibid., 51 ff.): »Es läßt sich nämlich keine Traumtat denken, deren erstes Motiv nicht irgendwie als Wunsch, Gelüste, Regung vorher durch die Seele des Wachenden gezogen wäre.« Von dieser ersten Regung müsse man sagen: Der Traum erfand es nicht – er bildete es nur nach und spann's nur aus, er bearbeitete nur ein Quentlein historischen Stoffes, das er bei uns vorgefunden hatte, in dramatischer Form; er setzte das Wort des Apostels in Szene: Wer seinen Bruder haßt, der ist ein Totschläger. [1. Johan. iii, 15.] Und während man das ganze, breit ausgeführte Gebilde des lasterhaften Traums nach dem Erwachen, seiner sittlichen Stärke bewußt, belächeln kann, so will jener ursprüngliche Bildungsstoff sich doch keine lächerliche Seite abgewinnen lassen. Man fühlt sich für die Verirrungen des Träumenden verantwortlich, nicht für die ganze Summe, aber doch für einen gewissen Prozentsatz. »Kurz, verstehen wir in diesem schwer anzufechtenden Sinne das Wort Christi: Aus dem Herzen kommen arge Gedanken [Matt., xv, 19] – dann können wir auch kaum der Überzeugung uns erwehren, daß jede im Traum begangene Sünde ein dunkles Minimum wenigstens von Schuld mit sich führe.«

In den Keimen und Andeutungen böser Regungen, die als Versuchungsgedanken tagsüber durch unsere Seelen ziehen, findet also Hildebrandt die Quelle für die Immoralität der Träume, und er steht nicht an, diese immoralischen Elemente bei der sittlichen Wertschätzung der Persönlichkeit einzurechnen. Es sind dieselben Gedanken und die nämliche Schätzung derselben, welche, wie wir wissen, die Frommen und Heiligen zu allen Zeiten klagen ließ, sie seien arge Sünder [1].

An dem allgemeinen Vorkommen dieser *kontrastierenden* Vorstellungen – bei den meisten Menschen und auch auf anderem als ethischem Gebiete – besteht wohl kein Zweifel. Die Beurteilung derselben ist gelegentlich eine minder ernsthafte gewesen. Bei Spitta findet sich folgende hieher gehörige Äußerung von A. Zeller (1818 [120–1]) zitiert (1882, 194): »So glücklich ist selten ein Geist organisiert, daß er zu allen Zeiten volle Macht besäße und nicht immer wieder nicht allein unwesentliche, sondern auch völlig fratzenhafte und widersinnige Vorstellungen den stetigen, klaren Gang seiner Gedanken unterbrächen, ja die größten Denker haben sich über dieses traumartige, neckende und peinliche Gesindel von Vorstellungen zu beklagen gehabt, da es ihre tiefsten Betrachtungen und ihre heiligste und ernsthafteste Gedankenarbeit stört.«

Ein helleres Licht fällt auf die psychologische Stellung dieser Kontrastgedanken aus einer weiteren Bemerkung von Hildebrandt, daß der Traum uns wohl bisweilen in Tiefen und Falten unseres Wesens blicken

[1] [*Zusatz 1914:*] Es ist nicht ohne Interesse zu erfahren, wie sich die heilige Inquisition zu unserem Problem gestellt. Im *Tractatus de Officio sanctissimae Inquisitionis* des Thomas Careña, 1659, ist folgende Stelle: »Spricht jemand im Traum Ketzereien aus, so sollen die Inquisitoren daraus Anlaß nehmen, seine Lebensführung zu untersuchen, denn im Schlafe pflegt das wiederzukommen, was unter Tags jemand beschäftigt hat.« (Dr. Ehniger, S. Urban, Schweiz.) [S. Caesar Careña (1631).]

lasse, die uns im Zustand des Wachens meist verschlossen bleiben (1875, 55). Dieselbe Erkenntnis verrät Kant an einer Stelle der *Anthropologie* [1798] [1], wenn er meint, der Traum sei wohl dazu da, um uns die verborgenen Anlagen zu entdecken und uns zu offenbaren, nicht was wir sind, sondern was wir hätten werden können, wenn wir eine andere Erziehung gehabt hätten; Radestock (1879, 84) mit den Worten, daß der Traum uns oft nur offenbart, was wir uns nicht gestehen wollen, und daß wir ihn darum mit Unrecht einen Lügner und Betrüger schelten. J. E. Erdmann äußert [1852, 115]: »Mir hat nie ein Traum offenbart, was von einem Menschen zu halten sei, allein was ich von ihm halte und wie ich hinsichtlich seiner gesinnt bin, das habe ich bereits einigemal aus einem Traume gelernt zu meiner eigenen großen Überraschung.« Und ähnlich meint I. H. Fichte (1864, Bd. 1 [539]): »Der Charakter unserer Träume bleibt ein weit treuerer Spiegel unserer Gesamtstimmung, als was wir davon durch die Selbstbeobachtung des Wachens erfahren.« [2] Wir werden aufmerksam gemacht, daß das Auftauchen dieser unserem sittlichen Bewußtsein fremden Antriebe nur analog ist zu der uns bereits bekannten Verfügung des Traumes über anderes Vorstellungsmaterial, welches dem Wachen fehlt oder darin eine geringfügige Rolle spielt, durch Bemerkungen, wie die von Benini: *»Certe nostre inclinazioni che si credevano soffocate e spente da un pezzo, si ridestano; passioni vecchie e sepolte rivivono; cose e persone a cui non pensiamo mai, ci vengono dinanzi«* [3] (1898, 149), und von Volkelt: »Auch Vorstellungen, die in das wache Bewußtsein fast unbeachtet eingegangen sind und von ihm vielleicht nie wieder der Vergessenheit entzogen würden, pflegen sehr häufig dem Traum ihre Anwesenheit in der Seele kundzutun« (1875, 105). Endlich ist es hier am Platze, uns zu erinnern, daß nach Schleiermacher schon das Einschlafen vom Hervortreten *ungewollter* Vorstellungen (Bilder) begleitet war [s. oben, S. 73].

Als *»ungewollte Vorstellungen«* dürfen wir nun dies ganze Vorstellungsmaterial zusammenfassen, dessen Vorkommen in den unmoralischen wie in den absurden Träumen unser Befremden erregt. Ein wichtiger Unterschied liegt nur darin, daß die ungewollten Vorstellungen auf sittlichem Gebiet den Gegensatz zu unserem sonstigen Empfinden

---

[1] [Offenbar nicht in jenem Werk enthalten.]
[2] [Die beiden letzten Sätze wurden 1914 hinzugefügt.]
[3] [»Manche unserer Wünsche, die wir eine Zeitlang unterdrückt und erloschen wähnten, wachen wieder auf; alte, längst begrabene Leidenschaften bekommen neues Leben; Dinge und Personen, an die wir nie mehr dachten, fallen uns ein.«]

erkennen lassen, während die anderen uns bloß fremdartig erscheinen. Es ist bisher kein Schritt geschehen, der uns ermöglichte, diese Verschiedenheit durch tiefer gehende Erkenntnis aufzuheben.

Welche Bedeutung hat nun das Hervortreten ungewollter Vorstellungen im Traume, welche Schlüsse für die Psychologie der wachenden und der träumenden Seele lassen sich aus diesem nächtlichen Auftauchen kontrastierender ethischer Regungen ableiten? Hier ist eine neue Meinungsverschiedenheit und eine abermals verschiedene Gruppierung der Autoren zu verzeichnen. Den Gedankengang von Hildebrandt und anderen Vertretern seiner Grundansicht kann man wohl nicht anderswohin fortsetzen, als daß den unmoralischen Regungen auch im Wachen eine gewisse Macht innewohne, die zwar gehemmt ist, bis zur Tat vorzudringen, und daß im Schlaf etwas wegfalle, was, gleichfalls wie eine Hemmung wirksam, uns gehindert habe, die Existenz dieser Regung zu bemerken. Der Traum zeigte so das wirkliche, wenn auch nicht das ganze Wesen des Menschen und gehörte zu den Mitteln, das verborgene Seeleninnere für unsere Kenntnis zugänglich zu machen. Nur von solchen Voraussetzungen her kann Hildebrandt [1875, 56] dem Traum die Rolle eines *Warners* zuweisen, der uns auf verborgene sittliche Schäden unserer Seele aufmerksam macht, wie er nach dem Zugeständnis der Ärzte auch bisher unbemerkte körperliche Leiden dem Bewußtsein verkünden kann. Und auch Spitta kann von keiner anderen Auffassung geleitet sein, wenn er auf die Erregungsquellen hinweist [1882, 193 f.], die z. B. zur Zeit der Pubertät der Psyche zufließen, und den Träumer tröstet, er habe alles getan, was in seinen Kräften steht, wenn er im Wachen einen streng tugendhaften Lebenswandel geführt und sich bemüht, die sündigen Gedanken, sooft sie kommen, zu unterdrücken, sie nicht reifen und zur Tat werden zu lassen. Nach dieser Auffassung könnten wir die *»ungewollten«* Vorstellungen als die während des Tages *»unterdrückten«* bezeichnen und müßten in ihrem Auftauchen ein echtes psychisches Phänomen erblicken.

Nach anderen Autoren hätten wir kein Recht zu letzterer Folgerung. Für Jessen stellen die ungewollten Vorstellungen im Traume wie im Wachen und in Fieber- und anderen Delirien »den Charakter einer zur Ruhe gelegten Willenstätigkeit und eines *gewissermaßen mechanischen* Prozesses von Bildern und Vorstellungen durch innere Bewegungen dar« (1855, 360). Ein unmoralischer Traum beweise weiter nichts für das Seelenleben des Träumers, als daß dieser von dem betreffenden Vorstellungsinhalt irgendwie einmal Kenntnis gewonnen habe, gewiß nicht eine ihm eigene Seelenregung. Bei einem anderen Autor, Maury, könnte man in Zweifel geraten, ob nicht auch er dem Traumzustand die Fähigkeit zuschreibt, die seelische Tätigkeit nach ihren Komponenten zu zerlegen, anstatt sie planlos zu zerstören. Er sagt von den Träumen, in denen man sich über die Schranken der Moralität hinaussetzt: »*Ce sont nos penchants qui parlent et qui nous font agir, sans que la conscience nous retienne, bien que parfois elle nous avertisse. J'ai mes défauts et mes penchants vicieux; à l'état de veille, je tâche de lutter contre eux, et il m'arrive assez souvent de n'y pas succomber. Mais dans mes songes j'y succombe toujours ou pour mieux dire j'agis par leur impulsion, sans crainte et sans remords. ...Evidemment les visions qui se déroulent devant ma pensée et qui constituent le rêve, me sont suggérées par les incitations que je ressens et que ma volonté absente ne cherche pas à refouler.*« (1878, 113.)

Wenn man an die Fähigkeit des Traumes glaubte, eine wirklich vorhandene, aber unterdrückte oder versteckte unmoralische Disposition des Träumers zu enthüllen, so könnte man dieser Meinung schärferen Ausdruck nicht geben als mit den Worten Maurys (ibid., 165): »*En rêve l'homme se révèle donc tout entier à soi-même dans sa nudité et sa misère natives. Dès qu'il suspend l'exercice de sa volonté, il devient le jouet de toutes les passions contre lesquelles, à l'état de veille, la conscience, le sentiment de l'honneur, la crainte nous défendent.*« An anderer Stelle findet er das treffende Wort (ibid., 462): »*Dans le songe, c'est surtout l'homme instinctif qui se révèle. ...L'homme revient pour ainsi dire à l'état de nature quand il rêve; mais moins les idées acquises ont pénétré dans son esprit, plus les penchants en désaccord avec elles conservent encore sur lui l'influence dans le rêve.*« Er führt dann als Beispiel an, daß seine Träume ihn nicht selten als Opfer gerade jenes Aberglaubens zeigen, den er in seinen Schriften am heftigsten bekämpft hat.

Der Wert all dieser scharfsinnigen Bemerkungen für eine psychologische Erkenntnis des Traumlebens wird aber bei Maury dadurch beeinträchtigt, daß er in den von ihm so richtig beobachteten Phänomenen nichts als Beweise für den *automatisme psychologique* sehen will, der nach ihm das Traumleben beherrscht. Diesen Automatismus faßt er als vollen Gegensatz zur psychischen Tätigkeit.

Eine Stelle in den *Studien über das Bewußtsein* von Stricker lautet (1879 [51]): »Der Traum besteht nicht einzig und allein aus Täuschungen; wenn man sich z. B. im Traum vor Räubern fürchtet, so sind die

Räuber zwar imaginär, die Furcht aber ist real.« So wird man darauf aufmerksam gemacht, daß die Affektentwicklung im Traume die Beurteilung nicht zuläßt, welche man dem übrigen Trauminhalt schenkt, und das Problem wird vor uns aufgerollt, was an den psychischen Vorgängen im Traum real sein mag, das heißt einen Anspruch auf Einreihung unter die psychischen Vorgänge des Wachens beanspruchen darf? [1]

---

[1] [Die Frage der Affekte im Traum wird in Abschnitt H des VI. Kapitels (S. 444 ff.) erörtert. Das ganze Thema der moralischen Verantwortlichkeit für Träume wird weiter unten, S. 587 f., angeschnitten.]

G
TRAUMTHEORIEN UND FUNKTION DES TRAUMES

Eine Aussage über den Traum, welche möglichst viele der beobachteten Charaktere desselben von einem Gesichtspunkte aus zu erklären versucht und gleichzeitig die Stellung des Traumes zu einem umfassenderen Erscheinungsgebiet bestimmt, wird man eine Traumtheorie heißen dürfen. Die einzelnen Traumtheorien werden sich darin unterscheiden, daß sie den oder jenen Charakter des Traumes zum wesentlichen erheben, Erklärungen und Beziehungen an ihn anknüpfen lassen. Eine Funktion, d. i. ein Nutzen oder eine sonstige Leistung des Traumes, wird nicht notwendig aus der Theorie ableitbar sein müssen, aber unsere auf die Teleologie gewohnheitsgemäß gerichtete Erwartung wird doch jenen Theorien entgegenkommen, die mit der Einsicht in eine Funktion des Traumes verbunden sind.

Wir haben bereits mehrere Auffassungen des Traumes kennengelernt, die den Namen von Traumtheorien in diesem Sinne mehr oder weniger verdienten. Der Glaube der Alten, daß der Traum eine Sendung der Götter sei, um die Handlungen der Menschen zu lenken, war eine vollständige Theorie des Traumes, die über alles am Traum Wissenswerte Auskunft erteilte. Seitdem der Traum ein Gegenstand der biologischen Forschung geworden ist, kennen wir eine größere Anzahl von Traumtheorien, aber darunter auch manche recht unvollständige.

Wenn man auf Vollzähligkeit verzichtet, kann man etwa folgende lockere Gruppierung der Traumtheorien versuchen, je nach der zugrunde gelegten Annahme über Maß und Art der psychischen Tätigkeit im Traum:

1) Solche Theorien, welche die volle psychische Tätigkeit des Wachens sich in den Traum fortsetzen lassen, wie die von Delboeuf [1885, 221 f.]. Hier schläft die Seele nicht, ihr Apparat bleibt intakt, aber unter die vom Wachen abweichenden Bedingungen des Schlafzustandes gebracht, muß sie bei normalem Funktionieren andere Ergebnisse liefern als im Wachen. Bei diesen Theorien fragt es sich, ob sie imstande sind, die Unterschiede des Traumes von dem Wachdenken sämtlich aus den Bedingungen des Schlafzustandes abzuleiten. Überdies fehlt ihnen ein möglicher Zugang zu einer Funktion des Traumes; man sieht nicht ein, wozu man träumt, warum der komplizierte Mechanismus des seelischen Apparats weiterspielt, auch wenn er in Verhältnisse versetzt wird, für

die er nicht berechnet scheint. Traumlos schlafen oder, wenn störende Reize kommen, aufwachen, blieben die einzig zweckmäßigen Reaktionen anstatt der dritten, der des Träumens.

2) Solche Theorien, welche im Gegenteile für den Traum eine Herabsetzung der psychischen Tätigkeit, eine Auflockerung der Zusammenhänge, eine Verarmung an anspruchsfähigem Material annehmen. Diesen Theorien zufolge müßte eine ganz andere psychologische Charakteristik des Schlafes gegeben werden als etwa nach Delboeuf. Der Schlaf erstreckt sich weit über die Seele, er besteht nicht bloß in einer Absperrung der Seele von der Außenwelt, er dringt vielmehr in ihren Mechanismus ein und macht ihn zeitweilig unbrauchbar. Wenn ich einen Vergleich mit psychiatrischem Material heranziehen darf, so möchte ich sagen, die ersteren Theorien konstruieren den Traum wie eine Paranoia, die zweiterwähnten machen ihn zum Vorbilde des Schwachsinns oder einer Amentia.

Die Theorie, daß im Traumleben nur ein Bruchteil der durch den Schlaf lahmgelegten Seelentätigkeit zum Ausdruck komme, ist die bei ärztlichen Schriftstellern und in der wissenschaftlichen Welt überhaupt weit bevorzugte. Soweit ein allgemeineres Interesse für Traumerklärung vorauszusetzen ist, darf man sie wohl als die *herrschende* Theorie des Traumes bezeichnen. Es ist hervorzuheben, mit welcher Leichtigkeit gerade diese Theorie die ärgste Klippe jeder Traumerklärung, nämlich das Scheitern an einem der durch den Traum verkörperten Gegensätze, vermeidet. Da ihr der Traum das Ergebnis eines partiellen Wachens ist (»ein allmähliches, partielles und zugleich sehr anomalisches Wachen«, sagt Herbarts *Psychologie* über den Traum [1892, 307]), so kann sie durch eine Reihe von Zuständen von immer weitergehender Erweckung bis zur vollen Wachheit die ganze Reihe von der Minderleistung des Traums, die sich durch Absurdität verrät, bis zur voll konzentrierten Denkleistung decken. [Vgl. S. 193.]

Wem die physiologische Darstellungsweise unentbehrlich geworden ist oder wissenschaftlicher dünkt, der wird diese Theorie des Traums in der Schilderung von Binz ausgedrückt finden (1878, 43):

»Dieser Zustand (von Erstarrung) aber geht in den frühen Morgenstunden nur allmählich seinem Ende entgegen. Immer geringer werden die in dem Gehirneiweiß aufgehäuften Ermüdungsstoffe, und immer mehr von ihnen wird zerlegt oder von dem rastlos treibenden Blutstrom fortgespült. Da und dort leuchten schon einzelne Zellenhaufen wach geworden hervor, während ringsumher noch alles in Erstarrung ruht. Es tritt nun die *isolierte Arbeit der Einzelgruppen* vor unser umnebeltes Bewußtsein, und zu ihr fehlt die Kontrolle anderer, der Assoziation vorstehender Gehirnteile. Darum fügen die geschaffenen Bilder, welche meist den materiellen Eindrücken nahe liegender Vergangenheit entsprechen, sich wild und regellos aneinander. Immer größer wird die Zahl der frei werdenden Gehirnzellen, immer geringer die Unvernunft des Traumes.«

Man wird die Auffassung des Träumens als eines unvollständigen, partiellen Wachens, oder Spuren von ihrem Einflusse, sicherlich bei allen modernen Physiologen und Philosophen finden. Am ausführlichsten ist sie bei Maury dargestellt [1878, 6 f.]. Dort hat es oft den Anschein, als stellte sich der Autor das Wachsein oder Eingeschlafensein nach anatomischen Regionen verschiebbar vor, wobei ihm allerdings eine anatomische Provinz und eine bestimmte psychische Funktion aneinander gebunden erscheinen. Ich möchte hier aber nur andeuten, daß, wenn die Theorie des partiellen Wachens sich bestätigte, über den feineren Ausbau derselben sehr viel zu verhandeln wäre.

Eine Funktion des Traumes kann sich bei dieser Auffassung des Traumlebens natürlich nicht herausstellen. Vielmehr wird das Urteil über die Stellung und Bedeutung des Traumes konsequenterweise durch die Äußerung von Binz gegeben (1878, 35): »Alle Tatsachen, wie wir sehen, drängen dahin, den Traum als einen *körperlichen*, in allen Fällen unnützen, in vielen Fällen geradezu krankhaften Vorgang zu kennzeichnen ...«

Der Ausdruck »körperlich« mit Beziehung auf den Traum, der seine Hervorhebung dem Autor selbst verdankt, weist wohl nach mehr als einer Richtung. Er bezieht sich zunächst auf die Traumätiologie, die ja Binz besonders nahelag, wenn er die experimentelle Erzeugung von Träumen durch Darreichung von Giften studierte. Es liegt nämlich im Zusammenhange dieser Art von Traumtheorien, die Anregung zum Träumen womöglich ausschließlich von somatischer Seite ausgehen zu lassen. In extremster Form dargestellt, lautete es so: Nachdem wir durch Entfernung der Reize uns in Schlaf versetzt haben, wäre zum Träumen kein Bedürfnis und kein Anlaß bis zum Morgen, wo das allmähliche Erwachen durch die neu anlangenden Reize sich in dem Phänomen des Träumens spiegeln könnte. Nun gelingt es aber nicht, den Schlaf reizlos zu halten; es kommen, ähnlich wie Mephisto von den Lebenskeimen klagt[1], von überall her Reize an den Schlafenden heran,

[1] [In Goethes *Faust*, I. Teil, 3. Szene. In einer Fußnote zu Abschnitt VI von *Das Unbehagen in der Kultur* (1930 *a*) zitiert Freud die Verse ausführlich und wörtlich.]

von außen, von innen, von all den Körpergebieten sogar, um die man sich als Wachender nie gekümmert hat. So wird der Schlaf gestört, die Seele bald an dem, bald an jenem Zipfelchen wach gerüttelt und funktioniert dann ein Weilchen mit dem geweckten Teil, froh, wieder einzuschlafen. Der Traum ist die Reaktion auf die durch den Reiz verursachte Schlafstörung, übrigens eine rein überflüssige Reaktion.

Den Traum, der doch immerhin eine Leistung des Seelenorgans bleibt, als einen körperlichen Vorgang zu bezeichnen, hat aber auch noch einen anderen Sinn. Es ist die *Würde* eines psychischen Vorgangs, die damit dem Traume abgesprochen werden soll. Das in seiner Anwendung auf den Traum bereits sehr alte Gleichnis von den »zehn Fingern eines der Musik ganz unkundigen Menschen, die über die Tasten des Instrumentes hinlaufen« [Strümpell, 1877, 84; vgl. unten, S. 230] veranschaulicht vielleicht am besten, welche Würdigung die Traumleistung bei den Vertretern der exakten Wissenschaft zumeist gefunden hat. Der Traum wird in dieser Auffassung etwas ganz und gar Undeutbares; denn wie sollten die zehn Finger des unmusikalischen Spielers ein Stück Musik produzieren können?

Es hat der Theorie des partiellen Wachens schon frühzeitig nicht an Einwänden gefehlt. Burdach meinte (1838, 508 f.): »Wenn man sagt, der Traum sei ein partielles Wachen, so wird damit erstlich weder das Wachen noch das Schlafen erklärt, zweitens nichts anderes gesagt, als daß einige Kräfte der Seele im Traume tätig sind, während andere ruhen. Aber solche Ungleichheit findet während des ganzen Lebens statt...«

An die herrschende Traumtheorie, welche im Traum einen »körperlichen« Vorgang sieht, lehnt sich eine sehr interessante Auffassung des Traumes an, die erst 1886 von Robert ausgesprochen wurde und die bestechend wirkt, weil sie für das Träumen eine Funktion, einen nützlichen Erfolg, anzugeben weiß. Robert nimmt zur Grundlage seiner Theorie zwei Tatsachen der Beobachtung, bei denen wir bereits in der Würdigung des Traummaterials verweilt haben (vgl. S. 45 f. oben), nämlich daß man so häufig von den nebensächlichsten Eindrücken des Tages träumt und daß man so selten die großen Interessen des Tages mit hinübernimmt. Robert behauptet als ausschließlich richtig: Es werden nie Dinge, die man voll ausgedacht hat, zu Traumerregern, immer nur solche, die einem unfertig im Sinne liegen oder den Geist flüchtig streifen (1886, 10). – »Darum kann man meistens den Traum sich nicht erklären, weil die Ursachen desselben eben *die nicht zum genügenden*

Erkennen des Träumenden gekommenen Sinneseindrücke des verflossenen Tages sind.« [Ibid., 19–20.] Die Bedingung, daß ein Eindruck in den Traum gelange, ist also, entweder daß dieser Eindruck in seiner Verarbeitung gestört wurde oder daß er als allzu unbedeutend auf solche Verarbeitung keinen Anspruch hatte.

Der Traum stellt sich Robert nun dar »als ein körperlicher Ausscheidungsprozeß, der in seiner geistigen Reaktionserscheinung zum Erkennen gelangt«. [Ibid., 9.] *Träume sind Ausscheidungen von im Keime erstickten Gedanken.* »Ein Mensch, dem man die Fähigkeit nehmen würde zu träumen, müßte in gegebener Zeit geistesgestört werden, weil sich in seinem Hirn eine Unmasse unfertiger, unausgedachter Gedanken und seichter Eindrücke ansammeln würde, unter deren Wucht dasjenige ersticken müßte, was dem Gedächtnisse als fertiges Ganzes einzuverleiben wäre.« [Ibid., 10.] Der Traum leistet dem überbürdeten Gehirn die Dienste eines Sicherheitsventils. *Die Träume haben heilende, entlastende Kraft.* (Ibid., 32.)

Es wäre mißverständlich, an Robert die Frage zu richten, wie denn durch das Vorstellen im Traum eine Entlastung der Seele herbeigeführt werden kann. Der Autor schließt offenbar aus jenen beiden Eigentümlichkeiten des Traummaterials, daß während des Schlafes eine solche Ausstoßung von wertlosen Eindrücken *irgendwie* als somatischer Vorgang vollzogen werde und das Träumen sei kein besonderer psychischer Prozeß, sondern nur die Kunde, die wir von jener Aussonderung erhalten. Übrigens ist eine Ausscheidung nicht das einzige, was nachts in der Seele vorgeht. Robert fügt selbst hinzu, daß überdies die Anregungen des Tages ausgearbeitet werden, und »was sich von dem unverdaut im Geiste liegenden Gedankenstoff nicht ausscheiden läßt, wird durch der *Phantasie entlehnte Gedankenfäden zu einem abgerundeten Ganzen verbunden* und so dem Gedächtnisse als unschädliches Phantasiegemälde eingereiht«. (Ibid., 23.)

In den schroffsten Gegensatz zur herrschenden Theorie tritt die Roberts aber in der Beurteilung der Traumquellen. Während dort überhaupt nicht geträumt würde, wenn nicht die äußeren und inneren Sensationsreize die Seele immer wieder weckten, liegt der Antrieb zum Träumen nach der Theorie Roberts in der Seele selbst, in ihrer Überladung, die nach Entlastung verlangt, und Robert urteilt vollkommen konsequent, daß die im körperlichen Befinden liegenden traumbedingenden Ursachen einen untergeordneten Raum einnehmen und einen Geist, in dem kein dem wachen Bewußtsein entnommener Stoff zur Traumbildung wäre, keinesfalls zum Träumen veranlassen könnten. Zugegeben sei bloß, daß die im Traume aus den Tiefen der Seele heraus sich entwickelnden Phantasiebilder durch die Nervenreize beeinflußt werden können. (Ibid., 48.) So ist der Traum nach Robert doch nicht so ganz abhängig vom Somatischen, er ist zwar kein psychischer Vorgang, hat keine Stelle unter den psychischen Vorgängen des Wachens, er ist ein allnächtlicher somatischer Vorgang am Apparat der Seelentätigkeit und hat eine Funktion zu erfüllen, diesen Apparat vor Überspannung zu behüten, oder wenn man das Gleichnis wechseln darf: die Seele auszumisten[1].

Auf die nämlichen Charaktere des Traumes, die in der Auswahl des Traummaterials deutlich werden, stützt ein anderer Autor, Yves Delage, seine eigene Theorie, und es ist lehrreich zu beobachten, wie durch eine leise Wendung in der Auffassung derselben Dinge ein Endergebnis von ganz anderer Tragweite gewonnen wird.

Delage (1891 [41]) hatte an sich selbst, nachdem er eine ihm teure Person durch den Tod verloren, die Erfahrung gemacht, daß man von dem *nicht* träumt, was einen tagsüber ausgiebig beschäftigt hat, oder erst dann, wenn es anderen Interessen tagsüber zu weichen beginnt. Seine Nachforschungen bei anderen Personen bestätigten ihm die Allgemeinheit dieses Sachverhalts. Eine schöne Bemerkung dieser Art, wenn sie sich als allgemein richtig herausstellte, macht Delage über das Träumen junger Eheleute: *»S'ils ont été fortement épris, presque jamais ils n'ont rêvé l'un de l'autre avant le mariage ou pendant la lune de miel; et s'ils ont rêvé d'amour c'est pour être infidèles avec quelque personne indifférente ou odieuse.«* [Loc. cit.] Wovon träumt man nun aber? Delage erkennt das in unseren Träumen vorkommende Material als bestehend aus Bruchstücken und Resten von Eindrücken der letzten Tage und früherer Zeiten. Alles, was in unseren Träumen auftritt, was wir zuerst geneigt sein mögen, als Schöpfung des Traumlebens anzusehen, erweist sich bei genauerer Prüfung als unerkannte Reproduktion, als *»souvenir inconscient«*. Aber dieses Vorstellungsmaterial zeigt einen gemeinsamen Charakter, es rührt von Eindrücken her, die unsere Sinne wahrscheinlich stärker betroffen haben als unseren Geist oder von denen die Aufmerksamkeit sehr bald nach ihrem Auftauchen wieder abgelenkt wurde. Je weniger bewußt und dabei je stärker ein Eindruck gewesen ist, desto mehr Aussicht hat er, im nächsten Traum eine Rolle zu spielen.

Es sind im wesentlichen dieselben zwei Kategorien von Eindrücken, die

[1] [Roberts Theorie wird ferner auf S. 178, Anm., S. 190 f. und S. 551 diskutiert.]

nebensächlichen und die unerledigten, wie sie Robert hervorhebt, aber Delage wendet den Zusammenhang anders, indem er meint, diese Eindrücke werden nicht, weil sie gleichgültig sind, traumfähig, sondern weil sie unerledigt sind. Auch die nebensächlichen Eindrücke sind gewissermaßen nicht voll erledigt worden, auch sie sind ihrer Natur nach als neue Eindrücke *»autant de ressorts tendus«*, die sich während des Schlafes entspannen werden. Noch mehr Anrecht auf eine Rolle im Traum als der schwache und fast unbeachtete Eindruck wird ein starker Eindruck haben, der zufällig in seiner Verarbeitung aufgehalten wurde oder mit Absicht zurückgedrängt worden ist. Die tagsüber durch Hemmung und Unterdrückung aufgespeicherte psychische Energie wird nachts die Triebfeder des Traums. Im Traum kommt das psychisch Unterdrückte zum Vorschein. [Ibid., 43.] [1]

Leider bricht der Gedankengang von Delage an dieser Stelle ab; er kann einer selbständigen psychischen Tätigkeit im Traum nur die geringste Rolle einräumen, und so schließt er sich mit seiner Traumtheorie unvermittelt wieder an die herrschende Lehre vom partiellen Schlafen des Gehirns an: *»En somme le rêve est le produit de la pensée errante, sans but et sans direction, se fixant successivement sur les souvenirs, qui ont gardé assez d'intensité pour se placer sur sa route et l'arrêter au passage, établissant entre eux un lien tantôt faible et indécis, tantôt plus fort et plus serré, selon que l'activité actuelle du cerveau est plus ou moins abolie par le sommeil.«* [Ibid., 46.]

3) Zu einer dritten Gruppe kann man jene Theorien des Traumes vereinigen, welche der träumenden Seele die Fähigkeit und Neigung zu besonderen psychischen Leistungen zuschreiben, die sie im Wachen entweder gar nicht oder nur in unvollkommener Weise ausführen kann. Aus der Betätigung dieser Fähigkeiten ergibt sich zumeist eine nützliche Funktion des Traumes. Die Wertschätzungen, welche der Traum bei älteren psychologischen Autoren gefunden hat, gehören meist in diese Reihe. Ich will mich aber damit begnügen, an deren Statt die Äußerung von Burdach anzuführen, derzufolge der Traum »die Naturtätigkeit der Seele ist, welche nicht durch die Macht der Individualität beschränkt, nicht durch Selbstbewußtsein gestört, nicht durch Selbstbestimmung ge-

---

[1] [*Zusatz 1909:*] Ganz ähnlich äußert sich der Dichter Anatole France *(Le lys rouge)*: *Ce que nous voyons la nuit, ce sont les restes malheureux de ce que nous avons négligé dans la veille. Le rêve est souvent la revanche des choses qu'on méprise ou le reproche des êtres abandonnés.*

richtet wird, sondern die in freiem Spiele sich ergehende Lebendigkeit der sensibeln Zentralpunkte ist« (1838, 512).
Dieses Schwelgen im freien Gebrauch der eigenen Kräfte stellen sich Burdach u. a. offenbar als einen Zustand vor, in welchem die Seele sich erfrischt und neue Kräfte für die Tagesarbeit sammelt, also etwa nach Art eines Ferienurlaubs. Burdach [ibid., 514] zitiert und akzeptiert darum auch die liebenswürdigen Worte, in denen der Dichter Novalis das Walten des Traumes preist: »Der Traum ist eine Schutzwehr gegen die Regelmäßigkeit und Gewöhnlichkeit des Lebens, eine freie Erholung der gebundenen Phantasie, wo sie alle Bilder des Lebens durcheinanderwirft und die beständige Ernsthaftigkeit des erwachsenen Menschen durch ein fröhliches Kinderspiel unterbricht; ohne die Träume würden wir gewiß früher alt, und so kann man den Traum, wenn auch nicht als unmittelbar von oben gegeben, doch als eine köstliche Aufgabe, als einen freundlichen Begleiter auf der Wallfahrt zum Grabe betrachten.« [1]
Die erfrischende und heilende Tätigkeit des Traumes schildert noch eindringlicher Purkinje (1846, 456): »Besonders würden die produktiven Träume diese Funktionen vermitteln. Es sind leichte Spiele der Imagination, die mit den Tagesbegebenheiten keinen Zusammenhang haben. Die Seele will die Spannungen des wachen Lebens nicht fortsetzen, sondern sie auflösen, sich von ihnen erholen. Sie erzeugt zuvörderst denen des Wachens entgegengesetzte Zustände. Sie heilt Traurigkeit durch Freude, Sorgen durch Hoffnungen und heitere zerstreuende Bilder, Haß durch Liebe und Freundlichkeit, Furcht durch Mut und Zuversicht; den Zweifel beschwichtigt sie durch Überzeugung und festen Glauben, vergebliche Erwartung durch Erfüllung. Viele wunde Stellen des Gemütes, die der Tag immerwährend offen erhalten würde, heilt der Schlaf, indem er sie zudeckt und vor neuer Aufregung bewahrt. Darauf beruht zum Teil die schmerzenheilende Wirkung der Zeit.« Wir empfinden es alle, daß der Schlaf eine Wohltat für das Seelenleben ist, und die dunkle Ahnung des Volksbewußtseins läßt sich offenbar das Vorurteil nicht rauben, daß der Traum einer der Wege ist, auf denen der Schlaf seine Wohltaten spendet.

Der originellste und weitgehendste Versuch, den Traum aus einer besonderen Tätigkeit der Seele, die sich erst im Schlafzustande frei entfalten kann, zu erklären, ist der von Scherner 1861 unternommene. Das

---

[1] [*Heinrich von Ofterdingen* (1802), I. Teil, Kapitel I.]

Buch Scherners, in einem schwülen und schwülstigen Stil geschrieben, von einer nahezu trunkenen Begeisterung für den Gegenstand getragen, die abstoßend wirken muß, wenn sie nicht mit sich fortzureißen vermag, setzt einer Analyse solche Schwierigkeiten entgegen, daß wir bereitwillig nach der klareren und kürzeren Darstellung greifen, in welcher der Philosoph Volkelt die Lehren Scherners uns vorführt. »Es blitzt und leuchtet wohl aus den mystischen Zusammenballungen, aus all dem Pracht- und Glanzgewoge ein ahnungsvoller Schein von Sinn heraus, allein hell werden hiedurch des Philosophen Pfade nicht.« Solche Beurteilung findet die Darstellung Scherners selbst bei seinem Anhänger. [Volkelt, 1875, 29.]

Scherner gehört nicht zu den Autoren, welche der Seele gestatten, ihre Fähigkeiten unverringert ins Traumleben mitzunehmen. Er führt selbst aus [nach Volkelt, ibid., 30], wie im Traum die Zentralität, die Spontanenergie des Ichs entnervt wird, wie infolge dieser Dezentralisation Erkennen, Fühlen, Wollen und Vorstellen verändert werden und wie den Überbleibseln dieser Seelenkräfte kein wahrer Geistcharakter, sondern nur noch die Natur eines Mechanismus zukommt. Aber dafür schwingt sich im Traum die als *Phantasie* zu benennende Tätigkeit der Seele, frei von aller Verstandesherrschaft und damit der strengen Maße ledig, zur unbeschränkten Herrschaft auf. Sie nimmt zwar die letzten Bausteine aus dem Gedächtnis des Wachens, aber führt aus ihnen Gebäude auf, die von den Gebilden des Wachens himmelweit verschieden sind, sie zeigt sich im Traume nicht nur reproduktiv, sondern auch *produktiv.* [Ibid., 31.] Ihre Eigentümlichkeiten verleihen dem Traumleben seine besonderen Charaktere. Sie zeigt eine Vorliebe für das *Ungemessene, Übertriebene, Ungeheuerliche.* Zugleich aber gewinnt sie durch die Befreiung von den hinderlichen Denkkategorien eine größere Schmiegsamkeit, Behendigkeit, Wendungslust; sie ist aufs feinste empfindsam für die zarten Stimmungsreize des Gemüts, für die wühlerischen Affekte, sie bildet sofort das innere Leben in die äußere plastische Anschaulichkeit hinein. Der Traumphantasie *fehlt die Begriffssprache*; was sie sagen will, muß sie anschaulich hinmalen, und da der Begriff hier nicht schwächend einwirkt, malt sie es in Fülle, Kraft und Größe der Anschauungsform hin. Ihre Sprache wird hiedurch, so deutlich sie ist, weitläufig, schwerfällig, unbeholfen. Besonders erschwert wird die Deutlichkeit ihrer Sprache dadurch, daß sie die Abneigung hat, ein Objekt durch sein eigentliches Bild auszudrücken, und lieber ein *fremdes Bild* wählt, insofern dieses nur dasjenige Moment des Objekts, an dessen Darstellung ihr liegt, durch sich auszudrücken imstande ist. Das ist die *symbolisierende Tätigkeit* der Phantasie... [Ibid., 32.] Sehr wichtig ist ferner, daß die Traumphantasie die Gegenstände nicht erschöpfend, sondern nur in ihrem Umriß und diesen in freiester Weise nachbildet. Ihre Malereien erscheinen daher wie genial hingehaucht. Die Traumphantasie bleibt aber nicht bei der bloßen Hinstellung des Gegenstandes stehen, sondern sie ist innerlich genötigt, das Traum-Ich mehr oder weniger mit ihm zu verwickeln und so eine Handlung zu erzeugen. Der Gesichtsreiztraum z. B. malt Goldstücke auf die Straße; der Träumer sammelt sie, freut sich, trägt sie davon. [Ibid., 33.]

Das Material, an welchem die Traumphantasie ihre künstlerische Tätigkeit vollzieht, ist nach Scherner vorwiegend das der bei Tag so dunkeln, organischen Leibreize (vgl. S. 59 ff. oben), so daß in der Annahme der Traumquellen und Traumerreger die allzu phantastische Theorie Scherners und die vielleicht übernüchterne Lehre Wundts und anderer Physiologen, die sich sonst wie Antipoden zueinander verhalten, sich hier völlig decken. Aber während nach der physiologischen Theorie die seelische Reaktion auf die inneren Leibreize mit der Erweckung von irgend zu ihnen passenden Vorstellungen erschöpft ist, die dann einige andere Vorstellungen auf dem Wege der Assoziation sich zu Hilfe rufen, und mit diesem Stadium die Verfolgung der psychischen Vorgänge des Traums beendigt scheint, geben die Leibreize nach Scherner der Seele nur ein Material, das sie ihren phantastischen Absichten dienstbar machen kann. Die Traumbildung fängt für Scherner dort erst an, wo sie für den Blick der anderen versiegt.

Zweckmäßig wird man freilich nicht finden können, was die Traumphantasie mit den Leibreizen vornimmt. Sie treibt ein neckendes Spiel mit ihnen, stellt sich die Organquelle, aus der die Reize im betreffenden Traum stammen, in irgendeiner plastischen Symbolik vor. Ja Scherner meint, worin Volkelt [1875, 37] und andere ihm nicht folgen, daß die Traumphantasie eine bestimmte Lieblingsdarstellung für den ganzen Organismus habe; diese wäre das *Haus.* Sie scheint sich aber zum Glück für ihre Darstellungen nicht an diesen Stoff zu binden; sie kann auch umgekehrt ganze Reihen von Häusern benützen, um ein einzelnes Organ zu bezeichnen, z. B. sehr lange Häuserstraßen für den Eingeweidereiz. Andere Male stellen einzelne Teile des Hauses wirklich einzelne Körperteile dar, so z. B. im Kopfschmerztraum die Decke eines Zimmers (welche der Träumer mit ekelhaftigen krötenartigen Spinnen bedeckt sieht) den Kopf. [Ibid., 33 f.]

Von der Haussymbolik ganz abgesehen, werden beliebige andere Gegenstände zur Darstellung der den Traumreiz ausschickenden Körperteile verwendet. »So findet die atmende Lunge in dem flammenerfüllten Ofen mit seinem luftartigen Brausen ihr Symbol, das Herz in hohlen Kisten und Körben, die Harnblase in runden, beutelförmigen oder überhaupt nur ausgehöhlten Gegenständen. Der männliche Geschlechtsreiztraum läßt den Träumer den oberen Teil einer Klarinette, daneben den gleichen Teil einer Tabakspfeife, daneben wieder einen Pelz auf der Straße finden. Klarinette und Tabakspfeife stellen die annähernde Form des männlichen Gliedes, der Pelz das Schamhaar dar. Im weiblichen Geschlechtstraum kann sich die Schrittenge der zusammenschließenden Schenkel durch einen schmalen, von Häusern umschlossenen Hof, die weibliche Scheide durch einen mitten durch den Hofraum führenden, schlüpfrig weichen, sehr schmalen Fußpfad symbolisieren, den die Träumerin wandeln muß, um etwa einen Brief zu einem Herrn zu tragen.« (Volkelt, ibid., 34.) Besonders wichtig ist es, daß am Schlusse eines solchen Leibreiztraumes die Traumphantasie sich sozusagen demaskiert, indem sie das erregende Organ oder dessen Funktion unverhüllt hinstellt. So schließt der »Zahnreiztraum« gewöhnlich damit, daß der Träumer sich einen Zahn aus dem Munde nimmt. [Ibid., 35.]
Die Traumphantasie kann ihre Aufmerksamkeit aber nicht bloß der Form des erregenden Organs zuwenden, sie kann ebensowohl die in ihm enthaltene Substanz zum Objekt der Symbolisierung nehmen. So führt z. B. der Eingeweidereiztraum durch kotige Straßen, der Harnreiztraum an schäumendes Wasser. Oder der Reiz als solcher, die Art seiner Erregtheit, das Objekt, das er begehrt, werden symbolisch dargestellt, oder das Traum-Ich tritt in konkrete Verbindung mit den Symbolisierungen des eigenen Zustandes, z. B. wenn wir bei Schmerzreizen uns mit beißenden Hunden oder tobenden Stieren verzweifelt balgen oder die Träumerin sich im Geschlechtstraum von einem nackten Manne verfolgt sieht. [Ibid., 35 f.] Von all dem möglichen Reichtum in der Ausführung abgesehen, bleibt eine symbolisierende Phantasietätigkeit als die Zentralkraft eines jeden Traumes bestehen. [Ibid., 36.] In den Charakter dieser Phantasie näher einzudringen, der so erkannten psychischen Tätigkeit ihre Stellung in einem System philosophischer Gedanken anzuweisen, versuchte dann Volkelt in seinem schön und warm geschriebenen Buch, das aber allzu schwer verständlich für jeden bleibt, der nicht durch frühe Schulung für das ahnungsvolle Erfassen philosophischer Begriffsschemen vorbereitet ist.

Eine nützliche Funktion ist mit der Betätigung der symbolisierenden Phantasie Scherners in den Träumen nicht verbunden. Die Seele spielt träumend mit den ihr dargebotenen Reizen. Man könnte auf die Vermutung kommen, daß sie unartig spielt. Man könnte aber auch an uns die Frage richten, ob unsere eingehende Beschäftigung mit der Schernerschen Theorie des Traumes zu irgendetwas Nützlichem führen kann, deren Willkürlichkeit und Losgebundenheit von den Regeln aller Forschung doch allzu augenfällig scheint. Da wäre es denn am Platze, gegen eine Verwerfung der Lehre Scherners vor aller Prüfung als allzu hochmütig ein Veto einzulegen. Diese Lehre baut sich auf dem Eindruck auf, den jemand von seinen Träumen empfing, der ihnen große Aufmerksamkeit schenkte und der persönlich sehr wohl veranlagt scheint, dunkeln seelischen Dingen nachzuspüren. Sie handelt ferner von einem Gegenstand, der den Menschen durch Jahrtausende rätselhaft wohl, aber zugleich inhalts- und beziehungsreich erschienen ist und zu dessen Erhellung die gestrenge Wissenschaft, wie sie selbst bekennt, nicht viel anderes beigetragen hat, als daß sie im vollen Gegensatz zur populären Empfindung dem Objekte Inhalt und Bedeutsamkeit abzusprechen versuchte. Endlich wollen wir uns ehrlich sagen, daß es den Anschein hat, wir könnten bei den Versuchen, den Traum aufzuklären, der Phantastik nicht leicht entgehen. Es gibt auch Ganglienzellenphantastik; die S. 98 f. zitierte Stelle eines nüchternen und exakten Forschers wie Binz, welche schildert, wie die Aurora des Erwachens über die eingeschlafenen Zellhaufen der Hirnrinde hinzieht, steht an Phantastik und an – Unwahrscheinlichkeit hinter den Schernerschen Deutungsversuchen nicht zurück. Ich hoffe zeigen zu können, daß hinter den letzteren etwas Reelles steckt, das allerdings nur verschwommen erkannt worden ist und nicht den Charakter der Allgemeinheit besitzt, auf den eine Theorie des Traumes Anspruch erheben kann. Vorläufig kann uns die Schernersche Theorie des Traumes in ihrem Gegensatz zur medizinischen etwa vor Augen führen, zwischen welchen Extremen die Erklärung des Traumlebens heute noch unsicher schwankt[1].

---

[1] [Scherners Theorien werden außerdem auf S. 232 ff. und S. 341 erörtert.]

H
BEZIEHUNGEN ZWISCHEN TRAUM UND GEISTESKRANKHEITEN

Wer von der Beziehung des Traumes zu den Geistesstörungen spricht, kann dreierlei meinen: 1) ätiologische und klinische Beziehungen, etwa wenn ein Traum einen psychotischen Zustand vertritt, einleitet oder nach ihm erübrigt, 2) Veränderungen, die das Traumleben im Falle der Geisteskrankheit erleidet, 3) Innere Beziehungen zwischen Traum und Psychosen, Analogien, die auf Wesensverwandtschaft hindeuten. Diese mannigfachen Beziehungen zwischen den beiden Reihen von Phänomenen sind in früheren Zeiten der Medizin – und in der Gegenwart von neuem wieder – ein Lieblingsthema ärztlicher Autoren gewesen, wie die bei Spitta [1882, 196 f. und 319 f.], Radestock [1879, 217], Maury [1878, 124 f.] und Tissié [1898, 77 f.] gesammelte Literatur des Gegenstandes lehrt. Jüngst hat Sante de Sanctis diesem Zusammenhange seine Aufmerksamkeit zugewendet[1]. Dem Interesse unserer Darstellung wird es genügen, den bedeutsamen Gegenstand bloß zu streifen.

Zu den klinischen und ätiologischen Beziehungen zwischen Traum und Psychosen will ich folgende Beobachtungen als Paradigmata mitteilen. Hohnbaum berichtet [1830, 124] (bei Krauß [1858, 619]), daß der erste Ausbruch des Wahnsinns sich öfters von einem ängstlichen, schreckhaften Traum herschrieb und daß die vorherrschende Idee mit diesem Traume in Verbindung stand. Sante de Sanctis bringt ähnliche Beobachtungen von Paranoischen und erklärt den Traum in einzelnen derselben für die *»vraie cause déterminante de la folie«*. Die Psychose kann mit dem wirksamen, die wahnhafte Aufklärung enthaltenden Traum mit einem Schlag ins Leben treten oder sich durch weitere Träume, die noch gegen Zweifel anzukämpfen haben, langsam entwickeln. In einem Falle von de Sanctis schlossen sich an den ergreifenden Traum leichte hysterische Anfälle, dann in weiterer Folge ein ängstlich-melancholischer Zustand. Féré [1886] (bei Tissié [1898, 78]) berichtet von einem Traum, der eine hysterische Lähmung zur Folge hatte. Hier wird uns der Traum als Ätiologie der Geistesstörung vorgeführt, obwohl wir dem Tatbestand ebenso Rechnung tragen, wenn wir aussagen, die geistige Stö-

---

[1] [*Zusatz 1914:*] Spätere Autoren, die solche Beziehungen behandeln, sind: Féré [1887], Ideler [1862], Lasègue [1881], Pichon [1896], Régis [1894], Vespa [1897], Gießler [1888 u. a.], Kazowsky [1901], Pachantoni [1909] u. a.

rung habe ihre erste Äußerung am Traumleben gezeigt, sei im Traum zuerst durchgebrochen. In anderen Beispielen enthält das Traumleben die krankhaften Symptome, oder die Psychose bleibt aufs Traumleben eingeschränkt. So macht Thomayer [1897] auf *Angstträume* aufmerksam, die als Äquivalente von epileptischen Anfällen aufgefaßt werden müssen. Allison hat nächtliche Geisteskrankheit *(nocturnal insanity)* beschrieben [1868] (nach Radestock [1879, 225]), bei der die Individuen tagsüber anscheinend vollkommen gesund sind, während bei Nacht regelmäßig Halluzinationen, Tobsuchtsanfälle u. dgl. auftreten. Ähnliche Beobachtungen bei de Sanctis [1899, 226] (paranoisches Traumäquivalent bei einem Alkoholiker, Stimmen, die die Ehefrau der Untreue beschuldigen); bei Tissié. Tissié bringt aus neuerer Zeit eine reiche Anzahl von Beobachtungen [1898, 147 ff.], in denen Handlungen pathologischen Charakters (aus Wahnvoraussetzungen, Zwangsimpulse) sich aus Träumen ableiten. Guislain [1833] beschreibt einen Fall, in dem der Schlaf durch ein intermittierendes Irresein ersetzt war.

Es ist wohl kein Zweifel, daß eines Tages neben der Psychologie des Traumes eine Psychopathologie des Traumes die Ärzte beschäftigen wird.

Besonders deutlich wird es häufig in Fällen von Genesung nach Geisteskrankheit, daß bei gesunder Funktion am Tage das Traumleben noch der Psychose angehören kann. Gregory soll auf dieses Vorkommen zuerst aufmerksam gemacht haben (nach Krauß, 1859 [270]). Macario [1847] (bei Tissié [1898, 89]) erzählt von einem Maniacus, der eine Woche nach seiner völligen Herstellung in Träumen die Ideenflucht und die leidenschaftlichen Antriebe seiner Krankheit wieder erlebte.

Über die Veränderungen, welche das Traumleben bei dauernd Psychotischen erfährt, sind bis jetzt nur sehr wenige Untersuchungen angestellt worden[1]. Dagegen hat die innere Verwandtschaft zwischen Traum und Geistesstörung, die sich in so weitgehender Übereinstimmung der Erscheinungen beider äußert, frühzeitig Beachtung gefunden. Nach Maury [1853, 124] hat zuerst Cabanis in seinen *Rapports du physique et du moral* (1802) auf sie hingewiesen, nach ihm Lélut [1852], J. Moreau (1855) und ganz besonders der Philosoph Maine de Biran [1834, 111 ff.]. Sicherlich ist die Vergleichung noch älter. Radestock (1879 [217]) leitet das Kapitel, in dem er sie behandelt, mit einer Sammlung von Aussprü-

---

[1] [Freud hat diese Frage später selbst untersucht (1922 *b*, am Schluß von Abschnitt B).]

chen ein, welche Traum und Wahnsinn in Analogie bringen. Kant sagt an einer Stelle [1764]: »Der Verrückte ist ein Träumer im Wachen.« Krauß (1859 [270]): »Der Wahnsinn ist ein Traum innerhalb des Sinnenwachseins.« Schopenhauer [1862, Bd. 1, 246] nennt den Traum einen kurzen Wahnsinn und den Wahnsinn einen langen Traum. Hagen [1846, 812] bezeichnet das Delirium als Traumleben, welches nicht durch Schlaf, sondern durch Krankheiten herbeigeführt ist. Wundt äußert in der *Physiologischen Psychologie* [1874, 662]: »In der Tat können wir im Traum fast alle Erscheinungen, die uns in den Irrenhäusern begegnen, selber durchleben.«

Die einzelnen Übereinstimmungen, auf Grund deren eine solche Gleichstellung sich dem Urteil empfiehlt, zählt Spitta (1882 [199]) (übrigens sehr ähnlich wie Maury, 1853) in folgender Reihe auf: »1) Aufhebung oder doch Retardation des Selbstbewußtseins, infolgedessen Unkenntnis über den Zustand als solchen, also Unmöglichkeit des Erstaunens, Mangel des moralischen Bewußtseins, 2) Modifizierte Perzeption der Sinnesorgane, und zwar im Traum verminderte, im Wahnsinn im allgemeinen sehr gesteigerte, 3) Verbindung der Vorstellungen untereinander lediglich nach den Gesetzen der Assoziation und Reproduktion, also automatische Reihenbildung, daher Unproportionalität der Verhältnisse zwischen den Vorstellungen (Übertreibungen, Phantasmen) und aus alledem resultierend: 4) Veränderung beziehungsweise Umkehrung der Persönlichkeit und zuweilen der Eigentümlichkeiten des Charakters (Perversitäten).«

Radestock fügt noch einige Züge hinzu, Analogien im Material (1879 [219]): »Im Gebiet des Gesichts- und Gehörsinnes und des Gemeingefühls findet man die meisten Halluzinationen und Illusionen. Die wenigsten Elemente liefern wie beim Traum der Geruch- und Geschmacksinn. – Dem Fieberkranken steigen in den Delirien wie dem Träumenden Erinnerungen aus langer Vergangenheit auf; was der Wachende und Gesunde vergessen zu haben schien, dessen erinnert sich der Schlafende und Kranke.« – Die Analogie von Traum und Psychose erhält erst dadurch ihren vollen Wert, daß sie sich wie eine Familienähnlichkeit in die feinere Mimik und bis auf einzelne Auffälligkeiten des Gesichtsausdruckes erstreckt.

»Dem von körperlichen und geistigen Leiden Gequälten gewährt der Traum, was die Wirklichkeit versagte: Wohlsein und Glück; so heben sich auch bei dem Geisteskranken die lichten Bilder von Glück, Größe, Erhabenheit und Reichtum. Der vermeintliche Besitz von Gütern und die imaginäre Erfüllung von Wünschen, deren Verweigerung oder Vernichtung eben einen psychischen Grund des Irreseins abgaben, machen häufig den Hauptinhalt des Deliriums aus. Die Frau, die ein teures Kind verloren, deliriert in Mutterfreuden, wer Vermögensverluste erlitten, hält sich für außerordentlich reich, das betrogene Mädchen sieht sich zärtlich geliebt.«

(Diese Stelle Radestocks ist die Abkürzung einer feinsinnigen Ausführung von Griesinger (1861, 106), die mit aller Klarheit die *Wunscherfüllung* als einen dem Traum und der Psychose gemeinsamen Charakter des Vorstellens enthüllt. Meine eigenen Untersuchungen haben mich gelehrt, daß hier der Schlüssel zu einer psychologischen Theorie des Traumes und der Psychosen zu finden ist.)

»Barocke Gedankenverbindungen und Schwäche des Urteils sind es, welche den Traum und den Wahnsinn hauptsächlich charakterisieren.« Die *Überschätzung* [fährt Radestock fort] der eigenen geistigen Leistungen, die dem nüchternen Urteil als unsinnig erscheinen, findet sich hier wie dort; dem *rapiden Vorstellungsverlauf* des Traumes entspricht die *Ideenflucht* der Psychose. Bei beiden fehlt jedes *Zeitmaß*. Die *Spaltung der Persönlichkeit* im Traume, welche z. B. das eigene Wissen auf zwei Personen verteilt, von denen die fremde das eigene Ich im Traume korrigiert, ist völlig gleichwertig der bekannten Persönlichkeitsteilung bei halluzinatorischer Paranoia; auch der Träumer hört die eigenen Gedanken von fremden Stimmen vorgebracht. Selbst für die konstanten Wahnideen findet sich eine Analogie in den stereotyp wiederkehrenden pathologischen Träumen *(rêve obsédant)*. – Nach der Genesung von einem Delirium sagen die Kranken nicht selten, daß ihnen die ganze Zeit ihrer Krankheit wie ein oft nicht unbehaglicher Traum erscheint, ja sie teilen uns mit, daß sie gelegentlich noch während der Krankheit geahnt haben, sie seien nur in einem Traume befangen, ganz wie es oft im Schlaftraum vorkommt.

Nach alledem ist es nicht zu verwundern, wenn Radestock seine wie vieler anderer Meinung in den Worten zusammenfaßt, daß »der Wahnsinn, eine anormale krankhafte Erscheinung, als eine Steigerung des periodisch wiederkehrenden normalen Traumzustandes zu betrachten ist«. (Ibid., 228.)

Noch inniger vielleicht, als es durch diese Analogie der sich äußernden Phänomene möglich ist, hat Krauß (1859 [270 f.]) die Verwandtschaft von Traum und Wahnsinn in der Ätiologie (vielmehr: in den Erregungsquellen) begründen wollen. Das beiden gemeinschaftliche Grundelement ist nach ihm, wie wir gehört haben [s. S. 62], die *organisch bedingte Empfindung*, die Leibreizsensation, das durch Beiträge von allen Organen her zustande gekommene Gemeingefühl (vgl. Peisse [1857, Bd. 2, 21], bei Maury, 1878, 52).

Die nicht zu bestreitende, bis in charakteristische Einzelheiten reichende Übereinstimmung von Traum und Geistesstörung gehört zu den stärksten Stützen der medizinischen Theorie des Traumlebens, nach welcher sich der Traum als unnützer und störender Vorgang und als Ausdruck einer herabgesetzten Seelentätigkeit darstellt. Man wird indes nicht erwarten können, die endgültige Aufklärung über den Traum von den Seelenstörungen her zu empfangen, wo es allgemein bekannt ist, in welch unbefriedigendem Zustand unsere Einsicht in den Hergang der letzteren sich befindet. Wohl aber ist es wahrscheinlich, daß eine veränderte Auffassung des Traumes unsere Meinungen über den inneren Mechanismus der Geistesstörungen mitbeeinflussen muß, und so dürfen wir sagen, daß wir an der Aufklärung der Psychosen arbeiten, wenn wir uns bemühen, das Geheimnis des Traumes aufzuhellen [1].

---

[1] [Eine Diskussion der Beziehung zwischen Traum und Psychose findet sich in der 29. der *Neuen Folge der Vorlesungen zur Einführung in die Psychoanalyse* (Freud, 1933 *a*, *Studienausgabe*, Bd. 1, S. 458 f.).]

ZUSATZ 1909

Es bedarf einer Rechtfertigung, daß ich die Literatur der Traumprobleme nicht auch über den Zeitabschnitt vom ersten Erscheinen bis zur zweiten Auflage dieses Buches fortgeführt habe. Dieselbe mag dem Leser wenig befriedigend erscheinen; ich bin nichtsdestoweniger durch sie bestimmt worden. Die Motive, die mich überhaupt zu einer Darstellung der Behandlung des Traumes in der Literatur veranlaßt hatten, waren mit der vorstehenden Einleitung erschöpft; eine Fortsetzung dieser Arbeit hätte mich außerordentliche Bemühung gekostet und – sehr wenig Nutzen oder Belehrung gebracht. Denn der in Rede stehende Zeitraum von neun Jahren hat weder an tatsächlichem Material noch an Gesichtspunkten für die Auffassung des Traumes Neues oder Wertvolles gebracht. Meine Arbeit ist in den meisten seither veröffentlichten Publikationen unerwähnt und unberücksichtigt geblieben; am wenigsten Beachtung hat sie natürlich bei den sogenannten »Traumforschern« gefunden, die von der dem wissenschaftlichen Menschen eigenen Abneigung, etwas Neues zu erlernen, hiemit ein glänzendes Beispiel gegeben haben, *»Les savants ne sont pas curieux«*, meint der Spötter Anatole France. Wenn es in der Wissenschaft ein Recht zur Revanche gibt, so wäre ich wohl berechtigt, auch meinerseits die Literatur seit dem Erscheinen dieses Buches zu vernachlässigen. Die wenigen Berichterstattungen, die sich in wissenschaftlichen Journalen gezeigt haben, sind so voll von Unverstand und Mißverständnissen, daß ich den Kritikern mit nichts anderem als mit der Aufforderung, dieses Buch noch einmal zu lesen, antworten könnte. Vielleicht dürfte die Aufforderung auch lauten: es überhaupt zu lesen.

In den Arbeiten jener Ärzte, welche sich zur Anwendung des psychoanalytischen Heilverfahrens entschlossen haben, und anderer sind reichlich Träume veröffentlicht und nach meinen Anweisungen gedeutet worden. Soweit diese Arbeiten über die Bestätigung meiner Aufstellungen hinausgehen, habe ich deren Ergebnisse in den Zusammenhang meiner Darstellung eingetragen. Ein zweites Literaturverzeichnis am Ende stellt die wichtigsten Veröffentlichungen seit dem ersten Erscheinen dieses Buches zusammen [1]. Das reichhaltige Buch von Sante de Sanctis über die Träume (1899), dem bald nach seinem Erscheinen eine Übersetzung ins Deutsche zuteil geworden ist, hat sich mit meiner *Traumdeutung* zeitlich

---

[1] [S. die ›Editorische Einleitung‹, S. 14 und S. 15.]

gekreuzt, so daß ich von ihm ebensowenig Notiz nehmen konnte wie der italienische Autor von mir. Ich mußte dann leider urteilen, daß seine fleißige Arbeit überaus arm an Ideen sei, so arm, daß man aus ihr nicht einmal die Möglichkeit der bei mir behandelten Probleme ahnen könnte.

Ich habe nur zweier Erscheinungen zu gedenken, die nahe an meine Behandlung der Traumprobleme streifen. Ein jüngerer Philosoph, H. Swoboda, der es unternommen hat, die Entdeckung der biologischen Periodizität (in Reihen von 23 und 28 Tagen), die von Wilh. Fließ [1906] herrührt[1], auf das psychische Geschehen auszudehnen, hat in einer phantasievollen Schrift (1904) mit diesem Schlüssel unter anderem auch das Rätsel der Träume lösen wollen. Die Bedeutung der Träume wäre dabei zu kurz gekommen; das Inhaltsmaterial derselben würde sich durch das Zusammentreffen all jener Erinnerungen erklären, die in jener Nacht gerade eine der biologischen Perioden zum ersten- oder *n*-tenmal vollenden. Eine persönliche Mitteilung des Autors ließ mich zuerst annehmen, daß er selbst diese Lehre nicht mehr ernsthaft vertreten wolle. Es scheint, daß ich mich in diesem Schluß geirrt habe[2]; ich werde an anderer Stelle [s. S. 180 ff.] einige Beobachtungen zu der Aufstellung Swobodas mitteilen, die mir aber ein überzeugendes Ergebnis nicht gebracht haben. Bei weitem erfreulicher war mir der Zufall, an unerwarteter Stelle eine Auffassung des Traumes zu finden, die sich mit dem Kern der meinigen völlig deckt. Die Zeitverhältnisse schließen die Möglichkeit aus, daß jene Äußerung durch die Lektüre meines Buches beeinflußt worden sei; ich muß also in ihr die einzige in der Literatur nachweisbare Übereinstimmung eines unabhängigen Denkers mit dem Wesen meiner Traumlehre begrüßen. Das Buch, in dem sich die von mir ins Auge gefaßte Stelle über das Träumen findet, ist 1900 in zweiter Auflage unter dem Titel *Phantasien eines Realisten* von Lynkeus veröffentlicht worden. [1. Auflage 1899.][3]

---

[1] [Eine Darstellung der Theorien von Fließ sowie seiner Beziehungen zu Swoboda findet sich in Abschnitt IV der Einleitung von Ernst Kris zu den Briefen Freuds an Fließ (Freud, 1950 *a*).]

[2] [In der vorliegenden Form datieren die beiden letzten Sätze aus dem Jahre 1911; der anschließende Teil des Satzes wurde 1911 hinzugefügt.]

[3] [*Zusatz 1930:*] Man vgl. ›Josef Popper-Lynkeus und die Theorie des Traumes‹ (1923 *f*). [Freud schrieb noch eine zweite Abhandlung über das Thema (1932 *c*). Die Passage, auf die oben im Text angespielt wird, ist weiter unten, auf S. 308, in einer Fußnote im vollen Wortlaut zitiert.]

ZUSATZ 1914

Die vorstehende Rechtfertigung ist im Jahre 1909 niedergeschrieben worden. Seither hat sich die Sachlage allerdings geändert; mein Beitrag zur »Traumdeutung« wird in der Literatur nicht mehr übersehen. Allein die neue Situation macht mir die Fortsetzung des vorstehenden Berichts erst recht unmöglich. Die *Traumdeutung* hat eine ganze Reihe neuer Behauptungen und Probleme gebracht, die nun von den Autoren in verschiedenster Weise erörtert worden sind. Ich kann diese Arbeiten doch nicht darstellen, ehe ich meine eigenen Ansichten entwickelt habe, auf welche die Autoren sich beziehen. Was mir an dieser neuesten Literatur wertvoll erschien, habe ich darum im Zusammenhange meiner nun folgenden Ausführungen gewürdigt.

II
DIE METHODE DER TRAUMDEUTUNG
DIE ANALYSE EINES TRAUMMUSTERS

Die Überschrift, die ich meiner Abhandlung gegeben habe, läßt erkennen, an welche Tradition in der Auffassung der Träume ich anknüpfen möchte. Ich habe mir vorgesetzt zu zeigen, daß Träume einer Deutung fähig sind, und Beiträge zur Klärung der eben behandelten Traumprobleme werden sich mir nur als etwaiger Nebengewinn bei der Erledigung meiner eigentlichen Aufgabe ergeben können. Mit der Voraussetzung, daß Träume deutbar sind, trete ich sofort in Widerspruch zu der herrschenden Traumlehre, ja zu allen Traumtheorien mit Ausnahme der Schernerschen [s. oben, S. 104 ff.], denn »einen Traum deuten« heißt, seinen »Sinn« angeben, ihn durch etwas ersetzen, was sich als vollwichtiges, gleichwertiges Glied in die Verkettung unserer seelischen Aktionen einfügt. Wie wir erfahren haben, lassen aber die wissenschaftlichen Theorien des Traumes für ein Problem der Traumdeutung keinen Raum, denn der Traum ist für sie überhaupt kein seelischer Akt, sondern ein somatischer Vorgang, der sich durch Zeichen am seelischen Apparat kundgibt. Anders hat sich zu allen Zeiten die Laienmeinung benommen. Sie bedient sich ihres guten Rechts, inkonsequent zu verfahren, und obwohl sie zugesteht, der Traum sei unverständlich und absurd, kann sie sich doch nicht entschließen, dem Traume jede Bedeutung abzusprechen. Von einer dunkeln Ahnung geleitet, scheint sie doch anzunehmen, der Traum habe einen Sinn, wiewohl einen verborgenen, er sei zum Ersatze eines anderen Denkvorganges bestimmt und es handle sich nur darum, diesen Ersatz in richtiger Weise aufzudecken, um zur verborgenen Bedeutung des Traumes zu gelangen.
Die Laienwelt hat sich darum von jeher bemüht, den Traum zu »deuten«, und dabei zwei im Wesen verschiedene Methoden versucht. Das erste dieser Verfahren faßt den Trauminhalt als Ganzes ins Auge und sucht denselben durch einen anderen, verständlichen und in gewissen Hinsichten analogen Inhalt zu ersetzen. Dies ist die *symbolische* Traumdeutung; sie scheitert natürlich von vornherein an jenen Träumen, welche nicht bloß unverständlich, sondern auch verworren erscheinen. Ein Beispiel für ihr Verfahren gibt etwa die Auslegung, welche der biblische Josef dem Traume des Pharao angedeihen ließ. Sieben fette Kühe, nach

denen sieben magere kommen, welche die ersteren aufzehren, das ist ein symbolischer Ersatz für die Vorhersagung von sieben Hungerjahren im Lande Ägypten, welche allen Überfluß aufzehren, den sieben fruchtbare Jahre geschaffen haben. Die meisten der artifiziellen Träume, welche von Dichtern geschaffen wurden, sind für solche symbolische Deutung bestimmt, denn sie geben den vom Dichter gefaßten Gedanken in einer Verkleidung wieder, die zu den aus der Erfahrung bekannten Charakteren unseres Träumens passend gefunden wird[1]. Die Meinung, der Traum beschäftige sich vorwiegend mit der Zukunft, deren Gestaltung er im voraus ahne – ein Rest der einst den Träumen zuerkannten prophetischen Bedeutung – wird dann zum Motiv, den durch symbolische Deutung gefundenen Sinn des Traumes durch ein »es wird« ins Futurum zu versetzen.

Wie man den Weg zu einer solchen symbolischen Deutung findet, dazu läßt sich eine Unterweisung natürlich nicht geben. Das Gelingen bleibt Sache des witzigen Einfalls, der unvermittelten Intuition, und darum konnte die Traumdeutung mittels Symbolik sich zu einer Kunstübung erheben, die an eine besondere Begabung gebunden schien[2]. Von solchem Anspruch hält sich die andere der populären Methoden der Traumdeutung völlig ferne. Man könnte sie als die »Chiffriermethode« bezeichnen, da sie den Traum wie eine Art von Geheimschrift behandelt, in der jedes Zeichen nach einem feststehenden Schlüssel in ein anderes Zeichen von bekannter Bedeutung übersetzt wird. Ich habe z. B. von einem Brief geträumt, aber auch von einem Leichenbegängnis u. dgl.; ich sehe nun in einem »Traumbuch« nach und finde, daß »Brief« mit »Verdruß«, »Leichenbegängnis« mit »Verlobung« zu übersetzen ist. Es bleibt mir dann überlassen, aus den Schlagworten, die ich entziffert habe, einen Zusammenhang herzustellen, den ich wiederum als zukünf-

---

[1] [*Zusatz 1909:*] In einer Novelle *Gradiva* des Dichters W. Jensen entdeckte ich zufällig mehrere artifizielle Träume, die vollkommen korrekt gebildet waren und sich deuten ließen, als wären sie nicht erfunden, sondern von realen Personen geträumt worden. Der Dichter bestätigte auf Anfrage von meiner Seite, daß ihm meine Traumlehre fremd geblieben war. Ich habe diese Übereinstimmung zwischen meiner Forschung und dem Schaffen des Dichters als Beweis für die Richtigkeit meiner Traumanalyse verwertet. (*Der Wahn und die Träume in W. Jensens ›Gradiva‹*, Freud, 1907 *a*).

[2] [*Zusatz 1914:*] Aristoteles [*De divinatione per somnum,* II; deutsche Übersetzung von H. Bender, 1855–97, S. 74 f.] hat sich dahin geäußert, der beste Traumdeuter sei der, welcher Ähnlichkeiten am besten auffasse: denn die Traumbilder seien, wie die Bilder im Wasser, durch die Bewegung verzerrt, und der treffe am besten, der in dem verzerrten Bild das Wahre zu erkennen vermöge (Büchsenschütz, 1868, 65).

tig hinnehme. Eine interessante Abänderung dieses Chiffrierverfahrens, durch welche dessen Charakter als rein mechanische Übertragung einigermaßen korrigiert wird, zeigt sich in der Schrift über Traumdeutung [*Oneirocritica*] des Artemidoros aus Daldis[1]. Hier wird nicht nur auf den Trauminhalt, sondern auch auf die Person und die Lebensumstände des Träumers Rücksicht genommen, so daß das nämliche Traumelement für den Reichen, den Verheirateten, den Redner andere Bedeutung hat als für den Armen, den Ledigen und etwa den Kaufmann. Das Wesentliche an diesem Verfahren ist nun, daß die Deutungsarbeit nicht auf das Ganze des Traumes gerichtet wird, sondern auf jedes Stück des Trauminhalts für sich, als ob der Traum ein Konglomerat wäre, in dem jeder Brocken Gestein eine besondere Bestimmung verlangt. Es sind sicherlich die unzusammenhängenden und verworrenen Träume, von denen der Antrieb zur Schöpfung der Chiffriermethode ausgegangen ist[2].

---

[1] [*Zusatz 1914:*] Artemidoros aus Daldis, wahrscheinlich zu Anfang des zweiten Jahrhunderts unserer Zeitrechnung geboren, hat uns die vollständigste und sorgfältigste Bearbeitung der Traumdeutung in der griechisch-römischen Welt überliefert. Er legte, wie Th. Gomperz (1866 [7 f.]) hervorhebt, Wert darauf, die Deutung der Träume auf Beobachtung und Erfahrung zu gründen, und sonderte seine Kunst strenge von anderen, trügerischen Künsten. Das Prinzip seiner Deutungskunst ist nach der Darstellung von Gomperz identisch mit der Magie, das Prinzip der Assoziation. Ein Traumding bedeutet das, woran es erinnert. Wohlverstanden, woran es den Traumdeuter erinnert! Eine nicht zu beherrschende Quelle der Willkür und Unsicherheit ergibt sich dann aus dem Umstand, daß das Traumelement den Deuter an verschiedene Dinge und jeden an etwas anderes erinnern kann. Die Technik, die ich im folgenden auseinandersetze, weicht von der antiken in dem einen wesentlichen Punkte ab, daß sie dem Träumer selbst die Deutungsarbeit auferlegt. Sie will nicht berücksichtigen, was dem Traumdeuter, sondern was dem Träumer zu dem betreffenden Element des Traumes einfällt. – Nach neueren Berichten des Missionärs Tfinkdji (1913 [516–17 und 523]) nehmen aber auch die modernen Traumdeuter des Orients die Mitwirkung des Träumers ausgiebig in Anspruch. Der Gewährsmann erzählt von den Traumdeutern bei den mesopotamischen Arabern: »*Pour interprêter exactement un songe, les oniromanciens les plus habiles s'informent de ceux qui les consultent de toutes les circonstances qu'ils regardent nécessaires pour la bonne explication … En un mot, nos oniromanciens ne laissent aucune circonstance leur échapper et ne donnent l'interprétation désirée avant d'avoir parfaitement saisi et reçu toutes les interrogations désirables.*« Unter diesen Fragen befinden sich regelmäßig solche um genaue Angaben über die nächsten Familienangehörigen (Eltern, Frau, Kinder) sowie die typische Formel: »*habuistine in hac nocte copulam conjugalem ante vel post somnium?*« [»hattest du vor oder nach dem Traum Geschlechtsverkehr mit deiner Ehefrau?«] – »*L'idée dominante dans l'interprétation des songes consiste à expliquer le rêve par son opposé.*«

[2] [*Zusatz 1909:*] Dr. Alfred Robitsek macht mich darauf aufmerksam, daß die orientalischen Traumbücher, von denen die unsrigen klägliche Abklatsche sind, die Deutung der Traumelemente meist nach dem Gleichklang und der Ähnlichkeit der Worte vornehmen. Da diese Verwandtschaften bei der Übersetzung in unsere Sprache verlorengehen müssen, würde daher die Unbegreiflichkeit der Ersetzungen in unseren populären

Für die wissenschaftliche Behandlung des Themas kann die Unbrauchbarkeit beider populärer Deutungsverfahren des Traumes keinen Moment lang zweifelhaft sein. Die symbolische Methode ist in ihrer Anwendung beschränkt und keiner allgemeinen Darlegung fähig. Bei der Chiffriermethode käme alles darauf an, daß der »Schlüssel«, das Traumbuch, verläßlich wäre, und dafür fehlen alle Garantien. Man wäre versucht, den Philosophen und Psychiatern recht zu geben und mit ihnen das Problem der Traumdeutung als eine imaginäre Aufgabe zu streichen [1].

Allein ich bin eines Bessern belehrt worden. Ich habe einsehen müssen, daß hier wiederum einer jener nicht seltenen Fälle vorliegt, in denen ein uralter, hartnäckig festgehaltener Volksglaube der Wahrheit der Dinge näher gekommen zu sein scheint als das Urteil der heute geltenden Wissenschaft. Ich muß behaupten, daß der Traum wirklich eine Bedeutung hat und daß ein wissenschaftliches Verfahren der Traumdeutung möglich ist. Zur Kenntnis dieses Verfahrens bin ich auf folgende Weise gelangt:

Seit Jahren beschäftige ich mich mit der Auflösung gewisser psychopathologischer Gebilde, der hysterischen Phobien, der Zwangsvorstellungen u. a. in therapeutischer Absicht; seitdem ich nämlich aus einer bedeutsamen Mitteilung von Josef Breuer weiß, daß für diese als Krankheitssymptome empfundenen Bildungen Auflösung und Lösung

»Traumbüchern« stammen. – Über diese außerordentliche Bedeutung des Wortspiels und der Wortspielerei in den alten orientalischen Kulturen mag man sich aus den Schriften Hugo Wincklers [des bekannten Archäologen] unterrichten. – [*Zusatz 1911:*] Das schönste Beispiel einer Traumdeutung, welches uns aus dem Altertum überliefert ist, beruht auf einer Wortspielerei. Artemidoros erzählt [IV. Buch, 24. Kapitel, übersetzt von Krauss, 1881, 255]: »Es scheint mir aber auch Aristandros dem Alexandros von Makedonien eine gar glückliche Auslegung gegeben zu haben, als dieser Tyros eingeschlossen hielt und belagerte und wegen des großen Zeitverlustes, unwillig und betrübt, das Gefühl hatte, er sehe einen Satyros auf seinem Schilde tanzen; zufällig befand sich Aristandros in der Nähe von Tyros und im Geleite des Königs, der die Syrier bekriegte. Indem er nun das Wort Satyros in σά und τυϱος zerlegte, bewirkte er, daß der König die Belagerung nachdrücklicher in Angriff nahm, so daß er Herr der Stadt wurde.« (Σὰ – Τύϱος = dein ist Tyros.) – Übrigens hängt der Traum so innig am sprachlichen Ausdruck, daß Ferenczi [1910] mit Recht bemerken kann, jede Sprache habe ihre eigene Traumsprache. Ein Traum ist in der Regel unübersetzbar in andere Sprachen und ein Buch wie das vorliegende, meinte ich, darum auch. [*Zusatz 1930:*] Nichtsdestoweniger ist es zuerst Dr. A. A. Brill in New York, dann anderen nach ihm, gelungen, Übersetzungen der *Traumdeutung* zu schaffen.

[1] Nach Abschluß meines Manuskriptes ist mir eine Schrift von Stumpf (1899) zugegangen, die in der Absicht zu erweisen, der Traum sei sinnvoll und deutbar, mit meiner Arbeit zusammentrifft. Die Deutung geschieht aber mittels einer allegorisierenden Symbolik ohne Gewähr für Allgemeingültigkeit des Verfahrens.

in eines zusammenfällt[1]. Hat man eine solche pathologische Vorstellung auf die Elemente zurückführen können, aus denen sie im Seelenleben des Kranken hervorgegangen ist, so ist diese auch zerfallen, der Kranke von ihr befreit. Bei der Ohnmacht unserer sonstigen therapeutischen Bestrebungen und angesichts der Rätselhaftigkeit dieser Zustände erschien es mir verlockend, auf dem von Breuer eingeschlagenen Wege trotz aller Schwierigkeiten bis zur vollen Aufklärung vorzudringen. Wie sich die Technik des Verfahrens schließlich gestaltet hat und welches die Ergebnisse der Bemühung gewesen sind, darüber werde ich ein anderes Mal ausführlich Bericht zu erstatten haben. Im Verlaufe dieser psychoanalytischen Studien geriet ich auf die Traumdeutung. Die Patienten, die ich verpflichtet hatte, mir alle Einfälle und Gedanken mitzuteilen, die sich ihnen zu einem bestimmten Thema aufdrängten, erzählten mir ihre Träume und lehrten mich so, daß ein Traum in die psychische Verkettung eingeschoben sein kann, die von einer pathologischen Idee her nach rückwärts in der Erinnerung zu verfolgen ist. Es lag nun nahe, den Traum selbst wie ein Symptom zu behandeln und die für letztere ausgearbeitete Methode der Deutung auf ihn anzuwenden.

Dazu bedarf es nun einer gewissen psychischen Vorbereitung des Kranken. Man strebt zweierlei bei ihm an, eine Steigerung seiner Aufmerksamkeit für seine psychischen Wahrnehmungen und eine Ausschaltung der Kritik, mit der er die ihm auftauchenden Gedanken sonst zu sichten pflegt. Zum Zwecke seiner Selbstbeobachtung mit gesammelter Aufmerksamkeit ist es vorteilhaft, daß er eine ruhige Lage einnimmt und die Augen schließt[2]; den Verzicht auf die Kritik der wahrgenommenen Gedankenbildungen muß man ihm ausdrücklich auferlegen. Man sagt ihm also, der Erfolg der Psychoanalyse hänge davon ab, daß er alles beachtet und mitteilt, was ihm durch den Sinn geht, und nicht etwa sich verleiten läßt, den einen Einfall zu unterdrücken, weil er ihm unwichtig oder nicht zum Thema gehörig, den anderen, weil er ihm unsinnig erscheint. Er müsse sich völlig unparteiisch gegen seine Einfälle verhalten; denn gerade an der Kritik läge es, wenn es ihm sonst nicht gelänge, die gesuchte Auflösung des Traums, der Zwangsidee u. dgl. zu finden.

Bei den psychoanalytischen Arbeiten habe ich gemerkt, daß die psychische Verfassung des Mannes, welcher nachdenkt, eine ganz andere ist als die desjenigen, welcher seine psychischen Vorgänge beobachtet. Beim

---

[1] Breuer und Freud (1895).

[2] [Auf das Schließen der Augen (ein Überbleibsel der alten hypnotischen Heilmethode) legte Freud schon wenig später keinen Wert mehr.]

Nachdenken tritt eine psychische Aktion mehr ins Spiel als bei der aufmerksamsten Selbstbeobachtung, wie es auch die gespannte Miene und die in Falten gezogene Stirne des Nachdenklichen im Gegensatz zur mimischen Ruhe des Selbstbeobachters erweist. In beiden Fällen muß eine Sammlung der Aufmerksamkeit[1] vorhanden sein, aber der Nachdenkende übt außerdem eine Kritik aus, infolge deren er einen Teil der ihm aufsteigenden Einfälle verwirft, nachdem er sie wahrgenommen hat, andere kurz abbricht, so daß er den Gedankenwegen nicht folgt, welche sie eröffnen würden, und gegen noch andere Gedanken weiß er sich so zu benehmen, daß sie überhaupt nicht bewußt, also vor ihrer Wahrnehmung unterdrückt werden. Der Selbstbeobachter hingegen hat nur die Mühe, die Kritik zu unterdrücken; gelingt ihm dies, so kommt ihm eine Unzahl von Einfällen zum Bewußtsein, die sonst unfaßbar geblieben wären. Mit Hilfe dieses für die Selbstwahrnehmung neu gewonnenen Materials läßt sich die Deutung der pathologischen Ideen sowie der Traumgebilde vollziehen. Wie man sieht, handelt es sich darum, einen psychischen Zustand herzustellen, der mit dem vor dem Einschlafen (und sicherlich auch mit dem hypnotischen) eine gewisse Analogie in der Verteilung der psychischen Energie (der beweglichen Aufmerksamkeit) gemein hat. Beim Einschlafen treten die »ungewollten Vorstellungen« hervor durch den Nachlaß einer gewissen willkürlichen (und gewiß auch kritischen) Aktion, die wir auf den Ablauf unserer Vorstellungen einwirken lassen; als den Grund dieses Nachlasses pflegen wir »Ermüdung« anzugeben; die auftauchenden ungewollten Vorstellungen verwandeln sich in visuelle und akustische Bilder. (Vergleiche die Bemerkungen von Schleiermacher, u. a. S. 73 f. [oben sowie S. 93 f.].)[2] Bei dem Zustand, den man zur Analyse der Träume und pathologischen Ideen benützt, verzichtet man absichtlich und willkürlich auf jene Aktivität und verwendet die ersparte psychische Energie (oder ein Stück derselben) zur aufmerksamen Verfolgung der jetzt auftauchenden ungewollten Gedanken, die ihren Charakter als Vorstellungen (dies der Unterschied gegen den Zustand beim Einschlafen) beibehalten. *Man macht so die »ungewollten« Vorstellungen zu »gewollten«.*

Die hier geforderte Einstellung[3] auf anscheinend »freisteigende« Ein-

---

[1] [Die Funktion der Aufmerksamkeit wird weiter unten erörtert (S. 563 f.).]

[2] [*Zusatz 1919:*] H. Silberer hat aus der direkten Beobachtung dieser Umsetzung von Vorstellungen in Gesichtsbilder wichtige Beiträge zur Deutung der Träume gewonnen. (1909, 1910 und 1912.) [S. unten, S. 339 f. und S. 483 ff.]

[3] [Dieser Absatz wurde 1909 hinzugefügt und der folgende entsprechend modifiziert.]

fälle mit Verzicht auf die sonst gegen diese geübte Kritik scheint manchen Personen nicht leicht zu werden. Die »ungewollten Gedanken« pflegen den heftigsten Widerstand, der sie am Auftauchen hindern will, zu entfesseln. Wenn wir aber unserem großen Dichterphilosophen Fr. Schiller Glauben schenken, muß eine ganz ähnliche Einstellung auch die Bedingung der dichterischen Produktion enthalten. An einer Stelle seines Briefwechsels mit Körner, deren Aufspürung Otto Rank zu danken ist, antwortet Schiller auf die Klage seines Freundes über seine mangelnde Produktivität: »Der Grund deiner Klage liegt, wie mir scheint, in dem Zwange, den dein Verstand deiner Imagination auflegt. Ich muß hier einen Gedanken hinwerfen und ihn durch ein Gleichnis versinnlichen. Es scheint nicht gut und dem Schöpfungswerke der Seele nachteilig zu sein, wenn der Verstand die zuströmenden Ideen, gleichsam an den Toren schon, zu scharf mustert. Eine Idee kann, isoliert betrachtet, sehr unbeträchtlich und sehr abenteuerlich sein, aber vielleicht wird sie durch eine, die nach ihr kommt, wichtig, vielleicht kann sie in einer gewissen Verbindung mit anderen, die vielleicht ebenso abgeschmackt scheinen, ein sehr zweckmäßiges Glied abgeben: – Alles das kann der Verstand nicht beurteilen, wenn er sie nicht so lange festhält, bis er sie in Verbindung mit diesen anderen angeschaut hat. Bei einem schöpferischen Kopfe hingegen, deucht mir, hat der Verstand seine Wache von den Toren zurückgezogen, die Ideen stürzen *pêle-mêle* herein, und alsdann erst übersieht und mustert er den großen Haufen. – Ihr Herren Kritiker, und wie Ihr Euch sonst nennt, schämt oder fürchtet Euch vor dem augenblicklichen, vorübergehenden Wahnwitze, der sich bei allen eigenen Schöpfern findet und dessen längere oder kürzere Dauer den denkenden Künstler von dem Träumer unterscheidet. Daher Eure Klagen der Unfruchtbarkeit, weil Ihr zu früh verwerft und zu strenge sondert.« (Brief vom 1. Dezember 1788.)

Und doch ist ein »solches Zurückziehen der Wache von den Toren des Verstandes«, wie Schiller es nennt, ein derartiges sich in den Zustand der kritiklosen Selbstbeobachtung Versetzen keineswegs schwer.

Die meisten meiner Patienten bringen es nach der ersten Unterweisung zustande; ich selbst kann es sehr vollkommen, wenn ich mich dabei durch Niederschreiben meiner Einfälle unterstütze. Der Betrag von psychischer Energie, um den man so die kritische Tätigkeit herabsetzt und mit welchem man die Intensität der Selbstbeobachtung erhöhen kann, schwankt erheblich je nach dem Thema, welches von der Aufmerksamkeit fixiert werden soll.

Der erste Schritt bei der Anwendung dieses Verfahrens lehrt nun, daß man nicht den Traum als Ganzes, sondern nur die einzelnen Teilstücke seines Inhalts zum Objekt der Aufmerksamkeit machen darf. Frage ich den noch nicht eingeübten Patienten: Was fällt Ihnen zu diesem Traum ein? so weiß er in der Regel nichts in seinem geistigen Blickfelde zu erfassen. Ich muß ihm den Traum zerstückt vorlegen, dann liefert er mir zu jedem Stück eine Reihe von Einfällen, die man als die »Hintergedanken« dieser Traumpartie bezeichnen kann. In dieser ersten wichtigen Bedingung weicht also die von mir geübte Methode der Traumdeutung bereits von der populären, historisch und sagenhaft berühmten Methode der Deutung durch Symbolik ab und nähert sich der zweiten, der »Chiffriermethode«. Sie ist wie diese eine Deutung *en detail*, nicht *en masse*; wie diese faßt sie den Traum von vornherein als etwas Zusammengesetztes, als ein Konglomerat von psychischen Bildungen auf. [Vgl. S. 406 f. und S. 433 f.] [1]

Im Verlaufe meiner Psychoanalysen bei Neurotikern habe ich wohl bereits über tausend Träume zur Deutung gebracht, aber dieses Material möchte ich hier nicht zur Einführung in die Technik und Lehre der Traumdeutung verwenden. Ganz abgesehen davon, daß ich mich dem Einwand aussetzen würde, es seien ja die Träume von Neuropathen, die einen Rückschluß auf die Träume gesunder Menschen nicht gestatten, nötigt mich ein anderer Grund zu deren Verwerfung. Das Thema, auf welches diese Träume zielen, ist natürlich immer die Krankheitsgeschichte, welche der Neurose zugrunde liegt. Hiedurch würde für jeden Traum ein überlanger Vorbericht und ein Eindringen in das Wesen und die ätiologischen Bedingungen der Psychoneurosen erforderlich, Dinge, die an und für sich neu und im höchsten Grade befremdlich sind und so die Aufmerksamkeit vom Traumproblem ablenken würden. Meine Absicht geht vielmehr dahin, in der Traumauflösung eine Vorarbeit für die Erschließung der schwierigeren Probleme der Neurosenpsychologie zu schaffen [2]. Verzichte ich aber auf die Träume der Neurotiker, mein Hauptmaterial, so darf ich gegen den Rest nicht allzu

---

1 [Die Technik der Traumdeutung wird unten (S. 500 ff.) weiter erörtert.]

2 [Zu Beginn von Abschnitt E im VII. Kapitel spricht Freud von den Schwierigkeiten, die seiner Darstellung des Themas aus diesem bereits im Vorwort zur Erstauflage niedergelegten Programm (S. 21) erwuchsen. Wie er auf S. 162 sowie auf S. 166 (Anm.) bemerkt, ist er oft versucht gewesen, dieses Programm außer acht zu lassen. Trotz erklärter gegenteiliger Absicht benutzt er viele Träume seiner Patienten und tritt mehrmals (so z. B. auf S. 165 f.) in die Diskussion des Mechanismus neurotischer Symptome ein.]

wählerisch verfahren. Es bleiben nur noch jene Träume, die mir gelegentlich von gesunden Personen meiner Bekanntschaft erzählt worden sind oder die ich als Beispiele in der Literatur über das Traumleben verzeichnet finde. Leider geht mir bei all diesen Träumen die Analyse ab, ohne welche ich den Sinn des Traumes nicht finden kann. Mein Verfahren ist ja nicht so bequem wie das der populären Chiffriermethode, welche den gegebenen Trauminhalt nach einem fixierten Schlüssel übersetzt; ich bin vielmehr gefaßt darauf, daß derselbe Trauminhalt bei verschiedenen Personen und in verschiedenem Zusammenhang auch einen anderen Sinn verbergen mag. Somit bin ich auf meine eigenen Träume angewiesen als auf ein reichliches und bequemes Material, das von einer ungefähr normalen Person herrührt und sich auf mannigfache Anlässe des täglichen Lebens bezieht. Man wird mir sicherlich Zweifel in die Verläßlichkeit solcher »Selbstanalysen« entgegensetzen. Die Willkür sei dabei keineswegs ausgeschlossen. Nach meinem Urteil liegen die Verhältnisse bei der Selbstbeobachtung eher günstiger als bei der Beobachtung anderer; jedenfalls darf man versuchen, wie weit man in der Traumdeutung mit der Selbstanalyse reicht. Andere Schwierigkeiten habe ich in meinem eigenen Innern zu überwinden. Man hat eine begreifliche Scheu, soviel Intimes aus seinem Seelenleben preiszugeben, weiß sich dabei auch nicht gesichert vor der Mißdeutung der Fremden. Aber darüber muß man sich hinaussetzen können. »*Tout psychologiste,* schreibt Delboeuf [1885], *est obligé de faire l'aveu même de ses faiblesses s'il croît par là jeter du jour sur quelque problème obscur.*« Und auch beim Leser, darf ich annehmen, wird das anfängliche Interesse an den Indiskretionen, die ich begehen muß, sehr bald der ausschließlichen Vertiefung in die hiedurch beleuchteten psychologischen Probleme Platz machen[1].

Ich werde also einen meiner eigenen Träume hervorsuchen und an ihm meine Deutungsweise erläutern. Jeder solche Traum macht einen Vorbericht nötig. Nun muß ich aber den Leser bitten, für eine ganze Weile meine Interessen zu den seinigen zu machen und sich mit mir in die kleinsten Einzelheiten meines Lebens zu versenken, denn solche Übertragung fordert gebieterisch das Interesse für die versteckte Bedeutung der Träume.

---

[1] Immerhin will ich es nicht unterlassen, in Einschränkung des oben Gesagten anzugeben, daß ich fast niemals die mir zugängliche vollständige Deutung eines eigenen Traumes mitgeteilt habe. Ich hatte wahrscheinlich recht, der Diskretion der Leser nicht zuviel zuzutrauen.

VORBERICHT

Im Sommer 1895 hatte ich eine junge Dame psychoanalytisch behandelt, die mir und den Meinigen freundschaftlich sehr nahestand. Man versteht es, daß solche Vermengung der Beziehungen zur Quelle mannigfacher Erregungen für den Arzt werden kann, zumal für den Psychotherapeuten. Das persönliche Interesse des Arztes ist größer, seine Autorität geringer. Ein Mißerfolg droht die alte Freundschaft mit den Angehörigen des Kranken zu lockern. Die Kur endete mit einem teilweisen Erfolg, die Patientin verlor ihre hysterische Angst, aber nicht alle ihre somatischen Symptome. Ich war damals noch nicht recht sicher in den Kriterien, welche die endgültige Erledigung einer hysterischen Krankengeschichte bezeichnen, und mutete der Patientin eine Lösung zu, die ihr nicht annehmbar erschien. In solcher Uneinigkeit brachen wir der Sommerzeit wegen die Behandlung ab. – Eines Tages besuchte mich ein jüngerer Kollege, einer meiner nächsten Freunde, der die Patientin – Irma – und ihre Familie in ihrem Landaufenthalt besucht hatte. Ich fragte ihn, wie er sie gefunden habe, und bekam die Antwort: Es geht ihr besser, aber nicht ganz gut. Ich weiß, daß mich die Worte meines Freundes Otto oder der Ton, in dem sie gesprochen waren, ärgerten. Ich glaubte einen Vorwurf herauszuhören, etwa daß ich der Patientin zu viel versprochen hätte, und führte – ob mit Recht oder Unrecht – die vermeintliche Parteinahme Ottos gegen mich auf den Einfluß von Angehörigen der Kranken zurück, die, wie ich annahm, meine Behandlung nie gerne gesehen hatten. Übrigens wurde mir meine peinliche Empfindung nicht klar, ich gab ihr auch keinen Ausdruck. Am selben Abend schrieb ich noch die Krankengeschichte Irmas nieder, um sie, wie zu meiner Rechtfertigung, dem Dr. M., einem gemeinsamen Freunde, der damals tonangebenden Persönlichkeit in unserem Kreise, zu übergeben. In der auf diesen Abend folgenden Nacht (wohl eher am Morgen) hatte ich den nachstehenden Traum, der unmittelbar nach dem Erwachen fixiert wurde[1].

TRAUM VOM 23./24. JULI 1895

Eine große Halle – viele Gäste, die wir empfangen. – Unter ihnen Irma, die ich sofort beiseite nehme, um gleichsam ihren Brief zu beantworten,

[1] [*Zusatz 1914:*] Es ist dies der erste Traum, den ich einer eingehenden Deutung unterzog. [S. a. oben, S. 16.]

ihr Vorwürfe zu machen, daß sie die »Lösung« noch nicht akzeptiert. Ich sage ihr: Wenn du noch Schmerzen hast, so ist es wirklich nur deine Schuld. – Sie antwortet: Wenn du wüßtest, was ich für Schmerzen jetzt habe im Hals, Magen und Leib, es schnürt mich zusammen. – Ich erschrecke und sehe sie an. Sie sieht bleich und gedunsen aus; ich denke, am Ende übersehe ich da doch etwas Organisches. Ich nehme sie zum Fenster und schaue ihr in den Hals. Dabei zeigt sie etwas Sträuben wie die Frauen, die ein künstliches Gebiß tragen. Ich denke mir, sie hat es doch nicht nötig. – Der Mund geht dann auch gut auf, und ich finde rechts einen großen weißen[1] Fleck, und anderwärts sehe ich an merkwürdigen krausen Gebilden, die offenbar den Nasenmuscheln nachgebildet sind, ausgedehnte weißgraue Schorfe. – Ich rufe schnell Dr. M. hinzu, der die Untersuchung wiederholt und bestätigt ... Dr. M. sieht ganz anders aus als sonst; er ist sehr bleich, hinkt, ist am Kinn bartlos ... Mein Freund Otto steht jetzt auch neben ihr, und Freund Leopold perkutiert sie über dem Leibchen und sagt: Sie hat eine Dämpfung links unten, weist auch auf eine infiltrierte Hautpartie an der linken Schulter hin (was ich trotz des Kleides wie er spüre) ... M. sagt: Kein Zweifel, es ist eine Infektion, aber es macht nichts; es wird noch Dysenterie hinzukommen und das Gift sich ausscheiden ... Wir wissen auch unmittelbar, woher die Infektion rührt. Freund Otto hat ihr unlängst, als sie sich unwohl fühlte, eine Injektion gegeben mit einem Propylpräparat, Propylen ... Propionsäure ... T r i m e t h y l a m i n (dessen Formel ich fettgedruckt vor mir sehe) ... Man macht solche Injektionen nicht so leichtfertig ... Wahrscheinlich war auch die Spritze nicht rein.

Dieser Traum hat vor vielen anderen eines voraus. Es ist sofort klar, an welche Ereignisse des letzten Tages er anknüpft und welches Thema er behandelt. Der Vorbericht gibt hierüber Auskunft. Die Nachricht, die ich von Otto über Irmas Befinden erhalten, die Krankengeschichte, an der ich bis tief in die Nacht geschrieben, haben meine Seelentätigkeit auch während des Schlafes beschäftigt. Trotzdem dürfte niemand, der den Vorbericht und den Inhalt des Traumes zur Kenntnis genommen hat, ahnen können, was der Traum bedeutet. Ich selbst weiß es auch nicht. Ich wundere mich über die Krankheitssymptome, welche Irma im Traum mir klagt, da es nicht dieselben sind, wegen welcher ich sie behandelt habe. Ich lächle über die unsinnige Idee einer Injektion mit

[1] [Das Wort »weißen« ist, zweifellos irrtümlicherweise, nur in der Ausgabe der *G. W.* (S. 112) ausgelassen.]

Propionsäure und über den Trost, den Dr. M. ausspricht. Der Traum scheint mir gegen sein Ende hin dunkler und gedrängter, als er zu Beginn ist. Um die Bedeutung von alledem zu erfahren, muß ich mich zu einer eingehenden Analyse entschließen.

ANALYSE

Die Halle – viele Gäste, die wir empfangen. Wir wohnten in diesem Sommer auf der Bellevue, einem einzelstehenden Hause auf einem der Hügel, die sich an den Kahlenberg[1] anschließen. Dies Haus war ehemals zu einem Vergnügungslokal bestimmt, hat hievon die ungewöhnlich hohen, hallenförmigen Räume. Der Traum ist auch auf der Bellevue vorgefallen, und zwar wenige Tage vor dem Geburtsfeste meiner Frau. Am Tage hatte meine Frau die Erwartung ausgesprochen, zu ihrem Geburtstag würden mehrere Freunde, und darunter auch Irma, als Gäste zu uns kommen. Mein Traum antizipiert also diese Situation: Es ist der Geburtstag meiner Frau, und viele Leute, darunter Irma, werden von uns als Gäste in der großen Halle der Bellevue empfangen.

Ich mache Irma Vorwürfe, daß sie die Lösung nicht akzeptiert hat; ich sage: Wenn du noch Schmerzen hast, ist es deine eigene Schuld. Das hätte ich ihr auch im Wachen sagen können, oder habe es ihr gesagt. Ich hatte damals die (später als unrichtig erkannte) Meinung, daß meine Aufgabe sich darin erschöpfe, den Kranken den verborgenen Sinn ihrer Symptome mitzuteilen; ob sie diese Lösung dann annehmen oder nicht, wovon der Erfolg abhängt, dafür sei ich nicht mehr verantwortlich. Ich bin diesem jetzt glücklich überwundenen Irrtum dankbar dafür, daß er mir die Existenz zu einer Zeit erleichtert, da ich in all meiner unvermeidlichen Ignoranz Heilerfolge produzieren sollte. – Ich merke aber an dem Satz, den ich im Traume zu Irma spreche, daß ich vor allem nicht schuld sein will an den Schmerzen, die sie noch hat. Wenn es Irmas eigene Schuld ist, dann kann es nicht meine sein. Sollte in dieser Richtung die Absicht des Traums zu suchen sein?

Irmas Klagen; Schmerzen im Hals, Leib und Magen, es schnürt sie zusammen. Schmerzen im Magen gehörten zum Symptomkomplex meiner Patientin, sie waren aber nicht sehr vordringlich; sie klagte eher über Empfindungen von Übelkeit und Ekel. Schmerzen im Hals, im Leib,

[1] [Der Kahlenberg ist ein beliebter Ausflugsort dicht bei Wien.]

Schnüren in der Kehle spielten bei ihr kaum eine Rolle. Ich wundere mich, warum ich mich zu dieser Auswahl der Symptome im Traum entschlossen habe, kann es auch für den Moment nicht finden.
Sie sieht bleich und gedunsen aus. Meine Patientin war immer rosig. Ich vermute, daß sich hier eine andere Person ihr unterschiebt.
Ich erschrecke im Gedanken, daß ich doch eine organische Affektion übersehen habe. Wie man mir gerne glauben wird, eine nie erlöschende Angst beim Spezialisten, der fast ausschließlich Neurotiker sieht und der so viele Erscheinungen auf Hysterie zu schieben gewohnt ist, welche andere Ärzte als organisch behandeln. Anderseits beschleicht mich – ich weiß nicht woher – ein leiser Zweifel, ob mein Erschrecken ganz ehrlich ist. Wenn die Schmerzen Irmas organisch begründet sind, so bin ich wiederum zu deren Heilung nicht verpflichtet. Meine Kur beseitigt ja nur hysterische Schmerzen. Es kommt mir also eigentlich vor, als sollte ich einen Irrtum in der Diagnose wünschen; dann wäre der Vorwurf des Mißerfolgs auch beseitigt.
Ich nehme sie zum Fenster, um ihr in den Hals zu sehen. Sie sträubt sich ein wenig wie die Frauen, die falsche Zähne tragen. Ich denke mir, sie hat es ja doch nicht nötig. Bei Irma hatte ich niemals Anlaß, die Mundhöhle zu inspizieren. Der Vorgang im Traum erinnert mich an die vor einiger Zeit vorgenommene Untersuchung einer Gouvernante, die zunächst den Eindruck von jugendlicher Schönheit gemacht hatte, beim Öffnen des Mundes aber gewisse Anstalten traf, um ihr Gebiß zu verbergen. An diesen Fall knüpfen sich andere Erinnerungen an ärztliche Untersuchungen und an kleine Geheimnisse, die dabei, keinem von beiden zur Lust, enthüllt werden. – *Sie hat es doch nicht nötig,* ist wohl zunächst ein Kompliment für Irma; ich vermute aber noch eine andere Bedeutung. Man fühlt es bei aufmerksamer Analyse, ob man die zu erwartenden Hintergedanken erschöpft hat oder nicht. Die Art, wie Irma beim Fenster steht, erinnert mich plötzlich an ein anderes Erlebnis. Irma besitzt eine intime Freundin, die ich sehr hochschätze. Als ich eines Abends bei ihr einen Besuch machte, fand ich sie in der im Traum reproduzierten Situation beim Fenster, und ihr Arzt, derselbe Dr. M., erklärte, daß sie einen diphtheritischen Belag habe. Die Person des Dr. M. und der Belag kehren ja im Fortgang des Traumes wieder. Jetzt fällt mir ein, daß ich in den letzten Monaten allen Grund bekommen habe, von dieser anderen Dame anzunehmen, sie sei gleichfalls hysterisch. Ja, Irma selbst hat es mir verraten. Was weiß ich aber von ihren Zuständen? Gerade das eine, daß sie an hysterischem Würgen leidet wie

meine Irma im Traum. Ich habe also im Traum meine Patientin durch ihre Freundin ersetzt. Jetzt erinnere ich mich, ich habe oft mit der Vermutung gespielt, diese Dame könnte mich gleichfalls in Anspruch nehmen, sie von ihren Symptomen zu befreien. Ich hielt es aber dann selbst für unwahrscheinlich, denn sie ist von sehr zurückhaltender Natur. Sie *sträubt* sich, wie es der Traum zeigt. Eine andere Erklärung wäre, *daß sie es nicht nötig hat*; sie hat sich wirklich bisher stark genug gezeigt, ihre Zustände ohne fremde Hilfe zu beherrschen. Nun sind nur noch einige Züge übrig, die ich weder bei der Irma noch bei ihrer Freundin unterbringen kann: *bleich, gedunsen, falsche Zähne.* Die falschen Zähne führten mich auf jene Gouvernante; ich fühle mich nun geneigt, mich mit *schlechten* Zähnen zu begnügen. Dann fällt mir eine andere Person ein, auf welche jene Züge anspielen können. Sie ist gleichfalls nicht meine Patientin, und ich möchte sie nicht zur Patientin haben, da ich gemerkt habe, daß sie sich vor mir geniert, und ich sie für keine gefügige Kranke halte. Sie ist für gewöhnlich bleich, und als sie einmal eine besonders gute Zeit hatte, war sie gedunsen[1]. Ich habe also meine Patientin Irma mit zwei anderen Personen verglichen, die sich gleichfalls der Behandlung sträuben würden. Was kann es für Sinn haben, daß ich sie im Traume mit ihrer Freundin vertauscht habe? Etwa, daß ich sie vertauschen möchte; die andere erweckt entweder bei mir stärkere Sympathien, oder ich habe eine höhere Meinung von ihrer Intelligenz. Ich halte nämlich Irma für unklug, weil sie meine Lösung nicht akzeptiert. Die andere wäre klüger, würde also eher nachgeben. *Der Mund geht dann auch gut auf;* sie würde mehr erzählen als Irma[2].

Was ich im Halse sehe: einen weißen Fleck und verschorfte Nasenmuscheln. Der weiße Fleck erinnert an Diphtheritis und somit an Irmas Freundin, außerdem aber an die schwere Erkrankung meiner ältesten Tochter vor nahezu zwei Jahren und an all den Schreck jener bösen Zeit. Die Schorfe an den Nasenmuscheln mahnen an eine Sorge um

1 Auf diese dritte Person läßt sich auch die noch unaufgeklärte Klage über *Schmerzen im Leib* zurückführen. Es handelt sich natürlich um meine eigene Frau; die Leibschmerzen erinnern mich an einen der Anlässe, bei denen ihre Scheu mir deutlich wurde. Ich muß mir eingestehen, daß ich Irma und meine Frau in diesem Traume nicht sehr liebenswürdig behandle, aber zu meiner Entschuldigung sei bemerkt, daß ich beide am Ideal der braven, gefügigen Patientin messe.

2 Ich ahne, daß die Deutung dieses Stücks nicht weit genug geführt ist, um allem verborgenen Sinn zu folgen. Wollte ich die Vergleichung der drei Frauen fortsetzen, so käme ich weit ab. – Jeder Traum hat mindestens eine Stelle, an welcher er unergründlich ist, gleichsam einen Nabel, durch den er mit dem Unerkannten zusammenhängt. [Vgl. S. 503.]

meine eigene Gesundheit. Ich gebrauchte damals häufig Kokain, um lästige Nasenschwellungen zu unterdrücken, und hatte vor wenigen Tagen gehört, daß eine Patientin, die es mir gleichtat, sich eine ausgedehnte Nekrose der Nasenschleimhaut zugezogen hatte. Die Empfehlung des Kokains, die 1885[1] von mir ausging, hat mir auch schwerwiegende Vorwürfe eingetragen. Ein teurer, 1895 [dem Datum des Traums] schon verstorbener Freund hatte durch den Mißbrauch dieses Mittels seinen Untergang beschleunigt.

Ich rufe schnell Dr. M. hinzu, der die Untersuchung wiederholt. Das entspräche einfach der Stellung, die M. unter uns einnahm. Aber das *»schnell«* ist auffällig genug, um eine besondere Erklärung zu fordern. [S. unten, S. 492.] Es erinnert mich an ein trauriges ärztliches Erlebnis. Ich hatte einmal durch die fortgesetzte Ordination eines Mittels, welches damals noch als harmlos galt (Sulfonal), eine schwere Intoxikation bei einer Kranken hervorgerufen und wandte mich dann eiligst an den erfahrenen älteren Kollegen um Beistand. Daß ich diesen Fall wirklich im Auge habe, wird durch einen Nebenumstand erhärtet. Die Kranke, welche der Intoxikation erlag, führte denselben Namen wie meine älteste Tochter. Ich hatte bis jetzt niemals daran gedacht; jetzt kommt es mir beinahe wie eine Schicksalsvergeltung vor. Als sollte sich die Ersetzung der Personen in anderem Sinne fortsetzen; diese Mathilde für jene Mathilde; Aug' um Aug', Zahn um Zahn. Es ist, als ob ich alle Gelegenheiten hervorsuchte, aus denen ich mir den Vorwurf mangelnder ärztlicher Gewissenhaftigkeit machen kann.

Dr. M. ist bleich, ohne Bart am Kinn und hinkt. Davon ist so viel richtig, daß sein schlechtes Aussehen häufig die Sorge seiner Freunde erweckt. Die beiden anderen Charaktere müssen einer anderen Person angehören. Es fällt mir mein im Auslande lebender älterer Bruder ein, der das Kinn rasiert trägt und dem, wenn ich mich recht erinnere, der M. des Traumes im ganzen ähnlich sah. Über ihn kam vor einigen Tagen die Nachricht, daß er wegen einer arthritischen Erkrankung in der Hüfte hinke. Es muß einen Grund haben, daß ich die beiden Personen im Traume zu einer einzigen verschmelze. Ich erinnere mich wirklich, daß ich gegen

[1] [Dies ist ein Druckfehler in allen früheren deutschen Ausgaben. Es muß heißen: 1884, denn das ist das Erscheinungsjahr von Freuds erster Kokainarbeit. Eine ausführliche Darstellung der Untersuchungen im Zusammenhang mit dem Kokain findet sich im ersten Band, VI. Kapitel, der Freud-Biographie von Ernest Jones (1960). Daraus ist zu entnehmen, daß der »teure Freund« Fleischl von Marxow war (s. S. 464, Anm.). Weitere indirekte Anspielungen auf diese Episode werden weiter unten – S. 183 f., S. 216 f., S. 225 und S. 466 – gemacht.]

beide aus ähnlichen Gründen mißgestimmt war. Beide hatten einen gewissen Vorschlag, den ich ihnen in der letzten Zeit gemacht hatte, zurückgewiesen.

Freund Otto steht jetzt bei der Kranken, und Freund Leopold untersucht sie und weist eine Dämpfung links unten nach. Freund Leopold ist gleichfalls Arzt, ein Verwandter von Otto. Das Schicksal hat die beiden, da sie dieselbe Spezialität ausüben, zu Konkurrenten gemacht, die man beständig miteinander vergleicht. Sie haben mir beide Jahre hindurch assistiert, als ich noch eine öffentliche Ordination für nervenkranke Kinder leitete[1]. Szenen, wie die im Traum reproduzierte, haben sich dort oftmals zugetragen. Während ich mit Otto über die Diagnose eines Falles debattierte, hatte Leopold das Kind neuerdings untersucht und einen unerwarteten Beitrag zur Entscheidung beigebracht. Es bestand eben zwischen ihnen eine ähnliche Charakterverschiedenheit wie zwischen dem Inspektor Bräsig und seinem Freunde Karl[2]. Der eine tat sich durch »Fixigkeit« hervor, der andere war langsam, bedächtig, aber gründlich. Wenn ich im Traume Otto und den vorsichtigen Leopold einander gegenüberstelle, so geschieht es offenbar, um Leopold herauszustreichen. Es ist ein ähnliches Vergleichen wie oben zwischen der unfolgsamen Patientin Irma und ihrer für klüger gehaltenen Freundin. Ich merke jetzt auch eines der Gleise, auf denen sich die Gedankenverbindung im Traume fortschiebt: vom kranken Kind zum Kinderkrankeninstitut. – *Die Dämpfung links unten* macht mir den Eindruck, als entspräche sie allen Details eines einzelnen Falls, in dem mich Leopold durch seine Gründlichkeit frappiert hat. Es schwebt mir außerdem etwas vor wie eine metastatische Affektion, aber es könnte auch eine Beziehung zu der Patientin sein, die ich an Stelle von Irma haben möchte. Diese Dame imitiert nämlich, soweit ich es übersehen kann, eine Tuberkulose.

Eine infiltrierte Hautpartie an der linken Schulter. Ich weiß sofort, das ist mein eigener Schulterrheumatismus, den ich regelmäßig verspüre, wenn ich bis tief in die Nacht wach geblieben bin. Der Wortlaut im Traume klingt auch so zweideutig: *was ich . . . wie er spüre.* Am eigenen Körper spüre, ist gemeint. Übrigens fällt mir auf, wie ungewöhnlich die Bezeichnung »infiltrierte Hautpartie« klingt. An die »Infiltration

---

1 [Am Kassowitz-Institut in Wien.]

2 [Die beiden Hauptfiguren des einst vielgelesenen, in mecklenburgischem Dialekt verfaßten Romans *Ut mine Stromtid* von Fritz Reuter (1862–64).]

links hinten oben« sind wir gewöhnt; die bezöge sich auf die Lunge und somit wieder auf Tuberkulose.

Trotz des Kleides. Das ist allerdings nur eine Einschaltung. Die Kinder im Krankeninstitut untersuchten wir natürlich entkleidet; es ist irgendein Gegensatz zur Art, wie man erwachsene weibliche Patienten untersuchen muß. Von einem hervorragenden Kliniker pflegte man zu erzählen, daß er seine Patienten stets nur durch die Kleider physikalisch untersucht habe. Das Weitere ist mir dunkel, ich habe, offen gesagt, keine Neigung, mich hier tiefer einzulassen.

Dr. M. sagt: Es ist eine Infektion, aber es macht nichts. Es wird noch Dysenterie hinzukommen und das Gift sich ausscheiden. Das erscheint mir zuerst lächerlich, muß aber doch, wie alles andere, sorgfältig zerlegt werden. Näher betrachtet, zeigt es doch eine Art von Sinn. Was ich an der Patientin gefunden habe, war eine lokale Diphtheritis. Aus der Zeit der Erkrankung meiner Tochter erinnere ich mich an die Diskussion über Diphtheritis und Diphtherie. Letztere ist die Allgemeininfektion, die von der lokalen Diphtheritis ausgeht. Eine solche Allgemeininfektion weist Leopold durch die Dämpfung nach, welche also an metastatische Herde denken läßt. Ich glaube zwar, daß gerade bei Diphtherie derartige Metastasen nicht vorkommen. Sie erinnern mich eher an Pyämie.

Es macht nichts, ist ein Trost. Ich meine, er fügt sich folgendermaßen ein: Das letzte Stück des Traumes hat den Inhalt gebracht, daß die Schmerzen der Patientin von einer schweren organischen Affektion herrühren. Es ahnt mir, daß ich auch damit nur die Schuld von mir abwälzen will. Für den Fortbestand diphtheritischer Leiden kann die psychische Kur nicht verantwortlich gemacht werden. Nun geniert es mich doch, daß ich Irma ein so schweres Leiden andichte, einzig und allein, um mich zu entlasten. Es sieht so grausam aus. Ich brauche also eine Versicherung des guten Ausgangs, und es scheint mir nicht übel gewählt, daß ich den Trost gerade der Person des Dr. M. in den Mund lege. Ich erhebe mich aber hier über den Traum, was der Aufklärung bedarf.

Warum ist dieser Trost aber so unsinnig?

Dysenterie: Irgendeine fernliegende theoretische Vorstellung, daß Krankheitsstoffe durch den Darm entfernt werden können. Will ich mich damit über den Reichtum des Dr. M. an weit hergeholten Erklärungen, sonderbaren pathologischen Verknüpfungen lustig machen? Zu Dysenterie fällt mir noch etwas anderes ein. Vor einigen Monaten hatte ich einen jungen Mann mit merkwürdigen Stuhlbeschwerden übernommen, den andere Kollegen als einen Fall von »Anämie mit Unterernährung« behandelt hatten. Ich erkannte, daß es sich um eine Hysterie handle, wollte meine Psychotherapie nicht an ihm versuchen und schickte ihn auf eine Seereise. Nun bekam ich vor einigen Tagen einen verzweifelten Brief von ihm aus Ägypten, daß er dort einen neuen Anfall durchgemacht, den der Arzt für Dysenterie erklärt habe. Ich vermute zwar, die Diagnose ist nur ein Irrtum des unwissenden Kollegen, der sich von der Hysterie äffen läßt; aber ich konnte mir doch die Vorwürfe nicht ersparen, daß ich den Kranken in die Lage versetzt, sich zu einer hysterischen Darmaffektion etwa noch eine organische zu holen. Dysenterie klingt ferner an Diphtherie an, welcher Name ††† im Traum nicht genannt wird.

Ja, es muß so sein, daß ich mich mit der tröstlichen Prognose: Es wird noch Dysenterie hinzukommen usw. über Dr. M. lustig mache, denn ich entsinne mich, daß er einmal vor Jahren etwas ganz Ähnliches von einem Kollegen lachend erzählt hat. Er war zur Konsultation mit diesem Kollegen bei einem Schwerkranken berufen worden und fühlte sich veranlaßt, dem anderen, der sehr hoffnungsfreudig schien, vorzuhalten, daß er beim Patienten Eiweiß im Harn finde. Der Kollege ließ sich aber nicht irremachen, sondern antwortete beruhigt: *Das macht nichts,* Herr Kollege, *der* Eiweiß wird sich schon ausscheiden! – Es ist mir also nicht mehr zweifelhaft, daß in diesem Stück des Traumes ein Hohn auf die der Hysterie unwissenden Kollegen enthalten ist. Wie zur Bestätigung fährt mir jetzt durch den Sinn: Weiß denn Dr. M., daß die Erscheinungen bei seiner Patientin, der Freundin Irmas, welche eine Tuberkulose befürchten lassen, auch auf Hysterie beruhen? Hat er diese Hysterie erkannt, oder ist er ihr »aufgesessen«?

Welches Motiv kann ich aber haben, diesen Freund so schlecht zu behandeln? Das ist sehr einfach: Dr. M. ist mit meiner »Lösung« bei Irma so wenig einverstanden wie Irma selbst. Ich habe also in diesem Traum bereits an zwei Personen Rache genommen, an Irma mit den Worten: Wenn du noch Schmerzen hast, ist es deine eigene Schuld, und an Dr. M. mit dem Wortlaut der ihm in den Mund gelegten unsinnigen Tröstung.

Wir wissen unmittelbar, woher die Infektion rührt. Dies unmittelbare Wissen im Traume ist merkwürdig. Eben vorhin wußten wir es noch nicht, da die Infektion erst durch Leopold nachgewiesen wurde.

Freund Otto hat ihr, als sie sich unwohl fühlte, eine Injektion gegeben. Otto hatte wirklich erzählt, daß er in der kurzen Zeit seiner Anwesenheit bei Irmas Familie ins benachbarte Hotel geholt wurde, um dort jemandem, der sich plötzlich unwohl fühlte, eine Injektion zu machen. Die Injektionen erinnern mich wieder an den unglücklichen Freund, der sich mit Kokain vergiftet hat [vgl. S. 131 Anm.]. Ich hatte ihm das Mittel nur zur internen [d. h. oralen] Anwendung während der Morphiumentziehung geraten; er machte sich aber unverzüglich Kokaininjektionen.

Mit einem Propylpräparat ... Propylen ... Propionsäure. Wie komme ich nur dazu? Am selben Abend, nach welchem ich an der Krankengeschichte geschrieben und darauf geträumt hatte, öffnete meine Frau eine Flasche Likör, auf welcher »Ananas«[1] zu lesen stand und die ein Geschenk unseres Freundes Otto war. Er hatte nämlich die Gewohnheit, bei allen möglichen Anlässen zu schenken; hoffentlich wird er einmal durch eine Frau davon kuriert[2]. Diesem Likör entströmte ein solcher Fuselgeruch, daß ich mich weigerte, davon zu kosten. Meine Frau meinte: Diese Flasche schenken wir den Dienstleuten, und ich, noch vorsichtiger, untersagte es mit der menschenfreundlichen Bemerkung, sie sollen sich auch nicht vergiften. Der Fuselgeruch (Amyl ...) hat nun offenbar bei mir die Erinnerung an die ganze Reihe: Propyl, Methyl usw. geweckt, die für den Traum die Propylenpräparate lieferte. Ich habe dabei allerdings eine Substitution vorgenommen, Propyl geträumt, nachdem ich Amyl gerochen, aber derartige Substitutionen sind vielleicht gerade in der organischen Chemie gestattet.

Trimethylamin. Von diesem Körper sehe ich im Traume die chemische Formel, was jedenfalls eine große Anstrengung meines Gedächtnisses bezeugt, und zwar ist die Formel fett gedruckt, als wollte man aus dem Kontext etwas als ganz besonders wichtig herausheben. Worauf führt mich nun Trimethylamin, auf das ich in solcher Weise aufmerksam gemacht werde? Auf ein Gespräch mit einem anderen Freunde, der seit Jahren um all meine keimenden Arbeiten weiß, wie ich um die seinigen[3]. Er hatte mir damals gewisse Ideen zu einer Sexualchemie mit-

[1] »Ananas« enthält übrigens einen merkwürdigen Anklang an den Familiennamen meiner Patientin Irma.

[2] [*Zusatz 1909,* jedoch ab 1925 wieder weggelassen:] Hierin erwies sich dieser Traum nicht als prophetisch. In anderem Sinne behielt er recht, denn die »ungelösten« Magenbeschwerden meiner Patientin, an denen ich nicht schuld haben wollte, waren die Vorläufer eines ernsthaften Gallensteinleidens.

[3] [Dies war Wilhelm Fließ, Biologe und Hals-Nasen-Spezialist in Berlin, der während der Jahre, die der Veröffentlichung der *Traumdeutung* unmittelbar voraufgingen, einen großen Einfluß auf Freud ausgeübt hat und der häufig, wenn auch in der Regel anonym, im vorliegenden Buch auftritt. S. Freud (1950 *a*).]

geteilt und unter anderem erwähnt, eines der Produkte des Sexualstoffwechsels glaube er im Trimethylamin zu erkennen. Dieser Körper führt mich also auf die Sexualität, auf jenes Moment, dem ich für die Entstehung der nervösen Affektionen, welche ich heilen will, die größte Bedeutung beilege. Meine Patientin Irma ist eine jugendliche Witwe; wenn es mir darum zu tun ist, den Mißerfolg der Kur bei ihr zu entschuldigen, werde ich mich wohl am besten auf diese Tatsache berufen, an welcher ihre Freunde gern ändern möchten. Wie merkwürdig übrigens ein solcher Traum gefügt ist! Die andere, welche ich an Irmas Statt im Traume zur Patientin habe, ist auch eine junge Witwe.

Ich ahne, warum die Formel Trimethylamin im Traume sich so breitgemacht hat. Es kommt soviel Wichtiges in diesem einen Wort zusammen: Trimethylamin ist nicht nur eine Anspielung auf das übermächtige Moment der Sexualität, sondern auch auf eine Person, an deren Zustimmung ich mich mit Befriedigung erinnere, wenn ich mich mit meinen Ansichten verlassen fühle. Sollte dieser Freund, der in meinem Leben eine so große Rolle spielt, in dem Gedankenzusammenhang des Traumes weiter nicht vorkommen? Doch; er ist ein besonderer Kenner der Wirkungen, welche von Affektionen der Nase und ihrer Nebenhöhlen ausgehen, und hat der Wissenschaft einige höchst merkwürdige Beziehungen der Nasenmuscheln zu den weiblichen Sexualorganen eröffnet. (Die drei krausen Gebilde im Hals bei Irma.) Ich habe Irma von ihm untersuchen lassen, ob ihre Magenschmerzen etwa nasalen Ursprungs sind. Er leidet aber selbst an Naseneiterungen, die mir Sorge bereiten, und darauf spielt wohl die Pyämie an, die mir bei den Metastasen des Traumes vorschwebt[1].

Man macht solche Injektionen nicht so leichtfertig. Hier wird der Vorwurf der Leichtfertigkeit unmittelbar gegen Freund Otto geschleudert. Ich glaube, etwas Ähnliches habe ich mir am Nachmittage gedacht, als er durch Wort und Blick seine Parteinahme gegen mich zu bezeugen schien. Es war etwa: Wie leicht er sich beeinflussen läßt; wie leicht er mit seinem Urteil fertig wird. – Außerdem deutet mir der obenstehende Satz wiederum auf den verstorbenen Freund, der sich so rasch zu Kokaininjektionen entschloß. Ich hatte Injektionen mit dem Mittel, wie gesagt, gar nicht beabsichtigt. Bei dem Vorwurf, den ich gegen Otto erhebe, leichtfertig mit jenen chemischen Stoffen umzugehen, merke ich, daß ich wieder die Geschichte jener unglücklichen Mathilde berühre, aus

---

[1] [Dieser Teil des Traums wird unten (S. 295 f.) noch weiter analysiert.]

der derselbe Vorwurf gegen mich hervorgeht. Ich sammle hier offenbar Beispiele für meine Gewissenhaftigkeit, aber auch fürs Gegenteil. *Wahrscheinlich war auch die Spritze nicht rein.* Noch ein Vorwurf gegen Otto, der aber anderswoher stammt. Gestern traf ich zufällig den Sohn einer zweiundachtzigjährigen Dame, der ich täglich zwei Morphiuminjektionen geben muß[1]. Sie ist gegenwärtig auf dem Lande, und ich hörte über sie, daß sie an einer Venenentzündung leide. Ich dachte sofort daran, es handle sich um ein Infiltrat durch Verunreinigung der Spritze. Es ist mein Stolz, daß ich ihr in zwei Jahren nicht ein einziges Infiltrat gemacht habe; es ist freilich meine beständige Sorge, ob die Spritze auch rein ist. Ich bin eben gewissenhaft. Von der Venenentzündung komme ich wieder auf meine Frau, die in einer Schwangerschaft an Venenstauungen gelitten, und nun tauchen in meiner Erinnerung drei ähnliche Situationen, mit meiner Frau, mit Irma und der verstorbenen Mathilde auf, deren Identität mir offenbar das Recht gegeben hat, die drei Personen im Traum füreinander einzusetzen.

Ich habe nun die Traumdeutung vollendet[2]. Während dieser Arbeit hatte ich Mühe, mich all der Einfälle zu erwehren, zu denen der Vergleich zwischen dem Trauminhalt und den dahinter versteckten Traumgedanken die Anregung geben mußte. Auch ist mir unterdes der »Sinn« des Traumes aufgegangen. Ich habe eine Absicht gemerkt, welche durch den Traum verwirklicht wird und die das Motiv des Träumens gewesen sein muß. Der Traum erfüllt einige Wünsche, welche durch die Ereignisse des letzten Abends (die Nachricht Ottos, die Niederschrift der Krankengeschichte) in mir rege gemacht worden sind. Das Ergebnis des Traumes ist nämlich, daß ich nicht schuld bin an dem noch vorhandenen Leiden Irmas und daß Otto daran schuld ist. Nun hat mich Otto durch seine Bemerkung über Irmas unvollkommene Heilung geärgert, der Traum rächt mich an ihm, indem er den Vorwurf auf ihn selbst zurückwendet. Von der Verantwortung für Irmas Befinden spricht der Traum mich frei, indem er dasselbe auf andere Momente (gleich eine ganze Reihe von Begründungen) zurückführt. Der Traum stellt einen gewissen Sachverhalt so dar, wie ich ihn wünschen möchte; *sein Inhalt ist also eine Wunscherfüllung, sein Motiv ein Wunsch.*

---

[1] [Diese alte Dame (die in Freuds Schriften jener Zeit mehrfach erscheint) wird unten, auf S. 245, nochmals erwähnt.]

[2] [*Zusatz 1909:*] Wenn ich auch, wie begreiflich, nicht alles mitgeteilt habe, was mir zur Deutungsarbeit eingefallen ist.

Soviel springt in die Augen. Aber auch von den Details des Traumes wird mir manches unter dem Gesichtspunkte der Wunscherfüllung verständlich. Ich räche mich nicht nur an Otto für seine voreilige Parteinahme gegen mich, indem ich ihm eine voreilige ärztliche Handlung zuschiebe (die Injektion), sondern ich nehme auch Rache an ihm für den schlechten Likör, der nach Fusel duftet, und ich finde im Traum einen Ausdruck, der beide Vorwürfe vereint: die Injektion mit einem Propylenpräparat. Ich bin noch nicht befriedigt, sondern setze meine Rache fort, indem ich ihm seinen verläßlicheren Konkurrenten gegenüberstelle. Ich scheine damit zu sagen: Der ist mir lieber als du. Otto ist aber nicht der einzige, der die Schwere meines Zorns zu fühlen hat. Ich räche mich auch an der unfolgsamen Patientin, indem ich sie mit einer klügeren, gefügigeren vertausche. Ich lasse auch dem Dr. M. seinen Widerspruch nicht ruhig hingehen, sondern drücke ihm in einer deutlichen Anspielung meine Meinung aus, daß er der Sache als ein Unwissender gegenübersteht (»*Es wird Dysenterie hinzukommen* etc.«). Ja, mir scheint, ich appelliere von ihm weg an einen anderen, Besserwissenden (meinen Freund, der mir vom Trimethylamin erzählt hat), wie ich von Irma an ihre Freundin, von Otto an Leopold mich gewendet habe. Schafft mir diese Personen weg, ersetzt sie mir durch drei andere meiner Wahl, dann bin ich der Vorwürfe ledig, die ich nicht verdient haben will! Die Grundlosigkeit dieser Vorwürfe selbst wird mir im Traume auf die weitläufigste Art erwiesen. Irmas Schmerzen fallen nicht mir zu[r] Last, denn sie ist selbst schuld an ihnen, indem sie meine Lösung anzunehmen verweigert. Irmas Schmerzen gehen mich nichts an, denn sie sind organischer Natur, durch eine psychische Kur gar nicht heilbar. Irmas Leiden erklären sich befriedigend durch ihre Witwenschaft (Trimethylamin!), woran ich ja nichts ändern kann. Irmas Leiden ist durch eine unvorsichtige Injektion von seiten Ottos hervorgerufen worden mit einem dazu nicht geeigneten Stoff, wie ich sie nie gemacht hätte. Irmas Leiden rührt von einer Injektion mit unreiner Spritze her wie die Venenentzündung meiner alten Dame, während ich bei meinen Injektionen niemals etwas anstelle. Ich merke zwar, diese Erklärungen für Irmas Leiden, die darin zusammentreffen, mich zu entlasten, stimmen untereinander nicht zusammen, ja sie schließen einander aus. Das ganze Plaidoyer – nichts anderes ist dieser Traum – erinnert lebhaft an die Verteidigung des Mannes, der von seinem Nachbarn angeklagt war, ihm einen Kessel in schadhaftem Zustande zurückgegeben zu haben. Erstens habe er ihn unversehrt zurückgebracht, zweitens war der Kessel schon durchlöchert, als er ihn entlehnte, drittens hat er nie einen Kessel vom Nachbarn entlehnt. Aber um so besser; wenn nur eine dieser drei Verteidigungsarten als stichhältig erkannt wird, muß der Mann freigesprochen werden[1].

Es spielen in den Traum noch andere Themata hinein, deren Beziehung zu meiner Entlastung von Irmas Krankheit nicht so durchsichtig ist: Die Krankheit meiner Tochter und die einer gleichnamigen Patientin, die Kokainschädlichkeit, die Affektion meines in Ägypten reisenden Patienten, die Sorge um die Gesundheit meiner Frau, meines Bruders, des Dr. M., meine eigenen Körperbeschwerden, die Sorge um den abwesenden Freund, der an Naseneiterungen leidet. Doch wenn ich all das ins Auge fasse, fügt es sich zu einem einzigen Gedankenkreis zusammen, etwa mit der Etikette: Sorge um die Gesundheit, eigene und fremde, ärztliche Gewissenhaftigkeit. Ich erinnere mich an eine unklare peinliche Empfindung, als mir Otto die Nachricht von Irmas Befinden brachte. Aus dem im Traume mitspielenden Gedankenkreis möchte ich nachträglich den Ausdruck für diese flüchtige Empfindung einsetzen. Es ist, als ob er mir gesagt hätte: Du nimmst deine ärztlichen Pflichten nicht ernsthaft genug, bist nicht gewissenhaft, hältst nicht, was du versprichst. Daraufhin hätte sich mir jener Gedankenkreis zur Verfügung gestellt, damit ich den Nachweis erbringen könne, in wie hohem Grade ich gewissenhaft bin, wie sehr mir die Gesundheit meiner Angehörigen, Freunde und Patienten am Herzen liegt. Bemerkenswerterweise sind unter diesem Gedankenmaterial auch peinliche Erinnerungen, die eher für die meinem Freund Otto zugeschriebene Beschuldigung als für meine Entschuldigung sprechen. Das Material ist gleichsam unparteiisch, aber der Zusammenhang dieses breiteren Stoffes, auf dem der Traum ruht, mit dem engeren Thema des Traums, aus dem der Wunsch hervorgegangen ist, an Irmas Krankheit unschuldig zu sein, ist doch unverkennbar.

Ich will nicht behaupten, daß ich den Sinn dieses Traumes vollständig aufgedeckt habe, daß seine Deutung eine lückenlose ist.

Ich könnte noch lange bei ihm verweilen, weitere Aufklärungen aus ihm entnehmen und neue Rätsel erörtern, die er aufwerfen heißt. Ich kenne selbst die Stellen, von denen aus weitere Gedankenzusammenhänge zu verfolgen sind; aber Rücksichten, wie sie bei jedem eigenen Traum in Betracht kommen, halten mich von der Deutungsarbeit ab. Wer mit dem

---

1 [Diese Anekdote diskutiert Freud auch in den Kapiteln II und VII seines Buches über den Witz (Freud, 1905 *c*, *Studienausgabe*, Bd. 4, S. 61 und 191, an der zweiten Stelle mit Bezugnahme auf die obige Passage.]

Tadel für solche Reserve rasch bei der Hand ist, der möge nur selbst versuchen, aufrichtiger zu sein als ich. Ich begnüge mich für den Moment mit der einen neu gewonnenen Erkenntnis: Wenn man die hier angezeigte Methode der Traumdeutung befolgt, findet man, daß der Traum wirklich einen Sinn hat und keineswegs der Ausdruck einer zerbröckelten Hirntätigkeit ist, wie die Autoren wollen. *Nach vollendeter Deutungsarbeit läßt sich der Traum als eine Wunscherfüllung erkennen*[1].

---

[1] [In einem Brief an Fließ vom 12. Juni 1900 (Freud, 1950*a*, Brief Nr. 137) schildert Freud einen späteren Besuch im Bellevue, dem Haus, in dem er diesen Traum hatte. »Glaubst Du eigentlich«, schreibt er, »daß an dem Hause dereinst auf einer Marmortafel zu lesen sein wird?:

›Hier enthüllte sich am 24. Juli 1895 dem
Dr. Sigm. Freud
das Geheimnis des Traumes‹

Die Aussichten sind bis jetzt hiefür gering.«]

III
DER TRAUM IST EINE WUNSCHERFÜLLUNG

Wenn man einen engen Hohlweg passiert hat und plötzlich auf einer Anhöhe angelangt ist, von welcher aus die Wege sich teilen und die reichste Aussicht nach verschiedenen Richtungen sich öffnet, darf man einen Moment lang verweilen und überlegen, wohin man zunächst sich wenden soll[1]. Ähnlich ergeht es uns, nachdem wir diese erste Traumdeutung überwunden haben. Wir stehen in der Klarheit einer plötzlichen Erkenntnis. Der Traum ist nicht vergleichbar dem unregelmäßigen Ertönen eines musikalischen Instruments, das anstatt von der Hand des Spielers, von dem Stoß einer äußeren Gewalt getroffen wird [s. S. 100], er ist nicht sinnlos, nicht absurd, setzt nicht voraus, daß ein Teil unseres Vorstellungsschatzes schläft, während ein anderer zu erwachen beginnt. Er ist ein vollgültiges psychisches Phänomen, und zwar eine Wunscherfüllung; er ist einzureihen in den Zusammenhang der uns verständlichen seelischen Aktionen des Wachens; eine hoch komplizierte geistige Tätigkeit hat ihn aufgebaut. Aber eine Fülle von Fragen bestürmt uns im gleichen Moment, da wir uns dieser Erkenntnis freuen wollen. Wenn der Traum laut Angabe der Traumdeutung einen erfüllten Wunsch darstellt, woher rührt die auffällige und befremdende Form, in welcher diese Wunscherfüllung ausgedrückt ist? Welche Veränderung ist mit den Traumgedanken vorgegangen, bis sich aus ihnen der manifeste Traum, wie wir ihn beim Erwachen erinnern, gestaltete? Auf welchem Wege ist diese Veränderung vor sich gegangen? Woher stammt das Material, das zum Traum verarbeitet worden ist? Woher rühren manche der Eigentümlichkeiten, die wir an den Traumgedanken bemerken konnten, wie z. B., daß sie einander widersprechen dürfen? (Die Analogie mit dem Kessel, S. 138 f.) Kann der Traum uns etwas Neues über unsere inneren psychischen Vorgänge lehren, kann sein Inhalt Meinungen kor-

[1] [In einem Brief an Fließ vom 6. August 1899 (Freud, 1950*a*, Brief Nr. 114) beschreibt Freud die Eingangskapitel seines Buches folgendermaßen: »Nun ist das Ganze so auf eine Spaziergangsphantasie angelegt. Anfangs der dunkle Wald der Autoren (die die Bäume nicht sehen), aussichtslos, irrwegreich. Dann ein verdeckter Hohlweg, durch den ich den Leser führe – mein Traummuster mit seinen Sonderbarkeiten, Details, Indiskretionen, schlechten Witzen, – und dann plötzlich die Höhe und die Aussicht und die Anfrage: Bitte, wohin wünschen Sie zu gehen?«]

rigieren, an die wir tagsüber geglaubt haben? Ich schlage vor, alle diese Fragen einstweilen beiseite zu lassen und einen einzigen Weg weiter zu verfolgen. Wir haben erfahren, daß der Traum einen Wunsch als erfüllt darstellt. Unser nächstes Interesse soll es sein zu erkunden, ob dies ein allgemeiner Charakter des Traumes ist oder nur der zufällige Inhalt jenes Traumes (»von Irmas Injektion«), mit dem unsere Analyse begonnen hat, denn selbst wenn wir uns darauf gefaßt machen, daß jeder Traum einen Sinn und psychischen Wert hat, müssen wir noch die Möglichkeit offen lassen, daß dieser Sinn nicht in jedem Traume der nämliche sei. Unser erster Traum war eine Wunscherfüllung; ein anderer stellt sich vielleicht als eine erfüllte Befürchtung heraus; ein dritter mag eine Reflexion zum Inhalt haben, ein vierter einfach eine Erinnerung reproduzieren. Gibt es also noch andere Wunschträume oder gibt es vielleicht nichts anderes als Wunschträume?

Es ist leicht zu zeigen, daß die Träume häufig den Charakter der Wunscherfüllung unverhüllt erkennen lassen, so daß man sich wundern mag, warum die Sprache der Träume nicht schon längst ein Verständnis gefunden hat. Da ist z. B. ein Traum, den ich mir beliebig oft, gleichsam experimentell, erzeugen kann. Wenn ich am Abend Sardellen, Oliven oder sonst stark gesalzene Speisen nehme, bekomme ich in der Nacht Durst, der mich weckt. Dem Erwachen geht aber ein Traum voraus, der jedesmal den gleichen Inhalt hat, nämlich daß ich trinke. Ich schlürfe Wasser in vollen Zügen, es schmeckt mir so köstlich, wie nur ein kühler Trunk schmecken kann, wenn man verschmachtet ist, und dann erwache ich und muß wirklich trinken. Der Anlaß dieses einfachen Traumes ist der Durst, den ich ja beim Erwachen verspüre. Aus dieser Empfindung geht der Wunsch hervor zu trinken, und diesen Wunsch zeigt mir der Traum erfüllt. Er dient dabei einer Funktion, die ich bald errate. Ich bin ein guter Schläfer, nicht gewöhnt, durch ein Bedürfnis geweckt zu werden. Wenn es mir gelingt, meinen Durst durch den Traum, daß ich trinke, zu beschwichtigen, so brauche ich nicht aufzuwachen, um ihn zu befriedigen. Es ist also ein Bequemlichkeitstraum. Das Träumen setzt sich an Stelle des Handelns wie auch sonst im Leben. Leider ist das Bedürfnis nach Wasser, um den Durst zu löschen, nicht mit einem Traum zu befriedigen, wie mein Rachedurst gegen Freund Otto und Dr. M., aber der gute Wille ist der gleiche. Derselbe Traum hat sich unlängst einigermaßen modifiziert. Da bekam ich schon vor dem Einschlafen Durst und trank das Wasserglas leer, das auf dem Kästchen neben meinem Bett stand. Einige Stunden später kam in der Nacht ein neuer

Durstanfall, der seine Unbequemlichkeiten im Gefolge hatte. Um mir Wasser zu verschaffen, hätte ich aufstehen und mir das Glas holen müssen, welches auf dem Nachtkästchen meiner Frau stand. Ich träumte also zweckentsprechend, daß meine Frau mir aus einem Gefäß zu trinken gibt; dies Gefäß war ein etruskischer Aschenkrug, den ich mir von einer italienischen Reise heimgebracht und seither verschenkt hatte. Das Wasser in ihm schmeckte aber so salzig (von der Asche offenbar), daß ich erwachen mußte. Man merkt, wie bequem der Traum es einzurichten versteht; da Wunscherfüllung seine einzige Absicht ist, darf er vollkommen egoistisch sein. Liebe zur Bequemlichkeit ist mit Rücksicht auf andere wirklich nicht vereinbar. Die Einmengung des Aschenkruges ist wahrscheinlich wieder eine Wunscherfüllung; es tut mir leid, daß ich dies Gefäß nicht mehr besitze, wie übrigens auch das Wasserglas auf seiten meiner Frau mir nicht zugänglich ist. Der Aschenkrug paßt sich auch der nun stärker gewordenen Sensation des salzigen Geschmacks an, von der ich weiß, daß sie mich zum Erwachen zwingen wird [1].

Solche Bequemlichkeitsträume waren bei mir in juvenilen Jahren sehr häufig. Von jeher gewöhnt, bis tief in die Nacht zu arbeiten, war mir das zeitige Erwachen immer eine Schwierigkeit. Ich pflegte dann zu träumen, daß ich außer Bett bin und beim Waschtisch stehe. Nach einer Weile konnte ich mich der Einsicht nicht verschließen, daß ich noch nicht aufgestanden war, hatte aber doch dazwischen eine Weile geschlafen. Denselben Trägheitstraum in besonders witziger Form kenne ich von einem jungen Kollegen, der meine Schlafneigung zu teilen scheint. Die Zimmerfrau, bei der er in der Nähe des Spitals wohnte, hatte den strengen Auftrag, ihn jeden Morgen rechtzeitig zu wecken, aber auch ihre liebe Not, wenn sie den Auftrag ausführen wollte. Eines Morgens war der Schlaf besonders süß. Die Frau rief ins Zimmer: Herr Pepi, stehen S' auf, Sie müssen ins Spital. Daraufhin träumte der Schläfer ein Zim-

[1] Das Tatsächliche der Durstträume war auch Weygandt bekannt, der 1893, 41 darüber äußert: »Gerade die Durstempfindung wird am präzisesten von allen aufgefaßt: sie erzeugt stets eine Vorstellung des Durstlöschens. – Die Art, wie sich der Traum das Durstlöschen vorstellt, ist mannigfaltig und wird nach einer naheliegenden Erinnerung spezialisiert. Eine allgemeine Erscheinung ist auch hier, daß sich sofort nach der Vorstellung des Durstlöschens eine Enttäuschung über die geringe Wirkung der vermeintlichen Erfrischungen einstellt.« Er übersieht aber das Allgemeingültige in der Reaktion des Traumes auf den Reiz. – Wenn andere Personen, die in der Nacht vom Durst befallen werden, erwachen, ohne vorher zu träumen, so bedeutet dies keinen Einwand gegen mein Experiment, sondern charakterisiert diese anderen als schlechtere Schläfer. – [*Zusatz 1914:*] Vgl. dazu Jesaias, xxix, 8: »Denn gleich wie einem Hungrigen träumet, daß er esse, wenn er aber aufwacht, so ist seine Seele noch leer; und wie einem Durstigen träumet, daß er trinke, wenn er aber aufwacht, ist er matt und durstig« ...

mer im Spital, ein Bett, in dem er lag, und eine Kopftafel, auf der zu lesen stand: Pepi H ... *cand. med.*, zweiundzwanzig Jahre. Er sagte sich träumend: Wenn ich also schon im Spital bin, brauche ich nicht erst hinzugehen, wendete sich um und schlief weiter. Er hatte sich dabei das Motiv seines Träumens unverhohlen eingestanden.

Ein anderer Traum, dessen Reiz gleichfalls während des Schlafes selbst einwirkte: Eine meiner Patientinnen, die sich einer ungünstig verlaufenen Kieferoperation hatte unterziehen müssen, sollte nach dem Wunsche der Ärzte Tag und Nacht einen Kühlapparat auf der kranken Wange tragen. Sie pflegte ihn aber wegzuschleudern, sobald sie eingeschlafen war. Eines Tages bat man mich, ihr darüber Vorwürfe zu machen; sie hatte den Apparat wiederum auf den Boden geworfen. Die Kranke verantwortete sich: »Diesmal kann ich wirklich nichts dafür; es war die Folge eines Traums, den ich bei Nacht gehabt. Ich war im Traum in einer Loge in der Oper und interessierte mich lebhaft für die Vorstellung. Im Sanatorium aber lag der Herr Karl Meyer und jammerte fürchterlich vor Kieferschmerzen. Ich habe gesagt, da ich die Schmerzen nicht habe, brauche ich auch den Apparat nicht; darum habe ich ihn weggeworfen.« Dieser Traum der armen Dulderin klingt wie die Darstellung einer Redensart, die sich einem in unangenehmen Lagen über die Lippen drängt: Ich wüßte mir wirklich ein besseres Vergnügen. Der Traum zeigt dieses bessere Vergnügen. Herr Karl Meyer, dem die Träumerin ihre Schmerzen zuschob, war der indifferenteste junge Mann ihrer Bekanntschaft, an den sie sich erinnern konnte.

Nicht schwieriger ist es, die Wunscherfüllung in einigen anderen Träumen aufzudecken, die ich von Gesunden gesammelt habe. Ein Freund, der meine Traumtheorie kennt und sie seiner Frau mitgeteilt hat, sagt mir eines Tages: »Ich soll dir von meiner Frau erzählen, daß sie gestern geträumt hat, sie hätte die Periode bekommen. Du wirst wissen, was das bedeutet.« Freilich weiß ich's; wenn die junge Frau geträumt hat, daß sie die Periode hat, so ist die Periode ausgeblieben. Ich kann mir's denken, daß sie gerne noch einige Zeit ihre Freiheit genossen hätte, ehe die Beschwerden der Mütterlichkeit beginnen. Es war eine geschickte Art, die Anzeige von ihrer ersten Gravidität zu machen. Ein anderer Freund schreibt, seine Frau habe unlängst geträumt, daß sie an ihrer Hemdenbrust Milchflecken bemerke. Dies ist auch eine Graviditätsanzeige, aber nicht mehr vom ersten Mal; die junge Mutter wünscht sich, für das zweite Kind mehr Nahrung zu haben als seinerzeit fürs erste.

Eine junge Frau, die Wochen hindurch bei der Pflege ihres infektiös erkrankten Kindes vom Verkehr abgeschnitten war, träumt nach glücklicher Beendigung der Krankheit von einer Gesellschaft, in der sich A. Daudet, Bourget, M. Prévost u. a. befinden, die sämtlich sehr liebenswürdig gegen sie sind und sie vortrefflich amüsieren. Die betreffenden Autoren tragen auch im Traum die Züge, welche ihnen ihre Bilder geben; M. Prévost, von dem sie ein Bild nicht kennt, sieht dem – Desinfektionsmanne gleich, der am Tag vorher die Krankenzimmer gereinigt und sie als erster Besucher nach langer Zeit betreten hatte. Man meint den Traum lückenlos übersetzen zu können: Jetzt wäre es einmal Zeit für etwas Amüsanteres als diese ewigen Krankenpflegen.

Vielleicht wird diese Auslese genügen, um zu erweisen, daß man sehr häufig und unter den mannigfaltigsten Bedingungen Träume findet, die sich nur als Wunscherfüllungen verstehen lassen und die ihren Inhalt unverhüllt zur Schau tragen. Es sind dies zumeist kurze und einfache Träume, die von den verworrenen und überreichen Traumkompositionen, die wesentlich die Aufmerksamkeit der Autoren auf sich gezogen haben, wohltuend abstechen. Es verlohnt sich aber, bei diesen einfachen Träumen noch zu verweilen. Die allereinfachsten Formen von Träumen darf man wohl bei Kindern erwarten, deren psychische Leistungen sicherlich minder kompliziert sind als die Erwachsener. Die Kinderpsychologie ist nach meiner Meinung dazu berufen, für die Psychologie der Erwachsenen ähnliche Dienste zu leisten wie die Untersuchung des Baues oder der Entwicklung niederer Tiere für die Erforschung der Struktur der höchsten Tierklassen. Es sind bis jetzt wenig zielbewußte Schritte geschehen, die Psychologie der Kinder zu solchem Zwecke auszunützen.

Die Träume der kleinen Kinder sind häufig[1] simple Wunscherfüllungen und dann[2] im Gegensatz zu den Träumen Erwachsener gar nicht interessant. Sie geben keine Rätsel zu lösen, sind aber natürlich unschätzbar für den Erweis, daß der Traum seinem innersten Wesen nach eine Wunscherfüllung bedeutet. Bei meinem Materiale von eigenen Kindern konnte ich einige Beispiele von solchen Träumen sammeln.

Einem Ausfluge nach dem schönen Hallstatt im Sommer 1896 von Aussee aus verdanke ich zwei Träume, den einen von meiner damals achteinhalbjährigen Tochter, den anderen von [m]einem fünfeinvierteljäh-

[1] [Dieses Wort wurde 1911 hinzugefügt.] [2] [Vor 1911: »darum«.]

rigen Knaben. Als Vorbericht muß ich angeben, daß wir in diesem Sommer auf einem Hügel bei Aussee wohnten, von wo aus wir bei schönem Wetter eine herrliche Dachsteinaussicht genossen. Mit dem Fernrohr war die Simony-Hütte gut zu erkennen. Die Kleinen bemühten sich wiederholt, sie durchs Fernrohr zu sehen; ich weiß nicht, mit welchem Erfolg. Vor der Partie hatte ich den Kindern erzählt, Hallstatt läge am Fuße des Dachsteins. Sie freuten sich sehr auf den Tag. Von Hallstatt aus gingen wir ins Echerntal[1], das mit seinen wechselnden Ansichten die Kinder sehr entzückte. Nur eines, der fünfjährige Knabe, wurde allmählich mißgestimmt. Sooft ein neuer Berg in Sicht kam, fragte er: Ist das der Dachstein? worauf ich antworten mußte: Nein, nur ein Vorberg. Nachdem sich diese Frage einige Male wiederholt hatte, verstummte er ganz; den Stufenweg zum Wasserfall wollte er überhaupt nicht mitmachen. Ich hielt ihn für ermüdet. Am nächsten Morgen kam er aber ganz selig auf mich zu und erzählte: Heute nacht habe ich geträumt, daß wir auf der Simony-Hütte gewesen sind. Ich verstand ihn nun; er hatte erwartet, als ich vom Dachstein sprach, daß er auf dem Ausfluge nach Hallstatt den Berg besteigen und die Hütte zu Gesicht bekommen werde, von der beim Fernrohr so viel die Rede war. Als er dann merkte, daß man ihm zumute, sich mit Vorbergen und einem Wasserfall abspeisen zu lassen, fühlte er sich getäuscht und wurde verstimmt. Der Traum entschädigte ihn dafür. Ich versuchte Details des Traumes zu erfahren; sie waren ärmlich. »Man geht sechs Stunden lang auf Stufen hinauf«, wie er es gehört hatte.

Auch bei dem achteinhalbjährigen Mädchen waren auf diesem Ausflug Wünsche rege geworden, die der Traum befriedigen mußte. Wir hatten den zwölfjährigen Knaben unserer Nachbarn nach Hallstatt mitgenommen, einen vollendeten Ritter, der, wie mir schien, sich bereits aller Sympathien des kleinen Frauenzimmers erfreute. Sie erzählte nun am nächsten Morgen folgenden Traum: Denk' dir, ich hab' geträumt, daß der Emil einer von uns ist, Papa und Mama zu euch sagt und im großen Zimmer mit uns schläft wie unsere Buben. Dann kommt die Mama ins Zimmer und wirft eine Handvoll großer Schokoladestangen in blauem und grünem Papier unter unsere Betten. Die Brüder, die sich also nicht kraft erblicher Übertragung auf Traumdeutung verstehen, erklärten ganz wie unsere Autoren: Dieser Traum ist ein Unsinn. Das Mädchen trat wenigstens für einen Teil des Traumes ein, und es ist wertvoll für

[1] [»Echerntal« ist in den früheren deutschen Ausgaben irrtümlich als »Escherntal« angegeben.]

die Theorie der Neurosen zu erfahren, für welchen: Daß der Emil ganz bei uns ist, das ist ein Unsinn, aber das mit den Schokoladestangen nicht. Mir war gerade das letztere dunkel. Die Mama lieferte mir hiefür die Erklärung. Auf dem Wege vom Bahnhof nach Hause hatten die Kinder vor dem Automaten haltgemacht und sich gerade solche Schokoladestangen in metallisch glänzendem Papier gewünscht, die der Automat nach ihrer Erfahrung zu verkaufen hatte. Die Mama hatte mit Recht gemeint, jener Tag habe genug Wunscherfüllungen gebracht, und diesen Wunsch für den Traum übriggelassen. Mir war die kleine Szene entgangen. Den von meiner Tochter proskribierten Teil des Traumes verstand ich ohne weiteres. Ich hatte selbst gehört, wie der artige Gast auf dem Wege die Kinder aufgefordert hatte zu warten, bis der Papa oder die Mama nachkommen. Aus dieser zeitweiligen Zugehörigkeit machte der Traum der Kleinen eine dauernde Adoption. Andere Formen des Beisammenseins als die im Traum erwähnten, die von den Brüdern hergenommen sind, kannte ihre Zärtlichkeit noch nicht. Warum die Schokoladestangen unter die Betten geworfen wurden, ließ sich ohne Ausfragen des Kindes natürlich nicht aufklären.

Einen ganz ähnlichen Traum wie den meines Knaben habe ich von befreundeter Seite erfahren. Er betraf ein achtjähriges Mädchen. Der Vater hatte mit mehreren Kindern einen Spaziergang nach Dornbach[1] in der Absicht unternommen, die Rohrer-Hütte zu besuchen, kehrte aber um, weil es zu spät geworden war, und versprach den Kindern, sie ein anderes Mal zu entschädigen. Auf dem Rückweg kamen sie an der Tafel vorbei, welche den Weg zum Hameau anzeigt. Die Kinder verlangten nun, auch aufs Hameau geführt zu werden, mußten sich aber aus demselben Grund wiederum auf einen anderen Tag vertrösten lassen. Am nächsten Morgen kam das achtjährige Mädchen dem Papa befriedigt entgegen: Papa, heut' hab ich geträumt, du warst mit uns bei der Rohrer-Hütte und auf dem Hameau. Ihre Ungeduld hatte also die Erfüllung des vom Papa geleisteten Versprechens antizipiert.

Ebenso aufrichtig ist ein anderer Traum, den die landschaftliche Schönheit Aussees bei meinem damals dreieinvierteljährigen Töchterchen erregt hat. Die Kleine war zum erstenmal über den See gefahren, und die Zeit der Seefahrt war ihr zu rasch vergangen. An der Landungsstelle wollte sie das Boot nicht verlassen und weinte bitterlich. Am nächsten Morgen erzählte sie: Heute nacht bin ich auf dem See gefahren. Hoffen wir, daß die Dauer dieser Traumfahrt sie besser befriedigt hat.

1 [Im Hügelland in der Umgebung von Wien.]

Mein ältester, derzeit achtjähriger Knabe träumt bereits die Realisierung seiner Phantasien. Er ist mit dem Achilleus in einem Wagen gefahren, und der Diomedes war Wagenlenker. Er hat sich natürlich tags vorher für die Sagen Griechenlands begeistert, die der älteren Schwester geschenkt worden sind.

Wenn man mir zugibt, daß das Sprechen aus dem Schlaf der Kinder gleichfalls dem Kreis des Träumens angehört, so kann ich im folgenden einen der jüngsten Träume meiner Sammlung mitteilen. Mein jüngstes Mädchen, damals neunzehn Monate alt, hatte eines Morgens erbrochen und war darum den Tag über nüchtern erhalten worden. In der Nacht, die diesem Hungertag folgte, hörte man sie erregt aus dem Schlaf rufen: *Anna F.eud, Er(d)beer, Hochbeer, Eier(s)peis, Papp.* Ihren Namen gebrauchte sie damals, um die Besitzergreifung auszudrücken; der Speisezettel umfaßte wohl alles, was ihr als begehrenswerte Mahlzeit erscheinen mußte; daß die Erdbeeren darin in zwei Varietäten vorkamen, war eine Demonstration gegen die häusliche Sanitätspolizei und hatte seinen Grund in dem von ihr wohl bemerkten Nebenumstand, daß die Kinderfrau ihre Indisposition auf allzu reichlichen Erdbeergenuß geschoben hatte; für dies ihr unbequeme Gutachten nahm sie also im Traume ihre Revanche[1].

Wenn wir die Kindheit glücklich preisen, weil sie die sexuelle Begierde noch nicht kennt, so wollen wir nicht verkennen, eine wie reiche Quelle der Enttäuschung, Entsagung und damit der Traumanregung der andere der großen Lebenstriebe für sie werden kann[2]. Hier ein zweites Beispiel dafür. Mein zweiundzwanzigmonatiger Neffe hat zu meinem Geburtstage die Aufgabe bekommen, mir zu gratulieren und als Geschenk ein Körbchen mit Kirschen zu überreichen, die um diese Zeit des Jahres noch zu den Primeurs zählen. Es scheint ihm hart anzukommen, denn er wiederholt unaufhörlich: Kirschen sind d(r)in, und ist nicht zu bewegen,

---

[1] Dieselbe Leistung wie bei der jüngsten Enkelin vollbringt dann der Traum kurz nachher bei der Großmutter, deren Alter das des Kindes ungefähr zu 70 Jahren ergänzt. Nachdem sie einen Tag lang durch die Unruhe ihrer Wanderniere zum Hungern gezwungen war, träumt sie dann, offenbar mit Versetzung in die glückliche Zeit des blühenden Mädchentums, daß sie für beide Hauptmahlzeiten »ausgebeten«, zu Gast geladen, ist und jedesmal die köstlichsten Bissen vorgesetzt bekommt.

[2] [*Zusatz 1911:*] Eingehendere Beschäftigung mit dem Seelenleben der Kinder belehrt uns freilich, daß sexuelle Triebkräfte in infantiler Gestaltung in der psychischen Tätigkeit des Kindes eine genügend große, nur zu lange übersehene Rolle spielen, und läßt uns an dem Glücke der Kindheit, wie die Erwachsenen es späterhin konstruieren, einigermaßen zweifeln. (Vgl. des Verfassers *Drei Abhandlungen zur Sexualtheorie,* 1905 *d.*) [Der obige Satz im Text steht allerdings eindeutig im Widerspruch zu mehreren anderen Aussagen (z. B. auf S. 260 ff.).]

das Körbchen aus den Händen zu geben. Aber er weiß sich zu entschädigen. Er pflegte bisher jeden Morgen seiner Mutter zu erzählen, daß er vom »weißen Soldat« geträumt, einem Gardeoffizier im Mantel, den er einst auf der Straße bewunderte. Am Tag nach dem Geburtstagsopfer erwacht er freudig mit der Mitteilung, die nur einem Traum entstammen kann: *He(r)man alle Kirschen aufgessen!* [1]

---

[1] [*Zusatz 1911:*] Es soll nicht unerwähnt bleiben, daß sich bei kleinen Kindern bald kompliziertere und minder durchsichtige Träume einzustellen pflegen und daß anderseits Träume von so einfachem infantilen Charakter unter Umständen auch bei Erwachsenen häufig vorkommen. Wie reich an ungeahntem Inhalt Träume von Kindern im Alter von vier bis fünf Jahren bereits sein können, zeigen die Beispiele in meiner ›Analyse der Phobie eines fünfjährigen Knaben‹ (1909 *b*) und in Jung (1910 *a*). – [*Zusatz 1914:*] Analytisch gedeutete Kinderträume siehe noch bei v. Hug-Hellmuth (1911 und 1913), Putnam (1912), van Raalte (1912), Spielrein (1913) und Tausk (1913); andere bei Bianchieri (1912), Busemann (1909 und 1910), Doglia und Bianchieri (1910 bis 11) und besonders bei Wiggam (1909), der die Wunscherfüllungstendenz derselben betont. – [*Zusatz 1911:*] Anderseits scheinen sich bei Erwachsenen Träume vom infantilen Typus besonders häufig wieder einzustellen, wenn sie unter ungewöhnliche Lebensbedingungen versetzt werden. So berichtet Otto Nordenskjöld in seinem Buche *Antarctic* (1904) über die mit ihm überwinternde Mannschaft (Bd. I, 336 f.): »Sehr bezeichnend für die Richtung unserer innersten Gedanken waren unsere Träume, die nie lebhafter und zahlreicher waren als gerade jetzt. Selbst diejenigen unserer Kameraden, die sonst nur ausnahmsweise träumten, hatten jetzt des Morgens, wenn wir unsere letzten Erfahrungen aus dieser Phantasiewelt miteinander austauschten, lange Geschichten zu erzählen. Alle handelten sie von jener äußeren Welt, die uns jetzt so fern lag, waren aber oft unseren jetzigen Verhältnissen angepaßt. Ein besonders charakteristischer Traum bestand darin, daß sich einer der Kameraden auf die Schulbank zurückversetzt glaubte, wo ihm die Aufgabe zuteil wurde, ganz kleinen Miniaturseehunden, die eigens für Unterrichtszwecke angefertigt waren, die Haut abzuziehen. Essen und Trinken waren übrigens die Mittelpunkte, um die sich unsere Träume am häufigsten drehten. Einer von uns, der nächtlicherweise darin *exzellierte*, auf große Mittagsgesellschaften zu gehen, war seelenfroh, wenn er des Morgens berichten konnte, ›daß er ein Diner von drei Gängen eingenommen habe‹; ein anderer träumte von Tabak, von ganzen Bergen Tabak; wieder andere von dem Schiff, das mit vollen Segeln auf dem offenen Wasser daherkam. Noch ein anderer Traum verdient der Erwähnung: Der Briefträger kommt mit der Post und gibt eine lange Erklärung, warum diese so lange habe auf sich warten lassen, er habe sie verkehrt abgeliefert und erst nach großer Mühe sei es ihm gelungen, sie wieder zu erlangen. Natürlich beschäftigte man sich im Schlaf mit noch unmöglicheren Dingen, aber der Mangel an Phantasie in fast allen Träumen, die ich selbst träumte oder erzählen hörte, war ganz auffallend. Es würde sicher von großem psychologischen Interesse sein, wenn alle diese Träume aufgezeichnet würden. Man wird aber leicht verstehen können, wie ersehnt der Schlaf war, da er uns alles bieten konnte, was ein jeder von uns am glühendsten begehrte.« – [*Zusatz 1914:*] Nach Du Prel (1885, 231) zitiere ich noch: »Mungo Park, auf einer Reise in Afrika dem Verschmachten nahe, träumte ohne Aufhören von wasserreichen Tälern und Auen seiner Heimat. So sah sich auch der von Hunger gequälte Trenck in der Sternschanze zu Magdeburg von üppigen Mahlzeiten umgeben, und George Back, Teilnehmer der ersten Expedition Franklins, als er infolge furchtbarer Entbehrungen dem Hungertode nahe war, träumte stets und gleichmäßig von reichen Mahlzeiten.«

Wovon die Tiere träumen, weiß ich nicht. Ein Sprichwort, dessen Erwähnung ich einem meiner Hörer danke, behauptet es zu wissen, denn es stellt die Frage auf: *Wovon träumt die Gans?* und beantwortet sie: *Vom Kukuruz* (Mais)[1]. Die ganze Theorie, daß der Traum eine Wunscherfüllung sei, ist in diesen zwei Sätzen enthalten[2].

Wir bemerken jetzt, daß wir zu unserer Lehre von dem verborgenen Sinn des Traumes auch auf dem kürzesten Wege gelangt wären, wenn wir nur den Sprachgebrauch befragt hätten. Die Sprachweisheit redet zwar manchmal verächtlich genug vom Traum – man meint, sie wolle der Wissenschaft recht geben, wenn sie urteilt: *Träume sind Schäume* – aber für den Sprachgebrauch ist der Traum doch vorwiegend der holde Wunscherfüller. »Das hätt' ich mir in meinen kühnsten Träumen nicht vorgestellt«, ruft entzückt, wer in der Wirklichkeit seine Erwartungen übertroffen findet[3].

---

[1] [*Zusatz 1911:*] Ein ungarisches, von Ferenczi [1910] angezogenes Sprichwort behauptet vollständiger, daß »das Schwein von Eicheln, die Gans von Mais träumt«. [*Zusatz 1914:*] Ein jüdisches Sprichwort lautet: »Wovon träumt das Huhn? – Von Hirse.« Bernstein und Segel, 1908, 116.

[2] [*Zusatz 1914:*] Es liegt mir fern zu behaupten, daß noch niemals ein Autor vor mir daran gedacht habe, einen Traum von einem Wunsch abzuleiten. (Vgl. die ersten Sätze des nächsten Abschnittes.) Wer auf solche Andeutungen Wert legt, könnte schon aus dem Altertum den unter dem ersten Ptolemäus lebenden Arzt Herophilos anführen, der nach Büchsenschütz (1868, 33) drei Arten von Träumen unterschied: gottgesandte, natürliche, welche entstehen, indem die Seele sich ein Bild dessen schafft, was ihr zuträglich ist und was eintreten wird, und gemischte, die von selbst durch Annäherung von Bildern entstehen, wenn wir das sehen, was wir wünschen. Aus der Beispielsammlung von Scherner weiß J. Stärcke (1913 [248]) einen Traum hervorzuheben, der vom Autor selbst als Wunscherfüllung bezeichnet wird (1861, 239). Scherner sagt: »Den wachen Wunsch der Träumerin erfüllte die Phantasie sofort einfach darum, weil er im Gemüte derselben lebhaft bestand.« Dieser Traum steht unter den »Stimmungsträumen«; in seiner Nähe befinden sich Träume für »männliches und weibliches Liebessehnen« und für »verdrießliche Stimmung«. Es ist, wie man sieht, keine Rede davon, daß Scherner dem Wünschen für den Traum eine andere Bedeutung zuschrieb als irgendeinem sonstigen Seelenzustand des Wachens, geschweige denn, daß er den Wunsch mit dem Wesen des Traumes in Zusammenhang gebracht hätte.

[3] [Kinderträume (darunter die meisten in diesem Kapitel herangezogenen) und Träume vom infantilen Typus erörtert Freud in der 8. seiner *Vorlesungen zur Einführung in die Psychoanalyse* (1916–17).]

IV
DIE TRAUMENTSTELLUNG

Wenn ich nun die Behauptung aufstelle, daß Wunscherfüllung der Sinn eines *jeden* Traumes sei, also daß es keine anderen als Wunschträume geben kann, so bin ich des entschiedensten Widerspruches im vorhinein sicher. Man wird mir entgegenhalten: »Daß es Träume gibt, welche als Wunscherfüllungen zu verstehen sind, ist nicht neu, sondern längst von den Autoren bemerkt worden. (Vgl. Radestock, 1879, 137–8, Volkelt, 1875, 110–11, Purkinje, 1846, 456, Tissié, 1898, 70, M. Simon, 1888, 42 über die Hungerträume des eingekerkerten Baron Trenck, und die Stelle bei Griesinger, 1845, 89.)[1] Daß es aber nichts anderes geben soll als Wunscherfüllungsträume, das ist wieder eine ungerechtfertigte Verallgemeinerung, die sich zum Glück leicht zurückweisen läßt. Es kommen doch reichlich genug Träume vor, welche den peinlichsten Inhalt erkennen lassen, aber keine Spur irgendeiner Wunscherfüllung. Der pessimistische Philosoph Eduard v. Hartmann steht wohl der Wunscherfüllungstheorie am fernsten. Er äußert in seiner *Philosophie des Unbewußten* (1890, Bd. 2, 344): »Was den Traum betrifft, so treten mit ihm alle Plackereien des wachen Lebens auch in den Schlafzustand hinüber, nur das einzige nicht, was den Gebildeten einigermaßen mit dem Leben aussöhnen kann: wissenschaftlicher und Kunstgenuß ...« Aber auch minder unzufriedene Beobachter haben hervorgehoben, daß im Traum Schmerz und Unlust häufiger sei als Lust, so Scholz (1887, 33), Volkelt (1875, 80) u. a. Ja, die Damen Sarah Weed und Florence Hallam haben aus der Bearbeitung ihrer Träume einen ziffernmäßigen Ausdruck für das Überwiegen der Unlust in den Träumen entnommen (1896 [499]). Sie bezeichnen 57.2 Prozent der Träume als peinlich und nur 28.6 Prozent als positiv angenehm. Außer diesen Träumen, welche die mannigfaltigen peinlichen Gefühle des Lebens in den Schlaf fortsetzen, gibt es auch Angstträume, in denen uns diese entsetzlichste aller Unlustempfindungen schüttelt, bis wir erwachen, und von solchen Angstträumen werden gerade die Kinder so leicht heimgesucht (vgl. Debacker, 1881, über den

[1] [*Zusatz 1914:*] Schon der Neuplatoniker Plotin sagt: »Wenn die Begierde sich regt, dann kommt die Phantasie und präsentiert uns gleichsam das Objekt derselben.« (Du Prel, 1885, 276.) [*Ennead*, iv, 4, 17.]

pavor nocturnus), bei denen wir die Wunschträume unverhüllt gefunden haben.

Wirklich scheinen gerade die Angstträume eine Verallgemeinerung des Satzes, den wir aus den Beispielen des vorigen Abschnittes gewonnen haben, der Traum sei eine Wunscherfüllung, unmöglich zu machen, ja diesen Satz als Absurdität zu brandmarken.

Dennoch ist es nicht sehr schwer, sich diesen anscheinend zwingenden Einwänden zu entziehen. Man wolle bloß beachten, daß unsere Lehre nicht auf der Würdigung des manifesten Trauminhalts beruht, sondern sich auf den Gedankeninhalt bezieht, welcher durch die Deutungsarbeit hinter dem Traume erkannt wird. Stellen wir *manifesten* und *latenten Trauminhalt* einander gegenüber. Es ist richtig, daß es Träume gibt, deren manifester Inhalt von der peinlichsten Art ist. Aber hat jemand versucht, diese Träume zu deuten, den latenten Gedankeninhalt derselben aufzudecken? Wenn aber nicht, dann treffen uns die beiden Einwände nicht mehr; es bleibt immerhin möglich, daß auch peinliche und Angstträume sich nach der Deutung als Wunscherfüllungen enthüllen[1].

Bei wissenschaftlicher Arbeit ist es oft von Vorteil, wenn die Lösung des einen Problems Schwierigkeiten bereitet, ein zweites hinzuzunehmen, etwa wie man zwei Nüsse leichter miteinander als einzeln aufknackt. So stehen wir nicht nur vor der Frage: Wie können peinliche und Angstträume Wunscherfüllungen sein, sondern wir können auch aus unseren bisherigen Erörterungen über den Traum eine zweite Frage aufwerfen: Warum zeigen die Träume indifferenten Inhalts, welche sich als Wunsch-

[1] [*Zusatz 1909:*] Es ist ganz unglaublich, mit welcher Hartnäckigkeit sich Leser und Kritiker dieser Erwägung verschließen und die grundlegende Unterscheidung von manifestem und latentem Trauminhalt unbeachtet lassen. – [*Zusatz 1914:*] Keine der in der Literatur niedergelegten Äußerungen kommt aber dieser meiner Aufstellung so sehr entgegen wie eine Stelle in J. Sullys Aufsatz: ›The Dream as a Revelation‹ (1893, 364), deren Verdienst dadurch nicht geschmälert werden soll, daß ich sie erst hier anführe: *»It would seem, then, after all, that dreams are not the utter nonsense they have been said to be by such authorities as Chaucer, Shakespeare and Milton. The chaotic aggregations of our night-fancy have a significance and communicate new knowledge. Like some letter in cypher, the dream-inscription when scrutinized closely loses its first look of balderdash and takes on the aspect of a serious, intelligible message. Or, to vary the figure slightly, we may say that, like some palimpsest, the dream discloses beneath its worthless surface-characters traces of an old and precious communication.«* [Sperrung von Freud.]

erfüllungen ergeben, diesen ihren Sinn nicht unverhüllt? Man nehme den weitläufig behandelten Traum von Irmas Injektion, er ist keineswegs peinlicher Natur, er ist durch die Deutung als eklatante Wunscherfüllung zu erkennen. Wozu bedarf es aber überhaupt einer Deutung? Warum sagt der Traum nicht direkt, was er bedeutet? Tatsächlich macht auch der Traum von Irmas Injektion zunächst nicht den Eindruck, daß er einen Wunsch des Träumers als erfüllt darstellt. Der Leser wird diesen Eindruck nicht bekommen haben, aber auch ich selbst wußte es nicht, ehe ich die Analyse angestellt hatte. Heißen wir dieses der Erklärung bedürftige Verhalten des Traumes: die *Tatsache der Traumentstellung*, so erhebt sich also die zweite Frage: Wovon rührt diese Traumentstellung her?

Wenn man hierüber seine ersten Einfälle befragt, könnte man auf verschiedene mögliche Lösungen geraten, z. B. daß während des Schlafes ein Unvermögen bestehe, den Traumgedanken einen entsprechenden Ausdruck zu schaffen. Allein die Analyse gewisser Träume nötigt uns, für die Traumentstellung eine andere Erklärung zuzulassen. Ich will dies an einem zweiten Traum von mir selbst zeigen, welcher wiederum vielfache Indiskretionen erfordert, aber für dies persönliche Opfer durch eine gründliche Aufhellung des Problems entschädigt.

VORBERICHT

Im Frühjahr 1897 erfuhr ich, daß zwei Professoren unserer Universität mich für die Ernennung zum *Prof. extraord.* vorgeschlagen hatten. Diese Nachricht kam mir überraschend und erfreute mich lebhaft als Ausdruck einer durch persönliche Beziehungen nicht aufzuklärenden Anerkennung von seiten zweier hervorragender Männer. Ich sagte mir aber sofort, daß ich an dieses Ereignis keine Erwartungen knüpfen dürfe. Das Ministerium hatte in den letzten Jahren Vorschläge solcher Art unberücksichtigt gelassen, und mehrere Kollegen, die mir an Jahren voraus waren und an Verdiensten mindestens gleichkamen, warteten seitdem vergebens auf ihre Ernennung. Ich hatte keinen Grund anzunehmen, daß es mir besser ergehen würde. Ich beschloß also bei mir, mich zu trösten. Ich bin, soviel ich weiß, nicht ehrgeizig, übe meine ärztliche Tätigkeit mit zufriedenstellendem Erfolge aus, auch ohne daß mich ein Titel empfiehlt. Es handelte sich übrigens gar nicht darum, ob ich die

Trauben für süß oder sauer erklärte, da sie unzweifelhaft zu hoch für mich hingen.

Eines Abends besuchte mich ein befreundeter Kollege [R.], einer von denjenigen, deren Schicksal ich mir zur Warnung hatte dienen lassen. Seit längerer Zeit ein Kandidat für die Beförderung zum Professor, die den Arzt in unserer Gesellschaft zum Halbgott für seine Kranken erhebt, und minder resigniert als ich, pflegte er von Zeit zu Zeit seine Vorstellung in den Bureaus des hohen Ministeriums zu machen, um seine Angelegenheit zu fördern. Von einem solchen Besuche kam er zu mir. Er erzählte, daß er diesmal den hohen Herrn in die Enge getrieben und ihn geradeheraus befragt habe, ob an dem Aufschub seiner Ernennung wirklich – konfessionelle Rücksichten die Schuld trügen[1]. Die Antwort hatte gelautet, daß allerdings – bei der gegenwärtigen Strömung – Se. Exzellenz vorläufig nicht in der Lage sei usw. »Nun weiß ich wenigstens, woran ich bin«, schloß mein Freund seine Erzählung, die mir nichts Neues brachte, mich aber in meiner Resignation bestärken mußte. Dieselben konfessionellen Rücksichten sind nämlich auch auf meinen Fall anwendbar.

Am Morgen nach diesem Besuch hatte ich folgenden Traum, der auch durch seine Form bemerkenswert war. Er bestand aus zwei Gedanken und zwei Bildern, so daß ein Gedanke und ein Bild einander ablösten. Ich setze aber nur die erste Hälfte des Traumes hieher, da die andere mit der Absicht nichts zu tun hat, welcher die Mitteilung des Traumes dienen soll.

I . . . *Freund R. ist mein Onkel. – Ich empfinde große Zärtlichkeit für ihn.*

II. *Ich sehe sein Gesicht etwas verändert vor mir. Es ist wie in die Länge gezogen, ein gelber Bart, der es umrahmt, ist besonders deutlich hervorgehoben.*

Dann folgen die beiden anderen Stücke, wieder ein Gedanke und ein Bild, die ich übergehe.

Die Deutung dieses Traumes vollzog sich folgendermaßen:

Als mir der Traum im Laufe des Vormittags einfiel, lachte ich auf und sagte: Der Traum ist ein Unsinn. Er ließ sich aber nicht abtun und ging mir den ganzen Tag nach, bis ich mir endlich am Abend Vorwürfe

[1] [Der Ausdruck »konfessionelle Rücksichten« bezieht sich natürlich auf den schon in den neunziger Jahren in Wien grassierenden Antisemitismus.]

machte: »Wenn einer deiner Patienten zur Traumdeutung nichts zu sagen wüßte als: Das ist ein Unsinn, so würdest du es ihm verweisen und vermuten, daß sich hinter dem Traum eine unangenehme Geschichte versteckt, welche zur Kenntnis zu nehmen er sich ersparen will. Verfahr' mit dir selbst ebenso; deine Meinung, der Traum sei ein Unsinn, bedeutet nur einen inneren Widerstand gegen die Traumdeutung. Laß dich nicht abhalten.« Ich machte mich also an die Deutung.

»R. ist mein Onkel.« Was kann das heißen? Ich habe doch nur einen Onkel gehabt, den Onkel Josef[1]. Mit dem war's allerdings eine traurige Geschichte. Er hatte sich einmal, es sind mehr als dreißig Jahre her, in gewinnsüchtiger Absicht zu einer Handlung verleiten lassen, welche das Gesetz schwer bestraft, und wurde dann auch von der Strafe getroffen. Mein Vater, der damals aus Kummer in wenigen Tagen grau wurde, pflegte immer zu sagen, Onkel Josef sei nie ein schlechter Mensch gewesen, wohl aber ein Schwachkopf; so drückte er sich aus. Wenn also Freund R. mein Onkel Josef ist, so will ich damit sagen: R. ist ein Schwachkopf. Kaum glaublich und sehr unangenehm! Aber da ist ja jenes Gesicht, das ich im Traum sehe, mit den länglichen Zügen und dem gelben Bart. Mein Onkel hatte wirklich so ein Gesicht, länglich, von einem schönen blonden Bart umrahmt. Mein Freund R. war intensiv schwarz, aber wenn die Schwarzhaarigen zu ergrauen anfangen, so büßen sie für die Pracht ihrer Jugendjahre. Ihr schwarzer Bart macht Haar für Haar eine unerfreuliche Farbenwandlung durch; er wird zuerst rotbraun, dann gelbbraun, dann erst definitiv grau. In diesem Stadium befindet sich jetzt der Bart meines Freundes R.; übrigens auch schon der meinige, wie ich mit Mißvergnügen bemerke. Das Gesicht, das ich im Traum sehe, ist gleichzeitig das meines Freundes R. und das meines Onkels. Es ist wie eine Mischphotographie von Galton, der, um Familienähnlichkeiten zu eruieren, mehrere Gesichter auf die nämliche Platte photographieren ließ [1907, 6 ff. und 221 ff.]. Es ist also kein Zweifel möglich, ich meine wirklich, daß Freund R. ein Schwachkopf ist – wie mein Onkel Josef.

Ich ahne noch gar nicht, zu welchem Zweck ich diese Beziehung hergestellt, gegen die ich mich unausgesetzt sträuben muß. Sie ist doch nicht

[1] Es ist merkwürdig, wie sich hier meine Erinnerung – im Wachen – für die Zwecke der Analyse einschränkt. Ich habe fünf von meinen Onkeln gekannt, einen von ihnen geliebt und geehrt. In dem Augenblicke aber, da ich den Widerstand gegen die Traumdeutung überwunden habe, sage ich mir: Ich habe doch nur einen Onkel gehabt, den, der eben im Traum gemeint ist.

sehr tiefgehend, denn der Onkel war ein Verbrecher, mein Freund R. ist unbescholten. Etwa bis auf die Bestrafung dafür, daß er mit dem Rad einen Lehrbuben niedergeworfen. Sollte ich diese Untat meinen? Das hieße die Vergleichung ins Lächerliche ziehen. Da fällt mir aber ein anderes Gespräch ein, das ich vor einigen Tagen mit meinem anderen Kollegen N., und zwar über das gleiche Thema hatte. Ich traf N. auf der Straße; er ist auch zum Professor vorgeschlagen, wußte von meiner Ehrung und gratulierte mir dazu. Ich lehnte entschieden ab. »Gerade Sie sollten sich den Scherz nicht machen, da Sie den Wert des Vorschlags an sich selbst erfahren haben.« Er darauf wahrscheinlich nicht ernsthaft: »Das kann man nicht wissen. Gegen mich liegt ja etwas Besonderes vor. Wissen Sie nicht, daß eine Person einmal eine gerichtliche Anzeige gegen mich erstattet hat? Ich brauche Ihnen nicht zu versichern, daß die Untersuchung eingestellt wurde; es war ein gemeiner Erpressungsversuch; ich hatte noch alle Mühe, die Anzeigerin selbst vor Bestrafung zu retten. Aber vielleicht macht man im Ministerium diese Angelegenheit gegen mich geltend, um mich nicht zu ernennen. Sie aber, Sie sind unbescholten.« Da habe ich ja den Verbrecher, gleichzeitig aber auch die Deutung und Tendenz meines Traumes. Mein Onkel Josef stellt mir da beide nicht zu Professoren ernannten Kollegen dar, den einen als Schwachkopf, den anderen als Verbrecher. Ich weiß jetzt auch, wozu ich diese Darstellung brauche. Wenn für den Aufschub der Ernennung meiner Freunde R. und N. »konfessionelle« Rücksichten maßgebend sind, so ist auch meine Ernennung in Frage gestellt; wenn ich aber die Zurückweisung der beiden auf andere Gründe schieben kann, die mich nicht treffen, so bleibt mir die Hoffnung ungestört. So verfährt mein Traum; er macht den einen, R., zum Schwachkopf, den anderen, N., zum Verbrecher; ich bin aber weder das eine noch das andere; unsere Gemeinsamkeit ist aufgehoben, ich darf mich auf meine Ernennung zum Professor freuen und bin der peinlichen Anwendung entgangen, die ich aus R.s Nachricht, was ihm der hohe Beamte bekannt, für meine eigene Person hätte machen müssen.

Ich muß mich mit der Deutung dieses Traumes noch weiter beschäftigen. Er ist für mein Gefühl noch nicht befriedigend erledigt, ich bin noch immer nicht über die Leichtigkeit beruhigt, mit der ich zwei geachtete Kollegen degradiere, um mir den Weg zur Professur frei zu halten. Meine Unzufriedenheit mit meinem Vorgehen hat sich allerdings bereits ermäßigt, seitdem ich den Wert der Aussagen im Traum zu würdigen weiß. Ich würde gegen jedermann bestreiten, daß ich R. wirklich für einen Schwachkopf halte und daß ich N.s Darstellung jener Erpressungsaffäre nicht glaube. Ich glaube ja auch nicht, daß Irma durch eine Infektion Ottos mit einem Propylenpräparat gefährlich krank geworden ist; es ist, hier wie dort, nur mein *Wunsch, daß es sich so verhalten möge,* den mein Traum ausdrückt. Die Behauptung, in welcher sich mein Wunsch realisiert, klingt im zweiten Traum minder absurd als im ersten; sie ist hier mit geschickter Benützung tatsächlicher Anhaltspunkte geformt, etwa wie eine gutgemachte Verleumdung, an der »etwas daran ist«, denn Freund R. hatte seinerzeit das Votum eines Fachprofessors gegen sich, und Freund N. hat mir das Material für die Anschwärzung arglos selbst geliefert. Dennoch, ich wiederhole es, scheint mir der Traum weiterer Aufklärung bedürftig.

Ich entsinne mich jetzt, daß der Traum noch ein Stück enthielt, auf welches die Deutung bisher keine Rücksicht genommen hat. Nachdem mir eingefallen, R. ist mein Onkel, empfinde ich im Traum warme Zärtlichkeit für ihn. Wohin gehört diese Empfindung? Für meinen Onkel Josef habe ich zärtliche Gefühle natürlich niemals gehabt. Freund R. ist mir seit Jahren lieb und teuer; aber käme ich zu ihm und drückte ihm meine Zuneigung in Worten aus, die annähernd dem Grad meiner Zärtlichkeit im Traume entsprechen, so wäre er ohne Zweifel erstaunt. Meine Zärtlichkeit gegen ihn erscheint mir unwahr und übertrieben, ähnlich wie mein Urteil über seine geistigen Qualitäten, das ich durch die Verschmelzung seiner Persönlichkeit mit der des Onkels ausdrücke; aber in entgegengesetztem Sinne übertrieben. Nun dämmert mir aber ein neuer Sachverhalt. Die Zärtlichkeit des Traumes gehört nicht zum latenten Inhalt, zu den Gedanken hinter dem Traume; sie steht im Gegensatz zu diesem Inhalt; sie ist geeignet, mir die Kenntnis der Traumdeutung zu verdecken. Wahrscheinlich ist gerade dies ihre Bestimmung. Ich erinnere mich, mit welchem Widerstand ich an die Traumdeutung ging, wie lange ich sie aufschieben wollte und den Traum für baren Unsinn erklärte. Von meinen psychoanalytischen Behandlungen her weiß ich, wie ein solches Verwerfungsurteil zu deuten ist. Es hat keinen Erkenntniswert, sondern bloß den einer Affektäußerung. Wenn meine kleine Tochter einen Apfel nicht mag, den man ihr angeboten hat, so behauptet sie, der Apfel schmeckt bitter, ohne ihn auch nur gekostet zu haben. Wenn meine Patienten sich so benehmen wie die Kleine, so weiß ich, daß es sich bei ihnen um eine Vorstellung handelt, welche sie *verdrängen* wollen. Dasselbe gilt für meinen Traum. Ich mag ihn nicht deuten, weil die Deutung etwas enthält, wogegen ich mich sträube. Nach vollzogener

Traumdeutung erfahre ich, wogegen ich mich gesträubt hatte; es war die Behauptung, daß R. ein Schwachkopf ist. Die Zärtlichkeit, die ich gegen R. empfinde, kann ich nicht auf die latenten Traumgedanken, wohl aber auf dies mein Sträuben zurückführen. Wenn mein Traum im Vergleich zu seinem latenten Inhalt in diesem Punkte entstellt, und zwar ins Gegensätzliche entstellt ist, so dient die im Traum manifeste Zärtlichkeit dieser Entstellung oder, mit anderen Worten, die *Entstellung* erweist sich hier als absichtlich, als ein Mittel der *Verstellung*. Meine Traumgedanken enthalten eine Schmähung für R.; damit ich diese nicht merke, gelangt in den Traum das Gegenteil, ein zärtliches Empfinden für ihn.

Es könnte dies eine allgemeingültige Erkenntnis sein. Wie die Beispiele in Abschnitt [Kapitel] III gezeigt haben, gibt es ja Träume, welche unverhüllte Wunscherfüllungen sind. Wo die Wunscherfüllung unkenntlich, verkleidet ist, da müßte eine Tendenz zur Abwehr gegen diesen Wunsch vorhanden sein, und infolge dieser Abwehr könnte der Wunsch sich nicht anders als entstellt zum Ausdruck bringen. Ich will zu diesem Vorkommnis aus dem psychischen Binnenleben das Seitenstück aus dem sozialen Leben suchen. Wo findet man im sozialen Leben eine ähnliche Entstellung eines psychischen Akts? Nur dort, wo es sich um zwei Personen handelt, von denen die eine eine gewisse Macht besitzt, die zweite wegen dieser Macht eine Rücksicht zu nehmen hat. Diese zweite Person entstellt dann ihre psychischen Akte, oder, wie wir auch sagen können, sie *verstellt* sich. Die Höflichkeit, die ich alle Tage übe, ist zum guten Teil eine solche Verstellung; wenn ich meine Träume für den Leser deute, bin ich zu solchen Entstellungen genötigt. Über den Zwang zu solcher Entstellung klagt auch der Dichter:

> »Das Beste, was du wissen kannst,
> darfst du den Buben doch nicht sagen.«[1]

In ähnlicher Lage befindet sich der politische Schriftsteller, der den Machthabern unangenehme Wahrheiten zu sagen hat. Wenn er sie unverhohlen sagt, wird der Machthaber seine Äußerung unterdrücken, nachträglich, wenn es sich um mündliche Äußerung handelt, präventiv, wenn sie auf dem Wege des Drucks kundgegeben werden soll. Der

[1] [Mephisto in Goethes *Faust*, I. Teil, 4. Szene – ein Lieblingszitat Freuds, das er auch weiter unten, auf S. 438, anführt. Noch in seinen späten Jahren wendet er es, anläßlich der Verleihung des Goethepreises, auf Goethe selbst an (Freud, 1930*e*, *Studienausgabe*, Bd. 10, S. 296).]

Schriftsteller hat die Zensur zu fürchten, er ermäßigt und entstellt darum den Ausdruck seiner Meinung. Je nach der Stärke und Empfindlichkeit dieser Zensur sieht er sich genötigt, entweder bloß gewisse Formen des Angriffs einzuhalten oder in Anspielungen anstatt in direkten Bezeichnungen zu reden, oder er muß seine anstößige Mitteilung hinter einer harmlos erscheinenden Verkleidung verbergen, er darf z. B. von Vorfällen zwischen zwei Mandarinen im Reich der Mitte erzählen, während er die Beamten des Vaterlandes im Auge hat. Je strenger die Zensur waltet, desto weitgehender wird die Verkleidung, desto witziger oft die Mittel, welche den Leser doch auf die Spur der eigentlichen Bedeutung leiten [1].

---

[1] [*Zusatz 1919:*] Frau Dr. H. v. Hug-Hellmuth hat im Jahre 1915 einen Traum mitgeteilt, der vielleicht wie kein anderer geeignet ist, meine Namengebung zu rechtfertigen. Die Traumentstellung arbeitet in diesem Beispiel mit demselben Mittel wie die Briefzensur, um die Stellen auszulöschen, die ihr anstößig erscheinen. Die Briefzensur macht solche Stellen durch Überstreichen unlesbar, die Traumzensur ersetzt sie durch ein unverständliches Gemurmel.

Zum Verständnis des Traumes sei mitgeteilt, daß die Träumerin, eine hochangesehene, feingebildete Dame, fünfzig Jahre zählt, Witwe eines vor ungefähr zwölf Jahren verstorbenen höheren Offiziers und Mutter erwachsener Söhne ist, deren einer zur Zeit des Traumes im Felde steht.

Und nun der Traum von den *»Liebesdiensten«*. »Sie geht ins Garnisonsspital Nr. 1 und sagt dem Posten beim Tor, sie müsse den Oberarzt... (sie nennt einen ihr unbekannten Namen) sprechen, da sie im Spital Dienst tun wolle. Dabei betont sie das Wort ›Dienst‹ so, daß der Unteroffizier sofort merkt, es handle sich um ›Liebesdienste‹. Da sie eine alte Frau ist, läßt er sie nach einigem Zögern passieren. Statt aber zum Oberarzt zu kommen, gelangt sie in ein großes, düsteres Zimmer, in dem viele Offiziere und Militärärzte an einem langen Tisch stehen und sitzen. Sie wendet sich mit ihrem Antrag an einen Stabsarzt, der sie nach wenigen Worten schon versteht. Der Wortlaut ihrer Rede im Traum ist: ›Ich und zahlreiche andere Frauen und junge Mädchen Wiens sind bereit, den Soldaten, Mannschaft und Offiziere ohne Unterschied, ...‹ Hier folgt im Traum ein Gemurmel. Daß dasselbe aber von allen Anwesenden richtig verstanden wird, zeigen ihr die teils verlegenen, teils hämischen Mienen der Offiziere. Die Dame fährt fort: ›Ich weiß, daß unser Entschluß befremdend klingt, aber es ist uns bitterernst. Der Soldat im Feld wird auch nicht gefragt, ob er sterben will oder nicht.‹ Ein minutenlanges peinliches Schweigen folgt. Der Stabsarzt legt ihr den Arm um die Mitte und sagt: ›Gnädige Frau, nehmen Sie den Fall, es würde tatsächlich dazu kommen, ...‹ (Gemurmel). Sie entzieht sich seinem Arm mit dem Gedanken: Es ist doch einer wie der andere, und erwidert: ›Mein Gott, ich bin eine alte Frau und werde vielleicht gar nicht in die Lage kommen. Übrigens, eine Bedingung müßte eingehalten werden: die Berücksichtigung des Alters; daß nicht eine ältere Frau einem ganz jungen Burschen... (Gemurmel); das wäre entsetzlich.‹ – Der Stabsarzt: ›Ich verstehe vollkommen.‹ Einige Offiziere, darunter einer, der sich in jungen Jahren um sie beworben hatte, lachen hell auf, und die Dame wünscht zu dem ihr bekannten Oberarzt geführt zu werden, damit alles ins reine gebracht werde. Dabei fällt ihr zur größten Bestürzung ein, daß sie seinen Namen nicht kennt. Der Stabsarzt weist sie trotzdem sehr höflich und respektvoll an, über eine sehr schmale eiserne Wendeltreppe, die direkt von dem Zimmer aus in die oberen Stockwerke führt, in den zweiten Stock zu gehen. Im Hinaufsteigen hört

Die bis ins einzelne durchzuführende Übereinstimmung zwischen den Phänomenen der Zensur und denen der Traumentstellung gibt uns die Berechtigung, ähnliche Bedingungen für beide vorauszusetzen. Wir dürfen also als die Urheber der Traumgestaltung zwei psychische Mächte (Strömungen, Systeme) im Einzelmenschen annehmen, von denen die eine den durch den Traum zum Ausdruck gebrachten Wunsch bildet, während die andere eine Zensur an diesem Traumwunsch übt und durch diese Zensur eine Entstellung seiner Äußerung erzwingt. Es fragt sich nur, worin die Machtbefugnis dieser zweiten Instanz besteht, kraft deren sie ihre Zensur ausüben darf. Wenn wir uns erinnern, daß die latenten Traumgedanken vor der Analyse nicht bewußt sind, der von ihnen ausgehende manifeste Trauminhalt aber als bewußt erinnert wird, so liegt die Annahme nicht ferne, das Vorrecht der zweiten Instanz sei eben die Zulassung zum Bewußtsein. Aus dem ersten System könne nichts zum Bewußtsein gelangen, was nicht vorher die zweite Instanz passiert habe, und die zweite Instanz lasse nichts passieren, ohne ihre Rechte auszuüben und die ihr genehmen Abänderungen am Bewußtseinswerber durchzusetzen. Wir verraten dabei eine ganz bestimmte Auffassung vom »Wesen« des Bewußtseins; das Bewußtwerden ist für uns ein besonderer psychischer Akt, verschieden und unabhängig von dem Vorgang des Gesetzt- oder Vorgestelltwerdens, und das Bewußtsein erscheint uns als ein Sinnesorgan, welches einen anderwärts gegebenen Inhalt wahrnimmt. Es läßt sich zeigen, daß die Psychopathologie dieser Grundannahmen schlechterdings nicht entraten kann. Eine eingehendere Würdigung derselben dürfen wir uns für eine spätere Stelle vorbehalten[1].

Wenn ich die Vorstellung der beiden psychischen Instanzen und ihrer Beziehungen zum Bewußtsein festhalte, ergibt sich für die auffällige Zärtlichkeit, die ich im Traum für meinen Freund R. empfinde, der in der Traumdeutung so herabgesetzt wird, eine völlig kongruente Analogie aus dem politischen Leben der Menschen. Ich versetze mich in ein Staatsleben, in welchem ein auf seine Macht eifersüchtiger Herrscher

---

sie einen Offizier sagen: ›Das ist ein kolossaler Entschluß, gleichgültig, ob eine jung oder alt ist; alle Achtung!‹

Mit dem Gefühle, einfach ihre Pflicht zu tun, geht sie eine endlose Treppe hinauf.

Dieser Traum wiederholt sich innerhalb weniger Wochen noch zweimal mit – wie die Dame bemerkt – ganz unbedeutenden und recht sinnlosen Abänderungen.«

[Einige weitere Kommentare zu diesem Traum finden sich in der 9. der *Vorlesungen zur Einführung in die Psychoanalyse* (1916–17), *Studienausgabe,* Bd. 1, S. 148 ff. und S. 153 f.]

[1] [S. Kapitel VII, insbesondere Abschnitt F, S. 578 ff.]

und eine rege öffentliche Meinung miteinander ringen. Das Volk empöre sich gegen einen ihm mißliebigen Beamten und verlange dessen Entlassung; um nicht zu zeigen, daß er dem Volkswillen Rechnung tragen muß, wird der Selbstherrscher dem Beamten gerade dann eine hohe Auszeichnung verleihen, zu der sonst kein Anlaß vorläge. So zeichnet meine zweite, den Zugang zum Bewußtsein beherrschende Instanz Freund R. durch einen Erguß von übergroßer Zärtlichkeit aus, weil die Wunschbestrebungen des ersten Systems ihn aus einem besonderen Interesse, dem sie gerade nachhängen, als einen Schwachkopf beschimpfen möchten[1].

Vielleicht werden wir hier von der Ahnung erfaßt, daß die Traumdeutung imstande sei, uns Aufschlüsse über den Bau unseres seelischen Apparats zu geben, welche wir von der Philosophie bisher vergebens erwartet haben. Wir folgen aber nicht dieser Spur[2], sondern kehren, nachdem wir die Traumentstellung aufgeklärt haben, zu unserem Ausgangsproblem zurück. Es wurde gefragt, wie denn die Träume mit peinlichem Inhalt als Wunscherfüllungen aufgelöst werden können. Wir sehen nun, dies ist möglich, wenn eine Traumentstellung stattgefunden hat, wenn der peinliche Inhalt nur zur Verkleidung eines erwünschten dient. Mit Rücksicht auf unsere Annahmen über die zwei psychischen Instanzen können wir jetzt auch sagen, die peinlichen Träume enthalten tatsächlich etwas, was der zweiten Instanz peinlich ist, was aber gleichzeitig einen Wunsch der ersten Instanz erfüllt. Sie sind insofern Wunschträume, als ja jeder Traum von der ersten Instanz ausgeht, die zweite

---

[1] [Die Analyse dieses Traumes wird auf S. 203 ff. fortgeführt.] – [*Zusatz 1911:*] Solche heuchlerische Träume sind weder bei mir noch bei anderen seltene Vorkommnisse. [Sie werden weiter unten, auf S. 454 ff., nochmals erörtert.] Während ich mit der Bearbeitung eines gewissen wissenschaftlichen Problems beschäftigt bin, sucht mich mehrere Nächte kurz nacheinander ein leicht verwirrender Traum heim, der die Versöhnung mit einem längst beiseite geschobenen Freunde zum Inhalt hat. Beim vierten oder fünften Male gelingt es mir endlich, den Sinn dieser Träume zu erfassen. Er liegt in der Aufmunterung, doch den letzten Rest von Rücksicht für die betreffende Person aufzugeben, sich von ihr völlig frei zu machen, und hatte sich in so heuchlerischer Weise ins Gegenteil verkleidet. [Vgl. S. 459.] Von einer Person habe ich [1910 *l*, weiter unten, auf S. 389 f. in der Anm., noch einmal abgedruckt] einen »heuchlerischen Ödipustraum« mitgeteilt, in dem sich die feindseligen Regungen und Todeswünsche der Traumgedanken durch manifeste Zärtlichkeit ersetzen. (»Typisches Beispiel eines verkappten Ödipustraumes.«) Eine andere Art von heuchlerischen Träumen wird an anderer Stelle (siehe Abschnitt [Kapitel] VI ›Die Traumarbeit‹ [S. 456 ff.]) erwähnt werden. – [Der Freund, von dem Freud hier spricht, ist offensichtlich Fließ.]

[2] [Sie wird in Kapitel VII wieder aufgenommen.]

sich nur abwehrend, nicht schöpferisch gegen den Traum verhält[1]. Beschränken wir uns auf eine Würdigung dessen, was die zweite Instanz zum Traum beiträgt, so können wir den Traum niemals verstehen. Es bleiben dann alle Rätsel bestehen, welche von den Autoren am Traum bemerkt worden sind.

Daß der Traum wirklich einen geheimen Sinn hat, der eine Wunscherfüllung ergibt, muß wiederum für jeden Fall durch die Analyse erwiesen werden. Ich greife darum einige Träume peinlichen Inhalts heraus und versuche deren Analyse. Es sind zum Teil Träume von Hysterikern, die einen langen Vorbericht und stellenweise ein Eindringen in die psychischen Vorgänge bei der Hysterie erfordern. Ich kann dieser Erschwerung der Darstellung aber nicht aus dem Wege gehen. [Vgl. S. 124.]

Wenn ich einen Psychoneurotiker in analytische Behandlung nehme, werden seine Träume regelmäßig, wie bereits [S. 121 f.] erwähnt, zum Thema unserer Besprechungen. Ich muß ihm dabei alle die psychologischen Aufklärungen geben, mit deren Hilfe ich selbst zum Verständnis seiner Symptome gelangt bin, und erfahre dabei eine unerbittliche Kritik, wie ich sie von den Fachgenossen wohl nicht schärfer zu erwarten habe. Ganz regelmäßig erhebt sich der Widerspruch meiner Patienten gegen den Satz, daß die Träume sämtlich Wunscherfüllungen seien. Hier einige Beispiele von dem Material an Träumen, welche mir als Gegenbeweise vorgehalten werden.

»Sie sagen immer, der Traum ist ein erfüllter Wunsch«, beginnt eine witzige Patientin. »Nun will ich Ihnen einen Traum erzählen, dessen Inhalt ganz im Gegenteil dahin geht, daß mir ein Wunsch *nicht* erfüllt wird. Wie vereinen Sie das mit Ihrer Theorie? Der Traum lautet wie folgt:

»Ich will ein Souper geben, habe aber nichts vorrätig als etwas geräucherten Lachs. Ich denke daran, einkaufen zu gehen, erinnere mich aber, daß es Sonntag nachmittag ist, wo alle Läden gesperrt sind. Ich will nun einigen Lieferanten telephonieren, aber das Telephon ist gestört. So muß ich auf den Wunsch, ein Souper zu geben, verzichten.«

Ich antwortete natürlich, daß über den Sinn dieses Traumes nur die Analyse entscheiden kann, wenngleich ich zugebe, daß er für den ersten

[1] [*Zusatz 1930:*] Späterhin [S. 459, Anm. 1, und S. 531 ff.] werden wir auch den Fall kennenlernen, daß im Gegenteile der Traum einen Wunsch dieser zweiten Instanz zum Ausdruck bringt.

Anblick vernünftig und zusammenhängend erscheint und dem Gegenteil einer Wunscherfüllung ähnlich sieht. »Aus welchem Material ist aber dieser Traum hervorgegangen? Sie wissen, daß die Anregung zu einem Traum jedesmal in den Erlebnissen des letzten Tages liegt.«

ANALYSE

Der Mann der Patientin, ein biederer und tüchtiger Großfleischhauer, hat ihr tags vorher erklärt, er werde zu dick und wolle darum eine Entfettungskur beginnen. Er werde früh aufstehen, Bewegung machen, strenge Diät halten und vor allem keine Einladungen zu Soupers mehr annehmen. – Von dem Manne erzählt sie lachend weiter, er habe am Stammtisch die Bekanntschaft eines Malers gemacht, der ihn durchaus abkonterfeien wolle, weil er einen so ausdrucksvollen Kopf noch nicht gefunden habe. Ihr Mann habe aber in seiner derben Manier erwidert, er bedanke sich schön und er sei ganz überzeugt, ein Stück vom Hintern eines schönen jungen Mädchens sei dem Maler lieber als sein ganzes Gesicht[1]. Sie sei jetzt sehr verliebt in ihren Mann und necke sich mit ihm herum. Sie hat ihn auch gebeten, ihr keinen Kaviar zu schenken. – Was soll das heißen?

Sie wünscht es sich nämlich schon lange, jeden Vormittag eine Kaviarsemmel essen zu können, gönnt sich aber die Ausgabe nicht. Natürlich bekäme sie den Kaviar sofort von ihrem Mann, wenn sie ihn darum bitten würde. Aber sie hat ihn im Gegenteil gebeten, ihr keinen Kaviar zu schenken, damit sie ihn länger damit necken kann.

(Diese Begründung erscheint mir fadenscheinig. Hinter solchen unbefriedigenden Auskünften pflegen sich uneingestandene Motive zu verbergen. Man denke an die Hypnotisierten Bernheims, die einen posthypnotischen Auftrag ausführen, und, nach ihren Motiven befragt, nicht etwa antworten: Ich weiß nicht, warum ich das getan habe, sondern eine offenbar unzureichende Begründung erfinden müssen. So ähnlich wird es wohl mit dem Kaviar meiner Patientin sein. Ich merke, sie ist genötigt, sich im Leben einen unerfüllten Wunsch zu schaffen. Ihr Traum zeigt ihr auch die Wunschverweigerung als eingetroffen. Wozu braucht sie aber einen unerfüllten Wunsch?)

---

[1] Dem Maler sitzen.
Goethe: »Und wenn er keinen Hintern hat,
Wie kann der Edle sitzen?« [Aus: ›Totalität‹, 1814–15.]

Die bisherigen Einfälle haben zur Deutung des Traumes nicht ausgereicht. Ich dringe nach Weiterem. Nach einer kurzen Pause, wie sie eben der Überwindung eines Widerstandes entspricht, berichtet sie ferner, daß sie gestern einen Besuch bei einer Freundin gemacht, auf die sie eigentlich eifersüchtig ist, weil ihr Mann diese Frau immer so sehr lobt. Zum Glück ist diese Freundin sehr dürr und mager, und ihr Mann ist ein Liebhaber voller Körperformen. Wovon sprach nun diese magere Freundin? Natürlich von ihrem Wunsch, etwas stärker zu werden. Sie fragte sie auch: »Wann laden Sie uns wieder einmal ein? Man ißt immer so gut bei Ihnen.«

Nun ist der Sinn des Traumes klar. Ich kann der Patientin sagen: »Es ist geradeso, als ob Sie sich bei der Aufforderung gedacht hätten: Dich werde ich natürlich einladen, damit du dich bei mir anessen, dick werden und meinem Mann noch besser gefallen kannst. Lieber geb' ich kein Souper mehr. Der Traum sagt Ihnen dann, daß Sie kein Souper geben können, erfüllt also Ihren Wunsch, zur Abrundung der Körperformen Ihrer Freundin nichts beizutragen. Daß man von den Dingen, die man in Gesellschaften vorgesetzt bekommt, dick wird, lehrt Sie ja der Vorsatz Ihres Mannes, im Interesse seiner Entfettung Soupereinladungen nicht mehr anzunehmen.« Es fehlt jetzt nur noch irgendein Zusammentreffen, welches die Lösung bestätigt. Es ist auch der geräucherte Lachs im Trauminhalt noch nicht abgeleitet. »Wie kommen Sie zu dem im Traum erwähnten Lachs?« »Geräucherter Lachs ist die Lieblingsspeise dieser Freundin«, antwortet sie. Zufällig kenne ich die Dame auch und kann bestätigen, daß sie sich den Lachs ebensowenig vergönnt wie meine Patientin den Kaviar.

Derselbe Traum läßt auch noch eine andere und feinere Deutung zu, die durch einen Nebenumstand selbst notwendig gemacht wird. Die beiden Deutungen widersprechen einander nicht, sondern überdecken einander und ergeben ein schönes Beispiel für die gewöhnliche Doppelsinnigkeit der Träume wie aller anderen psychopathologischen Bildungen. Wir haben gehört, daß die Patientin gleichzeitig mit ihrem Traum von der Wunschverweigerung bemüht war, sich einen versagten Wunsch im Realen zu verschaffen (die Kaviarsemmel). Auch die Freundin hatte einen Wunsch geäußert, nämlich dicker zu werden, und es würde uns nicht wundern, wenn unsere Dame geträumt hätte, der Freundin gehe der Wunsch nicht in Erfüllung. Es ist nämlich ihr eigener Wunsch, daß der Freundin ein Wunsch – nämlich der nach Körperzunahme – nicht in Erfüllung gehe. Anstatt dessen träumt sie aber, daß ihr selbst ein Wunsch nicht erfüllt wird. Der Traum erhält eine neue Deutung, wenn sie im Traum nicht sich, sondern die Freundin meint, wenn sie sich an die Stelle der Freundin gesetzt oder, wie wir sagen können, sich mit ihr *identifiziert* hat.

Ich meine, dies hat sie wirklich getan, und als Anzeichen dieser Identifizierung hat sie sich den versagten Wunsch im Realen geschaffen. Was hat aber die hysterische Identifizierung für Sinn? Das aufzuklären bedarf einer eingehenderen Darstellung. Die Identifizierung ist ein für den Mechanismus der hysterischen Symptome höchst wichtiges Moment; auf diesem Wege bringen es die Kranken zustande, die Erlebnisse einer großen Reihe von Personen, nicht nur die eigenen, in ihren Symptomen auszudrücken, gleichsam für einen ganzen Menschenhaufen zu leiden und alle Rollen eines Schauspiels allein mit ihren persönlichen Mitteln darzustellen. Man wird mir einwenden, dies sei die bekannte hysterische Imitation, die Fähigkeit Hysterischer, alle Symptome, die ihnen bei anderen Eindruck machen, nachzuahmen, gleichsam ein zur Reproduktion gesteigertes Mitleiden. Damit ist aber nur der Weg bezeichnet, auf dem der psychische Vorgang bei der hysterischen Imitation abläuft; etwas anderes ist der Weg und der seelische Akt, der diesen Weg geht. Letzterer ist um ein geringes komplizierter, als man sich die Imitation der Hysterischen vorzustellen liebt; er entspricht einem unbewußten Schlußprozeß, wie ein Beispiel klarstellen wird. Der Arzt, welcher eine Kranke mit einer bestimmten Art von Zuckungen unter anderen Kranken auf demselben Zimmer im Krankenhause hat, zeigt sich nicht erstaunt, wenn er eines Morgens erfährt, daß dieser besondere hysterische Anfall Nachahmung gefunden hat. Er sagt sich einfach: Die anderen haben ihn gesehen und nachgemacht; das ist psychische Infektion. Ja, aber die psychische Infektion geht etwa auf folgende Weise zu. Die Kranken wissen in der Regel mehr voneinander als der Arzt über jede von ihnen, und sie kümmern sich umeinander, wenn die ärztliche Visite vorüber ist. Die eine bekomme heute ihren Anfall; es wird alsbald den anderen bekannt, daß ein Brief von Hause, Auffrischung des Liebeskummers u. dgl. davon die Ursache ist. Ihr Mitgefühl wird rege, es vollzieht sich in ihnen folgender, nicht zum Bewußtsein gelangender Schluß: Wenn man von solcher Ursache solche Anfälle haben kann, so kann ich auch solche Anfälle bekommen, denn ich habe dieselben Anlässe. Wäre dies ein des Bewußtseins fähiger Schluß, so würde er vielleicht in die *Angst* ausmünden, den gleichen Anfall zu bekommen; er vollzieht sich aber auf einem anderen psychischen Terrain, endet daher in der Realisie-

rung des gefürchteten Symptoms. Die Identifizierung ist also nicht simple Imitation, sondern *Aneignung* auf Grund des gleichen ätiologischen Anspruches; sie drückt ein »gleichwie« aus und bezieht sich auf ein im Unbewußten verbleibendes Gemeinsames.
Die Identifizierung wird in der Hysterie am häufigsten benützt zum Ausdruck einer sexuellen Gemeinsamkeit. Die Hysterika identifiziert sich in ihren Symptomen am ehesten – wenn auch nicht ausschließlich – mit solchen Personen, mit denen sie im sexuellen Verkehr gestanden hat oder welche mit den nämlichen Personen wie sie selbst sexuell verkehren. Die Sprache trägt einer solchen Auffassung gleichfalls Rechnung. Zwei Liebende sind »Eines«. In der hysterischen Phantasie wie im Traum genügt es für die Identifizierung, daß man an sexuelle Beziehungen denkt, ohne daß sie darum als real gelten müssen. Die Patientin folgt also bloß den Regeln der hysterischen Denkvorgänge, wenn sie ihrer Eifersucht gegen die Freundin (die sie als unberechtigt übrigens selbst erkennt) Ausdruck gibt, indem sie sich im Traum an ihre Stelle setzt und sich durch die Schaffung eines Symptoms (des versagten Wunsches) mit ihr identifiziert. Man möchte den Vorgang noch sprachlich in folgender Weise erläutern: Sie setzt sich an die Stelle der Freundin im Traum, weil diese sich bei ihrem Mann an ihre Stelle setzt, weil sie deren Platz in der Wertschätzung ihres Mannes einnehmen möchte[1].

In einfacherer Weise und doch auch nach dem Schema, daß die Nichterfüllung des einen Wunsches die Erfüllung eines anderen bedeutet, löste sich der Widerspruch gegen meine Traumlehre bei einer anderen Patientin, der witzigsten unter all meinen Träumerinnen. Ich hatte ihr an einem Tage auseinandergesetzt, daß der Traum eine Wunscherfüllung sei; am nächsten Tage brachte sie mir einen Traum, *daß sie mit ihrer Schwiegermutter nach dem gemeinsamen Landaufenthalt fahre.* Nun wußte ich, daß sie sich heftig gesträubt hatte, den Sommer in der Nähe

---

[1] Ich bedaure selbst die Einschaltung solcher Stücke aus der Psychopathologie der Hysterie [s. S. 124], welche, infolge ihrer fragmentarischen Darstellung und aus allem Zusammenhang gerissen, doch nicht sehr aufklärend wirken können. Wenn sie auf die innigen Beziehungen des Themas vom Traum zu den Psychoneurosen hinzuweisen vermögen, so haben sie die Absicht erfüllt, in der ich sie aufgenommen habe. – [Dies ist Freuds erste gedruckte Erörterung der Identifizierung. Zwar berührt er das Thema gelegentlich auch in den folgenden Veröffentlichungen, eine längere Darstellung jedoch erscheint, nach der vorliegenden, erst zwanzig Jahre später im VII. Kapitel der *Massenpsychologie* (Freud, 1921 *c*). Das davon verschiedene Thema der Identifizierung als Teil der Traumarbeit wird unten auf S. 318 f. diskutiert.]

der Schwiegermutter zu verbringen, wußte auch, daß sie der von ihr gefürchteten Gemeinschaft in den letzten Tagen durch die Miete eines vom Sitz der Schwiegermutter weit entfernten Landaufenthalts glücklich ausgewichen war. Jetzt machte der Traum diese erwünschte Lösung rückgängig; war das nicht der schärfste Gegensatz zu meiner Lehre von der Wunscherfüllung durch den Traum? Gewiß, man brauchte nur die Konsequenz aus diesem Traum zu ziehen, um seine Deutung zu haben. Nach diesem Traum hatte ich unrecht; *es war also ihr Wunsch, daß ich unrecht haben sollte, und diesen zeigte ihr der Traum erfüllt.* Der Wunsch, daß ich unrecht haben sollte, der sich an dem Thema der Landwohnung erfüllte, bezog sich aber in Wirklichkeit auf einen anderen und ernsteren Gegenstand. Ich hatte um die nämliche Zeit aus dem Material, welches ihre Analyse ergab, geschlossen, daß in einer gewissen Periode ihres Lebens etwas für ihre Erkrankung Bedeutsames vorgefallen sein müsse. Sie hatte es in Abrede gestellt, weil es sich nicht in ihrer Erinnerung vorfand. Wir kamen bald darauf, daß ich recht hatte. Ihr Wunsch, daß ich unrecht haben möge, verwandelt in den Traum, daß sie mit ihrer Schwiegermutter aufs Land fahre, entsprach also dem berechtigten Wunsch, daß jene damals erst vermuteten Dinge sich nie ereignet haben möchten.

Ohne Analyse, nur vermittels einer Vermutung, gestattete ich mir ein kleines Vorkommnis bei einem Freunde zu deuten, der durch die acht Gymnasialklassen mein Kollege gewesen war. Er hörte einmal in einem kleinen Kreise einen Vortrag von mir über die Neuigkeit, daß der Traum eine Wunscherfüllung sei, ging nach Hause, träumte, *daß er alle seine Prozesse verloren habe* – er war Advokat –, und beklagte sich bei mir darüber. Ich half mir mit der Ausflucht: Man kann nicht alle Prozesse gewinnen, dachte aber bei mir: Wenn ich durch acht Jahre als Primus in der ersten Bank gesessen, während er irgendwo in der Mitte der Klasse den Platz gewechselt, sollte ihm aus diesen Knabenjahren der Wunsch ferne geblieben sein, daß ich mich auch einmal gründlich blamieren möge?

Ein anderer Traum von mehr düsterem Charakter wurde mir gleichfalls von einer Patientin als Einspruch gegen die Theorie des Wunschtraumes vorgetragen. Die Patientin, ein junges Mädchen, begann: Sie erinnern sich, daß meine Schwester jetzt nur einen Buben hat, den Karl; den älteren, Otto, hat sie verloren, als ich noch in ihrem Hause war.

Otto war mein Liebling, ich habe ihn eigentlich erzogen. Den Kleinen habe ich auch gern, aber natürlich lange nicht so sehr wie den Verstorbenen. Nun träume ich diese Nacht, *daß ich den Karl tot vor mir liegen sehe. Er liegt in seinem kleinen Sarg, die Hände gefaltet, Kerzen ringsherum, kurz ganz so wie damals der kleine Otto, dessen Tod mich so erschüttert hat.* Nun sagen Sie mir, was soll das heißen? Sie kennen mich ja; bin ich eine so schlechte Person, daß ich meiner Schwester den Verlust des einzigen Kindes wünschen sollte, das sie noch besitzt? Oder heißt der Traum, daß ich lieber den Karl tot wünschte als den Otto, den ich um so viel lieber gehabt habe?

Ich versicherte ihr, daß diese letzte Deutung ausgeschlossen sei. Nach kurzem Besinnen konnte ich ihr die richtige Deutung des Traumes sagen, die ich dann von ihr bestätigen ließ. Es gelang mir dies, weil mir die ganze Vorgeschichte der Träumerin bekannt war.

Frühzeitig verwaist, was das Mädchen im Hause ihrer um vieles älteren Schwester aufgezogen worden und begegnete unter den Freunden und Besuchern des Hauses auch dem Manne, der einen bleibenden Eindruck auf ihr Herz machte. Es schien eine Weile, als ob diese kaum ausgesprochenen Beziehungen mit einer Heirat enden sollten, aber dieser glückliche Ausgang wurde durch die Schwester vereitelt, deren Motive nie eine völlige Aufklärung gefunden haben. Nach dem Bruch mied der von unserer Patientin geliebte Mann das Haus; sie selbst machte sich einige Zeit nach dem Tod des kleinen Otto, an den sie ihre Zärtlichkeit unterdessen gewendet hatte, selbständig. Es gelang ihr aber nicht, sich von der Abhängigkeit frei zu machen, in welche sie durch ihre Neigung zu dem Freund ihrer Schwester geraten war. Ihr Stolz gebot ihr, ihm auszuweichen; es war ihr aber unmöglich, ihre Liebe auf andere Bewerber zu übertragen, die sich in der Folge einstellten. Wenn der geliebte Mann, der dem Literatenstand angehörte, irgendwo einen Vortrag angekündigt hatte, war sie unfehlbar unter den Zuhörern zu finden, und auch sonst ergriff sie jede Gelegenheit, ihn am dritten Orte aus der Ferne zu sehen. Ich erinnerte mich, daß sie mir tags vorher erzählt hatte, der Professor ginge in ein bestimmtes Konzert und sie wolle auch dorthin gehen, um sich wieder einmal seines Anblicks zu erfreuen. Das war am Tag vor dem Traum; an dem Tag, an dem sie mir den Traum erzählte, sollte das Konzert stattfinden. Ich konnte mir so die richtige Deutung leicht konstruieren und fragte sie, ob ihr irgendein Ereignis einfalle, das nach dem Tod des kleinen Otto eingetreten sei. Sie antwortete sofort: Gewiß, damals ist der Professor nach langem Ausbleiben wiedergekom-

men, und ich habe ihn an dem Sarg des kleinen Otto wieder einmal gesehen. Es war genauso, wie ich es erwartet hatte. Ich deutete also den Traum in folgender Art: »Wenn jetzt der andere Knabe stürbe, würde sich dasselbe wiederholen. Sie würden den Tag bei Ihrer Schwester zubringen, der Professor käme sicherlich hinauf, um zu kondolieren, und unter den nämlichen Verhältnissen wie damals würden Sie ihn wiedersehen. Der Traum bedeutet nichts als diesen ihren Wunsch nach Wiedersehen, gegen den Sie innerlich ankämpfen. Ich weiß, daß Sie das Billett für das heutige Konzert in der Tasche tragen. Ihr Traum ist ein Ungeduldstraum, er hat das Wiedersehen, das heute stattfinden soll, um einige Stunden verfrüht.«
Zur Verdeckung ihres Wunsches hatte sie offenbar eine Situation gewählt, in welcher solche Wünsche unterdrückt zu werden pflegen, eine Situation, in der man von Trauer so sehr erfüllt ist, daß man an Liebe nicht denkt. Und doch ist es sehr gut möglich, daß auch in der realen Situation, welche der Traum getreulich kopierte, am Sarge des ersten, von ihr stärker geliebten Knaben sie die zärtliche Empfindung für den lange vermißten Besucher nicht hatte unterdrücken können [1].

Eine andere Aufklärung fand ein ähnlicher Traum einer anderen Patientin, die sich in früheren Jahren durch raschen Witz und heitere Laune hervorgetan hatte und diese Eigenschaften jetzt wenigstens noch in ihren Einfällen während der Behandlung bewies. Dieser Dame kam es im Zusammenhange eines längeren Traumes vor, daß sie ihre einzige, fünfzehnjährige Tochter in einer Schachtel tot daliegen sah. Sie hatte nicht übel Lust, aus dieser Traumerscheinung einen Einwand gegen die Wunscherfüllungstheorie zu machen, ahnte aber selbst, daß das Detail der Schachtel den Weg zu einer anderen Auffassung des Traumes anzeigen müsse [2]. Bei der Analyse fiel ihr ein, daß in der Gesellschaft abends vorher die Rede auf das englische Wort *»box«* gekommen war und auf die mannigfaltigen Übersetzungen desselben im Deutschen als: Schachtel, Loge, Kasten, Ohrfeige usw. Aus anderen Bestandstükken desselben Traumes ließ sich nun ergänzen, daß sie die Verwandtschaft des englischen *»box«* mit dem deutschen »Büchse« erraten habe und dann von der Erinnerung heimgesucht worden sei, daß »Büchse« auch als vulgäre Bezeichnung des weiblichen Genitales gebraucht werde.

---

[1] [Diesen Traum erwähnt Freud auch auf S. 254 sowie auf S. 446 f.]
[2] Ähnlich wie im Traum vom vereitelten Souper der geräucherte Lachs. [S. oben, S. 164.]

Mit einiger Nachsicht für ihre Kenntnisse in der topographischen Anatomie konnte man also annehmen, daß das Kind in der »Schachtel« eine Frucht im Mutterleibe bedeute. Soweit aufgeklärt, leugnete sie nun nicht, daß das Traumbild wirklich einem Wunsch von ihr entspreche. Wie so viele junge Frauen war sie keineswegs glücklich, als sie in die Gravidität geriet, und gestand sich mehr als einmal den Wunsch ein, daß ihr das Kind im Mutterleibe absterben möge; ja in einem Wutanfalle nach einer heftigen Szene mit ihrem Manne schlug sie mit den Fäusten auf ihren Leib los, um das Kind darin zu treffen. Das tote Kind war also wirklich eine Wunscherfüllung, aber die eines seit fünfzehn Jahren beseitigten Wunsches, und es ist nicht zu verwundern, wenn man die Wunscherfüllung nach so verspätetem Eintreffen nicht mehr erkennt. Unterdessen hat sich eben zu viel geändert[1].

Die Gruppe, zu welcher die beiden letzten Träume gehören, die den Tod lieber Angehöriger zum Inhalt haben, soll bei den typischen Träumen nochmals Berücksichtigung finden [S. 253 ff.]. Ich werde dort an neuen Beispielen zeigen können, daß trotz des unerwünschten Inhalts alle diese Träume als Wunscherfüllungen gedeutet werden müssen. Keinem Patienten, sondern einem intelligenten Rechtsgelehrten meiner Bekanntschaft, verdanke ich folgenden Traum, der mir wiederum in der Absicht erzählt wurde, mich von voreiliger Verallgemeinerung in der Lehre vom Wunschtraum zurückzuhalten. *»Ich träume«*, berichtet mein Gewährsmann, *»daß ich, eine Dame am Arm, vor mein Haus komme. Dort wartet ein geschlossener Wagen, ein Herr tritt auf mich zu, legitimiert sich als Polizeiagent und fordert mich auf, ihm zu folgen. Ich bitte nur noch um die Zeit, meine Angelegenheiten zu ordnen.* Glauben Sie, daß es vielleicht ein Wunsch von mir ist, verhaftet zu werden?« – Gewiß nicht, muß ich zugeben. Wissen Sie vielleicht, unter welcher Beschuldigung Sie verhaftet wurden? – »Ja, ich glaube wegen Kindesmords.« – Kindesmord? Sie wissen doch, daß dieses Verbrechen nur eine Mutter an ihrem Neugeborenen begehen kann? – »Das ist richtig.«[2] – Und unter welchen Umständen haben Sie geträumt; was ist am Abend

---

[1] [Dieser Traum wird auf S. 254 f. weiter erörtert und auch kurz in der 13. der *Vorlesungen zur Einführung in die Psychoanalyse* erwähnt (Freud, 1916–17, *Studienausgabe*, Bd. 1, S. 206 f.).

[2] Es ereignet sich häufig, daß ein Traum unvollständig erzählt wird und daß erst während der Analyse die Erinnerung an diese ausgelassenen Stücke des Traumes auftaucht. Diese nachträglich eingefügten Stücke ergeben regelmäßig den Schlüssel zur Traumdeutung. Vergleiche weiter unten über das Vergessen der Träume [S. 496 ff.].

vorher vorgegangen? – »Das möchte ich Ihnen nicht gerne erzählen, es ist eine heikle Angelegenheit.« – Ich brauche es aber, sonst müssen wir auf die Deutung des Traums verzichten. – »Also hören Sie. Ich habe die Nacht nicht zu Hause, sondern bei einer Dame zugebracht, die mir sehr viel bedeutet. Als wir am Morgen erwachten, ging neuerdings etwas zwischen uns vor. Dann schlief ich wiederum ein und träumte, was Sie wissen.« – Es ist eine verheiratete Frau? – »Ja.« – Und Sie wollen kein Kind mit ihr erzeugen? – »Nein, nein, das könnte uns verraten.« – Sie üben also nicht normalen Koitus? – »Ich gebrauche die Vorsicht, mich vor der Ejakulation zurückzuziehen.« – Darf ich annehmen, Sie hätten das Kunststück in dieser Nacht mehrere Male ausgeführt und seien nach der Wiederholung am Morgen ein wenig unsicher gewesen, ob es Ihnen gelungen ist? – »Das könnte wohl sein.« – Dann ist Ihr Traum eine Wunscherfüllung. Sie erhalten durch ihn die Beruhigung, daß Sie kein Kind erzeugt haben, oder was nahezu das gleiche ist, Sie hätten ein Kind umgebracht. Die Mittelglieder kann ich Ihnen leicht nachweisen. Erinnern Sie sich, vor einigen Tagen sprachen wir über die Ehenot und über die Inkonsequenz, daß es gestattet ist, den Koitus so zu halten, daß keine Befruchtung zustande kommt, während jeder Eingriff, wenn einmal Ei und Same sich getroffen und einen Fötus gebildet haben, als Verbrechen bestraft wird. Im Anschluß daran gedachten wir auch der mittelalterlichen Streitfrage, in welchem Zeitpunkt eigentlich die Seele in den Fötus hineinfahre, weil der Begriff des Mordes erst von da an zulässig wird. Sie kennen gewiß auch das schaurige Gedicht von Lenau [›Das tote Glück‹], welches Kindermord und Kinderverhütung gleichstellt. – »An Lenau habe ich merkwürdigerweise heute vormittag wie zufällig gedacht.« – Auch ein Nachklang Ihres Traums. Und nun will ich Ihnen noch eine kleine Nebenwunscherfüllung in Ihrem Traum nachweisen. Sie kommen mit der Dame am Arm vor Ihr Haus. Sie *führen* sie also *heim,* anstatt daß Sie in Wirklichkeit die Nacht in deren Hause zubringen. Daß die Wunscherfüllung, die den Kern des Traumes bildet, sich in so unangenehmer Form verbirgt, hat vielleicht mehr als einen Grund. Aus meinem Aufsatz über die Ätiologie der Angstneurose [Freud, 1895*b*] könnten Sie erfahren, daß ich den *coitus interruptus* als eines der ursächlichen Momente für die Entstehung der neurotischen Angst in Anspruch nehme. Es würde dazu stimmen, wenn Ihnen nach mehrmaligem Koitus dieser Art eine unbehagliche Stimmung verbliebe, die nun als Element in die Zusammensetzung Ihres Traumes eingeht. Dieser Verstimmung bedienen Sie sich auch, um sich die Wunscherfüllung zu verhüllen. [Vgl. S. 469.] Übrigens ist auch die Erwähnung des Kindesmords nicht erklärt. Wie kommen Sie zu diesem spezifisch weiblichen Verbrechen? – »Ich will Ihnen gestehen, daß ich vor Jahren einmal in eine solche Angelegenheit verflochten war. Ich war schuld daran, daß ein Mädchen sich durch eine Fruchtabtreibung vor den Folgen eines Verhältnisses mit mir zu schützen versuchte. Ich hatte mit der Ausführung des Vorsatzes gar nichts zu tun, war aber lange Zeit in begreiflicher Angst, daß die Sache entdeckt würde.« – Ich verstehe, diese Erinnerung ergab einen zweiten Grund, warum Ihnen die Vermutung, Sie hätten Ihr Kunststück schlecht gemacht, peinlich sein mußte.

Ein junger Arzt, welcher in meinem Kolleg diesen Traum erzählen hörte, muß sich von ihm betroffen gefühlt haben, denn er beeilte sich, ihn nachzuträumen, dessen Gedankenform auf ein anderes Thema anzuwenden. Er hatte tags vorher sein Einkommenbekenntnis übergeben, welches vollkommen aufrichtig gehalten war, da er nur wenig zu bekennen hatte. Er träumte nun, *ein Bekannter komme aus der Sitzung der Steuerkommission zu ihm und teile ihm mit, daß alle anderen Steuerbekenntnisse unbeanständet geblieben seien, das seinige aber habe allgemeines Mißtrauen erweckt und werde ihm eine empfindliche Steuerstrafe eintragen.* Der Traum ist eine lässig verhüllte Wunscherfüllung, für einen Arzt von großem Einkommen zu gelten. Er erinnert übrigens an die bekannte Geschichte von jenem jungen Mädchen, welchem abgeraten wird, ihrem Freier zuzusagen, weil er ein jähzorniger Mensch sei und sie in der Ehe sicherlich mit Schlägen traktieren werde. Die Antwort des Mädchens lautet: Schlüg' er mich erst! Ihr Wunsch, verheiratet zu sein, ist so lebhaft, daß sie die in Aussicht gestellte Unannehmlichkeit, die mit dieser Ehe verbunden sein soll, mit in den Kauf nimmt und selbst zum Wunsch erhebt.

Fasse ich[1] die sehr häufig vorkommenden Träume solcher Art, die meiner Lehre direkt zu widersprechen scheinen, indem sie das Versagen eines Wunsches oder das Eintreffen von etwas offenbar Ungewünschtem zum Inhalt haben, als *»Gegenwunschträume«* zusammen, so sehe ich, daß sie sich allgemein auf zwei Prinzipien zurückführen lassen, von denen das eine noch nicht erwähnt worden ist, obwohl es im Leben wie im Träumen der Menschen eine große Rolle spielt. Die eine Triebkraft dieser Träume ist der Wunsch, daß ich unrecht haben soll. Diese Träume

---

[1] [Dieser und der nächste Absatz wurden 1909 hinzugefügt.]

ereignen sich regelmäßig im Laufe meiner Behandlungen, wenn sich der Patient im Widerstand gegen mich befindet, und ich kann mit großer Sicherheit darauf rechnen, einen solchen Traum hervorzurufen, nachdem ich dem Kranken die Lehre, der Traum sei eine Wunscherfüllung, zuerst vorgetragen habe[1]. Ja, ich darf erwarten, daß es manchem meiner Leser ebenso ergehen wird; er wird sich bereitwillig im Traume einen Wunsch versagen, um sich nur den Wunsch, daß ich unrecht haben möge, zu erfüllen. Der letzte Kurtraum dieser Art, den ich mitteilen will, zeigt wiederum das nämliche. Ein junges Mädchen, welches sich die Fortsetzung meiner Behandlung mühsam erkämpft hat, gegen den Willen ihrer Angehörigen und der zu Rate gezogenen Autoritäten, träumt: *Zu Hause verbiete man ihr, weiter zu mir zu kommen. Sie beruft sich dann bei mir auf ein ihr gegebenes Versprechen, sie im Notfalle auch umsonst zu behandeln, und ich sage ihr: In Geldsachen kann ich keine Rücksicht üben.*

Es ist wirklich nicht leicht, hier die Wunscherfüllung nachzuweisen, aber in all solchen Fällen findet sich außer dem einen Rätsel noch ein anderes, dessen Lösung auch das erste lösen hilft. Woher stammen die Worte, die sie mir in den Mund legt? Ich habe ihr natürlich nie etwas Ähnliches gesagt, aber einer ihrer Brüder, und gerade jener, der den größten Einfluß auf sie hat, war so liebenswürdig, über mich diesen Ausspruch zu tun. Der Traum will also erreichen, daß der Bruder recht behalte, und diesem Bruder recht verschaffen will sie nicht nur im Traume; es ist der Inhalt ihres Lebens und das Motiv ihres Krankseins.

Ein Traum[2], welcher der Theorie von der Wunscherfüllung auf den ersten Blick besondere Schwierigkeit bereitet, ist von einem Arzt (Aug. Stärcke, 1911) geträumt und gedeutet worden[3]:

»Ich habe und sehe an meinem linken Zeigefinger einen syphilitischen Primäraffekt an der letzten Phalange.«

Man wird sich vielleicht von der Analyse dieses Traums durch die Erwägung abhalten lassen, daß er ja bis auf seinen unerwünschten Inhalt klar und kohärent erscheint. Allein, wenn man die Mühe einer Analyse nicht scheut, erfährt man, daß »Primäraffekt« gleichzusetzen ist einer *»prima affectio«* (erste Liebe) und daß das widerliche Geschwür nach

---

[1] [*Zusatz 1911:*] Ähnliche »Gegenwunschträume« wurden mir in den letzten Jahren wiederholt von meinen Hörern berichtet als deren Reaktion auf ihr erstes Zusammentreffen mit der »Wunschtheorie des Traumes«.

[2] [Dieser und die beiden folgenden Absätze wurden 1914 hinzugefügt.]

[3] [Tatsächlich geht aus dem Bericht nicht hervor, daß Stärcke selbst der Träumer war.]

den Worten Stärckes »sich als Vertreter von mit großem Affekt belegten Wunscherfüllungen« erweist.

Das andere Motiv der Gegenwunschträume[1] liegt so nahe, daß man leicht in Gefahr kommt, es zu übersehen, wie mir selbst durch längere Zeit geschehen ist. In der Sexualkonstitution so vieler Menschen gibt es eine masochistische Komponente, die durch die Verkehrung ins Gegenteil der aggressiven, sadistischen entstanden ist[2]. Man heißt solche Menschen »ideelle« Masochisten, wenn sie die Lust nicht in dem ihnen zugefügten körperlichen Schmerz, sondern in der Demütigung und seelischen Peinigung suchen. Es leuchtet ohne weiteres ein, daß diese Personen Gegenwunsch- und Unlustträume haben können, die für sie doch nichts anderes als Wunscherfüllungen sind, Befriedigung ihrer masochistischen Neigungen. Ich setze einen solchen Traum hieher: Ein junger Mann, der in früheren Jahren seinen älteren Bruder, dem er homosexuell zugetan war, sehr gequält hat, träumt nun nach gründlicher Charakterwandlung einen aus drei Stücken bestehenden Traum: *I. Wie ihn sein älterer Bruder »sekkiert«. II. Wie zwei Erwachsene in homosexueller Absicht miteinander schön tun. III. Der Bruder hat das Unternehmen verkauft, dessen Leitung er sich für seine Zukunft vorbehalten hat.* Aus letzterem Traume erwacht er mit den peinlichsten Gefühlen, und doch ist es ein masochistischer Wunschtraum, dessen Übersetzung lauten könnte: es geschähe mir ganz recht, wenn der Bruder mir jenen Verkauf antäte, zur Strafe für alle Quälereien, die er von mir ausgestanden hat.

Ich hoffe, die vorstehenden Beispiele werden genügen, um es – bis auf weiteren Einspruch – glaubwürdig erscheinen zu lassen, daß auch die Träume mit peinlichem Inhalt als Wunscherfüllung aufzulösen sind[3]. Es wird auch niemand eine Äußerung des Zufalls darin erblicken, daß man bei der Deutung dieser Träume jedesmal auf Themata gerät, von denen man nicht gerne spricht oder an die man nicht gerne denkt. Das peinliche Gefühl, welches solche Träume erwecken, ist wohl einfach identisch mit dem Widerwillen, der uns von der Behandlung oder Er-

---

[1] [Dieser Absatz stammt von 1909.]

[2] [Die berichtigten Ansichten Freuds zu diesem Punkt finden sich in ›Das ökonomische Problem des Masochismus‹, 1924 *c*.]

[3] [Der folgende Satz ist, wenngleich in geringfügig anderer Form, im Jahre 1919 in den Text eingefügt und 1925 in die Fußnote gesetzt worden:] Ich verweise darauf, daß dies Thema hier nicht erledigt ist und noch später behandelt werden wird [s. S. 530 ff.].

wägung solcher Themata – meist mit Erfolg – abhalten möchte und welcher von jedem von uns überwunden werden muß, wenn wir uns genötigt sehen, es doch in Angriff zu nehmen. Dieses im Traum also wiederkehrende Unlustgefühl schließt aber das Bestehen eines Wunsches nicht aus; es gibt bei jedem Menschen Wünsche, die er anderen nicht mitteilen möchte, und Wünsche, die er sich selbst nicht eingestehen will. Anderseits finden wir uns berechtigt, den Unlustcharakter all dieser Träume mit der Tatsache der Traumentstellung in Zusammenhang zu bringen und zu schließen, diese Träume seien gerade darum so entstellt und die Wunscherfüllung in ihnen bis zur Unkenntlichkeit verkleidet, weil ein Widerwillen, eine Verdrängungsabsicht gegen das Thema des Traumes oder gegen den aus ihm geschöpften Wunsch besteht. Die Traumentstellung erweist sich also tatsächlich als ein Akt der Zensur. Allem, was die Analyse der Unlustträume zutage gefördert hat, tragen wir aber Rechnung, wenn wir unsere Formel, die das Wesen des Traumes ausdrücken soll, in folgender Art verändern: *Der Traum ist die (verkleidete) Erfüllung eines (unterdrückten, verdrängten) Wunsches*[1].

---

[1] [*Zusatz 1914:*] Ein großer unter den lebenden Dichtern, der, wie mir gesagt wurde, von Psychoanalyse und Traumdeutung nichts wissen will, findet doch aus eigenem eine fast identische Formel für das Wesen des Traumes: »Unbefugtes Auftauchen unterdrückter Sehnsuchtswünsche unter falschem Antlitz und Namen.« C. Spitteler (1914, 1).
[*Zusatz 1911:*] Vorgreifend führe ich hier die von Otto Rank herrührende Erweiterung und Modifikation der obigen Grundformel an: »Der Traum stellt regelmäßig auf der Grundlage und mit Hilfe verdrängten infantil-sexuellen Materials aktuelle, in der Regel auch erotische Wünsche in verhüllter und symbolisch eingekleideter Form als erfüllt dar.« (Rank, 1910 [519].)
[*Zusatz 1925:*] Ich habe an keiner Stelle gesagt, daß ich diese Ranksche Formel zur meinigen gemacht habe. Die kürzere, im Text enthaltene Fassung scheint mir zu genügen. Aber daß ich die Ranksche Modifikation überhaupt erwähnte, hat genügt, um der Psychoanalyse den ungezählte Male wiederholten Vorwurf einzutragen: sie behaupte, *alle Träume haben sexuellen Inhalt.* Wenn man diesen Satz so versteht, wie er verstanden werden will, so beweist er nur, wie wenig Gewissenhaftigkeit Kritiker bei ihren Geschäften zu verbrauchen pflegen und wie gerne Gegner die klarsten Äußerungen übersehen, wenn sie ihrer Neigung zur Aggression nicht taugen, denn wenige Seiten vorher [S. 145 ff.] hatte ich die mannigfaltigen Wunscherfüllungen der Kinderträume erwähnt (eine Landpartie oder Seefahrt zu machen, eine versäumte Mahlzeit nachzuholen usw.), an anderen Stellen von den Hungerträumen [S. 149 f., Anm.], den Träumen auf Durstreiz [S. 142 f.], auf Exkretionsreiz, von den reinen Bequemlichkeitsträumen gehandelt [S. 143 f.]. Selbst Rank stellt keine absolute Behauptung auf. Er sagt »in der Regel auch erotische Wünsche«, und dies ist für die meisten Träume Erwachsener durchaus zu bestätigen.
Anders sieht es aus, wenn man »sexuell« in dem nun in der Psychoanalyse gebräuchlichen Sinne von »Eros« gebraucht. Aber das interessante Problem, ob nicht alle Träume von »libidinösen« Triebkräften (im Gegensatz zu »destruktiven«) geschaffen werden, haben die Gegner kaum vor Augen gehabt. [Vgl. Freud, *Das Ich und das Es,* Kapitel IV (1923 *b*).]

Nun erübrigen noch die Angstträume als besondere Unterart der Träume mit peinlichem Inhalt, deren Auffassung als Wunschträume bei den Unaufgeklärten die geringste Bereitwilligkeit begegnen wird. Doch kann ich die Angstträume hier ganz kurz abtun; es ist nicht eine neue Seite des Traumproblems, die sich uns in ihnen zeigen würde, sondern es handelt sich bei ihnen um das Verständnis der neurotischen Angst überhaupt. Die Angst, die wir im Traume empfinden, ist nur scheinbar durch den Inhalt des Traumes erklärt. Wenn wir den Trauminhalt der Deutung unterziehen, merken wir, daß die Traumangst durch den Inhalt des Traumes nicht besser gerechtfertigt wird als etwa die Angst einer Phobie durch die Vorstellung, an welcher die Phobie hängt. Es ist z. B. zwar richtig, daß man aus dem Fenster stürzen kann und darum Ursache hat, sich beim Fenster einer gewissen Vorsicht zu befleißen, aber es ist nicht zu verstehen, warum bei der entsprechenden Phobie die Angst so groß ist und den Kranken weit über ihre Anlässe hinaus verfolgt. Dieselbe Aufklärung erweist sich dann als gültig für die Phobie wie für den Angsttraum. Die Angst ist beide Male an die sie begleitende Vorstellung nur *angelötet* und stammt aus anderer Quelle.

Wegen dieses intimen Zusammenhangs der Traumangst mit der Neurosenangst muß ich hier bei der Erörterung der ersteren auf die letztere verweisen. In einem kleinen Aufsatze über die »Angstneurose« (1895 *b*) habe ich seinerzeit behauptet, daß die neurotische Angst aus dem Sexualleben stammt und einer von ihrer Bestimmung abgelenkten, nicht zur Verwendung gelangten Libido entspricht[1]. Diese Formel hat sich seither immer mehr als stichhältig erwiesen. Aus ihr läßt sich nun der Satz ableiten, daß die Angstträume Träume sexuellen Inhalts sind, deren zugehörige Libido eine Verwandlung in Angst erfahren hat. Es wird sich späterhin die Gelegenheit ergeben, diese Behauptung durch die Analyse einiger Träume bei Neurotikern zu unterstützen[2]. Auch werde ich bei weiteren Versuchen, mich einer Theorie des Traums zu nähern, nochmals auf die Bedingung der Angstträume und deren Verträglichkeit mit der Wunscherfüllungstheorie zu sprechen kommen.

[1] [Die späteren Ansichten Freuds über die Beziehung zwischen Libido und Angst finden sich in *Hemmung, Symptom und Angst* (1926 *d*).]

[2] [Hierüber änderte Freud offenbar seine Meinung: vgl. S. 552 ff., wo allerdings zwei Angstträume analysiert und das gesamte Thema der Angstträume erneut diskutiert werden.]

V

DAS TRAUMMATERIAL UND DIE TRAUMQUELLEN

Als wir aus der Analyse des Traums von Irmas Injektion ersehen hatten, daß der Traum eine Wunscherfüllung ist, nahm uns zunächst das Interesse gefangen, ob wir hiemit einen allgemeinen Charakter des Traums aufgedeckt haben, und wir brachten vorläufig jede andere wissenschaftliche Neugierde zum Schweigen, die sich in uns während jener Deutungsarbeit geregt haben mochte. Nachdem wir jetzt auf dem einen Wege zum Ziel gelangt sind, dürfen wir zurückkehren und einen neuen Ausgangspunkt für unsere Streifungen durch die Probleme des Traumes wählen, sollten wir darüber auch das noch keineswegs voll erledigte Thema der Wunscherfüllung für eine Weile aus den Augen verlieren.

Seitdem wir durch Anwendung unseres Verfahrens der Traumdeutung einen *latenten* Trauminhalt aufdecken können, der an Bedeutsamkeit den *manifesten* Trauminhalt weit hinter sich läßt, muß es uns drängen, die einzelnen Traumprobleme von neuem aufzunehmen, um zu versuchen, ob sich für uns nicht Rätsel und Widersprüche befriedigend lösen, die, solange man nur den manifesten Trauminhalt kannte, unangreifbar erschienen sind.

Die Angaben der Autoren über den Zusammenhang des Traums mit dem Wachleben sowie über die Herkunft des Traummaterials sind im einleitenden Abschnitt [Kapitel I, A und C] ausführlich mitgeteilt worden. Wir erinnern uns auch jener drei Eigentümlichkeiten des Traumgedächtnisses [vgl. Kapitel I, B], die so vielfach bemerkt, aber nicht erklärt worden sind:

1. Daß der Traum die Eindrücke der letzten Tage deutlich bevorzugt [S. 44 f.] (Robert [1886, 46], Strümpell [1877, 39], Hildebrandt [1875, 11], auch Weed-Hallam [1896, 410 f.]);
2. daß er eine Auswahl nach anderen Prinzipien als unser Wachgedächtnis trifft, indem er nicht das Wesentliche und Wichtige, sondern das Nebensächliche und Unbeachtete erinnert [S. 45–6];
3. daß er die Verfügung über unsere frühesten Kindheitseindrücke besitzt und selbst Einzelheiten aus dieser Lebenszeit hervorholt, die uns

wiederum als trivial erscheinen und im Wachen für längst vergessen gehalten worden sind. [S. 42 ff.] [1]

Diese Besonderheiten in der Auswahl des Traummaterials sind von den Autoren natürlich am manifesten Trauminhalte beobachtet worden.

---

[1] Es ist klar, daß die Auffassung Roberts [1886, 9 f.], der Traum sei dazu bestimmt, unser Gedächtnis von den wertlosen Eindrücken des Tages zu entlasten [vgl. oben, S. 100 ff.], nicht mehr zu halten ist, wenn im Traume einigermaßen häufig gleichgültige Erinnerungsbilder aus unserer Kindheit auftreten. Man müßte den Schluß ziehen, daß der Traum die ihm zufallende Aufgabe sehr ungenügend zu erfüllen pflegt.

A
DAS REZENTE UND DAS INDIFFERENTE IM TRAUM

Wenn ich jetzt in betreff der Herkunft der im Trauminhalt auftretenden Elemente meine eigene Erfahrung zu Rate ziehe, so muß ich zunächst die Behauptung aufstellen, daß in jedem Traum eine Anknüpfung an die Erlebnisse des *letztabgelaufenen Tages* aufzufinden ist. Welchen Traum immer ich vornehme, einen eigenen oder fremden, jedesmal bestätigt sich mir diese Erfahrung. In Kenntnis dieser Tatsache kann ich etwa die Traumdeutung damit beginnen, daß ich zuerst nach dem Erlebnis des Tages forsche, welches den Traum angeregt hat; für viele Fälle ist dies sogar der nächste Weg. An den beiden Träumen, die ich im vorigen Abschnitt einer genauen Analyse unterzogen habe (von Irmas Injektion, von meinem Onkel mit dem gelben Bart), ist die Beziehung zum Tag so augenfällig, daß sie keiner weiteren Beleuchtung bedarf. Um aber zu zeigen, wie regelmäßig sich diese Beziehung erweisen läßt, will ich ein Stück meiner eigenen Traumchronik daraufhin untersuchen. Ich teile die Träume nur so weit mit, als ich es zur Aufdeckung der gesuchten Traumquelle bedarf.

1. *Ich mache einen Besuch in einem Hause, wo ich nur mit Schwierigkeiten vorgelassen werde* usw., *lasse eine Frau unterdessen auf mich warten.*
Quelle: Gespräch mit einer Verwandten am Abend, daß eine Anschaffung, die sie verlangt, *warten* müsse, bis usw.
2. *Ich habe eine Monographie über eine gewisse* (unklar) *Pflanzenart geschrieben.*
Quelle: Am Vormittag im Schaufenster einer Buchhandlung eine *Monographie* gesehen über die Gattung Zyklamen.
3. *Ich sehe zwei Frauen auf der Straße, Mutter und Tochter, von denen die letztere meine Patientin war.*
Quelle: Eine in Behandlung stehende Patientin hat mir abends mitgeteilt, welche Schwierigkeiten ihre *Mutter* einer Fortsetzung der Behandlung entgegenstellt.
4. *In der Buchhandlung von S. und R. nehme ich ein Abonnement auf eine periodische Publikation, die jährlich zwanzig Gulden kostet.*
Quelle: Meine Frau hat mich am Tage daran erinnert, daß ich ihr *zwanzig Gulden* vom Wochengelde noch schuldig bin.
5. *Ich erhalte eine Zuschrift vom sozialdemokratischen Komitee, in der ich als Mitglied behandelt werde.*

Quelle: Zuschriften erhalten gleichzeitig vom liberalen Wahl*komitee* und vom Präsidium des humanitären Vereins, dessen *Mitglied* ich wirklich bin.

6. *Ein Mann auf einem steilen Fels mitten im Meer, in Böcklinscher Manier.*

Quelle: Dreyfus auf der *Teufelsinsel,* gleichzeitig Nachrichten von meinen Verwandten in *England* usw.

Man könnte die Frage aufwerfen, ob die Traumanknüpfung unfehlbar an die Ereignisse des letzten Tages erfolgt oder ob sie sich auf Eindrücke eines längeren Zeitraumes der jüngsten Vergangenheit erstrecken kann. Dieser Gegenstand kann prinzipielle Bedeutsamkeit wahrscheinlich nicht beanspruchen, doch möchte ich mich für das ausschließliche Vorrecht des letzten Tages vor dem Traume (des Traumtages) entscheiden. Sooft ich zu finden vermeinte, daß ein Eindruck vor zwei oder drei Tagen die Quelle des Traumes gewesen sei, konnte ich mich doch bei genauerer Nachforschung überzeugen, daß jener Eindruck am Vortage wieder erinnert worden war, daß also eine nachweisbare Reproduktion am Vortage sich zwischen dem Ereignistage und der Traumzeit eingeschoben hatte, und konnte außerdem den rezenten Anlaß nachweisen, von dem die Erinnerung an den älteren Eindruck ausgegangen sein konnte.

Hingegen[1] konnte ich mich nicht davon überzeugen, daß zwischen dem erregenden Tageseindruck und dessen Wiederkehr im Traume ein regelmäßiges Intervall von biologischer Bedeutsamkeit (als erstes dieser Art nennt H. Swoboda achtzehn Stunden) eingeschoben ist[2].

---

[1] [Dieser Absatz wurde 1909 hinzugefügt.]

[2] [*Zusatz 1911:*] H. Swoboda hat [1904], wie in den Ergänzungen zum ersten Abschnitt (S. 115) mitgeteilt, die von W. Fließ [1906] gefundenen biologischen Intervalle von 23 und 28 Tagen in weitem Ausmaß auf das seelische Geschehen übertragen und insbesondere behauptet, daß diese Zeiten für das Auftauchen der Traumelemente in den Träumen entscheidend sind. Die Traumdeutung würde nicht wesentlich abgeändert, wenn sich solches nachweisen ließe, aber für die Herkunft des Traummaterials ergäbe sich eine neue Quelle. Ich habe nun neuerdings einige Untersuchungen an eigenen Träumen angestellt, um die Anwendbarkeit der »Periodenlehre« auf das Traummaterial zu prüfen, und habe hiezu besonders auffällige Elemente des Trauminhaltes gewählt, deren Auftreten im Leben sich zeitlich mit Sicherheit bestimmen ließ.

I. Traum vom 1./2. Oktober 1910.

(Bruchstück) . . . *Irgendwo in Italien. Drei Töchter zeigen mir kleine Kostbarkeiten, wie in einem Antiquarladen, setzen sich mir dabei auf den Schoß. Bei einem der Stücke*

sage ich: Das haben Sie ja von mir. Ich sehe dabei deutlich eine kleine Profilmaske mit den scharfgeschnittenen Zügen Savonarolas.
Wann habe ich zuletzt das Bild Savonarolas gesehen? Ich war nach dem Ausweis meines Reisetagebuches am 4. und 5. September in Florenz; dort dachte ich daran, meinem Reisebegleiter das Medaillon mit den Zügen des fanatischen Mönches im Pflaster der Piazza Signoria an der Stelle, wo er den Tod durch Verbrennen fand, zu zeigen, und ich meine, am 3. [das in jüngeren Ausgaben enthaltene Datum »am 5.« ist ein Druckfehler], vormittags, machte ich ihn auf dasselbe aufmerksam. Von diesem Eindruck bis zur Wiederkehr im Traume sind allerdings 27+1 Tage verflossen, eine »weibliche Periode«, nach Fließ. Zum Unglück für die Beweiskraft dieses Beispiels muß ich aber erwähnen, daß an *dem Traumtage selbst* der tüchtige, aber düster blickende Kollege bei mir war (das erstemal seit meiner Rückkunft), für den ich vor Jahren schon den Scherznamen »Rabbi Savonarola« aufgebracht habe. Er stellte mir einen Unfallkranken vor, der in dem Pontebbazug verunglückt war, in dem ich selbst acht Tage vorher gereist war, und leitete so meine Gedanken zur letzten Italienreise zurück. Das Erscheinen des auffälligen Elementes »Savonarola« im Trauminhalt ist durch diesen Besuch des Kollegen am Traumtage aufgeklärt, das achtundzwanzigtägige Intervall wird seiner Bedeutung für dessen Herleitung verlustig.

II. Traum vom 10./11. Oktober.

Ich arbeite wieder einmal Chemie im Universitätslaboratorium. Hofrat L. lädt mich ein, an einen Ort zu kommen, und geht auf dem Korridor voran, eine Lampe oder sonst ein Instrument wie scharfsinnig(?) (*scharfsichtig*?) *in der erhobenen Hand vor sich hintragend, in eigentümlicher Haltung mit vorgestrecktem Kopf. Wir kommen dann über einen freien Platz . . .* (Rest vergessen).
Das Auffälligste in diesem Trauminhalt ist die Art, wie Hofrat L. die Lampe (oder Lupe) vor sich hinträgt, das Auge spähend in die Weite gerichtet. L. habe ich viele Jahre lang nicht mehr gesehen, aber ich weiß jetzt schon, er ist nur eine Ersatzperson für einen anderen, größeren, für den Archimedes nahe bei der Arethusaquelle in Syrakus, der genauso wie er im Traume dasteht und so den Brennspiegel handhabt, nach dem Belagerungsheer der Römer spähend. Wann habe ich dieses Denkmal zuerst (und zuletzt) gesehen? Nach meinen Aufzeichnungen war es am 17. September abends, und von diesem Datum bis zum Traume sind tatsächlich 13+10 = 23 Tage verstrichen, eine »männliche Periode« nach Fließ.
Leider hebt das Eingehen auf die Deutung des Traumes auch hier ein Stück von der Unerläßlichkeit dieses Zusammenhangs auf. Der Traumanlaß war die am Traumtag erhaltene Nachricht, daß die Klinik, in deren Hörsaal ich als Gast meine Vorlesungen abhalte, demnächst anderswohin verlegt werden solle. Ich nahm an, daß die neue Lokalität sehr unbequem gelegen sei, sagte mir, es werde dann sein, als ob ich überhaupt keinen Hörsaal zur Verfügung habe, und von da an müßten meine Gedanken bis in den Beginn meiner Dozentenzeit zurückgegangen sein, als ich wirklich keinen Hörsaal hatte und mit meinen Bemühungen, mir einen zu verschaffen, auf geringes Entgegenkommen bei den hochvermögenden Herren Hofräten und Professoren stieß. Ich ging damals zu L. [Prof. Ernst Ludwig], der gerade die Würde des Dekans bekleidete und den ich für einen Gönner hielt, um ihm meine Not zu klagen. Er versprach mir Abhilfe, ließ aber dann nichts weiter von sich hören. Im Traum ist er der Archimedes, der mir gibt, ποῦ στώ [»wo ich stehen kann«; Teil des berühmten Spruchs: »Gebt mir einen Platz, wo ich stehen kann, und ich werde die Erde bewegen.«], und mich selbst in die andere Lokalität geleitet. Daß den Traumgedanken weder Rachsucht noch Größenbewußtsein fremd sind, wird der Deutungskundige leicht erraten. Ich muß aber urteilen, daß ohne diesen Traumanlaß der Archimedes kaum in den Traum dieser Nacht gelangt wäre; es bleibt mir unsicher, ob der starke und noch rezente Eindruck

Auch H. Ellis (1911, 227)[1], der dieser Frage Aufmerksamkeit geschenkt hat, gibt an, daß er eine solche Periodizität der Reproduktion in seinen Träumen »trotz des Achtens darauf« nicht finden konnte. Er erzählt einen Traum, in welchem er sich in Spanien befand und nach einem Ort: *Daraus*, *Varaus* oder *Zaraus* fahren wollte. Erwacht, konnte er sich an einen solchen Ortsnamen nicht erinnern und legte den Traum beiseite. Einige Monate später fand er tatsächlich den Namen *Zaraus* als den einer Station zwischen San Sebastian und Bilbao, welche er 250 Tage vor dem Traum mit dem Zuge passiert hatte.

Ich meine also, es gibt für jeden Traum einen Traumerreger aus jenen Erlebnissen, über die »man noch keine Nacht geschlafen hat«.

Die Eindrücke der jüngsten Vergangenheit (mit Ausschluß des Tages vor der Traumnacht) zeigen also keine andersartige Beziehung zum Trauminhalte als andere Eindrücke aus beliebig ferner liegenden Zeiten. Der Traum kann sein Material aus jeder Zeit des Lebens wählen, wofern nur von den Erlebnissen des Traumtages (den »rezenten« Eindrücken) zu diesen früheren ein Gedankenfaden reicht.

Woher aber die Bevorzugung der rezenten Eindrücke? Wir werden zu Vermutungen über diesen Punkt gelangen, wenn wir einen der [S. 179] erwähnten Träume einer genaueren Analyse unterziehen. Ich wähle den

---

der Statue in Siracusa sich nicht auch bei einem anderen Zeitintervall geltend gemacht hätte.

III. Traum vom 2./3. Oktober 1910.

(Bruchstück) ... *Etwas von Prof. Oser, der selbst das Menü für mich gemacht hat, was sehr beruhigend wirkt* (anderes vergessen).

Der Traum ist die Reaktion auf eine Verdauungsstörung dieses Tages, die mich erwägen ließ, ob ich mich nicht wegen Bestimmung einer Diät an einen Kollegen wenden solle. Daß ich im Traum den im Sommer verstorbenen Oser dazu bestimme, knüpft an den sehr kurz vorher (1. Oktober) erfolgten Tod eines anderen von mir hochgeschätzten Universitätslehrers an. Wann ist aber Oser gestorben, und wann habe ich seinen Tod erfahren? Nach dem Ausweis des Zeitungsblattes am 22. August; da ich damals in Holland weilte, wohin ich die Wiener Zeitung regelmäßig nachsenden ließ, muß ich die Todesnachricht am 24. oder 25. August gelesen haben. Dieses Intervall entspricht aber keiner Periode mehr, es umfaßt $7+30+2 = 39$ Tage oder vielleicht 40 Tage. Ich kann mich nicht besinnen, in der Zwischenzeit von Oser gesprochen oder an ihn gedacht zu haben.

Solche für die Periodenlehre nicht mehr ohne weitere Bearbeitung brauchbare Intervalle ergeben sich nun aus meinen Träumen ungleich häufiger als die regulären. Konstant finde ich nur die im Text behauptete Beziehung zu einem Eindrucke des Traumtages selbst.

[1] [Der folgende Absatz wurde 1914 hinzugefügt.]

Traum von der botanischen Monographie.

Ich habe eine Monographie über eine gewisse Pflanze geschrieben. Das Buch liegt vor mir, ich blättere eben eine eingeschlagene farbige Tafel um. Jedem Exemplar ist ein getrocknetes Spezimen der Pflanze beigebunden, ähnlich wie aus einem Herbarium.

Analyse

Ich habe am Vormittage im Schaufenster einer Buchhandlung ein neues Buch gesehen, welches sich betitelt: *Die Gattung Zyklamen* – offenbar eine *Monographie* über diese Pflanze.

Zyklamen ist die *Lieblingsblume* meiner Frau. Ich mache mir Vorwürfe, daß ich so selten daran denke, ihr *Blumen mitzubringen*, wie sie sich's wünscht. – Bei dem Thema: *Blumen mitbringen* erinnere ich mich einer Geschichte, welche ich unlängst im Freundeskreise erzählt und als Beweis für meine Behauptung verwendet habe, daß Vergessen sehr häufig die Ausführung einer Absicht des Unbewußten sei und immerhin einen Schluß auf die geheime Gesinnung des Vergessenden gestatte. Eine junge Frau, welche daran gewöhnt war, zu ihrem Geburtstage einen Strauß von ihrem Manne vorzufinden, vermißt dieses Zeichen der Zärtlichkeit an einem solchen Festtag und bricht darüber in Tränen aus. Der Mann kommt hinzu, weiß sich ihr Weinen nicht zu erklären, bis sie ihm sagt: Heute ist mein Geburtstag. Da schlägt er sich vor die Stirne, ruft aus: Entschuldige, hab' ich doch ganz daran vergessen, und will fort, ihr *Blumen* zu holen. Sie läßt sich aber nicht trösten, denn sie sieht in der Vergeßlichkeit ihres Mannes einen Beweis dafür, daß sie in seinen Gedanken nicht mehr dieselbe Rolle spielt wie einstens. – Diese Frau L. ist meiner Frau vor zwei Tagen begegnet, hat ihr mitgeteilt, daß sie sich wohlfühlt, und sich nach mir erkundigt. Sie stand in früheren Jahren in meiner Behandlung.

Ein neuer Ansatz: Ich habe wirklich einmal etwas Ähnliches geschrieben wie eine *Monographie* über eine Pflanze, nämlich einen Aufsatz über die *Cocapflanze* [1884 *e*], welcher die Aufmerksamkeit von K. Koller auf die anästhesierende Eigenschaft des Kokains gelenkt hat. Ich hatte diese Verwendung des Alkaloids in meiner Publikation selbst angedeutet, aber war nicht gründlich genug, die Sache weiter zu verfolgen[1]. Dazu fällt mir ein, daß ich am Vormittag des Tages nach dem Traume

[1] [S. Anm. S. 131.]

(zu dessen Deutung ich erst abends Zeit fand) des Kokains in einer Art von Tagesphantasie gedacht habe. Wenn ich je Glaukom bekommen sollte, würde ich nach Berlin reisen und mich dort bei meinem Berliner Freunde [Fließ] von einem Arzt, den er mir empfiehlt, inkognito operieren lassen. Der Operateur, der nicht wüßte, an wem er arbeitet, würde wieder einmal rühmen, wie leicht sich diese Operationen seit der Einführung des Kokains gestaltet haben; ich würde durch keine Miene verraten, daß ich an dieser Entdeckung selbst einen Anteil habe. An diese Phantasie schlossen sich Gedanken an, wie unbequem es doch für den Arzt sei, ärztliche Leistungen von seiten der Kollegen für seine Person in Anspruch zu nehmen. Den Berliner Augenarzt, der mich nicht kennt, würde ich wie ein anderer entlohnen können. Nachdem dieser Tagtraum mir in den Sinn gekommen, merke ich erst, daß sich die Erinnerung an ein bestimmtes Erlebnis hinter ihm verbirgt. Kurz nach der Entdeckung Kollers war nämlich mein Vater an Glaukom erkrankt; er wurde von meinem Freunde, dem Augenarzt Dr. Königstein, operiert, Dr. Koller besorgte die Kokainanästhesie und machte dann die Bemerkung, daß bei diesem Falle alle die drei Personen sich vereinigt fänden, die an der Einführung des Kokains Anteil gehabt haben.

Meine Gedanken gehen nun weiter, wann ich zuletzt an diese Geschichte des Kokains erinnert worden bin. Es war dies vor einigen Tagen, als ich die Festschrift in die Hand bekam, mit deren Erscheinen dankbare Schüler das Jubiläum ihres Lehrers und Laboratoriumsvorstandes gefeiert hatten. Unter den Ruhmestiteln des Laboratoriums fand ich auch angeführt, daß dort die Entdeckung der anästhesierenden Eigenschaft des Kokains durch K. Koller vorgefallen sei. Ich bemerke nun plötzlich, daß mein Traum mit einem Erlebnis des Abends vorher zusammenhängt. Ich hatte gerade Dr. Königstein nach Hause begleitet, mit dem ich in ein Gespräch über eine Angelegenheit geraten war, die mich jedesmal, wenn sie berührt wird, lebhaft erregt. Als ich mich in dem Hausflur mit ihm aufhielt, kam Professor *Gärtner* mit seiner jungen Frau hinzu. Ich konnte mich nicht enthalten, die beiden darüber zu beglückwünschen, wie *blühend* sie aussehen. Nun ist Professor Gärtner einer der Verfasser der Festschrift, von der ich eben sprach, und konnte mich wohl an diese erinnern. Auch die Frau L., deren Geburtstagsenttäuschung ich unlängst erzählte, war im Gespräch mit Dr. Königstein, in anderem Zusammenhange allerdings, erwähnt worden.

Ich will versuchen, auch die anderen Bestimmungen des Trauminhalts zu deuten. Ein *getrocknetes Spezimen* der Pflanze liegt der Monographie bei, als ob es ein *Herbarium* wäre. Ans Herbarium knüpft sich eine Gymnasialerinnerung. Unser Gymnasialdirektor rief einmal die Schüler der höheren Klassen zusammen, um ihnen das Herbarium der Anstalt zur Durchsicht und zur Reinigung zu übergeben. Es hatten sich kleine *Würmer* eingefunden – Bücherwurm. Zu meiner Hilfeleistung scheint er nicht Zutrauen gezeigt zu haben, denn er überließ mir nur wenige Blätter. Ich weiß noch heute, daß Kruziferen darauf waren. Ich hatte niemals ein besonders intimes Verhältnis zur Botanik. Bei meiner botanischen Vorprüfung bekam ich wiederum eine Kruzifere zur Bestimmung und – erkannte sie nicht. Es wäre mir schlecht ergangen, wenn nicht meine theoretischen Kenntnisse mir herausgeholfen hätten. – Von den Kruziferen gerate ich auf die Kompositen. Eigentlich ist auch die Artischocke eine Komposite, und zwar die, welche ich *meine Lieblingsblume* heißen könnte. Edler als ich, pflegt meine Frau mir diese Lieblingsblume vom Markte heimzubringen.

Ich sehe die Monographie *vor mir liegen,* die ich geschrieben habe. Auch dies ist nicht ohne Bezug. Mein visueller Freund [Fließ] schrieb mir gestern aus Berlin: »Mit deinem Traumbuche beschäftige ich mich sehr viel. *Ich sehe es fertig vor mir liegen und blättere darin.*« Wie habe ich ihn um diese Sehergabe beneidet! Wenn ich es doch auch schon fertig vor mir liegen sehen könnte!

Die zusammengelegte farbige Tafel: Als ich Student der Medizin war, litt ich viel unter dem Impuls, nur aus *Monographien* lernen zu wollen. Ich hielt mir damals, trotz meiner beschränkten Mittel, mehrere medizinische Archive, deren *farbige Tafeln* mein Entzücken waren. Ich war stolz auf diese Neigung zur Gründlichkeit. Als ich dann selbst zu publizieren begann, mußte ich auch die Tafeln für meine Abhandlungen zeichnen, und ich weiß, daß eine derselben so kümmerlich ausfiel, daß mich ein wohlwollender Kollege ihretwegen verhöhnte. Dazu kommt noch, ich weiß nicht recht wie, eine sehr frühe Jugenderinnerung. Mein Vater machte sich einmal den Scherz, mir und meiner ältesten Schwester ein Buch mit *farbigen Tafeln* (Beschreibung einer Reise in Persien) zur Vernichtung zu überlassen. Es war erziehlich kaum zu rechtfertigen. Ich war damals fünf Jahre, die Schwester unter drei Jahren alt, und das Bild, wie wir Kinder überselig dieses Buch zerpflücken (*wie eine Artischocke,* Blatt für Blatt, muß ich sagen), ist nahezu das einzige, was mir aus dieser Lebenszeit in plastischer Erinnerung geblieben ist. Als ich dann Student wurde, entwickelte sich bei mir eine ausgesprochene Vorliebe, Bücher zu sammeln und zu besitzen (analog der Neigung, aus

Monographien zu studieren, eine *Liebhaberei,* wie sie in den Traumgedanken betreffs Zyklamen und Artischocke bereits vorkommt). Ich wurde ein *Bücherwurm* (vgl. *Herbarium*). Ich habe diese erste Leidenschaft meines Lebens, seitdem ich über mich nachdenke, immer auf diesen Kindereindruck zurückgeführt, oder vielmehr, ich habe erkannt, daß diese Kinderszene eine »Deckerinnerung« für meine spätere Bibliophilie ist[1]. Natürlich habe ich auch frühzeitig erfahren, daß man durch Leidenschaften leicht in Leiden gerät. Als ich siebzehn Jahre alt war, hatte ich ein ansehnliches Konto beim Buchhändler und keine Mittel, es zu begleichen, und mein Vater ließ es kaum als Entschuldigung gelten, daß sich meine Neigungen auf nichts Böseres geworfen hatten. Die Erwähnung dieses späteren Jugenderlebnisses bringt mich aber sofort zu dem Gespräch mit meinem Freunde Dr. Königstein zurück. Denn um dieselben Vorwürfe wie damals, daß ich meinen *Liebhabereien* zuviel nachgebe, handelte es sich auch im Gespräch am Abend des Traumtages.

Aus Gründen, die nicht hieher gehören, will ich die Deutung dieses Traumes nicht verfolgen, sondern bloß den Weg angeben, welcher zu ihr führt. Während der Deutungsarbeit bin ich an das Gespräch mit Dr. Königstein erinnert worden, und zwar von mehr als einer Stelle aus. Wenn ich mir vorhalte, welche Dinge in diesem Gespräch berührt worden sind, so wird der Sinn des Traumes mir verständlich. Alle angefangenen Gedankengänge, von den Liebhabereien meiner Frau und meinen eigenen, vom Kokain, von den Schwierigkeiten ärztlicher Behandlung unter Kollegen, von meiner Vorliebe für monographische Studien und meiner Vernachlässigung gewisser Fächer wie der Botanik, dies alles erhält dann seine Fortsetzung und mündet in irgendeinen der Fäden der vielverzweigten Unterredung ein. Der Traum bekommt wieder den Charakter einer Rechtfertigung, eines Plaidoyers für mein Recht, wie der erstanalysierte Traum von Irmas Injektion; ja er setzt das dort begonnene Thema fort und erörtert es an einem neuen Material, welches im Intervall zwischen beiden Träumen hinzugekommen ist. Selbst die scheinbar indifferente Ausdrucksform des Traumes bekommt einen Akzent. Es heißt jetzt: Ich bin doch der Mann, der die wertvolle und erfolgreiche Abhandlung (über das Kokain) geschrieben hat, ähnlich wie ich damals zu meiner Rechtfertigung vorbrachte: Ich bin doch ein tüchtiger und fleißiger Student; in beiden Fällen also: Ich darf mir das erlauben. Ich kann aber auf die Ausführung der Traumdeutung hier ver-

---

[1] Vgl. meinen Aufsatz ›Über Deckerinnerungen‹ [1899 *a*].

zichten, weil mich zur Mitteilung des Traumes nur die Absicht bewogen hat, an einem Beispiele die Beziehung des Trauminhalts zu dem erregenden Erlebnis des Vortages zu untersuchen. Solange ich von diesem Traume nur den manifesten Inhalt kenne, wird mir nur eine Beziehung des Traumes zu einem Tageseindruck augenfällig; nachdem ich die Analyse gemacht habe, ergibt sich eine zweite Quelle des Traumes in einem anderen Erlebnis desselben Tages. Der erste der Eindrücke, auf welche sich der Traum bezieht, ist ein gleichgültiger, ein Nebenumstand. Ich sehe im Schaufenster ein Buch, dessen Titel mich flüchtig berührt, dessen Inhalt mich kaum interessieren dürfte. Das zweite Erlebnis hatte einen hohen psychischen Wert; ich habe mit meinem Freund, dem Augenarzt, wohl eine Stunde lang eifrig gesprochen, ihm Andeutungen gemacht, die uns beiden nahegehen mußten, und Erinnerungen in mir wachgerufen, bei denen die mannigfaltigsten Erregungen meines Innern mir bemerklich wurden. Überdies wurde dieses Gespräch unvollendet abgebrochen, weil Bekannte hinzukamen. Wie stehen nun die beiden Eindrücke des Tages zueinander und zu dem in der Nacht erfolgenden Traum?

Im Trauminhalte finde ich nur eine Anspielung auf den gleichgültigen Eindruck und kann so bestätigen, daß der Traum mit Vorliebe Nebensächliches aus dem Leben in seinem Inhalt aufnimmt. In der Traumdeutung hingegen führt alles auf das wichtige, mit Recht erregende Erlebnis hin. Wenn ich den Sinn des Traumes, wie es einzig richtig ist, nach dem latenten, durch die Analyse zutage geförderten Inhalt beurteile, so bin ich unversehens zu einer neuen und wichtigen Erkenntnis gelangt. Ich sehe das Rätsel zerfallen, daß der Traum sich nur mit den wertlosen Brocken des Tageslebens beschäftigt; ich muß auch der Behauptung widersprechen, daß das Seelenleben des Wachens sich in den Traum nicht fortsetzt und der Traum dafür psychische Tätigkeit an läppisches Material verschwendet. Das Gegenteil ist wahr; was uns bei Tage in Anspruch genommen hat, beherrscht auch die Traumgedanken, und wir geben uns die Mühe zu träumen nur bei solchen Materien, welche uns bei Tage Anlaß zum Denken geboten hätten.

Die naheliegendste Erklärung dafür, daß ich doch vom gleichgültigen Tageseindruck träume, während der mit Recht aufregende mich zum Traume veranlaßt hat, ist wohl die, daß hier wieder ein Phänomen der Traumentstellung vorliegt, welche wir oben auf eine als Zensur waltende psychische Macht zurückgeführt haben. Die Erinnerung an die Monographie über die Gattung Zyklamen erfährt eine Verwendung, als ob sie eine *Anspielung* auf das Gespräch mit dem Freunde wäre, ganz ähnlich wie im Traum von dem verhinderten Souper die Erwähnung der Freundin durch die Anspielung »geräucherter Lachs« vertreten wird [S. 164 f.]. Es fragt sich nur, durch welche Mittelglieder kann der Eindruck der Monographie zu dem Gespräche mit dem Augenarzt in das Verhältnis der Anspielung treten, da eine solche Beziehung zunächst nicht ersichtlich ist. In dem Beispiele vom verhinderten Souper ist die Beziehung von vornherein gegeben; »geräucherter Lachs« als die Lieblingsspeise der Freundin gehört ohne weiteres zu dem Vorstellungskreise, den die Person der Freundin bei der Träumenden anzuregen vermag. In unserem neuen Beispiel handelt es sich um zwei gesonderte Eindrücke, die zunächst nichts gemeinsam haben, als daß sie am nämlichen Tage erfolgen. Die Monographie fällt mir am Vormittag auf, das Gespräch führe ich dann am Abend. Die Antwort, welche die Analyse an die Hand gibt, lautet: Solche erst nicht vorhandene Beziehungen zwischen den beiden Eindrücken werden nachträglich vom Vorstellungsinhalt des einen zum Vorstellungsinhalt des anderen angesponnen. Ich habe die betreffenden Mittelglieder bereits bei der Niederschrift der Analyse hervorgehoben. An die Vorstellung der Monographie über Zyklamen würde sich ohne Beeinflussung von anderswoher wohl nur die Idee knüpfen, daß diese die Lieblingsblume meiner Frau ist, etwa noch die Erinnerung an den vermißten Blumenstrauß der Frau L. Ich glaube nicht, daß diese Hintergedanken genügt hätten, einen Traum hervorzurufen.

> *»There needs no ghost, my lord, come from the grave*
> *To tell us this«*

heißt es im *Hamlet*[1]. Aber siehe da, in der Analyse werde ich daran erinnert, daß der Mann, der unser Gespräch störte, *Gärtner* hieß, daß ich seine Frau *blühend* fand; ja ich besinne mich eben jetzt nachträglich, daß eine meiner Patientinnen, die den schönen Namen *Flora* trägt, eine Weile im Mittelpunkt unseres Gespräches stand. Es muß so zugegangen sein, daß sich über diese Mittelglieder aus dem botanischen Vorstellungskreis die Verknüpfung der beiden Tageserlebnisse, des gleichgültigen und des aufregenden, vollzog. Dann stellten sich weitere Beziehungen ein, die des Kokains, welche mit Fug und Recht zwischen der Person des

[1] [Horatios Ausspruch im I. Akt, 5. Szene.]

Dr. Königstein und einer botanischen Monographie, die ich geschrieben habe, vermitteln kann, und befestigten diese Verschmelzung der beiden Vorstellungskreise zu einem, so daß nun ein Stück aus dem ersten Erlebnis als Anspielung auf das zweite verwendet werden konnte.

Ich bin darauf gefaßt, daß man diese Aufklärung als eine willkürliche oder als eine gekünstelte anfechten wird. Was wäre geschehen, wenn Professor Gärtner mit seiner blühenden Frau nicht hinzugetreten wäre, wenn die besprochene Patientin nicht *Flora,* sondern *Anna* hieße? Und doch ist die Antwort leicht. Wenn sich nicht diese Gedankenbeziehungen ergeben hätten, so wären wahrscheinlich andere ausgewählt worden. Es ist so leicht, derartige Beziehungen herzustellen, wie ja die Scherz- und Rätselfragen, mit denen wir uns den Tag erheitern, zu beweisen vermögen. Der Machtbereich des Witzes ist ein uneingeschränkter. Um einen Schritt weiter zu gehen: wenn sich zwischen den beiden Eindrükken des Tages keine genug ausgiebigen Mittelbeziehungen hätten herstellen lassen, so wäre der Traum eben anders ausgefallen; ein anderer gleichgültiger Eindruck des Tages, wie sie in Scharen an uns herantreten und von uns vergessen werden, hätte für den Traum die Stelle der »Monographie« übernommen, wäre in Verbindung mit dem Inhalt des Gesprächs gelangt und hätte dieses im Trauminhalt vertreten. Da kein anderer als der von der Monographie dieses Schicksal hatte, so wird er wohl der für die Verknüpfung passendste gewesen sein. Man braucht sich nie wie Hänschen Schlau bei Lessing darüber zu wundern, »daß nur die Reichen in der Welt das meiste Geld besitzen« [1].

Der psychologische Vorgang, durch welchen nach unserer Darlegung das gleichgültige Erlebnis zur Stellvertretung für das psychisch wertvolle gelangt, muß uns noch bedenklich und befremdend erscheinen. In einem späteren Abschnitt [Kapitel VI, B (S. 305 ff.)] werden wir uns vor der Aufgabe sehen, die Eigentümlichkeiten dieser scheinbar inkorrekten Operation unserem Verständnis näherzubringen. Hier haben wir es nur mit dem Erfolge des Vorganges zu tun, zu dessen Annahme wir durch ungezählte und regelmäßig wiederkehrende Erfahrungen bei der Traumanalyse gedrängt werden. Der Vorgang ist aber so, als ob eine *Verschiebung* – sagen wir: des psychischen Akzentes – auf dem Wege jener Mittelglieder zustande käme, bis anfangs *schwach* mit Intensität

---

1 [Aus einem der *Sinngedichte* Lessings. Eine weitere, ausführliche Erörterung dieses Traums findet sich unten, S. 284 ff.]

geladene Vorstellungen durch Übernahme der Ladung von den anfänglich *intensiver* besetzten zu einer Stärke gelangen, welche sie befähigt, den Zugang zum Bewußtsein zu erzwingen[1]. Solche Verschiebungen wundern uns keineswegs, wo es sich um die Anbringung von Affektgrößen oder überhaupt um motorische Aktionen handelt. Daß die einsam gebliebene Jungfrau ihre Zärtlichkeit auf Tiere überträgt, der Junggeselle leidenschaftlicher Sammler wird, daß der Soldat einen Streifen farbigen Zeuges, die Fahne, mit seinem Herzblute verteidigt, daß im Liebesverhältnis ein um Sekunden verlängerter Händedruck Seligkeit erzeugt, oder im *Othello* ein verlorenes Schnupftuch einen Wutausbruch, das sind sämtlich Beispiele von psychischen Verschiebungen, die uns unanfechtbar erscheinen. Daß aber auf demselben Wege und nach denselben Grundsätzen eine Entscheidung darüber gefällt wird, was in unser Bewußtsein gelangt und was ihm vorenthalten bleibt, also was wir denken, das macht uns den Eindruck des Krankhaften, und wir heißen es Denkfehler, wo es im Wachleben vorkommt. Verraten wir hier als das Ergebnis später anzustellender Betrachtungen, daß der psychische Vorgang, den wir in der Traumverschiebung erkannt haben, sich zwar nicht als ein krankhaft gestörter, wohl aber als ein vom normalen verschiedener, als ein Vorgang von mehr *primärer* Natur herausstellen wird. [S. Kapitel VII, E, S. 565 ff.]

Wir deuten somit die Tatsache, daß der Trauminhalt Reste von nebensächlichen Erlebnissen aufnimmt, als eine Äußerung der *Traumentstellung* (durch Verschiebung) und erinnern daran, daß wir in der Traumentstellung eine Folge der zwischen zwei psychischen Instanzen bestehenden Durchgangszensur erkannt haben. Wir erwarten dabei, daß die Traumanalyse uns regelmäßig die wirkliche, psychisch bedeutsame Traumquelle aus dem Tagesleben aufdecken wird, deren Erinnerung ihren Akzent auf die gleichgültige Erinnerung verschoben hat. Durch diese Auffassung haben wir uns in vollen Gegensatz zu der Theorie von Robert gebracht [s. S. 100 ff.], die für uns unverwendbar geworden ist. Die Tatsache, welche Robert erklären wollte, besteht eben nicht; ihre Annahme beruht auf einem Mißverständnis, auf der Unterlassung, für den scheinbaren Trauminhalt den wirklichen Sinn des Traumes einzusetzen. Man kann noch weiterhin gegen die Lehre von Robert einwenden: Wenn der Traum wirklich die Aufgabe hätte, unser Gedächtnis durch besondere psychische Arbeit von den »Schlacken« der Tageserinnerung

[1] [S. die ›Editorische Einleitung‹, S. 17 f.]

zu befreien, so müßte unser Schlafen gequälter sein und auf angestrengtere Arbeit verwendet werden, als wir es von unserem wachen Geistesleben behaupten können. Denn die Anzahl der indifferenten Eindrücke des Tages, vor denen wir unser Gedächtnis zu schützen hätten, ist offenbar unermeßlich groß; die Nacht würde nicht hinreichen, die Summe zu bewältigen. Es ist sehr viel wahrscheinlicher, daß das Vergessen der gleichgültigen Eindrücke ohne aktives Eingreifen unserer seelischen Mächte vor sich geht.

Dennoch verspüren wir eine Warnung, von dem Robertschen Gedanken ohne weitere Berücksichtigung Abschied zu nehmen. [Vgl. S. 551 f.] Wir haben die Tatsache unerklärt gelassen, daß einer der indifferenten Eindrücke des Tages – und zwar des letzten Tages – regelmäßig einen Beitrag zum Trauminhalte liefert. Die Beziehungen zwischen diesem Eindruck und der eigentlichen Traumquelle im Unbewußten bestehen nicht immer von vornherein; wie wir gesehen haben, werden sie erst nachträglich, gleichsam zum Dienste der beabsichtigten Verschiebung, während der Traumarbeit hergestellt[1]. Es muß also eine Nötigung vorhanden sein, Verbindungen gerade nach der Richtung des rezenten, obwohl gleichgültigen, Eindruckes anzubahnen: dieser muß eine besondere Eignung durch irgendeine Qualität dazu bieten. Sonst wäre es ja ebenso leicht durchführbar, daß die Traumgedanken ihren Akzent auf einen unwesentlichen Bestandteil ihres eigenen Vorstellungskreises verschieben.

Folgende Erfahrungen können uns hier auf den Weg zur Aufklärung leiten. Wenn uns ein Tag zwei oder mehr Erlebnisse gebracht hat, welche Träume anzuregen würdig sind, so vereinigt der Traum die Erwähnung beider zu einem einzigen Ganzen; er gehorcht einem *Zwang, eine Einheit aus ihnen zu gestalten;* z. B.: Ich stieg eines Nachmittags im Sommer in ein Eisenbahncoupé ein, in welchem ich zwei Bekannte traf, die einander aber fremd waren. Der eine war ein einflußreicher Kollege, der andere ein Angehöriger einer vornehmen Familie, in welcher ich ärztlich beschäftigt war. Ich machte die beiden Herren miteinander bekannt; ihr Verkehr ging aber die lange Fahrt über mich, so daß ich bald mit dem einen, bald mit dem anderen einen Gesprächsstoff zu behandeln hatte. Den Kollegen bat ich, einem gemeinsamen Bekannten, der eben seine ärztliche Praxis begonnen hatte, seine Empfehlung zuzuwenden.

---

1 [Hier wird dieser grundlegend wichtige Begriff, dem das ganze sechste und längste Kapitel des Buches gewidmet ist, erstmals erwähnt.]

Der Kollege erwiderte, er sei von der Tüchtigkeit des jungen Mannes überzeugt, aber sein unscheinbares Wesen werde ihm den Eingang in vornehme Häuser nicht leicht werden lassen. Ich erwiderte: Gerade darum bedarf er der Empfehlung. Bei dem anderen Mitreisenden erkundigte ich mich bald darauf nach dem Befinden seiner Tante – der Mutter einer meiner Patientinnen –, welche damals schwer krank darnieder lag. In der Nacht nach dieser Reise träumte ich, mein junger Freund, für den ich die Protektion erbeten hatte, befinde sich in einem eleganten Salon und halte vor einer ausgewählten Gesellschaft, in die ich alle mir bekannten vornehmen und reichen Leute versetzt hatte, mit weltmännischen Gesten eine Trauerrede auf die (für den Traum bereits verstorbene) alte Dame, welche die Tante des zweiten Reisegenossen war. (Ich gestehe offen, daß ich mit dieser Dame nicht in guten Beziehungen gestanden hatte.) Mein Traum hatte also wiederum Verknüpfungen zwischen beiden Eindrücken des Tages aufgefunden und mittels derselben eine einheitliche Situation komponiert.

Auf Grund vieler ähnlicher Erfahrungen muß ich den Satz aufstellen, daß für die Traumarbeit eine Art von Nötigung besteht, alle vorhandenen Traumreizquellen zu einer Einheit im Traume zusammenzusetzen[1].

Ich will jetzt die Frage in Erörterung ziehen, ob die traumerregende Quelle, auf welche die Analyse hinführt, jedesmal ein rezentes (und bedeutsames) Ereignis sein muß oder ob ein inneres Erlebnis, also die Erinnerung an ein psychisch wertvolles Ereignis, ein Gedankengang, die Rolle des Traumerregers übernehmen kann. Die Antwort, die sich aus zahlreichen Analysen auf das bestimmteste ergibt, lautet im letzteren Sinne. Der Traumerreger kann ein innerer Vorgang sein, der gleichsam durch die Denkarbeit am Tage rezent geworden ist. Es wird jetzt wohl der richtige Moment sein, die verschiedenen Bedingungen, welche die Traumquellen erkennen lassen, in einem Schema zusammenzustellen.

Die Traumquelle kann sein:

---

[1] Die Neigung der Traumarbeit, gleichzeitig als interessant Vorhandenes in einer Behandlung zu verschmelzen, ist bereits von mehreren Autoren bemerkt worden, z. B. von Delage (1891, 41), Delboeuf: *rapprochement forcé* (1885, 237). [Freud selbst hatte dieses Prinzip schon in den *Studien über Hysterie* (Breuer und Freud, 1895) dargelegt; der betreffende Abschnitt ist in der ›Editorischen Einleitung‹ (oben, S. 16) zitiert. – An dieser Stelle hatte Freud 1909 folgenden Satz hinzugefügt, der in den folgenden Ausgaben bis 1922 enthalten war, dann aber wieder weggelassen wurde: »Wir werden diesen Zwang zur Zusammensetzung in einem späteren Abschnitt (über die Traumarbeit) als ein Stück der *Verdichtung*, eines anderen psychischen Primärvorganges, kennenlernen.« (Vgl. S. 235 f. und S. 282 ff.)]

a) Ein rezentes und psychisch bedeutsames Erlebnis, welches im Traume direkt vertreten ist[1].
b) Mehrere rezente, bedeutsame Erlebnisse, die durch den Traum zu einer Einheit vereinigt werden[2].
c) Ein oder mehrere rezente und bedeutsame Erlebnisse, die im Trauminhalt durch die Erwähnung eines gleichzeitigen, aber indifferenten Erlebnisses vertreten werden[3].
d) Ein inneres bedeutsames Erlebnis (Erinnerung, Gedankengang), welches dann im Traume *regelmäßig* durch die Erwähnung eines rezenten, aber indifferenten Eindruckes vertreten wird[4].
Wie man sieht, wird für die Traumdeutung durchwegs die Bedingung festgehalten, daß ein Bestandteil des Trauminhalts einen rezenten Eindruck des Vortages wiederholt. Dieser zur Vertretung im Traume bestimmte Anteil kann entweder dem Vorstellungskreise des eigentlichen Traumerregers selbst angehören – und zwar entweder als wesentlicher oder als unwichtiger Bestandteil desselben – oder er rührt aus dem Bereiche eines indifferenten Eindruckes her, der durch mehr oder minder reichliche Verknüpfung mit dem Kreis des Traumerregers in Beziehung gebracht worden ist. Die scheinbare Mehrheit der Bedingungen kommt hier nur durch die *Alternative* zustande, daß *eine Verschiebung unterblieben oder vorgefallen ist,* und wir merken hier, daß diese Alternative uns dieselbe Leichtigkeit bietet, die Kontraste des Traumes zu erklären, wie der medizinischen Theorie des Traumes die Reihe vom partiellen bis zum vollen Wachen der Gehirnzellen (vgl. S. 98 ff.).
Man bemerkt an dieser Reihe ferner, daß das psychisch wertvolle, aber nicht rezente Element (der Gedankengang, die Erinnerung) für die Zwecke der Traumbildung durch ein rezentes, aber psychisch indifferentes Element ersetzt werden kann, wenn dabei nur die beiden Bedingungen eingehalten werden, daß 1) der Trauminhalt eine Anknüpfung an das rezent Erlebte erhält; 2) der Traumerreger ein psychisch wertvoller Vorgang bleibt. In einem einzigen Falle (*a*) werden beide Bedingungen durch denselben Eindruck erfüllt. Zieht man noch in Erwägung, daß dieselben indifferenten Eindrücke, welche für den Traum verwertet werden, solange sie rezent sind, diese Eignung einbüßen, sobald sie einen

---

[1] Traum von Irmas Injektion [S. 126 ff.]; Traum von Freund, der mein Onkel ist [S. 153 ff.].
[2] Traum von der Trauerrede des jungen Arztes [S. 191 f.].
[3] Traum von der botanischen Monographie [S. 183 ff.].
[4] Solcherart sind die meisten Träume meiner Patienten während der Analyse.

Tag (oder höchstens mehrere) älter geworden sind, so muß man sich zur Annahme entschließen, daß die Frische eines Eindruckes ihm an sich einen gewissen psychischen Wert für die Traumbildung verleiht, welcher der Wertigkeit affektbetonter Erinnerungen oder Gedankengänge irgendwie gleichkommt. Wir werden erst bei späteren psychologischen Überlegungen erraten können, worin dieser Wert *rezenter* Eindrücke für die Traumbildung begründet sein kann[1].

Nebenbei wird hier unsere Aufmerksamkeit darauf gelenkt, daß zur Nachtzeit und von unserem Bewußtsein unbemerkt wichtige Veränderungen mit unserem Erinnerungs- und Vorstellungsmaterial vor sich gehen können. Die Forderung, eine Nacht über eine Angelegenheit zu schlafen, ehe man sich endgültig über sie entscheidet, ist offenbar vollberechtigt. Wir merken aber, daß wir an diesem Punkte aus der Psychologie des Träumens in die des Schlafens übergegriffen haben, ein Schritt, zu welchem sich der Anlaß noch öfter ergeben wird[2].

Es gibt nun einen Einwand, welcher die letzten Schlußfolgerungen umzustoßen droht. Wenn indifferente Eindrücke nur, solange sie rezent sind, in den Trauminhalt gelangen können, wie kommt es, daß wir im Trauminhalt auch Elemente aus früheren Lebensperioden vorfinden, die zur Zeit, da sie rezent waren – nach Strümpells Worten [1877, 40 f.] –, keinen psychischen Wert besaßen, also längst vergessen sein sollten, Elemente also, die weder frisch noch psychisch bedeutsam sind?

Dieser Einwand ist voll zu erledigen, wenn man sich auf die Ergebnisse der Psychoanalyse bei Neurotikern stützt. Die Lösung lautet nämlich,

---

[1] Vgl. im Abschnitt [Kapitel] VII über die »Übertragung« [S. 536 ff.].

[2] [*Zusatz 1919:*] Einen wichtigen Beitrag, der die Rolle des Rezenten für die Traumbildung betrifft, bringt O. Pötzl in einer an Anknüpfungen überreichen Arbeit (1917). Pötzl ließ von verschiedenen Versuchspersonen in Zeichnung fixieren, was sie von einem tachistoskopisch [mit Hilfe eines Geräts, das es ermöglicht, ein Bild für beliebig kurze Zeit dem Auge darzubieten] exponierten Bild bewußt aufgefaßt hatten. Er kümmerte sich dann um den Traum der Versuchsperson in der folgenden Nacht und ließ geeignete Anteile dieses Traumes gleichfalls durch eine Zeichnung darstellen. Es ergab sich dann unverkennbar, daß die nicht von der Versuchsperson aufgefaßten Einzelheiten des exponierten Bildes Material für die Traumbildung geliefert hatten, während die bewußt wahrgenommenen und in der Zeichnung nach der Exposition fixierten im manifesten Trauminhalt nicht wieder erschienen waren. Das von der Traumarbeit aufgenommene Material wurde von ihr in der bekannten »willkürlichen«, richtiger: selbstherrlichen Art im Dienste der traumbildenden Tendenzen verarbeitet. Die Anregungen der Pötzlschen Untersuchung gehen weit über die Absichten einer Traumdeutung, wie sie in diesem Buche versucht wird, hinaus. Es sei noch mit einem Wort darauf hingewiesen, wie weit diese neue Art, die Traumbildung experimentell zu studieren, von der früheren groben Technik absteht, die darin bestand, schlafstörende Reize in den Trauminhalt einzuführen. [Vgl. S. 231, Anm.]

daß die Verschiebung, welche das psychisch wichtige Material durch indifferentes ersetzt (für das Träumen wie für das Denken), hier bereits in jenen frühen Lebensperioden stattgefunden hat und seither im Gedächtnis fixiert worden ist. Jene ursprünglich indifferenten Elemente sind eben nicht mehr indifferent, seitdem sie durch Verschiebung die Wertigkeit vom psychisch bedeutsamen Material übernommen haben. Was wirklich indifferent geblieben ist, kann auch nicht mehr im Traume reproduziert werden.

Aus den vorstehenden Erörterungen wird man mit Recht schließen, daß ich die Behauptung aufstelle, es gebe keine indifferenten Traumerreger, also auch keine harmlosen Träume. Dies ist in aller Strenge und Ausschließlichkeit meine Meinung, abgesehen von den Träumen der Kinder und etwa den kurzen Traumreaktionen auf nächtliche Sensationen. Was man sonst träumt, ist entweder manifest als psychisch bedeutsam zu erkennen, oder es ist entstellt und dann erst nach vollzogener Traumdeutung zu beurteilen, worauf es sich wiederum als bedeutsam zu erkennen gibt. Der Traum gibt sich nie mit Kleinigkeiten ab; um Geringes lassen wir uns im Schlaf nicht stören[1]. Die scheinbar harmlosen Träume erweisen sich als arg, wenn man sich um ihre Deutung bemüht; wenn man mir die Redensart gestattet, sie haben es »faustdick hinter den Ohren«. Da dies wiederum ein Punkt ist, bei dem ich Widerspruch erwarten darf, und da ich gerne die Gelegenheit ergreife, die Traumentstellung bei ihrer Arbeit zu zeigen, will ich eine Reihe von *»harmlosen Träumen«* aus meiner Sammlung hier der Analyse unterziehen.

I

Eine kluge und feine junge Dame, die aber auch im Leben zu den Reservierten, zu den »stillen Wassern« gehört, erzählt: *Ich habe geträumt, daß ich auf den Markt zu spät komme und beim Fleischhauer sowie bei der Gemüsefrau nichts bekomme.* Gewiß ein harmloser Traum, aber so sieht ein Traum nicht aus; ich lasse ihn mir detailliert erzählen. Dann lautet der Bericht folgendermaßen: *Sie geht auf den Markt mit ihrer*

---

[1] [*Zusatz 1914:*] H. Ellis, der liebenswürdige Kritiker der *Traumdeutung*, schreibt (1911, 169): »Da ist der Punkt, von dem an viele von uns nicht mehr imstande sein werden, F. weiter zu folgen.« Allein H. Ellis hat keine Analysen von Träumen angestellt und will nicht glauben, wie unberechtigt das Urteilen nach dem manifesten Trauminhalt ist.

Köchin, die den Korb trägt. Der Fleischhauer sagt ihr, nachdem sie etwas verlangt hat: Das ist nicht mehr zu haben, und will ihr etwas anderes geben mit der Bemerkung: Das ist auch gut. Sie lehnt ab und geht zur Gemüsefrau, die will ihr ein eigentümliches Gemüse verkaufen, das in Bündeln zusammengebunden ist, aber schwarz von Farbe. Sie sagt: Das kenne ich nicht, das nehme ich nicht.

Die Tagesanknüpfung des Traumes ist einfach genug. Sie war wirklich zu spät auf den Markt gegangen und hatte nichts mehr bekommen. *Die Fleischbank war schon geschlossen,* drängt sich einem als Beschreibung des Erlebnisses auf. Doch halt, ist das nicht eine recht gemeine Redensart, die – oder vielmehr deren Gegenteil – auf eine Nachlässigkeit in der Kleidung eines Mannes geht? Die Träumerin hat diese Worte übrigens nicht gebraucht, ist ihnen vielleicht ausgewichen; suchen wir nach der Deutung der im Traume enthaltenen Einzelheiten.

Wo etwas im Traum den Charakter einer Rede hat, also gesagt oder gehört wird, nicht bloß gedacht – was sich meist sicher unterscheiden läßt – das stammt von Reden des wachen Lebens her, die freilich als Rohmaterial behandelt, zerstückelt, leise verändert, vor allem aber aus dem Zusammenhange gerissen worden sind[1]. Man kann bei der Deutungsarbeit von solchen Reden ausgehen. Woher stammt also die Rede des Fleischhauers: *Das ist nicht mehr zu haben*? Von mir selbst; ich hatte ihr einige Tage vorher erklärt, »daß die ältesten Kindererlebnisse *nicht mehr* als solche *zu haben sind*, sondern durch ›Übertragungen‹ und Träume in der Analyse ersetzt werden«[2]. Ich bin also der Fleischhauer, und sie lehnt diese Übertragungen alter Denk- und Empfindungsweisen auf die Gegenwart ab. – Woher rührt ihre Traumrede: *Das kenne ich nicht, das nehme ich nicht*? Diese ist für die Analyse zu zerteilen. *»Das kenne ich nicht«* hat sie selbst tags vorher zu ihrer Köchin gesagt, mit der sie einen Streit hatte, damals aber hinzugefügt: *Benehmen Sie sich anständig.* Hier wird eine Verschiebung greifbar; von den beiden Sätzen, die sie gegen ihre Köchin gebraucht, hat sie den bedeutungslosen in den Traum genommen; der unterdrückte aber: »Benehmen Sie sich anständig!« stimmt allein zum übrigen Trauminhalt. So könnte man jemandem zurufen, der unanständige Zumutungen wagt und vergißt,

---

1 Vergleiche über die Reden im Traum im Abschnitt [Kapitel] über die Traumarbeit [S. 406 ff.]. Ein einziger der Autoren scheint die Herkunft der Traumreden erkannt zu haben, Delboeuf (1885, 226), indem er sie mit *»clichés«* vergleicht.

2 [Auf diese Passage nimmt Freud anläßlich der Erörterung von Kindheitserinnerungen in einer Fußnote zu Abschnitt V seiner Fallgeschichte des ›Wolfsmanns‹ (1918 *b*, *Studienausgabe*, Bd. 8, S. 169, Anm. 1) Bezug.]

»die Fleischbank zuzuschließen«. Daß wir der Deutung wirklich auf die Spur gekommen sind, beweist dann der Zusammenklang mit den Anspielungen, die in der Begebenheit mit der Gemüsefrau niedergelegt sind. Ein Gemüse, das in Bündeln zusammengebunden verkauft wird (länglich ist, wie sie nachträglich hinzufügt), und dabei schwarz, was kann das anderes sein als die Traumvereinigung von Spargel und schwarzem Rettich? Spargel brauche ich keinem und keiner Wissenden zu deuten, aber auch das andere Gemüse – als Zuruf: *Schwarzer, rett' dich!*[1] – scheint mir auf das nämliche sexuelle Thema hinzuweisen, das wir gleich anfangs errieten, als wir für die Traumerzählung einsetzen wollten: die Fleischbank war geschlossen. Es kommt nicht darauf an, den Sinn dieses Traumes vollständig zu erkennen; soviel steht fest, daß er sinnreich ist und keineswegs harmlos[2].

II

Ein anderer harmloser Traum derselben Patientin, in gewisser Hinsicht ein Gegenstück zum vorigen: *Ihr Mann fragt: Soll man das Klavier nicht stimmen lassen? Sie: Es lohnt nicht, es muß ohnedies neu beledert werden.* Wiederum die Wiederholung eines realen Ereignisses vom Vortag. Ihr Mann hat so gefragt und sie so ähnlich geantwortet. Aber was bedeutet es, daß sie es träumt? Sie erzählt zwar vom Klavier, es sei ein *ekelhafter Kasten,* der einen *schlechten Ton* gibt, ein Ding, das ihr Mann schon vor der Ehe besessen hat[3] usw., aber den Schlüssel zur Lösung ergibt doch erst die Rede: *Es lohnt nicht.* Diese stammt von einem gestern gemachten Besuch bei ihrer Freundin. Dort wurde sie aufgefordert, ihre Jacke abzulegen, und weigerte sich mit den Worten: Danke, *es lohnt nicht,* ich muß gleich gehen. Bei dieser Erzählung muß mir ein-

[1] [Wahrscheinlich ist dies ein Anklang an ein Bilderrätsel oder einen Rebus, wie sie in den *Fliegenden Blättern* und anderen Witzblättern damals oft gebracht wurden.]

[2] Für Wißbegierige bemerke ich, daß hinter dem Traume sich eine Phantasie verbirgt von unanständigem, sexuell provozierendem Benehmen meinerseits und von Abwehr von Seite der Dame. Wem diese Deutung unerhört erscheinen sollte, den mahne ich an die zahlreichen Fälle, wo Ärzte solche Anklagen von hysterischen Frauen erfahren haben, bei denen die nämliche Phantasie nicht entstellt und als Traum aufgetreten, sondern unverhüllt bewußt und wahnhaft geworden ist. – [*Zusatz 1909:*] Mit diesem Traume trat die Patientin in die psychoanalytische Behandlung ein. Ich lernte erst später verstehen, daß sie mit ihm das initiale Trauma wiederholte, von dem ihre Neurose ausging, und habe seither das gleiche Verhalten bei anderen Personen gefunden, die in ihrer Kindheit sexuellen Attentaten ausgesetzt waren und nun gleichsam deren Wiederholung im Traume herbeiwünschten.

[3] Eine Ersetzung durch das Gegenteil, wie uns nach der Deutung klar werden wird.

fallen, daß sie gestern während der Analysenarbeit plötzlich an ihre Jacke griff, an der sich ein Knopf geöffnet hatte. Es ist also, als wollte sie sagen: Bitte, sehen Sie nicht hin, *es lohnt nicht*. So ergänzt sich der *Kasten* zum *Brustkasten*, und die Deutung des Traumes führt direkt in die Zeit ihrer körperlichen Entwicklung, da sie anfing, mit ihren Körperformen unzufrieden zu sein. Es führt auch wohl in frühere Zeiten, wenn wir auf das *»Ekelhaft«* und den *»schlechten Ton«* Rücksicht nehmen und uns daran erinnern, wie häufig die kleinen Hemisphären des weiblichen Körpers – als Gegensatz und als Ersatz – für die großen eintreten – in der Anspielung und im Traum.

III

Ich unterbreche diese Reihe, indem ich einen kurzen harmlosen Traum eines jungen Mannes einschiebe. Er hat geträumt, *daß er wieder seinen Winterrock anzieht, was schrecklich ist*. Anlaß dieses Traumes ist angeblich die plötzlich wieder eingetretene Kälte. Ein feineres Urteil wird indes bemerken, daß die beiden kurzen Stücke des Traumes nicht gut zueinander passen, denn in der Kälte den schweren oder dicken Rock tragen, was könnte daran »schrecklich« sein. Zum Schaden für die Harmlosigkeit dieses Traumes bringt auch der erste Einfall bei der Analyse die Erinnerung, daß eine Dame ihm gestern vertraulich gestanden, daß ihr letztes Kind einem geplatzten Kondom seine Existenz verdankt. Er rekonstruiert nun seine Gedanken bei diesem Anlasse: Ein dünner Kondom ist gefährlich, ein dicker schlecht. Der Kondom ist der »Überzieher« mit Recht, man zieht ihn ja über; so heißt man auch einen leichten Rock. Ein Ereignis wie das von der Dame berichtete wäre für den unverheirateten Mann allerdings »schrecklich«.
Nun wieder zurück zu unserer harmlosen Träumerin.

IV

Sie steckt eine Kerze in den Leuchter; die Kerze ist aber gebrochen, so daß sie nicht gut steht. Die Mädchen in der Schule sagen, sie sei ungeschickt; das Fräulein aber, es sei nicht ihre Schuld.
Ein realer Anlaß auch hier; sie hat gestern wirklich eine Kerze in den Leuchter gesteckt; die war aber nicht gebrochen. Hier ist eine durchsichtige Symbolik verwendet worden. Die Kerze ist ein Gegenstand, der die weiblichen Genitalien reizt; wenn sie gebrochen ist, so daß sie nicht

gut steht, so bedeutet dies die Impotenz des Mannes *(»es sei nicht ihre Schuld«)*. Ob nur die sorgfältig erzogene und allem Häßlichen fremd gebliebene junge Frau diese Verwendung der Kerze kennt? Zufällig kann sie noch angeben, durch welches Erlebnis sie zu dieser Kenntnis gekommen ist. Bei einer Kahnfahrt auf dem Rhein fährt ein Boot an ihnen vorüber, in dem Studenten sitzen, welche mit großem Behagen ein Lied singen oder brüllen:

»Wenn die Königin von Schweden,
bei geschlossenen Fensterläden
mit Apollokerzen ...« [1]

Das letzte Wort hört oder versteht sie nicht. Ihr Mann muß ihr die verlangte Aufklärung geben. Diese Verse sind dann im Trauminhalt ersetzt durch eine harmlose Erinnerung an einen Auftrag, den sie einmal im Pensionat *ungeschickt* ausführte, und zwar vermöge des Gemeinsamen: *geschlossene Fensterläden*. Die Verbindung des Themas von der Onanie mit der Impotenz ist klar genug. »Apollo« im latenten Trauminhalt verknüpft diesen Traum mit einem früheren, in dem von der jungfräulichen Pallas die Rede war. Alles wahrlich nicht harmlos.

V

Damit man sich die Schlüsse aus den Träumen auf die wirklichen Lebensverhältnisse der Träumer nicht zu leicht vorstelle, füge ich noch einen Traum an, der gleichfalls harmlos scheint und von derselben Person herrührt. *Ich habe etwas geträumt*, erzählt sie, *was ich bei Tag wirklich getan habe, nämlich einen kleinen Koffer so voll mit Büchern gefüllt, daß ich Mühe hatte, ihn zu schließen, und ich habe es so geträumt, wie es wirklich vorgefallen ist.* Hier legt die Erzählerin selbst das Hauptgewicht auf die Übereinstimmung von Traum und Wirklichkeit. [Vgl. S. 47, Anm., und S. 365 f.] Alle solchen Urteile über den Traum, Bemerkungen zum Traum, gehören nun, obwohl sie sich einen Platz im wachen Denken geschaffen haben, doch regelmäßig in den latenten Trauminhalt, wie uns noch spätere Beispiele bestätigen werden [S. 430 ff.]. Es wird uns also gesagt, das, was der Traum erzählt, ist am

---

[1] [»Apollokerzen« waren eine damals bekannte Kerzenmarke. Die Verse sind ein Auszug aus einem populären Studentenlied mit zahlreichen ähnlichen Strophen. Das ausgelassene Wort ist »onaniert«.]

Tag vorher wirklich vorgefallen. Es wäre nun zu weitläufig, mitzuteilen, auf welchem Wege man zum Einfalle kommt, bei der Deutung das Englische zur Hilfe zu nehmen. Genug, es handelt sich wieder um eine kleine *box* (vgl. S. 169 f. den Traum vom toten Kind in der Schachtel), die so angefüllt worden ist, daß nichts mehr hineinging. Wenigstens nichts Arges diesmal.

In all diesen »harmlosen« Träumen schlägt das sexuelle Moment als Motiv der Zensur so sehr auffällig vor. Doch ist dies ein Thema von prinzipieller Bedeutung, welches wir zur Seite stellen müssen.

B
DAS INFANTILE ALS TRAUMQUELLE

Als dritte unter den Eigentümlichkeiten des Trauminhaltes haben wir mit allen Autoren (bis auf Robert) angeführt, daß im Traume Eindrücke aus den frühesten Lebensaltern erscheinen können, über welche das Gedächtnis im Wachen nicht zu verfügen scheint. Wie selten oder wie häufig sich dies ereignet, ist begreiflicherweise schwer zu beurteilen, weil die betreffenden Elemente des Traumes nach dem Erwachen nicht in ihrer Herkunft erkannt werden. Der Nachweis, daß es sich hier um Eindrücke der Kindheit handelt, muß also auf objektivem Wege erbracht werden, wozu sich die Bedingungen nur in seltenen Fällen zusammenfinden können. Als besonders beweiskräftig wird von A. Maury die Geschichte eines Mannes erzählt [1878, 143 f., zitiert auf S. 43 oben], welcher eines Tages sich entschloß, nach zwanzigjähriger Abwesenheit seinen Heimatsort aufzusuchen. In der Nacht vor der Abreise träumte er, er sei in einer ihm ganz unbekannten Ortschaft und begegne daselbst auf der Straße einem unbekannten Herrn, mit dem er sich unterhalte. In seine Heimat zurückgekehrt, konnte er sich nun überzeugen, daß diese unbekannte Ortschaft in nächster Nähe seiner Heimatstadt wirklich existiere, und auch der unbekannte Mann des Traumes stellte sich als ein dort lebender Freund seines verstorbenen Vaters heraus. Wohl ein zwingender Beweis dafür, daß er beide, Mann wie Ortschaft, in seiner Kindheit gesehen hatte. Der Traum ist übrigens als Ungeduldstraum zu deuten, wie der des Mädchens, welches das Billet für den Konzertabend in der Tasche trägt (S. 167 ff.); des Kindes, welchem der Vater den Ausflug nach dem Hameau versprochen hat [S. 147], u. dgl. Die Motive, welche dem Träumer gerade diesen Eindruck aus seiner Kindheit reproduzieren, sind natürlich ohne Analyse nicht aufzudecken.

Einer meiner Kolleghörer, welcher sich rühmte, daß seine Träume nur sehr selten der Traumentstellung unterliegen, teilte mir mit, daß er vor einiger Zeit im Traume gesehen, *sein ehemaliger Hofmeister befinde sich im Bette der Bonne,* die bis zu seinem elften Jahre im Hause gewesen war. Die Örtlichkeit für diese Szene fiel ihm noch im Traume ein. Lebhaft interessiert teilte er den Traum seinem älteren Bruder mit, der ihm lachend die Wirklichkeit des Geträumten bestätigte. Er erinnere sich sehr gut daran, denn er sei damals sechs Jahre alt gewesen. Das Liebespaar pflegte ihn, den älteren Knaben, durch Bier betrunken zu machen, wenn die Umstände einem nächtlichen Verkehre günstig waren. Das kleinere, damals dreijährige Kind – unser Träumer –, das im Zimmer der Bonne schlief, wurde nicht als Störung betrachtet. [S. a. S. 209.] Noch in einem anderen Falle läßt es sich mit Sicherheit ohne Beihilfe der Traumdeutung feststellen, daß der Traum Elemente aus der Kindheit enthält, wenn nämlich der Traum ein sogenannter *perennierender* ist, der, in der Kindheit zuerst geträumt, später immer wieder von Zeit zu Zeit während des Schlafes des Erwachsenen auftritt[1]. Zu den bekannten Beispielen dieser Art kann ich einige aus meiner Erfahrung hinzufügen, wenngleich ich an mir selbst einen solchen perennierenden Traum nicht kennengelernt habe. Ein Arzt in den Dreißigern erzählte mir, daß in seinem Traumleben von den ersten Zeiten seiner Kindheit an bis zum heutigen Tage häufig ein gelber Löwe erscheint, über den er die genaueste Auskunft zu geben vermag. Dieser ihm aus Träumen bekannte Löwe fand sich nämlich eines Tages *in natura* als ein lange verschollener Gegenstand aus Porzellan vor, und der junge Mann hörte damals von seiner Mutter, daß dieses Objekt das begehrteste Spielzeug seiner frühen Kinderzeit gewesen war, woran er sich selbst nicht mehr erinnern konnte.

Wendet man sich nun von dem manifesten Trauminhalt zu den Traumgedanken, welche erst die Analyse aufdeckt, so kann man mit Erstaunen die Mitwirkung von Kindheitserlebnissen auch bei solchen Träumen konstatieren, deren Inhalt keine derartige Vermutung erweckt hätte. Dem geehrten Kollegen vom »gelben Löwen« verdanke ich ein besonders liebenswürdiges und lehrreiches Beispiel eines solchen Traumes. Nach der Lektüre von Nansens Reisebericht über seine Polarexpedition träumte er, in einer Eiswüste galvanisiere er den kühnen Forscher wegen einer Ischias, über welche dieser klage! Zur Analyse dieses Traumes fiel ihm eine Geschichte aus seiner Kindheit ein, ohne welche der Traum allerdings unverständlich bliebe. Als er ein drei- oder vierjähriges Kind war, hörte er eines Tages neugierig zu, wie die Erwachsenen von Entdeckungsreisen sprachen, und fragte dann den Papa, ob das eine schwere Krankheit sei. Er hatte offenbar *Reisen* mit *»Reißen«* verwechselt, und der Spott seiner Geschwister sorgte dafür, daß ihm das beschämende Erlebnis nicht in Vergessenheit geriet.

---

[1] [S. oben, S. 69, Anm. Einige Bemerkungen über »perennierende« Träume finden sich in Freuds ›Bruchstück einer Hysterie-Analyse‹ (1905 *e*), *Studienausgabe*, Bd. 6, S. 139, S. 154 und S. 160–1. Vgl. auch weiter unten, S. 551, Anm.]

Ein ganz ähnlicher Fall ist es, wenn ich in der Analyse des Traumes von der Monographie über die Gattung Zyklamen [s. S. 185] auf eine erhalten gebliebene Jugenderinnerung stoße, daß der Vater dem fünfjährigen Knaben ein mit farbigen Tafeln ausgestattetes Buch zur Zerstörung überläßt. Man wird etwa den Zweifel aufwerfen, ob diese Erinnerung wirklich an der Gestaltung des Trauminhalts Anteil genommen hat, ob nicht vielmehr die Arbeit der Analyse eine Beziehung erst nachträglich herstellt. Aber die Reichhaltigkeit und Verschlungenheit der Assoziationsverknüpfungen bürgt für die erstere Auffassung: Zyklamen – Lieblingsblume – Lieblingsspeise – Artischocke; zerpflücken wie eine Artischocke, Blatt für Blatt (eine Wendung, die einem anläßlich der Teilung des chinesischen Reiches täglich ans Ohr schlägt); – Herbarium – Bücherwurm, dessen Lieblingsspeise Bücher sind. Außerdem kann ich versichern, daß der letzte Sinn des Traumes, den ich hier nicht ausgeführt habe, zum Inhalt der Kinderszene in intimster Beziehung steht.

Bei einer anderen Reihe von Träumen wird man durch die Analyse belehrt, daß der Wunsch selbst, der den Traum erregt hat, als dessen Erfüllung der Traum sich darstellt, aus dem Kinderleben stammt, so daß man zu seiner Überraschung *im Traum das Kind mit seinen Impulsen weiterlebend findet.*

Ich setze an dieser Stelle die Deutung eines Traumes fort, aus dem wir bereits einmal neue Belehrung geschöpft haben, ich meine den Traum: Freund R. ist mein Onkel [s. S. 154 ff.]. Wir haben dessen Deutung so weit gefördert, daß uns das Wunschmotiv, zum Professor ernannt zu werden, greifbar entgegentrat, und wir erklärten uns die Zärtlichkeit des Traumes für Freund R. als eine Oppositions- und Trotzschöpfung gegen die Schmähung der beiden Kollegen, die in den Traumgedanken enthalten war. Der Traum war mein eigener; ich darf darum dessen Analyse mit der Mitteilung fortsetzen, daß mein Gefühl durch die erreichte Lösung noch nicht befriedigt war. Ich wußte, daß mein Urteil über die in den Traumgedanken mißhandelten Kollegen im Wachen ganz anders gelautet hatte; die Macht des Wunsches, ihr Schicksal in betreff der Ernennung nicht zu teilen, erschien mir zu gering, um den Gegensatz zwischen wacher und Traumschätzung voll aufzuklären. Wenn mein Bedürfnis, mit einem anderen Titel angeredet zu werden, so stark sein sollte, so beweist dies einen krankhaften Ehrgeiz, den ich nicht an mir kenne, den ich ferne von mir glaube. Ich weiß nicht, wie andere, die mich zu kennen glauben, in diesem Punkt über mich urteilen würden; vielleicht habe ich auch wirklich Ehrgeiz besessen; aber wenn, so hat er sich längst auf andere Objekte als auf Titel und Rang eines *Professor extraordinarius* geworfen.

Woher dann also der Ehrgeiz, der mir den Traum eingegeben hat? Da fällt mir ein, was ich so oft in der Kindheit erzählen gehört habe, daß bei meiner Geburt eine alte Bäuerin der über den Erstgeborenen glücklichen Mutter prophezeit, daß sie der Welt einen großen Mann geschenkt habe. Solche Prophezeiungen müssen sehr häufig vorfallen; es gibt so viel erwartungsfrohe Mütter und so viel alte Bäuerinnen oder andere alte Weiber, deren Macht auf Erden vergangen ist und die sich darum der Zukunft zugewendet haben. Es wird auch nicht der Schade der Prophetin gewesen sein. Sollte meine Größensehnsucht aus dieser Quelle stammen? Aber da besinne ich mich eben eines anderen Eindrucks aus späteren Jugendjahren, der sich zur Erklärung noch besser eignen würde: Es war eines Abends in einem der Wirtshäuser im Prater, wohin die Eltern den elf- oder zwölfjährigen Knaben mitzunehmen pflegten, daß uns ein Mann auffiel, der von Tisch zu Tisch ging und für ein kleines Honorar Verse über ein ihm aufgegebenes Thema improvisierte. Ich wurde abgeschickt, den Dichter an unseren Tisch zu bestellen, und er erwies sich dem Boten dankbar. Ehe er nach seiner Aufgabe fragte, ließ er einige Reime über mich fallen und erklärte es in seiner Inspiration für wahrscheinlich, daß ich noch einmal »Minister« werde. An den Eindruck dieser zweiten Prophezeiung kann ich mich noch sehr wohl erinnern. Es war die Zeit des Bürgerministeriums[1], der Vater hatte kurz vorher die Bilder der bürgerlichen Doktoren Herbst, Giskra, Unger, Berger u. a. nach Hause gebracht, und wir hatten diesen Herren zur Ehre illuminiert. Es waren sogar Juden unter ihnen; jeder fleißige Judenknabe trug also das Ministerportefeuille in seiner Schultasche. Es muß mit den Eindrücken jener Zeit sogar zusammenhängen, daß ich bis kurz vor der Inskription an der Universität willens war, Jura zu studieren, und erst im letzten Moment umsattelte. Dem Mediziner ist ja die Ministerlaufbahn überhaupt verschlossen. Und nun mein Traum! Ich merke es erst jetzt, daß er mich aus der trüben Gegenwart in die hoffnungsfrohe Zeit des Bürgerministeriums zurückversetzt und meinen Wunsch von *damals* nach seinen Kräften erfüllt. Indem ich die beiden gelehrten und achtenswerten Kollegen, weil sie Juden sind, so schlecht behandle, den einen, als ob er ein Schwachkopf, den anderen, als ob er

[1] [Nach Einführung der neuen österreichischen Verfassung von 1867 gebildetes Kabinett liberaler Prägung.]

ein Verbrecher wäre, indem ich so verfahre, benehme ich mich, als ob ich der Minister wäre, habe ich mich an die Stelle des Ministers gesetzt. Welch gründliche Rache an Seiner Exzellenz! Er verweigert es, mich zum *Professor extraordinarius* zu ernennen, und ich setze mich dafür im Traum an seine Stelle.

In einem anderen Falle konnte ich merken, daß der Wunsch, welcher den Traum erregt, obzwar ein gegenwärtiger, doch eine mächtige Verstärkung aus tiefreichenden Kindererinnerungen bezieht. Es handelt sich hier um eine Reihe von Träumen, denen die Sehnsucht, nach *Rom* zu kommen, zugrunde liegt. Ich werde diese Sehnsucht wohl noch lange Zeit durch Träume befriedigen müssen, denn um die Zeit des Jahres, welche mir für eine Reise zur Verfügung steht, ist der Aufenthalt in Rom aus Rücksichten der Gesundheit zu meiden[1]. So träume ich denn einmal, daß ich vom Coupéfenster aus Tiber und Engelsbrücke sehe; dann setzt sich der Zug in Bewegung, und es fällt mir ein, daß ich die Stadt ja gar nicht betreten habe. Die Aussicht, die ich im Traume sah, war einem bekannten Stiche nachgebildet, den ich tags zuvor im Salon eines Patienten flüchtig bemerkt hatte. Ein andermal führt mich jemand auf einen Hügel und zeigt mir Rom vom Nebel halb verschleiert und noch so ferne, daß ich mich über die Deutlichkeit der Aussicht wundere. Der Inhalt dieses Traumes ist reicher, als ich hier ausführen möchte. Das Motiv, »das gelobte Land von ferne sehen«, ist darin leicht zu erkennen. Die Stadt, die ich so zuerst im Nebel gesehen habe, ist – *Lübeck;* der Hügel findet sein Vorbild in – *Gleichenberg*[2]. In einem dritten Traum bin ich endlich in Rom, wie mir der Traum sagt. Ich sehe aber zu meiner Enttäuschung eine keineswegs städtische Szenerie, *einen kleinen Fluß mit dunklem Wasser, auf der einen Seite desselben schwarze Felsen, auf der anderen Wiesen mit großen weißen Blumen. Ich bemerke einen Herrn Zucker* (den ich oberflächlich kenne) *und beschließe, ihn um den Weg in die Stadt zu fragen.* Es ist offenbar, daß ich mich vergebens bemühe, eine Stadt im Traume zu sehen, die ich im Wachen nicht gesehen habe. Wenn ich das Landschaftsbild des Traums in seine Elemente zersetze, so deuten die weißen Blumen auf das mir bekannte *Ravenna,* das wenigstens eine Zeitlang als Italiens Hauptstadt Rom den Vorrang ab-

---

[1] [*Zusatz 1909:*] Ich habe seither längst erfahren, daß auch zur Erfüllung solcher lange für unerreichbar gehaltenen Wünsche nur etwas Mut erfordert wird, [*Zusatz 1925:*] und bin dann ein eifriger *Rom*pilger geworden.

[2] [Kurort in der Steiermark, unweit von Graz.]

genommen hatte. In den Sümpfen um Ravenna haben wir die schönsten Seerosen mitten im schwarzen Wasser gefunden; der Traum läßt sie auf Wiesen wachsen wie die Narzissen in unserm *Aussee*, weil es damals so mühselig war, sie aus dem Wasser zu holen. Der dunkle Fels, so nahe am Wasser, erinnert lebhaft an das Tal der *Tepl* bei *Karlsbad*. *»Karlsbad«* setzt mich nun in den Stand, mir den sonderbaren Zug zu erklären, daß ich Herrn Zucker um den Weg frage. Es sind hier in dem Material, aus dem der Traum gesponnen ist, zwei jener lustigen jüdischen Anekdoten zu erkennen, die soviel tiefsinnige, oft bittere Lebensweisheit verbergen und die wir in Gesprächen und Briefen so gerne zitieren [1]. Die eine ist die Geschichte von der »Konstitution«, des Inhalts, wie ein armer Jude ohne Fahrbillet den Einlaß in den Eilzug nach Karlsbad erschleicht, dann ertappt, bei jeder Revision vom Zuge gewiesen und immer härter behandelt wird, und der dann einem Bekannten, welcher ihn auf einer seiner Leidensstationen antrifft, auf die Frage, wohin er reise, zur Antwort gibt: »Wenn's meine Konstitution aushält – nach *Karlsbad*.« Nahe dabei ruht im Gedächtnis eine andere Geschichte, von einem des Französischen unkundigen Juden, dem eingeschärft wird, in Paris nach dem Wege zur Rue Richelieu zu fragen. Auch *Paris* war lange Jahre hindurch ein Ziel meiner Sehnsucht, und die Seligkeit, in welcher ich zuerst den Fuß auf das Pflaster von Paris setzte, nahm ich als Gewähr, daß ich auch die Erfüllung anderer Wünsche erreichen werde. Das Um-den-Weg-Fragen ist ferner eine direkte Anspielung an *Rom*, denn nach Rom führen bekanntlich alle Wege. Übrigens deutet der Name *Zucker* wiederum auf *Karlsbad*, wohin wir doch alle mit der *konstitutionellen* Krankheit Diabetes Behafteten schicken. Der Anlaß dieses Traumes war der Vorschlag meines Berliner Freundes, uns zu Ostern in Prag zu treffen. Aus den Dingen, die ich mit ihm zu besprechen hatte, würde sich eine weitere Beziehung zu »Zucker« und »Diabetes« ergeben.

Ein vierter Traum, kurz nach dem letzterwähnten, bringt mich wieder nach Rom. Ich sehe eine Straßenecke vor mir und wundere mich darüber, daß dort so viele deutsche Plakate angeschlagen sind. Tags vorher hatte ich meinem Freund in prophetischer Voraussicht geschrieben, Prag

[1] [Im Brief vom 12. Juni 1897 an Fließ (Freud, 1950 *a*, Brief Nr. 65) erwähnt Freud, daß er eine Sammlung solcher Anekdoten anlege; von dieser Sammlung machte er dann in seinem Buch über den Witz (Freud, 1905 *c*) vielfach Gebrauch. Auf die erste der oben erwähnten Anekdoten spielt er in seinen Briefen mehrmals an; und Rom und Karlsbad wurden als Symbole für unerreichbare Ziele erkannt. (Z. B. in den Briefen Nr. 112 und 130.)

dürfte für deutsche Spaziergänger kein bequemer Aufenthaltsort sein. Der Traum drückte also gleichzeitig den Wunsch aus, ihn in Rom zu treffen anstatt in einer böhmischen Stadt, und das wahrscheinlich aus der Studentenzeit stammende Interesse daran, daß in Prag der deutschen Sprache mehr Duldung gewährt sein möge. Die tschechische Sprache muß ich übrigens in meinen ersten Kinderjahren verstanden haben, da ich in einem kleinen Orte Mährens mit slawischer Bevölkerung geboren bin. Ein tschechischer Kindervers, den ich in meinem siebzehnten Jahre gehört, hat sich meinem Gedächtnis mühelos so eingeprägt, daß ich ihn noch heute hersagen kann, obwohl ich keine Ahnung von seiner Bedeutung habe. Es fehlt also auch diesen Träumen nicht an mannigfaltigen Beziehungen zu den Eindrücken meiner ersten Lebensjahre.

Auf meiner letzten Italienreise, die mich unter anderem am Trasimener See vorbeiführte, fand ich endlich, nachdem ich den Tiber gesehen und schmerzlich bewegt achtzig Kilometer weit von Rom umgekehrt war, die Verstärkung auf, welche meine Sehnsucht nach der ewigen Stadt aus Jugendeindrücken bezieht. Ich erwog gerade den Plan, ein nächstes Jahr an Rom vorbei nach Neapel zu reisen, als mir ein Satz einfiel, den ich bei einem unserer klassischen Schriftsteller[1] gelesen haben muß: Es ist fraglich, wer eifriger in seiner Stube auf und ab lief, nachdem er den Plan gefaßt, nach Rom zu gehen, der Konrektor *Winckelmann* oder der Feldherr *Hannibal*. Ich war ja auf den Spuren Hannibals gewandelt; es war mir so wenig wie ihm beschieden, Rom zu sehen, und auch er war nach *Kampanien* gezogen, nachdem alle Welt in Rom ihn erwartet hatte. Hannibal, mit dem ich diese Ähnlichkeit erreicht hatte, war aber der Lieblingsheld meiner Gymnasialjahre gewesen; wie so viele in jenem Alter, hatte ich meine Sympathien während der punischen Kriege nicht den Römern, sondern dem Karthager zugewendet. Als dann im Obergymnasium das erste Verständnis für die Konsequenzen der Abstammung aus landesfremder Rasse erwuchs und die antisemitischen Regungen unter den Kameraden mahnten, Stellung zu nehmen, da hob sich die Gestalt des semitischen Feldherrn noch höher in meinen Augen. *Hannibal* und *Rom* symbolisierten dem Jüngling den Gegensatz zwischen der Zähigkeit des Judentums und der Organisation der katholischen Kirche. Die Bedeutung, welche die antisemitische Bewegung seither für unser Gemütsleben gewonnen hat, verhalf dann den Gedanken und Empfin-

[1] [*Zusatz 1925:*] Der Schriftsteller, bei dem ich diese Stelle las, muß wohl Jean Paul gewesen sein. – [Der Entschluß, nach Rom zu gehen, war auch der Wendepunkt im Leben Winckelmanns, des Begründers der klassischen Archäologie im 18. Jahrhundert.]

dungen jener früheren Zeit zur Fixierung. So ist der Wunsch, nach Rom zu kommen, für das Traumleben zum Deckmantel und Symbol für mehrere andere heiß ersehnte Wünsche geworden, an deren Verwirklichung man mit der Ausdauer und Ausschließlichkeit des Puniers arbeiten möchte und deren Erfüllung zeitweilig vom Schicksal ebensowenig begünstigt scheint wie der Lebenswunsch Hannibals, in Rom einzuziehen.

Und nun stoße ich erst auf das Jugenderlebnis, das in all diesen Empfindungen und Träumen noch heute seine Macht äußert. Ich mochte zehn oder zwölf Jahre gewesen sein, als mein Vater begann, mich auf seine Spaziergänge mitzunehmen und mir in Gesprächen seine Ansichten über die Dinge dieser Welt zu eröffnen. So erzählte er mir einmal, um mir zu zeigen, in wieviel bessere Zeiten ich gekommen sei als er: Als ich ein junger Mensch war, bin ich in deinem Geburtsort am Samstag in der Straße spazierengegangen, schön gekleidet, mit einer neuen Pelzmütze auf dem Kopf. Da kommt ein Christ daher, haut mir mit einem Schlag die Mütze in den Kot und ruft dabei: Jud, herunter vom Trottoir! »Und was hast du getan?« Ich bin auf den Fahrweg gegangen und habe die Mütze aufgehoben, war die gelassene Antwort. Das schien mir nicht heldenhaft von dem großen starken Mann, der mich Kleinen an der Hand führte. Ich stellte dieser Situation, die mich nicht befriedigte, eine andere gegenüber, die meinem Empfinden besser entsprach, die Szene, in welcher Hannibals Vater, Hamilkar Barkas [1], seinen Knaben vor dem Hausaltar schwören läßt, an den Römern Rache zu nehmen. Seitdem hatte Hannibal einen Platz in meinen Phantasien.

Ich meine, daß ich diese Schwärmerei für den karthagischen General noch ein Stück weiter in meine Kindheit zurück verfolgen kann, so daß es sich auch hier nur um die Übertragung einer bereits gebildeten Affektrelation auf einen neuen Träger handeln dürfte. Eines der ersten Bücher, das dem lesefähigen Kind in die Hände fiel, war Thiers' *Konsulat und Kaiserreich;* ich erinnere mich, daß ich meinen Holzsoldaten kleine Zettel mit den Namen der kaiserlichen Marschälle auf den flachen Rücken geklebt und daß damals schon Masséna (als Jude: Menasse) mein erklärter Liebling war [2]. (Diese Bevorzugung wird wohl auch durch den Zufall des gleichen Geburtsdatums, genau hundert Jahre später, auf-

---

[1] [*Zusatz 1909:*] In der ersten Auflage stand hier der Name: Hasdrubal, ein befremdender Irrtum, dessen Aufklärung ich in meiner *Psychopathologie des Alltagslebens* [1901 *b*, Kapitel X (2)] gegeben habe.

[2] [*Zusatz 1930:*] Die jüdische Abstammung des Marschalls wird übrigens bezweifelt.

zuklären sein[1].) Napoleon selbst schließt sich durch den Übergang über die Alpen an Hannibal an. Und vielleicht ließe sich die Entwicklung dieses Kriegerideals noch weiter zurück in die Kindheit verfolgen bis auf Wünsche, die der bald freundschaftliche, bald kriegerische Verkehr während der ersten drei Jahre mit einem um ein Jahr älteren Knaben bei dem schwächeren der beiden Gespielen hervorrufen mußte[2].

Je tiefer man sich in die Analyse der Träume einläßt, desto häufiger wird man auf die Spur von Kindheitserlebnissen geführt, welche im latenten Trauminhalt eine Rolle als Traumquellen spielen.

Wir haben gehört (S. 47), daß der Traum sehr selten Erinnerungen so reproduziert, daß sie unverkürzt und unverändert den alleinigen manifesten Trauminhalt bilden. Immerhin sind einige Beispiele für dieses Vorkommen sichergestellt, zu denen ich einige neue hinzufügen kann, die sich wiederum auf Infantilszenen beziehen. Bei einem meiner Patienten brachte einmal ein Traum eine kaum entstellte Wiedergabe eines sexuellen Vorfalles, die sofort als getreue Erinnerung erkannt wurde. Die Erinnerung daran war im Wachen zwar nie völlig verloren gewesen, aber doch stark verdunkelt worden, und ihre Neubelebung war ein Erfolg der vorausgegangenen analytischen Arbeit. Der Träumer hatte mit zwölf Jahren einen bettlägerigen Kollegen besucht, der sich wahrscheinlich nur zufällig bei einer Bewegung im Bette entblößte. Beim Anblick seiner Genitalien von einer Art Zwang ergriffen, entblößte er sich selbst und faßte das Glied des anderen, der ihn aber unwillig und verwundert ansah, worauf er verlegen wurde und abließ. Diese Szene wiederholte ein Traum dreiundzwanzig Jahre später auch mit allen Einzelheiten der in ihr vorkommenden Empfindungen, veränderte sie aber dahin, daß der Träumer anstatt der aktiven die passive Rolle übernahm, während die Person des Schulkollegen durch eine der Gegenwart angehörige ersetzt wurde. [S. auch S. 201.]

In der Regel freilich ist die Infantilszene im manifesten Trauminhalt nur durch eine Anspielung vertreten und muß durch Deutung aus dem Traum entwickelt werden. Die Mitteilung solcher Beispiele kann nicht sehr beweiskräftig ausfallen, weil ja für diese Kindererlebnisse meistens jede andere Gewähr fehlt; sie werden, wenn sie in ein frühes Alter fallen, von der Erinnerung nicht mehr anerkannt. Das Recht, überhaupt

[1] [Dieser Satz wurde 1914 hinzugefügt.]

[2] [Eine ausführlichere Darstellung dieser Zusammenhänge findet sich auf S. 411 f. und S. 465 f.]

aus Träumen auf solche Kindererlebnisse zu schließen, ergibt sich bei der psychoanalytischen Arbeit aus einer ganzen Reihe von Momenten, die in ihrem Zusammenwirken verläßlich genug erscheinen. Zum Zwecke der Traumdeutung aus ihrem Zusammenhange gerissen, werden solche Zurückführungen auf Kindererlebnisse vielleicht wenig Eindruck machen, besonders da ich nicht einmal alles Material mitteile, auf welches sich die Deutung stützt. Indes will ich mich darum von der Mitteilung nicht abhalten lassen.

I

Bei einer meiner Patientinnen haben alle Träume den Charakter des *»Gehetzten«;* sie hetzt sich, um zurechtzukommen, den Eisenbahnzug nicht zu versäumen u. dgl. In einem Traume *soll sie ihre Freundin besuchen; die Mutter hat ihr gesagt, sie soll fahren, nicht gehen; sie läuft aber und fällt dabei in einem fort.* – Das bei der Analyse auftauchende Material gestattet, die Erinnerung an Kinderhetzereien zu erkennen (man weiß, was der Wiener *»eine Hetz«* nennt), und gibt speziell für den einen Traum die Zurückführung auf den bei Kindern beliebten Scherz, den Satz: *»Die Kuh rannte, bis sie fiel«* so rasch auszusprechen, als ob er ein einziges Wort wäre, was wiederum ein »Hetzen« ist. Alle diese harmlosen Hetzereien unter kleinen Freundinnen werden erinnert, weil sie andere, minder harmlose, ersetzen.

II

Von einer anderen folgender Traum: *Sie ist in einem großen Zimmer, in dem allerlei Maschinen stehen, etwa so, wie sie sich eine orthopädische Anstalt vorstellt. Sie hört, daß ich keine Zeit habe und daß sie die Behandlung gleichzeitig mit fünf anderen machen muß. Sie sträubt sich aber und will sich in das für sie bestimmte Bett – oder was es ist – nicht legen. Sie steht in einem Winkel und wartet, daß ich sage, es ist nicht wahr. Die anderen lachen sie unterdes aus, es sei Faxerei von ihr. – Daneben, als ob sie viele kleine Quadrate machen würde.*

Der erste Teil dieses Trauminhalts ist eine Anknüpfung an die Kur und Übertragung auf mich. Der zweite enthält die Anspielung an die Kinderszene; mit der Erwähnung des Bettes sind die beiden Stücke aneinandergelötet. Die *orthopädische Anstalt* geht auf eine meiner Reden zurück, in der ich die Behandlung ihrer Dauer wie ihrem Wesen nach mit einer *orthopädischen* verglichen hatte. Ich mußte ihr zu Anfang der Behandlung mitteilen, *daß ich vorläufig wenig Zeit für sie habe*, ihr aber später eine ganze Stunde täglich widmen würde. Dies machte die alte Empfindlichkeit in ihr rege, die ein Hauptcharakterzug der zur Hysterie bestimmten Kinder ist. Sie sind unersättlich nach Liebe. Meine Patientin war die jüngste von sechs Geschwistern (daher: *mit fünf anderen*) und als solche der Liebling des Vaters, scheint aber gefunden zu haben, daß der geliebte Vater ihr noch zu wenig Zeit und Aufmerksamkeit widme. – Daß *sie wartet, bis ich sage, es ist nicht wahr*, hat folgende Ableitung: Ein kleiner Schneiderjunge hatte ihr ein Kleid gebracht und sie ihm dafür das Geld mitgegeben. Dann fragte sie ihren Mann, ob sie das Geld nochmals bezahlen müsse, wenn er es verliere. Der Mann, um sie zu *necken*, versicherte: ja (die *Neckerei* im Trauminhalt), und sie fragte immer wieder von neuem *und wartete darauf, daß er endlich sage, es ist nicht wahr*. Nun läßt sich für den latenten Trauminhalt der Gedanke konstruieren, ob sie mir wohl das Doppelte bezahlen müsse, wenn ich ihr die doppelte Zeit widme, ein Gedanke, der geizig oder *schmutzig* ist. (Die Unreinlichkeit der Kinderzeit wird sehr häufig vom Traum durch Geldgeiz ersetzt; das Wort »schmutzig« bildet dabei die Brücke[1].) Wenn all das vom *Warten, bis ich sage* usw., das Wort »schmutzig« im Traum umschreiben soll, so stimmt das *Im-Winkel-Stehen* und das *Sich-nicht-ins-Bett-Legen* dazu als Bestandteil einer Kinderszene, in der sie das Bett schmutzig gemacht hätte, zur Strafe *in den Winkel gestellt* wird unter der Androhung, daß sie der Papa nicht mehr liebhaben werde, die Geschwister sie auslachen usw. Die *kleinen Quadrate* zielen auf ihre kleine Nichte, die ihr die Rechenkunst gezeigt, wie man in neun Quadrate, glaube ich, Zahlen so einschreibt, daß sie addiert nach allen Richtungen fünfzehn ergeben.

III

Der Traum eines Mannes: *Er sieht zwei Knaben, die sich balgen, und zwar Faßbinderknaben, wie er aus den herumliegenden Gerätschaften schließt; einer der Knaben hat den anderen niedergeworfen, der liegende Knabe hat Ohrringe mit blauen Steinen. Er eilt dem Missetäter mit erhobenem Stock nach, um ihn zu züchtigen. Dieser flüchtet zu einer Frau, die bei einem Bretterzaun steht, als ob sie seine Mutter wäre. Es*

[1] [Über dieses Thema verbreitet sich Freud ausführlich in ›Charakter und Analerotik‹ (1908 *b*).]

ist eine Taglöhnersfrau, die dem Träumer den Rücken zuwendet. Endlich kehrt sie sich um und schaut ihn mit einem gräßlichen Blick an, so daß er erschreckt davonläuft. An ihren Augen sieht man vom unteren Lid das rote Fleisch vorstehen.

Der Traum hat triviale Begebenheiten des Vortags reichlich verwertet. Er hat gestern wirklich zwei Knaben auf der Straße gesehen, von denen einer den anderen hinwarf. Als er hinzueilte, um zu schlichten, ergriffen sie die Flucht. – *Faßbinderknaben:* wird erst durch einen nachfolgenden Traum erklärt, in dessen Analyse er die Redensart gebraucht: *Dem Faß den Boden ausschlagen.* – *Ohrringe mit blauen Steinen* tragen nach seiner Beobachtung meist die Prostituierten. So fügt sich ein bekannter Klapphornvers von *zwei Knaben* an: Der andere Knabe, der hieß Marie (d. h. war ein Mädchen). – *Die stehende Frau:* Nach der Szene mit den beiden Knaben ging er am Donauufer spazieren und benützte die Einsamkeit dort, um gegen *einen Bretterzaun* zu urinieren. Auf dem weiteren Weg lächelte ihn eine anständig gekleidete ältere Dame sehr freundlich an und wollte ihm ihre Adreßkarte überreichen.

Da die Frau im Traume so steht wie er beim Urinieren, so handelt es sich um ein urinierendes Weib, und dazu gehört dann der gräßliche *»Anblick«, das Vorstehen des roten Fleisches,* was sich nur auf die beim Kauern klaffenden Genitalien beziehen kann, die, in der Kinderzeit gesehen, in der späteren Erinnerung als *»wildes Fleisch«,* als »Wunde« wieder auftreten. Der Traum vereinigt zwei Anlässe, bei denen der kleine Knabe die Genitalien kleiner Mädchen sehen konnte, beim *Hinwerfen* und bei deren *Urinieren,* und wie aus dem anderen Zusammenhange hervorgeht, bewahrt er die Erinnerung an eine *Züchtigung* oder Drohung des Vaters wegen der von dem Buben bei diesen Anlässen bewiesenen sexuellen Neugierde.

IV

Eine ganze Summe von Kindererinnerungen, zu einer Phantasie notdürftig vereinigt, findet sich hinter folgendem Traum einer älteren Dame.

Sie geht in Hetze aus, Kommissionen zu machen. Auf dem Graben sinkt sie dann, wie zusammengebrochen, in die Knie. Viele Leute sammeln sich um sie, besonders die Fiakerkutscher; aber niemand hilft ihr auf. Sie macht viele vergebliche Versuche; endlich muß es gelungen sein, denn man setzt sie in einen Fiaker, der sie nach Hause bringen soll; durchs

Fenster wirft man ihr einen großen, schwer gefüllten Korb nach (ähnlich einem Einkaufskorb).

Es ist dieselbe, die in ihren Träumen immer gehetzt wird, wie sie als Kind gehetzt hat. [S. oben S. 210.] Die erste Situation des Traumes ist offenbar von dem Anblick eines gestürzten Pferdes hergenommen, wie auch das »Zusammenbrechen« auf Wettrennen deutet. Sie war in jungen Jahren *Reiterin,* in noch jüngeren wahrscheinlich auch *Pferd.* Zu dem *Hinstürzen* gehört die erste Kindheitserinnerung an den siebzehnjährigen Sohn des Portiers, der, auf der Straße von epileptischen Krämpfen befallen, im Wagen nach Hause gebracht wurde. Davon hat sie natürlich nur gehört, aber die Vorstellung von epileptischen Krämpfen, vom *»Hinfallenden«* hat große Macht über ihre Phantasie gewonnen und später ihre eigenen hysterischen Anfälle in ihrer Form beeinflußt. – Wenn eine Frauensperson vom Fallen träumt, so hat das wohl regelmäßig einen sexuellen Sinn, sie wird eine *»Gefallene«*; für unseren Traum wird diese Deutung am wenigsten zweifelhaft sein, denn sie fällt auf dem *Graben,* jenem Platze von Wien, der als Korso der Prostitution bekannt ist. Der *Einkaufskorb* gibt mehr als eine Deutung; als Korb erinnert er an die vielen *Körbe,* die sie zuerst ihren Freiern ausgeteilt und später, wie sie meint, sich auch selbst geholt hat. Dazu gehört dann auch, daß ihr *niemand aufhelfen will,* was sie selbst als Verschmähtwerden auslegt. Ferner erinnert der *Einkaufskorb* an Phantasien, die der Analyse bereits bekannt geworden sind, in denen sie tief unter ihrem Stande geheiratet hat und nun selbst zu Markte einkaufen geht. Endlich aber könnte der Einkaufskorb als Zeichen einer *dienenden Person* gedeutet werden. Dazu kommen nun weitere Kindheitserinnerungen, an eine Köchin, die weggeschickt wurde, weil sie stahl; die ist auch so *in die Knie gesunken* und hat gefleht. Sie war damals zwölf Jahre alt. Dann an ein Stubenmädchen, das weggeschickt wurde, weil es sich mit dem *Kutscher* des Hauses abgab, der sie übrigens später heiratete. Diese Erinnerung ergibt uns also eine Quelle für die *Kutscher* im Traum (die sich im Gegensatz zur Wirklichkeit der Gefallenen nicht annehmen). Es bleibt aber noch das *Nachwerfen* des Korbs, und zwar *durchs Fenster,* zu erklären. Das mahnt sie an das *Expedieren* des Gepäcks auf der Eisenbahn, an das *»Fensterln«* auf dem Lande, an kleine Eindrücke von dem Landaufenthalte, wie ein Herr einer Dame *blaue Pflaumen durchs Fenster* in ihr Zimmer wirft, wie ihre kleine Schwester sich gefürchtet, weil ein vorübergehender Trottel *durchs Fenster* ins Zimmer sah. Und nun taucht dahinter eine dunkle Erinnerung aus dem zehnten Lebensjahre auf, von einer Bonne, die auf dem Lande Liebesszenen mit einem Diener des Hauses aufführte, von denen das Kind doch etwas gemerkt haben konnte, und die mitsamt ihrem Liebhaber *»expediert«*, *»hinausgeworfen«* wurde (im Traum der Gegensatz: *»hineingeworfen«*), eine Geschichte, der wir uns auch von mehreren anderen Wegen her genähert hatten. Das Gepäck, der Koffer einer dienenden Person, wird aber in Wien geringschätzig als die »sieben *Zwetschken*« bezeichnet. »Pack' deine sieben Zwetschken zusammen und geh'.«

An solchen Träumen von Patienten, deren Analyse zu dunkel oder gar nicht mehr erinnerten Kindereindrücken, oft aus den ersten drei Lebensjahren, führt, hat meine Sammlung natürlich überreichen Vorrat. Es ist aber mißlich, Schlüsse aus ihnen zu ziehen, die für den Traum im allgemeinen gelten sollen; es handelt sich ja regelmäßig um neurotische, speziell hysterische Personen, und die Rolle, welche den Kinderszenen in diesen Träumen zufällt, könnte durch die Natur der Neurose und nicht durch das Wesen des Traums bedingt sein. Indes begegnet es mir bei der Deutung meiner eigenen Träume, die ich doch nicht wegen grober Leidenssymptome unternehme, ebensooft, daß ich im latenten Trauminhalt unvermutet auf eine Infantilszene stoße und daß mir eine ganze Serie von Träumen mit einemmal in die von einem Kindererlebnis ausgehenden Bahnen einmündet. Beispiele hiefür habe ich schon [S. 204–9] erbracht, und ich werde noch bei verschiedenen Anlässen weitere erbringen. Vielleicht kann ich den ganzen Abschnitt nicht besser beschließen als durch Mitteilung einiger Träume, in denen rezente Anlässe und langvergessene Kindererlebnisse mitsammen als Traumquellen auftreten.

I

Nachdem ich gereist bin, müde und hungrig das Bett aufgesucht habe, melden sich im Schlafe die großen Bedürfnisse des Lebens und ich träume: *Ich gehe in eine Küche, um mir Mehlspeise geben zu lassen. Dort stehen drei Frauen, von denen eine die Wirtin ist und etwas in der Hand dreht, als ob sie Knödel machen würde. Sie antwortet, daß ich warten soll, bis sie fertig ist* (nicht deutlich als Rede). *Ich werde ungeduldig und gehe beleidigt weg. Ich ziehe einen Überrock an; der erste, den ich versuche, ist mir aber zu lang. Ich ziehe ihn wieder aus, etwas überrascht, daß er Pelzbesatz hat. Ein zweiter, den ich anziehe, hat einen langen Streifen mit türkischer Zeichnung eingesetzt. Ein Fremder mit langem Gesicht und kurzem Spitzbart kommt hinzu und hindert mich am Anziehen, indem er ihn für den seinen erklärt. Ich zeige ihm nun, daß er über und über türkisch gestickt ist. Er fragt: Was gehen Sie die türkischen (Zeichnungen, Streifen ..) an? Wir sind aber dann ganz freundlich miteinander.*

In der Analyse dieses Traums fällt mir ganz unerwartet der erste Roman ein, den ich, vielleicht dreizehnjährig, gelesen, d. h. mit dem Ende des ersten Bandes begonnen habe. Den Namen des Romans und seines Autors habe ich nie gewußt, aber der Schluß ist mir nun in lebhafter Erinnerung. Der Held verfällt in Wahnsinn und ruft beständig die drei Frauennamen, die ihm im Leben das größte Glück und das Unheil bedeutet haben. *Pélagie* ist einer dieser Namen. Noch weiß ich nicht, was ich mit diesem Einfall in der Analyse beginnen werde. Da tauchen zu den drei Frauen die drei Parzen auf, die das Geschick des Menschen spinnen, und ich weiß, daß eine der drei Frauen, die Wirtin im Traum, die Mutter ist, die das Leben gibt, mitunter auch, wie bei mir, dem Lebenden die erste Nahrung. An der Frauenbrust treffen sich Liebe und Hunger. Ein junger Mann, erzählt die Anekdote, der ein großer Verehrer der Frauenschönheit wurde, äußerte einmal, als die Rede auf die schöne Amme kam, die ihn als Säugling genährt: es tue ihm leid, die gute Gelegenheit damals nicht besser ausgenützt zu haben. Ich pflege mich der Anekdote zur Erläuterung für das Moment der *Nachträglichkeit* in dem Mechanismus der Psychoneurosen zu bedienen [1]. – Die eine der Parzen also reibt die Handflächen aneinander, als ob sie *Knödel* machen würde. Eine sonderbare Beschäftigung für eine Parze, welche dringend der Aufklärung bedarf! Diese kommt nun aus einer anderen und früheren Kindererinnerung. Als ich sechs Jahre alt war und den ersten Unterricht bei meiner Mutter genoß, sollte ich glauben, daß wir aus Erde gemacht sind und darum zur Erde zurückkehren müssen. Es behagte mir aber nicht, und ich zweifelte die Lehre an. Da rieb die Mutter die Handflächen aneinander – ganz ähnlich wie beim Knödelmachen, nur daß sich kein Teig zwischen ihnen befindet – und zeigte mir die schwärzlichen *Epidermis*schuppen, die sich dabei abreiben, als eine Probe der Erde, aus der wir gemacht sind, vor. Mein Erstaunen über diese Demonstration *ad oculos* war grenzenlos, und ich ergab mich in das, was ich später in den Worten ausgedrückt hören sollte: »Du bist der Natur

---

[1] [Hinweis auf eine später aufgegebene Theorie über den Mechanismus der Hysterie, die Freud in seinem frühen ›Entwurf einer Psychologie‹ (Freud, 1950 *a*), und zwar in den späteren Abschnitten von Teil II, darlegt.]

einen Tod schuldig.«[1] So sind es also wirklich Parzen, zu denen ich in die Küche gehe, wie so oft in den Kinderjahren, wenn ich hungrig war und die Mutter beim Herd mich mahnte zu warten, bis das Mittagessen fertig sei. Und nun die *Knödel*! Wenigstens einer meiner Universitätslehrer, aber gerade der, dem ich meine *histologischen* Kenntnisse *(Epidermis)* verdanke, wird sich bei dem Namen *Knödl* an eine Person erinnern, die er belangen mußte, weil sie ein *Plagiat* an seinen Schriften begangen hatte. Ein Plagiat begehen, sich aneignen, was man bekommen kann, auch wenn es einem andern gehört, leitet offenbar zum zweiten Teil des Traumes, in dem ich wie der *Überrockdieb* behandelt werde, der eine Zeitlang in den Hörsälen sein Wesen trieb. Ich habe den Ausdruck *Plagiat* niedergeschrieben, absichtslos, weil er sich mir darbot, und nun merke ich, daß er als Brücke zwischen verschiedenen Stücken des manifesten Trauminhalts dienen kann. Die Assoziationskette *Pélagie – Plagiat – Plagiostomen*[2] *(Haifische) – Fischblase* verbindet den alten Roman mit der Affäre *Knödl* und mit den Überziehern, die ja offenbar ein Gerät der sexuellen Technik bedeuten[3]. (Vgl. Maurys Traum von *Kilo – Lotto*, S. 82.) Eine höchst gezwungene und unsinnige Verbindung zwar, aber doch keine, die ich im Wachen herstellen könnte, wenn sie nicht schon durch die Traumarbeit hergestellt wäre. Ja, als ob dem Drang, Verbindungen zu erzwingen, gar nichts heilig wäre, dient nun der teure Name *Brücke*[4] (Wort*brücke* siehe oben) dazu, mich an dasselbe Institut zu erinnern, in dem ich meine glücklichsten Stunden als Schüler verbracht, sonst ganz bedürfnislos

(»So wird's Euch an der Weisheit *Brüsten*
mit jedem Tage mehr gelüsten«[5]),

im vollsten Gegensatz zu den Begierden, die mich, während ich träume, *plagen*. Und endlich taucht die Erinnerung an einen anderen teuren Lehrer auf, dessen Name wiederum an etwas Eßbares anklingt (*Fleischl*, wie *Knödl*), und an eine traurige Szene, in der *Epidermisschuppen* eine

---

[1] [Offensichtlich nach Shakespeares *I Heinrich IV* (V. Akt, 1. Szene); dort sagt Prinz Hal zu Falstaff: »Du bist Gott einen Tod schuldig.«] – Beide zu diesen Kinderszenen gehörigen Affekte, das Erstaunen und die Ergebung ins Unvermeidliche, fanden sich in einem Traum kurz vorher, der mir zuerst die Erinnerung an dieses Kindererlebnis wiederbrachte.

[2] Die Plagiostomen ergänze ich nicht willkürlich; sie mahnen mich an eine ärgerliche Gelegenheit von Blamage vor demselben Lehrer.

[3] [Vgl. S. 198.]

[4] [Für Brücke und Fleischl s. unten die Anm. auf S. 464.]

[5] [Goethe, *Faust*, I. Teil, 4. Szene.]

Rolle spielen (die Mutter – Wirtin) und *Geistesstörung* (der Roman) und ein Mittel aus der lateinischen *Küche*, das den *Hunger* benimmt, das Kokain[1].

So könnte ich den verschlungenen Gedankenwegen weiter folgen und das in der Analyse fehlende Stück des Traums voll aufklären, aber ich muß es unterlassen, weil die persönlichen Opfer, die es erfordern würde, zu groß sind. Ich greife nur einen der Fäden auf, der direkt zu einem der dem Gewirre zugrunde liegenden Traumgedanken führen kann. Der Fremde mit langem Gesicht und Spitzbart, der mich am Anziehen hindern will, trägt die Züge eines Kaufmannes in Spalato, bei dem meine Frau reichlich *türkische* Stoffe eingekauft hat. Er hieß Popović, ein verdächtiger Name, der auch dem Humoristen Stettenheim zu einer andeutungsvollen Bemerkung Anlaß gegeben hat. (»Er nannte mir seinen Namen und drückte mir errötend die Hand.«) Übrigens derselbe Mißbrauch mit Namen wie oben mit Pélagie, Knödl, Brücke, Fleischl. Daß solche Namenspielerei Kinderunart ist, darf man ohne Widerspruch behaupten; wenn ich mich in ihr ergehe, ist es aber ein Akt der Vergeltung, denn mein eigener Name ist unzählige Male solchen schwachsinnigen Witzeleien zum Opfer gefallen. Goethe bemerkt einmal, wie empfindlich man für seinen Namen ist, mit dem man sich verwachsen fühlt wie mit seiner *Haut*, als Herder auf seinen Namen dichtete:

> »Der du von *Göttern* abstammst, von Gothen oder vom Kote« –
> »So seid ihr *Götterbilder* auch zu Staub.«[2]

Ich merke, daß die Abschweifung über den Mißbrauch von Namen nur diese Klage vorbereiten sollte. Aber brechen wir hier ab. – Der Einkauf in Spalato mahnt mich an einen anderen Einkauf in Cattaro[3], bei dem ich allzu zurückhaltend war und die Gelegenheit zu schönen Erwerbungen versäumte. (Die Gelegenheit bei der Amme versäumt, s. o.) Einer der Traumgedanken, die dem Träumer der Hunger eingibt, lautet nämlich: *Man soll sich nichts entgehen lassen, nehmen, was man haben kann, auch wenn ein kleines Unrecht dabei mitläuft; man soll keine Gelegenheit versäumen, das Leben ist so kurz, der Tod unvermeidlich.* Weil es

---

[1] [Vgl. S. 131, Anm.]

[2] [Die erste der beiden Zeilen gibt eine Stelle aus einem scherzhaften Brief Herders an Goethe wieder, mit dem er um die Entleihung einiger Bücher bittet. – Die zweite Zeile, eine weitere freie Assoziation Freuds, stammt aus der bekannten Erkennungsszene in Goethes *Iphigenie auf Tauris* (II. Akt, 2. Szene); es ist Iphigenies Ausruf, als Pylades ihr vom Tode so vieler Helden bei der Belagerung Trojas berichtet.]

[3] [Spalato und Cattaro, Städte an der dalmatinischen Küste.]

auch sexuell gemeint ist und weil die Begierde vor dem Unrecht nicht haltmachen will, hat dieses *carpe diem* die Zensur zu fürchten und muß sich hinter einem Traum verbergen. Dazu kommen nun alle Gegengedanken zu Wort, die Erinnerung an die Zeit, da die *geistige Nahrung* dem Träumer allein genügte, alle Abhaltungen und selbst die Drohungen mit den ekelhaften sexuellen Strafen.

II

Ein zweiter Traum erfordert einen längeren *Vorbericht:*
Ich bin auf den Westbahnhof gefahren, um meine Ferienreise nach Aussee anzutreten, gehe aber schon zum früher abgehenden Ischler Zug auf den Perron. Dort sehe ich nun den Grafen Thun dastehen, der wiederum zum Kaiser nach Ischl fährt[1]. Er war trotz des Regens im offenen Wagen angekommen, direkt durch die Eingangstür für Lokalzüge hinausgetreten und hatte den Türhüter, der ihn nicht kannte und ihm das Billet abnehmen wollte, mit einer kurzen Handbewegung ohne Erklärung von sich gewiesen. Ich soll dann, nachdem er im Ischler Zuge abgefahren ist, den Perron wieder verlassen und in den Wartesaal zurückgehen, setze es aber mühselig durch, daß ich bleiben darf. Ich vertreibe mir die Zeit damit aufzupassen, wer da kommen wird, um sich auf dem Protektionswege ein Coupé anweisen zu lassen; nehme mir vor, dann Lärm zu schlagen, d. h. gleiches Recht zu verlangen. Unterdes singe ich mir etwas vor, was ich dann als die Arie aus *Figaros Hochzeit* erkenne:

> »Will der Herr Graf ein Tänzelein wagen, Tänzelein wagen,
> Soll er's nur sagen, ich spiel' ihm eins auf.«

(Ein anderer hätte den Gesang vielleicht nicht erkannt.)
Ich war den ganzen Abend in übermütiger, streitlustiger Stimmung gewesen, hatte Kellner und Kutscher gefrozzelt, hoffentlich ohne ihnen wehe zu tun; nun gehen mir allerlei freche und revolutionäre Gedanken durch den Kopf, wie sie zu den Worten Figaros passen und zur Erinnerung an die Komödie von Beaumarchais, die ich in der *Comédie française* aufführen gesehen. Das Wort von den großen Herren, die sich die Mühe gegeben haben, geboren zu werden; das Herrenrecht, das der

---

[1] [Reaktionärer österreichischer Politiker (1847–1916), Vertreter der böhmischen Selbstregierung gegen die deutschstämmigen Nationalisten; 1898–99 österreichischer Ministerpräsident. – In Bad Ischl im Salzkammergut verbrachte der Hof gewöhnlich die Sommermonate.]

Graf Almaviva bei Susanne zur Geltung bringen will; die Scherze, die unsere bösen oppositionellen Tagschreiber mit dem Namen des Grafen *Thun* anstellen, indem sie ihn Graf *Nichtsthun* nennen. Ich beneide ihn wirklich nicht; er hat jetzt einen schweren Gang zum Kaiser, und ich bin der eigentliche Graf *Nichtsthun;* ich gehe auf Ferien. Allerlei lustige Ferienvorsätze dazu. Es kommt nun ein Herr, der mir als Regierungsvertreter bei den medizinischen Prüfungen bekannt ist und der sich durch seine Leistungen in dieser Rolle den schmeichelhaften Beinamen »des Regierungsbeischläfers« zugezogen hat. Er verlangt unter Berufung auf seine amtliche Eigenschaft ein Halbcoupé erster Klasse, und ich höre den Beamten zu einem andern sagen: Wo geben wir den Herrn mit der halben Ersten hin?[1] Eine nette Bevorzugung; ich zahle meine erste Klasse ganz. Ich bekomme dann auch ein Coupé für mich, aber nicht in einem durchgehenden Wagen, so daß mir die Nacht über kein Abort zur Verfügung steht. Meine Klage beim Beamten hat keinen Erfolg; ich räche mich, indem ich ihm den Vorschlag mache, in diesem Coupé wenigstens ein Loch im Boden anbringen zu lassen, für etwaige Bedürfnisse der Reisenden. Ich erwache auch wirklich um dreiviertel drei Uhr morgens mit Harndrang aus nachstehendem *Traum:*

Menschenmenge, Studentenversammlung. – Ein Graf (Thun oder Taaffe[2]) redet. Aufgefordert, etwas über die Deutschen zu sagen, erklärt er mit höhnischer Gebärde für ihre Lieblingsblume den Huflattich und steckt dann etwas wie ein zerfetztes Blatt, eigentlich ein zusammengeknülltes Blattgerippe ins Knopfloch. Ich fahre auf, fahre also auf[3], wundere mich aber doch über diese meine Gesinnung. Dann undeutlicher: *Als ob es die Aula wäre, die Zugänge besetzt, und man müßte fliehen. Ich bahne mir den Weg durch eine Reihe von schön eingerichteten Zimmern, offenbar Regierungszimmern, mit Möbeln in einer Farbe zwischen braun und violett, und komme endlich in einen Gang, in dem eine Haushälterin, ein älteres dickes Frauenzimmer, sitzt. Ich vermeide es, mit ihr zu sprechen; sie hält mich aber offenbar für berechtigt, hier zu passieren, denn sie fragt, ob sie mit der Lampe mitgehen soll. Ich*

---

[1] [Als Staatsbeamter brauchte er nur den halben Fahrpreis zu bezahlen.]

[2] [Österreichischer Politiker (1833–95); 1870–71 und 1879–93 Ministerpräsident. Wie Graf Thun befürwortete er eine gewisse Unabhängigkeit der nichtdeutschen Teile des Reiches.]

[3] Diese Wiederholung hat sich, scheinbar aus Zerstreutheit, in den Text des Traumes eingeschlichen und wird von mir belassen, da die Analyse zeigt, daß sie ihre Bedeutung hat.

deute oder sage ihr, sie soll auf der Treppe stehenbleiben, und komme mir dabei sehr schlau vor, daß ich die Kontrolle am Ende vermeide. So bin ich drunten und finde einen schmalen, steil aufsteigenden Weg, den ich gehe.

Wieder undeutlich... *Als ob jetzt die zweite Aufgabe käme, aus der Stadt wegzukommen, wie früher aus dem Haus. Ich fahre in einem Einspänner und gebe ihm Auftrag, zu einem Bahnhof zu fahren. »Auf der Bahnstrecke selbst kann ich nicht mit Ihnen fahren«, sage ich, nachdem er einen Einwand gemacht hat, als ob ich ihn übermüdet hätte. Dabei ist es, als wäre ich schon eine Strecke mit ihm gefahren, die man sonst mit der Bahn fährt. Die Bahnhöfe sind besetzt; ich überlege, ob ich nach Krems oder Znaim soll, denke aber, dort wird der Hof sein, und entscheide mich für Graz oder so etwas*[1]. *Nun sitze ich im Waggon, der ähnlich einem Stadtbahnwagen ist, und habe im Knopfloch ein eigentümlich geflochtenes, langes Ding, daran violettbraune Veilchen aus starrem Stoff, was den Leuten sehr auffällt.* Hier bricht die Szene ab.

Ich bin wieder vor dem Bahnhofe, aber zu zweit mit einem älteren Herrn, erfinde einen Plan, um unerkannt zu bleiben, sehe diesen Plan aber auch schon ausgeführt. Denken und Erleben ist gleichsam eins. Er stellt sich blind, wenigstens auf einem Auge, und ich halte ihm ein männliches Uringlas vor (das wir in der Stadt kaufen mußten oder gekauft haben). Ich bin also ein Krankenpfleger und muß ihm das Glas geben, weil er blind ist. Wenn der Kondukteur uns so sieht, muß er uns als unauffällig entkommen lassen. Dabei ist die Stellung des Betreffenden und sein urinierendes Glied plastisch gesehen. Darauf das Erwachen mit Harndrang.

Der ganze Traum macht etwa den Eindruck einer Phantasie, die den Träumer in das Revolutionsjahr 1848 versetzt, dessen Andenken ja durch das Jubiläum [Kaiser Franz Josephs I.] des Jahres 1898 erneuert war, wie überdies durch einen kleinen Ausflug in *die Wachau*, bei dem ich Emmersdorf[2] kennengelernt hatte, den Ruhesitz des Studentenführers Fischhof, auf den einige Züge des manifesten Trauminhalts weisen mögen. Die Gedankenverbindung führt mich dann nach England, in das Haus meines Bruders, der seiner Frau scherzhaft vorzuhalten pflegte

[1] [Krems in Niederösterreich und Znaim in Mähren waren niemals kaiserliche Residenzen. – Graz ist die Hauptstadt der Provinz Steiermark.]

[2] [*Zusatz 1925:*] Ein Irrtum, aber diesmal keine Fehlleistung! Ich erfuhr später, daß das Emmersdorf der Wachau nicht identisch ist mit dem gleichnamigen Asyl des Revolutionärs Fischhof.

»Fifty years ago« nach dem Titel eines Gedichtes von Lord Tennyson[1], worauf die Kinder zu rektifizieren gewöhnt waren: *Fifteen years ago.* Diese Phantasie, die sich an die Gedanken anschließt, welche der Anblick des Grafen Thun hervorgerufen hatte, ist aber nur wie die Fassade italienischer Kirchen ohne organischen Zusammenhang dem Gebäude dahinter vorgesetzt; anders als diese Fassaden ist sie übrigens lückenhaft, verworren, und Bestandteile aus dem Inneren drängen sich an vielen Stellen durch. Die erste Situation des Traumes ist aus mehreren Szenen zusammengebraut, in die ich sie zerlegen kann. Die hochmütige Stellung des Grafen im Traum ist kopiert nach einer Gymnasialszene aus meinem *fünfzehnten Jahr.* Wir hatten gegen einen mißliebigen und ignoranten Lehrer eine Verschwörung angezettelt, deren Seele ein Kollege war, der sich seitdem *Heinrich VIII.* von *England* zum Vorbilde genommen zu haben scheint. Die Führung des Hauptschlags fiel mir zu, und eine Diskussion über die Bedeutung der Donau für Österreich *(Wachau!)* war der Anlaß, bei dem es zur offenen Empörung kam. Ein Mitverschworener war der einzige aristokratische Kollege, den wir hatten, wegen seiner auffälligen Längenentwicklung die *»Giraffe«* genannt, und der stand, vom Schultyrannen, dem Professor der *deutschen Sprache,* zur Rede gestellt, so da wie der Graf im Traume. Das Erklären der *Lieblingsblume* und *Ins-Knopfloch-Stecken* von etwas, was wieder eine Blume sein muß (was an die Orchideen erinnert, die ich einer Freundin am selben Tag gebracht hatte, und außerdem an eine Rose von Jericho[2]), mahnt auffällig an die Szene aus den Königsdramen Shakespeares[3], die den Bürgerkrieg der *roten* und der *weißen* Rose eröffnet; die Erwähnung *Heinrichs VIII.* hat den Weg zu dieser Reminiszenz gebahnt. Dann ist es nicht weit von den Rosen zu den roten und weißen Nelken. (Dazwischen schieben sich in der Analyse zwei Verslein ein, eines *deutsch,* das andere *spanisch:*

Rosen, Tulpen, Nelken,
alle Blumen welken.

Isabelita, no llores,
que se marchitan las flores[4].

---

[1] [Es scheint kein Gedicht von Tennyson mit diesem Titel zu geben. Vermutlich bezieht sich der Hinweis auf seine Ode ›On the Jubilee of Queen Victoria‹, in welcher die Worte »fifty years« (nicht aber »fifty years ago«) mehrfach vorkommen. Oder aber die Anspielung gilt ›Locksley Hall‹: »Sixty Years After«.]

[2] [Die »Pflanze der Auferstehung«, deren vertrocknetes Blattwerk sich entfaltet, wenn man es befeuchtet.]

[3] [*III Heinrich VI*, I. Akt, 1. Szene.]

[4] [»*Isabelita,* weine nicht, weil die Blumen vergehen.«]

Das *Spanische* vom *»Figaro«* her.) Die weißen Nelken sind bei uns in Wien das Abzeichen der *Antisemiten,* die roten das der *Sozialdemokraten* geworden. Dahinter eine Erinnerung an eine antisemitische Herausforderung während einer Eisenbahnfahrt im schönen Sachsenlande (*Angel*sachsen). Die dritte Szene, welche Bestandteile für die Bildung der ersten Traumsituation abgegeben hat, fällt in meine erste Studentenzeit. In einem *deutschen* Studentenverein gab es eine Diskussion über das Verhältnis der Philosophie zu den Naturwissenschaften. Ich grüner Junge, der materialistischen Lehre voll, drängte mich vor, um einen höchst einseitigen Standpunkt zu vertreten. Da erhob sich ein überlegener älterer Kollege, der seitdem seine Fähigkeit erwiesen hat, Menschen zu lenken und Massen zu organisieren, der übrigens auch einen Namen aus dem Tierreich trägt [1], und machte uns tüchtig herunter; auch er habe in seiner Jugend die Schweine gehütet und sei dann reuig ins Vaterhaus zurückgekehrt. *Ich fuhr auf* (wie im Traum), wurde *saugrob* und antwortete, seitdem ich wüßte, daß er die *Schweine* gehütet, *wunderte ich mich nicht* mehr über den Ton seiner Reden. (Im Traum *wundere* ich mich über meine deutschnationale Gesinnung [2].) Großer Aufruhr; ich wurde von vielen Seiten aufgefordert, meine Worte zurückzunehmen, blieb aber standhaft. Der Beleidigte war zu verständig, um das Ansinnen einer *Herausforderung,* das man an ihn richtete, anzunehmen, und ließ die Sache auf sich beruhen.

Die übrigen Elemente der Traumszene stammen aus tieferen Schichten. Was soll es bedeuten, daß der Graf den »Huflattich« proklamiert? Hier muß ich meine Assoziationsreihe befragen. *Huflattich – lattice – Salat – Salathund* (der Hund, der anderen nicht gönnt, was er doch selber nicht frißt). Hier sieht man durch auf einen Vorrat an Schimpfwörtern: *Giraffe, Schwein, Sau, Hund;* ich wüßte auch auf dem Umweg über einen Namen zu einem Esel zu gelangen und damit wieder zu einem Hohn auf einen akademischen Lehrer. Außerdem übersetze ich mir – ich weiß nicht, ob mit Recht – *Huflattich* mit *»pisse-en-lit«* [3]. Die Kenntnis kommt mir aus dem *Germinal* Zolas, in dem die Kinder aufgefordert werden, solchen Salat mitzubringen. Der Hund – *chien* – enthält in seinem Namen einen Anklang an die größere Funktion (*chier,* wie *pisser* für die kleinere). Nun werden wir bald das Unanständige in allen drei Aggregatzuständen beisammen haben; denn im selben *Germinal,* der

---

[1] [Wahrscheinlich der österreichische Sozialdemokrat Viktor Adler (1852–1918). Vgl. »Adler« auf S. 223 unten.] [2] [Vgl. S. 321.]

[3] [*»Pissenlit«* ist eigentlich »Löwenzahn«.]

mit der künftigen Revolution genug zu tun hat, ist ein ganz eigentümlicher Wettkampf beschrieben, der sich auf die Produktion gasförmiger Exkretionen, *flatus* genannt, bezieht[1]. Und nun muß ich bemerken, wie der Weg zu diesem *flatus* seit langem angelegt ist, von den *Blumen* aus über das *spanische* Verslein, die *Isabelita*, zu *Isabella* und Ferdinand, über *Heinrich VIII.*, die *englische* Geschichte zum Kampf der Armada gegen *England*, nach dessen siegreicher Beendigung die Engländer eine Medaille prägten mit der Inschrift: *Flavit et dissipati sunt*, da der Sturmwind die spanische Flotte zerstreut hatte[2]. Diesen Spruch gedachte ich aber zur halb scherzhaft gemeinten Überschrift des Kapitels »Therapie« zu nehmen, wenn ich je dazu gelangen sollte, ausführliche Kunde von meiner Auffassung und Behandlung der Hysterie zu geben.

Von der zweiten Szene des Traumes kann ich eine so ausführliche Auflösung nicht geben, und zwar aus Rücksichten der Zensur. Ich setze mich nämlich an die Stelle eines hohen Herrn jener Revolutionszeit, der auch ein Abenteuer mit einem *Adler* gehabt, an *incontinentia alvi* gelitten haben soll u. dgl., und ich glaube, *ich wäre nicht berechtigt, hier* die Zensur *zu passieren*, obwohl ein *Hofrat (Aula, consiliarius aulicus)* mir den größeren Teil jener Geschichten erzählt hat. Die Reihe von Zimmern im Traum verdankt ihre Anregung dem Salonwagen Seiner Exzellenz, in den ich einen Moment hineinblicken konnte; sie bedeutet aber, wie so häufig im Traum, *Frauenzimmer* (ärarische Frauenzimmer). Mit der Person der Haushälterin statte ich einer geistreichen älteren Dame schlechten Dank für die Bewirtung und die vielen guten Geschichten ab, die mir in ihrem Hause geboten worden sind. – Der Zug mit der Lampe geht auf Grillparzer zurück, der ein reizendes Erlebnis ähnlichen Inhaltes notiert und dann in »Hero und Leander« (des *Meeres* und der Liebe *Wellen* – die Armada und der *Sturm*) verwendet hat[3].

---

[1] Nicht im *Germinal*, sondern in *La terre*. Ein Irrtum, der mir erst nach der Analyse bemerklich wird. – Ich mache übrigens auf die identischen Buchstaben in H*uflat*tich und *flatus* aufmerksam.

[2] [»Er blies, und sie waren zerstreut.«] – [*Zusatz 1925:*] Der ungebetene Biograph, den ich gefunden habe, Dr. Fritz Wittels, hält mir vor [1924, 21], daß ich in obigem Denkspruch den Namen Jehovah ausgelassen habe. [*Zusatz 1930:*] Auf der englischen Denkmünze ist der Gottesname in hebräischen Buchstaben enthalten, und zwar auf dem Hintergrund einer Wolke, aber in solcher Art, daß man ihn ebensowohl zum Bild als zur Inschrift gehörig auffassen kann.

[3] [*Zusatz 1911:*] An diesem Teil des Traumes hat H. Silberer in einer inhaltsreichen Arbeit (1910) zu zeigen versucht, daß die Traumarbeit nicht nur die latenten Traumgedanken, sondern auch die psychischen Vorgänge bei der Traumbildung wiederzugeben vermöge. (»Das funktionale Phänomen.«) [S. unten, S. 483 ff. – *Zusatz 1914:*] Ich meine aber, er übersieht dabei, daß die »psychischen Vorgänge bei der Traumbildung«

Auch die detaillierte Analyse der beiden übrigen Traumstücke muß ich zurückhalten[1]; ich werde nur jene Elemente herausgreifen, die zu den beiden Kinderszenen führen, um derentwillen ich den Traum überhaupt aufgenommen habe. Man wird mit Recht vermuten, daß es sexuelles Material ist, welches mich zu dieser Unterdrückung nötigt; man braucht sich aber mit dieser Aufklärung nicht zufriedenzugeben. Man macht doch sich selbst aus vielem kein Geheimnis, was man vor anderen als Geheimnis behandeln muß, und hier handelt es sich nicht um die Gründe, die mich nötigen, die Lösung zu verbergen, sondern um die Motive der inneren Zensur, welche den eigentlichen Inhalt des Traums vor mir selbst verstecken. Ich muß also darum sagen, daß die Analyse diese [letzten] drei Traumstücke als impertinente Prahlereien, als Ausfluß eines lächerlichen, in meinem wachen Leben längst unterdrückten Größenwahns erkennen läßt, der sich mit einzelnen Ausläufern bis in den manifesten Trauminhalt wagt *(ich komme mir schlau vor)*, allerdings die übermütige Stimmung des Abends vor dem Träumen trefflich verstehen läßt. Prahlerei zwar auf allen Gebieten; so geht die Erwähnung von *Graz* auf die Redensart »Was kostet Graz?«, in der man sich gefällt, wenn man sich überreich mit Geld versehen glaubt. Wer an Meister Rabelais' unübertroffene Schilderung von dem Leben und Taten des Gargantua und seines Sohnes Pantagruel denken will, wird auch den angedeuteten Inhalt des ersten Traumstücks unter die Prahlereien einreihen können. Zu den zwei versprochenen Kinderszenen gehört aber folgendes: Ich hatte für diese Reise einen *neuen* Koffer gekauft, dessen Farbe, ein *Braunviolett*, im Traum mehrmals auftritt (*violettbraune Veilchen aus starrem Stoff* neben einem Ding, das man *»Mädchenfänger«* heißt – die Möbel in den Regierungszimmern). Daß man mit etwas *Neuem* den *Leuten auffällt*, ist ein bekannter Kinderglaube. Nun ist mir folgende Szene aus meinem Kinderleben erzählt worden, deren Erinnerung ersetzt ist durch die Erinnerung an die Erzählung. Ich soll – im Alter von zwei Jahren – noch gelegentlich das *Bett naß* gemacht haben, und als ich dafür Vorwürfe zu hören bekam, den Vater durch das Versprechen *getröstet* haben, daß ich ihm in N. (der nächsten größeren Stadt) ein *neues*, schönes *rotes* Bett kaufen werde. (Daher im Traum die Einschaltung, daß wir das Glas *in der Stadt gekauft haben* oder

---

für mich ein Gedanken*material* sind, wie alles andere. In diesem übermütigen Traum bin ich offenbar stolz darauf, diese Vorgänge entdeckt zu haben.]

[1] [Das erste dieser beiden Traumstücke wird allerdings auf S. 418 ff. doch näher analysiert.]

kaufen mußten; was man versprochen hat, muß man halten.) (Man beachte übrigens die Zusammenstellung des männlichen Glases und des weiblichen Koffers, *box.* [Vgl. S. 169.]) Der ganze Größenwahn des Kindes ist in diesem Versprechen enthalten. Die Bedeutung der Harnschwierigkeiten des Kindes für den Traum ist uns bereits bei einer früheren Traumdeutung (vergleiche den Traum S. 211 f.) aufgefallen. Aus den Psychoanalysen an Neurotischen haben wir auch den intimen Zusammenhang des Bettnässens mit dem Charakterzug des Ehrgeizes erkannt[1].

Dann gab es aber einmal einen anderen häuslichen Anstand, als ich sieben oder acht Jahre alt war, an den ich mich sehr wohl erinnere. Ich setzte mich abends vor dem Schlafengehen über das Gebot der Diskretion hinweg, Bedürfnisse nicht im Schlafzimmer der Eltern in deren Anwesenheit zu verrichten, und der Vater ließ in seiner Strafrede darüber die Bemerkung fallen: Aus dem Buben wird nichts werden. Es muß eine furchtbare Kränkung für meinen Ehrgeiz gewesen sein, denn Anspielungen an diese Szene kehren immer in meinen Träumen wieder und sind regelmäßig mit Aufzählung meiner Leistungen und Erfolge verknüpft, als wollte ich sagen: Siehst du, ich bin doch etwas geworden. Diese Kinderszene gibt nun den Stoff für das letzte Bild des Traumes, in dem natürlich zur Rache die Rollen vertauscht sind. Der ältere Mann, offenbar der Vater, da die Blindheit auf einem Auge sein einseitiges Glaukom bedeutet[2], uriniert jetzt vor mir, wie ich damals vor ihm. Mit dem Glaukom mahne ich ihn an das Kokain, das ihm bei der Operation zugute kam [vgl. S. 183 f.], als hätte ich damit mein Versprechen erfüllt. Außerdem mache ich mich über ihn lustig; weil er blind ist, muß ich ihm das *Glas* vorhalten und schwelge in Anspielungen an meine Erkenntnisse in der Lehre von der Hysterie, auf die ich stolz bin[3].

---

[1] [Dieser Satz wurde 1914 hinzugefügt.]

[2] Andere Deutung: Er ist einäugig wie Odhin, der Göttervater. – *Odhins Trost* [mythologischer Roman von Felix Dahn (1880)]. – Der *Trost* aus der Kinderszene, daß ich ihm ein neues Bett kaufen werde.

[3] Dazu einiges Deutungsmaterial: Das Vorhalten des Glases erinnert an die Geschichte vom Bauern, der beim Optiker Glas nach Glas versucht, aber nicht lesen kann. – (Bauern*fänger* – Mädchen*fänger* im vorigen Traumstück.) – Die Behandlung des schwachsinnig gewordenen Vaters bei den Bauern in Zolas *La terre*. – Die traurige Genugtuung, daß der Vater in seinen letzten Lebenstagen wie ein Kind das Bett beschmutzt hat [vgl. S. 415 f.]; daher bin ich im Traum sein *Krankenpfleger*. – *»Denken und Erleben sind hier gleichsam eins«* erinnert an ein stark revolutionäres Buchdrama von Oskar Panizza [*Das Liebeskonzil* (1895)], in dem Gottvater als paralytischer Greis schmählich genug behandelt wird; dort heißt es: Wille und Tat sind bei ihm eines, und er muß von seinem Erzengel, einer Art Ganymed, abgehalten werden zu schimpfen

Wenn die beiden Urinierszenen aus der Kindheit bei mir ohnedies mit dem Thema der Größensucht eng verbunden sind, so kam ihrer Erweckung auf der Reise nach Aussee noch der zufällige Umstand zugute, daß mein Coupé kein Klosett besaß und ich vorbereitet sein mußte, während der Fahrt in Verlegenheit zu kommen, was dann am Morgen auch eintraf. Ich erwachte dann mit den Empfindungen des körperlichen Bedürfnisses. Ich meine, man könne geneigt sein, diesen Empfindungen die Rolle des eigentlichen Traumerregers zuzuweisen, würde aber einer anderen Auffassung den Vorzug geben, nämlich daß die Traumgedanken erst den Harndrang hervorgerufen haben. Es ist bei mir ganz ungewöhnlich, daß ich durch irgendein Bedürfnis im Schlaf gestört werde, am wenigsten um die Zeit dieses Erwachens, drei Viertel drei Uhr morgens. Einem weiteren Einwand begegne ich durch die Bemerkung, daß ich auf anderen Reisen unter bequemeren Verhältnissen fast niemals den Harndrang nach frühzeitigem Erwachen verspürt habe. Übrigens kann ich diesen Punkt auch ohne Schaden unentschieden lassen[1].

Seitdem ich ferner durch Erfahrungen bei der Traumanalyse aufmerksam geworden bin, daß auch von Träumen, deren Deutung zunächst vollständig erscheint, weil Traumquellen und Wunscherreger leicht

---

und zu fluchen, weil diese Verwünschungen sich sofort erfüllen würden. – Das *Plänemachen* ist ein aus späterer Zeit der Kritik stammender Vorwurf gegen den Vater, wie überhaupt der ganze rebellische, majestätsbeleidigende und die hohe Obrigkeit verhöhnende Inhalt des Traums auf Auflehnung gegen den Vater zurückgeht. Der Fürst heißt Landesvater, und der Vater ist die älteste, erste, für das Kind einzige Autorität, aus deren Machtvollkommenheit im Laufe der menschlichen Kulturgeschichte die anderen sozialen Obrigkeiten hervorgegangen sind (insofern nicht das »Mutterrecht« zur Einschränkung dieses Satzes nötigt). – Die Fassung im Traum *»Denken und Erleben sind eins«*, zielt auf die Erklärung der hysterischen Symptome, zu der auch das *männliche Glas* eine Beziehung hat. Einem Wiener brauchte ich das Prinzip des »Gschnas« nicht auseinanderzusetzen; es besteht darin, Gegenstände von seltenem und wertvollem Ansehen aus trivialem, am liebsten komischem und wertlosem Material herzustellen, z. B. Rüstungen aus Kochtöpfen, Strohwischen und Salzstangeln, wie es unsere Künstler an ihren lustigen Abenden lieben. Ich hatte nun gemerkt, daß die Hysterischen es ebenso machen; neben dem, was ihnen wirklich zugestoßen ist, gestalten sie sich unbewußt gräßliche oder ausschweifende Phantasiebegebenheiten, die sie aus dem harmlosesten und banalsten Material des Erlebens aufbauen. An diesen Phantasien hängen erst die Symptome, nicht an den Erinnerungen der wirklichen Begebenheiten, seien diese nun ernsthaft oder gleichfalls harmlos. Diese Aufklärung hatte mir über viele Schwierigkeiten hinweggeholfen und machte mir viel Freude. Ich konnte sie mit dem Traumelement des *»männlichen Glases«* andeuten, weil mir von dem letzten »Gschnasabend« erzählt worden war, es sei dort ein Giftbecher der Lucrezia Borgia ausgestellt gewesen, dessen Kern und Hauptbestandteil ein *Uringlas für Männer,* wie es in den Spitälern gebräuchlich ist, gebildet hätte.

[1] [Dieser Traum wird auf S. 418 ff. weiter diskutiert.]

nachweisbar sind – daß auch von solchen Träumen wichtige Gedankenfäden ausgehen, die bis in die früheste Kindheit hineinreichen, habe ich mich fragen müssen, ob nicht auch in diesem Zug eine wesentliche Bedingung des Träumens gegeben ist. Wenn ich diesen Gedanken verallgemeinern dürfte, so käme jedem Traum in seinem manifesten Inhalt eine Anknüpfung an das rezent Erlebte zu, in seinem latenten Inhalt aber eine Anknüpfung an das älteste Erlebte, von dem ich bei der Analyse der Hysterie wirklich zeigen kann, daß es im guten Sinne bis auf die Gegenwart rezent geblieben ist. Diese Vermutung erscheint aber noch recht schwer erweislich; ich werde auf die wahrscheinliche Rolle frühester Kindheitserlebnisse für die Traumbildung noch in anderem Zusammenhange (Abschnitt VII [S. 528 ff.]) zurückkommen müssen.

Von den drei eingangs betrachteten Besonderheiten des Traumgedächtnisses hat sich uns die eine – die Bevorzugung des Nebensächlichen im Trauminhalt – durch ihre Zurückführung auf die *Traumentstellung* befriedigend gelöst. Die beiden anderen, die Auszeichnung des Rezenten wie des Infantilen haben wir bestätigen, aber nicht aus den Motiven des Träumens ableiten können. Wir wollen diese beiden Charaktere, deren Erklärung oder Verwertung uns erübrigt, im Gedächtnis behalten; sie werden anderswo ihre Einreihung finden müssen, entweder in der Psychologie des Schlafzustandes oder bei jenen Erwägungen über den Aufbau des seelischen Apparats, die wir später anstellen werden, wenn wir gemerkt haben, daß man durch die Traumdeutung wie durch eine Fensterlücke in das Innere desselben einen Blick werfen kann. [S. Kapitel VII.]

Ein anderes Ergebnis der letzten Traumanalysen will ich aber gleich hier hervorheben. Der Traum erscheint häufig *mehrdeutig;* es können nicht nur, wie Beispiele zeigen, mehrere Wunscherfüllungen nebeneinander in ihm vereinigt sein; es kann auch ein Sinn, eine Wunscherfüllung die andere decken, bis man zuunterst auf die Erfüllung eines Wunsches aus der ersten Kindheit stößt, und auch hier wieder die Erwägung, ob in diesem Satze das »häufig« nicht richtiger durch »regelmäßig« zu ersetzen ist[1].

---

[1] [*Zusatz 1914:*] Die Übereinanderschichtung der Bedeutungen des Traums ist eines der heikelsten, aber auch inhaltsreichsten Probleme der Traumdeutung. Wer an diese Möglichkeit vergißt, wird leicht irregehen und zur Aufstellung unhaltbarer Behauptungen über das Wesen des Traums verleitet werden. Doch sind über dieses Thema noch viel zu wenige Untersuchungen angestellt worden. Bisher hat nur die ziemlich regelmäßige Symbolschichtung im Harnreiztraume eine gründliche Würdigung durch O. Rank (1912 *a*) erfahren. [S. unten, S. 393.]

C
DIE SOMATISCHEN TRAUMQUELLEN

Wenn man den Versuch macht, einen gebildeten Laien für die Probleme des Traums zu interessieren, und in dieser Absicht die Frage an ihn richtet, aus welchen Quellen wohl nach seiner Meinung die Träume herrühren, so merkt man zumeist, daß der Gefragte im gesicherten Besitz dieses Teils der Lösung zu sein vermeint. Er gedenkt sofort des Einflusses, den gestörte oder beschwerte Verdauung (»Träume kommen aus dem Magen« [vgl. S. 48]), zufällige Körperlage und kleine Erlebnisse während des Schlafens auf die Traumbildung äußern, und scheint nicht zu ahnen, daß nach Berücksichtigung all dieser Momente etwas der Erklärung Bedürftiges noch erübrigt.

Welche Rolle für die Traumbildung die wissenschaftliche Literatur den somatischen Reizquellen zugesteht, haben wir im einleitenden Abschnitt ([Kapitel I] C) ausführlich auseinandergesetzt, so daß wir uns hier nur an die Ergebnisse dieser Untersuchung zu erinnern brauchen. Wir haben gehört, daß dreierlei somatische Reizquellen unterschieden werden, die von äußeren Objekten ausgehenden objektiven Sinnesreize, die nur subjektiv begründeten inneren Erregungszustände der Sinnesorgane und die aus dem Körperinnern stammenden Leibreize, und wir haben die Neigung der Autoren bemerkt, neben diesen somatischen Reizquellen etwaige *psychische* Quellen des Traumes in den Hintergrund zu drängen oder ganz auszuschalten (S. 66). Bei der Prüfung der Ansprüche, welche zugunsten von somatischen Reizquellen erhoben werden, haben wir erfahren, daß die Bedeutung der *objektiven* Sinnesorganerregungen – teils zufällige Reize während des Schlafes, teils solche, die sich auch vom schlafenden Seelenleben nicht fernehalten lassen – durch zahlreiche Beobachtungen sichergestellt wird und durch das Experiment eine Bestätigung erfährt (S. 50f.), daß die Rolle der *subjektiven* Sinneserregungen durch die Wiederkehr der hypnagogischen Sinnesbilder in den Träumen (S. 57f.) dargetan erscheint und daß die im weitesten Umfang angenommene Zurückführung unserer Traumbilder und Traumvorstellungen auf *inneren* Leibreiz zwar nicht in ihrer ganzen Breite beweisbar ist, aber sich an die allbekannte Beeinflussung anlehnen kann, welche der Erregungszustand der Digestions-, Harn- und Sexualorgane auf den Inhalt unserer Träume ausübt [vgl. S. 62].

»Nervenreiz« und *»Leibreiz«* wären also die somatischen Quellen des

Traumes, d. h. nach mehreren Autoren die einzigen Quellen des Traumes überhaupt.

Wir haben aber auch bereits einer Reihe von Zweifeln Gehör geschenkt, welche nicht sowohl die Richtigkeit als vielmehr die Zulänglichkeit der somatischen Reiztheorie anzugreifen schienen.

So sicher sich alle Vertreter dieser Lehre bezüglich deren tatsächlichen Grundlagen fühlen mußten – zumal soweit die akzidentellen und äußeren Nervenreize in Betracht kommen, die im Trauminhalt wiederzufinden keinerlei Mühe erfordert –, so blieb doch keiner der Einsicht ferne, daß der reiche Vorstellungsinhalt der Träume eine Ableitung aus den äußeren Nervenreizen allein nicht wohl zulasse. Miß Mary Whiton Calkins (1893 [312]) hat ihre eigenen Träume und die einer zweiten Person durch sechs Wochen hindurch von diesem Gesichtspunkte aus geprüft und nur 13,2 Prozent, respektive 6,7 Prozent, gefunden, in denen das Element äußerer Sinneswahrnehmung nachweisbar war; nur zwei Fälle der Sammlung ließen sich auf organische Empfindungen zurückführen. Die Statistik bestätigt uns hier, was uns bereits eine flüchtige Überschau unserer eigenen Erfahrungen hatte vermuten lassen.

Man beschied sich vielfach, den »Nervenreiztraum« als eine gut erforschte Unterart des Traumes vor anderen Traumformen hervorzuheben. Spitta [1882, 233] trennt die Träume in *Nervenreiz-* und *Assoziationstraum.* Es war aber klar, daß die Lösung unbefriedigend blieb, solange es nicht gelang, das Band zwischen den somatischen Traumquellen und dem Vorstellungsinhalt des Traumes nachzuweisen.

Neben den ersten Einwand, der Unzulänglichkeit in der Häufigkeit der äußeren Reizquellen, stellt sich so als zweiter die Unzulänglichkeit in der Aufklärung des Traums, die durch die Einführung dieser Art von Traumquellen zu erreichen ist. Die Vertreter der Lehre sind uns zwei solcher Aufklärungen schuldig, erstens, warum der äußere Reiz im Traum nicht in seiner wirklichen Natur erkannt, sondern regelmäßig verkannt wird (vergleiche die Weckerträume, S. 53 f.), und zweitens, warum das Resultat der Reaktion der wahrnehmenden Seele auf diesen verkannten Reiz so unbestimmbar wechselvoll ausfallen kann. Als Antwort auf diese Frage haben wir von Strümpell gehört, daß die Seele infolge ihrer Abwendung von der Außenwelt während des Schlafes nicht imstande ist, die richtige Deutung des objektiven Sinnesreizes zu geben, sondern genötigt wird, auf Grund der nach vielen Richtungen unbestimmten Anregung Illusionen zu bilden, in seinen Worten ausgedrückt (1877, 108 f.):

»Sobald durch einen äußeren oder inneren Nervenreiz während des Schlafes in der Seele eine Empfindung oder ein Empfindungskomplex, ein Gefühl, überhaupt ein psychischer Vorgang entsteht und von der Seele perzipiert wird, so ruft dieser Vorgang aus dem der Seele vom Wachen her verbliebenen Erfahrungskreise Empfindungsbilder, also frühere Wahrnehmungen, entweder nackt oder mit zugehörigen psychischen Werten hervor. Er sammelt gleichsam um sich eine größere oder kleinere Anzahl solcher Bilder, durch welche der vom Nervenreiz herrührende Eindruck seinen psychischen Wert bekommt. Man sagt gewöhnlich auch hier, wie es der Sprachgebrauch für das wache Verhalten tut, daß die Seele im Schlaf die Nervenreizeindrücke *deute*. Das Resultat dieser Deutung ist der sogenannte *Nervenreiztraum*, d.h. ein Traum, dessen Bestandteile dadurch bedingt sind, daß ein Nervenreiz nach den Gesetzen der Reproduktion seine psychische Wirkung im Seelenleben vollzieht.« [Vgl. oben, S. 54f., S. 77 und S. 81.]

In allem Wesentlichen mit dieser Lehre identisch ist die Äußerung von Wundt [1874, 656f.], die Vorstellungen des Traumes gehen jedenfalls zum größten Teil von Sinnesreizen aus, namentlich auch von solchen des allgemeinen Sinnes, und sind daher zumeist phantastische Illusionen, wahrscheinlich nur zum kleineren Teil reine, zu Halluzinationen gesteigerte Erinnerungsvorstellungen. [Vgl. S. 66.] Für das Verhältnis des Trauminhalts zu den Traumreizen, welches sich nach dieser Theorie ergibt, findet Strümpell das treffliche Gleichnis (1877, 84), es sei, wie »wenn die zehn Finger eines der Musik ganz unkundigen Menschen über die Tasten des Instrumentes hinlaufen«. [Vgl. S. 100 und S. 141.] Der Traum erschiene so nicht als ein seelisches Phänomen, aus psychischen Motiven entsprungen, sondern als der Erfolg eines physiologischen Reizes, der sich in psychischer Symptomatologie äußert, weil der vom Reiz betroffene Apparat keiner anderen Äußerung fähig ist. Auf eine ähnliche Voraussetzung ist z.B. die Erklärung der Zwangsvorstellungen aufgebaut, die Meynert durch das berühmte Gleichnis vom Zifferblatt, auf dem einzelne Zahlen stärker gewölbt vorspringen, zu geben versuchte.

So beliebt die Lehre von den somatischen Traumreizen geworden ist und so bestechend sie erscheinen mag, so ist es doch leicht, den schwachen Punkt in ihr aufzuweisen. Jeder somatische Traumreiz, welcher im Schlafe den seelischen Apparat zur Deutung durch Illusionsbildung auffordert, kann ungezählt viele solcher Deutungsversuche anregen, also in ungemein verschiedenen Vorstellungen seine Vertretung im Trauminhalt erreichen[1]. Die Lehre von Strümpell und Wundt ist aber unfähig, irgendein Motiv anzugeben, welches die Beziehung zwischen dem äußeren Reiz und der zu seiner Deutung gewählten Traumvorstellung regelt, also die »sonderbare Auswahl« zu erklären, welche die Reize »oft genug bei ihrer produktiven Wirksamkeit treffen«. (Lipps, 1883, 170.) Andere Einwendungen richten sich gegen die Grundvoraussetzung der ganzen Illusionslehre, daß die Seele im Schlaf nicht in der Lage sei, die wirkliche Natur der objektiven Sinnesreize zu erkennen. Der alte Physiologe Burdach beweist uns, daß die Seele auch im Schlafe sehr wohl fähig ist, die an sie gelangenden Sinneseindrücke richtig zu deuten und der richtigen Deutung gemäß zu reagieren, indem er ausführt, daß man gewisse, dem Individuum wichtig erscheinende Sinneseindrücke von der Vernachlässigung während des Schlafes ausnehmen kann (Amme und Kind) und daß man durch den eigenen Namen weit sicherer geweckt wird als durch einen gleichgültigen Gehörseindruck, was ja voraussetzt, daß die Seele auch im Schlafe zwischen den Sensationen unterscheidet (Abschnitt [Kapitel] I, S. 76). Burdach folgert aus diesen Beobachtungen, daß während des Schlafzustandes nicht eine *Unfähigkeit,* die Sinnesreize *zu deuten,* sondern ein *Mangel an Interesse* für sie anzunehmen ist. Die nämlichen Argumente, die Burdach 1830 verwendet, kehren dann zur Bekämpfung der somatischen Reiztheorie unverändert bei Lipps im Jahre 1883 wieder. Die Seele erscheint uns demnach so wie der Schläfer in der Anekdote, der auf die Frage »Schläfst du?« antwortet »nein«, nach der zweiten Anrede, »dann leih mir zehn Gulden«, aber sich hinter der Ausrede verschanzt: »Ich schlafe.«

Die Unzulänglichkeit der Lehre von den somatischen Traumreizen läßt sich auch auf andere Weise dartun. Die Beobachtung zeigt, daß ich durch äußere Reize nicht zum Träumen genötigt werde, wenngleich diese Reize im Trauminhalt erscheinen, sobald und für den Fall, daß ich träume. Gegen einen Haut- oder Druckreiz etwa, der mich im Schlafe befällt, stehen mir verschiedene Reaktionen zu Gebote. Ich kann ihn überhören und dann beim Erwachen finden, daß z. B. ein Bein unbedeckt oder ein Arm gedrückt war; die Pathologie zeigt mir ja die zahlreichsten Beispiele, daß verschiedenartige und kräftig erregende Empfin-

[1] [*Zusatz 1914:*] Ich möchte jedermann raten, die in zwei Bänden [1910–12] gesammelten, ausführlichen und genauen Protokolle experimentell erzeugter Träume von Mourly Vold durchzulesen, um sich zu überzeugen, wie wenig Aufklärung der Inhalt des einzelnen Traums in den angegebenen Versuchsbedingungen findet und wie gering überhaupt der Nutzen solcher Experimente für das Verständnis der Traumprobleme ist. [Vgl. S. 64. S. jedoch auch S. 194, Anm. 2.]

dungs- und Bewegungsreize während des Schlafes wirkungslos bleiben. Ich kann die Sensation während des Schlafes verspüren, gleichsam durch den Schlaf hindurch, wie es in der Regel mit schmerzhaften Reizen geschieht, aber ohne den Schmerz in einen Traum zu verweben; und ich kann drittens auf den Reiz erwachen, um ihn zu beseitigen[1]. Erst eine vierte mögliche Reaktion ist, daß ich durch den Nervenreiz zum Traum veranlaßt werde; die anderen Möglichkeiten werden aber mindestens ebenso häufig vollzogen wie die der Traumbildung. Diese könnte nicht geschehen, wenn nicht das *Motiv des Träumens außerhalb der somatischen Reizquellen läge.*

In gerechter Würdigung jener oben aufgedeckten Lücke in der Erklärung des Traums durch somatische Reize haben nun andere Autoren – Scherner [1861], dem der Philosoph Volkelt [1875] sich anschloß – die Seelentätigkeiten, welche aus den somatischen Reizen die bunten Traumbilder entstehen lassen, näher zu bestimmen gesucht, also doch wieder das Wesen des Träumens ins *Seelische* und in eine psychische Aktivität verlegt. [Vgl. S. 104 ff.] Scherner gab nicht nur eine poetisch nachempfundene, glühend belebte Schilderung der psychischen Eigentümlichkeiten, die sich bei der Traumbildung entfalten, er glaubte auch das Prinzip erraten zu haben, nach dem die Seele mit den ihr dargebotenen Reizen verfährt. In freier Betätigung der ihrer Tagesfesseln entledigten Phantasie strebt nach Scherner die Traumarbeit dahin, die Natur des Organs, von dem der Reiz ausgeht, und die Art dieses Reizes *symbolisch* darzustellen. Es ergibt sich so eine Art von Traumbuch als Anleitung zur Deutung der Träume, mittels dessen aus Traumbildern auf Körpergefühle, Organzustände und Reizzustände geschlossen werden darf. »So drückt das Bild der Katze die ärgerliche Mißstimmung des Gemütes aus, das Bild des hellen und glatten Gebäcks die Leibesnacktheit.« [Volkelt, 1875, 32.] Der menschliche Leib als Ganzes wird von der Traumphantasie als Haus vorgestellt, das einzelne Körperorgan durch einen Teil des Hauses. In den »Zahnreizträumen« entspricht dem Mundorgan ein hochgewölbter Hausflur und dem Hinabfall des Schlundes zur Speiseröhre eine Treppe, »im ›Kopfschmerztraum‹ wird zur Bezeichnung der Höhenstellung des Kopfes die Decke eines Zimmers gewählt, welche mit ekelhaften, krötenartigen Spinnen bedeckt ist.« [Ibid., 33 f.]

---

[1] [*Zusatz 1919:*] Vgl. hiezu K. Landauer, ›Handlungen des Schlafenden‹ (1918). Es gibt für jeden Beobachter sichtbare, sinnvolle Handlungen des Schlafenden. Der Schläfer ist nicht absolut verblödet, im Gegenteil: er vermag logisch und willensstark zu handeln.

»Diese Symbole werden vom Traum in mehrfacher Auswahl für das nämliche Organ verwendet; so findet die atmende Lunge in dem flammenerfüllten Ofen mit seinem Brausen ihr Symbol, das Herz in hohlen Kisten und Körben, die Harnblase in runden, beutelförmigen oder überhaupt nur ausgehöhlten Gegenständen.« [Ibid., 34.] »Besonders wichtig ist es, daß am Schlusse des Traumes öfters das erregende Organ oder dessen Funktion unverhüllt hingestellt wird, und zwar zumeist an dem eigenen Leib des Träumers. So endet der ›Zahnreiztraum‹ gewöhnlich damit, daß der Träumer sich einen Zahn aus dem Munde zieht.« (Ibid., 35.) Man kann nicht sagen, daß diese Theorie der Traumdeutung viel Gunst bei den Autoren gefunden hat. Sie erschien vor allem extravagant; man hat selbst gezögert, das Stück Berechtigung herauszufinden, das sie nach meinem Urteil beanspruchen darf. Sie führt, wie man sieht, zur Wiederbelebung der Traumdeutung mittels *Symbolik,* deren sich die Alten bedienten, nur daß das Gebiet, aus welchem die Deutung geholt werden soll, auf den Umfang der menschlichen Leiblichkeit beschränkt wird. Der Mangel einer wissenschaftlich faßbaren Technik bei der Deutung muß die Anwendbarkeit der Schernerschen Lehre schwer beeinträchtigen. Willkür in der Traumdeutung scheint keineswegs ausgeschlossen, zumal da auch hier ein Reiz sich in mehrfachen Vertretungen im Trauminhalt äußern kann; so hat bereits Scherners Anhänger Volkelt die Darstellung des Körpers als Haus nicht bestätigen können. Es muß auch Anstoß erregen, daß hier wiederum der Seele die Traumarbeit als nutz- und ziellose Betätigung auferlegt ist, da sich doch nach der in Rede stehenden Lehre die Seele damit begnügt, über den sie beschäftigenden Reiz zu phantasieren, ohne daß etwas wie eine Erledigung des Reizes in der Ferne winkte.

Von einem Einwand aber wird die Schernersche Lehre der Symbolisierung von Leibreizen durch den Traum schwer getroffen. Diese Leibreize sind jederzeit vorhanden, die Seele ist für sie nach allgemeiner Annahme während des Schlafens zugänglicher als im Wachen. Man versteht dann nicht, warum die Seele nicht kontinuierlich die Nacht hindurch träumt, und zwar jede Nacht von allen Organen. Will man sich diesem Einwand durch die Bedingung entziehen, es müßten vom Auge, Ohr, von den Zähnen, Därmen usw. besondere Erregungen ausgehen, um die Traumtätigkeit zu wecken, so steht man vor der Schwierigkeit, diese Reizsteigerungen als objektiv zu erweisen, was nur in einer geringen Zahl von Fällen möglich ist. Wenn der Traum vom Fliegen eine Symbolisierung des Auf- und Niedersteigens der Lungenflügel bei der

Atmung bedeutet [vgl. S. 63], so müßte entweder dieser Traum, wie schon Strümpell bemerkt [1877, 119], weit häufiger geträumt werden oder eine gesteigerte Atmungstätigkeit während dieses Traumes nachweisbar sein. Es ist noch ein dritter Fall möglich, der wahrscheinlichste von allen, daß nämlich zeitweise besondere Motive wirksam sind, um den gleichmäßig vorhandenen viszeralen Sensationen Aufmerksamkeit zuzuwenden, aber dieser Fall führt bereits über die Schernersche Theorie hinaus.

Der Wert der Erörterungen von Scherner und Volkelt liegt darin, daß sie auf eine Reihe von Charakteren des Trauminhalts aufmerksam machen, welche der Erklärung bedürftig sind und neue Erkenntnisse zu verdecken scheinen. Es ist ganz richtig, daß in den Träumen Symbolisierungen von Körperorganen und Funktionen enthalten sind, daß Wasser im Traum häufig auf Harnreiz deutet, daß das männliche Genitale durch einen aufrecht stehenden Stab oder eine Säule dargestellt werden kann usw. In Träumen, welche ein sehr bewegtes Gesichtsfeld und leuchtende Farben zeigen, im Gegensatz zu der Mattigkeit anderer Träume, kann man die Deutung als »Gesichtsreiztraum« kaum abweisen, ebensowenig den Beitrag der Illusionsbildung in Träumen bestreiten, welche Lärm und Stimmengewirr enthalten. Ein Traum wie der von Scherner [1861, 167], daß zwei Reihen schöner blonder Knaben auf einer Brücke einander gegenüberstehen, sich gegenseitig angreifen, dann wieder ihre alte Stellung einnehmen, bis endlich der Träumer sich auf eine Brücke setzt und einen langen Zahn aus seinem Kiefer zieht; oder ein ähnlicher von Volkelt [1875, 52], in dem zwei Reihen von Schubladen eine Rolle spielen und der wiederum mit dem Ausziehen eines Zahnes endigt: dergleichen bei beiden Autoren in großer Fülle mitgeteilte Traumbildungen lassen es nicht zu, daß man die Schernersche Theorie als müßige Erfindung beiseite wirft, ohne nach ihrem guten Kern zu forschen. [S. unten, S. 341.] Es stellt sich dann die Aufgabe, für die vermeintliche Symbolisierung des angeblichen Zahnreizes eine andersartige Aufklärung zu erbringen[1].

Ich habe es die ganze Zeit über, welche uns die Lehre von den somatischen Traumquellen beschäftigte, unterlassen, jenes Argument geltend zu machen, welches sich aus unseren Traumanalysen ableitet. Wenn wir durch ein Verfahren, das andere Autoren auf ihr Material an Träumen

---

[1] [Diese Träume werden auf S. 377 ff. noch weiter erörtert.]

nicht angewendet hatten, erweisen konnten, daß der Traum einen ihm eigenen Wert als psychische Aktion besitzt, daß ein Wunsch das Motiv seiner Bildung wird und daß die Erlebnisse des Vortages das nächste Material für seinen Inhalt abgeben, so ist jede andere Traumlehre, welche ein so wichtiges Untersuchungsverfahren vernachlässigt und dementsprechend den Traum als eine nutzlose und rätselhafte psychische Reaktion auf somatische Reize erscheinen läßt, auch ohne besondere Kritik gerichtet. Es müßte denn, was sehr unwahrscheinlich ist, zwei ganz verschiedene Arten von Träumen geben, von denen die eine nur uns, die andere nur den früheren Beurteilern des Traumes untergekommen ist. Es erübrigt nur noch, den Tatsachen, auf welche sich die gebräuchliche Lehre von den somatischen Traumreizen stützt, eine Unterbringung innerhalb unserer Traumlehre zu verschaffen.

Den ersten Schritt hiezu haben wir bereits getan, als wir den Satz aufstellten, daß die Traumarbeit unter dem Zwange stehe, alle gleichzeitig vorhandenen Traumanregungen zu einer Einheit zu verarbeiten (S. 191 f.). Wir sahen, daß, wenn zwei oder mehr eindrucksfähige Erlebnisse vom Vortage übriggeblieben sind, die aus ihnen sich ergebenden Wünsche in einem Traume vereinigt werden, desgleichen, daß zum Traummaterial der psychisch wertvolle Eindruck und die indifferenten Erlebnisse des Vortages zusammentreten, vorausgesetzt, daß sich kommunizierende Vorstellungen zwischen beiden herstellen lassen. Der Traum erscheint somit als Reaktion auf alles, was in der schlafenden Psyche gleichzeitig als aktuell vorhanden ist. Soweit wir also das Traummaterial bisher analysiert haben, erkannten wir es als eine Sammlung von psychischen Resten, Erinnerungsspuren, denen wir (wegen der Bevorzugung des rezenten und des infantilen Materials) einen psychologisch derzeit unbestimmbaren Charakter von Aktualität zusprechen mußten. Es schafft uns nun nicht viel Verlegenheit vorherzusagen, was geschehen wird, wenn zu diesen Erinnerungsaktualitäten neues Material an Sensationen während des Schlafzustandes hinzutritt. Diese Erregungen erlangen wiederum eine Wichtigkeit für den Traum dadurch, daß sie aktuell sind; sie werden mit den anderen psychischen Aktualitäten vereinigt, um das Material für die Traumbildung abzugeben. Die Reize während des Schlafes werden, um es anders zu sagen, in eine Wunscherfüllung verarbeitet, deren andere Bestandteile die uns bekannten psychischen Tagesreste sind. Diese Vereinigung *muß* nicht vollzogen werden; wir haben ja gehört, daß gegen körperliche Reize während des Schlafes mehr als eine Art des Verhaltens möglich ist. Wo sie vollzogen

wird, da ist es eben gelungen, ein Vorstellungsmaterial für den Trauminhalt zu finden, welches für beiderlei Traumquellen, die somatischen wie die psychischen, eine Vertretung darstellt.
Das Wesen des Traumes wird nicht verändert, wenn zu den psychischen Traumquellen somatisches Material hinzutritt; er bleibt eine Wunscherfüllung, gleichgültig wie deren Ausdruck durch das aktuelle Material bestimmt wird.

Ich will hier gerne Raum lassen für eine Reihe von Eigentümlichkeiten, welche die Bedeutung äußerer Reize für den Traum veränderlich gestalten können. Ich stelle mir vor, daß ein Zusammenwirken individueller, physiologischer und zufälliger, in den jeweiligen Umständen gegebener Momente darüber entscheidet, wie man sich in den einzelnen Fällen von intensiverer objektiver Reizung während des Schlafes benehmen wird; die habituelle akzidentelle Schlaftiefe im Zusammenhalt mit der Intensität des Reizes wird es das eine Mal ermöglichen, den Reiz so zu unterdrücken, daß er im Schlaf nicht stört, ein anderes Mal dazu nötigen aufzuwachen oder den Versuch unterstützen, den Reiz durch Verwebung in einen Traum zu überwinden. Der Mannigfaltigkeit dieser Konstellationen entsprechend, werden äußere objektive Reize bei dem einen häufiger oder seltener im Traum zum Ausdruck kommen als bei dem anderen. Bei mir, der ich ein ausgezeichneter Schläfer bin und hartnäckig daran festhalte, mich durch keinen Anlaß im Schlaf stören zu lassen, ist die Einmengung äußerer Erregungsursachen in die Träume sehr selten, während psychische Motive mich doch offenbar sehr leicht zum Träumen bringen. Ich habe eigentlich nur einen einzigen Traum aufgezeichnet, in dem eine objektive, schmerzhafte Reizquelle zu erkennen ist, und gerade in diesem Traum wird es sehr lehrreich werden nachzusehen, welchen Traumerfolg der äußere Reiz hat.
Ich reite auf einem grauen Pferd, zuerst zaghaft und ungeschickt, als ob ich nur angelehnt wäre. Da begegne ich einem Kollegen P., der im Lodenanzug hoch zu Roß sitzt und mich an etwas mahnt (wahrscheinlich, daß ich schlecht sitze). Nun finde ich mich auf dem höchst intelligenten Roß immer mehr zurecht, sitze bequem und merke, daß ich oben ganz heimisch bin. Als Sattel habe ich eine Art Polster, das den Raum zwischen Hals und Kruppe des Pferdes vollkommen ausfüllt. Ich reite so knapp zwischen zwei Lastwagen hindurch. Nachdem ich die Straße eine Strecke weit geritten bin, kehre ich um und will absteigen, zunächst vor einer kleinen offenen Kapelle, die in der Straßenfront liegt. Dann

steige ich wirklich vor einer ihr nahe stehenden ab; das Hotel ist in derselben Straße; ich könnte das Pferd allein hingehen lassen, ziehe es aber vor, es bis dahin zu führen. Es ist, als ob ich mich schämen würde, dort als Reiter anzukommen. Vor dem Hotel steht ein Hotelbursche, der mir einen Zettel zeigt, der von mir gefunden wurde, und mich darum verspottet. Auf dem Zettel steht, zweimal unterstrichen: Nichts essen, und dann ein zweiter Vorsatz (undeutlich) *wie: nichts arbeiten; dazu eine dumpfe Idee, daß ich in einer fremden Stadt bin, in der ich nichts arbeite.*

Dem Traum wird man zunächst nicht anmerken, daß er unter dem Einflusse, unter dem Zwange vielmehr, eines Schmerzreizes entstanden ist. Ich hatte aber tags vorher an Furunkeln gelitten, die mir jede Bewegung zur Qual machten, und zuletzt war ein Furunkel an der Wurzel des Skrotum zur Apfelgröße herangewachsen, hatte mir bei jedem Schritt die unerträglichsten Schmerzen bereitet, und fieberhafte Müdigkeit, Eßunlust, die trotzdem festgehaltene schwere Arbeit des Tages hatten sich mit den Schmerzen vereint, um meine Stimmung zu stören. Ich war nicht recht fähig, meinen ärztlichen Aufgaben nachzukommen, aber bei der Art und bei dem Sitz des Übels ließ sich an eine andere Verrichtung denken, für die ich sicherlich so untauglich gewesen wäre wie für keine andere, und diese ist das *Reiten.* Gerade in diese Tätigkeit versetzt mich nun der Traum; es ist die energischste Negation des Leidens, die der Vorstellung zugänglich ist. Ich kann überhaupt nicht reiten, träume auch sonst nicht davon, bin überhaupt nur einmal auf einem Pferd gesessen und damals ohne Sattel, und es behagte mir nicht. Aber in diesem Traum reite ich, als ob ich keinen Furunkel am Damm hätte, *nein gerade weil ich keinen haben will.* Mein Sattel ist der Beschreibung gemäß der Breiumschlag, der mir das Einschlafen ermöglicht hat. Wahrscheinlich habe ich durch die ersten Stunden des Schlafes – so verwahrt – nichts von meinem Leiden verspürt. Dann meldeten sich die schmerzhaften Empfindungen und wollten mich aufwecken, da kam der Traum und sagte beschwichtigend: »Schlaf doch weiter, du wirst doch nicht aufwachen! Du hast ja gar keinen Furunkel, denn du reitest ja auf einem Pferd, und mit einem Furunkel an der Stelle kann man doch nicht reiten!« Und es gelang ihm so; der Schmerz wurde übertäubt, und ich schlief weiter.

Der Traum hat sich aber nicht damit begnügt, mir durch die hartnäckige Festhaltung einer mit dem Leiden unverträglichen Vorstellung, den Furunkel »abzusuggerieren«, wobei er sich benommen wie der halluzinatorische Wahnsinn der Mutter, die ihr Kind verloren hat[1], oder des Kaufmannes, den Verluste um sein Vermögen gebracht haben; sondern die Einzelheiten der abgeleugneten Sensation und des zu ihrer Verdrängung gebrauchten Bildes dienen ihm auch als Material, um das, was sonst in der Seele aktuell vorhanden ist, an die Situation des Traumes anzuknüpfen und zur Darstellung zu bringen. Ich reite ein *graues* Pferd, die Farbe des Pferdes entspricht genau dem *pfeffer- und salzfarbigen* Dreß, in dem ich dem Kollegen P. zuletzt auf dem Lande begegnet bin. *Scharfgewürzte* Nahrung ist mir als die Ursache der Furunkulose vorgehalten worden, immerhin als Ätiologie dem *Zucker* vorzuziehen, an den man bei Furunkulose denken kann. Freund P. liebt es, sich mir gegenüber aufs *hohe Roß* zu setzen, seitdem er mich bei einer Patientin abgelöst, mit der ich große *Kunststücke* ausgeführt hatte (ich sitze im Traum auf dem Pferd zuerst wie ein *Kunstreiter* tangential), die mich aber wirklich, wie das Roß in der Anekdote den Sonntagsreiter[2], geführt hat, wohin sie wollte. So kommt das Roß zur symbolischen Bedeutung einer Patientin (es ist im Traum *höchst intelligent*). *»Ich fühle mich ganz heimisch oben«* geht auf die Stellung, die ich in dem Hause innehatte, ehe ich durch P. ersetzt wurde. *»Ich habe gemeint, Sie sitzen oben fest im Sattel«*, hat mir mit Beziehung auf dasselbe Haus einer meiner wenigen Gönner unter den großen Ärzten dieser Stadt vor kurzem gesagt. Es war auch ein *Kunststück*, mit solchen Schmerzen acht bis zehn Stunden täglich Psychotherapie zu treiben, aber ich weiß, daß ich ohne volles körperliches Wohlbefinden meine besonders schwierige Arbeit nicht lange fortsetzen kann, und der Traum ist voll düsterer Anspielungen auf die Situation, die sich dann ergeben muß (der *Zettel*, wie ihn die Neurastheniker haben und dem Arzte vorzeigen): – *Nicht arbeiten und nicht essen*. Bei weiterer Deutung sehe ich, daß es der Traumarbeit gelungen ist, von der Wunschsituation des Reitens den Weg zu finden zu sehr frühen Kinderstreitszenen, die sich zwischen mir und einem jetzt in England lebenden, übrigens um ein Jahr älteren Neffen abgespielt haben mußten. [Vgl. S. 411 f.] Außerdem hat er Elemente aus

---

[1] Vergleiche die Stelle bei Griesinger [1861, 106; s. S. 111 f. oben] und die Bemerkung in meinem zweiten Aufsatz über die Abwehr-Neuropsychosen (1896 *b*). [In Wirklichkeit meint Freud hier einen Absatz kurz vor Schluß seiner *ersten* Arbeit zu diesem Thema (1894 *a*).]

[2] [In dem Brief vom 7. Juli 1898 an Fließ (Freud, 1950 *a*, Brief Nr. 92) spricht Freud vom »berühmten Prinzip von Itzig, dem Sonntagsreiter: ›Itzig, wohin reit'st du?‹ – ›Weiß ich, frag das Pferd.‹«]

meinen Reisen in Italien aufgenommen; die Straße im Traum ist aus Eindrücken von Verona und von Siena zusammengesetzt. Noch tiefer gehende Deutung führt zu sexuellen Traumgedanken, und ich erinnere mich, was bei einer Patientin, die nie in Italien war, die Traumanspielungen an das schöne Land bedeuten sollten *(gen Italien – Genitalien)*, nicht ohne Anknüpfung gleichzeitig an das Haus, in dem ich vor Freund P. Arzt war, und an die Stelle, an welcher mein Furunkel sitzt.

In einem anderen Traume[1] gelang es mir auf ähnliche Weise, eine *diesmal* von einer Sinnesreizung drohende Schlafstörung abzuwehren, aber es war nur ein Zufall, der mich in den Stand setzte, den Zusammenhang des Traumes mit dem zufälligen Traumreiz zu entdecken und solcherart den Traum zu verstehen. Eines Morgens erwachte ich, es war im Hochsommer, in einem tirolischen Höhenort, mit dem Wissen, geträumt zu haben: *Der Papst ist gestorben.* Die Deutung dieses kurzen, nicht visuellen Traumes gelang mir nicht. Ich erinnerte mich nur der einen Anlehnung für den Traum, daß in der Zeitung kurze Zeit vorher ein leichtes Unwohlsein Sr. Heiligkeit gemeldet worden war. Aber im Laufe des Vormittags fragte meine Frau: »Hast du heute morgens das fürchterliche Glockenläuten gehört?« Ich wußte nichts davon, daß ich es gehört hatte, aber ich verstand jetzt meinen Traum. Er war die Reaktion meines Schlafbedürfnisses auf den Lärm gewesen, durch den die frommen Tiroler mich wecken wollten. Ich rächte mich an ihnen durch die Folgerung, die den Inhalt des Traumes bildet, und schlief nun ganz ohne Interesse für das Geläute weiter.

Unter den in den vorstehenden Abschnitten erwähnten Träumen fänden sich bereits mehrere, die als Beispiele für die Verarbeitung sogenannter Nervenreize dienen können. Der Traum vom Trinken in vollen Zügen [S. 142] ist ein solcher; in ihm ist der somatische Reiz anscheinend die einzige Traumquelle, der aus der Sensation entspringende Wunsch – der Durst – das einzige Traummotiv. Ähnlich ist es in anderen einfachen Träumen, wenn der somatische Reiz für sich allein einen Wunsch zu bilden vermag. Der Traum der Kranken, die nachts den Kühlapparat von der Wange abwirft [S. 144], zeigt eine ungewöhnliche Art, auf

---

[1] [Dieser Absatz wurde 1914 hinzugefügt. Der Traum war bereits kurz in Freud, 1913 *h* (Nr. 1) erwähnt worden; er findet sich auch in der 5. der *Vorlesungen* (1916–17), *Studienausgabe*, Bd. 1, S. 111.]

Schmerzensreize mit Wunscherfüllung zu reagieren; es scheint, daß es der Kranken vorübergehend gelungen war, sich analgisch zu machen, wobei sie ihre Schmerzen einem Fremden zuschob.

Mein Traum von den drei Parzen [S. 214 ff.] ist ein offenbarer Hungertraum, aber er weiß das Nahrungsbedürfnis bis auf die Sehnsucht des Kindes nach der Mutterbrust zurückzuschieben und die harmlose Begierde zur Decke für eine ernstere, die sich nicht so unverhüllt äußern darf, zu benützen. Im Traume vom Grafen Thun [S. 218 ff.] konnten wir sehen, auf welchen Wegen ein akzidentell gegebenes körperliches Bedürfnis mit den stärksten aber auch stärkst unterdrückten Regungen des Seelenlebens in Verbindung gebracht wird. Und wenn, wie in dem von Garnier [1872, Bd. 1, 476] berichteten Falle, der Erste Konsul das Geräusch der explodierenden Höllenmaschine in einen Schlachtentraum verwebt, ehe er davon erwacht [S. 52], so offenbart sich darin ganz besonders klar das Bestreben, in dessen Dienst die Seelentätigkeit sich überhaupt um die Sensationen während des Schlafes kümmert. Ein junger Advokat[1], der, voll von seinem ersten großen Konkurs, des Nachmittags einschläft, benimmt sich ganz ähnlich wie der große Napoleon. Er träumt von einem gewissen G. Reich in *Hussiatyn* [Stadt in Galizien], den er aus einem Konkurs kennt, aber *Hussiatyn* drängt sich weiter gebieterisch auf; er muß erwachen und hört seine Frau, die an einem Bronchialkatarrh leidet, heftig – husten.

Halten wir diesen Traum des ersten Napoleon, der übrigens ein ausgezeichneter Schläfer war, und jenen anderen des langschläfrigen Studenten zusammen, der von seiner Zimmerfrau geweckt, er müsse ins Spital, sich in ein Spitalsbett träumt und dann mit der Motivierung weiterschläft: Wenn ich schon im Spital bin, brauche ich ja nicht aufzustehen, um hinzugehen [S. 143 f.]. Der letztere ist ein offenbarer Bequemlichkeitstraum, der Schläfer gesteht sich das Motiv seines Träumens unverhohlen ein, deckt aber damit eines der Geheimnisse des Träumens überhaupt auf. In gewissem Sinne sind alle Träume – *Bequemlichkeitsträume;* sie dienen der Absicht, den Schlaf fortzusetzen, anstatt zu erwachen. *Der Traum ist der Wächter des Schlafes, nicht sein Störer.* Gegen die psychisch erweckenden Momente werden wir diese Auffassung an anderer Stelle rechtfertigen [s. S. 550 f.]; ihre Anwendbarkeit auf die Rolle der objektiven äußeren Reize können wir hier bereits begründen. Die Seele kümmert sich entweder überhaupt nicht

[1] [Dieser und der nächste Satz wurden 1909 hinzugefügt.]

um die Anlässe zu Sensationen während des Schlafens, wenn sie dies gegen die Intensität und die von ihr wohlverstandene Bedeutung dieser Reize vermag; oder sie verwendet den Traum dazu, diese Reize in Abrede zu stellen, oder drittens, wenn sie dieselben anerkennen muß, so sucht sie jene Deutung derselben auf, welche die aktuelle Sensation als einen Teilbestand einer gewünschten und mit dem Schlafen verträglichen Situation hinstellt. Die aktuelle Sensation wird in einen Traum verflochten, *um ihr die Realität zu rauben.* Napoleon darf weiter schlafen; es ist ja nur eine Traumerinnerung an den Kanonendonner von Arcole, was ihn stören will[1].

Der Wunsch zu schlafen (auf den sich das bewußte Ich eingestellt hat und der nebst der Traumzensur und der später zu erwähnenden »sekundären Bearbeitung« [s. S. 470 ff.] *dessen Beitrag zum Träumen darstellt*[2]*) muß so als Motiv der Traumbildung jedesmal eingerechnet werden, und jeder gelungene Traum ist eine Erfüllung desselben.* Wie dieser allgemeine, regelmäßig vorhandene und sich gleichbleibende Schlafwunsch sich zu den anderen Wünschen stellt, von denen bald der, bald jener durch den Trauminhalt erfüllt werden, dies wird Gegenstand einer anderen Auseinandersetzung sein [S. 543 ff.]. In dem Schlafwunsch haben wir aber jenes Moment aufgedeckt, welches die Lücke in der Strümpell-Wundtschen Theorie auszufüllen [vgl. S. 230 ff.], die Schiefheit und Launenhaftigkeit in der Deutung des äußeren Reizes aufzuklären vermag. Die richtige Deutung, deren die schlafende Seele sehr wohl fähig ist, nähme ein tätiges Interesse in Anspruch, stellte die Anforderung, dem Schlaf ein Ende zu machen; es werden darum von den überhaupt möglichen Deutungen nur solche zugelassen, die mit der absolutistisch geübten Zensur des Schlafwunsches vereinbar sind. Etwa: Die Nachtigall ist's und nicht die Lerche[3]. Denn wenn's die Lerche ist, so hat die Liebesnacht ihr Ende gefunden. Unter den nun zulässigen Deutungen des Reizes wird dann jene ausgewählt, welche die beste Verknüpfung mit den in der Seele lauernden Wunschregungen erwerben kann. So ist alles eindeutig bestimmt und nichts der Willkür überlassen.

---

[1] Der Inhalt dieses Traumes wird in den zwei Quellen, aus denen ich ihn kenne, nicht übereinstimmend erzählt.

[2] [Dieser von den Herausgebern zur Markierung in runde Klammern gesetzte Nebensatz ist in den beiden ersten Auflagen (1900 und 1909) noch nicht enthalten. Der Satzteil »auf den sich das bewußte Ich eingestellt hat und der nebst der Traumzensur dessen Beitrag zu den Träumen darstellt« wurde 1911 beigefügt; der weitere Satzteil »und der später zu erwähnenden ›sekundären Bearbeitung‹« kam 1914 hinzu.]

[3] [Nach Shakespeare, *Romeo und Julia,* III. Akt, 5. Szene.]

Die Mißdeutung ist nicht Illusion, sondern – wenn man so will – Ausrede. Hier ist aber wiederum, wie bei dem Ersatz durch Verschiebung zu Diensten der Traumzensur, ein Akt der Beugung des normalen psychischen Vorganges zuzugeben.

Wenn die äußeren Nerven- und inneren Leibreize intensiv genug sind, um sich psychische Beachtung zu erzwingen, so stellen sie – falls überhaupt Träumen und nicht Erwachen ihr Erfolg ist – einen festen Punkt für die Traumbildung dar, einen Kern im Traummaterial, zu dem eine entsprechende Wunscherfüllung in ähnlicher Weise gesucht wird, wie (siehe oben [S. 235]) die vermittelnden Vorstellungen zwischen zwei psychischen Traumreizen. Es ist insofern für eine Anzahl von Träumen richtig, daß in ihnen das somatische Element den Trauminhalt kommandiert. In diesem extremen Falle wird selbst behufs der Traumbildung ein gerade nicht aktueller Wunsch geweckt. Der Traum kann aber nicht anders als einen Wunsch in einer Situation als erfüllt darstellen; er ist gleichsam vor die Aufgabe gestellt zu suchen, welcher Wunsch durch die nun aktuelle Sensation als erfüllt dargestellt werden kann. Ist dies aktuelle Material von schmerzlichem oder peinlichem Charakter, so ist es doch darum zur Traumbildung nicht unbrauchbar. Das Seelenleben verfügt auch über Wünsche, deren Erfüllung Unlust hervorruft, was ein Widerspruch scheint, aber durch die Berufung auf das Vorhandensein zweier psychischer Instanzen und die zwischen ihnen bestehende Zensur erklärlich wird.

Es gibt, wie wir gehört haben, im Seelenleben *verdrängte* Wünsche, die dem ersten System angehören, gegen deren Erfüllung das zweite System sich sträubt. Es gibt ist nicht etwa historisch gemeint, daß es solche Wünsche gegeben und diese dann vernichtet worden sind; sondern die Lehre von der Verdrängung, deren man in der Psychoneurotik bedarf, behauptet, daß solche verdrängte Wünsche noch existieren, gleichzeitig aber eine Hemmung, die auf ihnen lastet. Die Sprache trifft das Richtige, wenn sie vom *»Unterdrücken«* solcher Impulse redet. Die psychische Veranstaltung, damit solche unterdrückte Wünsche zur Realisierung durchdringen, bleibt erhalten und gebrauchsfähig. Ereignet es sich aber, daß solch ein unterdrückter Wunsch doch vollzogen wird, so äußert sich die überwundene Hemmung des zweiten (bewußtseinsfähigen) Systems als Unlust. Um nun diese Erörterung zu schließen: wenn Sensationen mit Unlustcharakter im Schlafe aus somatischen Quellen vorhanden sind, so wird diese Konstellation von der Traumarbeit benützt, um die Erfüllung eines sonst unterdrückten Wunsches – mit mehr oder weniger Beibehalt der Zensur – darzustellen[1].

Dieser Sachverhalt ermöglicht eine Reihe von Angstträumen, während eine andere Reihe dieser der Wunschtheorie ungünstigen Traumbildungen einen anderen Mechanismus erkennen läßt. Die Angst in den Träumen kann nämlich eine psychoneurotische sein, aus psychosexuellen Erregungen stammen, wobei die Angst verdrängter Libido entspricht. Dann hat diese Angst wie der ganze Angsttraum die Bedeutung eines neurotischen Symptoms, und wir stehen an der Grenze, wo die wunscherfüllende Tendenz des Traumes scheitert. [Vgl. S. 176 und S. 552 ff.] In anderen Angstträumen [denjenigen der ersten Reihe] aber ist die Angstempfindung somatisch gegeben (etwa wie bei Lungen- und Herzkranken bei zufälliger Atembehinderung), und dann wird sie dazu benützt, solchen energisch unterdrückten Wünschen zur Erfüllung als Traum zu verhelfen, deren Träumen aus psychischen Motiven die gleiche Angstentbindung zur Folge gehabt hätte. Es ist nicht schwer, die beiden scheinbar gesonderten Fälle zu vereinigen. Von zwei psychischen Bildungen, einer Affektneigung und einem Vorstellungsinhalt, die innig zusammengehören, hebt die eine, die aktuell gegeben ist, auch im Traum die andere; bald die somatisch gegebene Angst den unterdrückten Vorstellungsinhalt, bald der aus der Verdrängung befreite, mit sexueller Erregung einhergehende Vorstellungsinhalt die Angstentbindung. Von dem einen Fall kann man sagen, daß ein somatisch gegebener Affekt psychisch gedeutet wird; im anderen Falle ist alles psychisch gegeben, aber der unterdrückt gewesene Inhalt ersetzt sich leicht durch eine zur Angst passende somatische Deutung. Die Schwierigkeiten, die sich hier für das Verständnis ergeben, haben mit dem Traum nur wenig zu tun; sie rühren daher, daß wir mit diesen Erörterungen die Probleme der Angstentwicklung und der Verdrängung streifen.

Zu den kommandierenden Traumreizen aus der inneren Leiblichkeit gehört unzweifelhaft die körperliche Gesamtstimmung [s. S. 61]. Nicht daß sie den Trauminhalt liefern könnte, aber sie nötigt den Traumgedanken eine Auswahl aus dem Material auf, welches zur Darstellung im Trauminhalt dienen soll, indem sie den einen Teil dieses Materials, als zu ihrem Wesen passend, nahelegt, den anderen fernehält. Überdies ist ja wohl diese Allgemeinstimmung vom Tage her mit den für den Traum bedeutsamen psychischen Resten verknüpft. Dabei kann diese

---

[1] [Dieses ganze Thema wird ferner im VII. Kapitel, Abschnitt C erörtert; s. besonders S. 531 ff., vgl. aber auch S. 271 und S. 469.]

Stimmung selbst im Traume erhalten bleiben oder überwunden werden, so daß sie, wenn unlustvoll, ins Gegenteil umschlägt[1].

Wenn die somatischen Reizquellen während des Schlafes – die Schlafsensationen also – nicht von ungewöhnlicher Intensität sind, so spielen sie nach meiner Schätzung für die Traumbildung eine ähnliche Rolle wie die als rezent verbliebenen, aber indifferenten Eindrücke des Tages. Ich meine nämlich, sie werden zur Traumbildung herangezogen, wenn sie sich zur Vereinigung mit dem Vorstellungsinhalt der psychischen Traumquellen eignen, im anderen Falle aber nicht. Sie werden wie ein wohlfeiles, allezeit bereitliegendes Material behandelt, welches zur Verwendung kommt, sooft man dessen bedarf, anstatt daß ein kostbares Material die Art seiner Verwendung selbst mitvorschreibt. Der Fall ist etwa ähnlich, wie wenn der Kunstgönner dem Künstler einen seltenen Stein, einen Onyx bringt, aus ihm ein Kunstwerk zu gestalten. Die Größe des Steins, seine Farbe und Fleckung helfen mit entscheiden, welcher Kopf oder welche Szene in ihm dargestellt werden soll, während bei gleichmäßigem und reichlichem Material von Marmor oder Sandstein der Künstler allein der Idee nachfolgt, die sich in seinem Sinn gestaltet. Auf diese Weise allein scheint mir die Tatsache verständlich, daß jener Trauminhalt, der von den nicht ins Ungewohnte gesteigerten Reizen aus unserer Leiblichkeit geliefert wird, doch nicht in allen Träumen und nicht in jeder Nacht im Traume erscheint[2]. [Vgl. S. 233.]

Vielleicht wird ein Beispiel, das uns wieder zur Traumdeutung zurückführt, meine Meinung am besten erläutern. Eines Tages mühte ich mich ab zu verstehen, was die Empfindung von Gehemmtsein, nicht von der Stelle können, nicht fertig werden u. dgl., die so häufig geträumt wird und die der Angst so nahe verwandt ist, wohl bedeuten mag. In der Nacht darauf hatte ich folgenden Traum: *Ich gehe in sehr unvollständiger Toilette aus einer Wohnung im Parterre über die Treppe in ein höheres Stockwerk. Dabei überspringe ich jedesmal drei Stufen, freue mich, daß ich so flink Treppen steigen kann. Plötzlich sehe ich, daß ein Dienstmädchen die Treppen herab- und also mir entgegenkommt. Ich*

---

[1] [Vgl. S. 469. – Der letzte Satz wurde 1914 hinzugefügt.]

[2] [*Zusatz 1914:*] Rank hat in einer Reihe von Arbeiten [1910, 1912*a* und 1912*b*] gezeigt, daß gewisse, durch Organreiz hervorgerufene Weckträume (die Harnreiz- und Pollutionsträume) besonders geeignet sind, den Kampf zwischen dem Schlafbedürfnis und den Anforderungen des organischen Bedürfnisses sowie den Einfluß des letzteren auf den Trauminhalt zu demonstrieren. [Vgl. S. 393 f.]

schäme mich, will mich eilen, und nun tritt jenes Gehemmtsein auf, ich klebe an den Stufen und komme nicht von der Stelle.

ANALYSE: Die Situation des Traumes ist der alltäglichen Wirklichkeit entnommen. Ich habe in einem Hause in Wien zwei Wohnungen, die nur durch die Treppe außen verbunden sind. Im Hochparterre befindet sich meine ärztliche Wohnung und mein Arbeitszimmer, einen Stock höher die Wohnräume. Wenn ich in später Stunde unten meine Arbeit vollendet habe, gehe ich über die Treppe ins Schlafzimmer. An dem Abend vor dem Traum hatte ich diesen kurzen Weg wirklich in etwas derangierter Toilette gemacht, d. h. ich hatte Kragen, Krawatte und Manschetten abgelegt; im Traum war daraus ein höherer, aber, wie gewöhnlich, unbestimmter Grad von Kleiderlosigkeit geworden. [Vgl. S. 251.] Das Überspringen von Stufen ist meine gewöhnliche Art, die Treppe zu gehen, übrigens eine bereits im Traum anerkannte Wunscherfüllung, denn mit der Leichtigkeit dieser Leistung hatte ich mich ob des Zustands meiner Herzarbeit getröstet. Ferner ist diese Art, die Treppe zu gehen, ein wirksamer Gegensatz zu der Hemmung in der zweiten Hälfte des Traums. Sie zeigt mir – was des Beweises nicht bedurfte –, daß der Traum keine Schwierigkeit hat, sich motorische Aktionen in aller Vollkommenheit ausgeführt vorzustellen; man denke an das Fliegen im Traum!

Die Treppe, über die ich gehe, ist aber nicht die meines Hauses; ich erkenne sie zunächst nicht, erst die mir entgegenkommende Person klärt mich über die gemeinte Örtlichkeit auf. Diese Person ist das Dienstmädchen der alten Dame, die ich täglich zweimal besuche, um ihr Injektionen zu machen [vgl. S. 137]; die Treppe ist auch ganz ähnlich jener, die ich zweimal im Tage dort zu ersteigen habe.

Wie gelangt nun diese Treppe und diese Frauensperson in meinen Traum? Das Schämen, weil man nicht voll angekleidet ist, hat unzweifelhaft sexuellen Charakter; das Dienstmädchen, von dem ich träume, ist älter als ich, mürrisch und keineswegs anreizend. Zu diesen Fragen fällt mir nun nichts anderes ein als das Folgende: Wenn ich in diesem Hause den Morgenbesuch mache, werde ich gewöhnlich auf der Treppe von Räuspern befallen; das Produkt der Expektoration gerät auf die Stiege. In diesen beiden Stockwerken befindet sich nämlich kein Spucknapf, und ich vertrete den Standpunkt, daß die Reinhaltung der Treppe nicht auf meine Kosten erfolgen darf, sondern durch die Anbringung eines Spucknapfes ermöglicht werden soll. Die Hausmeisterin, eine gleichfalls ältliche und mürrische Person, aber von reinlichen Instinkten, wie ich ihr zuzugestehen bereit bin, nimmt in dieser Angelegenheit einen anderen Standpunkt ein. Sie lauert mir auf, ob ich mir wieder die besagte Freiheit erlauben werde, und wenn sie das konstatiert hat, höre ich sie vernehmlich brummen. Auch versagt sie mir dann für Tage die gewohnte Hochachtung, wenn wir uns begegnen. Am Vortag des Traumes bekam nun die Partei der Hausmeisterin eine Verstärkung durch das Dienstmädchen. Ich hatte eilig, wie immer, meinen Besuch bei der Kranken abgemacht, als die Dienerin mich im Vorzimmer stellte und die Bemerkung von sich gab: »Herr Doktor hätten sich heute schon die Stiefel abputzen können, ehe Sie ins Zimmer kommen. Der rote Teppich ist wiederum ganz schmutzig von Ihren Füßen.« Dies ist der ganze Anspruch, den Treppe und Dienstmädchen geltend machen können, um in meinem Traum zu erscheinen.

Zwischen meinem Über-die-Treppe-Fliegen und dem Auf-der-Treppe-Spucken besteht ein inniger Zusammenhang. Rachenkatarrh wie Herzbeschwerden sollen beide die Strafen für das Laster des Rauchens darstellen, wegen dessen ich natürlich auch bei meiner Hausfrau nicht den Ruf der größten Nettigkeit genieße, in dem einen Haus so wenig wie in dem anderen, die der Traum zu einem Gebilde verschmilzt.

Die weitere Deutung des Traumes muß ich verschieben, bis ich berichten kann, woher der typische Traum von der unvollständigen Bekleidung rührt. Ich bemerke nur als vorläufiges Ergebnis des mitgeteilten Traumes, daß die Traumsensation der gehemmten Bewegung überall dort hervorgerufen wird, wo ein gewisser Zusammenhang ihrer bedarf. Ein besonderer Zustand meiner Motilität im Schlafe kann nicht die Ursache dieses Trauminhalts sein, denn einen Moment vorher sah ich mich ja wie zur Sicherung dieser Erkenntnis leichtfüßig über die Stufen eilen [1].

---

1 [Die Sensation der Hemmung in Träumen wird ausführlich auf S. 332 ff. erörtert. Der vorliegende Traum wird auf S. 252 f. weiter analysiert.]

D
TYPISCHE TRÄUME

Wir sind im allgemeinen nicht imstande, den Traum eines anderen zu deuten, wenn derselbe uns nicht die hinter dem Trauminhalt stehenden unbewußten Gedanken ausliefern will, und dadurch wird die praktische Verwertbarkeit unserer Methode der Traumdeutung schwer beeinträchtigt[1]. Nun gibt es aber, so recht im Gegensatz zu der sonstigen Freiheit des einzelnen, sich seine Traumwelt in individueller Besonderheit auszustatten und dadurch dem Verständnis der anderen unzugänglich zu machen, eine gewisse Anzahl von Träumen, die fast jedermann in derselben Weise geträumt hat, von denen wir anzunehmen gewohnt sind, daß sie auch bei jedermann dieselbe Bedeutung haben. Ein besonderes Interesse wendet sich diesen typischen Träumen auch darum zu, weil sie vermutlich bei allen Menschen aus den gleichen Quellen stammen, also besonders gut geeignet scheinen, uns über die Quellen der Träume Aufschluß zu geben.

Wir werden also mit ganz besonderen Erwartungen darangehen, unsere Technik der Traumdeutung an diesen typischen Träumen zu versuchen, und uns nur sehr ungern eingestehen, daß unsere Kunst sich gerade an diesem Material nicht recht bewährt. Bei der Deutung der typischen Träume versagen in der Regel die Einfälle des Träumers, die uns sonst zum Verständnis des Traumes geleitet haben, oder sie werden unklar und unzureichend, so daß wir unsere Aufgabe mit ihrer Hilfe nicht lösen können.

Woher dies rührt und wie wir diesem Mangel unserer Technik abhelfen, wird sich an einer späteren Stelle [Kapitel VI (E), S. 346 ff.] unserer Arbeit ergeben. Dann wird dem Leser auch verständlich werden, warum ich hier nur einige aus der Gruppe der typischen Träume behandeln kann und die Erörterung der anderen auf jenen späteren Zusammenhang verschiebe. [Vgl. S. 377 ff.][2]

---

[1] [*Zusatz 1925:*] Der Satz, daß unsere Methode der Traumdeutung unanwendbar wird, wenn wir nicht über das Assoziationsmaterial des Träumers verfügen, fordert die Ergänzung, daß unsere Deutungsarbeit in einem Falle von diesen Assoziationen unabhängig ist, nämlich dann, wenn der Träumer *symbolische* Elemente im Trauminhalt verwendet hat. Wir bedienen uns dann, strenggenommen, einer zweiten, *auxiliären* Methode der Traumdeutung. (S. unten [S. 353 f.].)

[2] [Diese beiden letzten Absätze datieren in der vorliegenden Form von 1914. In der in jenem Jahr erschienenen (vierten) Auflage kam im VI. Kapitel der Abschnitt über die Darstellung durch Symbole hinzu, was zu erheblichen Änderungen im vorliegenden

(α) Der Verlegenheitstraum der Nacktheit

Der Traum, daß man nackt oder schlecht bekleidet in Gegenwart Fremder sei, kommt auch mit der Zutat vor, man habe sich dessen gar nicht geschämt u. dgl. Unser Interesse gebührt aber dem Nacktheitstraum nur dann, wenn man in ihm Scham und Verlegenheit empfindet, entfliehen oder sich verbergen will und dabei der eigentümlichen Hemmung unterliegt, daß man nicht von der Stelle kann und sich unvermögend fühlt, die peinliche Situation zu verändern. Nur in dieser Verbindung ist der Traum typisch; der Kern seines Inhalts mag sonst in allerlei andere Verknüpfungen einbezogen werden oder mit individuellen Zutaten versetzt sein. Es handelt sich im wesentlichen [d. i. in seiner typischen Form] um die peinliche Empfindung von der Natur der Scham, daß man seine Nacktheit, meist durch Lokomotion, verbergen möchte und es nicht zustande bringt. Ich glaube, die allermeisten meiner Leser werden sich in dieser Situation im Traume bereits befunden haben.

Für gewöhnlich ist die Art und Weise der Entkleidung wenig deutlich. Man hört etwa erzählen, ich war im Hemd, aber dies ist selten ein klares Bild; meist ist die Unbekleidung so unbestimmt, daß sie durch eine Alternative in der Erzählung wiedergegeben wird: »Ich war im Hemd oder im Unterrock.« In der Regel ist der Defekt der Toilette nicht so arg, daß die dazugehörige Scham gerechtfertigt schiene. Für den, der den Rock des Kaisers getragen hat, ersetzt sich die Nacktheit häufig durch eine vorschriftswidrige Adjustierung. »Ich bin ohne Säbel auf der Straße und sehe Offiziere näher kommen, oder ohne Halsbinde, oder trage eine karierte Zivilhose« u. dgl.

Die Leute, vor denen man sich schämt, sind fast immer Fremde mit unbestimmt gelassenen Gesichtern. Niemals ereignet es sich im typischen Traum, daß man wegen der Kleidung, die einem selbst solche Verlegenheit bereitet, beanstandet oder auch nur bemerkt wird. Die Leute machen ganz im Gegenteil gleichgültige, oder wie ich es in einem besonders klaren Traum wahrnehmen konnte, feierlich steife Mienen. Das gibt zu denken.

Die Schamverlegenheit des Träumers und die Gleichgültigkeit der Leute ergeben mitsammen einen Widerspruch, wie er im Traume häufig vorkommt. Zu der Empfindung des Träumenden würde doch nur passen, daß die Fremden ihn erstaunt ansehen und verlachen oder sich über ihn

---

Abschnitt führte, dessen Material zum großen Teil in den neuen Abschnitt übernommen wurde. (S. die ›Editorische Einleitung‹, S. 14.)]

entrüsten. Ich meine aber, dieser anstößige Zug ist durch die Wunscherfüllung beseitigt worden, während der andere, durch irgendwelche Macht gehalten, stehenblieb, und so stimmen die beiden Stücke dann schlecht zueinander. Wir besitzen ein interessantes Zeugnis dafür, daß der Traum in seiner durch Wunscherfüllung partiell entstellten Form das richtige Verständnis nicht gefunden hat. Er ist nämlich die Grundlage eines Märchens geworden, welches uns allen in der Andersenschen Fassung (›Des Kaisers neue Kleider‹) bekannt ist und in der jüngsten Zeit durch L. Fulda[1] im *Talisman* poetischer Verwertung zugeführt worden ist. Im Andersenschen Märchen wird von zwei Betrügern erzählt, die für den Kaiser ein kostbares Gewand weben, das aber nur den Guten und Treuen sichtbar sein soll. Der Kaiser geht mit diesem unsichtbaren Gewand bekleidet aus, und durch die prüfsteinartige Kraft des Gewebes erschreckt, tun alle Leute, als ob sie die Nacktheit des Kaisers nicht merken.

Letzteres ist aber die Situation unseres Traumes. Es gehört wohl nicht viel Kühnheit dazu anzunehmen, daß der unverständliche Trauminhalt eine Anregung gegeben hat, um eine Einkleidung zu erfinden, in welcher die vor der Erinnerung stehende Situation sinnreich wird. Dieselbe ist dabei ihrer ursprünglichen Bedeutung beraubt und fremden Zwecken dienstbar gemacht worden. Aber wir werden hören, daß solches Mißverständnis des Trauminhalts durch die bewußte Denktätigkeit eines zweiten psychischen Systems häufig vorkommt und als ein Faktor für die endgültige Traumgestaltung anzuerkennen ist[2]; ferner, daß bei der Bildung von Zwangsvorstellungen und Phobien ähnliche Mißverständnisse – gleichfalls innerhalb der nämlichen psychischen Persönlichkeit – eine Hauptrolle spielen. Es läßt sich auch für unseren Traum angeben, woher das Material für die Umdeutung genommen wird. Der Betrüger ist der Traum, der Kaiser der Träumer selbst, und die moralisierende Tendenz verrät eine dunkle Kenntnis davon, daß es sich im latenten Trauminhalt um unerlaubte, der Verdrängung geopferte Wünsche handelt. Der Zusammenhang, in welchem solche Träume während meiner Analysen bei Neurotikern auftreten, läßt nämlich keinen Zweifel darüber, daß dem Traume eine Erinnerung aus der frühesten Kindheit zugrunde liegt. Nur in unserer Kindheit gab es die Zeit, daß wir in mangelhafter Bekleidung von unseren Angehörigen wie von fremden Pflege-

---

[1] [Deutscher Bühnenschriftsteller, 1862–1939.]

[2] [Der Prozeß der »sekundären Bearbeitung« bildet das Thema von Abschnitt I des VI. Kapitels (S. 470 ff.).]

personen, Dienstmädchen, Besuchern gesehen wurden, und wir haben uns damals unserer Nacktheit nicht geschämt[1]. An vielen Kindern kann man noch in späteren Jahren beobachten, daß ihre Entkleidung wie berauschend auf sie wirkt, anstatt sie zur Scham zu leiten. Sie lachen, springen herum, schlagen sich auf den Leib, die Mutter oder wer dabei ist, verweist es ihnen, sagt: Pfui, das ist eine Schande, das darf man nicht. Die Kinder zeigen häufig Exhibitionsgelüste; man kann kaum durch ein Dorf in unseren Gegenden gehen, ohne daß man einem zwei- bis dreijährigen Kleinen begegnete, welches vor dem Wanderer, vielleicht ihm zu Ehren, sein Hemdchen hochhebt. Einer meiner Patienten hat in seiner bewußten Erinnerung eine Szene aus seinem achten Lebensjahr bewahrt, wie er nach der Entkleidung vor dem Schlafengehen im Hemd zu seiner kleinen Schwester im nächsten Zimmer hinaustanzen will und wie die dienende Person es ihm verwehrt. In der Jugendgeschichte von Neurotikern spielt die Entblößung vor Kindern des anderen Geschlechts eine große Rolle; in der Paranoia ist der Wahn, beim An- und Auskleiden beobachtet zu werden, auf diese Erlebnisse zurückzuführen; unter den pervers Gebliebenen ist eine Klasse, bei denen der infantile Impuls zum Symptom erhoben worden ist, die der *Exhibitionisten*[2].

Diese der Scham entbehrende Kindheit erscheint unserer Rückschau später als ein Paradies, und das Paradies selbst ist nichts anderes als die Massenphantasie von der Kindheit des einzelnen. Darum sind auch im Paradies die Menschen nackt und schämen sich nicht voreinander, bis ein Moment kommt, in dem die Scham und die Angst erwachen, die Vertreibung erfolgt, das Geschlechtsleben und die Kulturarbeit beginnt. In dieses Paradies kann uns nun der Traum allnächtlich zurückführen; wir haben bereits [S. 226 f.] der Vermutung Ausdruck gegeben, daß die Eindrücke aus der ersten Kindheit (der prähistorischen Periode bis etwa zum vollendeten dritten Jahr) an und für sich, vielleicht ohne daß es auf ihren Inhalt weiter ankäme, nach Reproduktionen verlangen, daß deren Wiederholung eine Wunscherfüllung ist. Die Nacktheitsträume sind also *Exhibitionsträume*[3].

---

[1] Das Kind tritt aber auch im Märchen auf, denn dort ruft plötzlich ein kleines Kind: »Aber er hat ja gar nichts an.«

[2] [Diese Erwähnung der Perversionen als Residuen infantiler Sexualbetätigung läßt bereits Freuds spätere Analyse des Sexualtriebs in den *Drei Abhandlungen* (1905 *d*) vorausahnen.]

[3] [*Zusatz 1911:*] Eine Anzahl interessanter Nacktheitsträume bei Frauen, die sich ohne Schwierigkeiten auf die infantile Exhibitionslust zurückführen ließen, aber in manchen

Den Kern des Exhibitionstraumes bildet die eigene Gestalt, die nicht als die eines Kindes, sondern wie in der Gegenwart gesehen wird, und die mangelhafte Bekleidung, welche durch die Überlagerung so vieler späterer Negligéerinnerungen oder der Zensur zuliebe undeutlich ausfällt; dazu kommen nun die Personen, vor denen man sich schämt. Ich kenne kein Beispiel, daß die tatsächlichen Zuschauer bei jenen infantilen Exhibitionen im Traume wieder auftreten. Der Traum ist eben fast niemals eine einfache Erinnerung. Merkwürdigerweise werden jene Personen, denen unser sexuelles Interesse in der Kindheit galt, in allen Reproduktionen des Traums, der Hysterie und der Zwangsneurose ausgelassen; erst die Paranoia setzt die Zuschauer wieder ein und schließt, obwohl sie unsichtbar geblieben sind, mit fanatischer Überzeugung auf ihre Gegenwart. Was der Traum für sie einsetzt, »viele fremde Leute«, die sich nicht um das gebotene Schauspiel kümmern, ist geradezu der *Wunschgegensatz* zu jener einzelnen, wohlvertrauten Person, der man die Entblößung bot. »Viele fremde Leute« finden sich in Träumen übrigens auch häufig in beliebigem anderen Zusammenhang; sie bedeuten immer als Wunschgegensatz »Geheimnis« [1]. Man merkt, wie auch die Restitution des alten Sachverhalts, die in der Paranoia vor sich geht, diesem Gegensatze Rechnung trägt. Man ist nicht mehr allein, man wird ganz gewiß beobachtet, aber die Beobachter sind »viele, fremde, merkwürdig unbestimmt gelassene Leute«.

Außerdem kommt im Exhibitionstraum die Verdrängung zur Sprache. Die peinliche Empfindung des Traums ist ja die Reaktion des zweiten psychischen Systems dagegen, daß der von ihr verworfene Inhalt der Exhibitionsszene dennoch zur Vorstellung gelangt ist. Um sie zu ersparen, hätte die Szene nicht wieder belebt werden dürfen.

Von der Empfindung des Gehemmtseins werden wir später [S. 332 ff.] nochmals handeln. Sie dient im Traum vortrefflich dazu, den *Willenskonflikt*, das *Nein*, darzustellen. Nach der unbewußten Absicht soll die Exhibition fortgesetzt, nach der Forderung der Zensur unterbrochen werden.

Die Beziehungen unserer typischen Träume zu den Märchen und anderen Dichtungsstoffen sind gewiß weder vereinzelte noch zufällige. Ge-

Zügen von dem oben behandelten »typischen« Nacktheitstraum abweichen, hat Ferenczi [1910] mitgeteilt. – [Der vorletzte Satz im obigen Absatz scheint einige Gedanken skizzenhaft vorwegzunehmen, die Freud zwanzig Jahre später in *Jenseits des Lustprinzips* (1920 g) niederlegte.]

[1] [*Zusatz 1909:*] Dasselbe bedeutet, aus begreiflichen Gründen, im Traume die Anwesenheit der »ganzen Familie«.

legentlich hat ein scharfes Dichterauge den Umwandlungsprozeß, dessen Werkzeug sonst der Dichter ist, analytisch erkannt und ihn in umgekehrter Richtung verfolgt, also die Dichtung auf den Traum zurückgeführt. Ein Freund macht mich auf folgende Stelle aus Gottfried Kellers *Grünem Heinrich*[1] aufmerksam: »Ich wünsche Ihnen nicht, lieber Lee, daß Sie jemals die ausgesuchte pikante Wahrheit in der Lage des Odysseus, wo er nackt und mit Schlamm bedeckt vor Nausikaa und ihren Gespielen erscheint, so recht aus Erfahrung empfinden lernen! Wollen Sie wissen, wie das zugeht? Halten wir das Beispiel einmal fest. Wenn Sie einst getrennt von Ihrer Heimat und allem, was Ihnen lieb ist, in der Fremde umherschweifen und Sie haben viel gesehen und viel erfahren, haben Kummer und Sorge, sind wohl gar elend und verlassen, so wird es Ihnen des Nachts unfehlbar träumen, daß Sie sich Ihrer Heimat nähern; Sie sehen sie glänzen und leuchten in den schönsten Farben, holde, feine und liebe Gestalten treten Ihnen entgegen; da entdecken Sie plötzlich, daß Sie zerfetzt, nackt und staubbedeckt umhergehen. Eine namenlose Scham und Angst faßt Sie, Sie suchen sich zu bedecken, zu verbergen und erwachen im Schweiße gebadet. Dies ist, solange es Menschen gibt, der Traum des kummervollen, umhergeworfenen Mannes, und so hat Homer jene Lage aus dem tiefsten und ewigen Wesen der Menschheit herausgenommen.«

Das tiefste und ewige Wesen der Menschheit, auf dessen Erweckung der Dichter in der Regel bei seinen Hörern baut, das sind jene Regungen des Seelenlebens, die in der später prähistorisch gewordenen Kinderzeit wurzeln. Hinter den bewußtseinsfähigen und einwandfreien Wünschen des Heimatlosen brechen im Traum die unterdrückten und unerlaubt gewordenen Kinderwünsche hervor, und darum schlägt der Traum, den die Sage von der Nausikaa objektiviert, regelmäßig in einen Angsttraum um.

Mein eigener auf S. 244 f. erwähnter Traum von dem Eilen über die Treppe, das sich bald nachher in ein An-den-Stufen-Kleben verwandelt, ist gleichfalls ein Exhibitionstraum, da er die wesentlichen Bestandstücke eines solchen aufweist. Er müßte sich also auf Kindererlebnisse zurückführen lassen, und die Kenntnis derselben müßte einen Aufschluß darüber geben, inwiefern das Benehmen des Dienstmädchens gegen mich, ihr Vorwurf, daß ich den Teppich schmutzig gemacht habe, ihr zur Stellung verhilft, die sie im Traum einnimmt. Ich kann die gewünschten Aufklärungen nun wirklich beibringen. In einer Psychoanalyse lernt

[1] [III. Teil, 2. Kapitel.]

man die zeitliche Annäherung auf sachlichen Zusammenhang umdeuten [vgl. S. 312 f.]; zwei Gedanken, die, anscheinend zusammenhanglos, unmittelbar aufeinander folgen, gehören zu einer Einheit, die zu erraten ist, ebenso wie ein *a* und ein *b*, die ich nebeneinander hinschreibe, als eine Silbe: *ab* ausgesprochen werden sollen. Ähnlich mit der Aufeinanderbeziehung der Träume. Der erwähnte Traum von der Treppe ist aus einer Traumreihe herausgegriffen, deren andere Glieder mir der Deutung nach bekannt sind. Der von ihnen eingeschlossene Traum muß in denselben Zusammenhang gehören. Nun liegt jenen anderen einschließenden Träumen die Erinnerung an eine Kinderfrau zugrunde, die mich von irgendeinem Termin der Säuglingszeit bis zum Alter von zweieinhalb Jahren betreut hat, von der mir auch eine dunkle Erinnerung im Bewußtsein geblieben ist. Nach den Auskünften, die ich unlängst von meiner Mutter eingeholt habe, war sie alt und häßlich, aber sehr klug und tüchtig; nach den Schlüssen, die ich aus meinen Träumen ziehen darf, hat sie mir nicht immer die liebevollste Behandlung angedeihen und mich harte Worte hören lassen, wenn ich der Erziehung zur Reinlichkeit kein genügendes Verständnis entgegenbrachte. Indem also das Dienstmädchen dieses Erziehungswerk fortzusetzen sich bemüht, erwirbt sie den Anspruch, von mir als Inkarnation der prähistorischen Alten im Traum behandelt zu werden. Es ist wohl anzunehmen, daß das Kind dieser Erzieherin, trotz ihrer schlechten Behandlung, seine Liebe geschenkt hat[1].

(β) Die Träume vom Tod teurer Personen

Eine andere Reihe von Träumen, die typisch genannt werden dürfen, sind die mit dem Inhalt, daß ein teurer Verwandter, Eltern oder Geschwister, Kinder usw. gestorben ist. Man muß sofort von diesen Träumen zwei Klassen unterscheiden, die einen, bei welchen man im Traum von Trauer unberührt bleibt, so daß man sich nach dem Erwachen über seine Gefühllosigkeit wundert, die anderen, bei denen man tiefen Schmerz über den Todesfall empfindet, ja ihn selbst in heißen Tränen während des Schlafes äußert.

---

[1] Eine Überdeutung dieses Traumes: Auf der Treppe spucken, das führte, da »Spuken« eine Tätigkeit der Geister ist, bei loser Übersetzung zum »*esprit d'escalier*«. Treppenwitz heißt soviel als Mangel an Schlagfertigkeit. Den habe ich mir wirklich vorzuwerfen. Ob aber die Kinderfrau es an »*Schlagfertigkeit*« hat fehlen lassen?

Die Träume der ersten Gruppe dürfen wir beiseite lassen; sie haben keinen Anspruch, als typisch zu gelten. Wenn man sie analysiert, findet man, daß sie etwas anderes bedeuten, als sie enthalten, daß sie dazu bestimmt sind, irgendeinen anderen Wunsch zu verdecken. So der Traum der Tante, die den einzigen Sohn ihrer Schwester aufgebahrt vor sich sieht. (S. 168.) Das bedeutet nicht, daß sie dem kleinen Neffen den Tod wünscht, sondern verbirgt nur, wie wir erfahren haben, den Wunsch, eine gewisse geliebte Person nach langer Entbehrung wiederzusehen, dieselbe, die sie früher einmal nach ähnlich langer Pause bei der Leiche eines anderen Neffen wiedergesehen hatte. Dieser Wunsch, welcher der eigentliche Inhalt des Traumes ist, gibt keinen Anlaß zur Trauer, und darum wird auch im Traum keine Trauer verspürt. Man merkt es hier, daß die im Traum enthaltene Empfindung nicht zum manifesten Trauminhalt gehört, sondern zum latenten, daß der Affektinhalt des Traumes von der Entstellung frei geblieben ist, welche den Vorstellungsinhalt betroffen hat[1].

Anders die Träume, in denen der Tod einer geliebten verwandten Person vorgestellt und dabei schmerzlicher Affekt verspürt wird. Diese bedeuten, was ihr Inhalt besagt, den Wunsch, daß die betreffende Person sterben möge, und da ich hier erwarten darf, daß sich die Gefühle aller Leser und aller Personen, die Ähnliches geträumt haben, gegen meine Auslegung sträuben werden, muß ich den Beweis auf der breitesten Basis anstreben.

Wir haben bereits einen Traum erläutert, aus dem wir lernen konnten, daß die Wünsche, welche sich in Träumen als erfüllt darstellen, nicht immer aktuelle Wünsche sind. Es können auch verflossene, abgetane, überlagerte und verdrängte Wünsche sein, denen wir nur wegen ihres Wiederauftauchens im Traum doch eine Art von Fortexistenz zusprechen müssen. Sie sind nicht tot wie die Verstorbenen nach unserem Begriff, sondern wie die Schatten der Odyssee, die, sobald sie Blut getrunken haben, zu einem gewissen Leben erwachen. In jenem Traum vom toten Kind in der Schachtel (S. 169) handelte es sich um einen Wunsch, der vor fünfzehn Jahren aktuell war und von damals her unumwunden eingestanden wurde. Es ist vielleicht für die Theorie des Traumes nicht gleichgültig, wenn ich hinzufüge, daß selbst diesem Wunsche eine Erinnerung aus der frühesten Kindheit zugrunde lag. Die

---

[1] [Vgl. die Diskussion der Affekte in Träumen in Abschnitt H des VI. Kapitels (besonders S. 446 f.).]

Träumerin hatte als kleines Kind – wann, ist nicht sicher festzustellen – gehört, daß ihre Mutter in der Schwangerschaft, deren Frucht sie wurde, in eine schwere Verstimmung verfallen war und dem Kinde in ihrem Leibe sehnlichst den Tod gewünscht hatte. Selbst erwachsen und gravid geworden, folgte sie nur dem Beispiele der Mutter.

Wenn jemand unter Schmerzensäußerungen davon träumt, sein Vater oder seine Mutter, Bruder oder Schwester seien gestorben, so werde ich diesen Traum niemals als Beweis dafür verwenden, daß er ihnen *jetzt* den Tod wünscht. Die Theorie des Traumes fordert nicht so viel; sie begnügt sich zu schließen, daß er ihnen – irgendeinmal in der Kindheit – den Tod gewünscht habe. Ich fürchte aber, diese Einschränkung wird noch wenig zur Beruhigung der Beschwerdenführer beitragen; diese dürften ebenso energisch die Möglichkeit bestreiten, daß sie je so gedacht haben, wie sie sich sicher fühlen, nicht in der Gegenwart solche Wünsche zu hegen. Ich muß darum ein Stück vom untergegangenen Kinderseelenleben nach den Zeugnissen, die die Gegenwart noch aufweist, wieder herstellen[1].

Fassen wir zunächst das Verhältnis der Kinder zu ihren Geschwistern ins Auge. Ich weiß nicht, warum wir voraussetzen, es müsse ein liebevolles sein, da doch die Beispiele von Geschwisterfeindschaft unter Erwachsenen in der Erfahrung eines jeden sich drängen und wir so oft feststellen können, diese Entzweiung rühre noch aus der Kindheit her oder habe von jeher bestanden. Aber auch sehr viele Erwachsene, die heute an ihren Geschwistern zärtlich hängen und ihnen beistehen, haben in ihrer Kindheit in kaum unterbrochener Feindschaft mit ihnen gelebt. Das ältere Kind hat das jüngere mißhandelt, angeschwärzt, es seiner Spielsachen beraubt; das jüngere hat sich in ohnmächtiger Wut gegen das ältere verzehrt, es beneidet und gefürchtet, oder seine ersten Regungen von Freiheitsdrang und Rechtsbewußtsein haben sich gegen den Unterdrücker gewendet. Die Eltern sagen, die Kinder vertragen sich nicht, und wissen den Grund hiefür nicht zu finden. Es ist nicht schwer zu sehen, daß auch der Charakter des braven Kindes ein anderer ist, als wir ihn bei einem Erwachsenen zu finden wünschen. Das Kind ist absolut egoistisch, es empfindet seine Bedürfnisse intensiv und strebt rücksichtslos nach ihrer Befriedigung, insbesondere gegen seine Mit-

---

[1] [*Zusatz 1909:*] Vgl. hiezu: ›Analyse der Phobie eines fünfjährigen Knaben‹ (1909 *b*) und ›Über infantile Sexualtheorien‹ (1908 *c*).

bewerber, andere Kinder, und in erster Linie gegen seine Geschwister. Wir heißen das Kind aber darum nicht »schlecht«, wir heißen es »schlimm«; es ist unverantwortlich für seine bösen Taten vor unserem Urteil wie vor dem Strafgesetz. Und das mit Recht; denn wir dürfen erwarten, daß noch innerhalb von Lebenszeiten, die wir der Kindheit zurechnen, in dem kleinen Egoisten die altruistischen Regungen und die Moral erwachen werden, daß, mit Meynert [z. B. 1892, 169 ff.] zu reden, ein sekundäres Ich das primäre überlagern und hemmen wird. Wohl entsteht die Moralität nicht gleichzeitig auf der ganzen Linie, auch ist die Dauer der morallosen Kindheitsperiode bei den einzelnen Individuen verschieden lang. Wo die Entwicklung dieser Moralität ausbleibt, sprechen wir gerne von »Degeneration«; es handelt sich offenbar um eine Entwicklungshemmung. Wo der primäre Charakter durch die spätere Entwicklung bereits überlagert ist, kann er durch die Erkrankung an Hysterie wenigstens partiell wieder freigelegt werden. Die Übereinstimmung des sogenannten hysterischen Charakters mit dem eines schlimmen Kindes ist geradezu auffällig. Die Zwangsneurose hingegen entspricht einer Übermoralität, als verstärkende Belastung dem sich wieder regenden primären Charakter auferlegt.

Viele Personen also, die heute ihre Geschwister lieben und sich durch ihr Hinsterben beraubt fühlen würden, tragen von früher her böse Wünsche gegen dieselben in ihrem Unbewußten, welche sich in Träumen zu realisieren vermögen. Es ist aber ganz besonders interessant, kleine Kinder bis zu drei Jahren oder wenig darüber in ihrem Verhalten gegen jüngere Geschwister zu beobachten. Das Kind war bisher das einzige; nun wird ihm angekündigt, daß der Storch ein neues Kind gebracht hat. Das Kind mustert den Ankömmling und äußert dann entschieden. »Der Storch soll es wieder mitnehmen.«[1]

Ich bekenne mich in allem Ernst zur Meinung, daß das Kind abzuschätzen weiß, welche Benachteiligung es von dem Fremdling zu erwarten hat. Von einer mir nahestehenden Dame, die sich heute mit ihrer um vier Jahre jüngeren Schwester sehr gut verträgt, weiß ich, daß sie die Nachricht von deren Ankunft mit dem Vorbehalt beantwortet hat:

---

[1] [*Zusatz 1909:*] Der 3½jährige Hans, dessen Phobie Gegenstand der Analyse in der vorhin erwähnten Veröffentlichung ist, ruft im Fieber kurz nach der Geburt einer Schwester: »Ich will aber kein Schwesterchen haben.« In seiner Neurose, 1½ Jahre später, gesteht er den Wunsch, daß die Mutter das Kleine beim Baden in die Wanne fallen lassen möge, damit es sterbe, unumwunden ein. [1909 *b*, *Studienausgabe*, Bd. 8, S. 17 und S. 61.] Dabei ist Hans ein gutartiges, zärtliches Kind, welches bald auch diese Schwester liebgewinnt und sie besonders gern protegiert.

»Aber meine rote Kappe werde ich ihr doch nicht geben.« Sollte das Kind erst später zu dieser Erkenntnis kommen, so wird seine Feindseligkeit in diesem Zeitpunkt erwachen. Ich kenne einen Fall, daß ein nicht dreijähriges Mädchen den Säugling in der Wiege zu erwürgen versuchte, von dessen weiterer Anwesenheit ihr nichts Gutes ahnte. Der Eifersucht sind Kinder um diese Lebenszeit in aller Stärke und Deutlichkeit fähig. Oder das kleine Geschwisterchen ist wirklich bald wieder verschwunden, das Kind hat wieder alle Zärtlichkeit im Hause auf sich vereinigt, nun kommt ein neues vom Storch geschickt; ist es da nicht korrekt, daß unser Liebling den Wunsch in sich erschaffen sollte, der neue Konkurrent möge dasselbe Schicksal haben wie der frühere, damit es ihm selbst wieder so gut gehe wie vorhin und in der Zwischenzeit? [1] Natürlich ist dieses Verhalten des Kindes gegen die Nachgeborenen in normalen Verhältnissen eine einfache Funktion des Altersunterschieds. Bei einem gewissen Intervall werden sich in dem älteren Mädchen bereits die mütterlichen Instinkte gegen das hilflose Neugeborene regen.
Empfindungen von Feindseligkeit gegen die Geschwister müssen im Kindesalter noch weit häufiger sein, als sie der stumpfen Beobachtung Erwachsener auffallen [2].

Bei meinen eigenen Kindern, die einander rasch folgten, habe ich die Gelegenheit zu solchen Beobachtungen versäumt; ich hole sie jetzt bei meinem kleinen Neffen nach, dessen Alleinherrschaft nach fünfzehn Monaten durch das Auftreten einer Mitbewerberin gestört wurde. Ich höre zwar, daß der junge Mann sich sehr ritterlich gegen das Schwesterchen benimmt, ihr die Hand küßt und sie streichelt; ich überzeuge mich aber, daß er schon vor seinem vollendeten zweiten Jahr seine Sprachfähigkeit dazu benützt, um Kritik an der ihm doch nur überflüssig er-

---

[1] [*Zusatz 1914:*] Solche in der Kindheit erlebte Sterbefälle mögen in der Familie bald vergessen worden sein, die psychoanalytische Erforschung zeigt doch, daß sie für die spätere Neurose sehr bedeutungsvoll geworden sind.

[2] [*Zusatz 1914:*] Beobachtungen, die sich auf das ursprünglich feindselige Verhalten von Kindern gegen Geschwister und einen Elternteil beziehen, sind seither in großer Anzahl gemacht und in der psychoanalytischen Literatur niedergelegt worden. Besonders echt und naiv hat der Dichter Spitteler diese typische kindliche Einstellung aus seiner frühesten Kindheit geschildert [1914, 40]: »Übrigens war noch ein zweiter Adolf da. Ein kleines Geschöpf, von dem man behauptete, er wäre mein Bruder, von dem ich aber nicht begriff, wozu er nützlich sei; noch weniger, weswegen man solch ein Wesen aus ihm mache wie von mir selber. Ich genügte für mein Bedürfnis, was brauchte ich einen Bruder? Und nicht bloß unnütz war er, sondern mitunter sogar hinderlich. Wenn ich die Großmutter belästigte, wollte er sie ebenfalls belästigen, wenn ich im Kinderwagen gefahren wurde, saß er gegenüber und nahm mir die Hälfte Platz weg, so daß wir uns mit den Füßen stoßen mußten.«

scheinenden Person zu üben. Sooft die Rede auf sie kommt, mengt er sich ins Gespräch und ruft unwillig: Zu k(l)ein, zu k(l)ein. In den letzten Monaten, seitdem das Kind sich durch vortreffliche Entwicklung dieser Geringschätzung entzogen hat, weiß er seine Mahnung, daß sie so viel Aufmerksamkeit nicht verdient, anders zu begründen. Er erinnert bei allen geeigneten Anlässen daran: Sie hat keine Zähne[1]. Von dem ältesten Mädchen einer anderen Schwester haben wir alle die Erinnerung bewahrt, wie das damals sechsjährige Kind sich eine halbe Stunde lang von allen Tanten bestätigen ließ: »Nicht wahr, das kann die Lucie noch nicht verstehen?« Lucie war die um zweieinhalb Jahre jüngere Konkurrentin.

Den gesteigerter Feindseligkeit entsprechenden Traum vom Tod der Geschwister habe ich z. B. bei keiner meiner Patientinnen vermißt. Ich fand nur eine Ausnahme, die sich leicht in eine Bestätigung der Regel umdeuten ließ. Als ich einst einer Dame während einer Sitzung diesen Sachverhalt erklärte, der mir bei dem Symptom an der Tagesordnung in Betracht zu kommen schien, antwortete sie zu meinem Erstaunen, sie habe solche Träume nie gehabt. Ein anderer Traum fiel ihr aber ein, der angeblich damit nichts zu schaffen hatte, ein Traum, den sie mit vier Jahren zuerst, als damals Jüngste, und dann wiederholt geträumt hatte. *»Eine Menge Kinder, alle ihre Brüder, Schwestern, Cousins und Cousinen tummelten sich auf einer Wiese. Plötzlich bekamen sie Flügel, flogen auf und waren weg.«* Von der Bedeutung dieses Traumes hatte sie keine Ahnung; es wird uns nicht schwerfallen, einen Traum vom Tod aller Geschwister in seiner ursprünglichen, durch die Zensur wenig beeinflußten Form darin zu erkennen. Ich getraue mich, folgende Analyse unterzuschieben. Bei dem Tode eines aus der Kinderschar – die Kinder zweier Brüder wurden in diesem Falle in geschwisterlicher Gemeinschaft aufgezogen – wird unsere noch nicht vierjährige Träumerin eine weise erwachsene Person gefragt haben: was wird denn aus den Kindern, wenn sie tot sind? Die Antwort wird gelautet haben: Dann bekommen sie Flügel und werden Engerln. Im Traum nach dieser Aufklärung haben nun die Geschwister alle Flügel wie die Engel, und – was die Hauptsache ist – sie fliegen weg. Unsere kleine Engelmacherin bleibt allein, man denke, das einzige von einer solchen Schar! Daß sich die Kinder auf einer Wiese tummeln, von der sie wegfliegen, deutet

---

[1] [*Zusatz 1909:*] In die nämlichen Worte kleidet der dreieinhalbjährige Hans die vernichtende Kritik seiner Schwester (1909 *b*). Er nimmt an, daß sie wegen des Mangels der Zähne nicht sprechen kann. [*Studienausgabe*, Bd. 8, S. 17.]

kaum mißverständlich auf Schmetterlinge hin, als ob dieselbe Gedankenverbindung das Kind geleitet hätte, welche die Alten bewog, die Psyche mit Schmetterlingsflügeln zu bilden.

Vielleicht wirft nun jemand ein, die feindseligen Impulse der Kinder gegen ihre Geschwister seien wohl zuzugeben, aber wie käme das Kindergemüt zu der Höhe von Schlechtigkeit, dem Mitbewerber oder stärkeren Spielgenossen den Tod zu wünschen, als ob alle Vergehen nur durch die Todesstrafe zu sühnen seien? Wer so spricht, erwägt nicht, daß die Vorstellung des Kindes vom »Totsein« mit der unsrigen das Wort und dann nur noch wenig anderes gemein hat. Das Kind weiß nichts von den Greueln der Verwesung, vom Frieren im kalten Grab, vom Schrecken des endlosen Nichts, das der Erwachsene, wie alle Mythen vom Jenseits zeugen, in seiner Vorstellung so schlecht verträgt. Die Furcht vor dem Tode ist ihm fremd, darum spielt es mit dem gräßlichen Wort und droht einem anderen Kind: »Wenn du das noch einmal tust, wirst du sterben, wie der Franz gestorben ist«, wobei es die arme Mutter schaudernd überläuft, die vielleicht nicht daran vergessen kann, daß die größere Hälfte der erdgeborenen Menschen ihr Leben nicht über die Jahre der Kindheit bringt. Noch mit acht Jahren kann das Kind, von einem Gang durch das Naturhistorische Museum heimgekehrt, seiner Mutter sagen: »Mama, ich habe dich so lieb; wenn du einmal stirbst, lasse ich dich ausstopfen und stelle dich hier im Zimmer auf, damit ich dich immer, immer sehen kann!« So wenig gleicht die kindliche Vorstellung vom Gestorbensein der unsrigen[1].

Gestorben sein heißt für das Kind, welchem ja überdies die Szenen des Leidens vor dem Tode zu sehen erspart wird, so viel als »fort sein«, die Überlebenden nicht mehr stören. Es unterscheidet nicht, auf welche Art diese Abwesenheit zustande kommt, ob durch Verreisen, Entlassung, Entfremdung oder Tod[2]. Wenn in den prähistorischen Jahren eines

---

[1] [*Zusatz 1909:*] Von einem hochbegabten zehnjährigen Knaben hörte ich nach dem plötzlichen Tode seines Vaters zu meinem Erstaunen folgende Äußerung: Daß der Vater gestorben ist, verstehe ich, aber warum er nicht zum Nachtmahl nach Hause kommt, kann ich mir nicht erklären. – [*Zusatz 1919:*] Weiteres Material zu diesem Thema findet sich in der von Frau Dr. v. Hug-Hellmuth redigierten Rubrik »[Vom wahren Wesen der] Kinderseele« von *Imago, Zeitschrift für Anwendung der Psychoanalyse auf die Geisteswissenschaften* [Bd. 1–7, 1912–21].

[2] [*Zusatz 1919:*] Die Beobachtung eines psychoanalytisch geschulten Vaters erhascht auch den Moment, in dem sein geistig hochentwickeltes vierjähriges Töchterchen den Unterschied zwischen »fortsein« und »totsein« anerkennt. Das Kind machte Schwierigkeiten beim Essen und fühlte sich von einer der Aufwärterinnen in der Pension unfreundlich beobachtet. »Die Josefine soll tot sein«, äußerte sie darum gegen den Vater. »Warum gerade tot sein?« fragte der Vater beschwichtigend. »Ist es nicht genug, wenn

Kindes seine Kinderfrau weggeschickt worden und einige Zeit darauf seine Mutter gestorben ist, so liegen für seine Erinnerung, wie man sie in der Analyse aufdeckt, beide Ereignisse in einer Reihe übereinander. Daß das Kind die Abwesenden nicht sehr intensiv vermißt, hat manche Mutter zu ihrem Schmerz erfahren, wenn sie nach mehrwöchentlicher Sommerreise in ihr Haus zurückkehrte und auf ihre Erkundigung hören mußte: Die Kinder haben nicht ein einziges Mal nach der Mama gefragt. Wenn sie aber wirklich in jenes »unentdeckte Land« verreist ist, »von des Bezirk kein Wanderer wiederkehrt«, so scheinen die Kinder sie zunächst vergessen zu haben, und erst *nachträglich* beginnen sie, sich an die Tote zu erinnern.

Wenn das Kind also Motive hat, die Abwesenheit eines anderen Kindes zu wünschen, so mangelt ihm jede Abhaltung, diesen Wunsch in die Form zu kleiden, es möge tot sein, und die psychische Reaktion auf den Todeswunschtraum beweist, daß trotz aller Verschiedenheit im Inhalt der Wunsch beim Kinde doch irgendwie das nämliche ist wie der gleichlautende Wunsch des Erwachsenen[1].

Wenn nun der Todeswunsch des Kindes gegen seine Geschwister erklärt wird durch den Egoismus des Kindes, der es die Geschwister als Mitbewerber auffassen läßt, wie soll sich der Todeswunsch gegen die Eltern erklären, die für das Kind die Spender von Liebe und Erfüller seiner Bedürfnisse sind, deren Erhaltung es gerade aus egoistischen Motiven wünschen sollte?

Zur Lösung dieser Schwierigkeit leitet uns die Erfahrung, daß die Träume vom Tode der Eltern überwiegend häufig den Teil des Elternpaares betreffen, der das Geschlecht des Träumers teilt, daß also der Mann zumeist vom Tode des Vaters, das Weib vom Tode der Mutter träumt. Ich kann dies nicht als regelmäßig hinstellen, aber das Überwiegen in dem angedeuteten Sinne ist so deutlich, daß es eine Erklärung durch ein Moment von allgemeiner Bedeutung fordert[2]. Es verhält sich

---

sie weggeht?« »Nein«, antwortete das Kind, »dann kommt sie wieder.« Für die uneingeschränkte Eigenliebe (den Narzißmus) des Kindes ist jede Störung ein *crimen laesae majestatis,* und wie die drakonische Gesetzgebung setzt das Gefühl des Kindes auf alle solche Vergehen nur die eine nicht dosierbare Strafe.

[1] [Die Einstellung Erwachsener zum Tode wird von Freud insbesondere im zweiten Aufsatz von *Totem und Tabu* (1912–13), Abschnitt 3 (*c*), in der Arbeit ›Das Motiv der Kästchenwahl‹ (1913 *f*) sowie im zweiten Teil von ›Zeitgemäßes über Krieg und Tod‹ (1915 *b*) erörtert.]

[2] [*Zusatz 1925:*] Der Sachverhalt wird häufig durch das Auftreten einer Straftendenz verhüllt, welche in moralischer Reaktion mit dem Verlust des geliebten Elternteils droht.

– grob ausgesprochen – so, als ob eine sexuelle Vorliebe sich frühzeitig geltend machen würde, als ob der Knabe im Vater, das Mädchen in der Mutter den Mitbewerber in der Liebe erblickte, durch dessen Beseitigung ihm nur Vorteil erwachsen kann.
Ehe man diese Vorstellung als ungeheuerlich verwirft, möge man auch hier die realen Beziehungen zwischen Eltern und Kindern ins Auge fassen. Man hat zu sondern, was die Kulturforderung der Pietät von diesem Verhältnis verlangt und was die tägliche Beobachtung als tatsächlich ergibt. In der Beziehung zwischen Eltern und Kindern liegen mehr als nur ein Anlaß zur Feindseligkeit verborgen; die Bedingungen für das Zustandekommen von Wünschen, welche vor der Zensur nicht bestehen, sind im reichsten Ausmaße gegeben. Verweilen wir zunächst bei der Relation zwischen Vater und Sohn. Ich meine, die Heiligkeit, die wir den Vorschriften des Dekalogs zuerkannt haben, stumpft unseren Sinn für die Wahrnehmung der Wirklichkeit ab. Wir getrauen uns vielleicht kaum zu merken, daß der größere Teil der Menschheit sich über die Befolgung des vierten Gebots hinaussetzt. In den tiefsten wie in den höchsten Schichten der menschlichen Gesellschaft pflegt die Pietät gegen die Eltern vor anderen Interessen zurückzutreten. Die dunklen Nachrichten, die in Mythologie und Sage aus der Urzeit der menschlichen Gesellschaft auf uns gekommen sind, geben von der Machtfülle des Vaters und von der Rücksichtslosigkeit, mit der sie gebraucht wurde, eine unerfreuliche Vorstellung. Kronos verschlingt seine Kinder, etwa wie der Eber den Wurf des Mutterschweins, und Zeus entmannt den Vater[1] und setzt sich als Herrscher an seine Stelle. Je unumschränkter der Vater in der alten Familie herrschte, desto mehr muß der Sohn als berufener Nachfolger in die Lage des Feindes gerückt, desto größer muß seine Ungeduld geworden sein, durch den Tod des Vaters selbst zur Herrschaft zu gelangen. Noch in unserer bürgerlichen Familie pflegt der Vater durch die Verweigerung der Selbstbestimmung und der dazu nötigen Mittel an den Sohn dem natürlichen Keim zur Feindschaft, der in dem Verhältnisse liegt, zur Entwicklung zu verhelfen. Der Arzt kommt oft genug in die Lage zu bemerken, daß der Schmerz über den Verlust des Vaters beim Sohne die Befriedigung über die endlich erlangte Frei-

---

[1] [*Zusatz 1909:*] Wenigstens in einigen mythologischen Darstellungen. Nach anderen wird die Entmannung nur von Kronos an seinem Vater Uranos vollzogen.
Über die mythologische Bedeutung dieses Motivs vgl. Otto Rank, 1909 [*Zusatz 1914*] und 1912 *c*, Kapitel IX, 2. – [Diese Sätze im Text sind natürlich ein früher Hinweis auf die von Freud in *Totem und Tabu* (1912–13) entwickelten Gedankengänge.]

heit nicht unterdrücken kann. Den Rest der in unserer heutigen Gesellschaft arg antiquierten *potestas patris familias* pflegt jeder Vater krampfhaft festzuhalten, und jeder Dichter ist der Wirkung sicher, der wie Ibsen den uralten Kampf zwischen Vater und Sohn in den Vordergrund seiner Fabeln rückt. Die Anlässe zu Konflikten zwischen Tochter und Mutter ergeben sich, wenn die Tochter heranwächst und in der Mutter die Wächterin findet, während sie nach sexueller Freiheit begehrt, die Mutter aber durch das Aufblühen der Tochter gemahnt wird, daß für sie die Zeit gekommen ist, sexuellen Ansprüchen zu entsagen.
Alle diese Verhältnisse liegen offenkundig da vor jedermanns Augen. Sie fördern uns aber nicht bei der Absicht, die Träume vom Tod der Eltern zu erklären, welche sich bei Personen finden, denen die Pietät gegen die Eltern längst etwas Unantastbares geworden ist. Auch sind wir durch die vorhergehenden Erörterungen darauf vorbereitet, daß sich der Todeswunsch gegen die Eltern aus der frühesten Kindheit herleiten wird.
Mit einer alle Zweifel ausschließenden Sicherheit bestätigt sich diese Vermutung für die Psychoneurotiker bei den mit ihnen vorgenommenen Analysen. Man lernt hiebei, daß sehr frühzeitig die sexuellen Wünsche des Kindes erwachen – soweit sie im keimenden Zustande diesen Namen verdienen – und daß die erste Neigung des Mädchens dem Vater[1], die ersten infantilen Begierden des Knaben der Mutter gelten. Der Vater wird somit für den Knaben, die Mutter für das Mädchen zum störenden Mitbewerber, und wie wenig für das Kind dazugehört, damit diese Empfindung zum Todeswunsch führe, haben wir bereits für den Fall der Geschwister ausgeführt. Die sexuelle Auswahl macht sich in der Regel bereits bei den Eltern geltend; ein natürlicher Zug sorgt dafür, daß der Mann die kleinen Töchter verzärtelt, die Frau den Söhnen die Stange hält, während beide, wo der Zauber des Geschlechts ihr Urteil nicht verstört, mit Strenge für die Erziehung der Kleinen wirken. Das Kind bemerkt die Bevorzugung sehr wohl und lehnt sich gegen den Teil des Elternpaares auf, der sich ihr widersetzt. Liebe bei dem Erwachsenen zu finden ist ihm nicht nur die Befriedigung eines besonderen Bedürfnisses, sondern bedeutet auch, daß in allen anderen Stücken seinem Willen nachgegeben wird. So folgt es dem eigenen sexuellen Triebe und erneuert gleichzeitig die von den Eltern ausgehende

---

[1] [Freud hat seine Ansichten zu diesem Punkt später modifiziert. Vgl. Freud, 1925 *j* und 1931 *b*.]

Anregung, wenn es seine Wahl zwischen den Eltern im gleichen Sinne wie diese trifft.
Von den Zeichen dieser infantilen Neigungen seitens der Kinder pflegt man die meisten zu übersehen, einige kann man auch nach den ersten Kinderjahren bemerken. Ein achtjähriges Mädchen meiner Bekanntschaft benützt die Gelegenheit, wenn die Mutter vom Tische abberufen wird, um sich als ihre Nachfolgerin zu proklamieren. »Jetzt will ich die Mama sein. Karl, willst du noch Gemüse? Nimm doch, ich bitte dich« usw. Ein besonders begabtes und lebhaftes Mädchen von vier Jahren, an der dies Stück Kinderpsychologie besonders durchsichtig ist, äußert direkt: »Jetzt kann das Muatterl einmal fortgehen, dann muß das Vaterl mich heiraten, und ich will seine Frau sein.« Im Kinderleben schließt dieser Wunsch durchaus nicht aus, daß das Kind auch seine Mutter zärtlich liebe. Wenn der kleine Knabe neben der Mutter schlafen darf, sobald der Vater verreist ist, und nach dessen Rückkehr ins Kinderzimmer zurück muß zu einer Person, die ihm weit weniger gefällt, so mag sich leicht der Wunsch bei ihm gestalten, daß der Vater immer abwesend sein möge, damit er seinen Platz bei der lieben, schönen Mama behalten kann, und ein Mittel zur Erreichung dieses Wunsches ist es offenbar, wenn der Vater tot ist, denn das eine hat ihn seine Erfahrung gelehrt: »Tote« Leute, wie der Großpapa z. B., sind immer abwesend, kommen nie wieder.

Wenn sich solche Beobachtungen an kleinen Kindern der vorgeschlagenen Deutung zwanglos fügen, so ergeben sie allerdings nicht die volle Überzeugung, welche die Psychoanalysen erwachsener Neurotiker dem Arzte aufdrängen. Die Mitteilung der betreffenden Träume erfolgt hier mit solchen Einleitungen, daß ihre Deutung als *Wunschträume* unausweichlich wird. Ich finde eines Tages eine Dame betrübt und verweint. Sie sagt: Ich will meine Verwandten nicht mehr sehen, es muß ihnen ja vor mir grausen. Dann erzählt sie fast ohne Übergang, daß sie sich an einen Traum erinnert, dessen Bedeutung sie natürlich nicht kennt. Sie hat ihn mit vier Jahren geträumt, er lautet folgendermaßen: *Ein Luchs oder Fuchs geht auf dem Dache spazieren, dann fällt etwas herunter oder sie fällt herunter, und dann trägt man die Mutter tot aus dem Hause,* wobei sie schmerzlich weint. Ich habe ihr kaum mitgeteilt, daß dieser Traum den Wunsch aus ihrer Kindheit bedeuten muß, die Mutter tot zu sehen, und daß sie dieses Traumes wegen meinen muß, die Verwandten grausen sich vor ihr, so liefert sie bereits etwas Material, den Traum aufzuklären. »Luchsaug« ist ein Schimpfwort, mit dem sie einmal als ganz kleines Kind von einem Gassenjungen belegt wurde; ihrer Mutter ist, als das Kind drei Jahre alt war, ein Ziegelstein vom Dach auf den Kopf gefallen, so daß sie heftig blutete.

Ich hatte einmal Gelegenheit, ein junges Mädchen, das verschiedene psychische Zustände durchmachte, eingehend zu studieren. In einer tobsüchtigen Verworrenheit, mit der die Krankheit begann, zeigte die Kranke eine ganz besondere Abneigung gegen ihre Mutter, schlug und beschimpfte sie, sobald sie sich dem Bette näherte, während sie gegen eine um vieles ältere Schwester zu derselben Zeit liebevoll und gefügig blieb. Dann folgte ein klarer, aber etwas apathischer Zustand mit sehr gestörtem Schlaf; in dieser Phase begann ich die Behandlung und analysierte ihre Träume. Eine Unzahl derselben handelte mehr oder minder verhüllt vom Tode der Mutter; bald wohnte sie dem Leichenbegängnis einer alten Frau bei, bald sah sie sich und ihre Schwester in Trauerkleidern bei Tische sitzen; es blieb über den Sinn dieser Träume kein Zweifel. Bei noch weiter fortschreitender Besserung traten hysterische Phobien auf; die quälendste darunter war, daß der Mutter etwas geschehen sei. Von wo immer sie sich befand, mußte sie dann nach Hause eilen, um sich zu überzeugen, daß die Mutter noch lebe. Der Fall war nun, zusammengehalten mit meinen sonstigen Erfahrungen, sehr lehrreich; er zeigte in gleichsam mehrsprachiger Übersetzung verschiedene Reaktionsweisen des psychischen Apparats auf dieselbe erregende Vorstellung. In der Verworrenheit, die ich als *Überwältigung* der zweiten psychischen Instanz durch die sonst unterdrückte erste auffasse, wurde die unbewußte Feindseligkeit gegen die Mutter motorisch mächtig; als dann die erste Beruhigung eintrat, der Aufruhr unterdrückt, die Herrschaft der Zensur wiederhergestellt war, blieb dieser Feindseligkeit nur mehr das Gebiet des Träumens offen, um den Wunsch nach ihrem Tod zu verwirklichen; als das Normale sich noch weiter gestärkt hatte, schuf es als hysterische Gegensatzreaktion und Abwehrerscheinung die übermäßige Sorge um die Mutter. In diesem Zusammenhange ist es nicht mehr unerklärlich, warum die hysterischen Mädchen so oft überzärtlich an ihren Müttern hängen.

Ein andermal hatte ich Gelegenheit, tiefe Einblicke in das unbewußte Seelenleben eines jungen Mannes zu tun, der, durch Zwangsneurose fast existenzunfähig, nicht auf die Straße gehen konnte, weil ihn die Sorge quälte, er bringe alle Leute, die an ihm vorbeigingen, um. Er verbrachte seine Tage damit, die Beweisstücke für sein Alibi in Ordnung zu halten, falls die Anklage wegen eines der in der Stadt vorgefallenen Morde gegen ihn erhoben werden sollte. Überflüssig zu bemerken, daß er ein ebenso moralischer wie fein gebildeter Mensch war. Die – übrigens zur Heilung führende – Analyse deckte als die Begründung dieser peinlichen Zwangsvorstellung Mordimpulse gegen seinen etwas überstrengen Vater auf, die sich, als er sieben Jahre alt war, zu seinem Erstaunen bewußt geäußert hatten, aber natürlich aus weit früheren Kindesjahren stammten. Nach der qualvollen Krankheit und dem Tode des Vaters trat im 31. Lebensjahre der Zwangsvorwurf auf, der sich in Form jener Phobie auf Fremde übertrug. Wer imstande war, seinen eigenen Vater von einem Berggipfel in den Abgrund stoßen zu wollen, dem ist allerdings zuzutrauen, daß er auch das Leben Fernerstehender nicht schone; der tut darum recht daran, sich in seine Zimmer einzuschließen[1].

Nach meinen bereits zahlreichen Erfahrungen spielen die Eltern im Kinderseelenleben aller späteren Psychoneurotiker die Hauptrolle, und Verliebtheit gegen den einen, Haß gegen den andern Teil des Elternpaares gehören zum eisernen Bestand des in jener Zeit gebildeten und für die Symptomatik der späteren Neurose so bedeutsamen Materials an psychischen Regungen. Ich glaube aber nicht, daß die Psychoneurotiker sich hierin von anderen normal verbleibenden Menschenkindern scharf sondern, indem sie absolut Neues und ihnen Eigentümliches zu schaffen vermögen. Es ist bei weitem wahrscheinlicher und wird durch gelegentliche Beobachtungen an normalen Kindern unterstützt, daß sie auch mit diesen verliebten und feindseligen Wünschen gegen ihre Eltern uns nur durch die Vergrößerung kenntlich machen, was minder deutlich und weniger intensiv in der Seele der meisten Kinder vorgeht. Das Altertum hat uns zur Unterstützung dieser Erkenntnis einen Sagenstoff überliefert, dessen durchgreifende und allgemeingültige Wirksamkeit nur durch eine ähnliche Allgemeingültigkeit der besprochenen Voraussetzung aus der Kinderpsychologie verständlich wird.

Ich meine die Sage vom König Ödipus und das gleichnamige Drama des Sophokles. Ödipus, der Sohn des Laïos, Königs von Theben, und der Jokaste, wird als Säugling ausgesetzt, weil ein Orakel dem Vater verkündet hatte, der noch ungeborene Sohn werde sein Mörder sein. Er wird gerettet und wächst als Königssohn an einem fremden Hofe auf, bis er, seiner Herkunft unsicher, selbst das Orakel befragt und von ihm

---

[1] [Derselbe Patient wird noch einmal auf S. 441 f. erwähnt.]

den Rat erhält, die Heimat zu meiden, weil er der Mörder seines Vaters und der Ehegemahl seiner Mutter werden müßte. Auf dem Wege von seiner vermeintlichen Heimat weg trifft er mit König Laïos zusammen und erschlägt ihn in rasch entbranntem Streit. Dann kommt er vor Theben, wo er die Rätsel der den Weg sperrenden Sphinx löst und zum Dank dafür von den Thebanern zum König gewählt und mit Jokastes Hand beschenkt wird. Er regiert lange Zeit in Frieden und Würde und zeugt mit der ihm unbekannten Mutter zwei Söhne und zwei Töchter, bis eine Pest ausbricht, welche eine neuerliche Befragung des Orakels von seiten der Thebaner veranlaßt. Hier setzt die Tragödie des Sophokles ein. Die Boten bringen den Bescheid, daß die Pest aufhören werde, wenn der Mörder des Laïos aus dem Lande getrieben sei. Wo aber weilt der?

»Wo findet sich
die schwer erkennbar dunkle Spur der alten Schuld?«

(Übersetzung von Donner, V. 108 f.)

Die Handlung des Stückes besteht nun in nichts anderem als in der schrittweise gesteigerten und kunstvoll verzögerten Enthüllung – der Arbeit einer Psychoanalyse vergleichbar –, daß Ödipus selbst der Mörder des Laïos, aber auch der Sohn des Ermordeten und der Jokaste ist. Durch seine unwissentlich verübten Greuel erschüttert, blendet sich Ödipus und verläßt die Heimat. Der Orakelspruch ist erfüllt.

König Ödipus ist eine sogenannte Schicksalstragödie; ihre tragische Wirkung soll auf dem Gegensatz zwischen dem übermächtigen Willen der Götter und dem vergeblichen Sträuben der vom Unheil bedrohten Menschen beruhen; Ergebung in den Willen der Gottheit, Einsicht in die eigene Ohnmacht soll der tief ergriffene Zuschauer aus dem Trauerspiele lernen. Folgerichtig haben moderne Dichter es versucht, eine ähnliche tragische Wirkung zu erzielen, indem sie den nämlichen Gegensatz mit einer selbsterfundenen Fabel verwoben. Allein die Zuschauer haben ungerührt zugesehen, wie trotz alles Sträubens schuldloser Menschen ein Fluch oder Orakelspruch sich an ihnen vollzog; die späteren Schicksalstragödien sind ohne Wirkung geblieben.

Wenn der *König Ödipus* den modernen Menschen nicht minder zu erschüttern weiß als den zeitgenössischen Griechen, so kann die Lösung wohl nur darin liegen, daß die Wirkung der griechischen Tragödie nicht auf dem Gegensatz zwischen Schicksal und Menschenwillen ruht, sondern in der Besonderheit des Stoffes zu suchen ist, an welchem dieser

Gegensatz erwiesen wird. Es muß eine Stimme in unserem Innern geben, welche die zwingende Gewalt des Schicksals im *Ödipus* anzuerkennen bereit ist, während wir Verfügungen wie in der *Ahnfrau* [von Grillparzer] oder in anderen Schicksalstragödien als willkürliche zurückzuweisen vermögen. Und ein solches Moment ist in der Tat in der Geschichte des Königs Ödipus enthalten. Sein Schicksal ergreift uns nur darum, weil es auch das unsrige hätte werden können, weil das Orakel vor unserer Geburt denselben Fluch über uns verhängt hat wie über ihn. Uns allen vielleicht war es beschieden, die erste sexuelle Regung auf die Mutter, den ersten Haß und gewalttätigen Wunsch gegen den Vater zu richten; unsere Träume überzeugen uns davon. König Ödipus, der seinen Vater Laïos erschlagen und seine Mutter Jokaste geheiratet hat, ist nur die Wunscherfüllung unserer Kindheit. Aber glücklicher als er, ist es uns seitdem, insofern wir nicht Psychoneurotiker geworden sind, gelungen, unsere sexuellen Regungen von unseren Müttern abzulösen, unsere Eifersucht gegen unsere Väter zu vergessen. Vor der Person, an welcher sich jener urzeitliche Kindheitswunsch erfüllt hat, schaudern wir zurück mit dem ganzen Betrag der Verdrängung, welche diese Wünsche in unserem Innern seither erlitten haben. Während der Dichter in jener Untersuchung die Schuld des Ödipus ans Licht bringt, nötigt er uns zur Erkenntnis unseres eigenen Innern, in dem jene Impulse, wenn auch unterdrückt, noch immer vorhanden sind. Die Gegenüberstellung, mit der uns der Chor verläßt,

> »... sehet, das ist Ödipus,
> der entwirrt die hohen Rätsel und der erste war an Macht,
> dessen Glück die Bürger alle priesen und beneideten;
> Seht, in welches Mißgeschickes grause Wogen er versank!«
> [V. 1524 ff.]

diese Mahnung trifft uns selbst und unseren Stolz, die wir seit den Kinderjahren so weise und so mächtig geworden sind in unserer Schätzung. Wie Ödipus leben wir in Unwissenheit der die Moral beleidigenden Wünsche, welche die Natur uns aufgenötigt hat, und nach deren Enthüllung möchten wir wohl alle den Blick abwenden von den Szenen unserer Kindheit[1].

---

[1] [*Zusatz 1914:*] Keine der Ermittlungen der psychoanalytischen Forschung hat so erbitterten Widerspruch, ein so grimmiges Sträuben und – so ergötzliche Verrenkungen der Kritik hervorgerufen wie dieser Hinweis auf die kindlichen, im Unbewußten erhalten gebliebenen Inzestneigungen. Die letzte Zeit hat selbst einen Versuch gebracht, den Inzest, allen Erfahrungen trotzend, nur als »symbolisch« gelten zu lassen. Eine

Daß die Sage von Ödipus einem uralten Traumstoff entsprossen ist, welcher jene peinliche Störung des Verhältnisses zu den Eltern durch die ersten Regungen der Sexualität zum Inhalte hat, dafür findet sich im Texte der Sophokleischen Tragödie selbst ein nicht mißzuverstehender Hinweis. Jokaste tröstet den noch nicht aufgeklärten, aber durch die Erinnerung der Orakelsprüche besorgt gemachten Ödipus durch die Erwähnung eines Traums, den ja so viele Menschen träumen, ohne daß er, meint sie, etwas bedeute:

»*Denn viele Menschen sahen auch in Träumen schon*
Sich zugesellt der Mutter: doch wer alles dies
Für nichtig achtet, trägt die Last des Lebens leicht.« [V. 981 ff.]

Der Traum, mit der Mutter sexuell zu verkehren, wird ebenso wie damals auch heute vielen Menschen zuteil, die ihn empört und verwundert erzählen. Er ist, wie begreiflich, der Schlüssel der Tragödie und das Ergänzungsstück zum Traum vom Tod des Vaters. Die Ödipus-Fabel ist die Reaktion der Phantasie auf diese beiden typischen Träume, und wie die Träume von Erwachsenen mit Ablehnungsgefühlen erlebt werden, so muß die Sage Schreck und Selbstbestrafung in ihren Inhalt mit aufnehmen. Ihre weitere Gestaltung rührt wiederum von einer mißverständlichen sekundären Bearbeitung des Stoffes her, welche ihn einer theologisierenden Absicht dienstbar zu machen sucht. (Vgl. den Traumstoff von der Exhibition, S. 248 f.) Der Versuch, die göttliche Allmacht mit der menschlichen Verantwortlichkeit zu vereinigen, muß natürlich an diesem Material wie an jedem andern mißlingen.

Auf demselben Boden wie *König Ödipus* wurzelt eine andere der großen tragischen Dichterschöpfungen, der *Hamlet* Shakespeares. Aber in der veränderten Behandlung des nämlichen Stoffes offenbart sich der ganze Unterschied im Seelenleben der beiden weit auseinanderliegenden Kulturperioden, das säkulare Fortschreiten der Verdrängung im Gemütsleben der Menschheit. Im *Ödipus* wird die zugrundeliegende

---

geistreiche Überdeutung des Ödipusmythus gibt, auf einer Briefstelle Schopenhauers fußend, Ferenczi (1912). – [*Zusatz 1919:*] Der hier zuerst in der *Traumdeutung* berührte »Ödipuskomplex« hat durch weitere Studien eine ungeahnt große Bedeutung für das Verständnis der Menschheitsgeschichte und der Entwicklung von Religion und Sittlichkeit gewonnen. (S. *Totem und Tabu*, 1912–13, [Aufsatz IV].) – [Das Wesentliche dieser Gedankengänge über den Ödipuskomplex und *König Ödipus* wie auch zum anschließenden Hamletthema hatte Freud übrigens schon in einem Brief vom 15. Oktober 1897 an Fließ (s. Freud 1950 *a*, Brief Nr. 71) ausgesprochen.]

Wunschphantasie des Kindes wie im Traum ans Licht gezogen und realisiert; im *Hamlet* bleibt sie verdrängt, und wir erfahren von ihrer Existenz – dem Sachverhalt bei einer Neurose ähnlich – nur durch die von ihr ausgehenden Hemmungswirkungen. Mit der überwältigenden Wirkung des moderneren Dramas hat es sich eigentümlicherweise als vereinbar gezeigt, daß man über den Charakter des Helden in voller Unklarheit verbleiben könne. Das Stück ist auf die Zögerung Hamlets gebaut, die ihm zugeteilte Aufgabe der Rache zu erfüllen; welches die Gründe oder Motive dieser Zögerung sind, gesteht der Text nicht ein; die vielfältigsten Deutungsversuche haben es nicht anzugeben vermocht. Nach der heute noch herrschenden, durch Goethe begründeten Auffassung stellt Hamlet den Typus des Menschen dar, dessen frische Tatkraft durch die überwuchernde Entwicklung der Gedankentätigkeit gelähmt wird (»Von des Gedankens Blässe angekränkelt«). Nach anderen hat der Dichter einen krankhaften, unentschlossenen, in das Bereich der Neurasthenie fallenden Charakter zu schildern versucht. Allein die Fabel des Stückes lehrt, daß Hamlet uns keineswegs als eine Person erscheinen soll, die des Handelns überhaupt unfähig ist. Wir sehen ihn zweimal handelnd auftreten, das einemal in rasch auffahrender Leidenschaft, wie er den Lauscher hinter der Tapete niederstößt, ein anderesmal planmäßig, ja selbst arglistig, indem er mit der vollen Unbedenklichkeit des Renaissanceprinzen die zwei Höflinge in den ihm selbst zugedachten Tod schickt. Was hemmt ihn also bei der Erfüllung der Aufgabe, die der Geist seines Vaters ihm gestellt hat? Hier bietet sich wieder die Auskunft, daß es die besondere Natur dieser Aufgabe ist. Hamlet kann alles, nur nicht die Rache an dem Mann vollziehen, der seinen Vater beseitigt und bei seiner Mutter dessen Stelle eingenommen hat, an dem Mann, der ihm die Realisierung seiner verdrängten Kinderwünsche zeigt. Der Abscheu, der ihn zur Rache drängen sollte, ersetzt sich so bei ihm durch Selbstvorwürfe, durch Gewissensskrupel, die ihm vorhalten, daß er, wörtlich verstanden, selbst nicht besser sei als der von ihm zu strafende Sünder. Ich habe dabei ins Bewußte übersetzt, was in der Seele des Helden unbewußt bleiben muß; wenn jemand Hamlet einen Hysteriker nennen will, kann ich es nur als Folgerung aus meiner Deutung anerkennen. Die Sexualabneigung stimmt sehr wohl dazu, die Hamlet dann im Gespräch mit Ophelia äußert, die nämliche Sexualabneigung, die von der Seele des Dichters in den nächsten Jahren immer mehr Besitz nehmen sollte, bis zu ihren Gipfeläußerungen im *Timon von Athen*. Es kann natürlich nur das eigene Seelenleben des

Dichters gewesen sein, das uns im Hamlet entgegentritt; ich entnehme dem Werk von Georg Brandes über Shakespeare (1896) die Notiz, daß das Drama unmittelbar nach dem Tode von Shakespeares Vater (1601), also in der frischen Trauer um ihn, in der Wiederbelebung, dürfen wir annehmen, der auf den Vater bezüglichen Kindheitsempfindungen gedichtet worden ist. Bekannt ist auch, daß Shakespeares früh verstorbener Sohn den Namen Hamnet (identisch mit Hamlet) trug. Wie *Hamlet* das Verhältnis des Sohnes zu den Eltern behandelt, so ruht der in der Zeit nahestehende *Macbeth* auf dem Thema der Kinderlosigkeit. Wie übrigens jedes neurotische Symptom, wie selbst der Traum der Überdeutung fähig ist, ja dieselbe zu seinem vollen Verständnis fordert, so wird auch jede echte dichterische Schöpfung aus mehr als aus einem Motiv und einer Anregung in der Seele des Dichters hervorgegangen sein und mehr als eine Deutung zulassen. Ich habe hier nur die Deutung der tiefsten Schicht von Regungen in der Seele des schaffenden Dichters versucht[1].

Ich kann die typischen Träume vom Tode teurer Verwandter nicht verlassen, ohne daß ich deren Bedeutung für die Theorie des Traumes überhaupt noch mit einigen Worten beleuchte. Diese Träume zeigen uns den recht ungewöhnlichen Fall verwirklicht, daß der durch den verdrängten Wunsch gebildete Traumgedanke jeder Zensur entgeht und unverändert in den Traum übertritt. Es müssen besondere Verhältnisse sein, die solches Schicksal ermöglichen. Ich finde die Begünstigung für diese Träume in folgenden zwei Momenten: Erstens gibt es keinen Wunsch, von dem wir uns ferner glauben; wir meinen, das zu wünschen könnte »uns auch im Traume nicht einfallen«, und darum ist die Traumzensur gegen dieses Ungeheuerliche nicht gerüstet, ähnlich etwa wie die Gesetzgebung Solons keine Strafe für den Vatermord aufzustellen wußte. Zweitens aber kommt dem verdrängten und nicht geahnten Wunsch

---

1 [*Zusatz 1919:*] Die obenstehenden Andeutungen zum analytischen Verständnis des *Hamlet* hat dann E. Jones vervollständigt und gegen andere in der Literatur niedergelegte Auffassungen verteidigt. (S. Jones, 1910 *a* [und, noch ausführlicher, 1949].) – [*Zusatz 1930:*] An der oben gemachten Voraussetzung, daß der Autor der Werke Shakespeares der Mann aus Stratford war, bin ich seither allerdings irre geworden. [S. Freud, 1930 *e*.] – [*Zusatz 1919:*] Weitere Bemühungen um die Analyse des *Macbeth* in meinem Aufsatze ›Einige Charaktertypen aus der psychoanalytischen Arbeit‹ (1916 *d*) [*Studienausgabe*, Bd. 10, S. 238–44] und bei L. Jekels (1917) – [Freud hat die Gestalt des Hamlet ferner in einer vermutlich 1905 oder 1906 verfaßten, aber erst posthum veröffentlichten Skizze über ›Psychopathische Personen auf der Bühne‹ (1942 *b*) erörtert. S. *Studienausgabe*, Bd. 10, S. 166–67.]

gerade hier besonders häufig ein Tagesrest entgegen in Gestalt einer *Sorge* um das Leben der teuren Person. Diese Sorge kann sich nicht anders in den Traum eintragen, als indem sie sich des gleichlautenden Wunsches bedient; der Wunsch aber kann sich mit der am Tage rege gewordenen Sorge maskieren. [Vgl. S. 530.] Wenn man meint, daß dies alles einfacher zugeht, daß man eben bei Nacht und im Traum nur fortsetzt, was man bei Tag angesponnen hat, so läßt man die Träume vom Tode teurer Personen eben außer allem Zusammenhang mit der Traumerklärung und hält ein sehr wohl reduzierbares Rätsel überflüssigerweise fest.

Lehrreich ist es auch, die Beziehung dieser Träume zu den Angstträumen zu verfolgen. In den Träumen vom Tode teurer Personen hat der verdrängte Wunsch einen Weg gefunden, auf dem er sich der Zensur – und der durch sie bedingten Entstellung – entziehen kann. Die nie fehlende Begleiterscheinung ist dann, daß schmerzliche Empfindungen im Traume verspürt werden. Ebenso kommt der Angsttraum nur zustande, wenn die Zensur ganz oder teilweise überwältigt wird, und anderseits erleichtert es die Überwältigung der Zensur, wenn Angst als aktuelle Sensation aus somatischen Quellen bereits gegeben ist. [Vgl. S. 242 f.] Es wird so handgreiflich, in welcher Tendenz die Zensur ihres Amtes waltet, die Traumentstellung ausübt; es geschieht, *um die Entwicklung von Angst oder anderen Formen peinlichen Affekts zu verhüten.*

Ich habe im vorstehenden [S. 255] von dem Egoismus der Kinderseele gesprochen und knüpfe nun daran mit der Absicht, hier einen Zusammenhang ahnen zu lassen, daß die Träume auch diesen Charakter bewahrt haben. Sie sind sämtlich absolut egoistisch[1], in allen tritt das liebe Ich auf, wenn auch verkleidet. Die Wünsche, die in ihnen erfüllt werden, sind regelmäßig Wünsche dieses Ichs; es ist nur ein täuschender Anschein, wenn je das Interesse für einen anderen einen Traum hervorgerufen haben sollte. Ich will einige Beispiele, welche dieser Behauptung widersprechen, der Analyse unterziehen.

I

Ein noch nicht vierjähriger Knabe erzählt: *Er hat eine große garnierte Schüssel gesehen, worauf ein großes Stück Fleisch gebraten war, und*

[1] [Vgl. das Ende der Anm. 2 weiter unten, S. 274. S. auch S. 320 f.]

das Stück war auf einmal ganz – nicht zerschnitten – aufgegessen. Die Person, die es gegessen hat, hat er nicht gesehen[1].

Wer mag der fremde Mensch sein, von dessen üppiger Fleischmahlzeit unser Kleiner träumt? Die Erlebnisse des Traumtages müssen uns darüber aufklären. Der Knabe bekommt seit einigen Tagen nach ärztlicher Vorschrift Milchdiät; am Abend des Traumtages war er aber unartig, und da wurde ihm zur Strafe die Abendmahlzeit entzogen. Er hat schon früher einmal eine solche Hungerkur durchgemacht und sich sehr tapfer dabei benommen. Er wußte, daß er nichts bekommen würde, getraute sich aber auch nicht mit einem Worte anzudeuten, daß er Hunger hat. Die Erziehung fängt an, bei ihm zu wirken; sie äußert sich bereits im Traum, der einen Anfang von Traumentstellung zeigt. Es ist kein Zweifel, daß er selbst die Person ist, deren Wünsche auf eine so reiche Mahlzeit, und zwar eine Bratenmahlzeit, zielen. Da er aber weiß, daß diese ihm verboten ist, wagt er es nicht, wie die hungrigen Kinder es im Traum tun (vgl. den Erdbeertraum meiner kleinen Anna, S. 148), sich selbst zur Mahlzeit hinzusetzen. Die Person bleibt anonym.

II

Ich träume einmal, daß ich in der Auslage einer Buchhandlung ein neues Heft jener Sammlung im Liebhabereinband sehe, die ich sonst zu kaufen pflege (Künstlermonographien, Monographien zur Weltgeschichte, berühmte Kunststätten usw.). *Die neue Sammlung nennt sich: Berühmte Redner (oder Reden), und das Heft I derselben trägt den Namen Dr. Lecher.*

In der Analyse wird es mir unwahrscheinlich, daß mich der Ruhm Dr. Lechers, des Dauerredners der deutschen Obstruktion im Parlamente, während meiner Träume beschäftige. Der Sachverhalt ist der, daß ich vor einigen Tagen neue Patienten zur psychischen Kur aufgenommen habe und nun zehn bis elf Stunden täglich zu sprechen genötigt bin. Ich bin also selbst so ein Dauerredner.

---

[1] Auch das Große, Überreiche, Übermäßige und Übertriebene der Träume könnte ein Kindheitscharakter sein. Das Kind kennt keinen sehnlicheren Wunsch als groß zu werden, von allem so viel zu bekommen wie die Großen; es ist schwer zu befriedigen, kennt kein Genug, verlangt unersättlich nach Wiederholung dessen, was ihm gefallen oder geschmeckt hat. *Maßhalten,* sich bescheiden, resignieren lernt es erst durch die Kultur der Erziehung. Bekanntlich neigt auch der Neurotiker zur Maßlosigkeit und Unmäßigkeit. [Die Vorliebe der Kinder für Wiederholungen erwähnt Freud auch gegen Ende des VII. Kapitels seines Buches über den Witz (1905 *c*, *Studienausgabe*, Bd. 4, S. 210); später erörtert er sie noch einmal ziemlich zu Anfang des V. Kapitels von *Jenseits des Lustprinzips* (1920 g).]

III

Ich träume ein andermal, daß ein mir bekannter Lehrer an unserer Universität sagt: *Mein Sohn, der Myop.* Dann folgt ein Dialog, aus kurzen Reden und Gegenreden bestehend. Es folgt aber dann ein drittes Traumstück, in dem ich und meine Söhne vorkommen, und für den latenten Trauminhalt sind Vater und Sohn, Professor M., nur Strohmänner, die mich und meinen Ältesten decken. Ich werde diesen Traum wegen einer anderen Eigentümlichkeit noch weiter unten behandeln. [S. S. 426 ff.]

IV

Ein Beispiel von wirklich niedrigen egoistischen Gefühlen, die sich hinter zärtlicher Sorge verbergen, gibt folgender Traum.
Mein Freund Otto schaut schlecht aus, ist braun im Gesicht und hat vortretende Augen.
Otto ist mein Hausarzt, in dessen Schuld ich hoffnungslos verbleibe, weil er seit Jahren die Gesundheit meiner Kinder überwacht, sie erfolgreich behandelt, wenn sie erkranken, und sie überdies zu allen Gelegenheiten, die einen Vorwand abgeben können, beschenkt. [Vgl. S. 135.] Er war am Traumtage zu Besuch, und da bemerkte meine Frau, daß er müde und abgespannt aussehe. Nachts kommt mein Traum und leiht ihm einige der Zeichen der Basedowschen Krankheit. Wer sich in der Traumdeutung von meinen Regeln frei macht, der wird diesen Traum so verstehen, daß ich um die Gesundheit meines Freundes besorgt bin und daß diese Besorgnis sich im Traum realisiert. Es wäre ein Widerspruch nicht nur gegen die Behauptung, daß der Traum eine Wunscherfüllung ist, sondern auch gegen die andere, daß er nur egoistischen Regungen zugänglich ist. Aber wer so deutet, möge mir erklären, warum ich bei Otto die *Basedowsche* Krankheit befürchte, zu welcher Diagnose sein Aussehen auch nicht den leisesten Anlaß gibt? Meine Analyse liefert hingegen folgendes Material aus einer Begebenheit, die sich vor sechs Jahren zugetragen hat. Wir fuhren, eine kleine Gesellschaft, in der sich auch Professor R. befand, in tiefer Dunkelheit durch den Wald von N., einige Stunden weit von unserem Sommeraufenthalt entfernt. Der nicht ganz nüchterne Kutscher warf uns mit dem Wagen einen Abhang hinunter, und es war noch glücklich, daß wir alle heil davonkamen. Wir waren aber genötigt, im nächsten Wirtshause zu übernachten, wo die Kunde von unserem Unfall große Sympathie für uns erweckte. Ein

Herr, der die unverkennbaren Zeichen des *morbus Basedowii* an sich trug – übrigens nur Bräunung der Gesichtshaut und vortretende Augen, ganz wie im Traum, keine Struma –, stellte sich ganz zu unserer Verfügung und fragte, was er für uns tun könne. Professor R. in seiner bestimmten Art antwortete: Nichts anderes, als daß Sie mir ein Nachthemd leihen. Darauf der Edle: Das tut mir leid, das kann ich nicht, und ging von dannen.

Zur Fortsetzung der Analyse fällt mir ein, daß Basedow nicht nur der Name eines Arztes ist, sondern auch der eines berühmten Pädagogen. (Im Wachen fühle ich mich jetzt dieses Wissens nicht recht sicher[1].) Freund Otto ist aber diejenige Person, die ich gebeten habe, für den Fall, daß mir etwas zustößt, die körperliche Erziehung meiner Kinder, speziell in der Pubertätszeit (daher das Nachthemd), zu überwachen. Indem ich nun Freund Otto im Traum mit den Krankheitssymptomen jenes edlen Helfers sehe, will ich offenbar sagen: Wenn mir etwas zustößt, wird von ihm ebensowenig etwas für die Kinder zu haben sein, wie damals von Herrn Baron L. trotz seiner liebenswürdigen Anerbietungen. Der egoistische Einschlag dieses Traumes dürfte nun wohl aufgedeckt sein[2].

Wo steckt aber hier die Wunscherfüllung? Nicht in der Rache an Freund Otto, dessen Schicksal es nun einmal ist, in meinen Träumen schlecht behandelt zu werden[3], sondern in folgender Beziehung. Indem ich Otto als Baron L. im Traum darstellte, habe ich gleichzeitig meine eigene Person mit einer anderen identifiziert, nämlich mit der des Professors R., denn ich fordere ja etwas von Otto, wie in jener Begebenheit R. von

---

[1] [Die Annahme trifft jedoch zu. Es gab im 18. Jahrhundert einen Anhänger Rousseaus dieses Namens, der ein berühmter Pädagoge war.]

[2] [*Zusatz 1911:*] Als Ernest Jones in einem wissenschaftlichen Vortrag vor einer amerikanischen Gesellschaft vom Egoismus der Träume sprach, erhob eine gelehrte Dame gegen diese unwissenschaftliche Verallgemeinerung den Einwand, der Autor könne doch nur über die Träume von Österreichern urteilen und dürfe über die Träume von Amerikanern nichts aussagen. Sie sei für ihre Person sicher, daß alle ihre Träume streng altruistische seien.

[*Zusatz 1925:*] Zur Entschuldigung dieser rassestolzen Dame sei übrigens bemerkt, daß man den Satz, die Träume seien durchaus egoistisch [S. 271], nicht mißverstehen darf. Da alles, was überhaupt im vorbewußten Denken vorkommt, in den Traum (Inhalt wie latente Traumgedanken) übertreten kann, ist diese Möglichkeit auch den altruistischen Regungen offen. In derselben Weise wird eine zärtliche oder verliebte Regung für eine andere Person, die im Unbewußten vorhanden ist, im Traume erscheinen können. Das Richtige an obigem Satz schränkt sich also auf die Tatsache ein, daß man unter den unbewußten Anregungen des Traumes sehr häufig egoistische Tendenzen findet, die im Wachleben überwunden scheinen.

[3] [Vgl. den Traum von Irmas Injektion im II. Kapitel (S. 136 ff.).]

Baron L. gefordert hat. Und daran liegt es. Professor R., dem ich mich sonst wirklich nicht zu vergleichen wage, hat ähnlich wie ich seinen Weg außerhalb der Schule selbständig verfolgt und ist erst in späten Jahren zu dem längst verdienten Titel gelangt. Ich will also wieder einmal Professor werden! Ja selbst das »in späten Jahren« ist eine Wunscherfüllung, denn es besagt, daß ich lange genug lebe, um meine Knaben selbst durch die Pubertät zu geleiten[1].

[(γ) *Andere typische Träume*]

Von anderen typischen Träumen, in denen man mit Behagen fliegt oder mit Angstgefühlen fällt, weiß ich nichts aus eigener Erfahrung und verdanke alles, was ich über sie zu sagen habe, den Psychoanalysen[2]. Aus den Auskünften, die man dort erhält, muß man schließen, daß auch diese Träume Eindrücke der Kinderzeit wiederholen, nämlich sich auf die Bewegungsspiele beziehen, die für das Kind eine so außerordentliche Anziehung haben. Welcher Onkel hat nicht schon ein Kind fliegen lassen, indem er, die Arme ausstreckend, durchs Zimmer mit ihm eilte, oder Fallen mit ihm gespielt, indem er es auf den Knien schaukelte und das Bein plötzlich streckte oder es hochhob und plötzlich tat, als ob er ihm die Unterstützung entziehen wollte. Die Kinder jauchzen dann und verlangen unermüdlich nach Wiederholung, besonders wenn etwas Schreck und Schwindel mit dabei ist; dann schaffen sie sich nach Jahren die Wiederholung im Traum, lassen aber im Traum die Hände weg, die sie gehalten haben, so daß sie nun frei schweben und fallen. Die Vorliebe aller kleinen Kinder für solche Spiele wie für Schaukeln und Wippen ist bekannt; wenn sie dann gymnastische Kunststücke im Zirkus sehen, wird die Erinnerung von neuem aufgefrischt[3]. Bei manchen Knaben besteht dann der hysterische Anfall nur aus Reproduktionen solcher Kunststücke, die sie mit großer Geschicklichkeit ausführen. Nicht

[1] [Dieser Traum wird ferner auf S. 530 und S. 534 erörtert.]

[2] [Der erste Satz dieses Absatzes erschien in der Originalausgabe von 1900, wurde danach jedoch bis 1925 fortgelassen. Die folgenden Sätze sowie der nächste Absatz datieren von 1900, wurden 1914 aber in das VI. Kapitel in Abschnitt E übernommen (s. unten S. 384 f.). In der Auflage von 1930 erscheinen sie an *beiden* Stellen.]

[3] [*Zusatz 1925:*] Die analytische Untersuchung hat uns erraten lassen, daß an der Vorliebe der Kinder für gymnastische Darstellungen und an deren Wiederholung im hysterischen Anfall außer der Organlust noch ein anderes Moment beteiligt ist, das (oft unbewußte) Erinnerungsbild des (an Menschen oder Tieren) beobachteten Sexualverkehrs.

selten sind bei diesen an sich harmlosen Bewegungsspielen auch sexuelle Empfindungen wachgerufen worden[1]. Um es mit einem bei uns gebräuchlichen, all diese Veranstaltungen deckenden Worte zu sagen: es ist das »Hetzen« in der Kindheit, welches die Träume vom Fliegen, Fallen, Schwindel u. dgl. wiederholen, dessen Lustgefühle jetzt in Angst verkehrt sind. Wie aber jede Mutter weiß, ist auch das Hetzen der Kinder in der Wirklichkeit häufig genug in Zwist und Weinen ausgegangen.

Ich habe also guten Grund, die Erklärung abzulehnen, daß der Zustand unserer Hautgefühle während des Schlafes, die Sensationen von der Bewegung unserer Lungen u. dgl. die Träume vom Fliegen und Fallen hervorrufen. [Vgl. S. 63.] Ich sehe, daß diese Sensationen selbst aus der Erinnerung reproduziert sind, auf welche der Traum sich bezieht, daß sie also Trauminhalt sind und nicht Traumquellen.

Ich verhehle mir aber keineswegs, daß ich für diese Reihe von typischen Träumen eine volle Aufklärung nicht erbringen kann. Mein Material hat mich gerade hiebei im Stiche gelassen. Den allgemeinen Gesichtspunkt, daß alle die Haut- und Bewegungssensationen dieser typischen Träume wachgerufen werden, sobald irgendein psychisches Motiv ihrer bedarf, und daß sie vernachlässigt werden können, wenn ihnen ein solches Bedürfnis nicht entgegenkommt, muß ich festhalten. [Vgl. S. 244.] Auch die Beziehung zu den infantilen Erlebnissen scheint mir aus den Andeutungen, die ich in der Analyse der Psychoneurotiker erhalten habe, sicher hervorzugehen. Aber welche anderen Bedeutungen sich im Laufe des Lebens an die Erinnerung jener Sensationen geknüpft haben mögen – vielleicht bei jeder Person andere trotz der typischen Erscheinung dieser Träume –, weiß ich nicht anzugeben und möchte gerne in die Lage kommen, diese Lücke durch sorgfältige Analyse von guten Beispielen auszufüllen. Wer sich darüber verwundert, daß ich trotz der Häufigkeit gerade der Träume vom Fliegen, Fallen, Zahnausziehen u. dgl. mich über Mangel an Material beklage, dem bin ich die

---

[1] Ein junger, von Nervosität völlig freier Kollege teilt mir hiezu mit: »Ich weiß aus eigener Erfahrung, daß ich früher beim Schaukeln, und zwar in dem Moment, wo die Abwärtsbewegung die größte Wucht hat, ein eigentümliches Gefühl in den Genitalien bekam, das ich, obwohl es mir eigentlich nicht angenehm war, doch als Lustgefühl bezeichnen muß.« – Von Patienten habe ich oftmals gehört, daß die ersten Erektionen mit Lustgefühl, die sie erinnern, in der Knabenzeit beim Klettern aufgetreten sind. – Aus den Psychoanalysen ergibt sich mit aller Sicherheit, daß häufig die ersten sexuellen Regungen in den Rauf- und Ringspielen der Kinderjahre wurzeln. – [Dieses Thema hat Freud im letzten Abschnitt der zweiten seiner *Drei Abhandlungen zur Sexualtheorie* (1905 *d*) ausführlich behandelt.]

Aufklärung schuldig, daß ich an mir selbst solche Träume nicht erfahren habe, seitdem ich dem Thema der Traumdeutung Aufmerksamkeit schenke. Die Träume der Neurotiker, die mir sonst zu Gebote stehen, sind aber nicht alle und oft nicht bis an das Ende ihrer verborgenen Absicht deutbar; eine gewisse psychische Macht, die beim Aufbau der Neurose beteiligt war und bei deren Auflösung wieder zur Wirksamkeit gebracht wird, stellt sich der Deutung bis zum letzten Rätsel entgegen.

[δ] *Der Prüfungstraum*

Jeder, der mit der Maturitätsprüfung seine Gymnasialstudien abgeschlossen hat, klagt über die Hartnäckigkeit, mit welcher der Angsttraum, daß er durchgefallen sei, die Klasse wiederholen müsse u. dgl., ihn verfolgt. Für den Besitzer eines akademischen Grades ersetzt sich dieser typische Traum durch einen anderen, der ihm vorhält, daß er beim Rigorosum nicht bestanden habe, und gegen den er vergeblich noch im Schlaf einwendet, daß er ja schon seit Jahren praktiziere, Privatdozent sei oder Kanzleileiter. Es sind die unauslöschlichen Erinnerungen an die Strafen, die wir in der Kindheit für verübte Untaten erlitten haben, die sich so an den beiden Knotenpunkten unserer Studien, an dem *»dies irae, dies illa«* der strengen Prüfungen in unserem Inneren wieder geregt haben. Auch die »Prüfungsangst« der Neurotiker findet in dieser Kinderangst ihre Verstärkung. Nachdem wir aufgehört haben, Schüler zu sein, sind es nicht mehr wie zuerst die Eltern und Erzieher oder später die Lehrer, die unsere Bestrafung besorgen; die unerbittliche Kausalverkettung des Lebens hat unsere weitere Erziehung übernommen, und nun träumen wir von der Matura oder von dem Rigorosum – und wer hat damals nicht selbst als Gerechter gezagt? –, sooft wir erwarten, daß der Erfolg uns bestrafen werde, weil wir etwas nicht recht gemacht, nicht ordentlich zustande gebracht haben, sooft wir den Druck einer Verantwortung fühlen.

Eine weitere Aufklärung der Prüfungsträume[1] danke ich einer Bemerkung von Seite eines kundigen Kollegen [Stekel], der einmal in einer wissenschaftlichen Unterhaltung hervorhob, daß seines Wissens der Maturatraum nur bei Personen vorkomme, die diese Prüfung bestanden haben, niemals bei solchen, die an ihr gescheitert sind. Der ängstliche

---

[1] [Dieser Absatz sowie der nächste sind 1909 hinzugefügt worden.]

Prüfungstraum, der, wie sich immer mehr bestätigt, dann auftritt, wenn man vom nächsten Tage eine verantwortliche Leistung und die Möglichkeit einer Blamage erwartet, würde also eine Gelegenheit aus der Vergangenheit herausgesucht haben, bei welcher sich die große Angst als unberechtigt erwies und durch den Ausgang widerlegt wurde. Es wäre dies ein sehr auffälliges Beispiel von Mißverständnis des Trauminhalts durch die wache Instanz. [Vgl. S. 249 f.] Die als Empörung gegen den Traum aufgefaßte Einrede: Aber ich bin ja schon Doktor u. dgl., wäre in Wirklichkeit der Trost, den der Traum spendet und der also lauten würde: Fürchte dich doch nicht vor morgen; denke daran, welche Angst du vor der Maturitätsprüfung gehabt hast, und es ist dir doch nichts geschehen. Heute bist du ja schon Doktor usw. Die Angst aber, die wir dem Traume anrechnen, stammte aus den Tagesresten.

Die Proben auf diese Erklärung, die ich bei mir und anderen anstellen konnte, haben, wenngleich sie nicht zahlreich genug waren, gut gestimmt. Ich bin z. B. als Rigorosant in gerichtlicher Medizin durchgefallen; niemals hat dieser Gegenstand mir im Traume zu schaffen gemacht, während ich häufig genug in Botanik, Zoologie oder Chemie geprüft wurde, in welchen Fächern ich mit gut begründeter Angst zur Prüfung gegangen, der Strafe aber durch Gunst des Schicksals oder des Prüfers entgangen bin. Im Gymnasialprüfungstraume werde ich regelmäßig aus Geschichte geprüft, wo ich damals glänzend bestanden habe, aber allerdings nur, weil mein liebenswürdiger Professor – der einäugige Helfer eines anderen Traumes, vgl. S. 44 – nicht übersehen hatte, daß auf dem Prüfungszettel, den ich ihm zurückgab, die mittlere von drei Fragen mit dem Fingernagel durchgestrichen war, zur Mahnung, daß er auf dieser Frage nicht bestehen solle. Einer meiner Patienten, der von der Matura zurückgetreten war und sie später nachgetragen hatte, dann aber bei der Offiziersprüfung durchgefallen und nicht Offizier geworden ist, berichtet mir, daß er oft genug von der ersteren, aber nie von der letzteren Prüfung träumt.

Die Prüfungsträume setzen der Deutung bereits jene Schwierigkeit entgegen, die ich vorhin als charakteristisch für die meisten der typischen Träume angegeben habe [S. 247] [1]. Das Material an Assoziationen welches uns der Träumer zur Verfügung stellt, reicht für die Deutung nur selten aus. Man muß sich das bessere Verständnis solcher Träume aus einer größeren Reihe von Beispielen zusammentragen. Vor kurzem

---

1 [Dieser Absatz stammt von 1914.]

gewann ich den sicheren Eindruck, daß die Einrede: Du bist ja schon Doktor u. dgl., nicht nur den Trost verdeckt, sondern auch einen Vorwurf andeutet. Derselbe hätte gelautet: Du bist jetzt schon so alt, schon so weit im Leben und machst noch immer solche Dummheiten, Kindereien. Dies Gemenge von Selbstkritik und Trost würde dem latenten Inhalt der Prüfungsträume entsprechen. Es ist dann nicht weiter auffällig, wenn die Vorwürfe wegen der »Dummheiten« und »Kindereien« sich in den zuletzt analysierten Beispielen auf die Wiederholung beanständeter sexueller Akte bezogen.

W. Stekel[1], von dem die erste Deutung des »Maturatraumes« herrührt, vertritt die Meinung, daß er sich regelmäßig auf sexuelle Erprobung und sexuelle Reife beziehe. Meine Erfahrung hat dies oft bestätigen können[2].

---

1 [Freud hat diesen Absatz 1925 hinzugefügt. – Vgl. Stekel (1909, 464 und 471).]

2 [In den Auflagen von 1909 und 1911 schließt dieses Kapitel mit der Erörterung anderer Arten »typischer« Träume. Von 1914 an wurde diese Darlegung jedoch in das VI. Kapitel, Abschnitt E, verlegt, anschließend an das neu aufgenommene Material über die Traumsymbolik. Siehe S. 377 unten. (Vgl. auch die ›Editorische Einleitung‹, S. 14.)]

VI
DIE TRAUMARBEIT

Alle anderen bisherigen Versuche, die Traumprobleme zu erledigen, knüpften direkt an den in der Erinnerung gegebenen *manifesten* Trauminhalt an und bemühten sich, aus diesem die Traumdeutung zu gewinnen oder, wenn sie auf eine Deutung verzichteten, ihr Urteil über den Traum durch den Hinweis auf den Trauminhalt zu begründen. Nur wir allein stehen einem anderen Sachverhalt gegenüber; für uns schiebt sich zwischen den Trauminhalt und die Resultate unserer Betrachtung ein neues psychisches Material ein: der durch unser Verfahren gewonnene *latente* Trauminhalt oder die Traumgedanken. Aus diesem letzteren, nicht aus dem manifesten Trauminhalt entwickelten wir die Lösung des Traumes. An uns tritt darum auch als neu eine Aufgabe heran, die es vordem nicht gegeben hat, die Aufgabe, die Beziehungen des manifesten Trauminhalts zu den latenten Traumgedanken zu untersuchen und nachzuspüren, durch welche Vorgänge aus den letzteren der erstere geworden ist.
Traumgedanken und Trauminhalt liegen vor uns wie zwei Darstellungen desselben Inhaltes in zwei verschiedenen Sprachen, oder besser gesagt, der Trauminhalt erscheint uns als eine Übertragung der Traumgedanken in eine andere Ausdrucksweise, deren Zeichen und Fügungsgesetze wir durch die Vergleichung von Original und Übersetzung kennenlernen sollen. Die Traumgedanken sind uns ohne weiteres verständlich, sobald wir sie erfahren haben. Der Trauminhalt ist gleichsam in einer Bilderschrift gegeben, deren Zeichen einzeln in die Sprache der Traumgedanken zu übertragen sind. Man würde offenbar in die Irre geführt, wenn man diese Zeichen nach ihrem Bilderwert anstatt nach ihrer Zeichenbeziehung lesen wollte. Ich habe etwa ein Bilderrätsel (Rebus) vor mir: ein Haus, auf dessen Dach ein Boot zu sehen ist, dann ein einzelner Buchstabe, dann eine laufende Figur, deren Kopf wegapostrophiert ist, u. dgl. Ich könnte nun in die Kritik verfallen, diese Zusammenstellung und deren Bestandteile für unsinnig zu erklären. Ein Boot gehört nicht auf das Dach eines Hauses, und eine Person ohne Kopf kann nicht laufen; auch ist die Person größer als das Haus, und wenn das Ganze eine Landschaft darstellen soll, so fügen sich die einzelnen

Buchstaben nicht ein, die ja in freier Natur nicht vorkommen. Die richtige Beurteilung des Rebus ergibt sich offenbar erst dann, wenn ich gegen das Ganze und die Einzelheiten desselben keine solchen Einsprüche erhebe, sondern mich bemühe, jedes Bild durch eine Silbe oder ein Wort zu ersetzen, das nach irgendwelcher Beziehung durch das Bild darstellbar ist. Die Worte, die sich so zusammenfinden, sind nicht mehr sinnlos, sondern können den schönsten und sinnreichsten Dichterspruch ergeben. Ein solches Bilderrätsel ist nun der Traum, und unsere Vorgänger auf dem Gebiete der Traumdeutung haben den Fehler begangen, den Rebus als zeichnerische Komposition zu beurteilen. Als solche erschien er ihnen unsinnig und wertlos.

A
DIE VERDICHTUNGSARBEIT

Das erste, was dem Untersucher bei der Vergleichung von Trauminhalt und Traumgedanken klar wird, ist, daß hier eine großartige *Verdichtungsarbeit* geleistet wurde. Der Traum ist knapp, armselig, lakonisch im Vergleich zu dem Umfang und zur Reichhaltigkeit der Traumgedanken. Der Traum füllt niedergeschrieben eine halbe Seite; die Analyse, in der die Traumgedanken enthalten sind, bedarf das sechs-, acht-, zwölffache an Schriftraum. Die Relation ist für verschiedene Träume wechselnd; sie ändert, soweit ich es kontrollieren konnte, niemals ihren Sinn. In der Regel unterschätzt man das Maß der statthabenden Kompression, indem man die ans Licht gebrachten Traumgedanken für das vollständige Material hält, während weitere Deutungsarbeit neue hinter dem Traum versteckte Gedanken enthüllen kann. Wir haben bereits anführen müssen [s. S. 226 f.], daß man eigentlich niemals sicher ist, einen Traum vollständig gedeutet zu haben; selbst wenn die Auflösung befriedigend und lückenlos erscheint, bleibt es doch immer möglich, daß sich noch ein anderer Sinn durch denselben Traum kundgibt. Die *Verdichtungsquote* ist also – strenggenommen – unbestimmbar. Man könnte gegen die Behauptung, daß aus dem Mißverhältnis zwischen Trauminhalt und Traumgedanken der Schluß zu ziehen sei, es finde eine ausgiebige Verdichtung des psychischen Materials bei der Traumbildung statt, einen Einwand geltend machen, der für den ersten Eindruck recht bestechend scheint. Wir haben ja so oft die Empfindung, daß wir sehr viel die ganze Nacht hindurch geträumt und dann das meiste wieder vergessen haben. Der Traum, den wir beim Erwachen erinnern, wäre dann bloß ein Rest der gesamten Traumarbeit, welche wohl den Traumgedanken an Umfang gleichkäme, wenn wir sie eben vollständig erinnern könnten. Daran ist ein Stück sicherlich richtig; man kann sich nicht mit der Beobachtung täuschen, daß ein Traum am getreuesten reproduziert wird, wenn man ihn bald nach dem Erwachen zu erinnern versucht, und daß seine Erinnerung gegen den Abend hin immer mehr und mehr lückenhaft wird. Zum andern Teil aber läßt sich erkennen, daß die Empfindung, man habe sehr viel mehr geträumt, als man reproduzieren kann, sehr häufig auf einer Illusion beruht, deren Entstehung späterhin erläutert werden soll. [Vgl. S. 471 und S. 495 f.] Die Annahme einer Verdichtung in der Traumarbeit wird überdies von der Möglichkeit des Traumvergessens nicht berührt, denn sie wird durch die Vorstellungsmassen erwiesen, die zu den einzelnen erhalten gebliebenen Stücken des Traumes gehören. Ist tatsächlich ein großes Stück des Traumes für die Erinnerung verlorengegangen, so bleibt uns hiedurch etwa der Zugang zu einer neuen Reihe von Traumgedanken versperrt. Es ist eine durch nichts zu rechtfertigende Erwartung, daß die untergegangenen Traumstücke sich gleichfalls nur auf jene Gedanken bezogen hätten, die wir bereits aus der Analyse der erhalten gebliebenen kennen [1].

Angesichts der überreichen Menge von Einfällen, welche die Analyse zu jedem einzelnen Element des Trauminhaltes beibringt, wird sich bei manchem Leser der prinzipielle Zweifel regen, ob man denn all das, was einem bei der Analyse nachträglich einfällt, zu den Traumgedanken rechnen darf, d. h. annehmen darf, all diese Gedanken seien schon während des Schlafzustandes tätig gewesen und hätten an der Traumbildung mitgewirkt? Ob nicht vielmehr während des Analysierens neue Gedankenverbindungen entstehen, die an der Traumbildung unbeteiligt waren? Ich kann diesem Zweifel nur bedingt beitreten. Daß einzelne Gedankenverbindungen erst während der Analyse entstehen, ist allerdings richtig; aber man kann sich jedesmal überzeugen, daß solche neue Verbindungen sich nur zwischen Gedanken herstellen, die schon in den Traumgedanken in anderer Weise verbunden sind [2]; die neuen Verbindungen sind gleichsam Nebenschließungen, Kurzschlüsse, ermöglicht durch den Bestand anderer und tiefer liegender Verbindungswege. Für die Überzahl der bei der Analyse aufgedeckten Gedankenmassen muß man zugestehen, daß sie schon bei der Traumbildung tätig gewesen sind, denn wenn man sich durch eine Kette solcher Gedanken, die außer Zusammenhang mit der Traumbildung scheinen, durchgearbeitet hat, stößt man dann plötzlich auf einen Gedanken, der, im Trauminhalt vertreten, für die Traumdeutung unentbehrlich ist und doch nicht anders als durch jene Gedankenkette zugänglich war. Man vergleiche hiezu etwa den Traum von der botanischen Monographie [S. 183 ff.], der als das Ergebnis einer erstaunlichen Verdichtungsleistung erscheint, wenngleich ich seine Analyse nicht vollständig mitgeteilt habe.

Wie soll man sich aber dann den psychischen Zustand während des Schlafens, der dem Träumen vorangeht, vorstellen? Bestehen alle die Traumgedanken nebeneinander, oder werden sie nacheinander durch-

[1] [*Zusatz 1914:*] Hinweise auf die Verdichtung im Traum finden sich bei zahlreichen Autoren. Du Prel äußert an einer Stelle (1885, 85), es sei absolut sicher, daß ein Verdichtungsprozeß der Vorstellungsreihe stattgefunden habe.

[2] [Diese Frage wird auf S. 310 erneut aufgeworfen und, weit ausführlicher, im letzten Teil von Abschnitt A des VII. Kapitels (S. 504 ff.) erörtert. S. besonders S. 509.]

laufen, oder werden mehrere gleichzeitige Gedankengänge von verschiedenen Zentren aus gebildet, die dann zusammentreffen? Ich meine, es liegt noch keine Nötigung vor, sich von dem psychischen Zustand bei der Traumbildung eine plastische Vorstellung zu schaffen. Vergessen wir nur nicht, daß es sich um *unbewußtes* Denken handelt und daß der Vorgang leicht ein anderer sein kann als der, welchen wir beim absichtlichen, von Bewußtsein begleiteten Nachdenken in uns wahrnehmen.
Die Tatsache aber, daß die Traumbildung auf einer Verdichtung beruht, steht unerschütterlich fest. Wie kommt diese Verdichtung nun zustande?
Wenn man erwägt, daß von den aufgefundenen Traumgedanken nur die wenigsten durch eines ihrer Vorstellungselemente im Traum vertreten sind, so sollte man schließen, die Verdichtung geschehe auf dem Wege der *Auslassung*, indem der Traum nicht eine getreuliche Übersetzung oder eine Projektion Punkt für Punkt der Traumgedanken, sondern eine höchst unvollständige und lückenhafte Wiedergabe derselben sei. Diese Einsicht ist, wie wir bald finden werden, eine sehr mangelhafte. Doch fußen wir zunächst auf ihr und fragen uns weiter: Wenn nur wenige Elemente aus den Traumgedanken in den Trauminhalt gelangen, welche Bedingungen bestimmen die Auswahl derselben?

Um hierüber Aufschluß zu bekommen, wendet man nun seine Aufmerksamkeit den Elementen des Trauminhalts zu, welche die gesuchten Bedingungen ja erfüllt haben müssen. Ein Traum, zu dessen Bildung eine besonders starke Verdichtung beigetragen, wird für diese Untersuchung das günstigste Material sein. Ich wähle

I

den auf S. 183 ff. mitgeteilten

TRAUM VON DER BOTANISCHEN MONOGRAPHIE.

TRAUMINHALT: *Ich habe eine Monographie über eine (unbestimmt gelassene) Pflanzenart geschrieben. Das Buch liegt vor mir, ich blättere eben eine eingeschlagene farbige Tafel um. Dem Exemplar ist ein getrocknetes Spezimen der Pflanze beigebunden.*
Das augenfälligste Element dieses Traums ist die *botanische Monographie*. Diese stammt aus den Eindrücken des Traumtages; in einem Schaufenster einer Buchhandlung hatte ich tatsächlich eine *Monographie über die Gattung »Zyklamen«* gesehen. Die Erwähnung dieser Gattung

fehlt im Trauminhalt, in dem nur die Monographie und ihre Beziehung zur Botanik übriggeblieben sind. Die »botanische Monographie« erweist sofort ihre Beziehung zu der *Arbeit über Kokain*, die ich einmal geschrieben habe; vom Kokain aus geht die Gedankenverbindung einerseits zur Festschrift und zu gewissen Vorgängen in einem Universitätslaboratorium, anderseits zu meinem Freund, dem Augenarzt Dr. Königstein, der an der Verwertung des Kokains seinen Anteil gehabt hat. An die Person des Dr. K. knüpft sich weiter die Erinnerung an das unterbrochene Gespräch, das ich abends zuvor mit ihm geführt, und die vielfältigen Gedanken über die Entlohnung ärztlicher Leistungen unter Kollegen. Dieses Gespräch ist nun der eigentliche aktuelle Traumerreger; die Monographie über Zyklamen ist gleichfalls eine Aktualität, aber indifferenter Natur; wie ich sehe, erweist sich die »botanische Monographie« des Traumes als ein *mittleres Gemeinsames* zwischen beiden Erlebnissen des Tages, von dem indifferenten Eindruck unverändert übernommen, mit dem psychisch bedeutsamen Erlebnis durch ausgiebigste Assoziationsverbindungen verknüpft.

Aber nicht nur die zusammengesetzte Vorstellung »botanische Monographie«, sondern auch jedes ihrer Elemente »botanisch« und »Monographie« gesondert geht durch mehrfache Verbindungen tiefer und tiefer in das Gewirre der Traumgedanken ein. Zu »botanisch« gehören die Erinnerungen an die Person des Professors *Gärtner*, an seine *blühende* Frau, an meine Patientin, die *Flora* heißt, und an die Dame [Frau L.], von der ich die Geschichte mit den vergessenen *Blumen* erzählt habe. Gärtner führt neuerdings auf das Laboratorium und auf das Gespräch mit Königstein; in dasselbe Gespräch gehört die Erwähnung der beiden Patientinnen [Flora und Frau L.]. Von der Frau mit den Blumen zweigt ein Gedankenweg zu den *Lieblingsblumen* meiner Frau ab, dessen anderer Ausgang im Titel der bei Tag flüchtig gesehenen Monographie liegt. Außerdem erinnert *»botanisch«* an eine Gymnasialepisode und an ein Examen der Universitätszeit, und ein neues, in jenem Gespräch angeschlagenes Thema, das meiner *Liebhabereien*, knüpft sich durch Vermittlung meiner scherzhaft so genannten *Lieblingsblume*, der Artischocke, an die von den vergessenen Blumen ausgehende Gedankenkette an; hinter »Artischocke« steckt die Erinnerung an Italien einerseits[1] und an eine Kinderszene anderseits, mit der ich meine seither intim gewordenen Beziehungen zu Büchern eröffnet habe. *»Botanisch«* ist also

[1] [Hier wird offenbar auf ein bisher noch nicht erwähntes Element der Traumgedanken angespielt.]

ein wahrer Knotenpunkt, in welchem für den Traum zahlreiche Gedankengänge zusammentreffen, die, wie ich versichern kann, in jenem Gespräch mit Fug und Recht in Zusammenhang gebracht worden sind. Man befindet sich hier mitten in einer Gedankenfabrik, in der wie im Weber-Meisterstück

> »Ein Tritt tausend Fäden regt,
> Die Schifflein herüber, hinüber schießen,
> Die Fäden ungesehen fließen,
> Ein Schlag tausend Verbindungen schlägt.«[1]

»Monographie« im Traume rührt wiederum an zwei Themata, an die Einseitigkeit meiner Studien und an die Kostspieligkeit meiner Liebhabereien.

Aus dieser ersten Untersuchung holt man sich den Eindruck, daß die Elemente »botanisch« und »Monographie« darum in den Trauminhalt Aufnahme gefunden haben, weil sie mit den meisten Traumgedanken die ausgiebigsten Berührungen aufweisen können, also *Knotenpunkte* darstellen, in denen sehr viele der Traumgedanken zusammentreffen, weil sie mit Bezug auf die Traumdeutung *vieldeutig* sind. Man kann die dieser Erklärung zugrunde liegende Tatsache auch anders aussprechen und dann sagen: Jedes der Elemente des Trauminhaltes erweist sich als *überdeterminiert,* als mehrfach in den Traumgedanken vertreten.

Wir erfahren mehr, wenn wir die übrigen Bestandteile des Traumes auf ihr Vorkommen in den Traumgedanken prüfen. Die *farbige Tafel,* die ich aufschlage, geht (vgl. die Analyse S. 185 f.) auf ein neues Thema, die Kritik der Kollegen an meinen Arbeiten, und auf ein bereits im Traum vertretenes, meine Liebhabereien, außerdem auf die Kindererinnerung, in der ich ein Buch mit farbigen Tafeln zerpflücke, das *getrocknete Exemplar der Pflanze* rührt an das Gymnasialerlebnis vom Herbarium und hebt diese Erinnerung besonders hervor. Ich sehe also, welcher Art die Beziehung zwischen Trauminhalt und Traumgedanken ist: Nicht nur die Elemente des Traums sind durch die Traumgedanken *mehrfach* determiniert, sondern die einzelnen Traumgedanken sind auch im Traum durch mehrere Elemente vertreten. Von einem Element des Traums führt der Assoziationsweg zu mehreren Traumgedanken, von einem Traumgedanken zu mehreren Traumelementen. Die Traumbildung erfolgt also nicht so, daß der einzelne Traumgedanke oder eine Gruppe von solchen eine Abkürzung für den Trauminhalt liefert und

[1] [Goethe, *Faust,* I. Teil, 4. Szene.]

dann der nächste Traumgedanke eine nächste Abkürzung als Vertretung, etwa wie aus einer Bevölkerung Volksvertreter gewählt werden, sondern die ganze Masse der Traumgedanken unterliegt einer gewissen Bearbeitung, nach welcher die meist- und bestunterstützten Elemente sich für den Eintritt in den Trauminhalt herausheben, etwa der Wahl durch Listenskrutinium analog. Welchen Traum immer ich einer ähnlichen Zergliederung unterziehe, ich finde stets die nämlichen Grundsätze bestätigt, daß die Traumelemente aus der ganzen Masse der Traumgedanken gebildet werden und daß jedes von ihnen in bezug auf die Traumgedanken mehrfach determiniert erscheint.

Es ist gewiß nicht überflüssig, diese Relation von Trauminhalt und Traumgedanken an einem neuen Beispiel zu erweisen, welches sich durch besonders kunstvolle Verschlingung der wechselseitigen Beziehungen auszeichnet. Der Traum rührt von einem Patienten her, den ich wegen Angst in geschlossenen Räumen behandle. Es wird sich bald ergeben, weshalb ich mich veranlaßt finde, diese ausnehmend geistreiche Traumleistung in folgender Weise zu überschreiben:

II

»Ein schöner Traum«

Er fährt mit großer Gesellschaft in die X-Straße, in der sich ein bescheidenes Einkehrwirtshaus befindet (was nicht richtig ist). *In den Räumen desselben wird Theater gespielt; er ist bald Publikum, bald Schauspieler. Am Ende heißt es, man müsse sich umziehen, um wieder in die Stadt zu kommen. Ein Teil des Personals wird in die Parterreräume verwiesen, ein anderer in die des ersten Stockes. Dann entsteht ein Streit. Die oben ärgern sich, daß die unten noch nicht fertig sind, so daß sie nicht herunter können. Sein Bruder ist oben, er unten, und er ärgert sich über den Bruder, daß man so gedrängt wird.* (Diese Partie ist unklar.) *Es war übrigens schon beim Ankommen bestimmt und eingeteilt, wer oben und wer unten sein soll. Dann geht er allein über die Anhöhe, welche die X-Straße gegen die Stadt hin macht, und geht so schwer, so mühselig, daß er nicht von der Stelle kommt. Ein älterer Herr gesellt sich zu ihm und schimpft über den König von Italien. Am Ende der Anhöhe geht er dann viel leichter.*

Die Beschwerden beim Steigen waren so deutlich, daß er nach dem Erwachen eine Weile zweifelte, ob es Traum oder Wirklichkeit war.

Dem manifesten Inhalt nach wird man diesen Traum kaum loben können. Die Deutung will ich regelwidrig mit jenem Stück beginnen, welches vom Träumer als das deutlichste bezeichnet wurde.
Die geträumte und wahrscheinlich im Traum verspürte Beschwerde, das mühselige Steigen unter Dyspnoe, ist eines der Symptome, die der Patient vor Jahren wirklich gezeigt hatte, und wurde damals im Verein mit anderen Erscheinungen auf eine (wahrscheinlich hysterisch vorgetäuschte) Tuberkulose bezogen. Wir kennen bereits diese dem Traum eigentümliche Sensation der Gehhemmung aus den Exhibitionsträumen [s. S. 248 ff.] und finden hier wieder, daß sie als ein allezeit bereitliegendes Material zu Zwecken irgendwelcher anderen Darstellung verwendet wird. [Vgl. S. 332 ff.] Das Stück des Trauminhalts, welches beschreibt, wie das Steigen anfänglich schwer war und am Ende der Anhöhe leicht wurde, erinnerte mich bei der Erzählung des Traums an die bekannte meisterhafte Introduktion der *Sappho* von Alphonse Daudet. Dort trägt ein junger Mann die Geliebte die Treppen hinauf, anfänglich wie federleicht; aber je weiter er steigt, desto schwerer lastet sie auf seinen Armen, und diese Szene ist vorbildlich für den Verlauf des Verhältnisses, durch dessen Schilderung Daudet die Jugend mahnen will, eine ernstere Neigung nicht an Mädchen von niedriger Herkunft und zweifelhafter Vergangenheit zu verschwenden[1]. Obwohl ich wußte, daß mein Patient vor kurzem ein Liebesverhältnis mit einer Dame vom Theater unterhalten und gelöst hatte, erwartete ich doch nicht, meinen Deutungseinfall berechtigt zu finden. Auch war es ja in der *Sappho umgekehrt* wie im Traum; in letzterem war das Steigen anfänglich schwer und späterhin leicht; im Roman diente es der Symbolik nur, wenn das, was zuerst leichtgenommen wurde, sich am Ende als eine schwere Last erwies. Zu meinem Erstaunen bemerkte der Patient, die Deutung stimme sehr wohl zum Inhalte des Stückes, das er am Abend vorher im Theater gesehen. Das Stück hieß *Rund um Wien* und behandelte den Lebenslauf eines Mädchens, das, zuerst anständig, dann zur Demimonde übergeht, Verhältnisse mit hochstehenden Personen anknüpft, dadurch *»in die Höhe kommt«*, endlich aber immer mehr *»herunterkommt«*. Das Stück hatte ihn auch an ein anderes vor Jahren gespieltes erinnert, welches den Titel trug *Von Stufe zu Stufe* und auf dessen Ankündigung eine aus mehreren Stufen bestehende *Stiege* zu sehen war.
Nun die weitere Deutung. In der X-Straße hatte die Schauspielerin

[1] [*Zusatz 1911:*] Man denke zur Würdigung dieser Darstellung des Dichters an die im Abschnitt über Symbolik mitgeteilte Bedeutung der Stiegenträume [vgl. S. 349, Anm. 4].

gewohnt, mit welcher er das letzte, beziehungsreiche Verhältnis unterhalten. Ein Wirtshaus gibt es in dieser Straße nicht. Allein, als er der Dame zuliebe einen Teil des Sommers in Wien verbrachte, war er in einem kleinen Hotel in der Nähe *abgestiegen.* Beim Verlassen des Hotels sagte er dem Kutscher: Ich bin froh, daß ich wenigstens kein Ungeziefer bekommen habe! (Übrigens auch eine seiner Phobien.) Der Kutscher darauf: Wie kann man aber da absteigen! Das ist ja gar kein Hotel, eigentlich nur ein *Einkehrwirtshaus.*

An das Einkehrwirtshaus knüpft sich ihm sofort die Erinnerung eines Zitates:

»Bei einem *Wirte* wundermild,
Da war ich jüngst zu Gaste.«[1]

Der Wirt im Uhlandschen Gedicht ist aber ein *Apfelbaum.* Nun setzt ein zweites Zitat die Gedankenkette fort:

FAUST *(mit der Jungen tanzend)*
Einst hatt' ich einen *schönen Traum;*
Da sah ich einen *Apfelbaum,*
Zwei schöne Äpfel glänzten dran,
Sie reizten mich, *ich stieg hinan.*

DIE SCHÖNE
Der Äpfelchen begehrt ihr sehr,
Und schon vom Paradiese her.
Von Freuden fühl' ich mich bewegt,
Daß auch mein Garten solche trägt[2].

Es ist nicht der leiseste Zweifel möglich, was unter dem Apfelbaum und den Äpfelchen gemeint ist. Ein schöner Busen stand auch obenan unter den Reizen, durch welche die Schauspielerin meinen Träumer gefesselt hatte.

Wir hatten nach dem Zusammenhang der Analyse allen Grund anzunehmen, daß der Traum auf einen Eindruck aus der Kindheit zurückgehe. Wenn dies richtig war, so mußte er sich auf die Amme des jetzt bald dreißigjährigen Mannes beziehen. Für das Kind ist der Busen der Amme tatsächlich das Einkehrwirtshaus. Die Amme sowohl als die Sappho Daudets erscheinen als Anspielung auf die vor kurzem verlassene Geliebte.

---

[1] [Uhland, *Wanderlieder,* 8, ›Einkehr‹.]
[2] [Goethe, *Faust,* I. Teil, 21. Szene, Walpurgisnacht.]

Im Trauminhalt erscheint auch der (ältere) Bruder des Patienten, und zwar ist dieser *oben*, er selbst *unten*. Dies ist wieder eine *Umkehrung* des wirklichen Verhältnisses, denn der Bruder hat, wie mir bekannt ist, seine soziale Position verloren, mein Patient sie erhalten. Der Träumer vermied bei der Reproduktion des Trauminhaltes zu sagen: Der Bruder sei oben, er selbst »parterre« gewesen. Es wäre eine zu deutliche Äußerung geworden, denn man sagt bei uns von einer Person, sie ist *»parterre«*, wenn sie Vermögen und Stellung eingebüßt hat, also in ähnlicher Übertragung, wie man *»heruntergekommen«* gebraucht. Es muß nun einen Sinn haben, daß an dieser Stelle im Traum etwas *umgekehrt* dargestellt ist. Die Umkehrung muß auch für eine andere Beziehung zwischen Traumgedanken und Trauminhalt gelten [vgl. S. 323 f.]. Es liegt der Hinweis darauf vor, wie diese Umkehrung vorzunehmen ist. Offenbar am Ende des Traumes, wo es sich mit dem Steigen wiederum *umgekehrt* verhält wie in der *Sappho*. Dann ergibt sich leicht, welche Umkehrung gemeint ist: In der *Sappho* trägt der Mann das zu ihm in sexuellen Beziehungen stehende Weib; in den Traumgedanken handelt es sich also *umgekehrt* um ein Weib, das den Mann trägt, und da dieser Fall sich nur in der Kindheit ereignen kann, bezieht es sich wieder auf die Amme, die schwer an dem Säugling trägt. Der Schluß des Traumes trifft es also, die Sappho und die Amme in der nämlichen Andeutung darzustellen.

Wie der Name Sappho vom Dichter nicht ohne Beziehung auf eine lesbische Gewohnheit gewählt ist, so deuten die Stücke des Traumes, in denen Personen *oben* und *unten* beschäftigt sind, auf Phantasien sexuellen Inhalts, die den Träumer beschäftigen und als unterdrückte Gelüste nicht außer Zusammenhang mit seiner Neurose stehen. Daß es Phantasien und nicht Erinnerungen der tatsächlichen Vorgänge sind, die so im Traum dargestellt werden, zeigt die Traumdeutung selbst nicht an; dieselbe liefert uns nur einen Gedankeninhalt und überläßt es uns, dessen Realitätswert festzustellen. Wirkliche und phantasierte Begebenheiten erscheinen hier – und nicht nur hier, auch bei der Schöpfung wichtigerer psychischer Gebilde als der Träume – zunächst als gleichwertig[1]. Große Gesellschaft bedeutet, wie wir bereits wissen [s. S. 251], Geheimnis. Der Bruder ist nichts anderes als der in die Kindheitsszene durch »Zurückphantasieren« eingetragene Vertreter aller späteren Ne-

[1] [Freud spielt hier wohl auf die Entdeckung an, die er vor kurzem gemacht hatte, daß nämlich die infantilen Sexualtraumata, die sich in der Analyse neurotischer Patienten scheinbar aufdecken ließen, in Wahrheit oft nur Phantasien waren. S. Freud, 1906*a*.]

benbuhler beim Weibe. Die Episode von dem Herrn, der auf den König von Italien schimpft, bezieht sich durch Vermittlung eines rezenten und an sich gleichgültigen Erlebnisses wiederum auf das Eindrängen von Personen niederen Standes in höhere Gesellschaft. Es ist, als ob der Warnung, welche Daudet dem Jüngling erteilt, eine ähnliche, für das säugende Kind gültige an die Seite gestellt werden sollte[1].

Um ein drittes Beispiel für das Studium der Verdichtung bei der Traumbildung bereitzuhaben, teile ich die partielle Analyse eines anderen Traumes mit, den ich einer älteren, in psychoanalytischer Behandlung stehenden Dame verdanke. Den schweren Angstzuständen entsprechend, an denen die Kranke litt, enthielten ihre Träume überreichlich sexuelles Gedankenmaterial, dessen Kenntnisnahme sie anfangs ebensosehr überraschte wie erschreckte. Da ich die Traumdeutung nicht bis zum Ende führen kann, scheint das Traummaterial in mehrere Gruppen ohne sichtbaren Zusammenhang zu zerfallen.

III

»Der Käfertraum«

TRAUMINHALT: *Sie besinnt sich, daß sie zwei Maikäfer in einer Schachtel hat, denen sie die Freiheit geben muß, weil sie sonst ersticken. Sie öffnet die Schachtel, die Käfer sind ganz matt; einer fliegt zum geöffneten Fenster hinaus, der andere aber wird vom Fensterflügel zerquetscht, während sie das Fenster schließt, wie irgend jemand von ihr verlangt (Äußerungen des Ekels).*

ANALYSE: Ihr Mann ist verreist, die vierzehnjährige Tochter schläft im Bette neben ihr. Die Kleine macht sie am Abend aufmerksam, daß eine Motte in ihr Wasserglas gefallen ist; sie versäumt es aber, sie herauszuholen, und bedauert das arme Tierchen am Morgen. In ihrer Abendlektüre war erzählt, wie Buben eine Katze in siedendes Wasser werfen, und die Zuckungen des Tieres geschildert. Dies sind die beiden an sich gleichgültigen Traumanlässe. Das Thema von der *Grausamkeit gegen Tiere* beschäftigt sie weiter. Ihre Tochter war vor Jahren, als sie in

---

[1] Die phantastische Natur der auf die Amme des Träumers bezüglichen Situation wird durch den objektiv erhobenen Umstand erwiesen, daß die Amme in diesem Fall die Mutter war. Ich erinnere übrigens an das auf S. 215 erwähnte Bedauern des jungen Mannes der Anekdote, die Situation bei seiner Amme nicht besser ausgenützt zu haben, welches wohl die Quelle dieses Traumes ist.

einer gewissen Gegend im Sommer wohnten, sehr grausam gegen das Getier. Sie legte sich eine Schmetterlingssammlung an und verlangte von ihr *Arsenik* zur Tötung der Schmetterlinge. Einmal kam es vor, daß ein Nachtfalter mit der Nadel durch den Leib noch lange im Zimmer herumflog; ein andermal fanden sich einige Raupen, die zur Verpuppung aufbewahrt wurden, verhungert. Dasselbe Kind pflegte in noch zarterem Alter *Käfern* und Schmetterlingen die Flügel auszureißen; heute würde sie vor all diesen grausamen Handlungen zurückschrecken; sie ist so gutmütig geworden.

Dieser Widerspruch beschäftigt sie. Er erinnert an einen anderen Widerspruch, den zwischen *Aussehen* und Gesinnung, wie er in *Adam Bede* von der Eliot dargestellt ist. Ein schönes, aber eitles und ganz dummes Mädchen, daneben ein häßliches, aber edles. Der *Aristokrat,* der das Gänschen verführt; der Arbeiter, der adelig fühlt und sich ebenso benimmt. Man kann das den Leuten nicht ansehen. Wer würde *ihr* ansehen, daß sie von sinnlichen Wünschen geplagt wird?

In demselben Jahre, als die Kleine ihre Schmetterlingssammlung anlegte, litt die Gegend arg unter der *Maikäfer*plage. Die Kinder wüteten gegen die Käfer, *zerquetschten* sie grausam. Sie hat damals einen Menschen gesehen, der den Maikäfern die Flügel ausriß und die Leiber dann verspeiste. Sie selbst ist im *Mai* geboren, hat auch im *Mai* geheiratet. Drei Tage nach der Hochzeit schrieb sie den Eltern einen Brief nach Hause, wie glücklich sie sei. Sie war es aber keineswegs.

Am Abend vor dem Traum hatte sie in alten Briefen gekramt und verschiedene ernste und komische Briefe den Ihrigen vorgelesen, so einen höchst lächerlichen Brief eines Klavierlehrers, der ihr als Mädchen den Hof gemacht hatte, auch den eines *aristokratischen* Verehrers [1].

Sie macht sich Vorwürfe, daß eine ihrer Töchter ein schlechtes Buch von Maupassant in die Hand bekommen [2]. Das *Arsenik,* das ihre Kleine verlangt, erinnert sie an die *Arsenikpillen,* die dem Duc de Mora im *Nabab* [von Daudet] die Jugendkraft wiedergeben.

Zu »Freiheit geben« fällt ihr die Stelle aus der *Zauberflöte* ein:

> »Zur Liebe kann ich dich nicht zwingen,
> Doch geb ich dir die *Freiheit* nicht.« [3]

---

[1] Dies der eigentliche Traumerreger.

[2] Zu ergänzen: Solche Lektüre sei *Gift* für ein junges Mädchen. Sie selbst hat in ihrer Jugend viel aus verbotenen Büchern geschöpft.

[3] [Sarastro zu Pamina im *Finale* des I. Aktes von Mozarts Oper.]

Zu den »Maikäfern« noch die Rede des Käthchens[1]:

»Verliebt ja wie ein *Käfer* bist du mir.«

Dazwischen *Tannhäuser:* »Weil du von *böser Lust* beseelt –«[2].
Sie lebt in Angst und Sorge um den abwesenden Mann. Die Furcht, daß ihm auf der Reise etwas *zustoße*, äußert sich in zahlreichen Phantasien des Tages. Kurz vorher hatte sie in ihren unbewußten Gedanken während der Analyse eine Klage über seine »Greisenhaftigkeit« gefunden. Der Wunschgedanke, welchen dieser Traum verhüllt, läßt sich vielleicht am besten erraten, wenn ich erzähle, daß sie mehrere Tage vor dem Traum plötzlich mitten in ihren Beschäftigungen durch den gegen ihren Mann gerichteten Imperativ erschreckt wurde: *Häng' dich auf*. Es ergab sich, daß sie einige Stunden vorher irgendwo gelesen hatte, beim Erhängen stelle sich eine kräftige Erektion ein. Es war der Wunsch nach dieser Erektion, der in dieser schreckenerregenden Verkleidung aus der Verdrängung wiederkehrte. »Häng' dich auf« besagte so viel als »Verschaff dir eine Erektion um jeden Preis«. Die Arsenikpillen des Dr. Jenkins im *Nabab* gehören hieher; es war der Patientin aber auch bekannt, daß man das stärkste Aphrodisiakum, *Kanthariden*, durch *Zerquetschen* von *Käfern* bereitet (sog. spanische Fliegen). Auf diesen Sinn zielt der Hauptbestandteil des Trauminhalts.
Das *Fenster* öffnen und schließen ist eine der ständigen Differenzen mit ihrem Manne. Sie selbst schläft aerophil, der Mann aerophob. Die *Mattigkeit* ist das Hauptsymptom, über das sie in diesen Tagen zu klagen hatte.

In allen drei hier mitgeteilten Träumen habe ich durch die Schrift hervorgehoben, wo eines der Traumelemente in den Traumgedanken wiederkehrt, um die mehrfache Beziehung der ersteren augenfällig zu machen. Da aber für keinen dieser Träume die Analyse bis zum Ende geführt ist, verlohnt es sich wohl, auf einen Traum mit ausführlicher mitgeteilter Analyse einzugehen, um die Überdeterminierung des Trauminhalts an ihm zu erweisen. Ich wähle hiefür den Traum von Irmas Injektion [S. 126 ff.]. Wir werden an diesem Beispiel mühelos erkennen,

---

[1] [Kleists *Käthchen von Heilbronn*, IV. Akt, 2. Szene.] – Ein weiterer Gedankengang führt zur *Penthesilea* desselben Dichters: *Grausamkeit* gegen den Geliebten.
[2] [Freud dachte hier wohl an den Anfangssatz der vom Papst ausgesprochenen Verdammung, von der Tannhäuser in der letzten Szene von Wagners Oper berichtet. Der Ausspruch lautet eigentlich: »Hast du so böse Lust geteilt.«]

daß die Verdichtungsarbeit bei der Traumbildung sich mehr als nur eines Mittels bedient.

Die Hauptperson des Trauminhalts ist die Patientin Irma, die mit den ihr im Leben zukommenden Zügen gesehen wurde und also zunächst sich selbst darstellt. Die Stellung aber, in welcher ich sie beim Fenster untersuche, ist von einer Erinnerung an eine andere Person hergenommen, von jener Dame, mit der ich meine Patientin vertauschen möchte, wie die Traumgedanken zeigen. Insofern Irma einen diphtheritischen Belag erkennen läßt, bei dem die Sorge um meine älteste Tochter erinnert wird, gelangt sie zur Darstellung dieses meines Kindes, hinter welchem, durch die Namensgleichheit mit ihm verknüpft, die Person einer durch Intoxikation verlorenen Patientin sich verbirgt. Im weiteren Verlauf des Traums wandelt sich die Bedeutung von Irmas Persönlichkeit (ohne daß ihr im Traum gesehenes Bild sich änderte); sie wird zu einem der Kinder, die wir in der öffentlichen Ordination des Kinder-Krankeninstituts untersuchen, wobei meine Freunde die Verschiedenheit ihrer geistigen Anlagen erweisen. Der Übergang wurde offenbar durch die Vorstellung meiner kindlichen Tochter vermittelt. Durch das Sträuben beim Mundöffnen wird dieselbe Irma zur Anspielung auf eine andere, einmal von mir untersuchte Dame, ferner in demselben Zusammenhang auf meine eigene Frau. In den krankhaften Veränderungen, die ich in ihrem Hals entdecke, habe ich überdies Anspielungen auf eine ganze Reihe von noch anderen Personen zusammengetragen.

All diese Personen, auf die ich bei der Verfolgung von »Irma« gerate, treten im Traum nicht leibhaftig auf; sie verbergen sich hinter der Traumperson »Irma«, welche so zu einem Sammelbild mit allerdings widerspruchsvollen Zügen ausgestaltet wird. Irma wird zur Vertreterin dieser anderen, bei der Verdichtungsarbeit hingeopferten Personen, indem ich an ihr all das vorgehen lasse, was mich Zug für Zug an diese Personen erinnert.

Ich kann mir eine *Sammelperson* auch auf andere Weise für die Traumverdichtung herstellen, indem ich aktuelle Züge zweier oder mehrerer Personen zu einem Traumbilde vereinige. Solcherart ist der Dr. M. meines Traumes entstanden, er trägt den Namen des Dr. M., spricht und handelt wie er; seine leibliche Charakteristik und sein Leiden sind die einer anderen Person, meines ältesten Bruders; ein einziger Zug, das blasse Aussehen, ist doppelt determiniert, indem er in der Realität beiden Personen gemeinsam ist.

Eine ähnliche Mischperson ist der Dr. R. meines Onkeltraums [S. 153 ff.].

Hier aber ist das Traumbild noch auf andere Weise bereitet. Ich habe nicht Züge, die dem einen eigen sind, mit den Zügen des anderen vereinigt und dafür das Erinnerungsbild eines jeden um gewisse Züge verkürzt, sondern ich habe das Verfahren eingeschlagen, nach welchem Galton seine Familienporträts erzeugt, nämlich beide Bilder aufeinanderprojiziert, wobei die gemeinsamen Züge verstärkt hervortreten, die nicht zusammenstimmenden einander auslöschen und im Bilde undeutlich werden. Im Onkeltraum hebt sich so als verstärkter Zug aus der zwei Personen gehörigen und darum verschwommenen Physiognomie der *blonde Bart* hervor, der überdies eine Anspielung auf meinen Vater und auf mich enthält, vermittelt durch die Beziehung zum Ergrauen.

Die Herstellung von Sammel- und Mischpersonen ist eines der Hauptarbeitsmittel der Traumverdichtung. Es wird sich bald der Anlaß ergeben, sie in einem anderen Zusammenhange zu behandeln. [Vgl. S. 318 f.]

Der Einfall »Dysenterie« im Injektionstraum ist gleichfalls mehrfach determiniert, einerseits durch den paraphasischen Gleichklang mit Diphtherie [s. S. 134], anderseits durch die Beziehung auf den von mir in den Orient geschickten Patienten, dessen Hysterie verkannt wird.

Als ein interessanter Fall von Verdichtung erweist sich auch die Erwähnung von *»Propylen«* im Traum [S. 135 f.]. In den Traumgedanken war nicht *»Propylen«*, sondern *»Amylen«* enthalten. Man könnte meinen, daß hier eine einfache Verschiebung bei der Traumbildung Platz gegriffen hat. So ist es auch, allein diese Verschiebung dient den Zwekken der Verdichtung, wie folgender Nachtrag zur Traumanalyse zeigt. Wenn meine Aufmerksamkeit bei dem Worte *»Propylen«* noch einen Moment haltmacht, so fällt mir der Gleichklang mit dem Worte *»Propyläen«* ein. Die *Propyläen* befinden sich aber nicht nur in Athen, sondern auch in München. In dieser Stadt habe ich ein Jahr vor dem Traum meinen damals schwerkranken Freund aufgesucht, dessen Erwähnung durch das bald auf *Propylen* folgende *Trimethylamin* des Traumes unverkennbar wird.

Ich gehe über den auffälligen Umstand hinweg, daß hier und anderswo bei der Traumanalyse Assoziationen von der verschiedensten Wertigkeit wie gleichwertig zur Gedankenverbindung benützt werden, und gebe der Versuchung nach, mir den Vorgang bei der Ersetzung von *Amylen* in den Traumgedanken durch *Propylen* in dem Trauminhalt gleichsam plastisch vorzustellen.

Hier befinde sich die Vorstellungsgruppe meines Freundes Otto, der mich nicht versteht, mir unrecht gibt und mir nach Amylen duftenden Likör schenkt; dort durch Gegensatz verbunden die meines Berliner Freundes [Wilhelm Fließ], der mich versteht, mir recht geben würde und dem ich soviel wertvolle Mitteilungen, auch über die Chemie der Sexualvorgänge, verdanke.

Was aus der Gruppe Otto meine Aufmerksamkeit besonders erregen soll, ist durch die rezenten, den Traum erregenden Anlässe bestimmt; das *Amylen* gehört zu diesen ausgezeichneten, für den Trauminhalt prädestinierten Elementen. Die reiche Vorstellungsgruppe »Wilhelm« wird geradezu durch den Gegensatz zu Otto belebt und die Elemente in ihr hervorgehoben, welche an die bereits erregten in Otto anklingen. In diesem ganzen Traum rekurriere ich ja von einer Person, die mein Mißfallen erregt, auf eine andere, die ich ihr nach Wunsch entgegenstellen kann, rufe ich Zug für Zug den Freund gegen den Widersacher auf. So erweckt das Amylen bei Otto auch in der anderen Gruppe Erinnerungen aus dem Kreis der Chemie; das Trimethylamin, von mehreren Seiten her unterstützt, gelangt in den Trauminhalt. Auch »Amylen« könnte unverwandelt in den Trauminhalt kommen, es unterliegt aber der Einwirkung der Gruppe »Wilhelm«, indem aus dem ganzen Erinnerungsumfang, den dieser Name deckt, ein Element hervorgesucht wird, welches eine doppelte Determinierung für Amylen ergeben kann. In der Nähe von Amylen liegt für die Assoziation »Propylen«; aus dem Kreise »Wilhelm« kommt ihm München mit den Propyläen entgegen. In Propylen-Propyläen treffen beide Vorstellungskreise zusammen. Wie durch einen Kompromiß gelangt dieses mittlere Element dann in den Trauminhalt. Es ist hier ein mittleres Gemeinsames geschaffen worden, welches mehrfache Determinierung zuläßt. Wir greifen so mit Händen, daß die mehrfache Determinierung das Durchdringen in den Trauminhalt erleichtern muß. Zum Zwecke dieser Mittelbildung ist unbedenklich eine Verschiebung der Aufmerksamkeit von dem eigentlich Gemeinten zu einem in der Assoziation Naheliegenden vorgenommen worden.

Das Studium des Injektionstraums gestattet uns bereits, einige Übersicht über die Verdichtungsvorgänge bei der Traumbildung zu gewinnen. Wir konnten die Auswahl der mehrfach in den Traumgedanken vorkommenden Elemente, die Bildung neuer Einheiten (Sammelpersonen, Mischgebilde) und die Herstellung von mittleren Gemeinsamen als Einzelheiten der Verdichtungsarbeit erkennen. Wozu die Verdichtung dient und wodurch sie gefordert wird, werden wir uns erst fragen, wenn wir die psychischen Vorgänge bei der Traumbildung im Zusammenhange erfassen wollen[1]. Begnügen wir uns jetzt mit der Feststellung der Traumverdichtung als einer bemerkenswerten Relation zwischen Traumgedanken und Trauminhalt.

Am greifbarsten wird die Verdichtungsarbeit des Traums, wenn sie Worte und Namen zu ihren Objekten gewählt hat. Worte werden vom Traum überhaupt häufig wie Dinge behandelt und erfahren dann dieselben Zusammensetzungen wie die Dingvorstellungen[2]. Komische und seltsame Wortschöpfungen sind das Ergebnis solcher Träume.

I

Als mir einmal ein Kollege einen von ihm verfaßten Aufsatz überschickte, in welchem eine physiologische Entdeckung der Neuzeit nach meinem Urteil überschätzt und vor allem in überschwenglichen Ausdrücken abgehandelt war, da träumte ich die nächste Nacht einen Satz, der sich offenbar auf diese Abhandlung bezog: *»Das ist ein wahrhaft norekdaler Stil.«* Die Auflösung des Wortgebildes bereitete mir anfänglich Schwierigkeiten; es war nicht zweifelhaft, daß es den Superlativen »kolossal, pyramidal« parodistisch nachgeschaffen war; aber woher es stammte, war nicht leicht zu sagen. Endlich zerfiel mir das Ungetüm in die beiden Namen *Nora* und *Ekdal* aus zwei bekannten Schauspielen von Ibsen[3]. Von demselben Autor, dessen letztes Opus ich im Traum also kritisierte, hatte ich vorher einen Zeitungsaufsatz über Ibsen gelesen.

II

Eine meiner Patientinnen teilt mir einen kurzen Traum mit, der in eine unsinnige Wortkombination ausläuft. Sie befindet sich mit ihrem Manne bei einer Bauernfestlichkeit und sagt dann: *»Das wird in einen allgemeinen ›Maistollmütz‹ ausgehen.«* Dabei im Traum der dunkle Gedanke, das sei eine Mehlspeise aus Mais, eine Art Polenta. Die Analyse zerlegt das Wort in *Mais – toll – mannstoll – Olmütz*, welche Stücke sich sämtlich als Rest einer Konversation bei Tisch mit

---

[1] [Siehe S. 327 und Kapitel VII, Abschnitt E, besonders S. 565 ff.]
[2] [Die Relation zwischen Wort- und Dingvorstellungen hat Freud sehr viel später, auf den Schlußseiten seiner Arbeit über ›Das Unbewußte‹ (1915 *e*), erörtert.]
[3] [In: *Nora oder Ein Puppenheim* und *Die Wildente*.]

ihren Verwandten erkennen lassen. Hinter *Mais* verbergen sich außer der Anspielung auf die eben eröffnete Jubiläumsausstellung[1] die Worte: *Meißen* (eine *Meißner* Porzellanfigur, die einen Vogel darstellt), *Miß* (die Engländerin ihrer Verwandten war nach *Olmütz* gereist), *mies* = ekel, übel im scherzhaft gebrauchten jüdischen Jargon, und eine lange Kette von Gedanken und Anknüpfungen ging von jeder der Silben des Wortklumpens ab.

III

Ein junger Mann, bei dem ein Bekannter spät abends angeläutet hat, um eine Besuchskarte abzugeben, träumt in der darauffolgenden Nacht: *Ein Geschäftsmann wartet spät abends, um den Zimmertelegraphen zu richten. Nachdem er weggegangen ist, läutet es noch immer, nicht kontinuierlich, sondern nur in einzelnen Schlägen. Der Diener holt den Mann wieder, und der sagt: Es ist doch merkwürdig, daß auch Leute, die sonst t u t e l r e i n sind, solche Angelegenheiten nicht zu behandeln verstehen.*

Der indifferente Traumanlaß deckt, wie man sieht, nur eines der Elemente des Traumes. Zur Bedeutung ist er überhaupt nur gekommen, indem er sich an ein früheres Erlebnis des Träumers angereiht hat, das, an sich auch gleichgültig, von seiner Phantasie mit stellvertretender Bedeutung ausgestattet wurde. Als Knabe, der mit seinem Vater wohnte, schüttete er einmal schlaftrunken ein Glas Wasser auf den Boden, so daß das Kabel des Zimmertelegraphen durchtränkt wurde und das *kontinuierliche Läuten* den Vater im Schlaf störte. Da das kontinuierliche Läuten dem Naßwerden entspricht, so werden dann *»einzelne Schläge«* zur Darstellung des *Tropfenfallens* verwendet. Das Wort *»tutelrein«* zerlegt sich aber nach drei Richtungen und zielt damit auf drei der in den Traumgedanken vertretenen Materien: *»Tutel«* = *Kuratel* bedeutet Vormundschaft; *Tutel* (vielleicht *»Tuttel«*) ist eine vulgäre Bezeichnung der weiblichen Brust, und Bestandteil *»rein«* übernimmt die ersten Silben des Zimmertelegraphen um *»zimmerrein«* zu bilden, was mit dem Naßmachen des Fußbodens viel zu tun hat und überdies an einen der in der Familie des Träumers vertretenen Namen anklingt[2].

[1] [Anläßlich des 50jährigen Regierungsjubiläums von Kaiser Franz Joseph, das 1898 gefeiert wurde.]

[2] Die nämliche Zerlegung und Zusammensetzung der Silben – eine wahre Silbenchemie – dient uns im Wachen zu mannigfachen Scherzen. »Wie gewinnt man auf die billigste Art Silber? Man begibt sich in eine Allee, in der Silberpappeln stehen, gebietet Schweigen, dann hört das ›Pappeln‹ (Schwätzen) auf, und das Silber wird frei.« Der

IV

In einem längeren wüsten Traum von mir, der eine Schiffsreise zum scheinbaren Mittelpunkt hat, kommt es vor, daß die nächste Station *Hearsing* heißt, die nächst weitere aber *Fließ*. Letzteres ist der Name meines Freundes in B. [Berlin], der oft das Ziel meiner Reise gewesen ist. *Hearsing* aber ist kombiniert aus den Ortsnamen unserer Wiener Lokalstrecke, die so häufig auf *ing* ausgehen: Hietzing, Liesing, Mödling (Medelitz, *meae deliciae* der alte Name, also *»meine Freud«*), und dem englischen *Hearsay* = Hörensagen, was auf Verleumdung deutet und die Beziehung zu dem indifferenten Traumerreger des Tages herstellt, einem Gedicht in den *Fliegenden Blättern* von einem verleumderischen Zwerg, »Sagter Hatergesagt«. Durch Beziehung der Endsilbe *»ing«* zum Namen *Fließ* gewinnt man *»Vlissingen«*, wirklich die Station der Seereise, die mein Bruder berührt, wenn er von England zu uns auf Besuch kommt. Der englische Name von *Vlissingen* lautet aber *Flushing*, was in englischer Sprache Erröten bedeutet und an die Patienten mit »Errötensangst« mahnt, die ich behandle, auch an eine rezente Publikation Bechterews über diese Neurose, die mir Anlaß zu ärgerlichen Empfindungen gegeben hat.

V

Ein anderes Mal habe ich einen Traum, der aus zwei gesonderten Stücken besteht. Das erste ist das lebhaft erinnerte Wort *»Autodidas-*

erste Leser und Kritiker dieses Buches hat mir den Einwand gemacht, den die späteren wahrscheinlich wiederholen werden, »daß der Träumer oft zu witzig erscheine«. Das ist richtig, solange es nur auf den Träumer bezogen wird, involviert einen Vorwurf nur dann, wenn es auf den Traumdeuter übergreifen soll. In der wachen Wirklichkeit kann ich wenig Anspruch auf das Prädikat »witzig« erheben; wenn meine Träume witzig erscheinen, so liegt es nicht an meiner Person, sondern an den eigentümlichen psychologischen Bedingungen, unter denen der Traum gearbeitet wird, und hängt mit der Theorie des Witzigen und Komischen intim zusammen. Der Traum wird witzig, weil ihm der gerade und nächste Weg zum Ausdruck seiner Gedanken gesperrt ist; er wird es notgedrungen. Die Leser können sich überzeugen, daß Träume meiner Patienten den Eindruck des Witzigen (Witzelnden) im selben und im höheren Grade machen wie die meinen. – [*Zusatz 1909:*] Immerhin gab mir dieser Vorwurf Anlaß, die Technik des Witzes mit der Traumarbeit zu vergleichen, was in dem 1905 [*c*] veröffentlichten Buche *Der Witz und seine Beziehung zum Unbewußten* geschehen ist [besonders im VI. Kapitel. – Gegen Ende dieses Kapitels bemerkt Freud, daß die Traumwitze immer schlechte Witze seien, und erklärt, warum dies so sein muß (*Studienausgabe*, Bd. 4, S. 162). Die gleiche Feststellung trifft Freud in der 15. seiner *Vorlesungen zur Einführung* (1916–17, *Studienausgabe*, Bd. 1, S. 238). Der oben erwähnte »erste Leser« war Fließ].

ker«, das andere deckt sich getreu mit einer vor Tagen produzierten, kurzen und harmlosen Phantasie des Inhalts, daß ich dem Professor N., wenn ich ihn nächstens sehe, sagen muß: »Der Patient, über dessen Zustand ich Sie zuletzt konsultiert habe, leidet wirklich nur an einer Neurose, ganz wie Sie vermutet haben.« Das neugebildete *»Autodidasker«* hat nun nicht nur der Anforderung zu genügen, daß es komprimierten Sinn enthält oder vertritt, es soll auch dieser Sinn in gutem Zusammenhange mit meinem aus dem Wachen wiederholten Vorsatze stehen, dem Professor N. jene Genugtuung zu geben.

Nun zerlegt sich *Autodidasker* leicht in *Autor, Autodidakt* und *Lasker*, an den sich der Name *Lassalle* schließt [1]. Die ersten dieser Worte führen zu der – dieses Mal bedeutsamen – Veranlassung des Traumes: Ich hatte meiner Frau mehrere Bände eines bekannten Autors mitgebracht, mit dem mein Bruder befreundet ist und der, wie ich erfahren habe, aus demselben Orte stammt wie ich (J. J. David). Eines Abends sprach sie mit mir über den tiefen Eindruck, den ihr die ergreifend traurige Geschichte eines verkommenen Talents in einer der Davidschen Novellen gemacht hatte, und unsere Unterhaltung wendete sich darauf den Spuren von Begabung zu, die wir an unseren eigenen Kindern wahrnehmen. Unter der Herrschaft des eben Gelesenen äußerte sie eine Besorgnis, die sich auf die Kinder bezog, und ich tröstete sie mit der Bemerkung, daß gerade solche Gefahren durch die Erziehung abgewendet werden können. In der Nacht ging mein Gedankengang weiter, nahm die Besorgnisse meiner Frau auf und verwob allerlei anderes damit. Eine Äußerung, die der Dichter gegen meinen Bruder in bezug auf das Heiraten getan hatte, zeigte meinen Gedanken einen Nebenweg, der zur Darstellung im Traum führen konnte. Dieser Weg leitete nach Breslau, wohin eine uns sehr befreundete Dame geheiratet hatte. Für die Besorgnis, am Weibe zugrunde zu gehen, die den Kern meiner Traumgedanken bildete, fand ich in Breslau die Exempel Lasker und Lassalle auf, die mir gleichzeitig die beiden Arten dieser Beeinflussung zum Unheil darzustellen gestatteten [2]. Das *»cherchez la femme«*, in dem sich diese Gedanken zusammenfassen lassen, bringt mich in anderem Sinn auf meinen noch unverheirateten Bruder, der Alexander heißt. Nun

---

[1] [Ferdinand Lassalle, Begründer der sozialdemokratischen Bewegung in Deutschland, wurde 1825 in Breslau geboren und starb 1864. Eduard Lasker (1829–1884), geboren in Jarotschin bei Breslau, war einer der Begründer der deutschen Nationalliberalen Partei. Beide waren jüdischer Abkunft.]

[2] Lasker starb an progressiver Paralyse, also an den Folgen der beim Weib erworbenen Infektion (Lues); Lassalle, wie bekannt, im Duell wegen einer Dame.

merke ich, daß *Alex*, wie wir den Namen abkürzen, fast wie eine Umstellung von *Lasker* klingt und daß dieses Moment mitgewirkt haben muß, meinen Gedanken die Umwegsrichtung über Breslau mitzuteilen. Die Spielerei mit Namen und Silben, die ich hier treibe, enthält aber noch einen weiteren Sinn. Sie vertritt den Wunsch eines glücklichen Familienlebens für meinen Bruder, und zwar auf folgendem Weg: In dem Künstlerroman *L'oeuvre,* der meinen Traumgedanken inhaltlich naheliegen mußte, hat der Dichter bekanntlich sich selbst und sein eigenes Familienglück episodisch mitgeschildert und tritt darin unter dem Namen *Sandoz* auf. Wahrscheinlich hat er bei der Namensverwandlung folgenden Weg eingeschlagen: *Zola* gibt umgekehrt (wie die Kinder so gerne zu tun pflegen) *Aloz.* Das war ihm wohl noch zu unverhüllt; darum ersetzte sich ihm die Silbe Al, die auch den Namen Alexander einleitet, durch die dritte Silbe desselben Namens *sand,* und so kam *Sandoz* zustande. So ähnlich entstand also auch mein *Autodidasker.*

Meine Phantasie, daß ich Professor N. erzähle, der von uns beiden gesehene Kranke leide nur an einer Neurose, ist auf folgende Weise in den Traum gekommen. Kurz vor Schluß meines Arbeitsjahrs bekam ich einen Patienten, bei dem mich meine Diagnostik im Stiche ließ. Es war ein schweres organisches Leiden, vielleicht eine Rückenmarksveränderung, anzunehmen, aber nicht zu beweisen. Eine Neurose zu diagnostizieren wäre verlockend gewesen und hätte allen Schwierigkeiten ein Ende bereitet, wenn nicht die sexuelle Anamnese, ohne die ich keine Neurose anerkennen will, vom Kranken so energisch in Abrede gestellt worden wäre. In meiner Verlegenheit rief ich den Arzt zur Hilfe, den ich menschlich am meisten verehre (wie andere auch) und vor dessen Autorität ich mich am ehesten beuge. Er hörte meine Zweifel an, hieß sie berechtigt und meinte dann: »Beobachten Sie den Mann weiter, es wird Neurose sein.« Da ich weiß, daß er meine Ansichten über die Ätiologie der Neurosen nicht teilt, hielt ich meinen Widerspruch zurück, verbarg aber nicht meinen Unglauben. Einige Tage später machte ich dem Kranken die Mitteilung, daß ich mit ihm nichts anzufangen wisse, und riet ihm, sich an einen anderen zu wenden. Da begann er zu meiner höchsten Überraschung, mich um Verzeihung zu bitten, daß er mich belogen habe; er habe sich so sehr geschämt, und nun enthüllte er mir gerade das Stück sexueller Ätiologie, das ich erwartet hatte und dessen ich zur Annahme einer Neurose bedurfte. Mir war es eine Erleichterung, aber auch gleichzeitig eine Beschämung; ich mußte mir zugestehen, daß mein Consiliarius, durch die Berücksichtigung der Anamnese unbeirrt, richtiger gesehen hatte. Ich nahm mir vor, es ihm zu sagen, wenn ich ihn wiedersehe, ihm zu sagen, daß er recht gehabt habe und ich unrecht.

Gerade das tue ich nun im Traum. Aber was für Wunscherfüllung soll es denn sein, wenn ich bekenne, daß ich unrecht habe? Gerade das ist mein Wunsch; ich möchte unrecht haben mit meinen Befürchtungen, respektive ich möchte, daß meine Frau, deren Befürchtungen ich in den Traumgedanken mir angeeignet habe, unrecht behält. Das Thema, auf welches sich das Recht- oder Unrechtbehalten im Traum bezieht, ist von dem für die Traumgedanken wirklich Interessanten nicht weitab gelegen. Dieselbe Alternative der organischen oder der funktionellen Schädigung durch das Weib, eigentlich durch das Sexualleben: Tabes-Paralyse oder Neurose, an welch letztere sich die Art des Untergangs von Lassalle lockerer anreiht.

Professor N. spielt in diesem festgefügten (und bei sorgfältiger Deutung ganz durchsichtigen) Traum nicht nur wegen dieser Analogie und wegen meines Wunsches, unrecht zu behalten, eine Rolle – auch nicht wegen seiner nebenhergehenden Beziehungen zu Breslau und zur Familie unserer dorthin verheirateten Freundin –, sondern auch wegen folgender kleinen Begebenheit, die sich an unsere Konsultation anschloß. Nachdem er mit jener Vermutung die ärztliche Aufgabe erledigt hatte, wandte sich sein Interesse persönlichen Dingen zu. »Wieviel Kinder haben Sie jetzt?« – »Sechs.« – Eine Gebärde von Respekt und Bedenklichkeit. – »Mädel, Buben?« – »Drei und drei, das ist mein Stolz und mein Reichtum.« »Nun geben Sie acht, mit den Mädeln geht es ja gut, aber die Buben machen einem später Schwierigkeiten in der Erziehung.« – Ich wendete ein, daß sie bis jetzt recht zahm geblieben sind; offenbar behagte mir diese zweite Diagnose über die Zukunft meiner Buben ebensowenig wie die früher gefällte, daß mein Patient nur eine Neurose habe. Diese beiden Eindrücke sind also durch Kontiguität, durch das Erleben in einem Zuge verbunden, und wenn ich die Geschichte von der Neurose in den Traum nehme, ersetze ich durch sie die Rede über die Erziehung, die noch mehr Zusammenhang mit den Traumgedanken aufweist, da sie so nahe an die später geäußerten Besorgnisse meiner Frau rührt. So findet selbst meine Angst, daß N. mit den Bemerkungen über die Erziehungsschwierigkeiten bei den Buben recht behalten möge, Eingang in den Trauminhalt, indem sie sich hinter der Darstellung meines Wunsches, daß ich mit solchen Befürchtungen unrecht haben möge, verbirgt. Dieselbe Phantasie dient unverändert der Darstellung beider gegensätzlicher Glieder der Alternative.

VI

Marcinowski [1911][1]: »Heute früh erlebte ich zwischen Traum und Wachen eine sehr hübsche Wortverdichtung. Im Ablauf einer Fülle von kaum erinnerbaren Traumbruchstücken stutzte ich gewissermaßen über ein Wort, das ich halb wie geschrieben, halb wie gedruckt vor mir sehe. Es lautet: ›*erzefilisch*‹ und gehört zu einem Satz, der außerhalb jedes Zusammenhanges völlig isoliert in mein bewußtes Erinnern hinüberglitt; er lautete: ›*Das wirkt erzefilisch auf die Geschlechtsempfindung.*‹ Ich wußte sofort, daß es eigentlich ›erzieherisch‹ heißen solle, schwankte auch einigemal hin und her, ob es nicht richtiger ›erzifilisch‹ heiße. Dabei fiel mir das Wort Syphilis ein, und ich zerbrach mir, noch im Halbschlaf zu analysieren beginnend, den Kopf, wie das wohl in meinen Traum hineinkäme, da ich weder persönlich noch von Berufs wegen irgendwelche Berührungspunkte mit dieser Krankheit habe. Dann fiel mir ein ›erzehlerisch‹, das *e* erklärend und zu gleicher Zeit erklärend, daß ich gestern abend von unserer ›Erzieherin‹ veranlaßt wurde, über das Problem der Prostitution zu sprechen, und ich hatte ihr dabei tatsächlich, um ›erzieherisch‹ auf ihr nicht ganz normal entwickeltes Empfindungsleben einzuwirken, das Buch von Hesse *Über die Prostitution* gegeben, nachdem ich ihr mancherlei über das Problem erzählt hatte. Und nun wurde mir auf einmal klar, daß das Wort ›Syphilis‹ nicht im wörtlichen Sinne zu nehmen sei, sondern für Gift stand, in Beziehung natürlich zum Geschlechtsleben. Der Satz lautet also in der Übersetzung ganz logisch: ›Durch meine *Erzählung* habe ich auf meine *Erzieherin erzieherisch* auf deren Empfindungsleben einwirken wollen, aber habe die Befürchtung, daß es zu gleicher Zeit *vergiftend* wirken könne.‹ *Erzefilisch* = erzäh – (erzieh –) (erzefilisch).«

Die Wortverbildungen des Traumes ähneln sehr den bei der Paranoia bekannten, die aber auch bei Hysterie und Zwangsvorstellungen nicht vermißt werden. Die Sprachkünste der Kinder[2], die zu gewissen Zeiten die Worte tatsächlich wie Objekte behandeln, auch neue Sprachen und artifizielle Wortfügungen erfinden, sind für den Traum wie für die Psychoneurosen hier die gemeinsame Quelle.

---

[1] [Dieser Absatz wurde 1914 hinzugefügt.]

[2] [S. das IV. Kapitel in Freuds Buch über den Witz (1905 c, *Studienausgabe,* Bd. 4, S. 113 und S. 118 f.).]

Die Analyse unsinniger Wortbildungen im Traume[1] ist besonders dazu geeignet, die Verdichtungsleistung der Traumarbeit aufzuzeigen. Man möge aus der hier verwendeten geringen Auswahl von Beispielen nicht den Schluß ziehen, daß solches Material selten oder gar nur ausnahmsweise zur Beobachtung kommt. Es ist vielmehr sehr häufig, allein die Abhängigkeit der Traumdeutung von der psychoanalytischen Behandlung hat die Folge, daß die wenigsten Beispiele angemerkt und mitgeteilt werden und daß die mitgeteilten Analysen meist nur für den Kenner der Neurosenpathologie verständlich sind. So ein Traum von Dr. v. Karpinska (1914), der die sinnlose Wortbildung *»Svingnum elvi«* enthält. Erwähnenswert ist noch der Fall, daß im Traum ein an sich nicht bedeutungsloses Wort erscheint, das aber, seiner eigentlichen Bedeutung entfremdet, verschiedene andere Bedeutungen zusammenfaßt, zu denen es sich wie ein »sinnloses« Wort verhält. Dies ist in dem Traum von der »Kategorie« eines zehnjährigen Knaben der Fall, den V. Tausk (1913) mitteilt. *»Kategorie«* bedeutet hier das weibliche Genitale und *»kategorieren«* soviel wie urinieren.

Wo in einem Traum Reden vorkommen, die ausdrücklich als solche von Gedanken unterschieden werden, da gilt als ausnahmslose Regel, daß Traumrede von erinnerter Rede im Traummaterial abstammt. Der Wortlaut der Rede ist entweder unversehrt erhalten oder leise im Ausdruck verschoben; häufig ist die Traumrede aus verschiedenen Redeerinnerungen zusammengestückelt; der Wortlaut dabei das sich Gleichgebliebene, der Sinn womöglich mehr- oder andersdeutig verändert. Die Traumrede dient nicht selten als bloße Anspielung auf das Ereignis, bei dem die erinnerte Rede vorfiel[2].

---

[1] [Dieser Absatz wurde 1919 hinzugefügt.]

[2] [*Zusatz 1909:*] Bei einem an Zwangsvorstellungen leidenden jungen Manne mit übrigens intakten und hochentwickelten intellektuellen Funktionen fand ich unlängst die einzige Ausnahme von dieser Regel. Die Reden, die in seinen Träumen vorkamen, stammten nicht von gehörten oder selbst gehaltenen Reden ab, sondern entsprachen dem unentstellten Wortlaute seiner Zwangsgedanken, die ihm im Wachen nur abgeändert zum Bewußtsein kamen. [Es handelt sich bei dem jungen Mann um den »Rattenmann«, den Patienten in Freuds Fallgeschichte einer Zwangsneurose; dort findet sich auch ein entsprechender Hinweis (Freud, 1909 *d*), nicht weit vom Beginn des Abschnitts II (A). – Die Frage der Traumrede wird viel ausführlicher weiter unten, auf S. 406 ff., erörtert.]

B
DIE VERSCHIEBUNGSARBEIT

Eine andere, wahrscheinlich nicht minder bedeutsame Relation mußte uns bereits auffallen, während wir die Beispiele für die Traumverdichtung sammelten. Wir konnten bemerken, daß die Elemente, welche im Trauminhalt sich als die wesentlichen Bestandteile hervordrängen, in den Traumgedanken keineswegs die gleiche Rolle spielen. Als Korrelat dazu kann man auch die Umkehrung dieses Satzes aussprechen. Was in den Traumgedanken offenbar der wesentliche Inhalt ist, braucht im Traum gar nicht vertreten zu sein. Der Traum ist gleichsam *anders zentriert,* sein Inhalt um andere Elemente als Mittelpunkt geordnet als die Traumgedanken. So z. B. ist im Traum von der botanischen Monographie [S. 183 ff.] Mittelpunkt des Trauminhalts offenbar das Element »botanisch«; in den Traumgedanken handelt es sich um die Komplikationen und Konflikte, die sich aus verpflichtenden Leistungen zwischen Kollegen ergeben, in weiterer Folge um den Vorwurf, daß ich meinen Liebhabereien allzu große Opfer zu bringen pflege, und das Element »botanisch« findet in diesem Kern der Traumgedanken überhaupt keine Stelle, wenn es nicht durch eine Gegensätzlichkeit locker damit verbunden ist, denn Botanik hatte niemals einen Platz unter meinen Lieblingsstudien. In dem *Sappho*traum meines Patienten [S. 287 ff.] ist das *Auf-* und *Niedersteigen, Oben-* und *Unten*sein zum Mittelpunkt gemacht; der Traum handelt aber von den Gefahren sexueller Beziehungen zu *niedrig*stehenden Personen, so daß nur eines der Elemente der Traumgedanken, dies aber in ungebührlicher Verbreiterung, in den Trauminhalt eingegangen scheint. Ähnlich ist im Traum von den Maikäfern [S. 291 ff.], welcher die Beziehungen der Sexualität zur Grausamkeit zum Thema hat, zwar das Moment der Grausamkeit im Trauminhalt wieder erschienen, aber in andersartiger Verknüpfung und ohne Erwähnung des Sexuellen, also aus dem Zusammenhang gerissen und dadurch zu etwas Fremdem umgestaltet. In dem Onkeltraum wiederum [S. 153 ff.] scheint der blonde Bart, der dessen Mittelpunkt bildet, außer aller Sinnbeziehung zu den Größenwünschen, die wir als den Kern der Traumgedanken erkannt haben. Solche Träume machen dann mit gutem Recht einen *»verschobenen«* Eindruck. Im vollen Gegensatz zu diesen Beispielen zeigt dann der Traum von Irmas Injektion [S. 126 ff.], daß bei der Traumbildung die einzelnen Elemente auch wohl den Platz behaupten können, den sie in den Traumgedanken einnehmen. Die Kenntnisnahme dieser neuen, in ihrem Sinne durchaus inkonstanten Relation zwischen Traumgedanken und Trauminhalt ist zunächst geeignet, unsere Verwunderung zu erregen. Wenn wir bei einem psychischen Vorgang des Normallebens finden, daß eine Vorstellung aus mehreren anderen herausgegriffen wurde und für das Bewußtsein besondere Lebhaftigkeit erlangt hat, so pflegen wir diesen Erfolg als Beweis dafür anzusehen, daß der siegenden Vorstellung eine besonders hohe psychische Wertigkeit (ein gewisser Grad von Interesse) zukommt. Wir machen nun die Erfahrung, daß diese Wertigkeit der einzelnen Elemente in den Traumgedanken für die Traumbildung nicht erhalten bleibt oder nicht in Betracht kommt. Es ist ja kein Zweifel darüber, welches die höchstwertigen Elemente der Traumgedanken sind; unser Urteil sagt es uns unmittelbar. Bei der Traumbildung können diese wesentlichen, mit intensivem Interesse betonten Elemente nun so behandelt werden, als ob sie minderwertig wären, und an ihre Stelle treten im Traum andere Elemente, die in den Traumgedanken sicherlich minderwertig waren. Es macht zunächst den Eindruck, als käme die psychische Intensität[1] der einzelnen Vorstellungen für die Traumauswahl überhaupt nicht in Betracht, sondern bloß die mehr oder minder vielseitige Determinierung derselben. Nicht was in den Traumgedanken wichtig ist, kommt in den Traum, sondern was in ihnen mehrfach enthalten, könnte man meinen; das Verständnis der Traumbildung wird aber durch diese Annahme nicht sehr gefördert, denn von vornherein wird man nicht glauben können, daß die beiden Momente der mehrfachen Determinierung und der eigenen Wertigkeit bei der Traumauswahl anders als gleichsinnig wirken können. Jene Vorstellungen, welche in den Traumgedanken die wichtigsten sind, werden wohl auch die am häufigsten in ihnen wiederkehrenden sein, da von ihnen wie von Mittelpunkten die einzelnen Traumgedanken ausstrahlen. Und doch kann der Traum diese intensiv betonten und vielseitig unterstützten Elemente ablehnen und andere Elemente, denen nur die letztere Eigenschaft zukommt, in seinen Inhalt aufnehmen.

Zur Lösung dieser Schwierigkeit wird man einen anderen Eindruck verwenden, den man bei der Untersuchung der Überdeterminierung des Trauminhalts [im vorigen Abschnitt] empfangen hat. Vielleicht hat schon mancher Leser dieser Untersuchung bei sich geurteilt, die Überdeterminierung der Traumelemente sei kein bedeutsamer Fund, weil sie ein selbstverständlicher ist. Man geht ja bei der Analyse von den Traum-

[1] Psychische Intensität, Wertigkeit, Interessebetonung einer Vorstellung ist natürlich von sinnlicher Intensität, Intensität des Vorgestellten, gesondert zu halten.

elementen aus und verzeichnet alle Einfälle, die sich an dieselben knüpfen; kein Wunder dann, daß in dem so gewonnenen Gedankenmaterial eben diese Elemente sich besonders häufig wiederfinden. Ich könnte diesen Einwand nicht gelten lassen, werde aber selbst etwas ihm ähnlich Klingendes zur Sprache bringen: Unter den Gedanken, welche die Analyse zutage fördert, finden sich viele, die dem Kern des Traumes ferner stehen und die sich wie künstliche Einschaltungen zu einem gewissen Zwecke ausnehmen. Der Zweck derselben ergibt sich leicht; gerade sie stellen eine Verbindung, oft eine gezwungene und gesuchte Verbindung zwischen Trauminhalt und Traumgedanken her, und wenn diese Elemente aus der Analyse ausgemerzt würden, entfiele für die Bestandteile des Trauminhalts oftmals nicht nur die Überdeterminierung, sondern überhaupt eine genügende Determinierung durch die Traumgedanken. Wir werden so zum Schlusse geleitet, daß die mehrfache Determinierung, die für die Traumauswahl entscheidet, wohl nicht immer ein primäres Moment der Traumbildung, sondern oft ein sekundäres Ergebnis einer uns noch unbekannten psychischen Macht ist. Sie muß aber bei alledem für das Eintreten der einzelnen Elemente in den Traum von Bedeutung sein, denn wir können beobachten, daß sie mit einem gewissen Aufwand hergestellt wird, wo sie sich aus dem Traummaterial nicht ohne Nachhilfe ergibt.

Es liegt nun der Einfall nahe, daß bei der Traumarbeit eine psychische Macht sich äußert, die einerseits die psychisch hochwertigen Elemente ihrer Intensität entkleidet und anderseits *auf dem Wege der Überdeterminierung* aus minderwertigen neue Wertigkeiten schafft, die dann in den Trauminhalt gelangen. Wenn das so zugeht, so hat bei der Traumbildung eine *Übertragung und Verschiebung der psychischen Intensitäten* der einzelnen Elemente stattgefunden, als deren Folge die Textverschiedenheit von Trauminhalt und Traumgedanken erscheint. Der Vorgang, den wir so supponieren, ist geradezu das wesentliche Stück der Traumarbeit: er verdient den Namen *Traumverschiebung. Traumverschiebung und Traumverdichtung* sind die beiden Werkmeister, deren Tätigkeit wir die Gestaltung des Traumes hauptsächlich zuschreiben dürfen.

Ich denke, wir haben es auch leicht, die psychische Macht, die sich in den Tatsachen der Traumverschiebung äußert, zu erkennen. Der Erfolg dieser Verschiebung ist, daß der Trauminhalt dem Kern der Traumgedanken nicht mehr gleichsieht, daß der Traum nur eine Entstellung des Traumwunsches im Unbewußten wiedergibt. Die Traumentstellung aber ist uns bereits bekannt; wir haben sie auf die Zensur zurückgeführt, welche die eine psychische Instanz im Gedankenleben gegen eine andere ausübt. [Vgl. S. 158 ff.] Die Traumverschiebung ist eines der Hauptmittel zur Erzielung dieser Entstellung. *Is fecit cui profuit*[1]. Wir dürfen annehmen, daß die Traumverschiebung durch den Einfluß jener Zensur, der endopsychischen Abwehr, zustande kommt[2].

In welcher Weise die Momente der Verschiebung, Verdichtung und Überdeterminierung bei der Traumbildung ineinanderspielen, welches der übergeordnete und welches der nebensächliche Faktor wird, das würden wir späteren Untersuchungen vorbehalten. [S. z. B. S. 395 ff.] Vorläufig können wir als eine zweite Bedingung, der die in den Traum gelangenden Elemente genügen müssen, angeben, *daß sie der Zensur des Widerstandes entzogen seien*[3]. Die Traumverschiebung aber wollen wir von nun an als unzweifelhafte Tatsache bei der Traumdeutung in Rechnung ziehen.

---

[1] [Alte juristische Faustregel: »Der hat die Tat begangen, der von ihr Nutzen hat.«]

[2] [*Zusatz 1909:*] Da ich die Zurückführung der Traumentstellung auf die Zensur als den Kern meiner Traumauffassung bezeichnen darf, schalte ich hier das letzte Stück jener Erzählung ›Träumen wie Wachen‹ aus den *Phantasien eines Realisten* von »Lynkeus« (Wien, 2. Aufl., 1900 [1. Aufl., 1899]) ein, in dem ich diesen Hauptcharakter meiner Lehre wiederfinde. [S. oben, Zusatz 1909, zu Kapitel I, S. 115; ferner Freud, 1923 *f* und 1932 *c*.]:

»Von einem Manne, der die merkwürdige Eigenschaft hat, niemals Unsinn zu träumen.« – – – –

»›Deine herrliche Eigenschaft, zu träumen wie zu wachen, beruht auf deinen Tugenden, auf deiner Güte, deiner Gerechtigkeit, deiner Wahrheitsliebe; es ist die moralische Klarheit deiner Natur, die mir alles an dir verständlich macht.‹

›Wenn ich es aber recht bedenke‹, erwiderte der andere, ›so glaube ich beinahe, alle Menschen seien so wie ich beschaffen und gar niemand träume jemals Unsinn! Ein Traum, an den man sich so deutlich erinnert, daß man ihn nacherzählen kann, der also kein Fiebertraum ist, hat *immer* Sinn, und es kann auch gar nicht anders sein! Denn was miteinander in Widerspruch steht, könnte sich ja nicht zu einem Ganzen gruppieren. Daß Zeit und Raum oft durcheinandergerüttelt werden, benimmt dem wahren Inhalt des Traumes gar nichts, denn sie sind beide gewiß ohne Bedeutung für seinen wesentlichen Inhalt gewesen. Wir machen es ja oft im Wachen auch so; denke an das Märchen, an so viele kühne und sinnvolle Phantasiegebilde, zu denen nur ein Unverständiger sagen würde: »Das ist widersinnig! Denn das ist nicht möglich.«‹

›Wenn man nur die Träume immer richtig zu deuten wüßte, so wie du das eben mit dem meinen getan hast!‹ sagte der Freund.

›Das ist gewiß keine leichte Aufgabe, aber es müßte bei einiger Aufmerksamkeit dem Träumenden selbst wohl immer gelingen. – Warum es meistens nicht gelingt? Es scheint bei Euch etwas Verstecktes in den Träumen zu liegen, etwas Unkeusches eigener und höherer Art, eine gewisse Heimlichkeit in Eurem Wesen, die schwer auszudenken ist; und darum scheint Euer Träumen so oft ohne Sinn, sogar ein Widersinn zu sein. Es ist aber im tiefsten Grunde durchaus nicht so; ja, es kann gar nicht so sein, denn es ist immer derselbe Mensch, ob er wacht oder träumt.‹«

[3] [Als erste Bedingung war auf die Überdeterminierung hingewiesen worden. (Siehe S. 307.)]

C
DIE DARSTELLUNGSMITTEL DES TRAUMS

Außer den beiden Momenten der Traum*verdichtung* und Traum*verschiebung*, die wir bei der Verwandlung des latenten Gedankenmaterials in den manifesten Trauminhalt als wirksam aufgefunden haben, werden wir bei der Fortführung dieser Untersuchung noch zwei weiteren Bedingungen begegnen, die unzweifelhaften Einfluß auf die Auswahl des in den Traum gelangenden Materials üben. Vorher möchte ich, selbst auf die Gefahr hin, daß wir auf unserem Wege haltzumachen scheinen, einen ersten Blick auf die Vorgänge bei der Ausführung der Traumdeutung werfen. Ich verhehle mir nicht, daß es am ehesten gelingen würde, dieselben klarzustellen und ihre Zuverlässigkeit gegen Einwendungen zu sichern, wenn ich einen einzelnen Traum zum Muster nehme, seine Deutung entwickle, wie ich es in Abschnitt [Kapitel] II bei dem Traum von Irmas Injektion gezeigt habe, dann aber die Traumgedanken, die ich aufgedeckt habe, zusammenstelle und nun die Bildung des Traums aus ihnen rekonstruiere, also die Analyse der Träume durch eine Synthese derselben ergänze. Diese Arbeit habe ich an mehreren Beispielen zu meiner eigenen Belehrung vollzogen; ich kann sie aber hier nicht aufnehmen, weil mannigfache und von jedem billig Denkenden gutzuheißende Rücksichten auf das psychische Material zu dieser Demonstration mich daran verhindern. Bei der Analyse der Träume störten diese Rücksichten weniger, denn die Analyse durfte unvollständig sein und behielt ihren Wert, wenn sie auch nur ein Stück weit in das Gewebe des Traumes hineinführte. Von der Synthese wüßte ich es nicht anders, als daß sie, um zu überzeugen, vollständig sein muß. Eine vollständige Synthese könnte ich nur von Träumen solcher Personen geben, die dem lesenden Publikum unbekannt sind. Da aber nur Patienten, Neurotiker, mir dazu die Mittel bieten, so muß dies Stück Darstellung des Traums einen Aufschub erfahren, bis ich – an anderer Stelle – die psychologische Aufklärung der Neurosen so weit führen kann, daß der Anschluß an unser Thema herzustellen ist[1].

Aus meinen Versuchen, Träume aus den Traumgedanken synthetisch

[1] [*Zusatz 1909:*] Ich habe die vollständige Analyse und Synthese zweier Träume seither in dem ›Bruchstück einer Hysterie-Analyse‹, 1905 [*e* (II. und III. Abschnitt)] gegeben. [S. auch die Synthese des »Wolfsmanns«-Traumes im IV. Abschnitt von Freud (1918 *b*). – *Zusatz 1914:*] Als die vollständigste Deutung eines längeren Traumes muß die Analyse von O. Rank, ›Ein Traum, der sich selbst deutet‹ [1910], anerkannt werden.

herzustellen, weiß ich, daß das bei der Deutung sich ergebende Material von verschiedenartigem Wert ist. Den einen Teil desselben bilden die wesentlichen Traumgedanken, die also den Traum voll ersetzen und allein zu dessen Ersatz hinreichen würden, wenn es für den Traum keine Zensur gäbe. Dem anderen Teil ist man gewohnt, geringe Bedeutung zuzuschreiben. Man legt auch keinen Wert auf die Behauptung, daß alle diese Gedanken an der Traumbildung beteiligt gewesen seien [s. S. 283 und S. 509], vielmehr können sich Einfälle unter ihnen finden, welche an Erlebnisse nach dem Traume, zwischen den Zeitpunkten des Träumens und des Deutens, anknüpfen. Dieser Anteil umfaßt alle die Verbindungswege, die vom manifesten Trauminhalt bis zu den latenten Traumgedanken geführt haben, aber ebenso die vermittelnden und annähernden Assoziationen, durch welche man während der Deutungsarbeit zur Kenntnis dieser Verbindungswege gekommen ist[1].

Uns interessieren an dieser Stelle ausschließlich die wesentlichen Traumgedanken. Diese enthüllen sich zumeist als ein Komplex von Gedanken und Erinnerungen vom allerverwickeltsten Aufbau mit allen Eigenschaften der uns aus dem Wachen bekannten Gedankengänge. Nicht selten sind es Gedankenzüge, die von mehr als einem Zentrum ausgehen, aber der Berührungspunkte nicht entbehren; fast regelmäßig steht neben einem Gedankengang sein kontradiktorisches Widerspiel, durch Kontrastassoziation mit ihm verbunden.

Die einzelnen Stücke dieses komplizierten Gebildes stehen natürlich in den mannigfaltigsten logischen Relationen zueinander. Sie bilden Vorder- und Hintergrund, Abschweifungen und Erläuterungen, Bedingungen, Beweisgänge und Einsprüche. Wenn dann die ganze Masse dieser Traumgedanken der Pressung der Traumarbeit unterliegt, wobei die Stücke gedreht, zerbröckelt und zusammengeschoben werden, etwa wie treibendes Eis, so entsteht die Frage, was aus den logischen Banden wird, welche bishin das Gefüge gebildet hatten. Welche Darstellung erfahren im Traum das »Wenn, weil, gleichwie, obgleich, entweder – oder« und alle anderen Präpositionen[2], ohne die wir Satz und Rede nicht verstehen können?

Man muß zunächst darauf antworten, der Traum hat für diese logischen Relationen unter den Traumgedanken keine Mittel der Darstel-

---

[1] [Die letzten drei Sätze (beginnend mit »Dem anderen Teil«) stammen in ihrer vorliegenden Form aus dem Jahre 1919.]

[2] [Freud meint hier und auch weiter unten auf der nächsten Seite eigentlich Konjunktionen (Bindewörter).]

lung zur Verfügung. Zumeist läßt er all diese Präpositionen unberücksichtigt und übernimmt nur den sachlichen Inhalt der Traumgedanken zur Bearbeitung[1]. Der Traumdeutung bleibt es überlassen, den Zusammenhang wiederherzustellen, den die Traumarbeit vernichtet hat.

Es muß am psychischen Material liegen, in dem der Traum gearbeitet ist, wenn ihm diese Ausdrucksfähigkeit abgeht. In einer ähnlichen Beschränkung befinden sich ja die darstellenden Künste, Malerei und Plastik im Vergleich zur Poesie, die sich der Rede bedienen kann, und auch hier liegt der Grund des Unvermögens in dem Material, durch dessen Bearbeitung die beiden Künste etwas zum Ausdruck zu bringen streben. Ehe die Malerei zur Kenntnis der für sie gültigen Gesetze des Ausdrucks gekommen war, bemühte sie sich noch, diesen Nachteil auszugleichen. Aus dem Munde der gemalten Personen ließ man auf alten Bildern Zettelchen heraushängen, welche als Schrift die Rede brachten, die im Bilde darzustellen der Maler verzweifelte.

Vielleicht wird sich hier ein Einwand erheben, der für den Traum den Verzicht auf die Darstellung logischer Relationen bestreitet. Es gibt ja Träume, in welchen die kompliziertesten Geistesoperationen vor sich gehen, begründet und widersprochen, gewitzelt und verglichen wird wie im wachen Denken. Allein auch hier trügt der Schein; wenn man auf die Deutung solcher Träume eingeht, erfährt man, daß das alles *Traummaterial* ist, *nicht Darstellung intellektueller Arbeit im Traum.* Der *Inhalt* der Traumgedanken ist durch das scheinbare Denken des Traumes wiedergegeben, nicht die *Beziehung der Traumgedanken zueinander,* in deren Feststellung das Denken besteht. Ich werde hiefür Beispiele erbringen. [S. 426 ff.] Am leichtesten ist es aber zu konstatieren, daß alle Reden, die in Träumen vorkommen und die ausdrücklich als solche bezeichnet werden, unveränderte oder nur wenig modifizierte Nachbildungen von Reden sind, die sich ebenso in den Erinnerungen des Traummaterials vorfinden. Die Rede ist oft nur eine Anspielung auf ein in den Traumgedanken enthaltenes Ereignis; der Sinn des Traumes ein ganz anderer. [Vgl. S. 406 ff.]

Allerdings werde ich nicht bestreiten, daß auch kritische Denkarbeit, die nicht einfach Material aus den Traumgedanken wiederholt, ihren Anteil an der Traumbildung nimmt. Den Einfluß dieses Faktors werde ich zu Ende dieser Erörterung beleuchten müssen. Es wird sich dann ergeben, daß diese Denkarbeit nicht durch die Traumgedanken, son-

[1] [Eine Einschränkung dieser Feststellung findet sich unten, S. 435, Anm.]

dern durch den in gewissem Sinne bereits fertigen Traum hervorgerufen wird. [S. den letzten Abschnitt dieses Kapitels (S. 470).]

Es bleibt also vorläufig dabei, daß die logischen Relationen zwischen den Traumgedanken im Traume eine besondere Darstellung nicht finden. Wo sich z. B. Widerspruch im Traum findet, da ist es entweder Widerspruch gegen den Traum oder Widerspruch aus dem Inhalt eines der Traumgedanken; einem Widerspruch *zwischen* den Traumgedanken entspricht der Widerspruch im Traum nur in höchst indirekt vermittelter Weise.

Wie es aber endlich der Malerei gelungen ist, wenigstens die Redeabsicht der dargestellten Personen, Zärtlichkeit, Drohung, Verwarnung u. dgl. anders zum Ausdruck zu bringen als durch den flatternden Zettel, so hat sich auch für den Traum die Möglichkeit ergeben, einzelnen der logischen Relationen zwischen seinen Traumgedanken durch eine zugehörige Modifikation der eigentümlichen Traumdarstellung Rücksicht zuzuwenden. Man kann die Erfahrung machen, daß die verschiedenen Träume in dieser Berücksichtigung verschieden weit gehen; während sich der eine Traum über das logische Gefüge seines Materials völlig hinaussetzt, sucht ein anderer dasselbe möglichst vollständig anzudeuten. Der Traum entfernt sich hierin mehr oder weniger weit von dem ihm zur Bearbeitung vorliegenden Text. Ähnlich wechselnd benimmt sich der Traum übrigens auch gegen das *zeitliche* Gefüge der Traumgedanken, wenn ein solches im Unbewußten hergestellt ist (wie z. B. im Traum von Irmas Injektion [S. 126 ff.]).

Durch welche Mittel vermag aber die Traumarbeit die schwer darstellbaren Relationen im Traummaterial anzudeuten? Ich werde versuchen, sie einzeln aufzuzählen.

Zunächst wird der Traum dem unleugbar vorhandenen Zusammenhang zwischen allen Stücken der Traumgedanken dadurch im ganzen gerecht, daß er dieses Material in einer Zusammenfassung als Situation oder Vorgang vereinigt. Er gibt *logischen Zusammenhang* wieder als *Gleichzeitigkeit;* er verfährt darin ähnlich wie der Maler, der alle Philosophen oder Dichter zum Bild einer Schule von Athen oder des Parnaß zusammenstellt, die niemals in einer Halle oder auf einem Berggipfel beisammen gewesen sind, wohl aber für die denkende Betrachtung eine Gemeinschaft bilden[1].

Diese Darstellungsweise setzt der Traum ins einzelne fort. Sooft er

[1] [Die Fresken Raffaels im Vatikan.]

zwei Elemente nahe beieinander zeigt, bürgt er für einen besonders innigen Zusammenhang zwischen ihren Entsprechenden in den Traumgedanken. Es ist wie in unserem Schriftsystem: *ab* bedeutet, daß die beiden Buchstaben in einer Silbe ausgesprochen werden sollen. *a*, und *b* nach einer freien Lücke, läßt *a* als den letzten Buchstaben des einen Worts und *b* als den ersten eines anderen Worts erkennen [1]. Demzufolge bilden sich die Traumkombinationen nicht aus beliebigen, völlig disparaten Bestandteilen des Traummaterials, sondern aus solchen, die auch in den Traumgedanken in innigerem Zusammenhange stehen.

Die *Kausalbeziehungen* darzustellen hat der Traum zwei Verfahren, die im Wesen auf dasselbe hinauslaufen. Die häufigere Darstellungsweise, wenn die Traumgedanken etwa lauten: Weil dies so und so war, mußte dies und jenes geschehen, besteht darin, den Nebensatz als Vortraum zu bringen und dann den Hauptsatz als Haupttraum anzufügen. Wenn ich recht gedeutet habe, kann die Zeitfolge auch die umgekehrte sein. Stets entspricht dem Hauptsatz der breiter ausgeführte Teil des Traumes.

Ein schönes Beispiel von solcher Darstellung der Kausalität hat mir einmal eine Patientin geliefert, deren Traum ich späterhin vollständig mitteilen werde [S. 342 ff.; s. a. S. 316 f. und S. 322]. Er bestand aus einem kurzen Vorspiel und einem sehr weitläufigen Traumstück, das im hohen Grade zentriert war und etwa überschrieben werden konnte: »Durch die Blume.« Der Vortraum lautete so: *Sie geht in die Küche zu den beiden Mägden und tadelt sie, daß sie nicht fertig werden »mit dem bißl Essen«. Dabei sieht sie sehr viel grobes Küchengeschirr zum Abtropfen umgestürzt in der Küche stehen, und zwar in Haufen aufeinander gestellt. Die beiden Mägde gehen Wasser holen und müssen dabei wie in einen Fluß steigen, der bis ans Haus oder in den Hof reicht.*

Dann folgt der Haupttraum, der sich so einleitet: *Sie steigt von hoch herab, über eigentümlich gebildete Geländer, und freut sich, daß ihr Kleid dabei nirgends hängenbleibt* usw. Der Vortraum bezieht sich nun auf das elterliche Haus der Dame. Die Worte in der Küche hat sie wohl oft so von ihrer Mutter gehört. Die Haufen von rohem Geschirr stammen aus der einfachen Geschirrhandlung, die sich in demselben Hause

---

[1] [Ein von Freud gern gebrauchter Vergleich. Er verwendet ihn oben auf S. 253 und noch einmal in der Mitte von Abschnitt I in der Krankengeschichte der »Dora« (1905 *e*, *Studienausgabe*, Bd. 6, S. 115). Er ist möglicherweise dem Goetheschen Gedicht ›Schwer in Waldes Busch‹ entnommen, in welchem dieses Bild auch vorkommt.]

befand. Der andere Teil des Traumes enthält eine Anspielung auf den Vater, der sich viel mit Dienstmädchen zu schaffen machte und dann bei einer Überschwemmung – das Haus stand nahe am Ufer des Flusses – sich eine tödliche Erkrankung holte. Der Gedanke, der sich hinter diesem Vortraum verbirgt, heißt also: Weil ich aus diesem Hause, aus so kleinlichen und unerquicklichen Verhältnissen stamme. Der Haupttraum nimmt denselben Gedanken wieder auf und bringt ihn in durch Wunscherfüllung verwandelter Form: Ich bin von hoher Abkunft. Eigentlich also: Weil ich von so niedriger Abkunft bin, war mein Lebenslauf so und so.

Soviel ich sehe, bedeutet eine Teilung des Traums in zwei ungleiche Stücke nicht jedesmal eine kausale Beziehung zwischen den Gedanken der beiden Stücke. Oft scheint es, als ob in den beiden Träumen dasselbe Material von verschiedenen Gesichtspunkten aus dargestellt würde; sicherlich[1] gilt dies für die in eine Pollution auslaufende Traumreihe einer Nacht, in welcher das somatische Bedürfnis sich einen fortschreitend deutlicheren Ausdruck erzwingt. Oder die beiden Träume sind aus gesonderten Zentren im Traummaterial hervorgegangen und überschneiden einander im Inhalt, so daß in dem einen Traum Zentrum ist, was im anderen als Andeutung mitwirkt und umgekehrt. In einer gewissen Anzahl von Träumen bedeutet aber die Spaltung in kürzeren Vor- und längeren Nachtraum tatsächlich kausale Beziehung zwischen beiden Stücken. Die andere Darstellungsweise des Kausalverhältnisses findet Anwendung bei minder umfangreichem Material und besteht darin, daß ein Bild im Traume, sei es einer Person oder einer Sache, sich in ein anderes verwandelt. Nur wo wir diese Verwandlung im Traume vor sich gehen sehen, wird der kausale Zusammenhang ernstlich behauptet; nicht wo wir bloß merken, es sei an Stelle des einen jetzt das andere gekommen. Ich sagte, die beiden Verfahren, Kausalbeziehung darzustellen, liefen auf dasselbe hinaus; in beiden Fällen wird die *Verursachung* dargestellt durch ein *Nacheinander;* einmal durch das Aufeinanderfolgen der Träume, das andere Mal durch die unmittelbare Verwandlung eines Bildes in ein anderes. In den allermeisten Fällen freilich wird die Kausalrelation überhaupt nicht dargestellt, sondern fällt unter das auch im Traumvorgang unvermeidliche Nacheinander der Elemente.

---

[1] [Die zweite Hälfte dieses Satzes wurde 1914 hinzugefügt. Die Frage ist ferner auf S. 331 erwähnt und auf S. 393 ausführlicher erörtert. Das gesamte Thema der in ein und derselben Nacht geträumten Träume wird auf S. 330–1 behandelt.]

Die Alternative »Entweder–Oder« kann der Traum überhaupt nicht ausdrücken; er pflegt die Glieder derselben wie gleichberechtigt in einen Zusammenhang aufzunehmen. Ein klassisches Beispiel hiefür enthält der Traum von Irmas Injektion. In dessen latenten Gedanken [s. S. 138] heißt es offenbar: Ich bin unschuldig an dem Fortbestand von Irmas Schmerzen; die Schuld liegt *entweder* an ihrem Sträuben gegen die Annahme der Lösung, *oder* daran, daß sie unter ungünstigen sexuellen Bedingungen lebt, die ich nicht ändern kann, *oder* ihre Schmerzen sind überhaupt nicht hysterischer, sondern organischer Natur. Der Traum vollzieht aber alle diese einander fast ausschließenden Möglichkeiten und nimmt keinen Anstoß, aus dem Traumwunsch eine vierte solche Lösung hinzuzufügen. Das Entweder–Oder habe ich dann nach der Traumdeutung in den Zusammenhang der Traumgedanken eingesetzt.

Wo aber der Erzähler bei der Reproduktion des Traumes ein Entweder–Oder gebrauchen möchte: Es war entweder ein Garten oder ein Wohnzimmer usw., da kommt in den Traumgedanken nicht etwa eine Alternative, sondern ein »und«, eine einfache Anreihung, vor. Mit Entweder–Oder beschreiben wir zumeist einen noch auflösbaren Charakter von Verschwommenheit an einem Traumelemente. Die Deutungsregel für diesen Fall lautet: Die einzelnen Glieder der scheinbaren Alternative sind einander gleichzusetzen und durch »und« zu verbinden. Ich träume z. B., nachdem ich längere Zeit vergeblich auf die Adresse meines in Italien weilenden Freundes [Fließ] gewartet habe, daß ich ein Telegramm erhalte, welches mir diese Adresse mitteilt. Ich sehe sie in blauem Druck auf den Papierstreifen des Telegramms; das erste Wort ist verschwommen.

etwa *via*,
oder *Villa*, } das zweite deutlich: *Sezerno*,
oder sogar *(Casa)*.

Das zweite Wort, das an italienische Namen anklingt und mich an unsere etymologischen Besprechungen erinnert, drückt auch meinen Ärger aus, daß er seinen Aufenthalt so lange vor mir *geheim*gehalten; jedes der Glieder aber des Ternavorschlages zum ersten Wort läßt sich bei der Analyse als selbständiger und gleichberechtigter Ausgangspunkt der Gedankenverkettung erkennen.

In der Nacht vor dem Begräbnis meines Vaters träume ich von einer bedruckten Tafel, einem Plakat oder Anschlagezettel – etwa wie die das Rauchverbot verkündenden Zettel in den Wartesälen der Eisenbahnen –, auf dem zu lesen ist, entweder:

Man bittet, die Augen zuzudrücken,
oder *Man bittet, ein Auge zuzudrücken,*

was ich in folgender Form darzustellen gewohnt bin:

Man bittet, $\frac{\textit{die}}{\textit{ein}}$ *Auge(n) zuzudrücken.*

Jede der beiden Fassungen hat ihren besonderen Sinn und führt in der Traumdeutung auf besondere Wege. Ich hatte das Zeremoniell möglichst einfach gewählt, weil ich wußte, wie der Verstorbene über solche Veranstaltungen gedacht hatte. Andere Familienmitglieder waren aber mit solch puritanischer Einfachheit nicht einverstanden; sie meinten, man werde sich vor den Trauergästen schämen müssen. Daher bittet der eine Wortlaut des Traumes, »ein Auge zuzudrücken«, d. h. Nachsicht zu üben. Die Bedeutung der Verschwommenheit, die wir mit einem Entweder–Oder beschrieben, ist hier besonders leicht zu erfassen. Es ist der Traumarbeit nicht gelungen, einen einheitlichen, aber dann zweideutigen Wortlaut für die Traumgedanken herzustellen. So sondern sich die beiden Hauptgedankenzüge schon im Trauminhalt voneinander [1].
In einigen Fällen drückt die Zweiteilung des Traumes in zwei gleich große Stücke die schwer darstellbare Alternative aus.

Höchst auffällig ist das Verhalten des Traumes gegen die Kategorie von *Gegensatz* und *Widerspruch*. Dieser wird schlechtweg vernachlässigt, das »Nein« scheint für den Traum nicht zu existieren [2]. Gegensätze werden mit besonderer Vorliebe zu einer Einheit zusammengezogen oder in einem dargestellt. Der Traum nimmt sich ja auch die Freiheit, ein beliebiges Element durch seinen Wunschgegensatz darzustellen, so daß man zunächst von keinem eines Gegenteils fähigen Element weiß, ob es in dem Traumgedanken positiv oder negativ enthalten ist [3]. In

[1] [Von diesem Traum berichtet Freud schon in einem Brief an Fließ vom 2. November 1896. (S. Freud, 1950*a*, Brief Nr. 50.) Dort ist allerdings angegeben, der Traum sei in der Nacht *nach* der Beerdigung geträumt worden.]

[2] [Einschränkungen zu dieser Behauptung finden sich auf den Seiten 323, 333 und 420.]

[3] [*Zusatz 1911:*] Aus einer Arbeit von K. Abel, *Der Gegensinn der Urworte* (1884) (siehe mein Referat, 1910*e*), erfuhr ich die überraschende, auch von anderen Sprachforschern bestätigte Tatsache, daß die ältesten Sprachen sich in diesem Punkte ganz ähnlich benehmen wie der Traum. Sie haben anfänglich nur ein Wort für die beiden Gegensätze an den Enden einer Qualitäten- oder Tätigkeitsreihe (starkschwach, altjung, fernnah, binden-trennen) und bilden gesonderte Bezeichnungen für die beiden Gegensätze erst sekundär durch leichte Modifikationen des gemeinsamen Urworts. Abel weist diese Verhältnisse im großen Ausmaße im Altägyptischen nach, zeigt aber deutliche Reste derselben Entwicklung auch in den semitischen und indogermanischen Sprachen auf. [S. auch S. 454.]

dem einen der letzterwähnten Träume, dessen Vordersatz wir bereits gedeutet haben (»weil ich von solcher Abkunft bin« [s. S. 314]), steigt die Träumerin über ein Geländer herab und hält dabei einen blühenden Zweig in den Händen. Da ihr zu diesem Bilde einfällt, wie der Engel einen Lilienstengel auf den Bildern von Mariä Verkündigung (sie heißt selbst Maria) in der Hand trägt und wie die weißgekleideten Mädchen bei der Fronleichnamsprozession gehen, während die Straßen mit grünen Zweigen geschmückt sind, so ist der blühende Zweig im Traume ganz gewiß eine Anspielung auf sexuelle Unschuld. Der Zweig ist aber dicht mit *roten* Blüten besetzt, von denen jede einzelne einer Kamelie gleicht. Am Ende ihres Weges, heißt es im Traum weiter, sind die Blüten schon ziemlich abgefallen; dann folgen unverkennbare Anspielungen auf die Periode. Somit ist der nämliche Zweig, der getragen wird wie eine Lilie und wie von einem unschuldigen Mädchen, gleichzeitig eine Anspielung auf die *Kameliendame,* die, wie bekannt, stets eine weiße Kamelie trug, zur Zeit der Periode aber eine rote. Der nämliche Blütenzweig (»des Mädchens Blüten« in den Liedern von der Müllerin bei Goethe [in ›Der Müllerin Verrat‹]) stellt die sexuelle Unschuld dar und auch ihr Gegenteil. Der nämliche Traum auch, welcher die Freude ausdrückt, daß es ihr gelungen, unbefleckt durchs Leben zu gehen, läßt an einigen Stellen (wie an der vom Abfallen der Blüten) den gegensätzlichen Gedankengang durchschimmern, daß sie sich verschiedene Sünden gegen die sexuelle Reinheit habe zuschulden kommen lassen (in der Kindheit nämlich). Wir können bei der Analyse des Traums deutlich die beiden Gedankengänge unterscheiden, von denen der tröstliche oberflächlich, der vorwurfsvolle tiefer gelagert scheint, die einander schnurstracks zuwiderlaufen und deren gleiche aber gegenteilige Elemente durch die nämlichen Traumelemente Darstellung gefunden haben [1].

Einer einzigen unter den logischen Relationen kommt der Mechanismus der Traumbildung im höchsten Ausmaße zugute. Es ist dies die Relation der Ähnlichkeit, Übereinstimmung, Berührung, das *»Gleichwie«,* die im Traume wie keine andere mit mannigfachen Mitteln dargestellt werden kann [2]. Die im Traummaterial vorhandenen Deckungen oder Fälle von »Gleichwie« sind ja die ersten Stützpunkte der Traumbildung, und ein nicht unbeträchtliches Stück der Traumarbeit besteht darin,

---

[1] [Der Traum wird vollständig unten, auf S. 342 ff., berichtet.]

[2] [*Zusatz 1914:*] Vergleiche die Bemerkung des Aristoteles über die Eignung zum Traumdeuter (s. oben S. 118, Anm. 2).

neue solche Deckungen zu schaffen, wenn die vorhandenen der Widerstandszensur wegen nicht in den Traum gelangen können. Das Verdichtungsbestreben der Traumarbeit kommt der Darstellung der Ähnlichkeitsrelation zu Hilfe.

Ähnlichkeit, Übereinstimmung, Gemeinsamkeit wird vom Traum ganz allgemein dargestellt durch Zusammenziehung zu einer *Einheit*, welche entweder im Traummaterial bereits vorgefunden oder neu gebildet wird. Den ersten Fall kann man als *Identifizierung*, den zweiten als *Mischbildung* benennen. Die Identifizierung kommt zur Anwendung, wo es sich um Personen handelt; die Mischbildung, wo Dinge das Material der Vereinigung sind, doch werden Mischbildungen auch von Personen hergestellt. Örtlichkeiten werden oft wie Personen behandelt.

Die Identifizierung besteht darin, daß nur eine der durch ein Gemeinsames verknüpften Personen im Trauminhalt zur Darstellung gelangt, während die zweite oder die anderen Personen für den Traum unterdrückt scheinen. Diese eine deckende Person geht aber im Traum in alle die Beziehungen und Situationen ein, welche sich von ihr oder von den gedeckten Personen ableiten. Bei der Mischbildung, die sich auf Personen erstreckt, sind bereits im Traumbild Züge, die den Personen eigentümlich, aber nicht gemeinsam sind, vorhanden, so daß durch die Vereinigung dieser Züge eine neue Einheit, eine Mischperson, bestimmt erscheint. Die Mischung selbst kann auf verschiedenen Wegen zustande gebracht werden. Entweder die Traumperson hat von der einen ihrer Beziehungspersonen den Namen – wir wissen dann in einer Art, die dem Wissen im Wachen ganz analog ist, daß diese oder jene Person gemeint ist –, während die visuellen Züge der anderen Person angehören; oder das Traumbild selbst ist aus visuellen Zügen, die sich in Wirklichkeit auf beide verteilen, zusammengesetzt. Anstatt durch visuelle Züge kann der Anteil der zweiten Person auch vertreten werden durch die Gebärden, die man ihr zuschreibt, die Worte, die man sie sprechen läßt, oder die Situation, in welche man sie versetzt. Bei der letzteren Art der Kennzeichnung beginnt der scharfe Unterschied zwischen Identifizierung und Mischpersonbildung sich zu verflüchtigen [1]. Es kann aber auch vorkommen, daß die Bildung einer solchen Mischperson mißlingt. Dann wird die Szene des Traums der einen Person zugeschrieben, und die

---

[1] [Zum Thema der Mischpersonen vgl. auch S. 294 ff. – Die nächsten drei Sätze wurden 1911 angefügt. Der Schlußsatz des Absatzes kam 1914 hinzu. – »Identifizierung« wird in dieser Passage offenbar in einem anderen Sinn gebraucht als in dem auf S. 165 f. erörterten.]

andere – in der Regel wichtigere – tritt als sonst unbeteiligte Anwesende daneben hin. Der Träumer erzählt etwa: Meine Mutter war auch dabei (Stekel). Ein solches Element des Trauminhalts ist dann einem Determinativum in der Hieroglyphenschrift zu vergleichen, welches nicht zur Aussprache, sondern zur Erläuterung eines anderen Zeichens bestimmt ist.

Das Gemeinsame, welches die Vereinigung der beiden Personen rechtfertigt, d. h. veranlaßt, kann im Traume dargestellt sein oder fehlen. In der Regel dient die Identifizierung oder Mischpersonbildung eben dazu, die Darstellung dieses Gemeinsamen zu ersparen. Anstatt zu wiederholen: *A* ist mir feindlich gesinnt, *B* aber auch, bilde ich im Traum eine Mischperson aus *A* und *B* oder stelle mir *A* vor in einer andersartigen Aktion, welche uns *B* charakterisiert. Die so gewonnene Traumperson tritt mir im Traum in irgendwelcher neuen Verknüpfung entgegen, und aus dem Umstande, daß sie sowohl *A* als auch *B* bedeutet, schöpfe ich dann die Berechtigung, in die betreffende Stelle der Traumdeutung einzusetzen, was den beiden gemeinsam ist, nämlich das feindselige Verhältnis zu mir. Auf solche Weise erziele ich oft eine ganz außerordentliche Verdichtung für den Trauminhalt; ich kann mir die direkte Darstellung sehr komplizierter Verhältnisse, die mit einer Person zusammenhängen, ersparen, wenn ich zu dieser Person eine andere gefunden habe, die auf einen Teil dieser Beziehungen den gleichen Anspruch hat. Es ist leicht zu verstehen, inwiefern diese Darstellung durch Identifizierung auch dazu dienen kann, die Widerstandszensur zu umgehen, welche die Traumarbeit unter so harte Bedingungen setzt. Der Anstoß für die Zensur mag gerade in jenen Vorstellungen liegen, welche im Material mit der einen Person verknüpft sind; ich finde nun eine zweite Person, welche gleichfalls Beziehungen zu dem beanstandeten Material hat, aber nur zu einem Teil desselben. Die Berührung in jenem nicht zensurfreien Punkte gibt mir jetzt das Recht, eine Mischperson zu bilden, die nach beiden Seiten hin durch indifferente Züge charakterisiert ist. Diese Misch- oder Identifizierungsperson ist nun als zensurfrei zur Aufnahme in den Trauminhalt geeignet, und ich habe durch Anwendung der Traumverdichtung den Anforderungen der Traumzensur genügt.

Wo im Traum auch ein Gemeinsames der beiden Personen dargestellt ist, da ist dies gewöhnlich ein Wink, nach einem anderen verhüllten Gemeinsamen zu suchen, dessen Darstellung durch die Zensur unmöglich gemacht wird. Es hat hier gewissermaßen zugunsten der Darstellbarkeit eine Verschiebung in betreff des Gemeinsamen stattgefunden. Daraus, daß mir die Mischperson mit einem indifferenten Gemeinsamen im Traum gezeigt wird, soll ich ein anderes keineswegs indifferentes Gemeinsame in den Traumgedanken erschließen.

Die Identifizierung oder Mischpersonbildung dient demnach im Traum verschiedenen Zwecken, erstens der Darstellung eines beiden Personen Gemeinsamen, zweitens der Darstellung einer *verschobenen* Gemeinsamkeit, drittens aber noch, um eine bloß *gewünschte* Gemeinsamkeit zum Ausdruck zu bringen. Da das Herbeiwünschen einer Gemeinsamkeit zwischen zwei Personen häufig mit einem *Vertauschen* derselben zusammenfällt, so ist auch diese Relation im Traum durch Identifizierung ausgedrückt. Ich wünsche im Traume von Irmas Injektion, diese Patientin mit einer anderen zu vertauschen, wünsche also, daß die andere meine Patientin sein möge, wie es die eine ist; der Traum trägt diesem Wunsche Rechnung, indem er mir eine Person zeigt, die Irma heißt, die aber in einer Position untersucht wird, wie ich sie nur bei der anderen zu sehen Gelegenheit hatte [S. 129 f.]. Im Onkeltraum ist diese Vertauschung zum Mittelpunkt des Traums gemacht; ich identifiziere mich mit dem Minister, indem ich meine Kollegen nicht besser als er behandle und beurteile [S. 204 f.].

Es ist eine Erfahrung, von der ich keine Ausnahme gefunden habe, daß jeder Traum die eigene Person behandelt. Träume sind absolut egoistisch[1]. Wo im Trauminhalt nicht mein Ich, sondern nur eine fremde Person vorkommt, da darf ich ruhig annehmen, daß mein Ich durch Identifizierung hinter jener Person versteckt ist. Ich darf mein Ich ergänzen. Andere Male, wo mein Ich im Traum erscheint, lehrt mich die Situation, in der es sich befindet, daß hinter dem Ich eine andere Person sich durch Identifizierung verbirgt. Der Traum soll mich dann mahnen, in der Traumdeutung etwas, was dieser Person anhängt, das verhüllte Gemeinsame, auf mich zu übertragen. Es gibt auch Träume, in denen mein Ich nebst anderen Personen vorkommt, die sich durch Lösung der Identifizierung wiederum als mein Ich enthüllen. Ich soll dann mit meinem Ich vermittels dieser Identifizierung gewisse Vorstellungen vereinigen, gegen deren Aufnahme sich die Zensur erhoben hat. Ich kann also mein Ich in einem Traum mehrfach darstellen, das eine Mal direkt, das andere Mal vermittels der Identifizierung mit fremden Personen. Mit mehreren solchen Identifizierungen läßt sich ein ungemein reiches Gedankenmaterial verdichten[2]. Daß das eigene Ich in einem Traume

[1] [*Zusatz 1925:*] Vgl. hiezu die Bemerkung S. 274, Anm. 2.

[2] Wenn ich im Zweifel bin, hinter welcher der im Traum auftretenden Personen ich mein Ich zu suchen habe, so halte ich mich an folgende Regel: Die Person, die im

mehrmals vorkommt oder in verschiedenen Gestaltungen auftritt, ist im Grunde nicht verwunderlicher, als daß es in einem bewußten Gedanken mehrmals und an verschiedenen Stellen oder in anderen Beziehungen enthalten ist, z. B. im Satze: Wenn *ich* daran denke, was für gesundes Kind *ich* war[1].

Durchsichtiger noch als bei Personen gestaltet sich die Auflösung der Identifizierungen bei mit Eigennamen bezeichneten Örtlichkeiten, da hier die Störung durch das im Traume übermächtige Ich entfällt. In einem meiner Romträume (S. 206 f.) heißt der Ort, an dem ich mich befinde, Rom; ich erstaune aber über die Menge von deutschen Plakaten an einer Straßenecke. Letzteres ist eine Wunscherfüllung, zu der mir sofort Prag einfällt; der Wunsch selbst mag aus einer heute überwundenen deutschnationalen Periode der Jugendzeit stammen[2]. Um die Zeit, da ich träumte, war in Prag ein Zusammentreffen mit meinem Freunde [Fließ] in Aussicht genommen; die Identifizierung von Rom und Prag erklärt sich also durch eine gewünschte Gemeinsamkeit; ich möchte meinen Freund lieber in Rom treffen als in Prag, für diese Zusammenkunft Prag und Rom vertauschen.

Die Möglichkeit, Mischbildungen zu schaffen, steht obenan unter den Zügen, welche den Träumen so oft ein phantastisches Gepräge verleihen, indem durch sie Elemente in den Trauminhalt eingeführt werden, welche niemals Gegenstand der Wahrnehmung sein konnten. Der psychische Vorgang bei der Mischbildung im Traume ist offenbar der nämliche, wie wenn wir im Wachen einen Zentauren oder Drachen uns vorstellen oder nachbilden. Der Unterschied liegt nur darin, daß bei der phantastischen Schöpfung im Wachen der beabsichtigte Eindruck des Neugebildes selbst das Maßgebende ist, während die Mischbildung des Traumes durch ein Moment, welches außerhalb ihrer Gestaltung liegt, das Gemeinsame in den Traumgedanken, determiniert wird. Die Mischbildung des Traumes kann in sehr mannigfacher Weise ausgeführt werden. In der kunstlosesten Ausführung werden nur die Eigenschaften des einen Dinges dargestellt, und diese Darstellung ist von einem Wissen begleitet, daß sie auch für ein anderes Objekt gelte. Eine sorgfältigere Technik vereinigt Züge des einen wie des anderen Objektes zu einem neuen Bilde und bedient sich dabei geschickt der etwa in der Realität gegebenen Ähnlich-

---

Traume einem Affekt unterliegt, den ich als Schlafender verspüre, die verbirgt mein Ich.

[1] [Dieser Satz (von »Daß das eigene Ich ...« an) wurde 1925 hinzugefügt.]

[2] [Vgl. den »Revolutionstraum«, S. 219 und S. 222.]

keiten zwischen beiden Objekten. Das Neugebildete kann gänzlich absurd ausfallen oder selbst als phantastisch gelungen erscheinen, je nachdem Material und Witz bei der Zusammensetzung es ermöglichen. Sind die Objekte, welche zu einer Einheit verdichtet werden sollen, gar zu disparat, so begnügt sich die Traumarbeit oft damit, ein Mischgebilde mit einem deutlicheren Kern zu schaffen, an den sich undeutlichere Bestimmungen anfügen. Die Vereinigung zu einem Bilde ist hier gleichsam nicht gelungen; die beiden Darstellungen überdecken einander und erzeugen etwas wie einen Wettstreit der visuellen Bilder. Wenn man sich die Bildung eines Begriffes aus individuellen Wahrnehmungsbildern vorführen wollte, könnte man zu ähnlichen Darstellungen in einer Zeichnung gelangen.

Es wimmelt natürlich in den Träumen von solchen Mischgebilden; einige Beispiele habe ich in den bisher analysierten Träumen bereits mitgeteilt; ich werde nun weitere hinzufügen. In dem Traum auf S. 313 f. [auch auf S. 316 f. und ausführlicher weiter unten, S. 342 ff.], welcher den Lebenslauf der Patientin »durch die Blume« oder »verblümt« beschreibt, trägt das Traum-Ich einen blühenden Zweig in der Hand, der, wie wir erfahren haben, gleichzeitig Unschuld und sexuelle Sündigkeit bedeutet. Der Zweig erinnert durch die Art, wie die Blüten stehen, außerdem an *Kirsch*blüten; die Blüten selbst, einzeln genommen, sind *Kamelien,* wobei dazu das Ganze noch den Eindruck eines *exotischen* Gewächses macht. Das Gemeinsame an den Elementen dieses Mischgebildes ergibt sich aus den Traumgedanken. Der blühende Zweig ist aus Anspielungen an Geschenke zusammengesetzt, durch welche sie bewogen wurde oder werden sollte, sich gefällig zu erweisen. So in der Kindheit die *Kirschen,* in späteren Jahren ein *Kamelien*stock; das *Exotische* ist eine Anspielung auf einen vielgereisten Naturforscher, welcher mit einer Blumenzeichnung um ihre Gunst werben wollte. Eine andere Patientin schafft sich im Traum ein Mittelding aus *Badekabinen* im Seebad, ländlichen *Abort*häuschen und den *Bodenkammern* unserer städtischen Wohnhäuser. Den beiden ersten Elementen ist die Beziehung auf menschliche Nacktheit und Entblößung gemeinsam; es läßt sich aus der Zusammensetzung mit dem dritten Element schließen, daß (in ihrer Kindheit) auch die Bodenkammer der Schauplatz von Entblößung war. Ein Träumer[1] schafft sich eine Mischlokalität aus zwei Örtlichkeiten, in denen »Kur« gemacht wird, aus meinem Ordinationszimmer und dem öffentlichen Lokal, in dem er zuerst seine Frau kennengelernt hat. Ein Mädchen

[1] [Dieser Satz wurde 1909 hinzugefügt.]

träumt, nachdem der ältere Bruder versprochen hat, sie mit Kaviar zu regalieren, von diesem Bruder, daß dessen Beine von den *schwarzen Kaviarperlen übersät* sind. Die Elemente *»Ansteckung«* im moralischen Sinn und die Erinnerung an einen *Ausschlag* der Kindheit, der die Beine mit *roten* anstatt mit schwarzen Pünktchen übersät erscheinen ließ, haben sich hier mit den *Kaviarperlen* zu einem neuen Begriff vereinigt, dessen, *»was sie von ihrem Bruder bekommen hat«*. Teile des menschlichen Körpers werden in diesem Traum behandelt wie Objekte, wie auch in sonstigen Träumen. In einem von Ferenczi mitgeteilten Traume [1910] [1] kam ein Mischgebilde vor, das aus der Person eines *Arztes* und aus einem *Pferde* zusammengesetzt war und überdies ein *Nachthemd* anhatte. Das Gemeinsame dieser drei Bestandteile ergab sich aus der Analyse, nachdem das Nachthemd als Anspielung auf den Vater der Träumerin in einer Kindheitsszene erkannt war. Es handelte sich in allen drei Fällen um Objekte ihrer geschlechtlichen Neugierde. Sie war als Kind von ihrer Kindsfrau öfters in das militärische Gestüt mitgenommen worden, wo sie Gelegenheit hatte, ihre – damals noch ungehemmte – Neugierde ausgiebig zu befriedigen.

Ich habe vorhin [S. 316] behauptet, daß der Traum kein Mittel hat, die Relation des Widerspruches, Gegensatzes, das »Nein« auszudrücken. Ich gehe daran, dieser Behauptung zum ersten Male zu widersprechen [2]. Ein Teil der Fälle, die sich als »Gegensatz« zusammenfassen lassen, findet seine Darstellung einfach durch Identifizierung, wie wir gesehen haben [S. 319], wenn nämlich mit der Gegenüberstellung ein Vertauschen, an die Stelle setzen, verbunden werden kann. Davon haben wir wiederholt Beispiele erwähnt. Ein anderer Teil der Gegensätze in den Traumgedanken, der etwa unter die Kategorie *»Umgekehrt, im Gegenteile«* fällt, gelangt zu seiner Darstellung im Traum auf folgende merkwürdige, beinahe witzig zu nennende Weise. Das »Umgekehrt« gelangt nicht für sich in den Trauminhalt, sondern äußert seine Anwesenheit im Material dadurch, daß ein aus sonstigen Gründen naheliegendes Stück des schon gebildeten Trauminhaltes – gleichsam nachträglich – *umgekehrt* wird. Der Vorgang ist leichter zu illustrieren als zu beschreiben. Im schönen Traum von *»Auf und nieder«* (S. 287 ff.) ist die Traumdarstellung des Steigens umgekehrt wie das Vorbild in den Traumgedanken, nämlich die Introduktionsszene der *Sappho* Daudets; es geht im Traume

[1] [Der Schluß dieses Absatzes wurde 1911 hinzugefügt.]
[2] [Freud widerspricht ihr noch einmal auf S. 333 und S. 420.]

anfangs schwer, später leicht, während in der Szene das Steigen anfangs leicht, später immer schwerer wird. Auch das »Oben« und »Unten« in bezug auf den Bruder ist im Traum verkehrt dargestellt. Dies deutet auf eine Relation von Umkehrung oder Gegensatz, die zwischen zwei Stücken des Materials in den Traumgedanken besteht und die wir darin gefunden haben, daß in der Kindheitsphantasie des Träumers er von seiner Amme getragen wird, umgekehrt wie im Roman der Held die Geliebte trägt. Auch mein Traum von Goethes Angriff gegen Herrn M. (s. unten [S. 424 ff.]) enthält ein solches »Umgekehrt«, das erst redressiert werden muß, ehe man auf die Deutung des Traumes gelangen kann. Im Traum hat Goethe einen jungen Mann, Herrn M. angegriffen; in der Realität, wie sie die Traumgedanken enthalten, ist ein bedeutender Mann, mein Freund [Fließ], von einem unbekannten jungen Autor angegriffen worden. Im Traum rechne ich vom Sterbedatum Goethes an; in der Wirklichkeit ging die Rechnung vom Geburtsjahr des Paralytikers aus. Der Gedanke, der in dem Traummaterial maßgebend ist, ergibt sich als der Widerspruch dagegen, daß Goethe behandelt werden soll, als sei er ein Verrückter. Umgekehrt, sagt der Traum, wenn du das Buch nicht verstehst, bist du der Schwachsinnige, nicht der Autor. In all diesen Träumen von Umkehrung scheint mir überdies eine Beziehung auf die verächtliche Wendung (»einem die *Kehrseite* zeigen«) enthalten zu sein (die Umkehrung in bezug auf den Bruder im *Sappho*traum [S. 290]). Es ist ferner bemerkenswert[1], wie häufig die Umkehrung gerade in Träumen gebraucht wird, die von verdrängten homosexuellen Regungen eingegeben sind.

Die Umkehrung[2], Verwandlung ins Gegenteil, ist übrigens eines der beliebtesten, der vielseitigsten Verwendung fähigen Darstellungsmittel der Traumarbeit. Sie dient zunächst dazu, der Wunscherfüllung gegen ein bestimmtes Element der Traumgedanken Geltung zu verschaffen. Wäre es doch umgekehrt gewesen! ist oftmals der beste Ausdruck für die Reaktion des Ichs gegen ein peinliches Stück Erinnerung. Ganz besonders wertvoll wird die Umkehrung aber im Dienste der Zensur, indem sie ein Maß von Entstellung des Darzustellenden zustande bringt, welches das Verständnis des Traumes zunächst geradezu lähmt. Man darf darum, wenn ein Traum seinen Sinn hartnäckig verweigert, jedesmal den Versuch der Umkehrung mit bestimmten Stücken seines manifesten Inhaltes wagen, worauf nicht selten alles sofort klar wird.

---

[1] [Dieser Satz wurde 1911 hinzugefügt.]

[2] [Dieser und der nächste Absatz wurden 1909 hinzugefügt.]

Neben der inhaltlichen Umkehrung ist die zeitliche nicht zu übersehen. Eine häufigere Technik der Traumentstellung besteht darin, den Ausgang der Begebenheit oder den Schluß des Gedankengangs zu Eingang des Traums darzustellen und am Ende desselben die Voraussetzungen des Schlusses oder die Ursachen des Geschehens nachzutragen. Wer nicht an dieses technische Mittel der Traumentstellung gedacht hat, steht dann der Aufgabe der Traumdeutung ratlos gegenüber [1].

Ja in manchen Fällen [2] erhält man den Sinn des Traumes erst, wenn man an dem Trauminhalt eine mehrfache Umkehrung, nach verschiedenen Relationen, vorgenommen hat. So z. B. verbirgt sich im Traume eines jungen Zwangsneurotikers die Erinnerung an den infantilen Todeswunsch gegen den gefürchteten Vater hinter folgendem Wortlaut: *Sein Vater schimpft mit ihm, weil er so spät nach Hause kommt.* Allein der Zusammenhang der psychoanalytischen Kur und die Einfälle des Träumers beweisen, daß es zunächst lauten muß: *Er ist böse auf den Vater,* und sodann, daß ihm der Vater auf alle Fälle *zu früh* (d. h. zu bald) nach Hause kam. Er hätte es vorgezogen, daß der Vater überhaupt nicht nach Hause gekommen wäre, was mit dem Todeswunsch gegen den Vater identisch ist (siehe S. 259 f.). Der Träumer hatte sich nämlich als kleiner Knabe während einer längeren Abwesenheit des Vaters eine sexuelle Aggression gegen eine andere Person zuschulden kommen lassen und war mit der Drohung gestraft worden: Na wart', bis der Vater zurückkommt!

Will man die Beziehung zwischen Trauminhalt und Traumgedanken weiter verfolgen, so nimmt man jetzt am besten den Traum selbst zum Ausgangspunkt und stellt sich die Frage, was gewisse formale Charak-

---

1 [*Zusatz 1909:*] Derselben Technik der zeitlichen Umkehrung bedient sich manchmal der hysterische Anfall, um seinen Sinn dem Zuschauer zu verbergen. Ein hysterisches Mädchen hat z. B. in einem Anfalle einen kleinen Roman darzustellen, den sie sich im Anschluß an eine Begegnung in der Stadtbahn im Unbewußten phantasiert hat. Wie der Betreffende, durch die Schönheit ihres Fußes angezogen, sie, während sie liest, anspricht, wie sie dann mit ihm geht und eine stürmische Liebesszene erlebt. Ihr Anfall setzt mit der Darstellung dieser Liebesszene durch die Körperzuckungen ein (dabei Lippenbewegungen fürs Küssen, Verschränkung der Arme für die Umarmung), darauf eilt sie ins andere Zimmer, setzt sich auf einen Stuhl, hebt das Kleid, um den Fuß zu zeigen, tut, als ob sie in einem Buche lesen würde, und spricht mich an (gibt mir Antwort). [Von diesem Fall wird auch in Freud, 1909 *a* (*Studienausgabe,* Bd. 6, S. 200) berichtet. – *Zusatz 1914:*] Vgl. hiezu die Bemerkung Artemidorus': »Bei der Auslegung von Traumgeschichten muß man sie einmal vom Anfang gegen das Ende, das andere Mal vom Ende gegen den Anfang hin ins Auge fassen ...« [I. Buch, XI. Kapitel, Übersetzung von Krauss (1881), S. 20.]

2 [Dieser Absatz wurde 1911 hinzugefügt.]

tere der Traumdarstellung in bezug auf die Traumgedanken bedeuten. Zu diesen formalen Charakteren, die uns im Traume auffallen müssen, gehören vor allem die Unterschiede in der sinnlichen Intensität der einzelnen Traumgebilde und in der Deutlichkeit einzelner Traumpartien oder ganzer Träume untereinander verglichen. Die Unterschiede in der Intensität der einzelnen Traumgebilde umfassen eine ganze Skala von einer Schärfe der Ausprägung, die man – wiewohl ohne Gewähr – geneigt ist, über die der Realität zu stellen, bis zu einer ärgerlichen Verschwommenheit, die man als charakteristisch für den Traum erklärt, weil sie eigentlich mit keinem der Grade der Undeutlichkeit, die wir gelegentlich an den Objekten der Realität wahrnehmen, vollkommen zu vergleichen ist. Gewöhnlich bezeichnen wir überdies den Eindruck, den wir von einem undeutlichen Traumobjekt empfangen, als »flüchtig«, während wir von den deutlicheren Traumbildern meinen, daß sie auch durch längere Zeit der Wahrnehmung standgehalten haben. Es fragt sich nun, durch welche Bedingungen im Traummaterial diese Unterschiede in der Lebhaftigkeit der einzelnen Stücke des Trauminhalts hervorgerufen werden.

Man hat hier zunächst gewissen Erwartungen entgegenzutreten, die sich wie unvermeidlich einstellen. Da zu dem Material des Traums auch wirkliche Sensationen während des Schlafes gehören können, wird man wahrscheinlich voraussetzen, daß diese oder die von ihnen abgeleiteten Traumelemente im Trauminhalt durch besondere Intensität hervorstechen, oder umgekehrt, daß, was im Traum ganz besonders lebhaft ausfällt, auf solche reale Schlafsensationen zurückführbar sein wird. Meine Erfahrung hat dies aber niemals bestätigt. Es ist nicht richtig, daß die Elemente des Traums, welche Abkömmlinge von realen Eindrücken während des Schlafes (Nervenreizen) sind, sich vor den anderen, die aus Erinnerungen stammen, durch Lebhaftigkeit auszeichnen. Das Moment der Realität geht für die Intensitätsbestimmung der Traumbilder verloren.

Ferner könnte man an der Erwartung festhalten, daß die sinnliche Intensität (Lebhaftigkeit) der einzelnen Traumbilder eine Beziehung habe zur psychischen Intensität der ihnen entsprechenden Elemente in den Traumgedanken. In den letzteren fällt Intensität mit psychischer Wertigkeit zusammen; die intensivsten Elemente sind keine anderen als die bedeutsamsten, welche den Mittelpunkt der Traumgedanken bilden. Nun wissen wir zwar, daß gerade diese Elemente der Zensur wegen meist keine Aufnahme in den Trauminhalt finden. Aber es könnte doch sein, daß ihre sie vertretenden nächsten Abkömmlinge im Traum einen höheren Intensitätsgrad aufbringen, ohne daß sie darum das Zentrum der Traumdarstellung bilden müßten. Auch diese Erwartung wird indes durch die vergleichende Betrachtung von Traum und Traummaterial zerstört. Die Intensität der Elemente hier hat mit der Intensität der Elemente dort nichts zu schaffen; es findet zwischen Traummaterial und Traum tatsächlich eine völlige *»Umwertung aller psychischen Werte«* [1] statt. Gerade in einem flüchtig hingehauchten, durch kräftigere Bilder verdeckten Element des Traums kann man oft einzig und allein einen direkten Abkömmling dessen entdecken, was in den Traumgedanken übermäßig dominierte.

Die Intensität der Elemente des Traumes zeigt sich anders determiniert, und zwar durch zwei voneinander unabhängige Momente. Zunächst ist es leicht zu sehen, daß jene Elemente besonders intensiv dargestellt sind, durch welche die Wunscherfüllung sich ausdrückt. [Vgl. S. 535 f.] Dann aber lehrt die Analyse, daß von den lebhaftesten Elementen des Traums auch die meisten Gedankengänge ausgehen, daß die lebhaftesten gleichzeitig die best determinierten sind. Es ist keine Änderung des Sinnes, wenn wir den letzten, empirisch gewonnenen Satz in nachstehender Form aussprechen: Die größte Intensität zeigen jene Elemente des Traums, für deren Bildung die ausgiebigste *Verdichtungsarbeit* in Anspruch genommen wurde. [Vgl. S. 565 f.] Wir dürfen dann erwarten, daß diese Bedingung und die andere der Wunscherfüllung auch in einer einzigen Formel ausgedrückt werden können.

Das Problem, das ich jetzt behandelt habe, die Ursachen der größeren und geringeren Intensität oder Deutlichkeit der einzelnen Traumelemente, möchte ich vor Verwechslung mit einem anderen Problem schützen, welches sich auf die verschiedene Deutlichkeit ganzer Träume oder Traumabschnitte bezieht. Dort ist der Gegensatz von Deutlichkeit: Verschwommenheit, hier Verworrenheit. Es ist allerdings unverkennbar, daß in beiden Skalen die steigenden und fallenden Qualitäten einander im Vorkommen begleiten. Eine Partie des Traums, die uns klar erscheint, enthält zumeist intensive Elemente; ein unklarer Traum ist im Gegenteil aus wenig intensiven Elementen zusammengesetzt. Doch ist das Problem, welches die Skala vom anscheinend Klaren bis zum Undeutlich-Verworrenen bietet, weit komplizierter als das der Lebhaftig-

---

[1] [Anspielung auf Nietzsches berühmtes Leitmotiv seines Angriffs gegen das Christentum.]

keitsschwankungen der Traumelemente; ja ersteres entzieht sich aus später anzuführenden Gründen hier noch der Erörterung. [Vgl. S. 481.] In einzelnen Fällen merkt man nicht ohne Überraschung, daß der Eindruck von Klarheit oder Undeutlichkeit, den man von einem Traum empfängt, überhaupt nichts für das Traumgefüge bedeutet, sondern aus dem Traummaterial als ein Bestandteil desselben herrührt. So erinnere ich mich an einen Traum, der mir nach dem Erwachen so besonders gut gefügt, lückenlos und klar erschien, daß ich noch in der Schlaftrunkenheit mir vorsetzte, eine neue Kategorie von Träumen zuzulassen, die nicht dem Mechanismus der Verdichtung und Verschiebung unterlegen waren, sondern als »Phantasien während des Schlafens« bezeichnet werden durften. Nähere Prüfung ergab, daß dieser rare Traum dieselben Risse und Sprünge in seinem Gefüge zeigte wie jeder andere; ich ließ darum die Kategorie der Traumphantasien auch wieder fallen[1]. Der reduzierte Inhalt des Traums war aber, daß ich meinem Freunde [Fließ] eine schwierige und lange gesuchte Theorie der Bisexualität vortrug, und die wunscherfüllende Kraft des Traumes hatte es zu verantworten, daß uns diese Theorie (die übrigens im Traum nicht mitgeteilt wurde) klar und lückenlos erschien. Was ich also für ein Urteil über den fertigen Traum gehalten hatte, war ein Stück, und zwar das wesentliche Stück des Trauminhalts. Die Traumarbeit griff hier gleichsam in das erste wache Denken über und übermittelte mir als *Urteil* über den Traum jenes Stück des Traummaterials, dessen genaue Darstellung im Traum ihr nicht gelungen war[2]. Ein vollkommenes Gegenstück hiezu erlebte ich einmal bei einer Patientin, die einen in die Analyse gehörigen Traum zuerst überhaupt nicht erzählen wollte, »weil er so undeutlich und verworren sei«, und endlich unter wiederholten Protesten gegen die Sicherheit ihrer Darstellung angab, es seien im Traum mehrere Personen vorgekommen, sie, ihr Mann und ihr Vater, und als ob sie nicht gewußt hätte, ob ihr Mann ihr Vater sei oder wer eigentlich ihr Vater sei oder so ähnlich. Die Zusammenstellung dieses Traumes mit ihren Einfällen in der Sitzung ergab als unzweifelhaft, daß es sich um die ziemlich alltägliche Geschichte eines Dienstmädchens handle, welches bekennen mußte, daß sie ein Kind erwarte, und nun Zweifel zu hören bekomme, »wer eigentlich der Vater (des Kindes) sei«[3]. Die Unklarheit, die der

[1] [*Zusatz 1930:*] Ich weiß heute nicht, ob mit Recht.
[2] [Das Thema wird unten, auf S. 429 ff., viel ausführlicher erörtert.]
[3] Begleitende hysterische Symptome: Ausbleiben der Periode und große Verstimmung, das Hauptleiden dieser Kranken. [Dieser Traum wird auf S. 430 diskutiert.]

Traum zeigte, war also auch hier ein Stück aus dem traumerregenden Material. Ein Stück dieses Inhalts war in der *Form* des Traumes dargestellt worden. *Die Form des Traumes oder des Träumens wird in ganz überraschender Häufigkeit zur Darstellung des verdeckten Inhaltes verwendet*[1].

Glossen über den Traum, anscheinend harmlose Bemerkungen zu demselben, dienen oft dazu, ein Stück des Geträumten in der raffiniertesten Weise zu verhüllen, während sie es doch eigentlich verraten. So z. B. wenn ein Träumer äußert: Hier ist der Traum *verwischt*, und die Analyse eine infantile Reminiszenz an das Belauschen einer Person ergibt, die sich nach der Defäkation reinigt. Oder in einem anderen Falle, der ausführliche Mitteilung verdient: Ein junger Mann hat einen sehr deutlichen Traum, der ihn an bewußtgebliebene Phantasien seiner Knabenjahre mahnt: Er befindet sich abends in einem Sommerhotel, irrt sich in der Zimmernummer und kommt in einen Raum, in dem sich eine ältere Dame und ihre zwei Töchter entkleiden, um zu Bette zu gehen. Er setzt fort: *Dann sind einige Lücken im Traum, da fehlt etwas,* und am Ende war ein Mann im Zimmer, der mich hinauswerfen wollte, mit dem ich ringen mußte. Er bemüht sich vergebens, den Inhalt und die Absicht jener knabenhaften Phantasie zu erinnern, auf die der Traum offenbar anspielt. Aber man wird endlich aufmerksam, daß der gesuchte Inhalt durch die Äußerung über die undeutliche Stelle des Traumes bereits gegeben ist. Die »Lücken« sind die Genitalöffnungen der zu Bette gehenden Frauen: »da fehlt etwas« beschreibt den Hauptcharakter des weiblichen Genitales. Er brannte in jenen jungen Jahren vor Wißbegierde, ein weibliches Genitale zu sehen, und war noch geneigt, an der infantilen Sexualtheorie, die dem Weibe ein männliches Glied zuschreibt, festzuhalten.

In ganz ähnlicher Form kleidete sich eine analoge Reminiszenz eines anderen Träumers ein[2]. Er träumt: *Ich gehe mit Frl. K. in das Volksgartenrestaurant...*, dann kommt eine dunkle Stelle, eine Unterbrechung..., *dann befinde ich mich in einem Bordellsalon, in dem ich zwei oder drei Frauen sehe, eine in Hemd und Höschen.*

ANALYSE: Frl. K. ist die Tochter seines früheren Chefs, wie er selbst zugibt, ein Schwesterersatz. Er hatte nur selten Gelegenheit, mit ihr zu sprechen, aber einmal fiel eine Unterhaltung zwischen ihnen vor, in der »man sich gleichsam in seiner Geschlechtlichkeit erkannte, als ob man

[1] [Der letzte Satz wurde 1909, der nächste Absatz 1911 hinzugefügt.]
[2] [Dieser und die nächsten beiden Absätze wurden 1914 hinzugefügt.]

sagen würde: Ich bin ein Mann und du ein Weib«. Im angegebenen Restaurant war er nur einmal in Begleitung der Schwester seines Schwagers, eines Mädchens, das ihm vollkommen gleichgültig war. Ein andermal begleitete er eine Gesellschaft von drei Damen bis zum Eingange in dieses Restaurant. Die Damen waren seine Schwester, seine Schwägerin und die bereits erwähnte Schwester seines Schwagers, alle drei ihm höchst gleichgültig, aber alle drei der Schwesterreihe angehörig. Ein Bordell hat er nur selten besucht, vielleicht zwei- oder dreimal in seinem Leben.

Die Deutung stützte sich auf die *»dunkle Stelle«*, *»Unterbrechung«* im Traume und behauptete, daß er in knabenhafter Wißbegierde einigemal, allerdings nur selten, das Genitale seiner um einige Jahre jüngeren Schwester inspiziert habe. Einige Tage später stellte sich die bewußte Erinnerung an die vom Traume angedeutete Untat ein.

Alle Träume derselben Nacht gehören ihrem Inhalt nach zu dem nämlichen Ganzen; ihre Sonderung in mehrere Stücke, deren Gruppierung und Anzahl, all das ist sinnreich und darf als ein Stück Mitteilung aus den latenten Traumgedanken aufgefaßt werden[1]. Bei der Deutung von Träumen, die aus mehreren Hauptstücken bestehen, oder überhaupt solchen, die derselben Nacht angehören, darf man auch an die Möglichkeit nicht vergessen, daß diese verschiedenen und aufeinanderfolgenden Träume dasselbe bedeuten, die nämlichen Regungen in verschiedenem Material zum Ausdruck bringen. Der zeitlich vorangehende dieser homologen Träume ist dann häufig der entstelltere, schüchterne, der nachfolgende ist dreister und deutlicher.

Schon der biblische Traum des Pharao von den Ähren und von den Kühen, den Josef deutete, war von dieser Art. Er findet sich bei Josephus (*Jüdische Altertümer*, Buch II, Kapitel 5 [5 und 6]) ausführlicher als in der Bibel berichtet. Nachdem der König den ersten Traum erzählt hat, sagt er: »Nach diesem ersten Traumgesicht wachte ich beunruhigt auf und dachte nach, was dasselbe wohl bedeuten möge, schlief jedoch hierüber allmählich wieder ein und hatte nun einen noch viel seltsameren Traum, der mich noch mehr in Furcht und Verwirrung gesetzt hat.«

---

[1] [Dieser Satz wurde 1909 hinzugefügt. Der restliche Teil des Absatzes sowie die drei folgenden sind Zusätze aus dem Jahre 1911. – Freud behandelt dieses Thema noch einmal gegen Ende der 29. Vorlesung seiner *Neuen Folge der Vorlesungen zur Einführung in die Psychoanalyse* (1933 *a*, *Studienausgabe*, Bd. 1, S. 468 f.). Es ist aber auch schon oben, auf S. 313–14, berührt worden und wird ferner auf S. 393, S. 429, Anm. 1, und S. 502 f. erwähnt.]

Nach Anhören der Traumerzählung sagt Josef: »Dein Traum, o König, ist dem Anschein nach wohl ein zweifacher, allein beide Gesichte haben nur eine Bedeutung.«

Jung, der in seinem ›Beitrag zur Psychologie des Gerüchtes‹ (1910 *b*) erzählt, wie der versteckt erotische Traum eines Schulmädchens von ihren Freundinnen ohne Deutung verstanden und in Abänderungen weitergeführt wurde, bemerkt zu einer dieser Traumerzählungen, »daß der Schlußgedanke einer langen Reihe von Traumbildern genau das enthält, was schon im ersten Bild der Serie darzustellen versucht worden war. Die Zensur schiebt den Komplex so lange wie möglich weg durch immer wieder erneute symbolische Verdeckungen, Verschiebungen, Wendungen ins Harmlose usw.« (Ibid., 87.) Scherner hat diese Eigentümlichkeit der Traumdarstellung gut gekannt und beschreibt sie im Anschluß an seine Lehre von den Organreizen [s. S. 106 f.] als ein besonderes Gesetz (1861, 166): »Endlich aber beobachtet die Phantasie in allen von bestimmten Nervenreizen ausgehenden symbolischen Traumbildungen das gemeingültige Gesetz, daß sie bei Beginn des Traumes nur in den fernsten und freiesten Andeutungen des Reizobjektes malt, am Schlusse aber, wo der malerische Erguß sich erschöpft hatte, den Reiz selbst, respektive sein betreffendes Organ oder dessen Funktion in Nacktheit hinstellt, womit der Traum, seinen organischen Anlaß selbst bezeichnend, das Ende erreicht...«

Eine schöne Bestätigung dieses Schernerschen Gesetzes hat Otto Rank in seiner Arbeit: ›Ein Traum, der sich selbst deutet‹ [1910], geliefert. Der von ihm dort mitgeteilte Traum eines Mädchens setzte sich aus zwei auch zeitlich gesonderten Träumen einer Nacht zusammen, von denen der zweite mit einer Pollution abschloß. Dieser Pollutionstraum gestattete eine bis ins einzelne durchgeführte Deutung unter weitgehendem Verzicht auf die Beiträge der Träumerin, und die Fülle der Beziehungen zwischen den beiden Trauminhalten ermöglichte es zu erkennen, daß der erste Traum in schüchterner Darstellung dasselbe zum Ausdruck brachte wie der zweite, so daß dieser, der Pollutionstraum, zur vollen Aufklärung des ersteren verholfen hatte. Rank erörtert von diesem Beispiele aus mit gutem Recht die Bedeutung der Pollutionsträume für die Theorie des Träumens überhaupt. [Vgl. S. 393 f.]

In solche Lage, Klarheit oder Verworrenheit des Traums auf Sicherheit oder Zweifel im Traummaterial umdeuten zu können, kommt man aber nach meiner Erfahrung nur in wenigen Fällen. Ich werde späterhin den bisher nicht erwähnten Faktor bei der Traumbildung aufzudecken haben, von dessen Einwirkung diese Qualitätenskala des Traumes wesentlich abhängt. [Vgl. S. 481.]

In manchen Träumen, die ein Stück weit eine gewisse Situation und Szenerie festhalten, kommen Unterbrechungen vor, die mit folgenden Worten beschrieben werden: »Es ist dann aber, als wäre es gleichzeitig ein anderer Ort, und dort ereignete sich dies und jenes.« Was in solcher Weise die Haupthandlung des Traumes unterbricht, die nach einer Weile wieder fortgesetzt werden kann, das stellt sich im Traummaterial als ein Nebensatz, als ein eingeschobener Gedanke heraus. Die Kondition in den Traumgedanken wird im Traum durch Gleichzeitigkeit dargestellt (wenn – wann).

Was bedeutet die so häufig im Traum erscheinende Sensation der gehemmten Bewegung, die so nahe an Angst streift? Man will gehen und kommt nicht von der Stelle, will etwas verrichten und stößt fortwährend auf Hindernisse. Der Eisenbahnzug will sich in Bewegung setzen, und man kann ihn nicht erreichen; man hebt die Hand, um eine Beleidigung zu rächen, und sie versagt usw. Wir sind dieser Sensation im Traume schon bei den Exhibitionsträumen begegnet [S. 248 ff.; vgl. auch S. 287 f.], haben ihre Deutung aber noch nicht ernstlich versucht. Es ist bequem aber unzureichend, zu antworten, im Schlaf bestehe motorische Lähmung, die sich durch die erwähnte Sensation bemerkbar macht. Wir dürfen fragen: Warum träumt man dann nicht beständig von solchen gehemmten Bewegungen?, und wir dürfen erwarten, daß diese im Schlaf jederzeit hervorzurufende Sensation irgendwelchen Zwecken der Darstellung diene und nur durch das im Traummaterial gegebene Bedürfnis nach dieser Darstellung erweckt werde.

Das Nichts-zustande-Bringen tritt im Traum nicht immer als Sensation, sondern auch einfach als Stück des Trauminhalts auf. Ich halte einen solchen Fall für besonders geeignet, uns über die Bedeutung dieses Traumrequisits aufzuklären. Ich werde verkürzt einen Traum mitteilen, in dem ich der Unredlichkeit beschuldigt erscheine. *Die Örtlichkeit ist ein Gemenge aus einer Privatheilanstalt und mehreren anderen Lokalen. Ein Diener erscheint, um mich zu einer Untersuchung zu rufen. Im Traum weiß ich, daß etwas vermißt wird und daß die Untersuchung wegen des Verdachts erfolgt, daß ich mir das Verlorene angeeignet.* Die Analyse zeigt, daß Untersuchung zweideutig zu nehmen ist und ärztliche Untersuchung mit einschließt. *Im Bewußtsein meiner Unschuld und meiner Konsiliarfunktion in diesem Hause gehe ich ruhig mit dem Diener. An einer Türe empfängt uns ein anderer Diener und sagt, auf mich deutend: Den haben Sie mitgebracht, der ist ja ein anständiger Mensch. Ich gehe dann ohne Diener in einen großen Saal, in dem Maschinen stehen, der mich an ein Inferno mit seinen höllischen Strafaufgaben erinnert. An einem Apparat sehe ich einen Kollegen eingespannt, der allen Grund hätte, sich um mich zu bekümmern; er beachtet mich aber nicht. Es heißt dann, daß ich jetzt gehen kann. Da finde ich meinen Hut nicht und kann doch nicht gehen.*

Es ist offenbar die Wunscherfüllung des Traums, daß ich als ehrlicher Mann anerkannt werde und gehen darf; in den Traumgedanken muß also allerlei Material vorhanden sein, das den Widerspruch dagegen enthält. Daß ich gehen darf, ist das Zeichen meiner Absolution; wenn also der Traum am Ende ein Ereignis bringt, das mich im Gehen aufhält, so liegt es wohl nahe zu schließen, daß durch diesen Zug das unterdrückte Material des Widerspruchs sich zur Geltung bringt. Daß ich den Hut nicht finde, bedeutet also: Du bist doch kein ehrlicher Mensch. Das Nicht-zustande-Bringen des Traums ist ein *Ausdruck des Widerspruches,* ein *»Nein«*, wonach also die frühere Behauptung [S. 316] zu korrigieren ist, daß der Traum das Nein nicht auszudrücken vermag[1].

In anderen Träumen, welche das Nicht-zustande-Kommen der Bewegung nicht bloß als Situation, sondern als Sensation enthalten, ist derselbe Widerspruch durch die Sensation der Bewegungshemmung kräftiger ausgedrückt, als ein Wille, dem ein Gegenwille sich widersetzt. Die Sensation der Bewegungshemmung stellt also einen *Willenskonflikt* dar. [Vgl. S. 251.] Wir werden später [S. 540 f.] hören, daß gerade die motorische Lähmung im Schlaf zu den fundamentalen Bedingungen des psychischen Vorgangs während des Träumens gehört. Der auf die motorischen Bahnen übertragene Impuls ist nun nichts anderes als der Wille,

---

[1] Eine Beziehung zu einem Kindheitserlebnis ergibt sich in der vollständigen Analyse durch folgende Vermittlung: – Der Mohr hat seine Schuldigkeit getan, der Mohr *kann gehen.* [Schiller, *Fiesco,* III. Akt, 4. Szene.] Und dann die Scherzfrage: Wie alt ist der Mohr, wenn er seine Schuldigkeit getan hat? Ein Jahr, dann kann er gehen. (Ich soll so viel wirres schwarzes Haar mit zur Welt gebracht haben, daß mich die junge Mutter für einen kleinen Mohren erklärte.) – Daß ich den Hut nicht finde, ist ein mehrsinnig verwertetes Tageserlebnis. Unser im Aufbewahren geniales Stubenmädchen hatte ihn versteckt. – Auch die Ablehnung trauriger Todesgedanken verbirgt sich hinter diesem Traumende: Ich habe meine Schuldigkeit noch lange nicht getan; ich darf noch nicht gehen. – Geburt und Tod wie in dem kurz vorher erfolgten Traume von Goethe und dem Paralytiker (s. S. 324, S. 424 ff. [und S. 433 f.]).

und daß wir sicher sind, im Schlaf diesen Impuls als gehemmt zu empfinden, macht den ganzen Vorgang so überaus geeignet zur Darstellung des *Wollens* und des *»Nein«*, das sich ihm entgegensetzt. Nach meiner Erklärung der Angst begreift es sich auch leicht, daß die Sensation der Willenshemmung der Angst so nahesteht und sich im Traume so oft mit ihr verbindet. Die Angst ist ein libidinöser Impuls, der vom Unbewußten ausgeht und vom Vorbewußten gehemmt wird [1]. Wo also im Traume die Sensation der Hemmung mit Angst verbunden ist, da muß es sich um ein Wollen handeln, das einmal fähig war, Libido zu entwickeln, um eine sexuelle Regung.

Was die häufig während eines Traums auftauchende Urteilsäußerung: »Das ist ja nur ein Traum«, bedeute [2] und welcher psychischen Macht sie zuzuschreiben sei, werde ich an anderer Stelle (s. unten [S. 470]) erörtern. Ich nehme hier vorweg, daß sie zur Entwertung des Geträumten dienen soll. Das in der Nähe liegende interessante Problem, was dadurch ausgedrückt wird, wenn ein gewisser Inhalt im Traum selbst als »geträumt« bezeichnet wird, das Rätsel des »Traumes im Traume«, hat W. Stekel [1909, 459 ff.] durch die Analyse einiger überzeugender Beispiele in ähnlichem Sinne gelöst. Das »Geträumte« des Traumes soll wiederum entwertet, seiner Realität beraubt werden; was nach dem Erwachen aus dem »Traum im Traume« weiter geträumt wird, das will der Traumwunsch an die Stelle der ausgelöschten Realität setzen. Man darf also annehmen, daß das *»Geträumte«* die Darstellung der Realität, die wirkliche Erinnerung, der fortsetzende Traum im Gegenteil die Darstellung des bloß vom Träumer Gewünschten enthält. Der Einschluß eines gewissen Inhalts in einen »Traum im Traume« ist also gleichzusetzen dem Wunsche, daß das so als Traum Bezeichnete nicht hätte geschehen sollen. Mit anderen Worten [3]: wenn eine bestimmte Begebenheit von der Traumarbeit selbst in einen Traum gesetzt wird, so bedeutet dies die entschiedenste Bestätigung der Realität dieser Begebenheit, die stärkste *Bejahung* derselben. Die Traumarbeit verwendet das Träumen selbst als eine Form der Ablehnung und bezeugt damit die Einsicht, daß der Traum eine Wunscherfüllung ist [4].

---

[1] [*Zusatz 1930:*] Dieser Satz hält neueren Einsichten nicht mehr stand. [Vgl. S. 176, Anm. 1. S. auch S. 480, Anm.]

[2] [Dieser Absatz (außer dem vorletzten sowie einem Teil des letzten Satzes) wurde 1911 hinzugefügt.]

[3] [Dieser Satz wurde 1919 hinzugefügt.]

[4] [Die zweite Hälfte des Satzes, nach »Ablehnung«, wurde 1919 hinzugefügt.]

D

DIE RÜCKSICHT AUF DARSTELLBARKEIT

Wir haben es bisher mit der Untersuchung zu tun gehabt, wie der Traum die Relationen zwischen den Traumgedanken darstellt, griffen dabei aber mehrfach auf das weitere Thema zurück, welche Veränderung das Traummaterial überhaupt für die Zwecke der Traumbildung erfährt. Wir wissen nun, daß das Traummaterial, seiner Relationen zum guten Teile entblößt, einer Kompression unterliegt, während gleichzeitig Intensitätsverschiebungen zwischen seinen Elementen eine psychische Umwertung dieses Materials erzwingen. Die Verschiebungen, die wir berücksichtigt haben, erwiesen sich als Ersetzungen einer bestimmten Vorstellung durch eine andere ihr in der Assoziation irgendwie nahestehende, und sie wurden der Verdichtung dienstbar gemacht, indem auf solche Weise anstatt zweier Elemente ein mittleres Gemeinsames zwischen ihnen zur Aufnahme in den Traum gelangte. Von einer anderen Art der Verschiebung haben wir noch keine Erwähnung getan. Aus den Analysen erfährt man aber, daß eine solche besteht und daß sie sich in einer *Vertauschung* des *sprachlichen Ausdruckes* für den betreffenden Gedanken kundgibt. Es handelt sich beide Male um Verschiebung längs einer Assoziationskette, aber der gleiche Vorgang findet in verschiedenen psychischen Sphären statt, und das Ergebnis dieser Verschiebung ist das eine Mal, daß ein Element durch ein anderes substituiert wird, während im anderen Falle ein Element seine *Wortfassung* gegen eine andere vertauscht.

Diese zweite Art der bei der Traumbildung vorkommenden Verschiebungen hat nicht nur großes theoretisches Interesse, sondern ist auch besonders gut geeignet, den Anschein phantastischer Absurdität, mit dem der Traum sich verkleidet, aufzuklären. Die Verschiebung erfolgt in der Regel nach der Richtung, daß ein farbloser und abstrakter Ausdruck des Traumgedankens gegen einen bildlichen und konkreten eingetauscht wird. Der Vorteil, und somit die Absicht dieses Ersatzes, liegt auf der Hand. Das Bildliche ist für den Traum *darstellungsfähig*, läßt sich in eine Situation einfügen, wo der abstrakte Ausdruck der Traumdarstellung ähnliche Schwierigkeiten bereiten würde wie etwa ein politischer Leitartikel einer Zeitung der Illustration. Aber nicht nur die Darstellbarkeit, auch die Interessen der Verdichtung und der Zensur können bei diesem Tausche gewinnen. Ist erst der abstrakt ausgedrückt unbrauchbare Traumgedanke in eine bildliche Sprache umgeformt, so ergeben sich zwischen diesem neuen Ausdruck und dem übrigen Traummaterial leichter als vorher die Berührungen und Identitäten, welcher die Traumarbeit bedarf und die sie schafft, wo sie nicht vorhanden sind, denn die konkreten Termini sind in jeder Sprache ihrer Entwicklung zufolge anknüpfungsreicher als die begrifflichen. Man kann sich vorstellen, daß ein gutes Stück der Zwischenarbeit bei der Traumbildung, welche die gesonderten Traumgedanken auf möglichst knappen und einheitlichen Ausdruck im Traume zu reduzieren sucht, auf solche Weise, durch passende sprachliche Umformung der einzelnen Gedanken vor sich geht. Der eine Gedanke, dessen Ausdruck etwa aus anderen Gründen feststeht, wird dabei verteilend und auswählend auf die Ausdrucksmöglichkeiten des anderen einwirken, und dies vielleicht von vorneherein, ähnlich wie bei der Arbeit des Dichters. Wenn ein Gedicht in Reimen entstehen soll, so ist die zweite Reimzeile an zwei Bedingungen gebunden; sie muß den ihr zukommenden Sinn ausdrücken, und ihr Ausdruck muß den Gleichklang mit der ersten Reimzeile finden. Die besten Gedichte sind wohl die, wo man die Absicht, den Reim zu finden, nicht merkt, sondern wo beide Gedanken von vornherein durch gegenseitige Induzierung den sprachlichen Ausdruck gewählt haben, der mit leichter Nachbearbeitung den Gleichklang entstehen läßt.

In einigen Fällen dient die Ausdrucksvertauschung der Traumverdichtung noch auf kürzerem Wege, indem sie eine Wortfügung finden läßt, welche als zweideutig mehr als einem der Traumgedanken Ausdruck gestattet. Das ganze Gebiet des Wortwitzes wird so der Traumarbeit dienstbar gemacht. Man darf sich über die Rolle, welche dem Worte bei der Traumbildung zufällt, nicht wundern. Das Wort, als der Knotenpunkt mehrfacher Vorstellungen, ist sozusagen eine prädestinierte Vieldeutigkeit, und die Neurosen (Zwangsvorstellungen, Phobien) benützen die Vorteile, die das Wort so zur Verdichtung und Verkleidung bietet, nicht minder ungescheut wie der Traum[1]. Daß die Traumentstellung bei der Verschiebung des Ausdrucks mitprofitiert, ist leicht zu zeigen. Es ist ja irreführend, wenn ein zweideutiges Wort anstatt zweier eindeutiger gesetzt wird, und der Ersatz der alltäglich nüchternen Ausdrucksweise durch eine bildliche hält unser Verständnis auf, besonders da der Traum

[1] [*Zusatz 1909:*] *Der Witz und seine Beziehung zum Unbewußten,* 1905 *c* [besonders die späteren Teile des VI. Kapitels], und die »Wortbrücken« in den Lösungen neurotischer Symptome. [S. z. B. die Synthese von »Doras« erstem Traum am Ende von Abschnitt II in Freud, 1905 *e*, *Studienausgabe,* Bd. 6, S. 157 ff. (wo Freud auch von »Wechsel« spricht), ferner die Lösung der Ratten-Zwangsvorstellung des »Rattenmannes« in Abschnitt I (G) von Freud, 1909 *d*.]

niemals aussagt, ob die von ihm gebrachten Elemente wörtlich oder im übertragenen Sinne zu deuten sind, direkt oder durch Vermittlung eingeschobener Redensarten auf das Traummaterial bezogen werden sollen [1]. Es ist im allgemeinen bei der Deutung eines jeden Traumelements zweifelhaft, ob es:

a) im positiven oder negativen Sinne genommen werden soll (Gegensatzrelation);
b) historisch zu deuten ist (als Reminiszenz);
c) symbolisch, oder ob
d) seine Verwertung vom Wortlaute ausgehen soll.

Trotz dieser Vielseitigkeit darf man sagen, daß die Darstellung der Traumarbeit, die *ja nicht beabsichtigt, verstanden* zu werden, dem Übersetzer keine größeren Schwierigkeiten zumutet als etwa die alten Hieroglyphenschreiber ihren Lesern.
Beispiele von Darstellungen im Traume, die nur durch Zweideutigkeit des Ausdrucks zusammengehalten werden, habe ich bereits mehrere angeführt (»Der Mund geht gut auf« im Injektionstraum [S. 130]; »Ich kann doch nicht gehen« im letzten Traum, S. 332, usw.). Ich werde nun einen Traum mitteilen, in dessen Analyse die Verbildlichung des abstrakten Gedankens eine größere Rolle spielt. Der Unterschied solcher Traumdeutung von der Deutung mittels Symbolik läßt sich noch immer scharf bestimmen; bei der symbolischen Traumdeutung wird der Schlüssel der Symbolisierung vom Traumdeuter willkürlich gewählt; in unseren Fällen von sprachlicher Verkleidung sind diese Schlüssel allgemein bekannt und durch feststehende Sprachübungen gegeben. Verfügt man über den richtigen Einfall zur rechten Gelegenheit, so kann man Träume dieser Art auch unabhängig von den Angaben des Träumers ganz oder stückweise auflösen.

Eine mir befreundete Dame träumt: *Sie befindet sich in der Oper. Es ist eine Wagner-Vorstellung, die bis ¾ 8 Uhr morgens gedauert hat. Im Parkett und Parterre stehen Tische, an denen gespeist und getrunken wird. Ihr eben von der Hochzeitsreise heimgekehrter Vetter sitzt an einem solchen Tische mit seiner jungen Frau; neben ihnen ein Aristokrat. Von diesem heißt es, die junge Frau habe sich ihn von der Hochzeitsreise mitgebracht, ganz offen, etwa wie man einen Hut von der Hochzeits-*

[1] [Der Rest dieses Absatzes wurde 1909 hinzugefügt.]

reise mitbringt. Inmitten des Parketts befindet sich ein hoher Turm, der oben eine Plattform trägt, die von einem eisernen Gitter umgeben ist. Dort hoch oben ist der Dirigent mit den Zügen Hans Richters; er läuft beständig hinter seinem Gitter herum, schwitzt furchtbar und leitet von diesem Posten aus das unten um die Basis des Turms angeordnete Orchester. Sie selbst sitzt mit einer (mir bekannten) *Freundin in einer Loge. Ihre jüngere Schwester will ihr aus dem Parkett ein großes Stück Kohle hinaufreichen mit der Motivierung, sie habe doch nicht gewußt, daß es so lange dauern werde, und müsse jetzt wohl erbärmlich frieren. (Etwa als ob die Logen während der langen Vorstellung geheizt werden müßten.)*

Der Traum ist wohl unsinnig genug, obwohl sonst gut auf eine Situation gebracht. Der Turm mitten im Parkett, von dem aus der Dirigent das Orchester leitet; vor allem aber die Kohle, die ihr die Schwester hinaufreicht! Ich habe von diesem Traume absichtlich keine Analyse verlangt; mit etwas Kenntnis von den persönlichen Beziehungen der Träumerin gelang es mir, Stücke von ihm selbständig zu deuten. Ich wußte, daß sie viel Sympathie für einen Musiker gehabt hatte, dessen Laufbahn vorzeitig durch Geisteskrankheit unterbrochen worden war. Ich entschloß mich also, den Turm im Parkett *wörtlich* zu nehmen. Dann kam heraus, daß der Mann, den sie an Hans Richters Stelle zu sehen gewünscht hätte, die übrigen Mitglieder des Orchesters *turmhoch* überragt. Dieser Turm ist als ein *Mischgebilde durch Apposition* zu bezeichnen; mit seinem Unterbau stellt er die Größe des Mannes dar, mit dem Gitter oben, hinter dem er wie ein Gefangener oder wie ein Tier im Käfig (Anspielung auf den Namen des Unglücklichen) [1] herumläuft, das spätere Schicksal desselben. »Narrenturm« wäre etwa das Wort, in dem die beiden Gedanken hätten zusammentreffen können.

Nachdem so die Darstellungsweise des Traums aufgedeckt war, konnte man versuchen, die zweite scheinbare Absurdität, die mit den Kohlen, die ihr von der Schwester gereicht werden, mit demselben Schlüssel aufzulösen. »Kohle« mußte »heimliche Liebe« bedeuten.

> »Kein *Feuer*, keine *Kohle*
> kann brennen so heiß
> als wie *heimliche Liebe*,
> von der niemand was weiß.« [2]

---

[1] [*Zusatz 1925:*] Hugo Wolf.
[2] [Volkslied.]

Sie selbst und ihre Freundin waren *sitzen geblieben;* die jüngere Schwester, die noch Aussicht hat zu heiraten, reicht ihr die Kohle hinauf, »weil sie doch nicht gewußt habe, *daß es so lange dauern wird«.* Was so lange dauern wird, ist im Traume nicht gesagt; in einer Erzählung würden wir ergänzen: die Vorstellung; im Traume dürfen wir den Satz für sich ins Auge fassen, ihn für zweideutig erklären und hinzufügen, »bis sie heiratet«. Die Deutung »heimliche Liebe« wird dann unterstützt durch die Erwähnung des Vetters, der mit seiner Frau im Parkett sitzt, und durch die dieser letzteren angedichtete *offene Liebschaft.* Die Gegensätze zwischen heimlicher und offener Liebe, zwischen ihrem Feuer und der Kälte der jungen Frau beherrschen den Traum. Hier wie dort übrigens ein *»Hochstehender«* als Mittelwort zwischen dem Aristokraten und dem zu großen Hoffnungen berechtigenden Musiker [1].

Mit den vorstehenden Erörterungen haben wir endlich ein drittes Moment [2] aufgedeckt, dessen Anteil bei der Verwandlung der Traumgedanken in den Trauminhalt nicht gering anzuschlagen ist: *Die Rücksicht auf die Darstellbarkeit in dem eigentümlichen psychischen Material, dessen sich der Traum bedient,* also zumeist in visuellen Bildern. Unter den verschiedenen Nebenanknüpfungen an die wesentlichen Traumgedanken wird diejenige bevorzugt werden, welche eine visuelle Darstellung erlaubt, und die Traumarbeit scheut nicht die Mühe, den spröden Gedanken etwa zuerst in eine andere sprachliche Form umzugießen, sei diese auch die ungewöhnlichere, wenn sie nur die Darstellung ermöglicht und so der psychologischen Bedrängnis des eingeklemmten Denkens ein Ende macht. Diese Umleerung des Gedankeninhalts in eine andere Form kann sich aber gleichzeitig in den Dienst der Verdichtungsarbeit stellen und Beziehungen zu einem anderen Gedanken schaffen, die sonst nicht vorhanden wären. Dieser andere Gedanke mag etwa selbst zum Zwecke des Entgegenkommens vorher seinen ursprünglichen Ausdruck verändert haben.

Herbert Silberer (1909) [3] hat einen guten Weg gezeigt, wie man die bei der Traumbildung vor sich gehende Umsetzung der Gedanken in Bilder direkt beobachten und somit dies eine Moment der Traumarbeit isoliert studieren kann. Wenn er sich im Zustande der Ermüdung und Schlaf-

---

[1] [Das Moment des Absurden in diesem Traum wird auf S. 420f. kommentiert.]
[2] [Die beiden ersten sind Verdichtung und Verschiebung.]
[3] [Dieser Absatz und das anschließende Silberer-Zitat wurden 1914 hinzugefügt.]

trunkenheit eine Denkanstrengung auferlegte, so ereignete es sich ihm häufig, daß der Gedanke entschlüpfte und dafür ein Bild auftrat, in dem er nun den Ersatz des Gedankens erkennen konnte. Silberer nennt diesen Ersatz nicht ganz zweckmäßig einen »autosymbolischen«. Ich gebe hier einige Beispiele aus der Arbeit von Silberer wieder [ibid., 519–22], auf welche ich wegen gewisser Eigenschaften der beobachteten Phänomene noch an anderer Stelle zurückkommen werde. [Vgl. S. 483 ff.]

»*Beispiel Nr. 1.* Ich denke daran, daß ich vorhabe, in einem Aufsatze eine holprige Stelle auszubessern.

Symbol: Ich sehe mich ein Stück Holz glatthobeln.«

»*Beispiel Nr. 5.* Ich suche mir den Zweck gewisser metaphysischer Studien, die ich eben zu betreiben vorhabe, zu vergegenwärtigen. Dieser Zweck besteht darin, so denke ich mir, daß man sich auf der Suche nach den Daseinsgründen zu immer höheren Bewußtseinsformen oder Daseinsschichten durcharbeitet.

Symbol: Ich fahre mit einem langen Messer unter eine Torte, wie um ein Stück davon zu nehmen.

Deutung: Meine Bewegung mit dem Messer bedeutet das ›Durcharbeiten‹, von dem die Rede ist... Die Erklärung des Symbolgrundes ist die folgende: Es fällt mir bei Tisch hie und da das Zerschneiden und Vorlegen einer Torte zu, ein Geschäft, welches ich mit einem langen, biegsamen Messer verrichte, was einige Sorgfalt erheischt. Insbesondere ist das reinliche Herausheben der geschnittenen Tortenteile mit gewissen Schwierigkeiten verbunden; das Messer muß behutsam *unter* die betreffenden Stücke geschoben werden (das langsame ›Durcharbeiten‹, um zu den Gründen zu gelangen). Es liegt aber noch mehr Symbolik in dem Bild. Die Torte des Symbols war nämlich eine Dobos-Torte, also eine Torte, bei welcher das schneidende Messer durch verschiedene *Schichten* zu dringen hat (die Schichten des Bewußtseins und Denkens).«

»*Beispiel Nr. 9.* Ich verliere in einem Gedankengang den Faden. Ich gebe mir Mühe, ihn wiederzufinden, muß aber erkennen, daß mir der Anknüpfungspunkt vollends entfallen ist.

Symbol: Ein Stück Schriftsatz, dessen letzte Zeilen herausgefallen sind.«

Angesichts der Rolle, welche Witzworte, Zitate, Lieder und Sprichwörter im Gedankenleben der Gebildeten spielen, wäre es vollkommen der Erwartung gemäß, wenn Verkleidungen solcher Art überaus häufig für Darstellung der Traumgedanken verwendet werden wollten. Was bedeuten z. B. im Traume Wagen, von denen jeder mit anderem Gemüse angefüllt ist? Es ist der Wunschgegensatz von »Kraut und Rüben«, also »Durcheinander«, und bedeutet demnach »Unordnung«. Ich habe mich gewundert, daß mir dieser Traum nur ein einziges Mal berichtet worden ist[1]. Nur für wenige Materien hat sich eine allgemein gültige Traumsymbolik herausgebildet, auf Grund allgemein bekannter Anspielungen und Wortersetzungen. Ein gutes Teil dieser Symbolik hat übrigens der Traum mit den Psychoneurosen, den Sagen und Volksgebräuchen gemeinsam[2].

Ja, wenn man genauer zusieht, muß man erkennen, daß die Traumarbeit mit dieser Art von Ersetzung überhaupt nichts Originelles leistet. Zur Erreichung ihrer Zwecke, in diesem Falle der zensurfreien Darstellbarkeit, wandelt sie eben nur die Wege, die sie im unbewußten Denken bereits gebahnt vorfindet, bevorzugt sie jene Umwandlungen des verdrängten Materials, die als Witz und Anspielung auch bewußtwerden dürfen und mit denen alle Phantasien der Neurotiker erfüllt sind. Hier eröffnet sich dann plötzlich ein Verständnis für die Traumdeutungen Scherners, deren richtigen Kern ich an anderer Stelle verteidigt habe [S. 104 ff. und S. 234]. Die Phantasiebeschäftigung mit dem eigenen Körper ist keineswegs dem Traume allein eigentümlich oder für ihn charakteristisch. Meine Analysen haben mir gezeigt, daß sie im unbewußten Denken der Neurotiker ein regelmäßiges Vorkommnis ist und auf sexuelle Neugierde zurückgeht, deren Gegenstand die Genitalien des anderen, aber doch auch des eigenen Geschlechts für den heranwachsenden Jüngling oder für die Jungfrau werden. Wie aber Scherner [1861] und Volkelt [1875] ganz zutreffend hervorheben, ist das Haus nicht der einzige Vorstellungskreis, der zur Symbolisierung der Leiblichkeit verwendet wird – im Traume so wenig wie im unbewußten Phantasieren der Neurose. Ich kenne Patienten, die allerdings die architektonische Symbolik des Körpers und der Genitalien (reicht doch das sexuelle Interesse weit über das Gebiet der äußeren Genitalien hinaus) beibehalten haben, denen Pfeiler und Säulen Beine bedeuten (wie im *Hohen Lied*), die jedes Tor an eine der Körperöffnungen (»Loch«), die jede Wasserleitung an den Harnapparat denken läßt usw. Aber ebenso gerne wird der Vorstellungskreis des Pflanzenlebens oder der Küche zum Versteck sexueller Bilder gewählt[3]; im ersteren Falle hat der Sprachgebrauch,

---

[1] [*Zusatz 1925:*] Diese Darstellung ist mir wirklich nicht wieder begegnet, so daß ich an der Berechtigung der Deutung irre geworden bin.

[2] [Das Thema der Traumsymbolik wird im nächsten Abschnitt ausführlicher erörtert.]

[3] [*Zusatz 1914:*] Reichliches Belegmaterial hiezu in den drei Ergänzungsbänden von Ed. Fuchs (1909–12).

der Niederschlag von Phantasievergleichungen ältester Zeiten, reichlich vorgearbeitet (der »Weinberg« des Herrn, der »Samen«, der »Garten« des Mädchens im *Hohen Lied*). In scheinbar harmlosen Anspielungen an die Verrichtungen der Küche lassen sich die häßlichsten wie die intimsten Einzelheiten des Sexuallebens denken und träumen, und die Symptomatik der Hysterie wird geradezu undeutbar, wenn man vergißt, daß sich sexuelle Symbolik hinter dem Alltäglichen und Unauffälligen als seinem besten Versteck verbergen kann. Es hat seinen guten sexuellen Sinn, wenn neurotische Kinder kein Blut und kein rohes Fleisch sehen wollen, bei Eiern und Nudeln erbrechen, wenn die dem Menschen natürliche Furcht vor der Schlange beim Neurotiker eine ungeheuerliche Steigerung erfährt, und überall, wo die Neurose sich solcher Verhüllung bedient, wandelt sie die Wege, die einst in alten Kulturperioden die ganze Menschheit begangen hat und von deren Existenz unter leichter Verschüttung heute noch Sprachgebrauch, Aberglaube und Sitte Zeugnis ablegen.

Ich füge hier den [S. 313] angekündigten Blumentraum einer Patientin ein, in dem ich alles, was sexuell zu deuten ist, unterstreiche. Der schöne Traum wollte der Träumerin nach der Deutung gar nicht mehr gefallen.

a) VORTRAUM: *Sie geht in die Küche zu den beiden Mädchen und tadelt sie, daß sie nicht fertig werden »mit dem bissel Essen«, und sieht dabei soviel umgestürztes Geschirr zum Abtropfen stehen, grobes Geschirr in Haufen zusammengestellt.* Späterer Zusatz: *Die beiden Mädchen gehen Wasser holen und müssen dabei wie in einen Fluß steigen, der bis ins Haus oder in den Hof reicht*[1].

b) HAUPTTRAUM:[2] *Sie steigt von hoch herab*[3] *über eigentümliche Geländer oder Zäune, die zu großen Carreaus vereinigt sind und aus Flechtwerk von kleinen Quadraten bestehen*[4]. *Es ist eigentlich nicht zum Steigen eingerichtet; sie hat immer Sorge, daß sie Platz für den Fuß findet, und freut sich, daß ihr Kleid dabei nirgends hängenbleibt, daß sie im Gehen so anständig bleibt*[5]. *Dabei trägt sie einen g r o ß e n A s t in der*

---

[1] Zur Deutung dieses als »kausal« zu nehmenden Vortraumes siehe S. 313 f. [Vgl. auch S. 316 f. und S. 322.]

[2] Ihr Lebenslauf.

[3] Hohe Abkunft, Wunschgegensatz zum Vortraume.

[4] Mischgebilde, das zwei Lokalitäten vereinigt, den sogenannten Boden des Vaterhauses, auf dem sie mit dem Bruder spielte, dem Gegenstande ihrer späteren Phantasien, und den Hof eines schlimmen Onkels, der sie zu necken pflegte.

[5] Wunschgegensatz zu einer realen Erinnerung vom Hofe des Onkels, daß sie sich im Schlafe zu entblößen pflegte.

Hand[1]*, eigentlich wie einen Baum, der dick mit roten Blüten besetzt ist, verzweigt und ausgebreitet*[2]*. Dabei ist die Idee Kirschblüten, sie sehen aber auch aus wie gefüllte Kamelien, die freilich nicht auf Bäumen wachsen. Während des Herabgehens hat sie zuerst einen, dann plötzlich zwei, später wieder einen*[3]*. Wie sie unten anlangt, sind die unteren Blüten schon ziemlich abgefallen. Sie sieht dann, unten angelangt, einen Hausknecht, der einen ebensolchen Baum, sie möchte sagen – kämmt, d. h. mit einem Holz dicke Haarbüschel, die wie Moos von ihm herabhängen, rauft. Andere Arbeiter haben solche Äste aus einem Garten abgehauen und auf die Straße geworfen, wo sie herumliegen, so daß viele Leute sich davon nehmen. Sie fragt aber, ob das recht ist, ob man sich auch einen nehmen kann*[4]*. Im Garten steht ein junger Mann* (von ihr bekannter Persönlichkeit, ein Fremder), *auf den sie zugeht, um ihn zu fragen, wie man solche Äste in ihren eigenen Garten umsetzen könne*[5]*. Er umfängt sie, worauf sie sich sträubt und ihn fragt, was ihm einfällt, ob man sie denn so umfangen darf. Er sagt, das ist kein Unrecht, das ist erlaubt*[6]*. Er erklärt sich dann bereit, mit ihr in den anderen Garten zu gehen, um ihr das Einsetzen zu zeigen, und sagt ihr etwas, was sie nicht recht versteht: Es fehlen mir ohnedies drei Meter* – (später sagt sie: *Quadratmeter) oder drei Klafter Grund. Es ist, als ob er für seine Bereitwilligkeit etwas von ihr verlangen würde, als ob er die Absicht hätte, sich in ihrem Garten zu entschädigen, oder als wollte er irgendein Gesetz betrügen, einen Vorteil davon haben, ohne daß sie einen Schaden hat. Ob er ihr dann wirklich etwas zeigt, weiß sie nicht.*

Der vorstehende, wegen seiner symbolischen Elemente hervorgehobene Traum ist ein »biographischer« zu nennen. Solche Träume kommen in den Psychoanalysen häufig vor, aber vielleicht nur selten außerhalb derselben[7].

[1] Wie der Engel in der Verkündigung Mariä einen Lilienstengel.
[2] Die Erklärung dieses Mischgebildes siehe S. 317: Unschuld, Periode, *Kameliendame.*
[3] Auf die Mehrheit der ihrer Phantasie dienenden Personen.
[4] Ob man sich auch einen herunterreißen darf, i. e. masturbieren. [S. unten, S. 379 ff.]
[5] Der Ast hat längst die Vertretung des männlichen Genitales übernommen, enthält übrigens eine sehr deutliche Anspielung an den Familiennamen.
[6] Bezieht sich wie das Nächstfolgende auf eheliche Vorsichten.
[7] [Dieser Absatz wurde 1925 hinzugefügt. – Die Anm. (ursprünglich zum vorigen Absatz) stammt aus dem Jahre 1911:] Ein analoger »biographischer« Traum ist der unter den Beispielen zur Traumsymbolik als dritter mitgeteilte [S. 358]; ferner der von Rank ausführlich mitgeteilte ›Traum, der sich selbst deutet‹ [1910]; einen anderen, der »verkehrt« gelesen werden muß, siehe bei Stekel (1909, 486).

Ich habe natürlich gerade an solchem Material Überfluß, aber dessen Mitteilung würde zu tief in die Erörterung neurotischer Verhältnisse führen. Alles leitete zum gleichen Schluß, daß man keine besondere symbolisierende Tätigkeit der Seele bei der Traumarbeit anzunehmen braucht, sondern daß der Traum sich solcher Symbolisierungen, welche im unbewußten Denken bereits fertig enthalten sind, bedient, weil sie wegen ihrer Darstellbarkeit, zumeist auch wegen ihrer Zensurfreiheit, den Anforderungen der Traumbildung besser genügen.

E
DIE DARSTELLUNG DURCH SYMBOLE IM TRAUME
WEITERE TYPISCHE TRÄUME[1]

Die Analyse des letzten biographischen Traums steht als Beweis dafür, daß ich die Symbolik im Traume von Anfang an erkannt habe. Zur vollen Würdigung ihres Umfangs und ihrer Bedeutung gelangte ich aber erst allmählich durch vermehrte Erfahrung und unter dem Einfluß der Arbeiten W. Stekels (1911), über die eine Äußerung hier am Platze ist. [1925.]

Dieser Autor, der der Psychoanalyse vielleicht ebensoviel geschadet als genützt hat, brachte eine große Anzahl von unvermuteten Symbolübersetzungen vor, die anfänglich nicht geglaubt wurden, später aber größtenteils Bestätigung fanden und angenommen werden mußten. Stekels Verdienst wird durch die Bemerkung nicht geschmälert, daß die skeptische Zurückhaltung der anderen nicht ungerechtfertigt war. Denn die Beispiele, auf welche er seine Deutungen stützte, waren häufig nicht überzeugend, und er hatte sich einer Methode bedient, die als wissenschaftlich unzuverlässig zu verwerfen ist. Stekel fand seine Symboldeutungen auf dem Wege der Intuition, kraft eines ihm eigenen Vermögens, die Symbole unmittelbar zu verstehen. Eine solche Kunst ist aber nicht allgemein vorauszusetzen, ihre Leistungsfähigkeit ist jeder Kritik entzogen, und ihre Ergebnisse haben daher auf Glaubwürdigkeit keinen Anspruch. Es ist ähnlich, als wollte man die Diagnose der Infektionskrankheiten auf die Geruchseindrücke am Krankenbette gründen, obwohl es unzweifelhaft Kliniker gab, denen der bei den meisten verkümmerte Geruchssinn mehr leistete als anderen und die wirklich im-

[1] [Mit Ausnahme von zwei Absätzen (auf S. 384 f.) war nichts vom Inhalt des Abschnitts E dieses Kapitels in der Erstauflage des Buches enthalten. Wie in der ›Editorischen Einleitung‹ (S. 14) dargelegt, kam ein großer Teil des Materials schon in den Ausgaben von 1909 und 1911 hinzu, stand damals jedoch im V. Kapitel (Abschnitt D) unter der Überschrift ›Typische Träume‹. In der Auflage von 1914 findet sich erstmals der vorliegende Abschnitt E (die Buchstaben-Reihe der folgenden Abschnitte wurde entsprechend geändert), der sich teils aus dem vorher in Kapitel V eingefügten, teils aus neuem Material zusammensetzt. In den späteren Auflagen kam noch weiteres Material hinzu. Angesichts dieser komplizierten Entstehungsgeschichte wird in diesem Abschnitt am Schluß jedes Absatzes in eckiger Klammer das Datum der Aufnahme angegeben. Aus dem bisher Gesagten ergibt sich selbstverständlich, daß die den Jahren 1909 und 1911 zugeschriebenen Passagen ursprünglich im V. Kapitel erschienen und erst 1914 an die jetzige Stelle versetzt wurden.]

stande waren, einen Abdominaltyphus nach dem Geruch zu diagnostizieren. [1925.]

Die fortschreitende Erfahrung der Psychoanalyse hat uns Patienten auffinden lassen, die ein solches unmittelbares Verständnis der Traumsymbolik in überraschender Weise an den Tag legten. Häufig waren es an Dementia praecox Leidende, so daß eine Zeitlang die Neigung bestand, alle Träumer mit solchem Symbolverständnis dieser Affektion zu verdächtigen. Allein das trifft nicht zu, es handelt sich um eine persönliche Begabung oder Eigentümlichkeit ohne ersichtliche pathologische Bedeutung. [1925.]

Wenn man sich mit der ausgiebigen Verwendung der Symbolik für die Darstellung sexuellen Materials im Traume vertraut gemacht hat, muß man sich die Frage vorlegen, ob nicht viele dieser Symbole wie die »Sigel« der Stenographie mit ein für allemal festgelegter Bedeutung auftreten, und sieht sich vor der Versuchung, ein neues Traumbuch nach der Chiffriermethode zu entwerfen [s. S. 118 f.]. Dazu ist zu bemerken: Diese Symbolik gehört nicht dem Traume zu eigen an, sondern dem unbewußten Vorstellen, speziell des Volkes, und ist im Folklore, in den Mythen, Sagen, Redensarten, in der Spruchweisheit und in den umlaufenden Witzen eines Volkes vollständiger als im Traume aufzufinden. [1909.]

Wir müßten also die Aufgabe der Traumdeutung weit überschreiten, wenn wir der Bedeutung des Symbols gerecht werden und die zahlreichen, großenteils noch ungelösten Probleme erörtern wollten, welche sich an den Begriff des Symbols knüpfen [1]. Wir wollen uns hier darauf beschränken zu sagen, daß die Darstellung durch ein Symbol zu den indirekten Darstellungen gehört, daß wir aber durch allerlei Anzeichen gewarnt werden, die Symboldarstellung unterschiedslos mit den anderen Arten indirekter Darstellung zusammenzuwerfen, ohne noch diese unterscheidenden Merkmale in begrifflicher Klarheit erfassen zu können. In einer Reihe von Fällen ist das Gemeinsame zwischen dem Symbol und dem Eigentlichen, für welches es eintritt, offenkundig, in anderen ist es versteckt; die Wahl des Symbols erscheint dann rätselhaft. Gerade diese Fälle müssen auf den letzten Sinn der Symbolbeziehung

---

[1] [*Zusatz 1911:*] Vgl. die Arbeiten von Bleuler [1910] und seinen Züricher Schülern, Maeder [1908], Abraham [1909] u. a. über Symbolik, und die nichtärztlichen Autoren, auf welche sie sich beziehen (Kleinpaul [1898] u. a.). [*Zusatz 1914:*] Das Zutreffendste, was über diesen Gegenstand geäußert worden ist, findet sich in der Schrift von O. Rank und H. Sachs, 1913, Kapitel I. [*Zusatz 1925:*] Ferner E. Jones (1916).

Licht werfen können; sie weisen darauf hin, daß dieselbe genetischer Natur ist. Was heute symbolisch verbunden ist, war wahrscheinlich in Urzeiten durch begriffliche und sprachliche Identität vereint[1]. Die Symbolbeziehung scheint ein Rest und Merkzeichen einstiger Identität. Dabei kann man beobachten, daß die Symbolgemeinschaft in einer Anzahl von Fällen über die Sprachgemeinschaft hinausreicht, wie bereits Schubert (1814) behauptet hat[2]. Eine Anzahl von Symbolen ist so alt wie die Sprachbildung überhaupt, andere werden aber in der Gegenwart fortlaufend neu gebildet (z. B. das Luftschiff, der Zeppelin). [1914.]

Der Traum bedient sich nun dieser Symbolik zur verkleideten Darstellung seiner latenten Gedanken. Unter den so verwendeten Symbolen sind nun allerdings viele, die regelmäßig oder fast regelmäßig das nämliche bedeuten wollen. Nur möge man der eigentümlichen Plastizität des psychischen Materials eingedenk bleiben. Ein Symbol kann oft genug im Trauminhalt nicht symbolisch, sondern in seinem eigentlichen Sinne zu deuten sein; andere Male kann ein Träumer sich aus speziellem Erinnerungsmaterial das Recht schaffen, alles mögliche als Sexualsymbol zu verwenden, was nicht allgemein so verwendet wird. Wo ihm zur Darstellung eines Inhalts mehrere Symbole zur Auswahl bereitstehen, wird er sich für jenes Symbol entscheiden, das überdies noch Sachbeziehungen zu einem sonstigen Gedankenmaterial aufweist, also eine individuelle Motivierung neben der typisch gültigen gestattet. [1909; letzter Satz 1914.]

Wenn die neueren Forschungen über den Traum seit Scherner die Anerkennung der Traumsymbolik unabweisbar gemacht haben – selbst H. Ellis [1911, 109] bekennt sich dazu, es sei ein Zweifel nicht möglich, daß unsere Träume von Symbolik erfüllt seien –, so ist doch zuzugeben, daß die Aufgabe einer Traumdeutung durch die Existenz der Symbole im Traume nicht nur erleichtert, sondern auch erschwert wird. Die Tech-

---

[1] [*Zusatz 1925:*] Diese Auffassung würde eine außerordentliche Unterstützung in einer von Dr. Hans Sperber vorgetragenen Lehre finden. Sperber (1912) meint, daß die Urworte sämtlich sexuelle Dinge bezeichneten und dann diese sexuelle Bedeutung verloren, indem sie auf andere Dinge und Tätigkeiten übergingen, die mit den sexuellen verglichen wurden.

[2] [Der zweite Nebensatz wurde 1919 hinzugefügt. – Die folgende Anm. stammt von 1914:] So tritt z. B. das auf dem Wasser fahrende Schiff in den Harnträumen ungarischer Träumer auf, obwohl dieser Sprache die Bezeichnung »schiffen« für »urinieren« fremd ist (Ferenczi [nach Rank, 1912*a*, 100]; vgl. auch S. 361 f. unten). In den Träumen von Franzosen und anderen Romanen dient das Zimmer zur symbolischen Darstellung der Frau, obwohl diese Völker nichts dem deutschen »Frauenzimmer« Analoges kennen.

nik der Deutung nach den freien Einfällen des Träumers läßt uns für die symbolischen Elemente des Trauminhaltes meist im Stich; eine Rückkehr zur Willkür des Traumdeuters, wie sie im Altertum geübt wurde und in den verwilderten Deutungen von Stekel wieder aufzuleben scheint, ist aus Motiven wissenschaftlicher Kritik ausgeschlossen. Somit nötigen uns die im Trauminhalt vorhandenen, symbolisch aufzufassenden Elemente zu einer kombinierten Technik, welche sich einerseits auf die Assoziationen des Träumers stützt, anderseits das Fehlende aus dem Symbolverständnis des Deuters einsetzt. Kritische Vorsicht in der Auflösung der Symbole und sorgfältiges Studium derselben an besonders durchsichtigen Traumbeispielen müssen zusammentreffen, um den Vorwurf der Willkürlichkeit in der Traumdeutung zu entkräften. Die Unsicherheiten, die unserer Tätigkeit als Deuter des Traumes noch anhaften, rühren zum Teil von unserer unvollkommenen Erkenntnis her, die durch weitere Vertiefung fortschreitend gehoben werden kann, zum anderen Teil hängen sie gerade von gewissen Eigenschaften der Traumsymbole ab. Dieselben sind oft viel- und mehrdeutig, so daß, wie in der chinesischen Schrift, erst der Zusammenhang die jedesmal richtige Auffassung ermöglicht. Mit dieser Vieldeutigkeit der Symbole verbindet sich dann die Eignung des Traumes, Überdeutungen zuzulassen [s. S. 282], in einem Inhalt verschiedene, oft ihrer Natur nach sehr abweichende Gedankenbildungen und Wunschregungen darzustellen. [1914.]

Nach diesen Einschränkungen und Verwahrungen führe ich an: Der Kaiser und die Kaiserin (König und Königin) stellen wirklich zumeist die Eltern des Träumers dar, Prinz oder Prinzessin ist er selbst. [1909.] Dieselbe hohe Autorität wie dem Kaiser wird aber auch großen Männern zugestanden, darum erscheint in manchen Träumen z. B. Goethe als Vatersymbol. (Hitschmann [1913].) [1919.] – Alle in die Länge reichenden Objekte, Stöcke, Baumstämme, Schirme (des der Erektion vergleichbaren Aufspannens wegen!) [1909], alle länglichen und scharfen Waffen: Messer, Dolche, Piken [1911], wollen das männliche Glied vertreten. [1909.] Ein häufiges, nicht recht verständliches Symbol desselben ist die Nagelfeile (des Reibens und Schabens wegen?). – Dosen, Schachteln, Kästen, Schränke, Öfen entsprechen dem Frauenleib [1909], aber auch Höhlen, Schiffe und alle Arten von Gefäßen. [1919.] – Zimmer im Traume sind zumeist Frauenzimmer, die Schilderung ihrer verschiedenen Eingänge und Ausgänge macht an dieser Auslegung gerade nicht irre. [1909.] [1] Das Interesse, ob das Zimmer »offen« oder »verschlossen« ist, wird in diesem Zusammenhange leicht verständlich. (Vgl. den Traum Doras im ›Bruchstück einer Hysterie-Analyse‹ [2].) Welcher Schlüssel das Zimmer aufsperrt, braucht dann nicht ausdrücklich gesagt zu werden; die Symbolik von Schloß und Schlüssel hat Uhland im Lied vom ›Grafen Eberstein‹ zur anmutigsten Zote gedient. [1911.] – Der Traum, durch eine Flucht von Zimmern zu gehen, ist ein Bordell- oder Haremstraum. [1909.] Er wird aber, wie H. Sachs an schönen Beispielen gezeigt hat [1914], zur Darstellung der Ehe (Gegensatz) verwendet. [1914.] – Eine interessante Beziehung zur infantilen Sexualforschung ergibt sich, wenn der Träumer von zwei Zimmern träumt, die früher eines waren, oder ein ihm bekanntes Zimmer einer Wohnung im Traume in zwei geteilt sieht oder das Umgekehrte. In der Kindheit hat man das weibliche Genitale (den Popo) für einen einzigen Raum gehalten (die infantile Kloakentheorie) [3] und erst später erfahren, daß diese Körperregion zwei gesonderte Höhlungen und Öffnungen umfaßt. [1919.] – Stiegen, Leitern, Treppen, respektive das Steigen auf ihnen, und zwar sowohl aufwärts als abwärts, sind symbolische Darstellungen des Geschlechtsaktes [4]. – Glatte Wände, über die man klettert,

---

[1] [*Zusatz 1919:*] »Ein in einer Pension wohnender Patient träumt, *er begegne jemand vom Dienstpersonal und frage sie, welche Nummer sie habe; sie antwortet zu seiner Überraschung: 14.* Tatsächlich hat er Beziehungen zu dem in Rede stehenden Mädchen angeknüpft und auch mehrmals Zusammenkünfte mit ihr in seinem Schlafzimmer gehabt. Sie befürchtete begreiflicherweise, daß die Wirtin sie im Verdacht habe, und machte ihm am Tage vor dem Traum den Vorschlag, sich mit ihr in einem der unbewohnten Zimmer zu treffen. In Wirklichkeit hatte dieses Zimmer die Nummer 14, während im Traum das Weib diese Nummer trägt. Ein deutlicherer Beleg für die Identifizierung von Frau und Zimmer läßt sich kaum denken.« (Ernest Jones, 1914 *a*.) (Vgl. Artemidorus *Symbolik der Träume* [II. Buch, X. Kapitel] (übersetzt von F. S. Krauss, Wien, 1881, 110): »So z. B. bedeutet die Schlafstube die Gattin, falls eine solche im Hause ist.«)

[2] [1905 *e*, *Studienausgabe*, Bd. 6, S. 138 und Anm. 2.]

[3] [S. den Abschnitt über ›Geburtstheorien‹ in der zweiten von Freuds *Drei Abhandlungen zur Sexualtheorie* (1905 *d*).]

[4] [*Zusatz 1911:*] Ich wiederhole hierüber, was ich an anderer Stelle (›Die zukünftigen Chancen der psychoanalytischen Therapie‹, 1910 *d*) geäußert habe: »Vor einiger Zeit wurde es mir bekannt, daß ein uns ferner stehender Psychologe sich an einen von uns mit der Bemerkung gewendet, wir überschätzten doch gewiß die geheime sexuelle Bedeutung der Träume. Sein häufigster Traum sei, eine Stiege hinaufzusteigen, und da sei doch gewiß nichts Sexuelles dahinter. Durch diesen Einwand aufmerksam gemacht, haben wir dem Vorkommen von Stiegen, Treppen, Leitern im Traum Aufmerksamkeit geschenkt und konnten bald feststellen, daß die Stiege (und was ihr analog ist) ein sicheres Koitussymbol darstellt. Die Grundlage der Vergleichung ist nicht schwer aufzufinden; in rhythmischen Absätzen, unter zunehmender Atemnot kommt man auf eine Höhe und kann dann in ein paar raschen Sprüngen wieder unten sein. So findet sich der Rhythmus des Koitus im Stiegensteigen wieder. Vergessen wir nicht, den Sprach-

Fassaden von Häusern, an denen man sich – häufig unter starker Angst – herabläßt, entsprechen aufrechten menschlichen Körpern, wiederholen im Traum wahrscheinlich die Erinnerung an das Emporklettern des kleinen Kindes an Eltern und Pflegepersonen. Die »glatten« Mauern sind Männer; an den »Vorsprüngen« der Häuser hält man sich nicht selten in der Traumangst fest. [1911.] – Tische, gedeckte Tische und Bretter sind gleichfalls Frauen, wohl des Gegensatzes wegen, der hier die Körperwölbungen aufhebt. [1909.] »Holz« scheint überhaupt nach seinen sprachlichen Beziehungen ein Vertreter des weiblichen Stoffes (Materie) zu sein. Der Name der Insel *Madeira* bedeutet im Portugiesischen: Holz. [1911.] Da »Tisch und Bett« die Ehe ausmachen, wird im Traum häufig der erstere für das letztere gesetzt und, soweit es angeht, der sexuelle Vorstellungskomplex auf den Eßkomplex transponiert. [1909.] – Von Kleidungsstücken ist der Hut einer Frau sehr häufig mit Sicherheit als Genitale, und zwar des Mannes, zu deuten. Ebenso der Mantel, wobei es dahingestellt bleibt, welcher Anteil an dieser Symbolverwendung dem Wortanklang zukommt[1]. In Träumen der Männer findet man häufig die Krawatte als Symbol des Penis, wohl nicht nur darum, weil sie lange herabhängt und für den Mann charakteristisch ist, sondern auch, weil man sie nach seinem Wohlgefallen auswählen kann, eine Freiheit, die beim Eigentlichen dieses Symbols von der Natur verwehrt ist[2]. Personen, die dies Symbol im Traume verwenden, treiben im Leben oft großen Luxus mit Krawatten und besitzen förmliche Sammlungen von ihnen. [1911.] – Alle komplizierten Maschinerien und Apparate der Träume sind mit großer Wahrscheinlichkeit Genitalien – in der Regel männliche [1919] –, in deren Beschreibung sich die Traumsymbolik so unermüdlich wie die Witzarbeit erweist[3]. [1909.]

---

gebrauch heranzuziehen. Er zeigt uns, daß das ›Steigen‹ ohne weiteres als Ersatzbezeichnung der sexuellen Aktion gebraucht wird. Man pflegt zu sagen, der Mann ist ein ›Steiger‹, ›nachsteigen‹. Im Französischen heißt die Stufe der Treppe *la marche: ›un vieux marcheur‹* deckt sich ganz mit unserem ›ein alter Steiger‹.« [Vgl. auch S. 287 ff.]

[1] [S. jedoch Freud 1933 *a*, 29. Vorlesung (*Studienausgabe*, Bd. 1, S. 466).]

[2] [*Zusatz 1914:*] Vgl. im *Zentbl. Psychoanal.*, Bd. 2, 675 [Rorschach, 1912], die Zeichnung einer 19jährigen Manischen: ein Mann mit einer Schlange als *Krawatte*, die sich einem Mädchen entgegenwendet. Dazu die Geschichte ›Der Schamhaftige‹ (*Anthropophyteia*, Bd. 6, 334): In eine Badestube trat eine Dame ein, und dort befand sich ein Herr, der kaum das Hemd anzulegen vermochte; er war sehr beschämt, deckte sich aber sofort den Hals mit dem Vorderteil des Hemdes zu und sagte: »Bitte um Verzeihung, bin ohne *Krawatte*.«

[3] [S. Freuds Buch über den Witz (1905 *c*), in welchem er den Terminus »Witzarbeit« (in Analogie zu »Traumarbeit«) eingeführt hat, um die psychischen Vorgänge bei der Erfindung von Witzen zu bezeichnen.]

Ganz unverkennbar ist es auch, daß alle Waffen und Werkzeuge zu Symbolen des männlichen Gliedes verwendet werden: Pflug, Hammer, Flinte, Revolver, Dolch, Säbel usw. [1919.] – Ebenso sind viele Landschaften der Träume, besonders solche mit Brücken oder mit bewaldeten Bergen, unschwer als Genitalbeschreibungen zu erkennen. [1911.] Marcinowski [1912*a*] hat eine Reihe von Beispielen gesammelt, in denen die Träumer ihre Träume durch Zeichnungen erläuterten, welche die darin vorkommenden Landschaften und Räumlichkeiten darstellen sollten. Diese Zeichnungen machen den Unterschied von manifester und latenter Bedeutung im Traume sehr anschaulich. Während sie, arglos betrachtet, Pläne, Landkarten u. dgl. zu bringen scheinen, enthüllen sie sich einer eindringlicheren Untersuchung als Darstellungen des menschlichen Körpers, der Genitalien usw. und ermöglichen erst nach dieser Auffassung das Verständnis des Traumes. (Vgl. hiezu Pfisters Arbeiten [1911–12 und 1913] über Kryptographie und Vexierbilder.) [1914.] Auch darf man bei unverständlichen Wortneubildungen an Zusammensetzung aus Bestandteilen mit sexueller Bedeutung denken. [1911.] – Auch Kinder bedeuten im Traume oft nichts anderes als Genitalien, wie ja Männer und Frauen gewohnt sind, ihr Genitale liebkosend als ihr »Kleines« zu bezeichnen. [1909.] Den »kleinen Bruder« hat Stekel [1909, 473] richtig als den Penis erkannt. [1925.] Mit einem kleinen Kinde spielen, den Kleinen schlagen usw. sind häufig Traumdarstellungen der Onanie. [1911.] – Zur symbolischen Darstellung der Kastration dient der Traumarbeit: die Kahlheit, das Haarschneiden, der Zahnausfall und das Köpfen. Als Verwahrung gegen die Kastration ist es aufzufassen, wenn eines der gebräuchlichen Penissymbole im Traume in Doppel- oder Mehrzahl vorkommt[1]. Auch das Auftreten der Eidechse im Traume – eines Tieres, dem der abgerissene Schwanz nachwächst – hat dieselbe Bedeutung. (Vgl. oben den Eidechsentraum S. 38 f.) – Von den Tieren, die in Mythologie und Folklore als Genitalsymbole verwendet werden, spielen mehrere auch im Traum diese Rolle: der Fisch, die Schnecke, die Katze, die Maus (der Genitalbehaarung wegen), vor allem aber das bedeutsamste Symbol des männlichen Gliedes, die Schlange. Kleine Tiere, Ungeziefer sind die Vertreter von kleinen Kindern, z. B. der unerwünschten Geschwister; mit Ungeziefer behaftet sein ist oft gleichzusetzen der Gravidität. [1919.] – Als ein ganz rezentes Traumsymbol des männlichen Genitales ist das Luftschiff zu erwähnen,

[1] [Dieses Thema wird in Abschnitt II von Freuds Arbeit ›Das Unheimliche‹ (1919 *b*, *Studienausgabe*, Bd. 4, S. 258) näher ausgeführt. S. auch unten S. 401.]

welches sowohl durch seine Beziehung zum Fliegen wie gelegentlich durch seine Form solche Verwendung rechtfertigt. [1911.]

Eine Reihe anderer, zum Teil noch nicht genügend verifizierter Symbole hat Stekel angegeben und durch Beispiele belegt. [1911.] Die Schriften von Stekel, besonders sein Buch: *Die Sprache des Traumes* (1911), enthalten die reichste Sammlung von Symbolauflösungen, die zum Teil scharfsinnig erraten sind und sich bei der Nachprüfung als richtig erwiesen haben, z. B. in dem Abschnitt über die Symbolik des Todes. Die mangelhafte Kritik des Verfassers und seine Neigung zu Verallgemeinerungen um jeden Preis machen aber andere seiner Deutungen zweifelhaft oder unverwendbar, so daß bei dem Gebrauch dieser Arbeiten Vorsicht dringend anzuraten ist. Ich beschränke mich darum auf die Hervorhebung weniger Beispiele. [1914.]

Rechts und Links sollen nach Stekel im Traum ethisch aufzufassen sein. »Der rechte Weg bedeutet immer den Weg des Rechtes, der linke den des Verbrechens. So kann der linke Homosexualität, Inzest, Perversion, der rechte die Ehe, Verkehr mit einer Dirne usw. darstellen. Immer gewertet von dem individuell moralischen Standpunkt des Träumers« (Stekel, 1909, 466 ff.). Die *Verwandten* überhaupt spielen im Traume meistens die Rolle von Genitalien (ibid., 473). Hier kann ich in dieser Bedeutung nur den Sohn, die Tochter, die jüngere Schwester bestätigen[1], soweit also das Anwendungsgebiet des »Kleinen« reicht. Dagegen erkennt man an gesicherten Beispielen die *Schwestern* als Symbole der Brüste, die *Brüder* als solche der großen Hemisphären. Das *Nichteinholen* eines Wagens löst Stekel als das Bedauern über eine nicht einzuholende Altersdifferenz (ibid., 479). Das *Gepäck*, mit dem man reist, sei die Sündenlast, von der man gedrückt wird (loc. cit.). [1911.] Gerade das Reisegepäck erweist sich aber häufig als unverkennbares Symbol der eigenen Genitalien. [1914.] Auch den häufig in Träumen vorkommenden Zahlen hat Stekel fixierte Symbolbedeutungen zugewiesen [ibid., 497 ff.], doch erscheint diese Auflösung weder genügend sichergestellt noch allgemein gültig, wenngleich die Deutung im einzelnen Falle meist als wahrscheinlich anerkannt werden darf. [1911.] Die Dreizahl ist übrigens ein mehrseitig sichergestelltes Symbol des männlichen Genitales[2]. Eine der Verallgemeinerungen, welche Stekel aufstellt, bezieht sich auf die doppelsinnige Bedeutung der Genitalsymbole. [1914.] »Wo gäbe es ein Symbol, das – wenn es die Phantasie nur einigermaßen er-

[1] [Und offenbar auch den kleinen Bruder, s. oben, S. 351.]

[2] [Eine Untersuchung über die Zahl Neun findet sich in Abschnitt 3 von Freud, 1923 *d*.]

laubt – nicht männlich und weiblich zugleich gebraucht werden könnte!« [Stekel, 1911, 73.] Der eingeschobene Satz nimmt allerdings viel von der Sicherheit dieser Behauptung zurück, denn die Phantasie erlaubt es eben nicht immer. Ich halte es aber doch für nicht überflüssig, auszusprechen, daß nach meinen Erfahrungen der allgemeine Satz Stekels vor der Anerkennung einer größeren Mannigfaltigkeit zurückzutreten hat. Außer Symbolen, die ebenso häufig für das männliche wie für das weibliche Genitale stehen, gibt es solche, die vorwiegend oder fast ausschließlich eines der Geschlechter bezeichnen, und noch andere, von denen nur die männliche oder nur die weibliche Bedeutung bekannt ist. Lange, feste Gegenstände und Waffen als Symbole des weiblichen Genitales zu gebrauchen oder hohle (Kasten, Schachteln, Dosen usw.) als Symbole des männlichen, gestattet eben die Phantasie nicht. [1911.]

Es ist richtig, daß die Neigung des Traumes und der unbewußten Phantasien, die Sexualsymbole bisexuell zu verwenden, einen archaischen Zug verrät, da in der Kindheit die Verschiedenheit der Genitalien unbekannt ist und beiden Geschlechtern das nämliche Genitale zugesprochen wird. [1911.] Man kann aber auch zur irrigen Annahme eines bisexuellen Sexualsymbols verleitet werden, wenn man daran vergißt, daß in manchen Träumen eine allgemeine Geschlechtsverkehrung vorgenommen wird, so daß das Männliche durch Weibliches dargestellt wird und umgekehrt. Solche Träume drücken z. B. den Wunsch einer Frau aus, lieber ein Mann zu sein. [1925.]

Die Genitalien können auch im Traum durch andere Körperteile vertreten werden, das männliche Glied durch die Hand oder den Fuß, die weibliche Genitalöffnung durch den Mund, das Ohr, selbst das Auge. Die Sekrete des menschlichen Körpers – Schleim, Tränen, Harn, Sperma usw. – können im Traum füreinander gesetzt werden. Diese im ganzen richtige Aufstellung von W. Stekel [1911, 49] hat eine berechtigte kritische Einschränkung durch Bemerkungen von R. Reitler erfahren (1913 *b*). Es handelt sich im wesentlichen um Ersetzung der bedeutungsvollen Sekrete wie des Samens durch ein indifferentes. [1919.]

Diese in hohem Grade unvollständigen Andeutungen mögen genügen, um andere zu sorgfältigerer Sammelarbeit anzuregen. [1909.][1] Eine

[1] [*Zusatz 1911:*] Bei aller Verschiedenheit der Schernerschen Auffassung von der Traumsymbolik und der hier entwickelten muß ich doch hervorheben, daß Scherner als der eigentliche Entdecker der Symbolik im Traume anerkannt werden sollte und daß die Erfahrungen der Psychoanalyse sein für phantastisch gehaltenes, vor langen Jahren (1861) veröffentlichtes Buch nachträglich zu Ehren gebracht haben.

weit ausführlichere Darstellung der Traumsymbolik habe ich in meinen *Vorlesungen zur Einführung in die Psychoanalyse* (1916/17 [10. Vorlesung]) versucht. [1919.]

Ich werde nun einige Beispiele von der Verwendung solcher Symbole in Träumen anfügen, welche zeigen sollen, wie unmöglich es wird, zur Deutung des Traums zu gelangen, wenn man sich der Traumsymbolik verschließt, wie unabweisbar sich aber eine solche auch in vielen Fällen aufdrängt. [1911.] An derselben Stelle möchte ich aber nachdrücklich davor warnen, die Bedeutung der Symbole für die Traumdeutung zu überschätzen, etwa die Arbeit der Traumübersetzung auf Symbolübersetzung einzuschränken und die Technik der Verwertung von Einfällen des Träumers aufzugeben. Die beiden Techniken der Traumdeutung müssen einander ergänzen; praktisch wie theoretisch verbleibt aber der Vorrang dem zuerst beschriebenen Verfahren, das den Äußerungen des Träumers die entscheidende Bedeutung beilegt, während die von uns vorgenommene Symbolübersetzung als Hilfsmittel hinzutritt. [1909.]

1
Der Hut als Symbol des Mannes (des männlichen Genitales) [1911] [1]

(Teilstück aus dem Traum einer jungen, infolge von Versuchungsangst agoraphobischen Frau)

»Ich gehe im Sommer auf der Straße spazieren, trage einen Strohhut von eigentümlicher Form, dessen Mittelstück nach oben aufgebogen ist, dessen Seitenteile nach abwärts hängen (Beschreibung hier stockend),

---

[1] [Dieser und die beiden nächsten Träume wurden erstmals in der Arbeit ›Nachträge zur Traumdeutung‹ (1911*a*) veröffentlicht. Die Schrift wurde durch folgende Absätze eingeleitet, die bisher in deutscher Sprache noch nicht wieder abgedruckt worden sind:

»Einige Beispiele von Traumsymbolen.«

»Unter den vielen Einwendungen gegen die psychoanalytische Praxis die befremdendste, und wenn man so sagen darf: die ignoranteste, scheint mir der Zweifel an der Existenz der Symbolik im Traum und im Unbewußten, da niemand, der psychoanalytisch arbeitet, auf die Annahme einer solchen Symbolik verzichten kann und da für den Traum die Auflösung durch Symbole seit den ältesten Zeiten geübt wird. Hingegen sind wir bereit zuzugeben, daß der Erweis dieser Symbolik mit besonderer Strenge erfolgen soll, um der hier herrschenden Mannigfaltigkeit gerecht zu werden.

Im folgenden habe ich einige Beispiele aus meiner jüngsten Erfahrung zusammengestellt, in denen mir die Lösung durch ein bestimmtes Symbol besonders einleuchtend erschien. Der Traum erhält dann einen Sinn, den er sonst niemals haben könnte, findet *und zwar so, daß der eine tiefer steht als der andere. Ich bin heiter und in sicherer Stimmung, und wie ich an einem Trupp junger Offiziere vorbeigehe, denke ich mir: Ihr könnt mir alle nichts anhaben.«*

Da sie zu dem Hut im Traume keinen Einfall produzieren kann, sage ich ihr: Der Hut ist wohl ein männliches Genitale mit seinem emporgerichteten Mittelstück und den beiden herabhängenden Seitenteilen. Daß der Hut ein Mann sein soll, ist vielleicht sonderbar, aber man sagt ja auch: »Unter die Haube kommen!« Absichtlich enthalte ich mich der Deutung jenes Details über das ungleiche Herabhängen der beiden Seitenteile, obwohl gerade solche Einzelheiten in ihrer Determinierung der Deutung den Weg weisen müssen. Ich setze fort: Wenn sie also einen Mann mit so prächtigem Genitale hat, braucht sie sich vor den Offizieren nicht zu fürchten, d. h. nichts von ihnen zu wünschen, da sie sonst wesentlich durch ihre Versuchungsphantasien vom Gehen ohne Schutz und Begleitung abgehalten wird. Diese letztere Aufklärung ihrer Angst hatte ich ihr schon zu wiederholten Malen, auf anderes Material gestützt, geben können.

Es ist nun sehr beachtenswert, wie sich die Träumerin nach dieser Deutung benimmt. Sie zieht die Beschreibung des Huts zurück und will nicht gesagt haben, daß die beiden Seitenteile nach abwärts hingen. Ich bin des Gehörten zu sicher, um mich beirren zu lassen, und beharre dabei. Sie schweigt eine Weile und findet dann den Mut zu fragen, was es bedeute, daß bei ihrem Manne ein Hoden tiefer stehe als der andere, und ob es bei allen Männern so sei. Damit war dies sonderbare Detail des Hutes aufgeklärt und die ganze Deutung von ihr akzeptiert.

Das Hutsymbol war mir längst bekannt, als mir die Patientin diesen

---

seine Einreihung in den Gedankenzusammenhang des Träumers und wird von dem Analysierten selbst als gedeutet anerkannt.

Zur Technik bemerke ich, daß gerade bei den symbolischen Elementen der Träume die assoziierten Einfälle des Träumers zu versagen pflegen, so daß dies Verhalten an sich zum Versuch einer symbolischen Deutung anregt. In der Darstellung der wenigen ausgewählten Traumbeispiele habe ich mein eigenes Eingreifen und die selbständige Arbeit des Patienten (und Träumers) jedesmal scharf zu sondern gesucht.«

Die Arbeit endete mit einigen kürzeren Beispielen, die sich in Abschnitt F des vorliegenden Kapitels (Nr. 2, 3 und 4 auf S. 397 f.) abgedruckt finden. In der ursprünglichen Arbeit werden sie folgendermaßen eingeführt:

»Einige seltenere Traumdarstellungen.«

»Als einen die Traumbildung beeinflussenden Faktor habe ich die ›Rücksicht auf Darstellbarkeit‹ angeführt. In der Umformung eines Gedankens bis auf ein visuelles Bild zeigt sich eine besondere Fähigkeit der Träumer, welcher der Analytiker nur selten durch sein Erraten nahekommt, so daß er recht zufrieden ist, wenn ihm der Träumer und Urheber durch intuitive Einsicht die Bedeutung solcher Darstellungen angibt.«]

Traum mitteilte. Aus anderen, aber minder durchsichtigen Fällen glaubte ich zu entnehmen, daß der Hut auch für ein weibliches Genitale stehen kann [1].

2
Das Kleine ist das Genitale – das Überfahrenwerden ist ein Symbol des Geschlechtsverkehres [1911]

(Ein anderer Traum derselben agoraphobischen Patientin)

Ihre Mutter schickt ihre kleine Tochter weg, damit sie allein gehen muß. Sie fährt dann mit der Mutter in der Eisenbahn und sieht ihre Kleine direkt auf den Schienenweg zugehen, so daß sie überfahren werden muß. Man hört die Knochen krachen (dabei ein unbehagliches Gefühl, aber kein eigentliches Entsetzen). Dann sieht sie sich aus dem Waggonfenster um, ob man nicht hinten die Teile sieht. Dann macht sie ihrer Mutter Vorwürfe, daß sie die Kleine allein hat gehen lassen.

ANALYSE: Die vollständige Deutung des Traumes ist hier nicht leicht zu geben. Er stammt aus einem Zyklus von Träumen und kann nur im Zusammenhange mit diesen anderen voll verstanden werden. Es ist eben nicht leicht, das für den Erweis der Symbolik benötigte Material genügend isoliert zu bekommen. – Die Kranke findet zuerst, daß die Eisenbahnfahrt historisch zu deuten ist, als Anspielung auf eine Fahrt von einer Nervenheilanstalt weg, in deren Leiter sie natürlich verliebt war. Die Mutter holte sie von dort ab, der Arzt erschien auf dem Bahnhof und überreichte ihr einen Strauß Blumen zum Abschied; es war ihr unangenehm, daß die Mutter Zeugin dieser Huldigung sein mußte. Hier erscheint also die Mutter als Störerin ihrer Liebesbestrebungen, welche Rolle der strengen Frau während ihrer Mädchenjahre wirklich zugefallen war. – Der nächste Einfall bezieht sich auf den Satz: sie sieht sich um, ob man nicht die Teile von hinten sieht. In der Traumfassade müßte man natürlich an die Teile des überfahrenen und zermalmten Töchterchens denken. Der Einfall weist aber nach ganz anderer Richtung. Sie erinnert, daß sie einmal den Vater im Badezimmer nackt von rückwärts gesehen, kommt auf die Geschlechtsunterschiede zu sprechen und hebt hervor, daß man beim Manne die Genitalien noch von rückwärts sehen

[1] [*Zusatz 1911*:] Vgl. ein solches Beispiel in der Mitteilung von Kirchgraber (1912). Von Stekel (1909, 475) wird ein Traum mitgeteilt, in welchem der Hut mit schiefstehender Feder in der Mitte den (impotenten) Mann symbolisiert.

könne, beim Weibe aber nicht. In diesem Zusammenhange deutet sie nun selbst, daß das Kleine das Genitale sei, ihre Kleine (sie hat eine vierjährige Tochter) ihr eigenes Genitale. Sie macht der Mutter den Vorwurf, daß sie verlangt hätte, sie solle so leben, als ob sie kein Genitale hätte, und findet diesen Vorwurf in dem einleitenden Satz des Traumes wieder: Die Mutter schickte ihre Kleine weg, damit sie allein gehen mußte. In ihrer Phantasie bedeutet das Alleingehen auf der Straße keinen Mann, keine sexuelle Beziehung haben (*coire* = zusammengehen), und das mag sie nicht. Nach allen ihren Angaben hat sie wirklich als Mädchen unter der Eifersucht der Mutter infolge ihrer Bevorzugung durch den Vater gelitten.

Die tiefere Deutung dieses Traumes ergibt sich aus einem anderen Traum derselben Nacht, in dem sie sich mit ihrem Bruder identifiziert. Sie war wirklich ein bubenhaftes Mädel, mußte oft hören, daß an ihr ein Bub verlorengegangen sei. Zu dieser Identifizierung mit dem Bruder wird es dann besonders klar, daß das »Kleine« das Genitale bedeutet. Die Mutter droht ihm (ihr) mit der Kastration, die nichts anderes als Bestrafung für das Spielen mit dem Gliede sein kann, und somit zeigt die Identifizierung, daß sie selbst als Kind onaniert hat, was ihre Erinnerung bisher nur vom Bruder bewahrt hatte. Eine Kenntnis des männlichen Genitales, die ihr später verlorenging, muß sie nach den Angaben dieses zweiten Traums damals früh erworben haben. Ferner deutet der zweite Traum auf die infantile Sexualtheorie hin, daß die Mädel durch Kastration aus Buben hervorgehen. [Vgl. Freud, 1908 *c*.] Nachdem ich ihr diese Kindermeinung vorgetragen, findet sie sofort eine Bestätigung hiefür in der Kenntnis der Anekdote, daß der Bub das Mädel fragt: Abgeschnitten? worauf das Mädel antwortet: Nein, immer so g'west.

Das Wegschicken der Kleinen, des Genitales, im ersten Traum, bezieht sich also auch auf die Kastrationsdrohung. Schließlich grollt sie der Mutter, daß sie sie nicht als Knaben geboren hat.

Daß das »Überfahrenwerden« sexuellen Verkehr symbolisiert, würde aus diesem Traume nicht evident, wenn man es nicht aus zahlreichen anderen Quellen sicher wüßte.

3
Darstellung des Genitales durch Gebäude, Stiegen, Schachte [1911][1]

(Traum eines durch seinen Vaterkomplex gehemmten jungen Mannes)

»Er geht mit seinem Vater an einem Ort spazieren, der gewiß der Prater ist, denn man sieht die Rotunde, vor dieser einen kleineren Vorbau, an dem ein Fesselballon angebracht ist, der aber ziemlich schlaff scheint. Sein Vater fragt ihn, wozu das alles ist; er wundert sich darüber, erklärt es ihm aber. Dann kommen sie in einen Hof, in dem eine große Platte von Blech ausgebreitet liegt. Sein Vater will sich ein großes Stück davon abreißen, sieht sich aber vorher um, ob es nicht jemand bemerken kann. Er sagt ihm, er braucht es doch nur dem Aufseher zu sagen, dann kann er sich ohne weiteres davon nehmen. Aus diesem Hof führt eine Treppe in einen Schacht hinunter, dessen Wände weich ausgepolstert sind, etwa wie ein Lederfauteuil. Am Ende dieses Schachtes ist eine längere Plattform, und dann beginnt ein neuer Schacht ...«

ANALYSE: Dieser Träumer gehörte einem therapeutisch nicht günstigen Typus von Kranken an, die bis zu einem gewissen Punkt der Analyse überhaupt keine Widerstände machen und sich von da an fast unzugänglich erweisen. Diesen Traum deutete er fast selbständig. Die Rotunde, sagte er, ist mein Genitale, der Fesselballon davor mein Penis, über dessen Schlaffheit ich zu klagen habe. Man darf also eingehender übersetzen, die Rotunde sei das – vom Kind regelmäßig zum Genitale gerechnete – Gesäß, der kleinere Vorbau der Hodensack. Im Traum fragt ihn der Vater, was das alles ist, d. h. nach Zweck und Verrichtung der Genitalien. Es liegt nahe, diesen Sachverhalt umzukehren, so daß er der fragende Teil wird. Da eine solche Befragung des Vaters in Wirklichkeit nie stattgefunden hat, muß man den Traumgedanken als Wunsch auffassen oder ihn etwa konditionell nehmen: »Wenn ich den Vater um sexuelle Aufklärung gebeten hätte.« Die Fortsetzung dieses Gedankens werden wir bald an anderer Stelle finden.

Der Hof, in dem das Blech ausgebreitet liegt, ist nicht in erster Linie symbolisch zu fassen, sondern stammt aus dem Geschäftslokal des Vaters. Aus Gründen der Diskretion habe ich das »Blech« für das andere Material, mit dem der Vater handelt, eingesetzt, ohne sonst etwas am

[1] [Diesen Traum samt seiner Deutung übernahm Freud in seine *Vorlesungen zur Einführung in die Psychoanalyse* (1916–17), 12. Vorlesung, Nr. 7.]

Wortlaut des Traumes zu ändern. Der Träumer ist in das Geschäft des Vaters eingetreten und hat an den eher unkorrekten Praktiken, auf denen der Gewinn zum Teil beruht, gewaltigen Anstoß genommen. Daher dürfte die Fortsetzung des obigen Traumgedankens lauten: »(Wenn ich ihn gefragt hätte), würde er mich betrogen haben, wie er seine Kunden betrügt.« Für das *Abreißen*, welches der Darstellung der geschäftlichen Unredlichkeit dient, gibt der Träumer selbst die zweite Erklärung, es bedeute die Onanie. Dies ist uns nicht nur längst bekannt (siehe oben, S. 343 Anm. 4), sondern stimmt auch sehr gut dazu, daß das Geheimnis der Onanie durch das Gegenteil ausgedrückt ist (man darf es ja offen tun). Es entspricht dann allen Erwartungen, daß die onanistische Tätigkeit wieder dem Vater zugeschoben wird, wie die Befragung in der ersten Traumszene. Den Schacht deutet er sofort unter Berufung auf die weiche Polsterung der Wände als Vagina. Daß das Herabsteigen wie sonst das Aufsteigen den Koitusverkehr in der Vagina beschreiben will, setze ich aus anderer Kenntnis ein (vgl. meine Bemerkung [in 1910*d*]; siehe oben S. 349 Anm. 4).

Die Einzelheiten, daß auf den ersten Schacht eine längere Plattform folgt und dann ein neuer Schacht, erklärt er selbst biographisch. Er hat eine Zeitlang koitiert, dann den Verkehr infolge von Hemmungen aufgegeben und hofft ihn jetzt mit Hilfe der Kur wieder aufnehmen zu können. Der Traum wird aber gegen Ende undeutlicher, und dem Kundigen muß es plausibel erscheinen, daß sich schon in der zweiten Traumszene der Einfluß eines anderen Themas geltend mache, auf welches das Geschäft des Vaters, sein betrügerisches Vorgehen, die erste als Schacht dargestellte Vagina deuten, so daß man eine Beziehung auf die Mutter annehmen kann[1].

---

[1] [Die Erstveröffentlichung dieses Traums (in Freud, 1911*a*) enthielt noch den folgenden Absatz:]
»Im ganzen gehört dieser Traum zu der nicht seltenen Gruppe ›biographischer‹ Träume, in denen der Träumer in Form einer fortlaufenden Erzählung eine Übersicht über sein Sexualleben gibt. (Vgl. das Beispiel S. 249 der *Traumdeutung* 2. Aufl. [oben S. 342.]) Wie häufig Gebäude, Örtlichkeiten, Landschaften zur symbolischen Darstellung des Körpers und vor allem immer wieder der Genitalien verwendet werden, wäre wirklich einer zusammenfassenden, durch zahlreiche Beispiele erläuterten Abhandlung wert.«

4

Das männliche Genitale durch Personen, das weibliche durch eine Landschaft symbolisiert [1911]

(Traum einer Frau aus dem Volke, deren Mann Wachmann ist, mitgeteilt von B. Dattner)

»... Dann sei jemand in die Wohnung eingebrochen und sie habe angstvoll nach einem Wachmann gerufen. Dieser aber sei mit zwei ›Pülchern‹ einträchtig in eine Kirche[1] *gegangen, zu der mehrere Stufen*[2] *emporführten; hinter der Kirche sei ein Berg*[3] *gewesen und oben ein dichter Wald*[4]. *Der Wachmann sei mit einem Helm, Ringkragen und Mantel*[5] *versehen gewesen. Er habe einen braunen Vollbart gehabt. Die beiden Vaganten, die friedlich mit dem Wachmann gegangen seien, hätten sackartig aufgebundene Schürzen um die Lenden gehabt*[6]. *Vor der Kirche habe zum Berg ein Weg geführt. Dieser sei beiderseits mit Gras und Gestrüpp verwachsen gewesen, das immer dichter wurde und auf der Höhe des Berges ein ordentlicher Wald geworden sei.«*

5

Kastrationsträume bei Kindern [1919]

a) »Ein Knabe von drei Jahren und fünf Monaten, dem die Wiederkehr des Vaters aus dem Felde sichtlich unbequem ist, erwacht eines Morgens verstört und aufgeregt und wiederholt immerfort die Frage: *Warum hat Papi seinen Kopf auf einem Teller getragen? Heute nacht hat Papi seinen Kopf auf einem Teller getragen.«*

b) »Ein heute an schwerer Zwangsneurose leidender Student erinnert, daß er im sechsten Lebensjahr wiederholt folgenden Traum gehabt hat: *Er geht zum Friseur, um sich die Haare schneiden zu lassen. Da kommt eine große Frau mit strengen Zügen auf ihn zu und schlägt ihm den Kopf ab. Die Frau erkennt er als die Mutter.«*

---

[1] »Oder Kapelle = Vagina.«
[2] »Symbol des Koitus.«
[3] *»Mons veneris.«*
[4] *»Crines pubis.«*
[5] »Dämonen in Mänteln und Kapuzen sind nach der Aufklärung eines Fachmannes phallischer Natur.«
[6] »Die beiden Hälften des Hodensackes.«

6
Zur Harnsymbolik [1914]

Die hier reproduzierten Zeichnungen stammen aus einer Reihe von Bildern, die Ferenczi in einem ungarischen Witzblatt *(Fidibusz)* aufgefunden und in ihrer Brauchbarkeit zur Illustration der Traumtheorie erkannt hat. O. Rank hat das (siehe S. 362) als *»Traum der französischen Bonne«* überschriebene Blatt bereits in seiner Arbeit über die Symbolschichtung im Wecktraum usw. (1912 *a*, 99) verwertet.

Erst das letzte Bild, welches das Erwachen der Bonne infolge des Geschreis des Kindes enthält, zeigt uns, daß die früheren sieben die Phasen eines Traumes darstellen. Das erste Bild anerkennt den Reiz, der zum Erwachen führen sollte. Der Knabe hat ein Bedürfnis geäußert und verlangt die entsprechende Hilfeleistung. Der Traum vertauscht aber die Situation im Schlafzimmer mit der eines Spazierganges. Im zweiten Bild hat sie den Knaben bereits an eine Straßenecke gestellt, er uriniert, und – sie darf weiterschlafen. Der Weckreiz hält aber an, ja er verstärkt sich; der Knabe, der sich nicht beachtet findet, brüllt immer kräftiger. Je dringender er das Erwachen und die Hilfeleistung seiner Bonne fordert, desto mehr steigert deren Traum seine Versicherung, daß alles in Ordnung sei und daß sie nicht zu erwachen brauche. Er übersetzt dabei den Weckreiz in die Dimensionen des Symbols. Der Wasserstrom, welchen der urinierende Knabe liefert, wird immer mächtiger. Im vierten Bilde trägt er bereits einen Kahn, dann eine Gondel, ein Segelschiff, endlich ein großes Dampfschiff! Der Kampf zwischen dem eigensinnigen Schlafbedürfnis und dem unermüdlichen Weckreiz ist hier in geistreichster Weise von einem mutwilligen Künstler verbildlicht.

7
Ein Stiegentraum [1911]

(Mitgeteilt und gedeutet von Otto Rank)[1]

»Demselben Kollegen, von dem der (unten S. 380 ff. angeführte[2]) Zahnreiztraum herrührt, verdanke ich den folgenden ähnlich durchsichtigen Pollutionstraum:

›Ich jage im Stiegenhaus die T r e p p e hinunter einem kleinen Mädchen, das mir irgend etwas getan hat, nach, um es zu bestrafen. Unten am

[1] [Offenbar an keiner anderen Stelle veröffentlicht.]

[2] [Freuds Hinweis.]

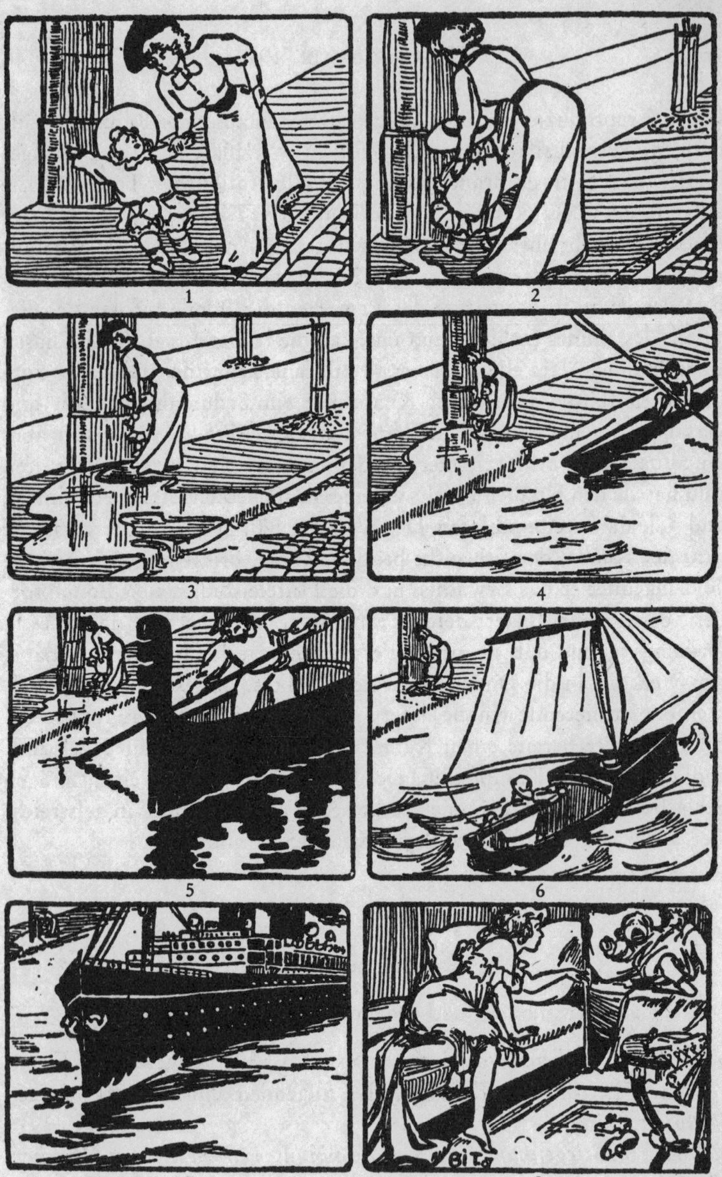

Traum der französischen Bonne

Ende der Stiege hält mir jemand (eine erwachsene weibliche Person?) das Kind auf; ich fasse es, weiß aber nicht, ob ich es geschlagen habe, denn plötzlich befand ich mich mitten auf der S t i e g e , wo ich das Kind (gleichsam wie in der Luft) koitierte. Eigentlich war es kein Koitus, sondern ich rieb nur mein Genitale an ihrem äußeren Genitale, wobei ich dieses sowie ihren seitwärts zurückgelegten Kopf überaus deutlich sah. Während des Sexualaktes sah ich links ober mir (auch wie in der Luft) zwei kleine Gemälde hängen, Landschaften, die ein Haus im Grünen darstellten. Auf dem einen kleineren stand unten an Stelle der Namenssignatur des Malers mein eigener Vorname, als wäre es für mich zum Geburtstagsgeschenk bestimmt. Dann hing noch ein Zettel vor beiden Bildern, worauf stand, daß billigere Bilder auch zur Verfügung stehen; (ich sehe mich dann höchst undeutlich so wie oben auf dem Treppenabsatz im Bette liegen) und erwache durch die Empfindung der Nässe, welche von der erfolgten Pollution herrührt.‹

DEUTUNG: Der Träumer war am Abend des Traumtages im Laden eines Buchhändlers gewesen, wo er während der Wartezeit einige der ausgestellten Bilder besichtigt hatte, die ähnliche Motive wie die Traumbilder darstellten. Bei einem kleinen Bildchen, das ihm besonders gefallen hatte, trat er näher und sah nach dem Namen des Malers, der ihm jedoch völlig unbekannt war.

Am selben Abend hatte er später in Gesellschaft von einem böhmischen Dienstmädchen erzählen gehört, das sich gerühmt hatte, ihr außereheliches Kind sei ›auf der Stiege gemacht worden‹. Der Träumer hatte sich nach dem Detail dieses nicht alltäglichen Vorkommnisses erkundigt und erfahren, daß das Dienstmädchen mit ihrem Verehrer nach Hause in die Wohnung ihrer Eltern gegangen war, wo zu geschlechtlichem Verkehr keine Gelegenheit gewesen wäre, und daß der erregte Mann den Koitus auf der Stiege vollzogen hatte. Der Träumer hatte dazu in scherzhafter Anspielung auf den boshaften Ausdruck für Weinfälscherei geäußert: das Kind sei wirklich ›auf der Kellerstiege gewachsen‹.

Dies die Tagesanknüpfungen, die ziemlich aufdringlich im Trauminhalt vertreten sind und vom Träumer ohne weiteres reproduziert werden. Ebenso leicht produziert er aber ein altes Stück infantiler Erinnerung, das ebenfalls im Traume Verwendung gefunden hat. Das Stiegenhaus ist das jenes Hauses, in welchem er den größten Teil seiner Kinderjahre verbracht und wo er insbesondere die erste bewußte Bekanntschaft mit den Sexualproblemen gemacht hatte. In diesem Stiegenhaus hatte er häufig gespielt und war dabei unter anderem auch rittlings längs des

Geländers hinuntergerutscht, wobei er sexuelle Erregung verspürt hatte. Im Traume eilte er nun ebenfalls ungemein rasch über die Stiege hinunter, so rasch, daß er nach eigener deutlicher Angabe die einzelnen Stufen gar nicht berührt, sondern, wie man zu sagen pflegt, ›hinunter*fliegt*‹ oder rutscht. Mit Bezug auf das infantile Erlebnis scheint dieser Beginn des Traumes den Moment der sexuellen Erregung darzustellen. – In diesem Stiegenhaus und der dazugehörigen Wohnung hatte der Träumer aber auch mit den Nachbarskindern häufig sexuelle Raufspiele getrieben, wobei er sich in ähnlicher Weise befriedigt hatte, wie es im Traume geschieht.

Weiß man aus Freuds sexualsymbolischen Forschungen (1910 *d* [s. oben, S. 349 Anm. 4]), daß die Stiege und das Stiegensteigen im Traume fast regelmäßig den Koitus symbolisieren, so wird der Traum völlig durchsichtig. Seine Triebkraft ist, wie ja auch sein Effekt, die Pollution, zeigt, rein libidinöser Natur. Im Schlafzustand erwacht die sexuelle Erregung (im Traume dargestellt durch das Hinuntereilen – rutschen – über die Stiege), deren sadistischer Einschlag auf Grund der Raufspiele in der Verfolgung und Überwältigung des Kindes angedeutet ist. Die libidinöse Erregung steigert sich und drängt zur sexuellen Aktion (dargestellt im Traume durch das Fassen des Kindes und seine Beförderung in die Mitte der Stiege). Bis daher wäre der Traum rein sexualsymbolisch und für den wenig geübten Traumdeuter völlig undurchsichtig. Aber der überstarken libidinösen Erregung genügt diese symbolische Befriedigung nicht, welche die Ruhe des Schlafes gewährleistet hätte. Die Erregung führt zum Orgasmus, und damit wird die ganze Stiegensymbolik als Vertretung des Koitus entlarvt. – Wenn Freud als einen der Gründe für die sexuelle Verwertung des Stiegensymbols den rhythmischen Charakter beider Aktionen hervorhebt, so scheint dieser Traum besonders deutlich dafür zu sprechen, da nach ausdrücklicher Angabe des Träumers die Rhythmik seines Sexualaktes, das Auf- und Niederreiben, das im ganzen Traum am deutlichsten ausgeprägte Element gewesen war.

Noch eine Bemerkung über die beiden Bilder, die, abgesehen von ihrer realen Bedeutung, auch in symbolischem Sinne als ›Weibsbilder‹ gelten, was schon daraus hervorgeht, daß es sich um ein großes und ein kleines Bild handelt, ebenso wie im Trauminhalt ein großes (erwachsenes) und ein kleines Mädchen vorkommen. Daß auch billigere Bilder zur Verfügung stehen, führt zum Prostituiertenkomplex, wie andererseits der Vorname des Träumers auf dem kleinen Bilde und der Gedanke, es sei ihm zum Geburtstag bestimmt, auf den Elternkomplex hinweisen (auf der Stiege geboren = im Koitus erzeugt). Die undeutliche Schlußszene, wo der Träumer sich selbst oben auf dem Treppenabsatze im Bette liegen sieht und Nässe verspürt, scheint über die infantile Onanie hinaus noch weiter in die Kindheit zurückzuweisen und vermutlich lustvolle Szenen von Bettnässen zum Vorbild zu haben.«

8
Ein modifizierter Stiegentraum [1911]

Ich mache einem meiner Patienten, einem schwerkranken Abstinenten, dessen [unbewußte] Phantasie an seine Mutter fixiert ist und der wiederholt vom Treppensteigen in Begleitung der Mutter geträumt hat, die Bemerkung, daß mäßige Masturbation ihm wahrscheinlich weniger schädlich wäre als seine erzwungene Enthaltsamkeit. Diese Beeinflussung provoziert folgenden Traum:

»Sein Klavierlehrer mache ihm Vorwürfe, daß er sein Klavierspiel vernachlässige, die ›Etüden‹ von Moscheles sowie den ›Gradus ad Parnassum‹ von Clementi nicht übt.«

Er bemerkt hiezu, der *Gradus* sei ja auch eine Stiege und die Klaviatur selbst sei eine Stiege, weil sie eine Skala enthalte.

Man darf sagen, es gibt keinen Vorstellungskreis, der sich der Darstellung sexueller Tatsachen und Wünsche verweigern würde.

9
Wirklichkeitsgefühl und Darstellung der Wiederholung [1919]

Ein jetzt 35jähriger Mann erzählt einen gut erinnerten Traum, den er mit vier Jahren gehabt haben will: *Der Notar, bei dem das Testament des Vaters hinterlegt war* – er hatte den Vater im Alter von drei Jahren verloren –, *brachte zwei große Kaiserbirnen, von denen er eine zum Essen bekam. Die andere lag auf dem Fensterbrett des Wohnzimmers.* Er erwachte mit der Überzeugung von der Realität des Geträumten und verlangte hartnäckig von der Mutter die zweite Birne; sie liege doch auf dem Fensterbrett. Die Mutter lachte darüber.

ANALYSE: Der Notar war ein jovialer alter Herr, der, wie er sich zu erinnern glaubt, wirklich einmal Birnen mitbrachte. Das Fensterbrett war so, wie er es im Traume sah. Anderes will ihm dazu nicht einfallen; etwa noch, daß die Mutter kürzlich ihm einen Traum erzählt. Sie hat zwei Vögel auf ihrem Kopfe sitzen, fragt sich, wann sie fortfliegen werden, aber sie fliegen nicht fort, sondern der eine fliegt zu ihrem Munde und saugt aus ihm.

Das Versagen der Einfälle des Träumers gibt uns das Recht, die Deutung durch Symbolersetzung zu versuchen. Die beiden Birnen – *pommes ou poires* – sind die Brüste der Mutter, die ihn genährt hat; das Fensterbrett der Vorsprung des Busens, analog den Balkonen im Häusertraum (vgl. S. 350). Sein Wirklichkeitsgefühl nach dem Erwachen hat recht, denn die Mutter hat ihn wirklich gesäugt, sogar weit über die gebräuchliche Zeit hinaus, und die Mutterbrust wäre noch immer zu haben[1]. Der Traum ist zu übersetzen: Mutter, gib (zeig') mir die Brust wieder, an der ich früher einmal getrunken habe. Das »früher« wird durch das Essen der einen Birne dargestellt, das »wieder« durch das Verlangen nach der anderen. Die *zeitliche Wiederholung* eines Akts wird im Traum regelmäßig zur *zahlenmäßigen Vermehrung* eines Objektes.

Es ist natürlich sehr auffällig, daß die Symbolik bereits im Traume eines Vierjährigen eine Rolle spielt, aber dies ist nicht Ausnahme, sondern Regel. Man darf sagen, der Träumer verfügt über die Symbolik *von allem Anfang an.*

Wie frühzeitig sich der Mensch, auch außerhalb des Traumlebens, der symbolischen Darstellung bedient, mag folgende unbeeinflußte Erinnerung einer jetzt 27jährigen Dame lehren: *Sie ist zwischen drei und vier Jahre alt. Das Kindsmädchen treibt sie, ihren um elf Monate jüngeren Bruder und eine im Alter zwischen beiden stehende Cousine auf den Abort, damit sie dort vor dem Spaziergang ihre kleinen Geschäfte verrichten. Sie setzt sich als die älteste auf den Sitz, die beiden anderen auf Töpfe. Sie fragt die Cousine: Hast du auch ein P o r t e m o n n a i e? Der Walter hat ein W ü r s t c h e n, ich hab' ein Portemonnaie. Antwort der Cousine: Ja, ich hab' auch ein Portemonnaie. Das Kindsmädchen hat lachend zugehört und erzählt die Unterhaltung der Mama, die mit einer scharfen Zurechtweisung reagiert.*

---

[1] [Vgl. S. 199. Auf diesem Punkt – nämlich daß ein besonders starkes Gefühl des Erwachenden von der Wirklichkeit des Traums oder eines Traumteils mit den latenten Traumgedanken in Verbindung stehe – besteht Freud auch an einer Stelle gegen Ende des II. Kapitels seiner Studie über Jensens *Gradiva* (1907 *a*, *Studienausgabe*, Bd. 10, S. 54–6) sowie in seinen ersten Kommentaren zum Traum des »Wolfsmannes« (1918 *b*, Abschnitt IV, *Studienausgabe*, Bd. 8, S. 153).]

Es sei hier ein Traum eingeschaltet, dessen hübsche Symbolik eine Deutung mit geringer Nachhilfe der Träumerin gestattete:

10

»Zur Frage der Symbolik in den Träumen Gesunder« [1914] [1]

»Ein von den Gegnern der Psychoanalyse häufig – zuletzt auch von Havelock Ellis (1911, 168) – vorgebrachter Einwand lautet, daß die Traumsymbolik vielleicht ein Produkt der neurotischen Psyche sei, aber keineswegs für die normale Gültigkeit habe. Während nun die psychoanalytische Forschung zwischen normalem und neurotischem Seelenleben überhaupt keine prinzipiellen, sondern nur quantitative Unterschiede kennt, zeigt die Analyse der Träume, in denen ja bei Gesunden und Kranken in gleicher Weise die verdrängten Komplexe wirksam sind, die volle Identität der Mechanismen wie der Symbolik. Ja die unbefangenen Träume Gesunder enthalten oft eine viel einfachere, durchsichtigere und mehr charakteristische Symbolik als die neurotischer Personen, in denen sie infolge der stärker wirkenden Zensur und der hieraus resultierenden weitergehenden Traumentstellung häufig gequält, dunkel und schwer zu deuten ist. Der in folgendem mitgeteilte Traum diene zur Illustrierung dieser Tatsache. Er stammt von einem nicht neurotischen Mädchen von eher prüdem und zurückhaltendem Wesen; im Laufe des Gespräches erfahre ich, daß sie verlobt ist, daß sich aber der Heirat Hindernisse entgegenstellen, die sie zu verzögern geeignet sind. Sie erzählt mir spontan folgenden Traum:

›I arrange the centre of a table with flowers for a birthday.‹ (Ich richte die Mitte eines Tisches mit Blumen für einen Geburtstag her.) Auf Fragen gibt sie an, sie sei im Traume wie in ihrem Heim gewesen (das sie zur Zeit nicht besitzt) und habe ein *Glücksgefühl* empfunden.

Die ›populäre‹ Symbolik ermöglicht mir, den Traum für mich zu übersetzen. Er ist der Ausdruck ihrer bräutlichen Wünsche: der Tisch mit dem Blumenmittelstück ist symbolisch für sie selbst und das Genitale; sie stellt ihre Zukunftswünsche erfüllt dar, indem sie sich bereits mit dem Gedanken an die Geburt eines Kindes beschäftigt; die Hochzeit liegt also längst hinter ihr.

Ich mache sie darauf aufmerksam, daß *›the centre of a table‹* ein ungewöhnlicher Ausdruck sei, was sie zugibt, kann hier aber natürlich nicht

[1] Alfred Robitsek (1912).

direkt weiterfragen. Ich vermied es sorgfältig, ihr die Bedeutung der Symbole zu suggerieren, und fragte sie nur, was ihr zu den einzelnen Teilen des Traumes in den Sinn komme. Ihre Zurückhaltung wich im Verlaufe der Analyse einem deutlichen Interesse an der Deutung und einer Offenheit, die der Ernst des Gespräches ermöglichte. – Auf meine Frage, was für Blumen es gewesen seien, antwortete sie zunächst: *›expensive flowers; one has to pay for them‹* (teuere Blumen, für die man zahlen muß), dann, es seien *›lilies of the valley, violets and pinks or carnations‹* gewesen (Maiglöckchen, wörtlich: Lilien vom Tale, Veilchen und Nelken). Ich nahm an, daß das Wort *Lilie* in diesem Traume in seiner populären Bedeutung als Keuschheitssymbol erscheine; sie bestätigt diese Annahme, indem ihr zu *›Lilie‹ ›purity‹* (Reinheit) einfiel. *›Valley‹*, das Tal, ist ein häufiges weibliches Traumsymbol; so wird das zufällige Zusammentreffen der beiden Symbole in dem englischen Namen für Maiglöckchen zur Traumsymbolik, zur Betonung ihrer kostbaren Jungfräulichkeit – *expensive flowers, one has to pay for them* – verwendet und zum Ausdruck der Erwartung, daß der Mann ihren Wert zu würdigen wissen werde. Die Bemerkung *expensive flowers* etc. hat, wie sich zeigen wird, bei jedem der drei Blumensymbole eine andere Bedeutung.

Den geheimen Sinn der scheinbar recht asexuellen *›violets‹* suchte ich mir – recht kühn, wie ich meinte – mit einer unbewußten Beziehung zum französischen *›viol‹* zu erklären. Zu meiner Überraschung assoziierte die Träumerin *›violate‹*, das englische Wort für vergewaltigen. Die zufällige große Wortähnlichkeit von *violet* und *violate* – in der englischen Aussprache unterscheiden sie sich nur durch eine Akzentverschiedenheit der letzten Silbe – wird vom Traume benutzt, um ›durch die Blume‹ den Gedanken an die Gewaltsamkeit der Defloration (auch dieses Wort benutzt die Blumensymbolik), vielleicht auch einen masochistischen Zug des Mädchens zum Ausdruck zu bringen. Ein schönes Beispiel für die Wortbrücken [s. S. 336 Anm.], über welche die Wege zum Unbewußten führen. Das *›one has to pay for them‹* bedeutet hier das Leben, mit dem sie das Weib- und Mutterwerden bezahlen muß.

Bei *›pinks‹*, die sie dann *›carnations‹* nennt, fällt mir die Beziehung dieses Wortes zum ›Fleischlichen‹ auf. Ihr Einfall dazu lautete aber *›colour‹* (Farbe). Sie fügte hinzu, daß *carnations* die Blumen seien, welche ihr von ihrem Verlobten *häufig und in großen Mengen* geschenkt werden. Zu Ende des Gespräches gesteht sie plötzlich spontan, sie habe mir nicht die Wahrheit gesagt, es sei ihr nicht *›colour‹*, sondern *›incarnation‹*

(Fleischwerdung) eingefallen, welches Wort ich erwartet hatte; übrigens ist auch ›*colour*‹ als Einfall nicht entlegen, sondern durch die Bedeutung von *carnation – Fleischfarbe*, also durch den Komplex determiniert. Diese Unaufrichtigkeit zeigt, daß der Widerstand an dieser Stelle am größten war, entsprechend dem Umstand, daß die Symbolik hier am durchsichtigsten ist, der Kampf zwischen Libido und Verdrängung bei diesem phallischen Thema am stärksten war. Die Bemerkung, daß diese Blumen häufige Geschenke des Verlobten seien, ist neben der Doppelbedeutung von *carnation* ein weiterer Hinweis auf ihren phallischen Sinn im Traume. Der Tagesanlaß des Blumengeschenkes wird benutzt, um den Gedanken von sexuellem Geschenk und Gegengeschenk auszudrücken: sie schenkt ihre Jungfräulichkeit und erwartet dafür ein reiches Liebesleben. Auch hier dürfte das ›*expensive flowers, one has to pay for them*‹ eine – wohl wirkliche, finanzielle – Bedeutung haben. – Die Blumensymbolik des Traumes enthält also das jungfräulich weibliche, das männliche Symbol und die Beziehung auf die gewaltsame Defloration. Es sei darauf hingewiesen, daß die sexuelle Blumensymbolik, die ja auch sonst sehr verbreitet ist, die menschlichen Sexualorgane durch die Blüten, die Sexualorgane der Pflanzen symbolisiert; das Blumenschenken unter Liebenden hat vielleicht überhaupt diese unbewußte Bedeutung.

Der Geburtstag, den sie im Traume vorbereitet, bedeutet wohl die Geburt eines Kindes. Sie identifiziert sich mit dem Bräutigam, stellt ihn dar, wie er sie für eine Geburt herrichtet, also koitiert. Der latente Gedanke könnte lauten: Wenn ich er wäre, würde ich nicht warten, sondern die Braut deflorieren, ohne sie zu fragen, Gewalt brauchen; darauf deutet ja auch das *violate*. So kommt auch die sadistische Libidokomponente zum Ausdruck.

In einer tieferen Schicht des Traumes dürfte das ›*I arrange* etc.‹ eine autoerotische, also infantile Bedeutung haben.

Sie hat auch eine nur im Traume mögliche Erkenntnis ihrer körperlichen Dürftigkeit; sie sieht sich flach wie einen Tisch; um so mehr wird die Kostbarkeit des ›*centre*‹ (sie nennt es ein andermal ›*a centre piece of flowers*‹), ihre Jungfräulichkeit, hervorgehoben. Auch das Horizontale des Tisches dürfte ein Element zum Symbol beitragen. – Beachtenswert ist die Konzentration des Traumes; nichts ist überflüssig, jedes Wort ist ein Symbol.

Sie bringt später einen Nachtrag zum Traume: ›*I decorate the flowers with green crinkled paper.*‹ (Ich verziere die Blumen mit grünem, gekräuseltem Papier.) Sie fügt hinzu, es sei *›fancy paper‹* (Phantasiepapier), mit dem man die gewöhnlichen Blumentöpfe verkleide. Sie sagt weiter: *›to hide untidy things, whatever was to be seen, which was not pretty to the eye; there is a gap, a little space in the flowers.‹* Also: ›um unsaubere Dinge zu verbergen, die nicht hübsch anzusehen sind; ein Spalt, ein kleiner Zwischenraum in den Blumen.‹ *›The paper looks like velvet or moss‹* (›das Papier sieht wie Samt oder Moos aus‹). Zu *›decorate‹* assoziiert sie *›decorum‹*, wie ich es erwartet hatte. Die grüne Farbe sei vorherrschend; sie assoziiert dazu *›hope‹* (Hoffnung), wieder eine Beziehung zur Gravidität. – In diesem Teile des Traumes herrscht nicht die Identifizierung mit dem Manne, sondern es kommen Gedanken von Scham und Offenheit zur Geltung. Sie macht sich schön für ihn, gesteht sich körperliche Fehler ein, deren sie sich schämt und die sie zu korrigieren sucht. Die Einfälle Samt, Moos sind ein deutlicher Hinweis, daß es sich um die *crines pubis* handelt.

Der Traum ist ein Ausdruck von Gedanken, die das wache Denken des Mädchens kaum kennt; Gedanken, die sich mit der Sinnenliebe und ihren Organen beschäftigen; sie wird ›für einen Geburtstag zugerichtet‹, d. h. koitiert; die Furcht vor der Defloration, vielleicht auch das lustbetonte Leiden kommen zum Ausdruck; sie gesteht sich ihre körperlichen Mängel ein, überkompensiert diese durch Überschätzung des Wertes ihrer Jungfräulichkeit. Ihre Scham entschuldigt die sich zeigende Sinnlichkeit damit, daß diese ja das Kind zum Ziel hat. Auch materielle Erwägungen, die der Liebenden fremd sind, finden ihren Ausdruck. Der Affekt des einfachen Traumes – das Glücksgefühl – zeigt an, daß hier starke Gefühlskomplexe ihre Befriedigung gefunden haben.«

Ferenczi (1917) hat mit Recht darauf aufmerksam gemacht, wie leicht gerade »Träume von Ahnungslosen« den Sinn der Symbole und die Bedeutung der Träume erraten lassen. [1919.]

Die nachstehende Analyse des Traumes einer historischen Persönlichkeit unserer Tage schalte ich hier ein, weil in ihm ein Gegenstand, der sich auch sonst zur Vertretung des männlichen Gliedes eignen würde, durch eine hinzugefügte Bestimmung aufs deutlichste als phallisches Symbol gekennzeichnet wird. Die »unendliche Verlängerung« einer Reitgerte kann nicht leicht anderes als die Erektion bedeuten. Überdies gibt dieser Traum ein schönes Beispiel dafür, wie ernsthafte und dem Sexuellen fernabliegende Gedanken durch infantil-sexuelles Material zur Darstellung gebracht werden. [1919.]

11
Ein Traum Bismarcks [1919]

(Von Dr. Hanns Sachs [1913])

»In seinen *Gedanken und Erinnerungen* teilt Bismarck (Bd. 2 der Volksausgabe, S. 222 [1898, Bd. 2, 194]) einen Brief mit, den er am 18. Dezember 1881 an Kaiser Wilhelm schrieb. Dieser Brief enthält folgende Stelle: ›Eurer Majestät Mitteilung ermutigt mich zur Erzählung eines Traumes, den ich Frühjahr 1863 in den schwersten Konfliktstagen hatte, aus denen ein menschliches Auge keinen gangbaren Ausweg sah. Mir träumte und ich erzählte es sofort am Morgen meiner Frau und anderen Zeugen, daß ich auf einem schmalen Alpenpfad ritt, rechts Abgrund, links Felsen; der Pfad wurde schmäler, so daß das Pferd sich weigerte, und Umkehr und Absitzen wegen Mangel an Platz unmöglich; da schlug ich mit meiner Gerte in der linken Hand gegen die glatte Felswand und rief Gott an; die Gerte wurde unendlich lang, die Felswand stürzte wie eine Kulisse und eröffnete einen breiten Weg mit dem Blick auf Hügel und Waldland wie in Böhmen, preußische Truppen mit Fahnen und in mir noch im Traum der Gedanke, wie ich das schleunig Eurer Majestät melden könnte. Dieser Traum erfüllte sich, und ich erwachte froh und gestärkt aus ihm ...‹

Die Handlung des Traumes zerfällt in zwei Abschnitte: im ersten Teil gerät der Träumer in Bedrängnis, aus der er dann im zweiten auf wunderbare Weise erlöst wird. Die schwierige Lage, in der sich Roß und Reiter befinden, ist eine leicht kenntliche Traumdarstellung der kritischen Situation des Staatsmannes, die er am Abend vor dem Traume, über die Probleme seiner Politik nachdenkend, besonders bitter empfunden haben mochte. Mit der zur Darstellung gelangten gleichnisweisen Wendung schildert Bismarck selbst in der oben wiedergegebenen Briefstelle die Trostlosigkeit seiner damaligen Position; sie war ihm also durchaus geläufig und naheliegend. Nebstdem haben wir wohl auch ein schönes Beispiel von Silberers ›funktionalem Phänomen‹ vor uns [vgl. S. 483 ff.]. Die Vorgänge im Geiste des Träumers, der bei jeder von seinen Gedanken versuchten Lösung auf unübersteigliche Hindernisse stößt, seinen Geist aber trotzdem nicht von der Beschäftigung mit den Problemen losreißen kann und darf, sind sehr treffend durch den Reiter gegeben, der weder vorwärts noch rückwärts kann. Der Stolz, der ihm verbietet, an ein Nachgeben oder Zurücktreten zu denken, kommt im Traume durch die Worte ›Umkehren oder absitzen ... unmöglich‹ zum

Ausdruck. In seiner Eigenschaft als stets angestrengt Tätiger, der sich für fremdes Wohl plagt, lag es für Bismarck nahe, sich mit einem Pferde zu vergleichen, und er hat dies auch bei verschiedenen Gelegenheiten getan, z. B. in seinem bekannten Ausspruch: ›Ein wackeres Pferd stirbt in seinen Sielen‹. So ausgelegt bedeuten die Worte, daß ›das Pferd sich weigerte‹, nichts anderes, als daß der Übermüdete das Bedürfnis empfinde, sich von den Sorgen der Gegenwart abzuwenden, oder anders ausgedrückt, daß er im Begriffe stehe, sich von den Fesseln des Realitätsprinzips durch Schlaf und Traum zu befreien. Der Wunscherfüllung, die dann im zweiten Teil so stark zu Wort kommt, wird dann auch hier schon präludiert durch das Wort ›Alpenpfad‹. Bismarck wußte damals wohl schon, daß er seinen nächsten Urlaub in den Alpen – nämlich in Gastein – zubringen werde; der Traum, der ihn dahin versetzte, befreite ihn also mit einem Schlage von allen lästigen Staatsgeschäften. Im zweiten Teil werden die Wünsche des Träumers auf doppelte Weise – unverhüllt und greifbar, daneben noch symbolisch – als erfüllt dargestellt. Symbolisch durch das Verschwinden des hemmenden Felsens, an dessen Stelle ein breiter Weg – also der gesuchte Ausweg in bequemster Form – erscheint, unverhüllt durch den Anblick der vorrückenden preußischen Truppen. Man braucht zur Erklärung dieser prophetischen Vision durchaus nicht mystische Zusammenhänge zu konstruieren; die Freudsche Wunscherfüllungstheorie genügt vollständig. Bismarck ersehnte schon damals als den besten Ausgang aus den inneren Konflikten Preußens einen siegreichen Krieg mit Österreich. Wenn er die preußischen Truppen in Böhmen, also in Feindesland, mit ihren Fahnen sieht, so stellt ihm der Traum dadurch diesen Wunsch als erfüllt dar, wie es Freud postuliert. Individuell bedeutsam ist nur, daß der Träumer, mit dem wir uns hier beschäftigen, sich mit der Traumerfüllung nicht begnügte, sondern auch die reale zu erzwingen wußte. Ein Zug, der jedem Kenner der psychoanalytischen Deutungstechnik auffallen muß, ist die Reitgerte, die ›unendlich lang‹ wird. Gerte, Stock, Lanze und Ähnliches sind uns als phallische Symbole geläufig; wenn aber diese Gerte noch die auffallendste Eigenschaft des Phallus, die Ausdehnungsfähigkeit, besitzt, so kann kaum ein Zweifel bestehen. Die Übertreibung des Phänomens durch die Verlängerung ins ›Unendliche‹ scheint auf die infantile Überbesetzung[1] zu deuten. Das In-die-Hand-Nehmen der

1 [Sachs verwendet diesen Begriff offenbar lediglich im Sinne einer »zusätzlichen Besetzung« und nicht in dem speziellen Sinn, den Freud ihm unten auf S. 564, S. 572 und S. 584 gibt.]

Gerte ist eine deutliche Anspielung auf die Masturbation, wobei natürlich nicht an die aktuellen Verhältnisse des Träumers, sondern an weit zurückliegende Kinderlust zu denken ist. Sehr wertvoll ist hier die von Dr. Stekel [1909, 466 ff.] gefundene Deutung, nach der *links* im Traume das Unrecht, das Verbotene, die Sünde bedeutet, was auf die gegen ein Verbot betriebene Kinderonanie sehr gut anwendbar wäre. Zwischen dieser tiefsten, infantilen Schicht und der obersten, die sich mit den Tagesplänen des Staatsmannes beschäftigt, läßt sich noch eine Mittelschicht nachweisen, die mit beiden anderen in Beziehung steht. Der ganze Vorgang der wunderbaren Befreiung aus einer Not durch das Schlagen auf den Fels mit der Heranziehung Gottes als Helfer erinnert auffällig an eine biblische Szene, nämlich wie Moses für die dürstenden Kinder Israels aus dem Felsen Wasser schlägt. Die genaue Bekanntschaft mit dieser Stelle dürfen wir bei dem aus einem bibelgläubigen, protestantischen Hause hervorgegangenen Bismarck ohne weiteres annehmen. Mit dem Anführer Moses, dem das Volk, das er befreien will, mit Auflehnung, Haß und Undank lohnt, konnte sich Bismarck in der Konfliktszeit unschwer vergleichen. Dadurch wäre also die Anlehnung an die aktuellen Wünsche gegeben. Anderseits enthält die Bibelstelle manche Einzelheiten, die für die Masturbationsphantasie sehr gut verwertbar sind. Gegen das Gebot Gottes greift Moses zum Stock, und für diese Übertretung straft ihn der Herr, indem er ihm verkündet, daß er sterben müsse, ohne das gelobte Land zu betreten. Das verbotene Ergreifen des – im Traume unzweideutig phallischen – Stockes, das Erzeugen von Flüssigkeit durch das Schlagen damit und die Todesdrohung – damit haben wir alle Hauptmomente der infantilen Masturbation beisammen. Interessant ist die Bearbeitung, die jene beiden heterogenen Bilder, von denen eines aus der Psyche des genialen Staatsmannes, das andere aus den Regungen der primitiven Kinderseele stammt, durch Vermittlung der Bibelstelle zusammengeschweißt hat, wobei es ihr gelungen ist, alle peinlichen Momente wegzuwischen. Daß das Ergreifen des Stockes eine verbotene, aufrührerische Handlung ist, wird nur mehr durch die ›linke‹ Hand, mit der es geschieht, symbolisch angedeutet. Im manifesten Trauminhalt wird aber dabei Gott angerufen, wie um recht ostentativ jeden Gedanken an ein Verbot oder eine Heimlichkeit abzuweisen. Von den beiden Verheißungen Gottes an Moses, daß er das verheißene Land sehen, nicht betreten werde, wird die eine sehr deutlich als erfüllt dargestellt (›Blick auf Hügel und Waldland‹), die andere, höchst peinliche, gar nicht erwähnt. Das Wasser ist wahrscheinlich der sekundären Bearbeitung [vgl. S. 470 ff.], welche die Vereinheitlichung dieser Szene mit der vorigen erfolgreich anstrebte, zum Opfer gefallen, statt dessen stürzt der Fels selber.

Den Schluß einer infantilen Masturbationsphantasie, in der das Verbotsmotiv vertreten ist, müßten wir so erwarten, daß das Kind wünscht, die Autoritätspersonen seiner Umgebung möchten nichts von dem Geschehenen erfahren. Im Traume ist dieser Wunsch durch das Gegenteil, den Wunsch, das Vorgefallene dem König sogleich zu melden, ersetzt. Diese Umkehrung schließt sich aber ausgezeichnet und ganz unauffällig der in der obersten Schicht der Traumgedanken und in einem Teile des manifesten Trauminhaltes enthaltenen Siegesphantasie an. Ein solcher Sieges- und Eroberungstraum ist oft der Deckmantel eines erotischen Eroberungswunsches; einzelne Züge des Traumes, wie z. B., daß dem Eindringenden ein Widerstand entgegengesetzt wird, nach Anwendung der sich verlängernden Gerte aber ein breiter Weg erscheint, dürften dahin deuten, doch reichten sie nicht hin, um daraus eine bestimmte, den Traum durchziehende Gedanken- und Wunschrichtung zu ergründen. Wir sehen hier ein Musterbeispiel einer durchaus gelungenen Traumentstellung. Das Anstößige wurde überarbeitet, daß es nirgends über das Gewebe hinausragt, das als schützende Decke darübergebreitet ist. Die Folge davon ist, daß jede Entbindung von Angst hintertrieben werden konnte. Es ist ein Idealfall von gelungener Wunscherfüllung ohne Zensurverletzung, so daß wir begreifen können, daß der Träumer aus solchem Traum ›froh und gestärkt‹ erwachte.«

Ich schließe mit dem

12
Traum eines Chemikers [1909]

eines jungen Mannes, der sich bemühte, seine onanistischen Gewohnheiten gegen den Verkehr mit dem Weibe aufzugeben.

VORBERICHT: Am Tage vor dem Traume hat er einem Studenten Aufschluß über die Grignardsche Reaktion gegeben, bei welcher Magnesium unter katalytischer Jodeinwirkung in absolut reinem Äther aufzulösen ist. Zwei Tage vorher gab es bei der nämlichen Reaktion eine Explosion, bei der sich ein Arbeiter die Hand verbrannte.

TRAUM: I) *Er soll Phenylmagnesiumbromid machen, sieht die Apparatur besonders deutlich, hat aber sich selbst fürs Magnesium substituiert.*

Er ist nun in eigentümlich schwankender Verfassung, sagt sich immer: Es ist das Richtige, es geht, meine Füße lösen sich schon auf, meine Knie werden weich. Dann greift er hin, fühlt an seine Füße, nimmt inzwischen (er weiß nicht wie) seine Beine aus dem Kolben heraus, sagt sich wieder: Das kann nicht sein. – Ja doch, es ist richtig gemacht. Dabei erwacht er partiell, wiederholt sich den Traum, weil er ihn mir erzählen will. Er fürchtet sich direkt vor der Auflösung des Traumes, ist während dieses Halbschlafes sehr erregt und wiederholt sich beständig: Phenyl, Phenyl.

II) *Er ist mit seiner ganzen Familie in ***ing, soll um 1/212 Uhr beim Rendezvous am Schottentor mit jener gewissen Dame sein, wacht aber erst um 1/212 Uhr auf. Er sagt sich: Es ist jetzt zu spät; bis du hinkommst, ist es 1/21 Uhr. Im nächsten Moment sieht er die ganze Familie um den Tisch versammelt, besonders deutlich die Mutter und das Stubenmädchen mit dem Suppentopf. Er sagt sich dann: Nun, wenn wir schon essen, kann ich ja nicht mehr fort.*

ANALYSE: Er ist sicher, daß schon der erste Traum eine Beziehung zur Dame seines Rendezvous hat (der Traum ist in der Nacht vor der erwarteten Zusammenkunft geträumt). Der Student, dem er die Auskunft gab, ist ein besonders ekelhafter Kerl; er sagte ihm: Das ist nicht das Richtige, weil das Magnesium noch ganz unberührt war, und jener antwortete, als ob ihm gar nichts daran läge: Das ist halt nicht das Richtige. Dieser Student muß er selbst sein – er ist so gleichgültig gegen seine *Analyse*, wie jener für seine *Synthese* –, das Er im Traume, das die Operation vollzieht, aber ich. Wie ekelhaft muß er mir mit seiner Gleichgültigkeit gegen den Erfolg erscheinen!

Anderseits ist er dasjenige, womit die Analyse (Synthese) gemacht wird. Es handelt sich um das Gelingen der Kur. Die Beine im Traume erinnern an einen Eindruck von gestern abends. Er traf in der Tanzstunde mit einer Dame zusammen, die er erobern will; er drückte sie so fest an sich, daß sie einmal aufschrie. Als er mit dem Druck gegen ihre Beine aufhörte, fühlte er ihren kräftigen Gegendruck auf seinen Unterschenkeln bis oberhalb der Knie, an den im Traume erwähnten Stellen. In dieser Situation ist also das Weib das Magnesium in der Retorte, mit dem es endlich geht. Er ist feminin gegen mich, wie er viril gegen das Weib ist. Geht es mit der Dame, so geht es auch mit der Kur. Das Sichbefühlen und die Wahrnehmungen an seinen Knien deuten auf die Onanie und entsprechen seiner Müdigkeit vom Tage vorher. – Das Rendezvous war wirklich für 1/212 Uhr verabredet. Sein Wunsch, es zu verschlafen und

bei den häuslichen Sexualobjekten (d. h. bei der Onanie) zu bleiben, entspricht seinem Widerstande.
Zur Wiederholung des Namens Phenyl berichtet er: Alle diese Radikale auf yl haben ihm immer sehr gefallen, sie sind sehr bequem zu gebrauchen: Benzyl, Azetyl usw. Das erklärt nun nichts, aber als ich ihm das Radikal: *Schlemihl*[1] vorschlage, lacht er sehr und erzählt, daß er während des Sommers ein Buch von Prévost gelesen, und in diesem war im Kapitel: ›*Les exclus de l'amour*‹, allerdings von den »*Schlemiliés*« die Rede, bei deren Schilderung er sich sagte: Das ist mein Fall. – Schlemihlerei wäre es auch gewesen, wenn er das Rendezvous versäumt hätte.

Es scheint, daß die sexuelle Traumsymbolik bereits eine direkte experimentelle Bestätigung gefunden hat. Phil. Dr. K. Schrötter hat 1912 über Anregung von H. Swoboda bei tief hypnotisierten Personen Träume durch einen suggestiven Auftrag erzeugt, der einen großen Teil des Trauminhalts festlegte. Wenn die Suggestion den Auftrag brachte, vom normalen oder abnormen Sexualverkehr zu träumen, so führte der Traum diese Aufträge aus, indem er an Stelle des sexuellen Materials die aus der psychoanalytischen Traumdeutung bekannten Symbole einsetzte. So z. B. erschien nach der Suggestion, vom homosexuellen Verkehr mit einer Freundin zu träumen, im Traume diese Freundin mit einer schäbigen *Reisetasche* in der Hand, worauf ein Zettel klebte, bedruckt mit den Worten: »Nur für Damen.« Der Träumerin war angeblich von Symbolik im Traume und Traumdeutung niemals etwas bekanntgegeben worden. Leider wird die Einschätzung dieser bedeutsamen Untersuchung durch die unglückliche Tatsache gestört, daß Dr. Schrötter bald nachher durch Selbstmord endete. Von seinen Traumexperimenten berichtet bloß eine vorläufige Mitteilung im *Zentralblatt für Psychoanalyse* (Schrötter, 1912). [1914.]
Ähnliche Ergebnisse hat 1923 G. Roffenstein veröffentlicht. Besonders interessant erscheinen aber Versuche, die Betlheim und Hartmann angestellt haben, weil bei ihnen die Hypnose ausgeschaltet war. Diese Autoren (›Über Fehlreaktionen bei der Korsakoffschen Psychose‹, 1924) haben Kranken mit solcher Verworrenheit Geschichten grob sexuellen Inhalts erzählt und die Entstellung beachtet, welche bei der Reproduktion des Erzählten auftraten. Es zeigte sich, daß dabei die aus der Traumdeutung bekannten Symbole zum Vorschein kamen (Stiegen

[1] [Das vom Hebräischen hergeleitete Wort für »Pechvogel, unbeholfener Mensch«.]

steigen, stechen und schießen als Symbole des Koitus, Messer und Zigarette als Penissymbole). Ein besonderer Wert wird dem Erscheinen des Symbols der Stiege beigelegt, weil, wie die Autoren mit Recht bemerken, »eine derartige Symbolisierung einem bewußten Entstellungswunsch unerreichbar wäre«. [1925.]

Erst nachdem wir die Symbolik im Traume gewürdigt haben, können wir in der oben S. 279 abgebrochenen Behandlung der *typischen Träume* fortfahren. [1914.] Ich halte es für gerechtfertigt, diese Träume im groben in zwei Klassen einzuteilen, in solche, die wirklich jedesmal den gleichen Sinn haben, und zweitens in solche, die trotz des gleichen oder ähnlichen Inhalts doch die verschiedenartigsten Deutungen erfahren müssen. Von den typischen Träumen der ersten Art habe ich den Prüfungstraum bereits [S. 277 ff.] eingehender behandelt. [1909.]

Wegen des ähnlichen Affekteindruckes verdienen die Träume vom Nichterreichen eines Eisenbahnzuges den Prüfungsträumen angereiht zu werden. Ihre Aufklärung rechtfertigt dann diese Annäherung. Es sind Trostträume gegen eine andere im Schlaf empfundene Angstregung, die Angst zu sterben. »Abreisen« ist eines der häufigsten und am besten zu begründenden Todessymbole. Der Traum sagt dann tröstend: Sei ruhig, du wirst nicht sterben (abreisen), wie der Prüfungstraum beschwichtigte: Fürchte nichts; es wird dir auch diesmal nichts geschehen. Die Schwierigkeit im Verständnis beider Arten von Träumen rührt daher, daß die Angstempfindung gerade an den Ausdruck des Trostes geknüpft ist. [1911.]

Der Sinn der *»Zahnreizträume«* [vgl. S. 234] [1], die ich bei meinen Patienten oft genug zu analysieren hatte, ist mir lange Zeit entgangen, weil sich zu meiner Überraschung der Deutung derselben regelmäßig allzu große Widerstände entgegenstellten.
Endlich ließ die übergroße Evidenz keinen Zweifel daran, daß bei Männern nichts anderes als das Onaniegelüste der Pubertätszeit die Triebkraft dieser Träume abgebe. Ich will zwei solcher Träume analysieren, von denen einer gleichzeitig ein »Flugtraum« ist. Beide rühren von derselben Person her, einem jungen Manne mit starker, aber im Leben gehemmter Homosexualität:

[1] [Dieser und die nächsten Absätze bis Ende S. 379 stammen von 1909.]

Er befindet sich bei einer »Fidelio«-Vorstellung im Parkett der Oper, neben L., einer ihm sympathischen Persönlichkeit, deren Freundschaft er gern erwerben möchte. Plötzlich fliegt er schräg hinweg über das Parkett bis ans Ende, greift sich dann in den Mund und zieht sich zwei Zähne aus.

Den Flug beschreibt er selbst, als ob er in die Luft »geworfen« würde. Da es sich um eine Vorstellung des *Fidelio* handelt, liegt das Dichterwort nahe:

»Wer ein holdes Weib errungen –«

Aber das Erringen auch des holdesten Weibes gehört nicht zu den Wünschen des Träumers. Zu diesen stimmen zwei andere Verse besser:

»Wem der *große Wurf* gelungen,
Eines Freundes Freund zu sein...«[1]

Der Traum enthält nun diesen »großen Wurf«, der aber nicht allein Wunscherfüllung ist. Es verbirgt sich hinter ihm auch die peinliche Überlegung, daß er mit seinen Werbungen um Freundschaft schon so oft Unglück gehabt hat, »hinausgeworfen« wurde, und die Furcht, dieses Schicksal könnte sich bei dem jungen Manne, neben dem er die *Fidelio*-Vorstellung genießt, wiederholen. Und nun schließt sich daran das für den feinsinnigen Träumer beschämende Geständnis an, daß er einst nach einer Abweisung von Seite eines Freundes aus Sehnsucht zweimal hintereinander in sinnlicher Erregung onaniert hat.

Der andere Traum: *Zwei ihm bekannte Universitätsprofessoren behandeln ihn an meiner Statt. Der eine tut irgend etwas an seinem Gliede; er hat Angst vor einer Operation. Der andere stößt mit einer eisernen Stange gegen seinen Mund, so daß er ein oder zwei Zähne verliert. Er ist mit vier seidenen Tüchern gebunden.*

Der sexuelle Sinn dieses Traumes ist wohl nicht zweifelhaft. Die seidenen Tücher entsprechen einer Identifizierung mit einem ihm bekannten Homosexuellen. Der Träumer, der niemals einen Koitus ausgeführt, auch nie in der Wirklichkeit geschlechtlichen Verkehr mit Männern gesucht hat, stellt sich den sexuellen Verkehr nach dem Vorbilde der ihm einst vertrauten Pubertätsonanie vor.

---

[1] [Eingangszeilen des zweiten Verses von Schillers Lied *An die Freude*, von Beethoven in der 9. Symphonie vertont. Die weiter oben von Freud zitierte Zeile, eigentlich die dritte Zeile des Schillerschen Verses, ist jedoch auch der Anfang des letzten Teils des Schlußchors in Beethovens Oper *Fidelio* – sein Librettist hatte Schiller plagiiert.]

Ich meine, daß auch die häufigen Modifikationen des typischen Zahnreiztraumes, z. B. daß ein anderer dem Träumer den Zahn auszieht und ähnliches, durch die gleiche Aufklärung verständlich werden[1]. Rätselhaft mag es aber scheinen, wieso der »Zahnreiz« zu dieser Bedeutung gelangen kann. Ich mache hier auf die so häufige Verlegung von unten nach oben aufmerksam, die im Dienste der Sexualverdrängung steht[2] und vermöge welcher in der Hysterie allerlei Sensationen und Intentionen, die sich an den Genitalien abspielen sollten, wenigstens an anderen einwandfreien Körperteilen realisiert werden können. Ein Fall von solcher Verlegung ist es auch, wenn in der Symbolik des unbewußten Denkens die Genitalien durch das Angesicht ersetzt werden. Der Sprachgebrauch tut dabei mit, indem er »Hinterbacken« als Homologe der Wangen anerkennt, »Schamlippen« neben den Lippen nennt, welche die Mundspalte einrahmen. Die Nase wird in zahlreichen Anspielungen dem Penis gleichgestellt, die Behaarung hier und dort vervollständigt die Ähnlichkeit. Nur ein Gebilde steht außer jeder Möglichkeit von Vergleichung, die Zähne, und gerade dies Zusammentreffen von Übereinstimmung und Abweichung macht die Zähne für die Zwecke der Darstellung unter dem Drucke der Sexualverdrängung geeignet.

Ich will nicht behaupten, daß nun die Deutung des Zahnreiztraums als Onanietraum, an deren Berechtigung ich nicht zweifeln kann, voll durchsichtig geworden ist[3]. Ich gebe so viel, als ich zur Erklärung weiß, und muß einen Rest unaufgelöst lassen. Aber ich muß auch auf einen anderen im sprachlichen Ausdruck enthaltenen Zusammenhang hinweisen. In unseren Landen existiert eine unfeine Bezeichnung für den masturbatorischen Akt: sich einen ausreißen oder sich einen herunterreißen[4]. Ich weiß nicht zu sagen, woher diese Redeweisen stammen, welche Verbildlichung ihnen zugrunde liegt, aber zur ersteren von den beiden würde sich der »Zahn« sehr gut fügen.

---

[1] [*Zusatz 1914:*] Das Ausreißen eines Zahnes durch einen anderen ist zumeist als Kastration zu deuten (ähnlich wie das Haarschneiden durch den Friseur; Stekel). Es ist zu unterscheiden zwischen Zahnreizträumen und Zahnarztträumen überhaupt, wie solche z. B. Coriat (1913) mitgeteilt hat.

[2] [Beispiele hierzu finden sich in der Krankengeschichte der »Dora« (Freud, 1905 *e*, *Studienausgabe*, Bd. 6, S. 106 f. und S. 152, Anm.).]

[3] [*Zusatz 1909:*] Nach einer Mitteilung von C. G. Jung haben die Zahnreizträume bei Frauen die Bedeutung von Geburtsträumen. [*Zusatz 1919:*] E. Jones hat eine gute Bestätigung hiefür erbracht [1914 *b*]. Das Gemeinsame dieser Deutung mit der oben vertretenen liegt darin, daß es sich in beiden Fällen (Kastration – Geburt) um die Ablösung eines Teiles vom Körperganzen handelt.

[4] [*Zusatz 1911:*] Vgl. hiezu den »biographischen« Traum auf S. 343 [und Anm. 4].

Da die Träume vom Zahnziehen oder Zahnausfall[1] im Volksglauben auf den Tod eines Angehörigen gedeutet werden, die Psychoanalyse ihnen aber solche Bedeutung höchstens im oben angedeuteten parodistischen Sinn zugestehen kann, schalte ich hier einen von Otto Rank zur Verfügung gestellten »Zahnreiztraum« ein:

»Zum Thema der Zahnreizträume ist mir von einem Kollegen, der sich seit einiger Zeit für die Probleme der Traumdeutung lebhafter zu interessieren beginnt, der folgende Bericht zugekommen:

›*Mir träumte kürzlich, ich sei beim Zahnarzt, der mir einen rückwärtigen Zahn des Unterkiefers ausbohrt. Er arbeitet so lange herum, bis der Zahn unbrauchbar geworden ist. Dann faßt er ihn mit der Zange und zieht ihn mit einer spielenden Leichtigkeit heraus, die mich in Verwunderung setzt. Er sagt, ich solle mir nichts daraus machen, denn das sei gar nicht der eigentlich behandelte Zahn, und legt ihn auf den Tisch, wo der Zahn (wie mir nun scheint, ein oberer Schneidezahn) in mehrere Schichten zerfällt. Ich erhebe mich vom Operationsstuhl, trete neugierig näher und stelle interessiert eine medizinische Frage. Der Arzt erklärt mir, während er die einzelnen Teilstücke des auffallend weißen Zahnes sondert und mit einem Instrument zermalmt (pulverisiert), daß das mit der Pubertät zusammenhängt und daß die Zähne nur vor der Pubertät so leicht herausgehen; bei Frauen sei das hiefür entscheidende Moment die Geburt eines Kindes.*‹

›Ich merke dann (wie ich glaube im Halbschlaf), daß dieser Traum von einer Pollution begleitet war, die ich aber nicht mit Sicherheit an eine bestimmte Stelle des Traumes einzureihen weiß; am ehesten scheint sie mir noch beim Herausziehen des Zahnes eingetreten zu sein.‹

›Ich träume dann weiter einen mir nicht mehr erinnerlichen Vorgang, der damit abschloß, *daß ich, Hut und Rock in der Hoffnung, man werde mir die Kleidungsstücke nachbringen, irgendwo (möglicherweise in der Garderobe des Zahnarztes) zurücklassend und bloß mit dem Überrock bekleidet, mich beeilte, einen abgehenden Zug noch zu erreichen. Es gelang mir auch im letzten Moment, auf den rückwärtigen Waggon aufzuspringen, wo bereits jemand stand. Ich konnte jedoch nicht mehr in das Innere des Wagens gelangen, sondern mußte in einer unbequemen Stellung, aus der ich mich mit schließlichem Erfolg zu befreien versuchte, die Reise mitmachen. Wir fahren durch einen großen Tunnel, wobei in*

[1] [Dieser Absatz und das folgende Rank-Zitat (von hier bis S. 384) erscheinen erstmals in der Ausgabe von 1911. Das Zitat stammt aus Rank, 1911 *c*. Vgl. den Stiegentraum desselben Träumers auf S. 361 f.]

der Gegenrichtung zwei Züge wie durch unseren Zug hindurchfahren, als ob dieser der Tunnel wäre. Ich schaue wie von außen durch ein Waggonfenster hinein.‹

›Als Material zu einer Deutung dieses Traumes ergeben sich folgende Erlebnisse und Gedanken des Vortages:

I. Ich stehe tatsächlich seit kurzem in zahnärztlicher Behandlung und habe zur Zeit des Traumes kontinuierlich Schmerzen in dem Zahn des Unterkiefers, der im Traume angebohrt wird und an dem der Arzt auch in Wirklichkeit schon länger herumarbeitet, als mir lieb ist. Am Vormittag des Traumtages war ich neuerlich wegen der Schmerzen beim Arzt gewesen, der mir nahegelegt hatte, einen anderen als den behandelten Zahn im selben Kiefer ziehen zu lassen, von dem wahrscheinlich der Schmerz herrühren dürfte. Es handelte sich um einen eben durchbrechenden ›Weisheitszahn‹. Ich hatte bei der Gelegenheit auch eine darauf bezügliche Frage an sein ärztliches Gewissen gestellt.‹

›II. Am Nachmittag desselben Tages war ich genötigt, einer Dame gegenüber meine üble Laune mit den Zahnschmerzen entschuldigen zu müssen, worauf sie mir erzählte, sie habe Furcht, sich eine Wurzel ziehen zu lassen, deren Krone fast gänzlich abgebröckelt sei. Sie meinte, das Ziehen wäre bei den Augenzähnen besonders schmerzhaft und gefährlich, obwohl ihr andererseits eine Bekannte gesagt habe, daß es bei den Zähnen des Oberkiefers (um einen solchen handelte es sich bei ihr) leichter gehe. Diese Bekannte habe ihr auch erzählt, ihr sei einmal in der Narkose ein falscher Zahn gezogen worden, eine Mitteilung, welche ihre Scheu vor der notwendigen Operation nur vermehrt habe. Sie fragte mich dann, ob unter Augenzähnen Backen- oder Eckzähne zu verstehen seien und was über diese bekannt sei. Ich machte sie einerseits auf den abergläubischen Einschlag in all diesen Meinungen aufmerksam, ohne jedoch die Betonung des richtigen Kernes mancher volkstümlichen Anschauungen zu versäumen. Sie weiß darauf von einem ihrer Erfahrung nach sehr alten und allgemein bekannten Volksglauben zu berichten, der behauptet: *Wenn eine Schwangere Zahnschmerzen hat, so bekommt sie einen Buben.*‹

›III. Dieses Sprichwort interessierte mich mit Rücksicht auf die von Freud in seiner *Traumdeutung* (2. Aufl., S. 193 f.) mitgeteilte typische Bedeutung der Zahnreizträume als Onanieersatz, da ja auch in dem Volksspruch der Zahn und das männliche Genitale (Bub) in eine gewisse Beziehung gebracht werden. Ich las also am Abend desselben Tages die betreffende Stelle in der *Traumdeutung* nach und fand dort unter anderem die im folgenden wiedergegebenen Ausführungen, deren Einfluß auf meinen Traum ebenso leicht zu erkennen ist wie die Einwirkung der beiden vorgenannten Erlebnisse. Freud schreibt von den Zahnreizträumen, »daß bei Männern nichts anderes als das Onaniegelüste der *Pubertätszeit* die Triebkraft dieser Träume abgebe« [S. 377]. Ferner: »Ich meine, daß auch die häufigen Modifikationen des typischen Zahnreiztraumes, z. B. daß ein anderer dem Träumer den Zahn auszieht und ähnliches, durch die gleiche Aufklärung verständlich werden. Rätselhaft mag es aber scheinen, wieso der Zahnreiz zu dieser Bedeutung gelangen kann. Ich mache hier auf die so häufige *Verlegung von unten nach oben*‹ (im vorliegenden Traume auch vom Unterkiefer in den Oberkiefer) ›aufmerksam, die im Dienste der Sexualverdrängung steht und vermöge welcher in der Hysterie allerlei Sensationen und Intentionen, die sich an den Genitalien abspielen sollten, wenigstens an anderen einwandfreien Körperstellen realisiert werden können« [S. 379]. »Aber ich muß auch auf einen anderen im sprachlichen Ausdruck enthaltenen Zusammenhang hinweisen. In unseren Landen existiert eine unfeine Bezeichnung für den masturbatorischen Akt: sich einen ausreißen oder sich einen herunterreißen« [S. 379]. Dieser Ausdruck war mir schon in früher Jugend als Bezeichnung für die Onanie geläufig, und von hier aus wird der geübte Traumdeuter unschwer den Zugang zum Kindheitsmaterial, das diesem Traume zugrunde liegen mag, finden. Ich erwähne nur noch, daß die Leichtigkeit, mit der im Traum der Zahn, der sich nach dem Ziehen in einen oberen Schneidezahn verwandelt, herausgeht, mich an einen Vorfall meiner Kinderzeit erinnert, wo ich mir einen wackligen *oberen Vorderzahn* leicht und schmerzlos *selbst ausriß*. Dieses Ereignis, das mir heute noch in allen Einzelheiten deutlich erinnerlich ist, fällt in dieselbe frühe Zeit, in die bei mir die ersten bewußten Onanieversuche zurückgehen (Deckerinnerung).‹

›Der Hinweis Freuds auf eine Mitteilung von C. Jung, wonach die Zahnreizträume bei Frauen die Bedeutung von *Geburtsträumen* haben (*Traumdeutung*, 2. Aufl., S. 194 Anm. [s. oben, S. 379, Anm. 3]), sowie der Volksglaube von der Bedeutung des Zahnschmerzes bei Schwangeren haben die Gegenüberstellung der weiblichen Bedeutung gegenüber der männlichen (Pubertät) im Traume veranlaßt. Dazu erinnere ich mich eines früheren Traumes, wo mir, bald nachdem ich aus der Behandlung eines Zahnarztes entlassen worden war, träumte, daß mir die eben eingesetzten Goldkronen herausfielen, worüber ich mich wegen des bedeutenden Kostenaufwandes, den ich damals noch nicht ganz verschmerzt hatte, im Traume sehr ärgerte. Dieser Traum wird mir jetzt im Hinblick auf ein gewisses Erlebnis als Anpreisung der materiellen Vorzüge der Masturbation gegenüber der in jeder Form ökonomisch nachteiligeren Objektliebe verständlich (Goldkronen), und ich glaube, daß die Mitteilung jener Dame über die Bedeutung des Zahnschmerzes bei Schwangeren diese Gedankengänge in mir wieder wachrief.‹

So weit die ohne weiteres einleuchtende und, wie ich glaube, auch einwandfreie Deutung des Kollegen, der ich nichts hinzuzufügen habe als etwa den Hinweis auf den wahrscheinlichen Sinn des zweiten Traumteiles, der über die Wortbrücken: Zahn-(ziehen-Zug; reißen-reisen) den allem Anschein nach unter Schwierigkeiten vollzogenen Übergang des Träumers von der Masturbation zum Geschlechtsverkehr (Tunnel, durch den die Züge in verschiedenen Richtungen hinein- und herausfahren) sowie die Gefahren desselben (Schwangerschaft; Überzieher [S. 198]) darstellt.

Dagegen scheint mir der Fall theoretisch nach zwei Richtungen interessant. Erstens ist es beweisend für den von Freud aufgedeckten Zusammenhang, daß die Ejakulation im Traume beim Akt des Zahnziehens erfolgt. Sind wir doch genötigt, die Pollution, in welcher Form immer sie auftreten mag, als eine masturbatorische Befriedigung anzusehen, welche ohne Zuhilfenahme mechanischer Reizungen zustande kommt. Dazu kommt, daß in diesem Falle die pollutionistische Befriedigung nicht, wie sonst, an einem wenn auch nur imaginierten Objekt erfolgt, sondern objektlos, wenn man so sagen darf, rein autoerotisch ist und höchstens einen leisen homosexuellen Einschlag (Zahnarzt) erkennen läßt.

Der zweite Punkt, der mir der Hervorhebung wert erscheint, ist folgender: Es liegt der Einwand nahe, daß die Freudsche Auffassung hier ganz überflüssigerweise geltend gemacht zu werden suche, da doch die Erlebnisse des Vortages allein vollkommen hinreichen, uns den Inhalt des Traumes verständlich zu machen. Der Besuch beim Zahnarzt, das Gespräch mit der Dame und die Lektüre der *Traumdeutung* erklärten hinreichend, daß der auch nachts durch Zahnschmerzen beunruhigte Schläfer diesen Traum produziere; wenn man durchaus wolle, sogar zur Beseitigung des schlafstörenden Schmerzes (mittels der Vorstellung von der Entfernung des schmerzenden Zahnes bei gleichzeitiger Übertönung der gefürchteten Schmerzempfindung durch Libido). Nun wird man aber selbst bei den weitestgehenden Zugeständnissen in dieser Richtung die

Behauptung nicht ernsthaft vertreten wollen, daß die Lektüre der Freudschen Aufklärungen den Zusammenhang von Zahnziehen und Masturbationsakt in dem Träumer hergestellt oder auch nur wirksam gemacht haben könnte, wenn er nicht, wie der Träumer selbst eingestanden hat (›sich einen ausreißen‹), längst vorgebildet gewesen wäre. Was vielmehr diesen Zusammenhang neben dem Gespräch mit der Dame belebt haben mag, ergibt die spätere Mitteilung des Träumers, daß er bei der Lektüre der *Traumdeutung* aus begreiflichen Gründen an diese typische Bedeutung der Zahnreizträume nicht recht glauben mochte und den Wunsch hegte zu wissen, ob dies für alle derartigen Träume zutreffe. Der Traum bestätigt ihm nun das wenigstens für seine eigene Person und zeigt ihm so, warum er daran zweifeln mußte. Der Traum ist also auch in dieser Hinsicht die Erfüllung eines Wunsches, nämlich sich von der Tragweite und der Haltbarkeit dieser Freudschen Auffassung zu überzeugen.«

Zur zweiten Gruppe von typischen Träumen gehören die, in denen man fliegt oder schwebt, fällt, schwimmt u. dgl. Was bedeuten diese Träume? Das ist allgemein nicht zu sagen. Sie bedeuten, wie wir hören werden, in jedem Falle etwas anderes, nur das Material an Sensationen, das sie enthalten, stammt allemal aus derselben Quelle. [1909.]

Aus den Auskünften, die man durch die Psychoanalysen erhält, muß man schließen, daß auch diese Träume Eindrücke der Kinderzeit wiederholen, nämlich sich auf die Bewegungsspiele beziehen, die für das Kind eine so außerordentliche Anziehung haben. Welcher Onkel hat nicht schon ein Kind fliegen lassen, indem er, die Arme ausstreckend, durchs Zimmer mit ihm eilte, oder Fallen mit ihm gespielt, indem er es auf den Knien schaukelte und das Bein plötzlich streckte oder es hochhob und plötzlich tat, als ob er ihm die Unterstützung entziehen wollte. Die Kinder jauchzen dann und verlangen unermüdlich nach Wiederholung, besonders wenn etwas Schreck und Schwindel mit dabei ist; dann schaffen sie sich nach Jahren die Wiederholung im Traume, lassen aber im Traume die Hände weg, die sie gehalten haben, so daß sie nun frei schweben und fallen. Die Vorliebe aller kleinen Kinder für solche Spiele wie für Schaukeln und Wippen ist bekannt; wenn sie dann gymnastische Kunststücke im Zirkus sehen, wird die Erinnerung von neuem aufgefrischt. Bei manchen Knaben besteht dann der hysterische Anfall nur aus Reproduktionen solcher Kunststücke, die sie mit großer Geschicklichkeit ausführen. Nicht selten sind bei diesen an sich harmlosen Bewegungsspielen auch sexuelle Empfindungen wachgerufen worden. Um es mit einem bei uns gebräuchlichen, all diese Veranstaltungen deckenden Worte zu sagen: es ist das »Hetzen« in der Kindheit, welches die Träume vom Fliegen, Fallen, Schwindel u. dgl. wiederholen, dessen Lustgefühle jetzt in Angst verkehrt sind. Wie aber jede Mutter weiß, ist auch das Hetzen der Kinder in Wirklichkeit häufig genug in Zwist und Weinen ausgegangen. [1900.]

Ich habe also guten Grund, die Erklärung abzulehnen, daß der Zustand unserer Hautgefühle während des Schlafes, die Sensationen von der Bewegung unserer Lungen u. dgl. die Träume vom Fliegen und Fallen hervorrufen. Ich sehe, daß diese Sensationen selbst aus der Erinnerung reproduziert sind, auf welche der Traum sich bezieht, daß sie also Trauminhalt sind und nicht Traumquellen [1]. [1900.]

Dieses gleichartige und aus der nämlichen Quelle stammende Material von Bewegungsempfindungen wird nun zur Darstellung der allermannigfaltigsten Traumgedanken verwendet. Die meist lustbetonten Träume vom Fliegen oder Schweben erfordern die verschiedensten Deutungen, ganz spezielle bei einigen Personen, Deutungen von selbst typischer Natur bei anderen. Eine meiner Patientinnen pflegte sehr häufig zu träumen, daß sie über die Straße in einer gewissen Höhe schwebe, ohne den Boden zu berühren. Sie war sehr klein gewachsen und scheute jede Beschmutzung, die der Verkehr mit Menschen mit sich bringt. Ihr Schwebetraum erfüllte ihr beide Wünsche, indem er ihre Füße vom Erdboden abhob und ihr Haupt in höhere Regionen ragen ließ. Bei anderen Träumerinnen hatte der Fliegetraum die Bedeutung der Sehnsucht: Wenn ich ein Vöglein wär'; andere wurden so nächtlicherweise zu Engeln, in der Entbehrung, bei Tage so genannt zu werden. Die nahe Verbindung des Fliegens mit der Vorstellung des Vogels macht es verständlich, daß der Fliegetraum bei Männern meist eine grobsinnliche Bedeutung hat. Wir werden uns auch nicht verwundern zu hören, daß dieser oder jener Träumer jedesmal sehr stolz auf sein Fliegenkönnen ist. [1909.]

Dr. Paul Federn (Wien) hat die bestechende Vermutung ausgesprochen [2], daß ein guter Teil dieser Fliegeträume Erektionsträume sind, da das merkwürdige und die menschliche Phantasie unausgesetzt beschäftigende

---

[1] [*Zusatz 1930:*] Der Absatz [eigentlich die letzten beiden Absätze] über die Bewegungsträume ist des Zusammenhanges halber hier wiederholt. Vgl. S. 275 f. [dort finden sich auch einige ergänzende Anmerkungen].

[2] [Auf einer Zusammenkunft der Wiener Psychoanalytischen Vereinigung. S. Federns anschließend veröffentlichten Artikel zu diesem Thema (Federn, 1914, 126).]

Phänomen der Erektion als Aufhebung der Schwerkraft imponieren muß. (Vgl. hiezu die geflügelten Phallen der Antike.) [1911.]
Es ist bemerkenswert, daß der nüchterne und eigentlich jeder Deutung abgeneigte Traumexperimentator Mourly Vold gleichfalls die erotische Deutung der Fliege-(Schwebe-)Träume vertritt (1910–12, Bd. 2, 791). Er nennt die Erotik das »wichtigste Motiv zum Schwebetraum«, beruft sich auf das starke Vibrationsgefühl im Körper, welches diese Träume begleitet, und auf die häufige Verbindung solcher Träume mit Erektionen oder Pollutionen. [1914.]
Die Träume vom *Fallen* tragen häufiger den Angstcharakter. Ihre Deutung unterliegt bei Frauen keiner Schwierigkeit, da sie fast regelmäßig die symbolische Verwendung des Fallens akzeptieren, welches die Nachgiebigkeit gegen eine erotische Versuchung umschreibt. Die infantilen Quellen des Falltraumes haben wir noch nicht erschöpft; fast alle Kinder sind gelegentlich gefallen und wurden dann aufgehoben und geliebkost; wenn sie nachts aus dem Bettchen gefallen waren, von ihrer Pflegeperson in ihr Bett genommen. [1909.]
Personen, die häufig vom *Schwimmen* träumen, mit großem Behagen die Wellen teilen usw., sind gewöhnlich Bettnässer gewesen und wiederholen nun im Traume eine Lust, auf die sie seit langer Zeit zu verzichten gelernt haben. Zu welcher Darstellung sich die Träume vom Schwimmen leicht bieten, werden wir bald [s. S. 390 ff.] an dem einen oder dem anderen Beispiele erfahren. [1909.]
Die Deutung der Träume vom *Feuer* gibt einem Verbot der Kinderstube recht, welches die Kinder nicht »zündeln« heißt, damit sie nicht nächtlicherweile das Bett nässen sollen. Es liegt nämlich auch ihnen die Reminiszenz an die Enuresis nocturna der Kinderjahre zugrunde. In dem ›Bruchstück einer Hysterie-Analyse‹ (1905 *e*)[1] habe ich die vollständige Analyse und Synthese eines solchen Feuertraumes im Zusammenhange mit der Krankengeschichte der Träumerin gegeben und gezeigt, zur Darstellung welcher Regungen reiferer Jahre sich dieses infantile Material verwenden läßt. [1911.]

Man könnte noch eine ganze Anzahl von »typischen« Träumen anführen, wenn man darunter die Tatsache der häufigen Wiederkehr des gleichen manifesten Trauminhalts bei verschiedenen Träumern versteht, so z. B.: Die Träume vom Gehen durch enge Gassen, vom Gehen durch eine ganze Flucht von Zimmern [vgl. S. 223], die Träume vom nächt-

[1] [Abschnitt II, »Doras« erster Traum.]

lichen Räuber, dem auch die Vorsichtsmaßregeln der Nervösen vor dem Schlafengehen gelten [vgl. S. 394], die von Verfolgung durch wilde Tiere (Stiere, Pferde) [vgl. S. 399] oder von Bedrohung mit Messern, Dolchen, Lanzen, die beide letztere für den manifesten Trauminhalt von Angstleidenden charakteristisch sind, u. dgl. Eine Untersuchung, die sich speziell mit diesem Material beschäftigen würde, wäre sehr dankenswert. Ich habe an ihrer Statt zwei[1] Bemerkungen zu bieten, die sich aber nicht ausschließlich auf typische Träume beziehen. [1909.]

Je mehr man sich mit der Lösung von Träumen beschäftigt, desto bereitwilliger muß man anerkennen, daß die Mehrzahl der Träume Erwachsener sexuelles Material behandelt und erotische Wünsche zum Ausdruck bringt. Nur wer wirklich Träume analysiert, d. h. vom manifesten Inhalt derselben zu den latenten Traumgedanken vordringt, kann sich ein Urteil hierüber bilden, nie wer sich damit begnügt, den manifesten Inhalt zu registrieren (wie z. B. Näcke in seinen Arbeiten über sexuelle Träume). Stellen wir gleich fest, daß diese Tatsache uns nichts Überraschendes bringt, sondern in voller Übereinstimmung mit unseren Grundsätzen der Traumerklärung steht. Kein anderer Trieb hat seit der Kindheit so viel Unterdrückung erfahren müssen wie der Sexualtrieb in seinen zahlreichen Komponenten[2], von keinem anderen erübrigen so viele und so starke unbewußte Wünsche, die nun im Schlafzustande traumerzeugend wirken. Man darf bei der Traumdeutung diese Bedeutung sexueller Komplexe niemals vergessen, darf sie natürlich auch nicht zur Ausschließlichkeit übertreiben. [1909.]

An vielen Träumen wird man bei sorgfältiger Deutung feststellen können, daß sie selbst bisexuell zu verstehen sind, indem sie eine unabweisbare Überdeutung ergeben, in welcher sie homosexuelle, d. h. der normalen Geschlechtsbetätigung der träumenden Person entgegengesetzte Regungen realisieren. Daß aber alle Träume bisexuell zu deuten seien, wie W. Stekel[3] und Alf. Adler[4] behaupten, scheint mir eine ebenso un-

---

[1] [Dies »zwei« ist ein Überbleibsel aus den Ausgaben von 1909 und 1911, in denen sämtliche Erwägungen über »typische« Träume in Kapitel V zusammengefaßt waren. In den späteren Ausgaben sind diese Passagen allerdings durch Hinzufügung neuen Materials ganz erheblich erweitert worden. In der Auflage des Jahres 1909 nahmen die »zwei Bemerkungen« zusammen nur etwa fünf Seiten ein, 1930 dagegen zweiundvierzig.]

[2] Vgl. des Verf. *Drei Abhandlungen zur Sexualtheorie*, 1905 *d*.

[3] *Die Sprache des Traumes*, 1911 [71].

[4] ›Der psychische Hermaphroditismus im Leben und in der Neurose‹ (1910) und spätere Arbeiten im *Zentbl. Psychoanal.*, Bd. 1 (1910–11).

beweisbare wie unwahrscheinliche Verallgemeinerung, welche ich nicht vertreten möchte. Ich wüßte vor allem den Augenschein nicht wegzuschaffen, daß es zahlreiche Träume gibt, welche andere als – im weitesten Sinne – erotische Bedürfnisse befriedigen, die Hunger- und Durstträume, Bequemlichkeitsträume usw. Auch die ähnlichen Aufstellungen, »daß hinter jedem Traum die Todesklausel zu finden sei« (Stekel [1911, 34]), daß jeder Traum ein »Fortschreiten von der weiblichen zur männlichen Linie« erkennen lasse (Adler [1910]), scheinen mir das Maß des in der Traumdeutung Zulässigen weit zu überschreiten. [1911.] – Die Behauptung, daß *alle Träume eine sexuelle Deutung erfordern*, gegen welche in der Literatur unermüdlich polemisiert wird, ist meiner *Traumdeutung* fremd. Sie ist in sieben Auflagen dieses Buches nicht zu finden und steht in greifbarem Widerspruch zu anderem Inhalt desselben. [1919.] [1]

Daß die auffällig *harmlosen* Träume durchwegs grobe erotische Wünsche verkörpern, haben wir bereits an anderer Stelle [S. 195 ff.] behauptet und könnten wir durch zahlreiche neue Beispiele erhärten. Aber auch viele indifferent scheinende Träume, denen man nach keiner Richtung etwas Besonderes anmerken würde, führen sich nach der Analyse auf unzweifelhaft sexuelle Wunschregungen oft unerwarteter Art zurück. Wer würde z. B. bei nachfolgendem Traume einen sexuellen Wunsch vor der Deutungsarbeit vermuten? Der Träumer erzählt: *Zwischen zwei stattlichen Palästen steht etwas zurücktretend ein kleines Häuschen, dessen Tore geschlossen sind. Meine Frau führt mich das Stück der Straße bis zu dem Häuschen hin, drückt die Tür ein, und dann schlüpfe ich rasch und leicht in das Innere eines schräg aufsteigenden Hofes.* [1909.]

Wer einige Übung im Übersetzen von Träumen hat, wird allerdings sofort daran gemahnt werden, daß das Eindringen in enge Räume, das Öffnen verschlossener Türen zur gebräuchlichsten sexuellen Symbolik gehört, und wird mit Leichtigkeit in diesem Traume eine Darstellung eines Koitusversuches von rückwärts (zwischen den beiden stattlichen Hinterbacken des weiblichen Körpers) finden. Der enge, schräg aufsteigende Gang ist natürlich die Scheide; die der Frau des Träumers zugeschobene Hilfeleistung nötigt zur Deutung, daß in Wirklichkeit nur die Rücksicht auf die Ehefrau die Abhaltung von einem solchen Versuche besorgt, und eine Erkundigung ergibt, daß am Traumtag ein junges Mädchen in den Haushalt des Träumers eingetreten ist, welches sein Wohlgefallen erregt und ihm den Eindruck gemacht hat, als würde es

[1] [Diesen Punkt behandelt Freud ausführlicher auf S. 175, Anm.]

sich gegen eine derartige Annäherung nicht zu sehr sträuben. Das kleine Haus zwischen den zwei Palästen ist von einer Reminiszenz an den Hradschin in Prag hergenommen und weist somit auf das nämliche aus dieser Stadt stammende Mädchen hin. [1909.]

Wenn ich gegen Patienten die Häufigkeit des Ödipustraumes, mit der eigenen Mutter geschlechtlich zu verkehren, betone, so bekomme ich zur Antwort: Ich kann mich an einen solchen Traum nicht erinnern. Gleich darauf steigt aber die Erinnerung an einen anderen, unkenntlichen und indifferenten Traum auf, der sich bei dem Betreffenden häufig wiederholt hat, und die Analyse zeigt, daß dies ein Traum des gleichen Inhalts, nämlich wiederum ein Ödipustraum ist. Ich kann versichern, daß die verkappten Träume vom Sexualverkehre mit der Mutter um ein Vielfaches häufiger sind als die aufrichtigen[1]. [1909.]

---

[1] [*Zusatz 1911:*] Ein typisches Beispiel eines solchen verkappten Ödipustraumes habe ich in Nr. 1 des *Zentralblattes für Psychoanalyse* veröffentlicht. [Freud, 1910 *l*; jetzt am Schluß dieser Anm. abgedruckt]; ein anderes mit ausführlicher Deutung O. Rank (1911 *a*). – [*Zusatz 1914:*] Über andere verkappte Ödipusträume, in denen die Symbolik des Auges hervortritt, siehe Rank (1913). Daselbst auch Arbeiten über »Augenträume« und Augensymbolik von Eder [1913], Ferenczi [1913], Reitler [1913 *a*]. Die Blendung in der Ödipussage wie anderwärts als Stellvertretung der Kastration. – [*Zusatz 1911:*] Den Alten war übrigens auch die symbolische Deutung der unverhüllten Ödipusträume nicht fremd. (Vgl. O. Rank, 1910, 534): »So ist von Julius Cäsar ein Traum vom geschlechtlichen Verkehr mit der Mutter überliefert, den die Traumdeuter als günstiges Vorzeichen für die Besitzergreifung der Erde *(Mutter – Erde)* auslegten. Ebenso bekannt ist das den Tarquiniern gegebene Orakel, demjenigen von ihnen werde die Herrschaft Roms zufallen, der zuerst die *Mutter küsse (osculum matri tulerit),* was Brutus als Hinweis auf die *Mutter-Erde* auffaßte *(terram osculo contigit, scilicet quod ea communis mater omnium mortalium esset.* [»Brutus ... küßte ... die Erde, als die gemeinsame Mutter aller Sterblichen.« Übersetzt von C. F. Klaiber] Livius I, LVI). – [*Zusatz 1914:*] Vgl. hiezu den Traum des Hippias bei Herodot VI, 107: »Die Barbaren aber führte Hippias nach Marathon, nachdem er in der vergangenen Nacht folgendes Traumgesicht gehabt: Es deuchte dem Hippias, er schliefe bei seiner eigenen Mutter. Aus diesem Traume schloß er nun, er würde heimkommen nach Athen und seine Herrschaft wieder erhalten und im Vaterlande sterben in seinen alten Tagen.« [*Zusatz 1911:*] Diese Mythen und Deutungen weisen auf eine richtige psychologische Erkenntnis hin. Ich habe gefunden, daß die Personen, die sich von der Mutter bevorzugt oder ausgezeichnet wissen, im Leben jene besondere Zuversicht zu sich selbst, jenen unerschütterlichen Optimismus bekunden, die nicht selten als heldenhaft erscheinen und den wirklichen Erfolg erzwingen. [In seiner Arbeit ›Eine Kindheitserinnerung aus *Dichtung und Wahrheit*‹ (1917 *b*) erwähnt Freud Goethe als Beispiel für den Lebenserfolg eines Lieblingskindes der Mutter (*Studienausgabe,* Bd. 10, S. 265–6).

Der Abdruck der kurzen Arbeit Freuds (1910 *l*), die zu Anfang der vorliegenden Anm. erwähnt ist, folgt, von der Ausgabe von 1925 an, an dieser Stelle:]

Typisches Beispiel eines verkappten Ödipustraumes:

Ein Mann träumt: *Er hat ein geheimes Verhältnis mit einer Dame, die ein anderer heiraten will. Er ist besorgt, daß dieser andere das Verhältnis entdecken könnte, so daß aus der Heirat nichts werde, und benimmt sich darum sehr zärtlich gegen den Mann; er schmiegt sich an ihn und küßt ihn.* – Die Tatsachen im Leben des Träumers berühren

Es gibt Träume von Landschaften oder Örtlichkeiten, bei denen im Traume noch die Sicherheit betont wird: Da war ich schon einmal. [1909.] Dieses *»déjà vu«* hat aber im Traum eine besondere Bedeutung[1]. [1914.] Diese Örtlichkeit ist dann immer das Genitale der Mutter; in der Tat kann man von keiner anderen mit solcher Sicherheit behaupten, daß man »dort schon einmal war«. [1909.] Ein einziges Mal brachte mich ein Zwangsneurotiker durch die Mitteilung eines Traumes in Verlegenheit, in dem es hieß, er besuche eine Wohnung, in der er schon *zweimal* gewesen sei. Gerade dieser Patient hatte mir aber längere Zeit vorher als Begebenheit aus seinem sechsten Lebensjahre erzählt, er habe damals einmal das Bett der Mutter geteilt und die Gelegenheit dazu mißbraucht, den Finger ins Genitale der Schlafenden einzuführen. [1914.]

Einer großen Anzahl von Träumen, die häufig angsterfüllt sind, oft das Passieren von engen Räumen oder den Aufenthalt im Wasser zum Inhalt haben, liegen Phantasien über das Intrauterinleben, das Verweilen im Mutterleibe und den Geburtstakt zugrunde. Im folgenden gebe ich den Traum eines jungen Mannes wieder, der in der Phantasie schon die intrauterine Gelegenheit zur Belauschung eines Koitus zwischen den Eltern benutzt. [1909.]

»Er befindet sich in einem tiefen Schacht, in dem ein Fenster ist wie im Semmeringtunnel. Durch dieses sieht er zuerst leere Landschaft, und dann komponiert er ein Bild hinein, welches dann auch sofort da ist und die Leere ausfüllt. Das Bild stellt einen Acker dar, der vom Instrument tief aufgewühlt wird, und die schöne Luft, die Idee der gründlichen Ar-

den Inhalt dieses Traumes nur in einem Punkte. Er unterhält ein geheimes Verhältnis mit einer verheirateten Frau, und eine vieldeutige Äußerung ihres Mannes, mit dem er befreundet ist, hat den Verdacht bei ihm geweckt, daß dieser etwas gemerkt haben könnte. Aber in der Wirklichkeit spielt noch etwas anderes mit, dessen Erwähnung im Traume vermieden wird und das doch allein den Schlüssel zum Verständnis des Traumes gibt. Das Leben des Ehemannes ist durch ein organisches Leiden bedroht. Seine Frau ist auf die Möglichkeit seines plötzlichen Todes vorbereitet, und unser Träumer beschäftigt sich bewußt mit dem Vorsatze, nach dem Hinscheiden des Mannes die junge Witwe zur Frau zu nehmen. Durch diese äußere Situation findet sich der Träumer in die Konstellation des Ödipustraumes versetzt; sein Wunsch kann den Mann töten, um die Frau zum Weib zu gewinnen; sein Traum gibt diesem Wunsch in heuchlerischer Entstellung Ausdruck. Anstatt des Verheiratetseins mit dem anderen setzt er ein, daß ein anderer sie erst heiraten will, was seiner eigenen geheimen Absicht entspricht, und die feindseligen Wünsche gegen den Mann verbergen sich hinter demonstrativen Zärtlichkeiten, die aus der Erinnerung an seinen kindlichen Verkehr mit dem Vater stammen. [Heuchlerische Träume werden auf S. 161, Anm. 1, und S. 454 ff. erörtert.]

[1] [Das Thema des *»déjà vu«* wird unten, S. 431, noch einmal berührt.]

beit, die dabei ist, die blauschwarzen Schollen machen einen schönen Eindruck. Dann kommt er weiter, sieht eine Pädagogik aufgeschlagen ... und wundert sich, daß den sexuellen Gefühlen (des Kindes) darin so viel Aufmerksamkeit geschenkt wird, wobei er an mich denken muß.« [1909.]

Ein schöner Wassertraum einer Patientin, der zu einer besonderen Verwendung in der Kur gelangte, ist folgender:

*In ihrem Sommeraufenthalt am **See stürzt sie sich ins dunkle Wasser, dort, wo sich der blasse Mond im Wasser spiegelt.* [1909.]

Träume dieser Art sind Geburtsträume; zu ihrer Deutung gelangt man, wenn man die im manifesten Traume mitgeteilte Tatsache umkehrt, also anstatt: sich ins Wasser stürzen – aus dem Wasser herauskommen, d. h.: geboren werden[1]. Die Lokalität, aus der man geboren wird, erkennt man, wenn man an den mutwilligen Sinn von *»la lune«* im Französischen denkt. Der blasse Mond ist dann der weiße Popo, aus dem das Kind hergekommen zu sein bald errät. Was soll es nun heißen, daß die Patientin sich wünscht, in ihrem Sommeraufenthalt »geboren zu werden«? Ich befrage die Träumerin, die ohne zu zögern antwortet: Bin ich nicht durch die Kur wie *neugeboren?* So wird dieser Traum zur Einladung, die Behandlung an jenem Sommerorte fortzusetzen, d. h. sie dort zu besuchen; er enthält vielleicht auch eine ganz schüchterne Andeutung des Wunsches, selbst Mutter zu werden[2]. [1909.]

Einen anderen Geburtstraum entnehme ich samt seiner Deutung einer Arbeit von E. Jones [1910 *b*] [3]: *»Sie stand am Meeresufer und beaufsichtigte einen kleinen Knaben, welcher der ihrige zu sein schien, während er ins Wasser watete. Dies tat er so weit, bis das Wasser ihn bedeckte, so daß sie nur noch seinen Kopf sehen konnte, wie er sich an der Oberfläche auf und nieder bewegte. Die Szene verwandelte sich dann in die gefüllte Halle eines Hotels. Ihr Gatte verließ sie, und sie trat in ein Gespräch mit einem Fremden.*

---

[1] [*Zusatz 1914:*] Über die mythologische Bedeutung der Wassergeburt siehe Rank (1909).

[2] [*Zusatz 1909:*] Die Bedeutung der Phantasien und unbewußten Gedanken über das Leben im Mutterleibe habe ich erst spät würdigen gelernt. Sie enthalten sowohl die Aufklärung für die sonderbare Angst so vieler Menschen, lebendig begraben zu werden, als auch die tiefste unbewußte Begründung des Glaubens an ein Fortleben nach dem Tode, welches nur die Projektion in die Zukunft dieses unheimlichen Lebens vor der Geburt darstellt. *Der Geburtsakt ist übrigens das erste Angsterlebnis und somit Quelle und Vorbild des Angstaffekts.* [Vgl. die viel spätere Erörterung dieses Themas in einer Passage unweit des Anfangs des VIII. Kapitels von *Hemmung, Symptom und Angst* (Freud, 1926 *d*, *Studienausgabe,* Bd. 6, S. 274 ff.).]

[3] [Dieser und die beiden folgenden Absätze wurden 1914 hinzugefügt.]

Die zweite Hälfte des Traumes enthüllte sich ohne weiteres bei der Analyse als Darstellung einer Flucht von ihrem Gatten und Anknüpfung intimer Beziehungen zu einer dritten Person. Der erste Teil des Traumes war eine offenkundige Geburtsphantasie. In den Träumen wie in der Mythologie wird die Entbindung eines Kindes aus dem Fruchtwasser gewöhnlich mittels Umkehrung als Eintritt des Kindes ins Wasser dargestellt; neben vielen anderen bieten die Geburt des Adonis, Osiris, Moses und Bacchus gut bekannte Beispiele hiefür. Das Auf- und Niedertauchen des Kopfes im Wasser erinnert die Patientin sogleich an die Empfindung der Kindesbewegungen, welche sie während ihrer einzigen Schwangerschaft kennengelernt hatte. Der Gedanke an den ins Wasser steigenden Knaben erweckt eine Träumerei, in welcher sie sich selbst sah, wie sie ihn aus dem Wasser herauszog, ihn in die Kinderstube führte, ihn wusch und kleidete und schließlich in ihr Haus führte.

Die zweite Hälfte des Traumes stellt also Gedanken dar, welche das Fortlaufen betreffen, das zu der ersten Hälfte der verborgenen Traumgedanken in Beziehung steht; die erste Hälfte des Traumes entspricht dem latenten Inhalt der zweiten Hälfte, der Geburtsphantasie. Außer der früher erwähnten Umkehrung greifen weitere Umkehrungen in jeder Hälfte des Traumes Platz. In der ersten Hälfte geht das Kind *in das Wasser* und dann baumelt sein Kopf; in den zugrundeliegenden Traumgedanken tauchen erst die Kindesbewegungen auf, und dann *verläßt* das Kind das Wasser (eine doppelte Umkehrung). In der zweiten Hälfte verläßt ihr Gatte sie; in den Traumgedanken verläßt sie ihren Gatten.« (Übersetzt von O. Rank.)

Einen weiteren Geburtstraum erzählt Abraham [1909, 22 ff.[1]] von einer jungen, ihrer ersten Entbindung entgegensehenden Frau. Von einer Stelle des Fußbodens im Zimmer führt ein unterirdischer Kanal direkt ins Wasser (Geburtsweg – Fruchtwasser). Sie hebt eine Klappe im Fußboden auf, und sogleich erscheint ein in einen bräunlichen Pelz gekleidetes Geschöpf, das beinahe einem Seehund gleicht. Dieses Wesen entpuppt sich als der jüngere Bruder der Träumerin, zu dem sie von jeher in einem mütterlichen Verhältnisse gestanden hatte. [1911.]

Rank [1912*a*] hat an einer Reihe von Träumen gezeigt, daß die Geburtsträume sich derselben Symbolik bedienen wie die Harnreizträume. Der erotische Reiz wird in ihnen als Harnreiz dargestellt; die Schichtung der Bedeutung in diesen Träumen entspricht einem Bedeutungswandel des Symbols seit der Kindheit. [1914.]

---

[1] [In der Abraham-Ausgabe der Reihe CONDITIO HUMANA, 1969, [2]1971, Bd. 1, S. 280.]

Wir dürfen hier auf das Thema zurückgreifen, das wir (S. 244) abgebrochen hatten, auf die Rolle organischer, schlafstörender Reize für die Traumbildung. Träume, die unter diesen Einflüssen zustande gekommen sind, zeigen uns nicht nur die Wunscherfüllungstendenz und den Bequemlichkeitscharakter ganz offen, sondern sehr häufig auch eine völlig durchsichtige Symbolik, da nicht selten ein Reiz zum Erwachen führt, *dessen Befriedigung in symbolischer Einkleidung im Traume bereits vergeblich versucht worden war.* Dies gilt für die Pollutionsträume wie für die durch Harn- und Stuhldrang ausgelösten. »Der eigentümliche Charakter der Pollutionsträume gestattet uns nicht nur, gewisse, bereits als typisch erkannte, aber doch heftig bestrittene Sexualsymbole direkt zu entlarven, sondern vermag uns auch zu überzeugen, daß manche scheinbar harmlose Traumsituation auch nur das symbolische Vorspiel einer grob sexuellen Szene ist, die jedoch meistens nur in den relativ seltenen Pollutionsträumen zu direkter Darstellung gelangt, während sie oft genug in einen Angsttraum umschlägt, der gleichfalls zum Erwachen führt.« [Rank, ibid., 55.] [1919.]

Die Symbolik der *Harnreizträume* ist besonders durchsichtig und seit jeher erraten worden. Schon Hippokrates [1962, 259] vertrat die Auffassung, daß es eine Störung der Blase bedeutet, wenn man von Fontänen und Brunnen träumt (H. Ellis [1911, 164]). Scherner [1861, 189] hat die Mannigfaltigkeit der Harnreizsymbolik studiert und auch bereits behauptet, daß »der stärkere Harnreiz stets in die Reizung der Geschlechtssphäre und deren symbolische Gebilde umschlägt ... Der Harnreiztraum ist oft der Repräsentant des Geschlechtstraumes zugleich.« [Ibid., 192.] [1919.]

O. Rank, dessen Ausführungen in seiner Arbeit über die ›Symbolschichtung im Wecktraum‹ [1912*a*] ich hier gefolgt bin, hat es sehr wahrscheinlich gemacht, daß eine große Anzahl von »Harnreizträumen« eigentlich durch sexuellen Reiz verursacht werden, der sich zunächst auf dem Wege der Regression in der infantilen Form der Urethralerotik zu befriedigen sucht. [Ibid., 78.] Besonders lehrreich sind dann jene Fälle, in denen der so hergestellte Harnreiz zum Erwachen und zur Blasenentleerung führt, worauf aber trotzdem der Traum fortgesetzt wird und sein Bedürfnis nun in unverhüllten erotischen Bildern äußert[1]. [1919.]

---

[1] [*Zusatz 1919:*] »Die gleichen Symboldarstellungen, die im infantilen Sinne dem vesikalen Traume zugrunde liegen, erscheinen im ›rezenten‹ Sinne in exquisit sexueller Bedeutung: Wasser = Urin = Sperma = Geburtswasser; Schiff = ›schiffen‹ (uri-

In ganz analoger Weise decken die *Darmreizträume* die dazugehörige Symbolik auf und bestätigen dabei den auch völkerpsychologisch reichlich belegten Zusammenhang von *Gold* und *Kot*[1]. »So träumt z. B. eine Frau zur Zeit, da sie wegen einer *Darmstörung* in ärztlicher Behandlung steht, von einem Schatzgräber, der in der Nähe einer kleinen Holzhütte, die wie ein ländlicher *Abort* aussieht, einen *Schatz* vergräbt. Ein zweiter Teil des Traumes hat zum Inhalt, wie sie ihrem Kind, einem kleinen Mäderl, das sich *beschmutzt* hat, *den Hintern abwischt.*« [Rank, 1912*a*, 55.] [1919.]

Den *Geburtsträumen* schließen sich die Träume von *»Rettungen«* an. Retten, besonders aus dem Wasser retten, ist gleichbedeutend mit gebären, wenn es von einer Frau geträumt wird, modifiziert aber diesen Sinn, wenn der Träumer ein Mann ist. (Siehe einen solchen Traum bei Pfister, 1909.) – Über das Symbol des »Rettens« vgl. meinen Vortrag: ›Die zukünftigen Chancen der psychoanalytischen Therapie‹ (1910*d*) sowie: ›Beiträge zur Psychologie des Liebeslebens, I. Über einen besonderen Typus der Objektwahl beim Manne‹ (1910*b*). [1911.][2]

Die Räuber, nächtlichen Einbrecher und Gespenster, vor denen man sich vor dem Zubettgehen fürchtet und die auch gelegentlich den Schlafenden heimsuchen, entstammen einer und derselben infantilen Reminiszenz. Es sind die nächtlichen Besucher, die das Kind aus dem Schlafe geweckt haben, um es auf den Topf zu setzen, damit es das Bett nicht nässe, oder die die Decke gehoben haben, um sorgsam nachzuschauen, wie es während des Schlafens die Hände hält. Aus den Analysen einiger dieser Angstträume habe ich noch die Person des nächtlichen Besuchers zur Agnoszierung bringen können. Der Räuber war jedesmal der Vater, die Gespenster werden wohl eher weiblichen Personen im weißen Nachtgewande entsprechen. [1909.]

---

nieren) = Fruchtbehälter (Kasten); naß werden = Enuresis = Koitus = Gravidität; schwimmen = Urinfülle = Aufenthalt des Ungeborenen; Regen = Urinieren = Befruchtungssymbol; Reisen (fahren = Aussteigen) = Aufstehen aus dem Bett = Geschlechtlich verkehren (›fahren‹, Hochzeitsreise); Urinieren = sexuelle Entleerung (Pollution).« (Rank, 1912*a*, 95.)

[1] S. Freud (1908*b*); Rank (1912*a*); Dattner (1913); Reik (1915). [S. a. Freud 1957*a*).]

[2] [*Zusatz 1914:*] Ferner Rank (1911*b*); Reik (1911). [*Zusatz 1919:*] Rank (1914).

F
BEISPIELE – RECHNEN UND REDEN IM TRAUM[1]

Ehe ich nun das vierte der die Traumbildung beherrschenden Momente an die ihm gebührende Stelle setze [vgl. S. 470 ff.], will ich aus meiner Traumsammlung einige Beispiele heranziehen, welche teils das Zusammenwirken der drei uns bekannten Momente erläutern, teils Beweise für frei hingestellte Behauptungen nachtragen oder unabweisbare Folgerungen aus ihnen ausführen können. Es ist mir ja in der vorstehenden Darstellung der Traumarbeit recht schwer geworden, meine Ergebnisse an Beispielen zu erweisen. Die Beispiele für die einzelnen Sätze sind nur im Zusammenhang einer Traumdeutung beweiskräftig; aus dem Zusammenhang gerissen, büßen sie ihre Schönheit ein, und eine auch nur wenig vertiefte Traumdeutung wird bald so umfangreich, daß sie den Faden der Erörterung, zu deren Illustrierung sie dienen soll, verlieren läßt. Dieses technische Motiv mag entschuldigen, wenn ich nun allerlei aneinanderreihe, was nur durch die Beziehung auf den Text des vorstehenden Abschnittes zusammengehalten wird. [1900.]

Zunächst einige Beispiele von besonders eigentümlichen oder von ungewöhnlichen Darstellungsweisen im Traume. Im Traume einer Dame heißt es: *Ein Stubenmädchen steht auf der Leiter wie zum Fensterputzen und hat einen Schimpansen und eine Gorillakatze* (später korrigiert: *Angorakatze*) *bei sich. Sie wirft die Tiere auf die Träumerin; der Schimpanse schmiegt sich an die letztere an, und das ist sehr ekelhaft.* Dieser Traum hat seinen Zweck durch ein höchst einfaches Mittel erreicht, indem er nämlich eine Redensart wörtlich nahm und nach ihrem Wortlaute darstellte. »Affe« wie Tiernamen überhaupt sind Schimpfwörter, und die Traumsituation besagt nichts anderes als *»mit Schimpfworten um sich werfen«*. Diese selbe Sammlung wird alsbald weitere Beispiele für die Anwendung dieses einfachen Kunstgriffes bei der Traumarbeit bringen. [1900.]

Ganz ähnlich verfährt ein anderer Traum: *Eine Frau mit einem Kind,*

---

[1] [Wie im Falle von Abschnitt E, kam ein großer Teil der ersten Hälfte des vorliegenden Abschnitts erst in späteren Ausgaben des Werks hinzu. Entsprechend wird das Datum seines ersten Erscheinens bei jedem Absatz in eckigen Klammern angegeben. Die zweite Hälfte des Abschnitts (von S. 402 an) stammt bereits aus der Erstausgabe. – Eine weitere Sammlung mit Beispielen von Traumanalysen findet sich in der 12. von Freuds *Vorlesungen zur Einführung in die Psychoanalyse* (1916–17).]

das einen auffällig mißbildeten Schädel hat; von diesem Kinde hat sie gehört, daß es durch die Lage im Mutterleibe so geworden. Man könnte den Schädel, sagt der Arzt, durch Kompression in eine bessere Form bringen, allein das würde dem Gehirn schaden. Sie denkt, da es ein Bub ist, schadet es ihm weniger. – Dieser Traum enthält die plastische Darstellung des abstrakten Begriffs: *»Kindereindrücke«*, den die Träumerin in den Erklärungen zur Kur gehört hat. [1900.]

Einen etwas anderen Weg schlägt die Traumarbeit im folgenden Beispiel ein. Der Traum enthält die Erinnerung an einen Ausflug zum Hilmteich bei Graz: *Es ist ein schreckliches Wetter draußen; ein armseliges Hotel, von den Wänden tropft das Wasser, die Betten sind feucht.* (Letzteres Stück des Inhalts ist minder direkt im Traum, als ich es bringe.) Der Traum bedeutet *»überflüssig«*. Das Abstraktum, das sich in den Traumgedanken fand, ist zunächst etwas gewaltsam äquivok gemacht worden, etwa durch »überfließend« ersetzt oder durch »flüssig und überflüssig«, und dann durch eine Häufung gleichartiger Eindrücke zur Darstellung gebracht. Wasser draußen, Wasser innen an den Wänden, Wasser als Feuchtigkeit in den Betten, alles flüssig und *»über«*-flüssig. [1900.] Daß zu Zwecken der Darstellung im Traume die Orthographie weit hinter dem Wortklang zurücktritt, wird uns nicht gerade wundernehmen, wenn sich z. B. der Reim ähnliche Freiheiten gestatten darf. In einem weitläufigen von Rank mitgeteilten und sehr eingehend analysierten Traum eines jungen Mädchens wird erzählt, daß sie zwischen Feldern spazierengeht, wo sie schöne Gerste- und Korn*ähren* abschneidet. Ein Jugendfreund kommt ihr entgegen, und sie will es vermeiden, ihn anzutreffen. Die Analyse zeigt, daß es sich um einen *Kuß in Ehren* handelt (1910, 482). Die Ähren, die nicht abgerissen, sondern abgeschnitten werden sollen, dienen in diesem Traum als solche und in ihrer Verdichtung mit *Ehre, Ehrungen* zur Darstellung einer ganzen Reihe von anderen [latenten] Gedanken. [1911.]

Dafür hat die Sprache in anderen Fällen dem Traume die Darstellung seiner Gedanken sehr leicht gemacht, da sie über eine ganze Reihe von Worten verfügt, die ursprünglich bildlich und konkret gemeint waren und gegenwärtig im abgeblaßten, abstrakten Sinne gebraucht werden. Der Traum braucht diesen Worten nur ihre frühere volle Bedeutung wiederzugeben oder in dem Bedeutungswandel des Wortes ein Stück weit herabzusteigen. Z. B. es träumt jemand, daß sein Bruder in einem *Kasten* steckt; bei der Deutungsarbeit ersetzt sich der Kasten durch einen *»Schrank«*, und der Traumgedanke lautet nun, daß dieser Bruder sich *»einschränken«* solle, an seiner Statt nämlich[1]. [1909.] Ein anderer Träumer steigt auf einen Berg, von dem aus er eine ganz außerordentlich weite *Aussicht* hat. Er identifiziert sich dabei mit einem Bruder, der eine *»Rundschau«* herausgibt, welche sich mit den Beziehungen zum *fernsten* Osten beschäftigt. [1911.]

In einem Traum des *Grünen Heinrich*[2] wälzt sich ein übermütiges Pferd im schönsten Hafer, von dem jedes Korn aber »ein süßer Mandelkern, eine Rosine und ein neuer Pfennig« ist, »zusammen in rote Seide gewickelt und mit einem Endchen Schweinsborste eingebunden«. Der Dichter (oder der Träumer) gibt uns sofort die Deutung dieser Traumdarstellung, denn das Pferd fühlt sich angenehm gekitzelt, so daß es ruft: *Der Hafer sticht mich.* [1914.]

Besonders ausgiebigen Gebrauch vom Redensart- und Wortwitztraum macht (nach Henzen [1890]) die altnordische Sagaliteratur, in der sich kaum ein Traumbeispiel ohne Doppelsinn oder Wortspiel findet. [1914.]

Es wäre eine besondere Arbeit, solche Darstellungsweisen zu sammeln und nach den ihnen zugrundeliegenden Prinzipien zu ordnen. [1909.] Manche dieser Darstellungen sind fast witzig zu nennen. Man hat den Eindruck, daß man sie niemals selbst erraten hätte, wenn der Träumer sie nicht mitzuteilen wüßte: [1911.]

1) Ein Mann träumt, *man frage ihn nach einem Namen, an den er sich aber nicht besinnen könne.* Er erklärt selbst, das wolle heißen: *Es fällt mir nicht im Traume ein.* [1911.]

2) Eine[3] Patientin erzählt einen Traum, in welchem *alle handelnden Personen besonders groß waren.* Das will heißen, setzt sie hinzu, daß es sich um eine Begebenheit aus meiner frühen Kindheit handeln muß, denn damals sind mir natürlich alle Erwachsenen so ungeheuer groß erschienen. [Vgl. S. 56 Anm.] Ihre eigene Person trat in diesem Trauminhalt nicht auf.

Die Verlegung in die Kindheit wird in anderen Träumen auch anders

---

[1] [Dieses und das nächste Beispiel sind (mit etwas anderen Kommentaren) auch in der 7. und 8. der *Vorlesungen zur Einführung in die Psychoanalyse* (1916–17, *Studienausgabe,* Bd. 1, S. 135 und S. 142) enthalten.]

[2] [Von Gottfried Keller, IV. Teil, 6. Kapitel.]

[3] [Dieses und die beiden folgenden Beispiele sind erstmals in einer kurzen Arbeit, ›Nachträge zur Traumdeutung‹ (Freud, 1911 *a*), veröffentlicht worden. S. oben S. 354 f., Anm.]

ausgedrückt, indem Zeit in Raum übersetzt wird. Man sieht die betreffenden Personen und Szenen wie weit entfernt am Ende eines langen Weges oder so, als ob man sie mit einem verkehrt gerichteten Opernglas betrachten würde. [1911.]

3) Ein im Wachleben zu abstrakter und unbestimmter Ausdrucksweise geneigter Mann, sonst mit gutem Witz begabt, träumt in gewissem Zusammenhange, daß *er auf einen Bahnhof gehe, wie eben ein Zug ankomme. Dann werde aber der Perron an den stehenden Zug angenähert,* also eine absurde Umkehrung des wirklichen Vorganges. Dieses Detail ist auch nichts anderes als ein Index, der daran mahnt, daß etwas anderes im Trauminhalt umgekehrt werden solle. [Vgl. S. 323.] Die Analyse desselben Traumes führt zu Erinnerungen an Bilderbücher, in denen Männer dargestellt waren, die auf dem Kopfe standen und auf den Händen gingen. [1911.]

4) Derselbe Träumer berichtet ein anderes Mal von einem kurzen Traum, der fast an die Technik eines Rebus erinnert. *Sein Onkel gibt ihm im Automobil einen Kuß.* Er fügt unmittelbar die Deutung hinzu, die ich nie gefunden hätte, das heiße: *Autoerotismus.* Ein Scherz im Wachen hätte ebenso lauten können[1]. [1911.]

5) Der Träumer *zieht eine Frau hinter dem Bett hervor.* Das heißt: Er gibt ihr den *Vorzug*[2]. [1914.]

6) Der Träumer *sitzt als Offizier an einer Tafel dem Kaiser gegenüber:* Er bringt sich in *Gegensatz* zum Vater. [1914.]

7) Der Träumer *behandelt eine andere Person wegen eines Knochenbruches.* Die Analyse erweist diesen Bruch als Darstellung eines *Ehebruches* u. dgl.[3] [1914.]

---

1 [Dieser Traum wird in etwas anderer Formulierung auch in der 15. der *Vorlesungen zur Einführung* (1916–17, *Studienausgabe*, Bd. 1, S. 237) berichtet.]

2 [Auch dieser Traum wird in den *Vorlesungen* angeführt, und zwar in der 7. Vorlesung, ibid., S. 135. Die Träume Nr. 5, 6, 8 und 9 der vorliegenden Beispielserie wurden erstmals in Freud, 1913 *b*, veröffentlicht.]

3 [Auf dieses Beispiel nimmt Freud in der 11. seiner *Vorlesungen* (ibid., S. 183) Bezug, wo er in einer Fußnote eine die betreffende Deutung bestätigende »Symptomhandlung« beschreibt.]

8) Die Tageszeiten vertreten im Trauminhalt sehr häufig Lebenszeiten der Kindheit. So bedeutet z. B. um $^{1}/_{4}$6 Uhr früh bei einem Träumer das Alter von 5 Jahren und 3 Monaten, den bedeutungsvollen Zeitpunkt der Geburt eines jüngeren Bruders. [1914.]

9) Eine andere Darstellung von *Lebenszeiten* im Traume: *Eine Frau geht mit zwei kleinen Mädchen, die $1^{1}/_{4}$ Jahre auseinander sind.* – Die Träumerin findet keine Familie ihrer Bekanntschaft, für die das zuträfe. Sie deutet selbst, daß beide Kinder ihre eigene Person darstellen und daß der Traum sie mahnt, die beiden traumatischen Ereignisse ihrer Kindheit seien um soviel voneinander entfernt. ($3^{1}/_{2}$ und $4^{3}/_{4}$ Jahre.) [1914.]

10) Es ist nicht zu verwundern, daß Personen, die in psychoanalytischer Behandlung stehen, häufig von dieser träumen und alle die Gedanken und Erwartungen, die sie erregt, im Traume ausdrücken müssen. Das für die Kur gewählte Bild ist in der Regel das einer Fahrt, meist im *Automobil,* als einem neuartigen und komplizierten Vehikel; im Hinweis auf die Schnelligkeit des Automobils kommt dann der Spott des Behandelten auf seine Rechnung. Soll das *»Unbewußte«* als Element der Wachgedanken im Traume Darstellung finden, so ersetzt es sich ganz zweckmäßigerweise durch *»unterirdische«* Lokalitäten, die andere Male, ganz ohne Beziehung zur analytischen Kur, den Frauenleib oder den Mutterleib bedeutet hatten. *»Unten«* im Traume bezieht sich sehr häufig auf die Genitalien, das gegensätzliche *»oben«* auf Gesicht, Mund oder Brust. Mit *wilden Tieren* symbolisiert die Traumarbeit in der Regel leidenschaftliche Triebe, sowohl die des Träumers als auch die anderer Personen, vor denen der Träumer sich fürchtet, also mit einer ganz geringfügigen Verschiebung die Personen selbst, welche die Träger dieser Leidenschaften sind. Von hier ist es nicht weit zu der an den Totemismus anklingenden Darstellung des gefürchteten *Vaters* durch böse Tiere, Hunde, wilde Pferde[1]. Man könnte sagen, die wilden Tiere dienen zur Darstellung der vom Ich gefürchteten, durch Verdrängung bekämpften Libido. Auch die Neurose selbst, die »kranke Person«, wird oft vom Träumer abgespalten und als selbständige Person im Traume veranschaulicht. [1919.]

---

[1] [S. Freud, *Totem und Tabu* (1912–13), IV. Kapitel, Abschnitt 3.]

11) (H. Sachs, 1911.) »Aus der *Traumdeutung* wissen wir, daß die Traumarbeit verschiedene Wege kennt, um ein Wort oder eine Redewendung sinnlich-anschaulich darzustellen. Sie kann sich z. B. den Umstand, daß der darzustellende Ausdruck zweideutig ist, zunutze machen und, den Doppelsinn als ›Weiche‹ benutzend, statt der ersten in den Traumgedanken vorkommenden Bedeutung die zweite in den manifesten Trauminhalt aufnehmen.
Dies ist bei dem kleinen, im folgenden mitgeteilten Traume geschehen, und zwar unter geschickter Benutzung der dazu tauglichen rezenten Tageseindrücke als Darstellungsmaterial.
Ich hatte am Traumtage an einer Erkältung gelitten und deshalb am Abend beschlossen, das Bett, wenn irgend möglich, während der Nacht nicht zu verlassen. Der Traum ließ mich scheinbar nur meine Tagesarbeit fortsetzen; ich hatte mich damit beschäftigt, Zeitungsausschnitte in ein Buch zu kleben, wobei ich bestrebt war, jedem Ausschnitt den passenden Platz anzuweisen. Der Traum lautete:
›*Ich bemühe mich, einen Ausschnitt in das Buch zu kleben; er geht aber nicht auf die Seite, was mir großen Schmerz verursacht.*‹
Ich erwachte und mußte konstatieren, daß der Schmerz des Traums als realer Leibschmerz andauere, der mich denn auch zwang, meinem Vorsatz untreu zu werden. Der Traum hatte mir als ›Hüter des Schlafes‹ die Erfüllung meines Wunsches, im Bette zu bleiben, durch die Darstellung der Worte ›er geht aber nicht auf die Seite‹ vorgetäuscht.« [1914.]

Man darf geradezu sagen, die Traumarbeit bediene sich zur visuellen Darstellung der Traumgedanken aller ihr zugänglichen Mittel, ob sie der Wachkritik erlaubt oder unerlaubt erscheinen mögen, und setzt sich dadurch dem Zweifel wie dem Gespött aller jener aus, die von Traumdeutung nur gehört und sie nicht selbst geübt haben. An solchen Beispielen ist besonders das Buch von Stekel, *Die Sprache des Traumes* (1911), reich, doch vermeide ich es, von dort die Belege zu entnehmen, weil die Kritiklosigkeit und technische Willkür des Autors auch den nicht in Vorurteilen Befangenen unsicher machen. [Vgl. S. 345.] [1919.]

12) Aus einer Arbeit von V. Tausk, ›Kleider und Farben im Dienste der Traumdarstellung‹ (1914):
a) A. träumt, *er sehe seine frühere Gouvernante im schwarzen Lüsterkleid, das über dem Gesäß straff anliegt.* – Das heißt, er erklärt diese Frau für *lüstern*.

b) C. sieht im Traum *auf der X-er Landstraße ein Mädchen, von weißem Licht umflossen und mit einer weißen Bluse bekleidet.*
Der Träumer hat auf jener Landstraße mit einem Fräulein *Weiß* die ersten Intimitäten ausgetauscht.
c) Frau D. träumt, sie sehe *den alten Blasel (einen 80jährigen Wiener Schauspieler) in voller Rüstung auf dem Diwan liegen. Dann springt er über Tische und Stühle, zieht seinen Degen, sieht sich dabei im Spiegel und fuchtelt mit dem Degen in der Luft herum, als kämpfe er gegen einen eingebildeten Feind.*
Deutung: Die Träumerin hat ein *altes Blasenleiden.* Sie liegt bei der Analyse auf dem Diwan, und wenn sie sich im Spiegel sieht, dann kommt sie sich insgeheim trotz ihrer Jahre und ihrer Krankheit noch *sehr rüstig* vor. [1914.]

13) Die »grosse Leistung« im Traume.
Der männliche Träumer sieht sich *als gravides Weib im Bette liegend. Der Zustand wird ihm sehr beschwerlich. Er ruft aus: Da will ich doch lieber...* (in der Analyse ergänzt er, nach einer Erinnerung an eine Pflegeperson: Steine klopfen). *Hinter seinem Bett hängt eine Landkarte, deren unterer Rand durch eine Holzleiste gespannt erhalten wird. Er reißt diese Leiste herunter, indem er sie an beiden Enden packt, wobei sie aber nicht quer bricht, sondern in zwei Längshälften zersplittert. Damit hat er sich erleichtert und auch die Geburt befördert.*
Er deutet ohne Hilfe das Herunterreißen der *Leiste* als eine große *»Leistung«*, durch welche er sich aus seiner unbehaglichen Situation (in der Kur) befreit, indem er sich aus seiner weiblichen Einstellung herausreißt... Das absurde Detail, daß die Holzleiste nicht nur bricht, sondern der Länge nach splittert, findet seine Erklärung, indem der Träumer erinnert, daß die Verdoppelung im Verein mit der Zerstörung eine Anspielung auf die Kastration enthält. Der Traum stellt sehr häufig die Kastration im trotzigen Wunschgegensatz durch das Vorhandensein von zwei Penissymbolen dar. [Vgl. S. 351.] Die »Leiste« ist ja auch eine den Genitalien nahe liegende Körperregion. Er fügt dann die Deutung zusammen, er überwinde die Kastrationsdrohung, welche ihn in die weibliche Einstellung gebracht hat. [1919.][1]

---

1 [Dieses Beispiel war zuerst in etwas ausführlicherer Fassung als selbständige Arbeit veröffentlicht worden (Freud, 1914*e*).]

14) In einer von mir französisch durchgeführten Analyse ist ein Traum zu deuten, in dem ich als Elefant erscheine. Ich muß natürlich fragen, wie ich zu dieser Darstellung komme. *»Vous me trompez«*, antwortet der Träumer (*trompe* = Rüssel). [1919.]

Der Traumarbeit gelingt oft auch die Darstellung von sehr sprödem Material, wie es etwa Eigennamen sind, durch gezwungene Verwertung sehr entlegener Beziehungen. In einem meiner Träume *hat mir der alte Brücke*[1] *eine Aufgabe gestellt. Ich fertige ein Präparat an und klaube etwas heraus, was wie zerknülltes Silberpapier aussieht.* (Von diesem Traume noch später mehr.) Der nicht leicht auffindbare Einfall dazu ergibt: »Stanniol«[2], und nun weiß ich, daß ich den Autornamen *Stannius* meine, den eine von mir in früheren Jahren mit Ehrfurcht betrachtete Abhandlung über das Nervensystem der Fische trägt. Die erste wissenschaftliche Aufgabe, die mir mein Lehrer [Brücke] gestellt, bezog sich wirklich auf das Nervensystem eines Fisches, des Ammocoetes [Freud, 1877 *a*]. Letzterer Name war im Bilderrätsel offenbar gar nicht zu gebrauchen. [1900.]

Ich will mir nicht versagen, hier noch einen Traum mit sonderbarem Inhalt einzuschalten, der auch noch als Kindertraum bemerkenswert ist und sich durch die Analyse sehr leicht aufklärt. Eine Dame erzählt: Ich kann mich erinnern, daß ich als Kind wiederholt geträumt habe, *der liebe Gott habe einen zugespitzten Papierhut auf dem Kopfe.* Einen solchen Hut pflegte man mir nämlich sehr oft bei Tische aufzusetzen, damit ich nicht auf die Teller der anderen Kinder hinschauen könne, wieviel sie von dem betreffenden Gericht bekommen haben. Da ich gehört habe, Gott sei allwissend, so bedeutet der Traum, ich wisse alles auch trotz des aufgesetzten Hutes[3]. [1910.]

Worin die Traumarbeit besteht[4] und wie sie mit ihrem Material, den Traumgedanken, umspringt, läßt sich in lehrreicher Weise an den Zah-

---

[1] [S. Anm., S. 464. Dieser Traum wird auf S. 436 ff. weiter erörtert.]
[2] [Silberpapier = Zinnfolie; Stanniol ist von stannium = Zinn abgeleitet.]
[3] [Dieser Traum wird auch in Freuds *Vorlesungen zur Einführung* (1916–17, 7. Vorlesung, *Studienausgabe*, Bd. 1, S. 132) diskutiert.]
[4] [Der Rest dieses Abschnitts (F) war, mit Ausnahme von Beispiel IV auf S. 405 f., schon in der Erstausgabe von 1900 enthalten.]

len und Rechnungen zeigen, die in Träumen vorkommen. Geträumte Zahlen gelten überdies dem Aberglauben als besonders verheißungsvoll. Ich werde also einige Beispiele solcher Art aus meiner Sammlung heraussuchen.

I

Aus dem Traum einer Dame, kurz vor Beendigung ihrer Kur: *Sie will irgend etwas bezahlen; ihre Tochter nimmt ihr 3 fl. 65 kr. aus der Geldtasche; sie sagt aber: Was tust du? Es kostet ja nur 21 kr.* Dieses Stückchen Traum war mir durch die Verhältnisse der Träumerin ohne weitere Aufklärung ihrerseits verständlich. Die Dame war eine Fremde, die ihre Tochter in einem Wiener Erziehungsinstitute untergebracht hatte und die meine Behandlung fortsetzen konnte, solange ihre Tochter in Wien blieb. In drei Wochen war deren Schuljahr zu Ende, und damit endete auch die Kur. Am Tage vor dem Traum hatte ihr die Institutsvorsteherin nahegelegt, ob sie sich nicht entschließen könnte, das Kind noch ein weiteres Jahr bei ihr zu lassen. Sie hatte dann offenbar bei sich diese Anregung dahin fortgesetzt, daß sie in diesem Falle auch die Behandlung um ein Jahr verlängern könnte. Darauf bezieht sich nun der Traum, denn ein Jahr ist gleich 365 Tagen, die drei Wochen bis zum Abschluß des Schuljahres und der Kur lassen sich ersetzen durch 21 Tage (wenngleich nicht ebenso viele Behandlungsstunden). Die Zahlen, die in den Traumgedanken bei Zeiten standen, werden im Traum Geldwerten beigesetzt, nicht ohne daß damit ein tieferer Sinn zum Ausdruck käme, denn *»Time is money«*, Zeit hat Geldwert. 365 Kreuzer sind dann allerdings 3 Gulden 65 Kreuzer. Die Kleinheit der im Traum erscheinenden Summen ist offenkundige Wunscherfüllung; der Wunsch hat die Kosten der Behandlung wie des Lehrjahres im Institut verkleinert.

II

Zu komplizierteren Beziehungen führen die Zahlen in einem anderen Traum. Eine junge, aber schon seit einer Reihe von Jahren verheiratete Dame erfährt, daß eine ihr fast gleichalterige Bekannte, Elise L., sich eben verlobt hat. Daraufhin träumt sie: *Sie sitzt mit ihrem Manne im Theater, eine Seite des Parketts ist ganz unbesetzt. Ihr Mann erzählt ihr, Elise L. und ihr Bräutigam hätten auch gehen wollen, hätten aber nur schlechte Sitze bekommen, 3 für 1 fl. 50 kr., und die konnten sie ja nicht nehmen. Sie meint, es wäre auch kein Unglück gewesen.*

Woher rühren die 1 fl. 50 kr.? Aus einem eigentlich indifferenten Anlaß des Vortages. Ihre Schwägerin hatte von ihrem Manne 150 fl. zum Geschenk bekommen und sich beeilt, sie loszuwerden, indem sie sich einen Schmuck dafür kaufte. Wir wollen anmerken, daß 150 fl. *100mal* mehr ist als 1 fl. 50 kr. Woher die 3, die bei den Theatersitzen steht? Dafür ergibt sich nur die eine Anknüpfung, daß die Braut um ebensoviel Monate – *drei* – jünger ist als sie. Zur Auflösung des Traumes führt dann die Erkundigung, was der Zug im Traum, daß eine Seite des Parketts leer bleibt, bedeuten kann. Derselbe ist eine unveränderte Anspielung auf eine kleine Begebenheit, die ihrem Manne guten Grund zur Neckerei gegeben hat. Sie hatte sich vorgenommen, zu einer der angekündigten Theatervorstellungen der Woche zu gehen, und war so vorsorglich, mehrere Tage vorher Karten zu nehmen, für die sie Vorkaufsgebühr zu zahlen hatte. Als sie dann ins Theater kamen, fanden sie, daß die eine Seite des Hauses fast leer war; sie hätte *es nicht nötig gehabt, sich so sehr zu beeilen.*

Ich werde jetzt den Traum durch die Traumgedanken ersetzen: »Ein *Unsinn* war es doch, so früh zu heiraten, ich hätte *es nicht nötig gehabt, mich so zu beeilen.* An dem Beispiele der Elise L. sehe ich, daß ich noch immer einen Mann bekommen hätte. Und zwar einen *hundertmal* besseren (Mann, Schatz), wenn ich nur *gewartet* hätte (Gegensatz zu dem *Beeilen* der Schwägerin). *Drei* solche Männer hätte ich für das Geld (die Mitgift) kaufen können!« Wir werden darauf aufmerksam, daß in diesem Traum die Zahlen in weit höherem Grade Bedeutung und Zusammenhang verändert haben als im vorher behandelten. Die Umwandlungs- und Entstellungsarbeit des Traumes ist hier ausgiebiger gewesen, was wir so deuten, daß diese Traumgedanken bis zu ihrer Darstellung ein besonders hohes Maß von innerpsychischem Widerstand zu überwinden hatten. Wir wollen auch nicht übersehen, daß in diesem Traum ein absurdes Element enthalten ist, nämlich daß *zwei* Personen *drei* Sitze nehmen sollen. Wir greifen in die Deutung der Absurdität im Traume über [vgl. S. 413], wenn wir anführen, daß dieses absurde Detail des Trauminhaltes den meistbetonten der Traumgedanken darstellen soll: Ein *Unsinn* war es, so früh zu heiraten. Die in einer ganz nebensächlichen Beziehung der beiden verglichenen Personen enthaltene 3 (3 Monate Unterschied im Alter) ist dann geschickt zur Produktion des für den Traum erforderlichen Unsinns verwendet worden. Die Verkleinerung der realen 150 fl. auf 1 fl. 50 entspricht der *Geringschätzung* des Mannes (oder Schatzes) in den unterdrückten Gedanken der Träumerin[1].

III

Ein anderes Beispiel führt uns die Rechenkunst des Traumes vor, die ihm soviel Mißachtung eingetragen hat. Ein Mann träumt: *Er sitzt bei B...* (einer Familie seiner früheren Bekanntschaft) *und sagt: Es war ein Unsinn, daß Sie mir die Mali nicht gegeben haben. Darauf fragt er das Mädchen: Wie alt sind Sie denn? Antwort: Ich bin 1882 geboren. – Ah, dann sind Sie 28 Jahre alt.*

Da der Traum im Jahre 1898 vorfällt, so ist das offenbar schlecht gerechnet, und die Rechenschwäche des Träumers darf der des Paralytikers an die Seite gestellt werden, wenn sie sich etwa nicht anders aufklären läßt. Mein Patient gehörte zu jenen Personen, deren Gedanken kein Frauenzimmer, das sie sehen, in Ruhe lassen können. Seine Nachfolgerin in meinem Ordinationszimmer war einige Monate hindurch regelmäßig eine junge Dame, der er begegnete, nach der er sich häufig erkundigte und mit der er durchaus höflich sein wollte. Diese war es, deren Alter er auf 28 Jahre schätzte. Soviel zur Aufklärung des Resultats der scheinbaren Rechnung. 1882 war aber das Jahr, in dem er geheiratet hatte. Er hatte es nicht unterlassen können, auch mit den beiden anderen weiblichen Personen, die er bei mir traf, Gespräche anzuknüpfen, den beiden keineswegs jugendlichen Mädchen, die ihm abwechselnd die Tür zu öffnen pflegten, und als er die Mädchen wenig zutraulich fand, sich die Erklärung gegeben, sie hielten ihn wohl für einen älteren *»gesetzten«* Herrn.

IV[2]

Einen anderen Zahlentraum, der durch durchsichtige Determinierung oder vielmehr Überdeterminierung ausgezeichnet ist, verdanke ich mitsamt seiner Deutung Herrn B. Dattner:

»Mein Hausherr, Sicherheitswachmann in Magistratsdiensten, träumt, er stünde auf der Straße Posten, was eine Wunscherfüllung ist. *Da*

---

[1] [Dieser Traum wird an verschiedenen Stellen in Freuds *Vorlesungen zur Einführung in die Psychoanalyse* (1916–17) ausführlicher analysiert, besonders am Schluß der 7. und in der 14. Vorlesung (*Studienausgabe*, Bd. 1, S. 136–8, 223–4 und S. 227–8).]

[2] [Dieses Beispiel wurde 1911 hinzugefügt.]

kommt ein Inspektor auf ihn zu, der auf dem Ringkragen die Nummer 22 und 62 oder 26 trägt. Jedenfalls aber seien mehrere Zweier daraufgewesen.

Schon die Zerteilung der Zahl 2262 bei der Wiedergabe des Traumes läßt darauf schließen, daß die Bestandteile eine gesonderte Bedeutung haben. Sie hätten gestern im Amt über die Dauer ihrer Dienstzeit gesprochen, fällt ihm ein. Ursache gab ein Inspektor, der mit 62 Jahren in Pension gegangen sei. Der Träumer hat erst 22 Dienstjahre und braucht noch 2 Jahre 2 Monate, um eine 90%ige Pension zu erreichen. Der Traum spiegelt ihm nun zuerst die Erfüllung eines langgehegten Wunsches, den Inspektorsrang, vor. Der Vorgesetzte mit der 2262 auf dem Kragen ist er selbst, er versieht seinen Dienst auf der Straße, auch ein Lieblingswunsch, hat seine 2 Jahre und 2 Monate abgedient und kann nun wie der 62jährige Inspektor mit voller Pension aus dem Amte scheiden.«[1]

Wenn wir diese und ähnliche (später folgende [s. S. 432ff.]) Beispiele zusammenhalten, dürfen wir sagen: Die Traumarbeit rechnet überhaupt nicht, weder richtig noch falsch; sie fügt nur Zahlen, die in den Traumgedanken vorkommen und als Anspielungen auf ein nicht darstellbares Material dienen können, in der Form einer Rechnung zusammen. Sie behandelt dabei die Zahlen in genau der nämlichen Weise als Material zum Ausdruck ihrer Absichten wie alle anderen Vorstellungen, wie auch die Namen und die als Wortvorstellungen kenntlichen Reden.

Denn die Traumarbeit kann auch keine Rede neu schaffen. [Vgl. S. 196 und S. 304.] Soviel von Rede und Gegenrede in den Träumen vorkommen mag, die an sich sinnig oder unvernünftig sein können, die Analyse zeigt uns jedesmal, daß der Traum dabei nur Bruchstücke von wirklich geführten oder gehörten Reden den Traumgedanken entnommen hat und höchst willkürlich mit ihnen verfahren ist. Er hat sie nicht nur aus ihrem Zusammenhange gerissen und zerstückt, das eine Stück aufgenommen, das andere verworfen, sondern auch oft neu zusammengefügt, so daß die zusammenhängend scheinende Traumrede bei der Analyse in drei oder vier Brocken zerfällt. Bei dieser Neuverwendung hat er oft den Sinn, den die Worte in den Traumgedanken hatten, bei-

---

[1] [*Zusatz 1914:*] Analysen von anderen Zahlenträumen siehe bei Jung [1911], Marcinowski [1912 *b*] und anderen. Dieselben setzen oft sehr komplizierte Zahlenoperationen voraus, die aber vom Träumer mit verblüffender Sicherheit vollzogen werden. Vgl. auch Jones (1912 *a*).

seite gelassen und dem Wortlaut einen völlig neuen Sinn abgewonnen[1]. Bei näherem Zusehen unterscheidet man an der Traumrede deutlichere, kompakte Bestandteile von anderen, die als Bindemittel dienen und wahrscheinlich ergänzt worden sind, wie wir ausgelassene Buchstaben und Silben beim Lesen ergänzen. Die Traumrede hat so den Aufbau eines Brecciengesteines, in dem größere Brocken verschiedenen Materials durch eine erhärtete Zwischenmasse zusammengehalten werden. [Vgl. S. 434.]

In voller Strenge richtig ist diese Beschreibung allerdings nur für jene Reden im Traum, die etwas vom sinnlichen Charakter der Rede haben und als »Reden« beschrieben werden. Die anderen, die nicht gleichsam als gehört oder als gesagt empfunden werden (keine akustische oder motorische Mitbetonung im Traum haben), sind einfach Gedanken, wie sie in unserer wachen Denktätigkeit vorkommen und unverändert in viele Träume übergehen. Für das indifferent gehaltene Redematerial des Traumes scheint auch die Lektüre eine reich fließende und schwer zu verfolgende Quelle abzugeben. Alles aber, was im Traum als Rede irgendwie auffällig hervortritt, unterwirft sich der Zurückführung auf reale, selbst gehaltene oder gehörte Rede.

Beispiele für die Ableitung solcher Traumreden haben wir bereits bei der Analyse von Träumen gefunden, die zu anderen Zwecken mitgeteilt worden sind. So in dem »harmlosen Markttraum« auf S. 195 f., in dem

---

1 [*Zusatz 1909:*] In der gleichen Weise wie der Traum verfährt auch die Neurose. Ich kenne eine Patientin, die daran leidet, daß sie Lieder oder Stücke von solchen unwillkürlich und widerwillig hört (halluziniert), ohne deren Bedeutung für ihr Seelenleben verstehen zu können. Sie ist übrigens gewiß nicht paranoisch. Die Analyse zeigt dann, daß sie den Text dieser Lieder mittels gewisser Lizenzen mißbräuchlich verwendet hat. »Leise, leise, fromme Weise.« [Lied Agathes aus Webers *Freischütz.*] Das bedeutet für ihr Unbewußtes: Fromme *Waise*, und diese ist sie selbst. »O du selige, o du fröhliche« ist der Anfang eines Weihnachtsliedes; indem sie es nicht bis zu »Weihnachtszeit« fortsetzt, macht sie daraus ein Brautlied u. dgl. – Derselbe Entstellungsmechanismus kann sich übrigens auch ohne Halluzination im bloßen Einfall durchsetzen. Warum wird einer meiner Patienten von der Erinnerung an ein Gedicht [v. Platens] heimgesucht, das er in jungen Jahren lernen mußte:

»Nächtlich am Busento lispeln ...«

Weil sich seine Phantasie mit einem Stück dieses Zitats:

»Nächtlich am Busen« begnügt.

Es ist bekannt, daß der parodistische Witz auf dieses Stückchen Technik nicht verzichtet hat. Die *Fliegenden Blätter* brachten einst unter ihren Illustrationen zu deutschen »Klassikern« auch ein Bild zum Schillerschen ›Siegesfest‹, zu dem das Zitat vorzeitig abgeschlossen war.

»Und des frisch erkämpften Weibes
Freut sich der Atrid und strickt.«
Fortsetzung: Um den Reiz des schönen Leibes
Seine Arme hochbeglückt.

die Rede: *Das ist nicht mehr zu haben*, dazu dient, mich mit dem Fleischhauer zu identifizieren, während ein Stück der anderen Rede: *Das kenne ich nicht, das nehme ich nicht*, geradezu die Aufgabe erfüllt, den Traum harmlos zu machen. Die Träumerin hatte nämlich am Vortage irgendwelche Zumutung ihrer Köchin mit den Worten zurückgewiesen: Das kenne ich nicht, *benehmen Sie sich anständig*, und nun von dieser Rede das indifferent klingende erste Stück in den Traum genommen, um mit ihm auf das spätere Stück anzuspielen, das in die Phantasie, welche dem Traum zugrunde lag, sehr wohl gepaßt, aber dieselbe auch verraten hätte.

Ein ähnliches Beispiel an Stelle vieler, die ja alle das nämliche ergeben: *Ein großer Hof, in dem Leichen verbrannt werden. Er sagt: Da geh' ich weg, das kann ich nicht sehen.* (Keine deutliche Rede.) *Dann trifft er zwei Fleischhauerbuben und fragt: Na hat's geschmeckt? Der eine antwortet: Na, nöt gut war's. Als ob es Menschenfleisch gewesen wäre.* Der harmlose Anlaß dieses Traumes ist folgender: Er macht nach dem Nachtmahl mit seiner Frau einen Besuch bei den braven, aber keineswegs *appetitlichen* Nachbarsleuten. Die gastfreundliche alte Dame befindet sich eben bei ihrem Abendessen und *nötigt* ihn (man gebraucht dafür scherzhaft unter Männern ein zusammengesetztes, sexuell bedeutsames Wort), davon zu kosten. Er lehnt ab, er habe keinen Appetit mehr. »*Aber gehn S' weg*, das werden Sie noch vertragen« oder so ähnlich. Er muß also kosten und rühmt dann das Gebotene vor ihr. »*Das ist aber gut.*« Mit seiner Frau wieder allein, schimpft er dann sowohl über die Aufdringlichkeit der Nachbarin als auch über die Qualität der gekosteten Speise. »Das kann ich nicht sehen«, das auch im Traum nicht als eigentliche Rede auftritt, ist ein Gedanke, der sich auf die körperlichen Reize der einladenden Dame bezieht, und zu übersetzen wäre, daß er diese zu schauen nicht begehrt.

Lehrreicher wird sich die Analyse eines anderen Traumes gestalten, den ich wegen der sehr deutlichen Rede, die seinen Mittelpunkt bildet, schon an dieser Stelle mitteile, aber erst bei der Würdigung der Affekte im Traume aufklären werde [s. S. 444 ff.]. Ich träumte sehr klar: *Ich bin nachts ins Brückesche Laboratorium gegangen und öffne auf ein leises Klopfen an der Tür dem* (verstorbenen) *Professor Fleischl*[1], *der mit*

---

[1] [S. die Anm. auf S. 464 für eine Erläuterung zu den erwähnten Personen.]

mehreren Fremden eintritt und sich nach einigen Worten an seinen Tisch setzt. Dann folgt ein zweiter Traum: *Mein Freund Fl.* [Fließ] *ist im Juli unauffällig nach Wien gekommen; ich begegne ihm auf der Straße im Gespräch mit meinem* (verstorbenen) *Freunde P. und gehe mit ihnen irgendwohin, wo sie einander wie an einem kleinen Tisch gegenübersitzen, ich an der schmalen Seite des Tischchens vorne. Fl. erzählt von seiner Schwester und sagt: In drei viertel Stunden war sie tot, und dann etwas wie: Das ist die Schwele. Da P. ihn nicht versteht*[1]*, wendet sich Fl. an mich und fragt mich, wieviel von seinen Dingen ich P. denn mitgeteilt habe. Darauf ich, von merkwürdigen Affekten ergriffen, Fl. mitteilen will, daß P. (ja gar nichts wissen kann, weil er) gar nicht am Leben ist. Ich sage aber, den Irrtum selbst bemerkend: Non vixit. Ich sehe dann P. durchdringend an, unter meinem Blicke wird er bleich, verschwommen, seine Augen werden krankhaft blau – und endlich löst er sich auf. Ich bin ungemein erfreut darüber, verstehe jetzt, daß auch Ernst Fleischl nur eine Erscheinung, ein Revenant war, und finde es ganz wohl möglich, daß eine solche Person nur so lange besteht, als man es mag, und daß sie durch den Wunsch des anderen beseitigt werden kann.*

Dieser schöne Traum vereinigt so viele der am Trauminhalt rätselhaften Charaktere – die Kritik während des Traumes selbst, daß ich meinen Irrtum, *Non vixit* zu sagen anstatt *Non vivit* [das bedeutet, »er hat nicht gelebt« statt »er ist nicht am Leben«], selbst bemerke, den unbefangenen Verkehr mit Verstorbenen, die der Traum selbst für verstorben erklärt, die Absurdität der Schlußfolgerung und die hohe Befriedigung, die dieselbe mir bereitet –, daß ich »für mein Leben gern« die volle Lösung dieser Rätsel mitteilen möchte. Ich bin aber in Wirklichkeit unfähig, das zu tun – was ich nämlich im Traum tue –, die Rücksicht auf so teure Personen meinem Ehrgeiz aufzuopfern. Bei jeder Verhüllung wäre aber der mir wohlbekannte Sinn des Traumes zuschanden geworden. So begnüge ich mich denn, zuerst hier und dann an späterer Stelle [S. 462ff.] einige Elemente des Traums zur Deutung herauszugreifen.

Das Zentrum des Traumes bildet eine Szene, in der ich P. durch einen Blick vernichte. Seine Augen werden dabei so merkwürdig und unheimlich blau, und dann löst er sich auf. Diese Szene ist die unverkennbare Nachbildung einer wirklich erlebten. Ich war Demonstrator am physiologischen Institut, hatte den Dienst in den Frühstunden, und Brücke

[1] [Dieses Detail wird weiter unten, S. 492, analysiert.]

hatte erfahren, daß ich einige Male zu spät ins Schülerlaboratorium gekommen war. Da kam er einmal pünktlich zur Eröffnung und wartete mich ab. Was er mir sagte, war karg und bestimmt; es kam aber gar nicht auf die Worte an. Das Überwältigende waren die fürchterlichen blauen Augen, mit denen er mich ansah und vor denen ich verging – wie P. im Traum, der zu meiner Erleichterung die Rollen verwechselt hat. Wer sich an die bis ins hohe Greisenalter wunderschönen Augen des großen Meisters erinnern kann und ihn je im Zorn gesehen hat, wird sich in die Affekte des jugendlichen Sünders von damals leicht versetzen können.

Es wollte mir aber lange nicht gelingen, das *»Non vixit«* abzuleiten, mit dem ich im Traum jene Justiz übe, bis ich mich besann, daß diese zwei Worte nicht als gehörte oder gerufene, sondern als *gesehene* so hohe Deutlichkeit im Traum besessen hatten. Dann wußte ich sofort, woher sie stammten. Auf dem Postament des Kaiser-Josef-Denkmals in der Wiener Hofburg sind die schönen Worte zu lesen:

»Saluti patriae vixit
non diu sed totus[1].«

Aus dieser Inschrift habe ich herausgeklaubt, was zu der einen, feindseligen Gedankenreihe in meinen Traumgedanken paßte und was heißen sollte: Der Kerl hat ja gar nichts dreinzureden, er lebt ja gar nicht. Und nun mußte ich mich erinnern, daß der Traum wenige Tage nach der Enthüllung des Fleischldenkmals[2] in den Arkaden der Universität geträumt worden war, wobei ich das Denkmal Brückes wiedergesehen hatte und (im Unbewußten) mit Bedauern erwogen haben muß, wie mein hochbegabter und ganz der Wissenschaft ergebener Freund P. durch einen allzufrühen Tod seinen begründeten Anspruch auf ein Denkmal in diesen Räumen verloren. So setzte ich ihm dies Denkmal im Traum; mein Freund P. hieß mit dem Vornamen Josef[3].

Nach den Regeln der Traumdeutung wäre ich nun noch immer nicht berechtigt, das *non vivit*, das ich brauche, durch *non vixit*, das mir die Er-

---

[1] [»Er hat nicht lange, aber ganz für das Wohl seines Landes gelebt« – *Zusatz 1925:*] Die Inschrift lautet richtig: *Saluti publicae vixit*
non diu sed totus.
Das Motiv der Fehlleistung: *patriae* für *publicae* hat Wittels [1924, 86] wahrscheinlich zutreffend erraten.

[2] [Am 16. Oktober 1898.]

[3] Als Beitrag zur Überdeterminierung: Meine Entschuldigung für mein Zuspätkommen lag darin, daß ich nach langer Nachtarbeit am Morgen den weiten Weg von der *Kaiser-Josef*-Straße in die Währinger Straße zu machen hatte.

innerung an das Josefsmonument zur Verfügung stellt, zu ersetzen. Ein anderes Element der Traumgedanken muß dies durch seinen Beitrag ermöglicht haben. Es heißt mich nun etwas darauf achten, daß in der Traumszene eine feindselige und eine zärtliche Gedankenströmung gegen meinen Freund P. zusammentreffen, die erstere oberflächlich, die letztere verdeckt, und in den nämlichen Worten: *Non vixit* ihre Darstellung erreichen. Weil er sich um die Wissenschaft verdient gemacht hat, errichte ich ihm ein Denkmal; aber weil er sich eines bösen Wunsches schuldig gemacht hat[1] (der am Ende des Traumes ausgedrückt ist), darum vernichte ich ihn. Ich habe da einen Satz von ganz besonderem Klang gebildet, bei dem mich ein Vorbild beeinflußt haben muß. Wo findet sich nur eine ähnliche Antithese, ein solches Nebeneinanderstellen zweier entgegengesetzter Reaktionen gegen dieselbe Person, die beide den Anspruch erheben, voll berechtigt zu sein, und doch einander nicht stören wollen? An einer einzigen Stelle, die sich aber dem Leser tief einprägt; in der Rechtfertigungsrede des Brutus in Shakespeares *Julius Cäsar* [III. Akt, 2. Szene]: »Weil Cäsar mich liebte, wein' ich um ihn; weil er glücklich war, freue ich mich; weil er tapfer war, ehr' ich ihn, aber weil er herrschsüchtig war, erschlug ich ihn.« Ist das nicht der nämliche Satzbau und Gedankengegensatz wie in dem Traumgedanken, den ich aufgedeckt habe? Ich spiele also den Brutus im Traum. Wenn ich nur von dieser überraschenden Kollateralverbindung noch eine andere bestätigende Spur im Trauminhalt auffinden könnte! Ich denke, dies könnte folgende sein: Mein Freund Fl. kommt im *Juli* nach Wien. Diese Einzelheit findet gar keine Stütze in Wirklichkeit. Mein Freund ist im Monat *Juli* meines Wissens niemals in Wien gewesen. Aber der Monat *Juli* ist nach *Julius Cäsar* benannt und könnte darum sehr wohl die von mir gesuchte Anspielung auf den Zwischengedanken, daß ich den Brutus spiele, vertreten[2].

Merkwürdigerweise habe ich nun wirklich einmal den Brutus gespielt. Ich habe die Szene Brutus und Cäsar aus Schillers Gedichten[3] vor einem Auditorium von Kindern aufgeführt, und zwar als vierzehnjähriger Knabe im Verein mit meinem um ein Jahr älteren Neffen, der damals aus England zu uns gekommen war – auch so ein *Revenant* –, denn es war der Gespiele meiner ersten Kinderjahre, der mit ihm wieder auf-

---

1 [Dieses Detail wird weiter unten, S. 466, noch genauer erklärt.]
2 Dazu noch *Cäsar - Kaiser*.
3 [Tatsächlich ist dies ein Gedicht in Dialogform, das Karl Moor im IV. Akt, 5. Szene, der Frühfassung von Schillers *Die Räuber* rezitiert.]

tauchte. Bis zu meinem vollendeten dritten Jahre waren wir unzertrennlich gewesen, hatten einander geliebt und miteinander gerauft, und diese Kinderbeziehung hat, wie ich schon einmal angedeutet [s. S. 209 und S. 238], über all meine späteren Gefühle im Verkehr mit Altersgenossen entschieden. Mein Neffe John hat seither sehr viele Inkarnationen gefunden, die bald diese, bald jene Seite seines in meiner unbewußten Erinnerung unauslöschlich fixierten Wesens wiederbelebten. Er muß mich zeitweilig sehr schlecht behandelt haben, und ich muß Mut bewiesen haben gegen meinen Tyrannen, denn es ist mir in späteren Jahren oft eine kurze Rechtfertigungsrede wiedererzählt worden, mit der ich mich verteidigte, als mich der Vater – sein Großvater – zur Rede stellte: Warum schlägst du John? Sie lautete in der Sprache des noch nicht Zweijährigen: *Ich habe ihn ge(sch)lagt, weil er mich ge(sch)lagt* hat. Diese Kinderszene muß es sein, die *non vivit* zum *non vixit* ablenkt, denn in der Sprache späterer Kinderjahre heißt ja das *Schlagen – Wichsen;* die Traumarbeit verschmäht es nicht, sich solcher Zusammenhänge zu bedienen. Die in der Realität so wenig begründete Feindseligkeit gegen meinen Freund P., der mir vielfach überlegen war und darum auch eine Neuausgabe des Kindergespielen abgeben konnte, geht sicherlich auf die komplizierte infantile Beziehung zu John zurück. [Vgl. S. 465 f.] [1]
Ich werde also auf diesen Traum noch zurückkommen.

---

[1] [Das Thema des Redens im Traum wird auch auf S. 196, S. 304, S. 311 und S. 449 erwähnt.]

G
ABSURDE TRÄUME – DIE INTELLEKTUELLEN LEISTUNGEN IM TRAUM[1]

Bei unseren bisherigen Traumdeutungen sind wir so oft auf das Element der *Absurdität* im Trauminhalt gestoßen, daß wir die Untersuchung nicht länger aufschieben wollen, woher dasselbe rührt und was es etwa bedeutet. Wir erinnern uns ja, daß die Absurdität der Träume den Gegnern der Traumschätzung ein Hauptargument bot, um im Traum nichts anderes als ein sinnloses Produkt einer reduzierten und zerbröckelten Geistestätigkeit zu sehen [s. S. 78 ff.].

Ich beginne mit einigen Beispielen, in denen die Absurdität des Trauminhalts nur ein Anschein ist, der bei besserer Vertiefung in den Sinn des Traumes sofort verschwindet. Es sind einige Träume, die – wie man zuerst meint, zufällig – vom toten Vater handeln.

[I]

Der Traum eines Patienten, der seinen Vater vor sechs Jahren verloren: *Dem Vater ist ein großes Unglück widerfahren. Er ist mit dem Nachtzug gefahren, da ist eine Entgleisung erfolgt, die Sitze sind zusammengekommen, und ihm ist der Kopf quer zusammengedrückt worden. Er sieht ihn dann auf dem Bette liegen, mit einer Wunde über dem Augenbrauenrand links, die vertikal verläuft. Er wundert sich darüber, daß der Vater verunglückt ist (da er doch schon tot ist,* wie er bei der Erzählung ergänzt). *Die Augen sind so klar.*

Nach der herrschenden Beurteilung der Träume hätte man sich diesen Trauminhalt so aufzuklären: Der Träumer hat zuerst, während er sich den Unfall seines Vaters vorstellt, vergessen, daß dieser schon seit Jahren im Grabe ruht; im weiteren Verlaufe des Träumens wacht diese Erinnerung auf und bewirkt, daß er sich über den eigenen Traum noch selbst träumend verwundert. Die Analyse lehrt aber, daß es vor allem überflüssig ist, nach solchen Erklärungen zu greifen. Der Träumer hatte bei einem Künstler eine *Büste* des Vaters bestellt, die er zwei Tage vor dem Traume in Augenschein genommen hat. Diese ist es, die ihm *verunglückt* vorkommt. Der Bildhauer hat den Vater nie gesehen, er arbeitet nach

[1] [Mit Ausnahme einiger eigens durch das jeweilige spätere Datum gekennzeichneter Passagen war alles nun bis zum Schluß des Buches Folgende schon in der Erstauflage (1900) enthalten.]

ihm vorgelegten Photographien. Am Tage vor dem Traume selbst hat der pietätvolle Sohn einen alten Diener der Familie ins Atelier geschickt, ob auch der dasselbe Urteil über den marmornen Kopf fällen wird, nämlich daß *er zu schmal in der Querrichtung* von Schläfe zu Schläfe ausgefallen ist. Nun folgt das Erinnerungsmaterial, das zum Aufbau dieses Traums beigetragen hat. Der Vater hatte die Gewohnheit, wenn geschäftliche Sorgen oder Schwierigkeiten in der Familie ihn quälten, sich beide Hände gegen die Schläfen zu drücken, als ob er seinen Kopf, der ihm zu weit würde, zusammenpressen wollte. – Als Kind von vier Jahren war unser Träumer zugegen, wie das Losgehen einer zufällig geladenen Pistole dem Vater die Augen schwärzte *(die Augen sind so klar)*. – An der Stelle, wo der Traum die Verletzung des Vaters zeigt, trug der Lebende, wenn er nachdenklich oder traurig war, eine tiefe Längsfurche zur Schau. Daß diese Furche im Traum durch eine Wunde ersetzt ist, deutet auf die zweite Veranlassung des Traumes hin. Der Träumer hatte sein kleines Töchterchen photographiert; die Platte war ihm aus der Hand gefallen und zeigte, als er sie aufhob, einen Sprung, der wie eine senkrechte Furche über die Stirne der Kleinen lief und bis zum Augenbrauenbogen reichte. Da konnte er sich abergläubischer Ahnungen nicht erwehren, denn einen Tag vor dem Tode der Mutter war ihm die photographische Platte mit deren Abbild gesprungen.

Die Absurdität dieses Traumes ist also bloß der Erfolg einer Nachlässigkeit des sprachlichen Ausdrucks, der die Büste und die Photographie von der Person nicht unterscheiden will. Wir sind alle gewöhnt, so zu reden: Findest du den Vater nicht getroffen? Freilich wäre der Anschein der Absurdität in diesem Traume leicht zu vermeiden gewesen. Wenn man schon nach einer einzigen Erfahrung urteilen dürfte, so möchte man sagen, dieser Anschein von Absurdität ist ein zugelassener oder gewollter.

II

Ein zweites, ganz ähnliches Beispiel aus meinen eigenen Träumen: (Ich habe meinen Vater im Jahre 1896 verloren.)

Der Vater hat nach seinem Tode eine politische Rolle bei den Magyaren gespielt, sie politisch geeinigt, wozu ich ein kleines undeutliches Bild sehe: *eine Menschenmenge wie im Reichstag, eine Person, die auf einem oder zwei Stühlen steht, andere um ihn herum. Ich erinnere mich daran, daß er auf dem Totenbette Garibaldi so ähnlich gesehen hat, und freue mich, daß diese Verheißung doch wahr geworden ist.*

Das ist doch absurd genug. Es ist zur Zeit geträumt, da die Ungarn durch parlamentarische *Obstruktion* in den gesetzlosen Zustand gerieten und jene Krise durchmachten, aus der Koloman Széll sie befreite[1]. Der geringfügige Umstand, daß die im Traum gesehene Szene aus so kleinen Bildern besteht, ist nicht ohne Bedeutung für die Aufklärung dieses Elements. Die gewöhnliche visuelle Traumdarstellung unserer Gedanken ergibt Bilder, die uns etwa den Eindruck der Lebensgröße machen; mein Traumbild ist aber die Reproduktion eines in den Text einer illustrierten Geschichte Österreichs eingeschobenen Holzschnittes, der Maria Theresia auf dem Reichstage von Preßburg darstellt, die berühmte Szene des *»Moriamur pro rege nostro«*[2]. Wie dort Maria Theresia, so steht im Traume der Vater von der Menge umringt; er steht aber auf einem oder zwei Stühlen, also als *Stuhlrichter*. (Er hat sie *geeinigt:* – hier vermittelt die Redensart: Wir werden keinen *Richter* brauchen.) Daß er auf dem Totenbette Garibaldi so ähnlich sah, haben wir Umstehenden wirklich alle bemerkt. Er hatte *postmortale* Temperatursteigerung, seine Wangen glühten rot und röter ... unwillkürlich setzen wir fort:

> »Und hinter ihm, in wesenlosem Scheine
> lag, was uns alle bändigt, das Gemeine[3].«

Diese Erhebung unserer Gedanken bereitet uns [in der Analyse] darauf vor, daß wir gerade mit dem »Gemeinen« zu tun bekommen sollen. Das *»postmortale«* der Temperaturerhöhung entspricht den Worten *»nach seinem Tode«* im Trauminhalt. Das Quälendste seiner Leiden war die völlige Darmlähmung *(Obstruktion)* der letzten Wochen gewesen. An diese knüpfen allerlei unehrerbietige Gedanken an. Einer meiner Altersgenossen, der seinen Vater noch als Gymnasiast verlor, bei welchem Anlaß ich ihm dann tief erschüttert meine Freundschaft antrug, erzählte mir einmal höhnend von dem Schmerz einer Verwandten, deren Vater auf der Straße gestorben und nach Hause gebracht worden war, wo sich

---

1 [Eine akute politische Krise in Ungarn in den Jahren 1898–99 war durch die Bildung einer Koalitionsregierung unter Széll überwunden worden.]

2 [»Das Leben für unsere Königin!« riefen die ungarischen Adligen, als Maria Theresia sie 1740 nach ihrer Thronbesteigung um ihre Unterstützung im österreichischen Erbfolgekrieg bat.] – Ich weiß nicht mehr, bei welchem Autor ich einen Traum erwähnt gefunden habe, in dem es von ungewöhnlich kleinen Gestalten wimmelte und als dessen Quelle sich einer der Stiche Jacques Callots herausstellte, die der Träumer bei Tag betrachtet hatte. Diese Stiche enthalten allerdings eine Unzahl sehr kleiner Figuren; eine Reihe derselben behandelt die Greuel des Dreißigjährigen Krieges.

3 [Diese Zeilen stammen aus dem Epilog zu Schillers ›Lied von der Glocke‹, den Goethe für die Totenfeier des Freundes am 10. August 1805 geschrieben hatte.]

dann bei der Entkleidung der Leiche fand, daß im Moment des Todes oder *postmortal* eine *Stuhlentleerung* stattgefunden hatte. Die Tochter war so tief unglücklich darüber, daß ihr dieses häßliche Detail die Erinnerung an den Vater stören mußte. Hier sind wir nun zu dem Wunsch vorgedrungen, der sich in diesem Traume verkörpert. *Nach seinem Tode rein und groß vor seinen Kindern dastehen*, wer möchte das nicht wünschen? Wohin ist die Absurdität dieses Traumes geraten? Ihr Anschein ist nur dadurch zustande gekommen, daß eine völlig zulässige Redensart, bei welcher wir gewöhnt sind, über die Absurdität hinwegzusehen, die zwischen ihren Bestandteilen vorhanden sein mag, im Traume getreulich dargestellt wird. Auch hier können wir den Eindruck nicht abweisen, daß der Anschein der Absurdität ein gewollter, absichtlich hervorgerufener ist[1].

Die Häufigkeit[2], mit welcher im Traume tote Personen wie lebend auftreten, handeln und mit uns verkehren, hat eine ungebührliche Verwunderung hervorgerufen und sonderbare Erklärungen erzeugt, aus denen unser Unverständnis für den Traum sehr auffällig erhellt. Und doch ist die Aufklärung dieser Träume eine sehr naheliegende. Wie oft kommen wir in die Lage, uns zu denken: *Wenn* der Vater noch leben würde, was würde er dazu sagen? Dieses *Wenn* kann der Traum nicht anders darstellen als durch die Gegenwart in einer bestimmten Situation. So träumt z. B. ein junger Mann, dem sein Großvater ein großes Erbe hinterlassen hat, bei einer Gelegenheit von Vorwurf wegen einer bedeutenden Geldausgabe, der Großvater sei wieder am Leben und fordere Rechenschaft von ihm. Was wir für die Auflehnung gegen den Traum halten, der Einspruch aus unserem besseren Wissen, daß der Mann doch schon gestorben sei, ist in Wirklichkeit der Trostgedanke, daß der Verstorbene das nicht zu erleben brauchte, oder die Befriedigung darüber, daß er nichts mehr dreinzureden hat.

Eine andere Art von Absurdität, die sich in Träumen von toten Angehörigen findet, drückt nicht Spott und Hohn aus[3], sondern dient der äußersten Ablehnung, der Darstellung eines verdrängten Gedankens,

[1] [Dieser Traum wird ferner auf S. 432 behandelt.]
[2] [Dieser Absatz wurde 1909 hinzugefügt.]
[3] [Dieser Absatz kam 1911 hinzu. Der erste Satz impliziert, Freud habe das Absurde in Träumen schon an früherer Stelle mit dem »Spott und Hohn« der Traumgedanken erklärt. Das ist jedoch nicht der Fall; diese Erklärung wird vielmehr explizit erst in der Passage weiter unten (auf S. 420) gegeben, wo Freud seine Theorie der absurden Träume zusammenfaßt. Möglicherweise ist der vorliegende Absatz durch ein Versehen hier statt an einer späteren Stelle eingefügt worden.]

den man gerne als das Allerundenkbarste hinstellen möchte. Träume dieser Art erscheinen nur auflösbar, wenn man sich erinnert, daß der Traum zwischen Gewünschtem und Realem keinen Unterschied macht. So träumt z. B. ein Mann, der seinen Vater in dessen Krankheit gepflegt und unter dessen Tod schwer gelitten hatte, eine Zeit nachher folgenden unsinnigen Traum: *Der Vater war wieder am Leben und sprach mit ihm wie sonst, aber* (das Merkwürdige war), *er war doch gestorben und wußte es nur nicht.* Man versteht diesen Traum, wenn man nach »er war doch gestorben« einsetzt: *infolge des Wunsches des Träumers* und zu »er wußte es nicht« ergänzt: daß der Träumer diesen Wunsch hatte. Der Sohn hatte während der Krankenpflege wiederholt den Vater tot gewünscht, d. h. den eigentlich erbarmungsvollen Gedanken gehabt, der Tod möge doch endlich dieser Qual ein Ende machen. In der Trauer nach dem Tode wurde selbst dieser Wunsch des Mitleidens zum unbewußten Vorwurf, als ob er durch ihn wirklich beigetragen hätte, das Leben des Kranken zu verkürzen. Durch Erweckung der frühesten infantilen Regungen gegen den Vater wurde es möglich, diesen Vorwurf als Traum auszudrücken, aber gerade wegen der weltenweiten Gegensätzlichkeit zwischen dem Traumerreger und dem Tagesgedanken mußte dieser Traum so absurd ausfallen[1].

Die Träume von geliebten Toten stellen der Traumdeutung überhaupt schwierige Aufgaben, deren Lösung nicht immer befriedigend gelingt. Den Grund hiefür mag man in der besonders stark ausgeprägten Gefühlsambivalenz suchen, welche das Verhältnis des Träumers zum Toten beherrscht. Es ist sehr gewöhnlich, daß in solchen Träumen der Verstorbene zunächst als lebend behandelt wird, daß es dann plötzlich heißt, er sei tot, und daß er in der Fortsetzung des Traumes doch wieder lebt. Das wirkt verwirrend. Ich habe endlich erraten, daß dieser Wechsel von Tod und Leben die *Gleichgültigkeit* des Träumers darstellen soll (»Es ist mir dasselbe, ob er lebt oder gestorben ist«). Natürlich ist diese Gleichgültigkeit keine reale, sondern eine gewünschte, sie soll die sehr intensiven, oft gegensätzlichen Gefühlseinstellungen des Träumers verleugnen helfen und wird so zur Traumdarstellung seiner *Ambivalenz*. Für andere Träume, in denen man mit Toten verkehrt, hat oft folgende Regel orientierend gewirkt: Wenn im Traume nicht daran gemahnt wird, daß der

[1] [*Zusatz 1911:*] Vgl. hierzu ›Formulierungen über die zwei Prinzipien des psychischen Geschehens‹ (1911 *b*) [wo am Schluß derselbe Traum erörtert wird. – Ein sehr ähnlicher Traum wird (als Nr. 3) in der 12. von Freuds *Vorlesungen zur Einführung* (1916–17, *Studienausgabe*, Bd. 1, S. 193 ff.) analysiert. – Der folgende Absatz wurde 1919 hinzugefügt.]

Tote – tot ist, so stellt sich der Träumer dem Toten gleich, er träumt von seinem eigenen Tod. Die plötzlich im Traume auftretende Besinnung oder Verwunderung: Aber, der ist ja längst gestorben, ist eine Verwahrung gegen diese Gemeinschaft und lehnt die Todesbedeutung für den Träumer ab. Aber ich gestehe den Eindruck zu, daß die Traumdeutung Träumen dieses Inhalts noch lange nicht alle ihre Geheimnisse entlockt hat.

III

In dem Beispiel, das ich jetzt ausführe, kann ich die Traumarbeit dabei ertappen, wie sie eine Absurdität, zu der im Material gar kein Anlaß ist, absichtlich fabriziert. Es stammt aus dem Traume, den mir die Begegnung mit dem Grafen Thun vor meiner Ferialreise eingegeben hat. [Vgl. S. 218 ff.] *»Ich fahre in einem Einspänner und gebe Auftrag, zu einem Bahnhof zu fahren. ›Auf der Bahnstrecke selbst kann ich natürlich nicht mit Ihnen fahren‹, sage ich, nachdem er einen Einwand gemacht, als ob ich ihn übermüdet hätte; dabei ist es so, als wäre ich schon eine Strecke mit ihm gefahren, die man sonst mit der Bahn fährt.«* Zu dieser verworrenen und unsinnigen Geschichte gibt die Analyse folgende Aufklärungen: Ich hatte am Tage einen Einspänner genommen, der mich nach Dornbach in eine entlegene Straße führen sollte. Er kannte aber den Weg nicht und fuhr nach Art dieser guten Leute immer weiter, bis ich es merkte und ihm den Weg zeigte, wobei ich ihm einige spöttische Bemerkungen nicht ersparte. Von diesem Kutscher spinnt sich eine Gedankenverbindung zu den Aristokraten an, mit der ich später noch zusammentreffen werde. Vorläufig nur die Andeutung, daß uns bürgerlichem Plebs die Aristokratie dadurch auffällig wird, daß sie sich mit Vorliebe an die Stelle des Kutschers setzt. Graf Thun lenkt ja auch den Staatswagen von Österreich. Der nächste Satz im Traum bezieht sich aber auf meinen Bruder, den ich also mit dem Einspännerkutscher identifiziere. Ich hatte ihm heuer die gemeinsame Italienfahrt abgesagt *(»Auf der Bahnstrecke selbst kann ich mit Ihnen nicht fahren«)*, und diese Absage war eine Art Bestrafung für seine sonstige Klage, daß ich ihn auf diesen Reisen zu *übermüden* pflege (was unverändert in den Traum gelangt), indem ich ihm zu rasche Ortsveränderung, zuviel des Schönen an einem Tage, zumute. Mein Bruder hatte mich an diesem Abend zum Bahnhof begleitet, war aber kurz vorher bei der Stadtbahnstation Westbahnhof ausgesprungen, um mit der Stadtbahn nach Purkersdorf zu fahren. Ich hatte ihm bemerkt, er könne noch eine Weile länger bei mir bleiben, indem er nicht mit der Stadtbahn, sondern mit der Westbahn nach Purkersdorf fahre. Davon ist in den Traum gekommen, daß ich mit dem *Wagen* eine Strecke gefahren bin, *die man sonst mit der Bahn fährt.* In Wirklichkeit war es umgekehrt (und *»Umgekehrt ist auch gefahren«*); ich hatte meinem Bruder gesagt: Die Strecke, die du mit der Stadtbahn fährst, kannst du auch in meiner Gesellschaft in der Westbahn fahren. Die ganze Traumverwirrung richte ich dadurch an, daß ich anstatt »Stadtbahn« – »Wagen« in den Traum einsetze, was allerdings zur Zusammenziehung des Kutschers mit dem Bruder gute Dienste leistet. Dann bekomme ich im Traume etwas Unsinniges heraus, was bei der Erklärung kaum entwirrbar scheint, und beinahe einen Widerspruch mit einer früheren Rede von mir *(»Auf der Bahnstrecke selbst kann ich mit Ihnen nicht fahren«)* herstellt. Da ich aber Stadtbahn und Einspännerwagen überhaupt nicht zu verwechseln brauche, muß ich diese ganze rätselhafte Geschichte im Traum absichtlich so gestaltet haben.

In welcher Absicht aber? Wir sollen nun erfahren, was die Absurdität im Traume bedeutet und aus welchen Motiven sie zugelassen oder geschaffen wird. Die Lösung des Geheimnisses im vorliegenden Falle ist folgende: Ich brauche im Traume eine Absurdität und etwas Unverständliches in Verbindung mit dem *»Fahren«*, weil ich in den Traumgedanken ein gewisses Urteil habe, das nach Darstellung verlangt. An einem Abende bei jener gastfreundlichen und geistreichen Dame, die in einer anderen Szene des nämlichen Traumes als »Haushälterin« auftritt, hatte ich zwei Rätsel gehört, die ich nicht auflösen konnte. Da sie der übrigen Gesellschaft bekannt waren, machte ich mit meinen erfolglosen Bemühungen, die Lösung zu finden, eine etwas lächerliche Figur. Es waren zwei Äquivoke mit »Nachkommen« und »Vorfahren«. Sie lauteten, glaube ich, so:

»Der Herr befiehlt's,
Der Kutscher tut's.
Ein jeder hat's,
Im Grabe ruht's.« *(Vorfahren.)*

Verwirrend wirkte es, daß das zweite Rätsel zur einen Hälfte identisch mit dem ersten war:

»Der Herr befiehlt's,
Der Kutscher tut's.
Nicht jeder hat's,
In der Wiege ruht's.« *(Nachkommen.)*

Als ich nun den Grafen Thun so großmächtig *vorfahren* sah, in die Figaro-Stimmung geriet, die das Verdienst der hohen Herren darin findet, daß sie sich die Mühe gegeben haben, geboren zu werden (*Nachkommen* zu sein), wurden diese beiden Rätsel zu Zwischengedanken für die Traumarbeit. Da man Aristokraten leicht mit Kutschern verwechseln kann und man dem Kutscher früher einmal in unseren Landen »Herr Schwager« zu sagen pflegte, konnte die Verdichtungsarbeit meinen Bruder in dieselbe Darstellung einbeziehen. Der Traumgedanke aber, der dahinter gewirkt hat, lautet: *Es ist ein Unsinn, auf seine Vorfahren stolz zu sein. Lieber bin ich selber ein Vorfahr, ein Ahnherr.* Wegen dieses Urteils: Es ist ein Unsinn, also der Unsinn im Traum. Jetzt löst sich wohl auch das letzte Rätsel dieser dunklen Traumstelle, daß ich mit dem Kutscher schon *vorher gefahren,* mit ihm schon *vorgefahren.*

Der Traum wird also dann absurd gemacht, wenn in den Traumgedanken als eines der Elemente des Inhalts das Urteil vorkommt: Das *ist ein Unsinn,* wenn überhaupt Kritik und Spott einen der unbewußten Gedankenzüge des Träumers motivieren. Das Absurde wird somit eines der Mittel, durch welches die Traumarbeit den Widerspruch darstellt, wie die Umkehrung einer Materialbeziehung zwischen Traumgedanken und Trauminhalt [S. 323 f.], wie die Verwertung der motorischen Hemmungsempfindung [S. 333 f.]. Das Absurde des Traumes ist aber nicht mit einem einfachen »Nein« zu übersetzen, sondern soll die Disposition der Traumgedanken wiedergeben, gleichzeitig mit dem Widerspruch zu höhnen oder zu lachen. Nur in dieser Absicht liefert die Traumarbeit etwas Lächerliches. Sie verwandelt hier wiederum *ein Stück des latenten Inhalts in eine manifeste Form*[1].

Eigentlich sind wir einem überzeugenden Beispiel von solcher Bedeutung eines absurden Traumes schon begegnet. Jener ohne Analyse gedeutete Traum von der Wagner-Vorstellung, die bis morgens 3/48 Uhr dauert, bei der das Orchester von einem Turme aus dirigiert wird usw.

---

[1] Die Traumarbeit parodiert also den ihr als lächerlich bezeichneten Gedanken, indem sie etwas Lächerliches in Beziehung mit ihm erschafft. So ähnlich verfährt Heine, wenn er die schlechten Verse des Bayerkönigs verspotten will. Er tut es in noch schlechteren:

Herr Ludwig ist ein großer Poet,
Und singt er, so stürzt Apollo
Vor ihm auf die Kniee und bittet und fleht,
»Halt ein, ich werde sonst toll, oh.«

[*Lobgesänge auf König Ludwig,* I.]

(siehe S. 337 ff.), will offenbar besagen: Das ist eine *verdrehte* Welt und eine *verrückte* Gesellschaft. Wer's verdient, den trifft es nicht, und wer sich nichts daraus macht, der hat's, womit sie ihr Schicksal im Vergleich zu dem ihrer Cousine meint. – Daß sich uns als Beispiele für die Absurdität der Träume zunächst solche vom toten Vater dargeboten haben, ist auch keineswegs ein Zufall. Hier finden sich die Bedingungen für die Schöpfung absurder Träume in typischer Weise zusammen. Die Autorität, die dem Vater eigen ist, hat frühzeitig die Kritik des Kindes hervorgerufen; die strengen Anforderungen, die er gestellt, haben das Kind veranlaßt, zu seiner Erleichterung auf jede Schwäche des Vaters scharf zu achten; aber die Pietät, mit der die Person des Vaters besonders nach seinem Tode für unser Denken umgeben ist, verschärft die Zensur, welche die Äußerungen dieser Kritik vom Bewußtwerden abdrängt.

IV

Ein neuer absurder Traum vom toten Vater:
Ich erhalte eine Zuschrift vom Gemeinderat meiner Geburtsstadt, betreffend die Zahlungskosten für eine Unterbringung im Spital im Jahre 1851, die wegen eines Anfalls bei mir notwendig war. Ich mache mich darüber lustig, denn erstens war ich 1851 noch nicht am Leben, zweitens ist mein Vater, auf den es sich beziehen kann, schon tot. Ich gehe zu ihm ins Nebenzimmer, wo er auf dem Bette liegt, und erzähle es ihm. Zu meiner Überraschung erinnert er sich, daß er damals 1851 einmal betrunken war und eingesperrt oder verwahrt werden mußte. Es war, als er für das Haus T... gearbeitet. Du hast also auch getrunken, frage ich. Bald darauf hast du geheiratet? Ich rechne, daß ich ja 1856 geboren bin, was mir als unmittelbar folgend vorkommt.
Die Aufdringlichkeit, mit welcher dieser Traum seine Absurditäten zur Schau trägt, werden wir nach den letzten Erörterungen nur als Zeichen einer besonders erbitterten und leidenschaftlichen Polemik in den Traumgedanken übersetzen. Mit um so größerer Verwunderung konstatieren wir aber, daß in diesem Traum die Polemik offen betrieben und der Vater als diejenige Person bezeichnet ist, die zum Ziele des Gespötts gemacht wird. Solche Offenheit scheint unseren Voraussetzungen über die Zensur bei der Traumarbeit zu widersprechen. Zur Aufklärung dient aber, daß hier der Vater nur eine vorgeschobene Person ist, während der Streit mit einer anderen geführt wird, die im Traume durch eine einzige Anspielung zum Vorschein kommt. Während sonst

der Traum von Auflehnung gegen andere Personen handelt, hinter denen sich der Vater verbirgt, ist es hier umgekehrt; der Vater wird ein Strohmann zur Deckung anderer, und der Traum darf darum so unverhüllt sich mit seiner sonst geheiligten Person beschäftigen, weil dabei ein sicheres Wissen mitspielt, daß er nicht in Wirklichkeit gemeint ist. Man erfährt diesen Sachverhalt aus der Veranlassung des Traums. Er erfolgte nämlich, nachdem ich gehört hatte, ein älterer Kollege, dessen Urteil für unantastbar gilt, äußere sich abfällig und verwundert darüber, daß einer meiner Patienten die psychoanalytische Arbeit bei mir jetzt schon *ins fünfte Jahr* fortsetze. Die einleitenden Sätze des Traumes deuten in durchsichtiger Verhüllung darauf hin, daß dieser Kollege eine Zeitlang die Pflichten übernommen, die der Vater nicht mehr erfüllen konnte *(Zahlungskosten, Unterbringung im Spitale);* und als unsere freundschaftlichen Beziehungen sich zu lösen begannen, geriet ich in denselben Empfindungskonflikt, der im Falle einer Mißhelligkeit zwischen Vater und Sohn durch die Rolle und die früheren Leistungen des Vaters erzwungen wird. Die Traumgedanken wehren sich nun erbittert gegen den Vorwurf, daß ich *nicht schneller vorwärtskomme,* der von der Behandlung dieses Patienten her sich dann auch auf anderes erstreckt. Kennt er denn jemanden, der das schneller machen kann? Weiß er nicht, daß Zustände dieser Art sonst überhaupt unheilbar sind und lebenslange dauern? Was sind *vier bis fünf Jahre* gegen die Dauer eines ganzen Lebens, zumal wenn dem Kranken die Existenz während der Behandlung so sehr erleichtert worden ist?

Das Gepräge der Absurdität wird in diesem Traume zum guten Teile dadurch erzeugt, daß Sätze aus verschiedenen Gebieten der Traumgedanken ohne vermittelnden Übergang aneinandergereiht werden. So verläßt der Satz: *Ich gehe zu ihm ins Nebenzimmer* usw., das Thema, aus dem die vorigen Sätze geholt sind, und reproduziert getreulich die Umstände, unter denen ich dem Vater meine eigenmächtige Verlobung mitgeteilt habe. Er will mich also an die vornehme Uneigennützigkeit mahnen, die der alte Mann damals bewies, und diese in Gegensatz zu dem Benehmen eines anderen, einer neuen Person, bringen. Ich merke hier, daß der Traum darum den Vater verspotten darf, weil dieser in den Traumgedanken in voller Anerkennung anderen als Muster vorgehalten wird. Es liegt im Wesen jeder Zensur, daß man von den unerlaubten Dingen das, was unwahr ist, eher sagen darf als die Wahrheit. Der nächste Satz, daß er sich erinnert, *einmal betrunken und darum eingesperrt* gewesen zu sein, enthält nichts mehr, was sich in der Realität auf den Vater bezieht. Die von ihm gedeckte Person ist hier niemand geringerer als der große – Meynert[1], dessen Spuren ich mit so hoher Verehrung gefolgt bin und dessen Benehmen gegen mich nach einer kurzen Periode der Bevorzugung in unverhüllte Feindseligkeit umschlug. Der Traum erinnert mich an seine eigene Mitteilung, er habe in jungen Jahren einmal der Gewohnheit gefrönt, sich mit *Chloroform zu berauschen,* und habe darum die *Anstalt aufsuchen* müssen, und an ein zweites Erlebnis mit ihm kurz vor seinem Ende. Ich hatte einen erbitterten literarischen Streit mit ihm geführt in Sachen der männlichen Hysterie, die er leugnete, und als ich ihn als Todkranken besuchte und nach seinem Befinden fragte, verweilte er bei der Beschreibung seiner Zustände und schloß mit den Worten: »Sie wissen, ich war immer einer der schönsten Fälle von männlicher Hysterie.« So hatte er zu meiner Genugtuung und zu meinem Erstaunen zugegeben, wogegen er sich so lange hartnäckig gesträubt. Daß ich aber in dieser Szene des Traumes Meynert durch meinen Vater verdecken kann, hat seinen Grund nicht in einer zwischen beiden Personen aufgefundenen Analogie, sondern ist die knappe, aber völlig zureichende Darstellung eines Konditionalsatzes in den Traumgedanken, der ausführlich lautet: Ja, wenn ich zweite Generation, der Sohn eines Professors oder Hofrats, wäre, dann wäre ich freilich rascher vorwärtsgekommen. Im Traume mache ich nun meinen Vater zum Hofrat und Professor. Die gröbste und störendste Absurdität des Traumes liegt in der Behandlung der Jahreszahl 1851, die mir von 1856 gar nicht verschieden vorkommt, *als würde die Differenz von fünf Jahren gar nichts bedeuten.* Gerade das soll aber aus den Traumgedanken zum Ausdruck gebracht werden. *Vier bis fünf Jahre,* das ist der Zeitraum, während dessen ich die Unterstützung des eingangs erwähnten Kollegen genoß, aber auch die Zeit, während welcher ich meine Braut auf die Heirat warten ließ, und durch ein zufälliges, von den Traumgedanken gern ausgenütztes Zusammentreffen auch die Zeit, während welcher ich jetzt meinen vertrautesten Patienten auf die völlige Heilung warten lasse. *»Was sind fünf Jahre?«* fragen die Traumgedanken. *»Das ist für mich keine Zeit, das kommt nicht in Betracht.* Ich habe Zeit genug vor mir, und wie jenes endlich geworden ist, was Ihr auch nicht glauben wolltet, so werde ich auch dies zustande bringen.« Außerdem aber ist die Zahl 51, vom Jahrhundert abgelöst, noch anders, und zwar im gegensätzlichen Sinne determiniert; sie kommt darum auch mehrmals im Traume

[1] [Theodor Meynert (1833–1892) war Professor der Psychiatrie an der Wiener Universität gewesen.]

vor. 51 ist das Alter, in dem der Mann besonders gefährdet erscheint, in dem ich Kollegen plötzlich habe sterben sehen, darunter einen, der nach langem Harren einige Tage vorher zum Professor ernannt worden war[1].

V

Ein anderer absurder Traum, der mit Zahlen spielt.

Einer meiner Bekannten, Herr M., ist von keinem Geringeren als von Goethe in einem Aufsatze angegriffen worden, wie wir alle meinen, mit ungerechtfertigt großer Heftigkeit. Herr M. ist durch diesen Angriff natürlich vernichtet. Er beklagt sich darüber bitter bei einer Tischgesellschaft; seine Verehrung für Goethe hat aber unter dieser persönlichen Erfahrung nicht gelitten. Ich suche mir die zeitlichen Verhältnisse, die mir unwahrscheinlich vorkommen, ein wenig aufzuklären. Goethe ist 1832 gestorben; da sein Angriff auf M. natürlich früher erfolgt sein muß, so war Herr M. damals ein ganz junger Mann. Es kommt mir plausibel vor, daß er achtzehn Jahre alt war. Ich weiß aber nicht sicher, welches Jahr wir gegenwärtig schreiben, und so versinkt die ganze Berechnung im Dunkel. Der Angriff ist übrigens in dem bekannten Aufsatz von Goethe ›Natur‹ enthalten.

Wir werden bald die Mittel in der Hand haben, den Blödsinn dieses Traumes zu rechtfertigen. Herr M., den ich aus einer *Tischgesellschaft* kenne, hatte mich unlängst aufgefordert, seinen Bruder zu untersuchen, bei dem sich Zeichen von *paralytischer Geistesstörung* bemerkbar machen. Die Vermutung war richtig; es ereignete sich bei diesem Besuch das Peinliche, daß der Kranke ohne jeden Anlaß im Gespräch den Bruder durch Anspielung auf dessen *Jugendstreiche* bloßstellte. Den Kranken hatte ich nach seinem Geburtsjahre gefragt und ihn wiederholt zu kleinen Berechnungen veranlaßt, um seine Gedächtnisschwächung klarzulegen; Proben, die er übrigens noch recht gut bestand. Ich merke schon, daß ich mich im Traume benehme wie ein Paralytiker. *(Ich weiß nicht sicher, welches Jahr wir schreiben.)* Anderes Material des Traumes stammt aus einer anderen rezenten Quelle. Ein mir befreundeter Redakteur einer medizinischen Zeitschrift hatte eine höchst ungnädige, eine »*vernichtende*« Kritik über das letzte Buch meines Freundes Fl. [Fließ]

---

[1] [Das ist zweifellos eine Anspielung auf Fließ' Periodenlehre. 51 = 23 + 28 die männliche bzw. weibliche Periode. S. oben, S. 180 ff., Anm. – Auf die Tatsache, daß die Zahl 51 mehrmals vorkommt, wird auf S. 492 hingewiesen. Die Analyse des Traums wird weiter unten auf S. 434 ff. fortgesetzt.]

in Berlin in sein Blatt aufgenommen, die ein recht *jugendlicher* und wenig urteilsfähiger Referent verfaßt hatte. Ich glaubte, ein Recht zur Einmengung zu haben, und stellte den Redakteur zur Rede, der die Aufnahme der Kritik lebhaft bedauerte, aber eine Remedur nicht versprechen wollte. Daraufhin brach ich meine Beziehungen zur Zeitschrift ab und hob in meinem Absagebriefe die Erwartung hervor, *daß unsere persönlichen Beziehungen unter diesem Vorfall nicht leiden würden.* Die dritte Quelle dieses Traumes ist die damals frische Erzählung einer Patientin von der psychischen Erkrankung ihres Bruders, der mit dem Ausrufe *»Natur, Natur«* in Tobsucht verfallen war. Die Ärzte hatten gemeint, der Ausruf stamme aus der Lektüre jenes schönen *Aufsatzes von Goethe* und deute auf die Überarbeitung des Erkrankten bei seinen naturphilosophischen Studien. Ich zog es vor, an den sexuellen Sinn zu denken, in dem auch die Mindergebildeten bei uns von der »Natur« reden, und daß der Unglückliche sich später an den Genitalien verstümmelte, schien mir wenigstens nicht unrecht zu geben. *18 Jahre* war das Alter dieses Kranken, als sich jener Tobsuchtsanfall einstellte.

Wenn ich noch hinzufüge, daß das so hart kritisierte Buch meines Freundes (»Man fragt sich, ist der Autor verrückt oder ist man es selbst«, hatte ein anderer Kritiker geäußert) sich mit den *zeitlichen Verhältnissen* des Lebens beschäftigt und auch *Goethes* Lebensdauer auf ein Vielfaches einer für die Biologie bedeutsamen Zahl zurückführt, so ist es leicht einzusehen, daß ich mich im Traume an die Stelle meines Freundes setze. *(Ich suche mir die zeitlichen Verhältnisse ... ein wenig aufzuklären.)* Ich benehme mich aber wie ein Paralytiker, und der Traum schwelgt in Absurdität. Das heißt also, die Traumgedanken sagen ironisch: *»Natürlich*, er [mein Freund F.] ist der Narr, der Verrückte, und Ihr [die Kritiker] seid die genialen Leute, die es besser verstehen. Vielleicht aber doch umgekehrt?« Und diese *Umkehrung* ist nun ausgiebig im Trauminhalt vertreten, indem Goethe den jungen Mann angegriffen hat, was absurd ist, während leicht ein ganz junger Mensch noch heute den unsterblichen Goethe angreifen könnte, und indem ich vom *Sterbejahre* Goethes an rechne, während ich den Paralytiker von seinem *Geburtsjahr* an rechnen ließ [1].

Ich habe aber auch versprochen zu zeigen, daß kein Traum von anderen als egoistischen Regungen eingegeben wird. [S. 271 ff.] Somit muß ich rechtfertigen, daß ich in diesem Traume die Sache meines Freundes zu

---

[1] [Vgl. S. 324, wo dieser Traum schon erwähnt ist.]

der meinigen mache und mich an seine Stelle setze. Meine kritische Überzeugung im Wachen reicht hiefür nicht aus. Nun spielt aber die Geschichte des 18jährigen Kranken und die verschiedenartige Deutung seines Ausrufs *»Natur«* auf den Gegensatz an, in den ich mich mit meiner Behauptung einer sexuellen Ätiologie für die Psychoneurosen zu den meisten Ärzten gebracht habe. Ich kann mir sagen: So wie deinem Freunde, so wird es auch dir mit der Kritik ergehen, ist dir zum Teil auch bereits so ergangen, und nun darf ich das »Er« in den Traumgedanken durch ein »Wir« ersetzen. »Ja, ihr habt recht, wir zwei sind die Narren.« Daß *»mea res agitur«*, daran mahnt mich energisch die Erwähnung des kleinen, unvergleichlich schönen Aufsatzes von Goethe, denn der Vortrag dieses Aufsatzes in einer populären Vorlesung war es, der mich schwankenden Abiturienten zum Studium der Naturwissenschaft drängte[1].

VI

Ich bin es schuldig geblieben, noch von einem anderen Traume, in dem mein Ich nicht vorkommt, zu zeigen, daß er egoistisch ist. Ich erwähnte auf S. 273 einen kurzen Traum, daß Professor M. sagt: *»Mein Sohn, der Myop ...«*, und gab an, das sei nur ein Vortraum zu einem anderen, in dem ich eine Rolle spiele. Hier ist der fehlende Haupttraum, der uns eine absurde und unverständliche Wortbildung zur Aufklärung bietet:

Wegen irgendwelcher Vorgänge in der Stadt Rom ist es notwendig, die Kinder zu flüchten, was auch geschieht. Die Szene ist dann vor einem Tore, Doppeltor nach antiker Art (die Porta Romana in Siena, wie ich noch im Traume weiß). Ich sitze auf dem Rand eines Brunnens und bin sehr betrübt, weine fast. Eine weibliche Person – Wärterin, Nonne – bringt die zwei Knaben heraus und übergibt sie dem Vater, der nicht ich bin. Der ältere der beiden ist deutlich mein Ältester, das Gesicht des anderen sehe ich nicht; die Frau, die den Knaben bringt, verlangt zum Abschied einen Kuß von ihm. Sie zeichnet sich durch eine rote Nase aus. Der Knabe verweigert ihr den Kuß, sagt aber, ihr zum Abschied die Hand reichend: Auf Geseres, und zu uns beiden (oder zu einem von uns): Auf Ungeseres. Ich habe die Idee, daß letzteres einen Vorzug bedeutet.

---

1 [Dieser Traum wird weiter auf S. 433 f. erörtert. – Nach Pestalozzi (1956) stammt der Aufsatz ›Fragment über die Natur‹ in Wirklichkeit von dem Schweizer Autor G. C. Tobler; Goethe habe ihn infolge einer Erinnerungstäuschung unter seine eigenen Werke eingereiht.]

Dieser Traum baut sich auf einem Knäuel von Gedanken auf, die durch ein im Theater gesehenes Schauspiel *Das neue Ghetto* angeregt wurden. Die Judenfrage, die Sorge um die Zukunft der Kinder, denen man ein Vaterland nicht geben kann, die Sorge, sie so zu erziehen, daß sie freizügig werden können, sind in den zugehörigen Traumgedanken leicht zu erkennen.

»An den Wassern Babels saßen wir und weinten.« – Siena ist wie Rom durch seine schönen Brunnen berühmt: für Rom muß ich im Traume (vgl. S. 205 f.) mir irgendeinen Ersatz aus bekannten Örtlichkeiten suchen. Nahe der Porta Romana von Siena sahen wir ein großes, hell erleuchtetes Haus. Wir erfuhren, daß es das *Manicomio,* die Irrenanstalt sei. Kurz vor dem Traume hatte ich gehört, daß ein Glaubensgenosse seine mühselig erworbene Anstellung an einer staatlichen Irrenanstalt hatte aufgeben müssen.

Unser Interesse erweckt die Rede: *Auf Geseres,* wo man nach der im Traume festgehaltenen Situation erwarten mußte: Auf Wiedersehen, und ihr ganz sinnloser Gegensatz: *Auf Ungeseres.*

Geseres ist nach den Auskünften, die ich mir bei Schriftgelehrten geholt habe, ein echt hebräisches Wort, abgeleitet von einem Verbum *goiser,* und läßt sich am besten durch »anbefohlene Leiden, Verhängnis« wiedergeben. Nach der Verwendung des Wortes im Jargon sollte man meinen, es bedeute »Klagen und Jammern«. *Ungeseres* ist meine eigenste Wortbildung und zieht meine Aufmerksamkeit zuerst auf sich, macht mich aber zunächst ratlos. Die kleine Bemerkung zu Ende des Traumes, daß Ungeseres einen Vorzug gegen Geseres bedeute, öffnet den Einfällen und damit dem Verständnis die Pforten. Ein solches Verhältnis findet ja beim Kaviar statt; der *ungesalzene* wird höher geschätzt als der *gesalzene.* Kaviar fürs Volk, »noble Passionen«: darin liegt eine scherzhafte Anspielung an eine der Personen meines Haushaltes verborgen, von der ich hoffe, daß sie, jünger als ich, die Zukunft meiner Kinder in acht nehmen wird. Dazu stimmt es dann, daß eine andere Person meines Haushaltes, unsere brave Kinderfrau, in der Wärterin (oder Nonne) vom Traum wohl kenntlich gezeigt wird. Zwischen dem Paar *gesalzen – ungesalzen* und *Geseres – Ungeseres* fehlt es aber noch an einem vermittelnden Übergang. Dieser findet sich in »*gesäuert* und *ungesäuert*«; bei ihrem fluchtartigen Auszug aus *Ägypten* hatten die Kinder Israels nicht die Zeit, ihren Brotteig gären zu lassen, und essen zur Erinnerung daran noch heute ungesäuertes Brot zur Osterzeit. Hier kann ich auch den plötzlichen Einfall unterbringen, der mir während dieses Stückes der

Analyse gekommen ist. Ich erinnerte mich, wie wir in den letzten *Ostertagen* in den Straßen der uns fremden Stadt Breslau herumspazierten, mein Freund aus Berlin und ich. Ein kleines Mädchen fragte mich um den Weg in eine gewisse Straße; ich mußte mich entschuldigen, daß ich ihn nicht wisse, und äußerte dann zu meinem Freunde: »Hoffentlich beweist die Kleine später im Leben mehr Scharfblick bei der Auswahl der Personen, von denen sie sich leiten läßt.« Kurz darauf fiel mir ein Schild in die Augen: Dr. *Herodes*, Sprechstunde ... Ich meinte: »Hoffentlich ist der Kollege nicht gerade Kinderarzt.« Mein Freund hatte mir unterdessen seine Ansichten über die biologische Bedeutung der *bilateralen Symmetrie* entwickelt und einen Satz mit der Einleitung begonnen: »Wenn wir das eine Auge mitten auf der Stirne trügen wie der *Zyklop* ...« Das führt nun zur Rede des Professors im Vortraum: *Mein Sohn, der Myop*. Und nun bin ich zur Hauptquelle für das *Geseres* geführt worden. Vor vielen Jahren, als dieser Sohn des Professors M., der heute ein selbständiger Denker ist, noch auf der *Schulbank* saß, erkrankte er an einer Augenaffektion, die der Arzt für besorgniserwekkend erklärte. Er meinte, solange sie *einseitig* bleibe, habe sie nichts zu bedeuten, sollte sie aber auch auf das *andere Auge* übergreifen, so wäre es ernsthaft. Das Leiden heilte auf dem einen Auge schadlos ab; kurz darauf stellten sich aber die Zeichen für die Erkrankung des zweiten wirklich ein. Die entsetzte Mutter ließ sofort den Arzt in die Einsamkeit ihres Landaufenthalts kommen. Der schlug sich aber jetzt *auf die andere Seite. »Was machen Sie für Geseres?«* herrschte er die Mutter an. »Ist es auf der *einen* Seite gut geworden, so wird es auch auf der *anderen* gut werden.« Und so ward es auch.

Und nun die Beziehung zu mir und den Meinigen. Die *Schulbank*, auf der der Sohn des Professors M. seine erste Weisheit erlernt, ist durch Schenkung der Mutter in das Eigentum meines Ältesten übergegangen, dem ich im Traume die Abschiedsworte in den Mund lege. Der eine der Wünsche, die sich an diese Übertragung knüpfen lassen, ist nun leicht zu erraten. Diese Schulbank soll aber auch durch ihre Konstruktion das Kind davor schützen, *kurzsichtig* und *einseitig* zu werden. Daher im Traum *Myop* (dahinter *Zyklop*) und die Erörterungen über *Bilateralität*. Die Sorge um die Einseitigkeit ist eine mehrdeutige; es kann neben der körperlichen Einseitigkeit die der intellektuellen Entwicklung gemeint sein. Ja, scheint es nicht, daß die Traumszene in ihrer Tollheit gerade dieser Sorge widerspricht? Nachdem das Kind nach *der einen Seite hin* sein Abschiedswort gesprochen, ruft es nach *der anderen hin* das Gegenteil davon, wie um das Gleichgewicht herzustellen. *Es handelt gleichsam in Beachtung der bilateralen Symmetrie!*

So ist der Traum oft am tiefsinnigsten, wo er am tollsten erscheint. Zu allen Zeiten pflegten die, welche etwas zu sagen hatten und es nicht gefahrlos sagen konnten, gerne die Narrenkappe aufzusetzen. Der Hörer, für den die untersagte Rede bestimmt war, duldete sie eher, wenn er dabei lachen und sich mit dem Urteil schmeicheln konnte, daß das Unliebsame offenbar etwas Närrisches sei. Ganz so wie in Wirklichkeit der Traum, verfährt im Schauspiel der Prinz, der sich zum Narren verstellen muß, und darum kann man auch vom Traume aussagen, was Hamlet, wobei er die eigentlichen Bedingungen durch witzig-unverständliche ersetzt, von sich behauptet: »Ich bin nur toll bei Nord-Nord-West; weht der Wind aus Süden, so kann ich einen Reiher von einem Falken unterscheiden.« [1]

Ich habe also das Problem der Absurdität des Traumes dahin aufgelöst, daß die Traumgedanken niemals absurd sind – wenigstens nicht von den Träumen geistesgesunder Menschen – und daß die Traumarbeit absurde Träume und Träume mit einzelnen absurden Elementen produziert, wenn ihr in den Traumgedanken Kritik, Spott und Hohn zur Darstellung in ihrer Ausdrucksform vorliegt [2]. Es liegt mir nur daran zu zeigen, daß die Traumarbeit überhaupt durch das Zusammenwirken der drei erwähnten Momente [3] – und eines vierten noch zu erwähnenden [s. S. 470] – erschöpft ist, daß sie sonst nichts leistet als eine Übersetzung der Traumgedanken unter Beachtung der vier ihr vorgeschriebenen Bedingungen und daß die Frage, ob die Seele im Traume mit all ihren geistigen Fähigkeiten arbeitet oder nur mit einem Teile derselben, schief gestellt ist und an den tatsächlichen Verhältnissen abgleitet. Da es aber

---

[1] [*Hamlet*, II. Akt, 2. Szene.] – Dieser Traum gibt auch ein gutes Beispiel für den allgemein gültigen Satz, daß die Träume derselben Nacht, wenngleich in der Erinnerung getrennt, auf dem Boden des nämlichen Gedankenmaterials erwachsen sind. [Vgl. S. 330.] Die Traumsituation, daß ich meine Kinder aus der Stadt Rom flüchte, ist übrigens durch die Rückbeziehung auf einen analogen, in meine Kindheit fallenden Vorgang entstellt. Der Sinn ist, daß ich Verwandte beneide, denen sich bereits vor vielen Jahren ein Anlaß geboten hat, ihre Kinder auf einen anderen Boden zu versetzen.

[2] [Das Thema des Absurden im Traum wird auch im VI. Kapitel von Freuds Buch über den Witz (1905 *c*, vgl. *Studienausgabe*, Bd. 4, S. 164) diskutiert. – Gegen Ende des Abschnitts I in der Krankengeschichte des »Rattenmannes« (1909 *d*) bemerkt Freud in einer Fußnote, daß der gleiche Mechanismus auch bei Zwangsneurosen benutzt werde.]

[3] [Nämlich Verdichtung, Verschiebung und die Rücksicht auf Darstellbarkeit.]

reichlich Träume gibt, in deren Inhalt geurteilt, kritisiert und anerkannt wird, in denen Verwunderung über ein einzelnes Element des Traumes auftritt, Erklärungsversuche gemacht und Argumentationen angestellt werden, muß ich die Einwendungen, die aus solchen Vorkommnissen sich ableiten, an ausgewählten Beispielen erledigen.
Meine Erwiderung lautet: *Alles, was sich als scheinbare Betätigung der Urteilsfunktion in den Träumen vorfindet, ist nicht etwa als Denkleistung der Traumarbeit aufzufassen, sondern gehört dem Material der Traumgedanken an und ist von dorther als fertiges Gebilde in den manifesten Trauminhalt gelangt.* Ich kann meinen Satz zunächst noch überbieten. Auch von den Urteilen, die man *nach dem Erwachen* über den erinnerten Traum fällt, den Empfindungen, die die Reproduktion dieses Traumes in uns hervorruft, gehört ein guter Teil dem latenten Trauminhalt an und ist in die Deutung des Traumes einzufügen.

I

Ein auffälliges Beispiel hiefür habe ich bereits angeführt [S. 328 f.] [1]. Eine Patientin will ihren Traum nicht erzählen, weil er *zu unklar ist.* Sie hat eine Person im Traume gesehen und weiß nicht, *ob es der Mann oder der Vater war.* Dann folgt ein zweites Traumstück, in dem ein »Misttrügerl« vorkommt, an das folgende Erinnerung sich anschließt. Als junge Hausfrau äußerte sie einmal scherzhaft vor einem jungen Verwandten, der im Hause verkehrte, daß ihre nächste Sorge die Anschaffung eines neuen Misttrügerls sein müsse. Sie bekam am nächsten Morgen ein solches zugeschickt, das aber mit Maiglöckchen gefüllt war. Dieses Stück Traum dient der Darstellung der Redensart »Nicht auf meinem eigenen Mist gewachsen«. Wenn man die Analyse vervollständigt, erfährt man, daß es sich in den Traumgedanken um die Nachwirkung einer in der Jugend gehörten Geschichte handelt, daß ein Mädchen ein Kind bekommen, von dem es *unklar war, wer eigentlich der Vater sei.* Die Traumdarstellung greift also hier ins Wachdenken über und läßt eines der Elemente der Traumgedanken durch ein im Wachen gefälltes Urteil über den ganzen Traum vertreten sein.

---

1 [Ein weiteres Beispiel, ebenfalls auf S. 328, entstammt Freuds eigenen Träumen.]

II

Ein ähnlicher Fall: Einer meiner Patienten hat einen Traum, der ihm interessant vorkommt, denn er sagt sich unmittelbar nach dem Erwachen: *Das muß ich dem Doktor erzählen.* Der Traum wird analysiert und ergibt die deutlichsten Anspielungen auf ein Verhältnis, das er während der Behandlung begonnen und von dem er sich vorgenommen hatte, *mir nichts zu erzählen*[1].

III

Ein drittes Beispiel aus meiner eigenen Erfahrung:
Ich gehe mit P. durch eine Gegend, in der Häuser und Gärten vorkommen, ins Spital. Dabei die Idee, daß ich diese Gegend schon mehrmals im Traume gesehen habe. Ich kenne mich nicht sehr gut aus; er zeigt mir einen Weg, der durch eine Ecke in eine Restauration führt (Saal, nicht Garten); dort frage ich nach Frau Doni und höre, sie wohnt im Hintergrunde in einer kleinen Kammer mit drei Kindern. Ich gehe hin und treffe schon vorher eine undeutliche Person mit meinen zwei kleinen Mädchen, die ich dann mit mir nehme, nachdem ich eine Weile mit ihnen gestanden bin. Eine Art Vorwurf gegen meine Frau, daß sie sie dort gelassen.
Beim Erwachen fühle ich dann große *Befriedigung*, die ich damit motiviere, daß ich jetzt aus der Analyse erfahren werde, was es bedeutet: *Ich habe schon davon geträumt*[2]. Die Analyse lehrt mich aber nichts darüber; sie zeigt mir nur, daß die Befriedigung zum latenten Trauminhalt und nicht zu einem Urteile über den Traum gehört. Es ist die *Befriedigung darüber, daß ich in meiner Ehe Kinder bekommen habe.* P. ist eine Person, mit der ich ein Stück weit im Leben den gleichen Weg gegangen bin, die mich dann sozial und materiell weit überholt hat, die aber in ihrer Ehe kinderlos geblieben ist. Die beiden Anlässe des Traumes können den Beweis durch eine vollständige Analyse ersetzen. Tags zuvor las ich in der Zeitung die Todesanzeige einer Frau *Dona A..y*

---

[1] [*Zusatz 1909:*] Die noch im Traume enthaltene Mahnung oder der Vorsatz: *Das muß ich dem Doktor erzählen*, bei Träumen während der psychoanalytischen Behandlung entspricht regelmäßig einem großen Widerstand gegen die Beichte des Traums und wird nicht selten von Vergessen des Traumes gefolgt.

[2] [S. oben, S. 390.] Ein Thema, über welches sich eine weitläufige Diskussion in den letzten Jahrgängen der *Revue philosophique* [1896–98] angesponnen hat (Paramnesie im Traume). – [Auf diesen Traum wird auf S. 460 f. erneut Bezug genommen.]

(woraus ich *Doni* mache), die im *Kindbett* gestorben; ich hörte von meiner Frau, daß die Verstorbene von derselben Hebamme gepflegt worden sei wie sie selbst bei unseren beiden Jüngsten. Der Name Dona war mir aufgefallen, denn ich hatte ihn kurz vorher in einem englischen Romane zum erstenmal gefunden. Der andere Anlaß des Traums ergibt sich aus dem Datum desselben; es war die Nacht vor dem Geburtstage meines ältesten, wie es scheint, dichterisch begabten Knaben.

IV

Dieselbe Befriedigung verbleibt mir nach dem Erwachen aus dem absurden Traum, daß der Vater nach seinem Tode eine politische Rolle bei den Magyaren gespielt, und motiviert sich durch die Fortdauer der Empfindung, die den letzten Satz des Traumes begleitete [vgl. S. 414]: *»Ich erinnere mich daran, daß er auf dem Totenbett Garibaldi so ähnlich gesehen, und freue mich darüber, daß es doch wahr geworden ist ...« (Dazu eine vergessene Fortsetzung.)* Aus der Analyse kann ich nun einsetzen, was in diese Traumlücke gehört. Es ist die Erwähnung meines zweiten Knaben, dem ich den Vornamen einer großen historischen Persönlichkeit [Cromwell] gegeben habe, die mich in den Knabenjahren, besonders seit meinem Aufenthalte in England, mächtig angezogen. Ich hatte das Jahr der Erwartung über den Vorsatz, gerade diesen Namen zu verwenden, wenn es ein Sohn würde, und begrüßte mit ihm hoch *befriedigt* schon den eben Geborenen. Es ist leicht zu merken, wie die unterdrückte Größensucht des Vaters sich in seinen Gedanken auf die Kinder überträgt; ja man wird gerne glauben, daß dies einer der Wege ist, auf denen die im Leben notwendig gewordene Unterdrückung derselben vor sich geht. Sein Anrecht, in den Zusammenhang dieses Traumes aufgenommen zu werden, erwarb der Kleine dadurch, daß ihm damals der nämliche – beim Kind und beim Sterbenden leicht verzeihliche – Unfall widerfahren war, die Wäsche zu beschmutzen. Vergleiche hiezu die Anspielung *»Stuhlrichter«* und den Wunsch des Traumes: Vor seinen Kindern *groß* und *rein* dazustehen. [Vgl. S. 460 f.]

V

Wenn ich nun Urteilsäußerungen, die im Traum selbst verbleiben, sich nicht ins Wachen fortsetzen oder sich dahin verlegen, heraussuchen soll, so werde ich's als große Erleichterung empfinden, daß ich mich hiefür solcher Träume bedienen darf, die bereits in anderer Absicht mitgeteilt worden sind. Der Traum von Goethe, der Herrn M. angegriffen hat [S. 424 ff.], scheint eine ganze Anzahl von Urteilsakten zu enthalten. *Ich suche mir die zeitlichen Verhältnisse, die mir unwahrscheinlich vorkommen, ein wenig aufzuklären.* Sieht das nicht einer kritischen Regung gegen den Unsinn gleich, daß Goethe einen jungen Mann meiner Bekanntschaft literarisch angegriffen haben soll? *»Es kommt mir plausibel vor,* daß er 18 Jahre alt war.« Das klingt doch ganz wie das Ergebnis einer allerdings schwachsinnigen Berechnung; und *»Ich weiß nicht sicher, welches Jahr wir schreiben«,* wäre ein Beispiel von Unsicherheit oder Zweifel im Traum.

Nun weiß ich aber aus der Analyse dieses Traums, daß diese scheinbar erst im Traume vollzogenen Urteilsakte in ihrem Wortlaute eine andere Auffassung zulassen, durch welche sie für die Traumdeutung unentbehrlich werden und gleichzeitig jede Absurdität vermieden wird. Mit dem Satze: *»Ich suche mir die zeitlichen Verhältnisse ein wenig aufzuklären«,* setze ich mich an die Stelle meines Freundes [Fließ], der wirklich die zeitlichen Verhältnisse des Lebens aufzuklären sucht. Der Satz verliert hiemit die Bedeutung eines Urteils, welches sich gegen den Unsinn der vorhergehenden Sätze sträubt. Die Einschaltung, *»die mir unwahrscheinlich vorkommen«,* gehört zusammen mit dem späteren *»Es kommt mir plausibel vor«.* Ungefähr mit den gleichen Worten habe ich der Dame, die mir die Krankengeschichte ihres Bruders erzählte, erwidert: *»Es kommt mir unwahrscheinlich vor,* daß der Ausruf ›Natur, Natur‹ etwas mit Goethe zu tun hatte: *es ist mir viel plausibler,* daß er die Ihnen bekannte sexuelle Bedeutung gehabt hat.« Es ist hier allerdings ein Urteil gefällt worden, aber nicht im Traum, sondern in der Realität, bei einer Veranlassung, die von den Traumgedanken erinnert und verwertet wird. Der Trauminhalt eignet sich dieses Urteil an wie irgendein anderes Bruchstück der Traumgedanken.

Die Zahl 18, mit der das Urteil im Traume unsinnigerweise in Verbindung gesetzt ist, bewahrt noch die Spur des Zusammenhangs, aus dem das reale Urteil gerissen wurde. Endlich, daß *»ich nicht sicher bin, welches Jahr wir schreiben«,* soll nichts anderes als meine Identifizierung mit dem Paralytiker durchsetzen, in dessen Examen sich dieser eine Anhaltspunkt wirklich ergeben hatte.

Bei der Auflösung der scheinbaren Urteilsakte des Traumes kann man sich an die eingangs [S. 124] gegebene Regel für die Ausführung der Deutungsarbeit mahnen lassen, daß man den im Traume hergestellten

Zusammenhang der Traumbestandteile als einen unwesentlichen Schein beiseite lassen und jedes Traumelement für sich der Zurückführung unterziehen möge. Der Traum ist ein Konglomerat, das für die Zwecke der Untersuchung wieder zerbröckelt werden soll. [Vgl. S. 407.] Man wird aber anderseits aufmerksam gemacht, daß sich in den Träumen eine psychische Kraft äußert, welche diesen scheinbaren Zusammenhang herstellt, also das durch die Traumarbeit gewonnene Material einer *sekundären Bearbeitung* unterzieht. Wir haben hier Äußerungen jener Macht vor uns, die wir als das vierte der bei der Traumbildung beteiligten Momente später würdigen werden [s. S. 470 ff.].

VI

Ich suche nach anderen Beispielen von Urteilsarbeit in den bereits mitgeteilten Träumen. In dem absurden Traum von der Zuschrift des Gemeinderats [S. 421 ff.] frage ich: *Bald darauf hast du geheiratet? Ich rechne, daß ich ja* 1856 *geboren bin, was mir unmittelbar folgend vorkommt.* Das kleidet sich ganz in die Form einer *Schlußfolge.* Der Vater hat bald nach dem Anfall im Jahre 1851 geheiratet; ich bin ja der Älteste, 1856 geboren; also das stimmt. Wir wissen, daß dieser Schluß durch die Wunscherfüllung verfälscht ist, daß der in den Traumgedanken herrschende Satz lautet: *vier oder fünf Jahre, das ist kein Zeitraum, das ist nicht zu rechnen.* Aber jedes Stück dieser Schlußfolge ist nach Inhalt wie nach Form aus den Traumgedanken anders zu determinieren: Es ist der Patient, über dessen Geduld der Kollege sich beschwert, der unmittelbar nach Beendigung der Kur zu heiraten gedenkt. Die Art, wie ich mit dem Vater im Traume verkehre, erinnert an ein *Verhör* oder ein *Examen,* und damit an einen Universitätslehrer, der in der Inskriptionsstunde ein vollständiges Nationale aufzunehmen pflegte: Geboren, wann? 1856. – *Patre?* Darauf sagte man den Vornamen des Vaters mit lateinischer Endung, und wir Studenten nahmen an, der Hofrat ziehe aus dem Vornamen des Vaters *Schlüsse,* die ihm der Vorname des Inskribierten nicht jedesmal gestattet hätte. Somit wäre das *Schlußziehen* des Traumes nur die Wiederholung des *Schlußziehens,* das als ein Stück Material in den Traumgedanken auftritt. Wir erfahren hieraus etwas Neues. Wenn im Trauminhalte ein Schluß vorkommt, so kommt er ja sicherlich aus den Traumgedanken; in diesen mag er aber enthalten sein als ein Stück des erinnerten Materials, oder er kann als logisches Band eine Reihe von Traumgedanken miteinander verknüpfen. In jedem

Falle stellt der Schluß im Traume einen Schluß aus den Traumgedanken dar[1].

Die Analyse dieses Traumes wäre hier fortzusetzen. An das Verhör des Professors reiht sich die Erinnerung an den (zu meiner Zeit lateinisch abgefaßten) Index des Universitätsstudenten. Ferner an meinen Studiengang. Die *fünf Jahre,* die für das medizinische Studium vorgesehen sind, waren wiederum zu wenig für mich. Ich arbeitete unbekümmert in weitere Jahre hinein, und im Kreise meiner Bekannten hielt man mich für verbummelt, zweifelte man, daß ich *»fertig«* werden würde. Da entschloß ich mich *schnell,* meine Prüfungen zu machen, und wurde doch fertig: *trotz des Aufschubs.* Eine neue Verstärkung der Traumgedanken, die ich meinen Kritikern trotzig entgegenhalte. »Und wenn ihr es auch nicht glauben wollt, weil ich mir Zeit lasse; ich werde doch fertig, ich komme doch zum *Schluß.* Es ist schon oft so gegangen.«

Derselbe Traum enthält in seinem Anfangsstück einige Sätze, denen man den Charakter einer Argumentation nicht gut absprechen kann. Und diese Argumentation ist nicht einmal absurd, sie könnte ebensowohl dem wachen Denken angehören. *Ich mache mich im Traume über die Zuschrift des Gemeinderates lustig, denn erstens war ich* 1851 *noch nicht auf der Welt, zweitens ist mein Vater, auf den es sich beziehen kann, schon tot.* Beides ist nicht nur an sich richtig, sondern deckt sich auch völlig mit den wirklichen Argumenten, die ich im Falle einer derartigen Zuschrift in Anwendung bringen würde. Wir wissen aus der früheren Analyse (S. 422 f.), daß dieser Traum auf dem Boden von tief erbitterten und hohngetränkten Traumgedanken erwachsen ist; wenn wir außerdem noch die Motive zur Zensur als recht starke annehmen dürfen, so werden wir verstehen, daß die Traumarbeit eine *tadellose Widerlegung einer unsinnigen Zumutung* nach dem in den Traumgedanken enthaltenen Vorbild zu schaffen allen Anlaß hat. Die Analyse zeigt uns aber, daß der Traumarbeit hier doch keine freie Nachschöpfung auferlegt worden ist, sondern daß Material aus den Traumgedanken dazu verwendet werden mußte. Es ist, als kämen in einer algebraischen Gleichung außer den Zahlen ein + und −, ein Potenz- und ein Wurzelzeichen vor und jemand, der diese Gleichung abschreibt, ohne sie zu verstehen, nähme die Operationszeichen wie die Zahlen in seine Ab-

[1] Diese Ergebnisse korrigieren in einigen Punkten meine früheren Angaben über die Darstellung der logischen Relationen (S. 310 f.). Letztere beschreiben das allgemeine Verhalten der Traumarbeit, berücksichtigen aber nicht die feinsten und sorgfältigsten Leistungen derselben.

schrift hinüber, würfe aber dann beiderlei durcheinander. Die beiden Argumente [im Trauminhalte] lassen sich auf folgendes Material zurückführen. Es ist mir peinlich zu denken, daß manche der Voraussetzungen, die ich meiner psychologischen Auflösung der Psychoneurosen zugrunde lege, wenn sie erst bekannt geworden sind, Unglauben und Gelächter hervorrufen werden. So muß ich behaupten, daß bereits Eindrücke aus dem zweiten Lebensjahr, mitunter auch schon aus dem ersten, eine bleibende Spur im Gemütsleben der später Kranken zurücklassen und – obwohl von der Erinnerung vielfach verzerrt und übertrieben – die erste und unterste Begründung für ein hysterisches Symptom abgeben können. Patienten, denen ich dies an passender Stelle auseinandersetze, pflegen die neugewonnene Aufklärung zu parodieren, indem sie sich bereit erklären, nach Erinnerungen aus der Zeit zu suchen, *da sie noch nicht am Leben waren.* Eine ähnliche Aufnahme dürfte nach meiner Erwartung die Aufdeckung der ungeahnten Rolle finden, welche bei weiblichen Kranken *der Vater* in den frühesten sexuellen Regungen spielt. (Vgl. die Auseinandersetzung S. 262 f.) Und doch ist nach meiner gut begründeten Überzeugung beides wahr. Ich denke zur Bekräftigung an einzelne Beispiele, bei denen der Tod des Vaters in ein sehr frühes Alter des Kindes fiel, und spätere sonst unerklärbare Vorfälle bewiesen, daß das Kind doch Erinnerungen an die ihm so früh entschwundene Person unbewußt bewahrt hatte. Ich weiß, daß meine beiden Behauptungen auf *Schlüssen* beruhen, deren Gültigkeit man anfechten wird. Es ist also eine Leistung der Wunscherfüllung, wenn gerade das Material *dieser Schlüsse, deren Beanständung ich fürchte,* von der Traumarbeit zur Herstellung *einwandfreier Schlüsse* verwendet wird.

VII

In einem Traume, den ich bisher nur gestreift habe [s. S. 402], wird eingangs die Verwunderung über das auftauchende Thema deutlich ausgesprochen.

»Der alte Brücke muß mir irgendeine Aufgabe gestellt haben; s o n d e r b a r g e n u g bezieht sie sich auf Präparation meines eigenen Untergestells, Becken und Beine, das ich vor mir sehe wie im Seziersaal, doch ohne den Mangel am Körper zu spüren, auch ohne Spur von Grauen. Louise N. steht dabei und macht die Arbeit mit mir. Das Becken ist ausgeweidet, man sieht bald die obere, bald die untere Ansicht desselben, was sich vermengt. Dicke, fleischrote Knollen (bei denen ich noch im

Traume an Hämorrhoiden denke) sind zu sehen. Auch mußte etwas sorgfältig ausgeklaubt werden, was darüber lag und zerknülltem Silberpapier glich[1]*. Dann war ich wieder im Besitz meiner Beine und machte einen Weg durch die Stadt, nahm aber (aus Müdigkeit) einen Wagen. Der Wagen fuhr zu meinem Erstaunen in ein Haustor hinein, das sich öffnete und ihn durch einen Gang passieren ließ, der, am Ende abgeknickt, schließlich weiter ins Freie führte*[2]*. Schließlich wanderte ich mit einem alpinen Führer, der meine Sachen trug, durch wechselnde Landschaften. Auf einer Strecke trug er mich mit Rücksicht auf meine müden Beine. Der Boden war sumpfig; wir gingen am Rand hin; Leute saßen am Boden, ein Mädchen unter ihnen, wie Indianer oder Zigeuner. Vorher hatte ich auf dem schlüpfrigen Boden mich selbst weiter bewegt unter steter Verwunderung, daß ich es nach der Präparation so gut kann. Endlich kamen wir zu einem kleinen Holzhaus, das in ein offenes Fenster ausging. Dort setzte mich der Führer ab und legte zwei bereitstehende Holzbretter auf das Fensterbrett, um so den Abgrund zu überbrücken, der vom Fenster aus zu überschreiten war. Ich bekam jetzt wirklich Angst für meine Beine. Anstatt des erwarteten Überganges sah ich aber zwei erwachsene Männer auf Holzbänken liegen, die an den Wänden der Hütte waren, und wie zwei Kinder schlafend neben ihnen. Als ob nicht die Bretter, sondern die Kinder den Übergang ermöglichen sollten. Ich erwache mit Gedankenschreck.*

Wer sich nur einmal einen ordentlichen Eindruck von der Ausgiebigkeit der Traumverdichtung geholt hat, der wird sich leicht vorstellen können, welche Anzahl von Blättern die ausführliche Analyse dieses Traumes einnehmen muß. Zum Glück für den Zusammenhang entlehne ich dem Traume aber bloß das eine Beispiel für die Verwunderung im Traum, die sich in der Einschaltung *»sonderbar genug«* kundgibt. Ich gehe auf den Anlaß des Traumes ein. Es ist ein Besuch jener Dame Louise N., die auch im Traum der Arbeit assistiert. »Leih mir etwas zum Lesen.« Ich biete ihr *She* von Rider Haggard an. »Ein *sonderbares* Buch, aber voll von verstecktem Sinn«, will ich ihr auseinandersetzen; »das ewig Weibliche, die Unsterblichkeit unserer Affekte – –« Da unterbricht sie mich: »Das kenne ich schon. Hast du nichts Eigenes?« – »Nein, meine eigenen unsterblichen Werke sind noch nicht geschrieben.« – »Also wann erscheinen denn deine sogenannten letzten Aufklärungen, die, wie du

[1] Stanniol, Anspielung auf Stannius, *Nervensystem der Fische*, vgl. loc. cit.

[2] Die Örtlichkeit im Flur meines Wohnhauses, wo die Kinderwagen der Parteien stehen; sonst aber mehrfach überbestimmt.

versprichst, auch für uns lesbar sein werden?« fragt sie etwas anzüglich. Ich merkte jetzt, daß mich ein anderer durch ihren Mund mahnen läßt, und verstumme. Ich denke an die Überwindung, die es mich kostet, auch nur die Arbeit über den Traum, in der ich soviel vom eigenen intimen Wesen preisgeben muß, in die Öffentlichkeit zu schicken.

»Das Beste, was du wissen kannst,
darfst du den Buben doch nicht sagen.« [1]

Die Präparation *am eigenen Leib,* die mir im Traume aufgetragen wird, ist also die mit der Mitteilung der Träume verbundene *Selbstanalyse* [2]. Der alte Brücke kommt mit Recht hiezu; schon in diesen ersten Jahren wissenschaftlicher Arbeit traf es sich, daß ich einen Fund liegenließ, bis sein energischer Auftrag mich zur Veröffentlichung zwang. Die weiteren Gedanken aber, die sich an die Unterredung mit Louise N. anspinnen, greifen zu tief, um bewußtzuwerden; sie erfahren eine Ablenkung über das Material, das in mir nebstbei durch die Erwähnung der *She* von Rider Haggard geweckt worden ist. Auf dieses Buch und auf ein zweites desselben Autors, *Heart of the world,* geht das Urteil *»sonderbar genug«*, und zahlreiche Elemente des Traumes sind den beiden phantastischen Romanen entnommen. Der sumpfige Boden, über den man getragen wird, der Abgrund, der mittels der mitgebrachten Bretter zu überschreiten ist, stammen aus der *She;* die Indianer, das Mädchen, das Holzhaus aus *Heart of the world.* In beiden Romanen ist eine Frau die Führerin, in beiden handelt es sich um gefährliche Wanderungen, in *She* um einen abenteuerlichen Weg ins Unentdeckte, kaum je Betretene. Die müden Beine sind nach einer Notiz, die ich bei dem Traume finde, reale Sensation jener Tage gewesen. Wahrscheinlich entsprach ihnen eine müde Stimmung und die zweifelnde Frage: Wie weit werden mich meine Beine noch tragen? In der *She* endet das Abenteuer damit, daß die Führerin, anstatt sich und den anderen die Unsterblichkeit zu holen, im geheimnisvollen Zentralfeuer den Tod findet. Eine solche Angst hat sich unverkennbar in den Traumgedanken geregt. Das *»Holzhaus«* ist sicherlich auch der *Sarg,* also das Grab. Aber in der Darstellung dieses unerwünschtesten aller Gedanken durch eine Wunscherfüllung hat die Traumarbeit ihr Meisterstück geleistet. Ich war nämlich schon einmal in

---

1 [S. die Anm. auf S. 158.]

2 [Freuds Selbstanalyse während der Jahre vor der Veröffentlichung der *Traumdeutung* ist eines der Themen seiner Briefe an Fließ (Freud, 1950 *a*).]

einem Grab, aber es war ein ausgeräumtes Etruskergrab bei Orvieto, eine schmale Kammer mit zwei Steinbänken an den Wänden, auf denen die Skelette von zwei Erwachsenen gelagert waren. Genauso sieht das Innere des Holzhauses im Traum aus, nur ist Stein durch Holz ersetzt. Der Traum scheint zu sagen: »Wenn du schon im Grabe weilen sollst, so sei es das Etruskergrab«, und mit dieser Unterschiebung verwandelt er die traurigste Erwartung in eine recht erwünschte[1]. Leider kann er, wie wir hören werden [s. S. 444 ff.], nur die den Affekt begleitende Vorstellung in ihr Gegenteil verkehren, nicht immer auch den Affekt selbst. So wache ich denn mit *»Gedankenschreck«* auf, nachdem sich noch die Idee Darstellung erzwungen, daß vielleicht die Kinder erreichen werden, was dem Vater versagt geblieben, eine neuerliche Anspielung an den sonderbaren Roman, in dem die Identität einer Person durch eine Generationsreihe von zweitausend Jahren festgehalten wird[2].

VIII

In dem Zusammenhang eines anderen Traumes findet sich gleichfalls ein Ausdruck der Verwunderung über das im Traume Erlebte, aber verknüpft mit einem so auffälligen, weit hergeholten und beinahe geistreichen Erklärungsversuche, daß ich bloß seinetwegen den ganzen Traum der Analye unterwerfen müßte, auch wenn der Traum nicht noch zwei andere Anziehungspunkte für unser Interesse besäße. Ich reise in der Nacht vom 18. auf den 19. Juli auf der Südbahnstrecke und höre im Schlaf: *»Hollthurn, zehn Minuten« ausrufen. Ich denke sofort an Holothurien – ein naturhistorisches Museum – daß hier ein Ort ist, wo sich tapfere Männer erfolglos gegen die Übermacht ihres Landesherrn gewehrt haben. – Ja, die Gegenreformation in Österreich! – Als ob es ein Ort in Steiermark oder Tirol wäre. Nun sehe ich undeutlich ein kleines Museum, in dem die Reste oder Erwerbungen dieser Männer aufbewahrt werden. Ich möchte aussteigen, verzögere es aber. Es stehen Weiber mit Obst auf dem Perron, sie kauern auf dem Boden und halten die Körbe so einladend hin. – Ich habe gezögert aus Zweifel, ob wir noch Zeit haben, und jetzt stehen wir noch immer. – Ich bin plötzlich in einem anderen Coupé, in dem Leder und Sitze so schmal sind, daß man mit*

---

1 [Dieses Detail verwendet Freud als Illustration im III. Kapitel seiner *Zukunft einer Illusion* (1927 *c*).]

2 [Dieser Traum wird auf S. 460 weiter analysiert.]

dem Rücken direkt an die Lehne stößt[1]*. Ich wundere mich darüber, aber ich kann ja im schlafenden Zustande umgestiegen sein. Mehrere Leute, darunter ein englisches Geschwisterpaar; eine Reihe Bücher deutlich auf einem Gestell an der Wand. Ich sehe »Wealth of nations«, »Matter and Motion« (von* [Clerk-]*Maxwell), dick und in braune Leinwand gebunden. Der Mann fragt die Schwester nach einem Buch von Schiller, ob sie das vergessen hat. Es sind die Bücher bald wie die meinen, bald die der beiden. Ich möchte mich da bestätigend oder unterstützend ins Gespräch mengen – – –* Ich wache, am ganzen Körper schwitzend, auf, weil alle Fenster geschlossen sind. Der Zug hält in Marburg.

Während der Niederschrift fällt mir ein Traumstück ein, das die Erinnerung übergehen wollte. *Ich sage dem Geschwisterpaare auf ein gewisses Werk: It is from ..., korrigiere mich aber: It is by ... Der Mann bemerkt zur Schwester: Er hat es ja richtig gesagt*[2].

Der Traum beginnt mit dem Namen der Station, der mich wohl unvollkommen geweckt haben muß. Ich ersetze diesen Namen, der Marburg lautete, durch Hollthurn. Daß ich Marburg beim ersten oder vielleicht bei einem späteren Ausrufen gehört habe, beweist die Erwähnung Schillers im Traum, der ja in Marburg, wenngleich nicht im steirischen, geboren ist[3]. Nun reiste ich diesmal, obwohl erster Klasse, unter sehr unangenehmen Verhältnissen. Der Zug war überfüllt, in dem Coupé hatte ich einen Herrn und eine Dame angetroffen, die sehr vornehm schienen und nicht die Lebensart besaßen oder es nicht der Mühe wert hielten, ihr Mißvergnügen über den Eindringling irgendwie zu verbergen. Mein höflicher Gruß wurde nicht erwidert; obwohl Mann und Frau nebeneinander saßen (gegen die Fahrtrichtung), beeilte sich die Frau doch, den Platz ihr gegenüber am Fenster vor meinen Augen mit einem Schirm zu belegen; die Türe wurde sofort geschlossen, demonstrative Reden über das Öffnen der Fenster gewechselt. Wahrscheinlich sah man mir den Lufthunger bald an. Es war eine heiße Nacht und die Luft im

[1] Diese Beschreibung ist für mich selbst nicht verständlich, aber ich folge dem Grundsatze, den Traum in jenen Worten wiederzugeben, die mir beim Niederschreiben einfallen. Die Wortfassung ist selbst ein Stück der Traumdarstellung. [Vgl. S. 492–3.]

[2] [Die Analyse dieses Traumstücks wird auf S. 497 f. fortgesetzt.]

[3] [*Zusatz 1909:*] Schiller ist nicht in einem Marburg, sondern in Marbach geboren, wie jeder deutsche Gymnasiast weiß und wie auch ich wußte. Es ist dies wieder einer jener Irrtümer (vgl. oben S. 208, Anm. 1), die sich als Ersatz für eine absichtliche Verfälschung an anderer Stelle einschleichen und deren Aufklärung ich in der *Psychopathologie des Alltagslebens* [1901 *b*, X. Kapitel, Nr. 1] versucht habe.

allseitig geschlossenen Coupé bald zum Ersticken. Nach meinen Reiseerfahrungen kennzeichnet ein so rücksichtslos übergreifendes Benehmen Leute, die ihre Karte nicht oder nur halb bezahlt haben. Als der Kondukteur kam und ich mein teuer erkauftes Billet vorzeigte, tönte es aus dem Munde der Dame unnahbar und wie drohend: Mein Mann hat Legitimation. Sie war eine stattliche Erscheinung mit mißvergnügten Zügen, im Alter nicht weit von der Zeit des Verfalls weiblicher Schönheit; der Mann kam überhaupt nicht zu Worte, er saß regungslos da. Ich versuchte zu schlafen. Im Traum nehme ich fürchterliche Rache an meinen unliebenswürdigen Reisegefährten; man würde nicht ahnen, welche Beschimpfungen und Demütigungen sich hinter den abgerissenen Brokken der ersten Traumhälfte verbergen. Nachdem dies Bedürfnis befriedigt war, machte sich der zweite Wunsch geltend, das Coupé zu wechseln. Der Traum wechselt so oft die Szene, und ohne daß der mindeste Anstoß an der Veränderung genommen wird, daß es nicht im geringsten auffällig gewesen wäre, wenn ich mir alsbald meine Reisegesellschaft durch eine angenehmere aus meiner Erinnerung ersetzt hätte. Hier aber tritt ein Fall ein, daß irgend etwas den Wechsel der Szene beanständete und es für notwendig hielt, ihn zu erklären. Wie kam ich plötzlich in ein anderes Coupé? Ich konnte mich doch nicht erinnern, umgestiegen zu sein. Da gab es nur eine Erklärung: *ich mußte im schlafenden Zustande den Wagen verlassen haben*, ein seltenes Vorkommnis, wofür aber doch die Erfahrung des Neuropathologen Beispiele liefert. Wir wissen von Personen, die Eisenbahnfahrten in einem Dämmerzustand unternehmen, ohne durch irgendein Anzeichen ihren abnormen Zustand zu verraten, bis sie an irgendeiner Station der Reise voll zu sich kommen und dann die Lücke in ihrer Erinnerung bestaunen. Für einen solchen Fall von *»automatisme ambulatoire«* erkläre ich also noch im Traume den meinigen.

Die Analyse gestattet, eine andere Auflösung zu geben. Der Erklärungsversuch, der mich so frappiert, wenn ich ihn der Traumarbeit zuschreiben müßte, ist nicht originell, sondern aus der Neurose eines meiner Patienten kopiert. Ich erzählte bereits an anderer Stelle [S. 264 f.] von einem hochgebildeten und im Leben weichherzigen Manne, der kurz nach dem Tode seiner Eltern begann, sich mörderischer Neigungen anzuklagen, und nun unter den Vorsichtsmaßregeln litt, die er zur Sicherung gegen dieselben treffen mußte. Es war ein Fall von schweren Zwangsvorstellungen bei voll erhaltener Einsicht. Zuerst wurde ihm das Passieren der Straße durch den Zwang verleidet, sich von allen Begegnenden Rechenschaft abzulegen, wohin sie verschwunden seien; entzog sich einer plötzlich seinem verfolgenden Blick, so blieb ihm die peinliche Empfindung und die Möglichkeit in Gedanken, er könnte ihn beseitigt haben. Es war unter anderem eine Kainsphantasie dahinter, denn »alle Menschen sind Brüder«. Wegen der Unmöglichkeit, diese Aufgabe zu erledigen, gab er das Spazierengehen auf und verbrachte sein Leben eingekerkert zwischen seinen vier Wänden. In sein Zimmer gelangten aber durch die Zeitung beständig Nachrichten von Mordtaten, die draußen geschehen waren, und sein Gewissen wollte ihm in der Form des Zweifels nahelegen, daß er der gesuchte Mörder sei. Die Gewißheit, daß er ja seit Wochen seine Wohnung nicht verlassen habe, schützte ihn eine Weile gegen diese Anklagen, bis ihm eines Tages die Möglichkeit durch den Sinn fuhr, daß er *sein Haus im bewußtlosen Zustand verlassen* und so den Mord begangen haben könne, ohne etwas davon zu wissen. Von da an schloß er die Haustür ab, übergab den Schlüssel der alten Haushälterin und verbot ihr eindringlich, denselben auch nicht auf sein Verlangen in seine Hände gelangen zu lassen.

Daher stammt also der Erklärungsversuch, daß ich im bewußtlosen Zustande umgestiegen bin – er ist aus dem Material der Traumgedanken fertig in den Traum eingetragen worden und soll im Traume offenbar dazu dienen, mich mit der Person jenes Patienten zu identifizieren. Die Erinnerung an ihn wurde in mir durch naheliegende Assoziation geweckt. Mit diesem Manne hatte ich einige Wochen vorher die letzte Nachtreise gemacht. Er war geheilt, begleitete mich in die Provinz zu seinen Verwandten, die mich beriefen; wir hatten ein Coupé für uns, ließen alle Fenster die Nacht hindurch offen und hatten uns, solange ich wach blieb, vortrefflich unterhalten. Ich wußte, daß feindselige Impulse gegen seinen Vater aus seiner Kindheit in sexuellem Zusammenhange die Wurzel seiner Erkrankung gewesen waren. Indem ich mich also mit ihm identifizierte, wollte ich mir etwas Analoges eingestehen. Die zweite Szene des Traums löst sich auch wirklich in eine übermütige Phantasie auf, daß meine beiden ältlichen Reisegefährten sich darum so abweisend gegen mich benehmen, weil ich sie durch mein Kommen an dem beabsichtigten nächtlichen Austausch von Zärtlichkeiten gehindert habe. Diese Phantasie aber geht auf eine frühe Kinderszene zurück, in der das Kind, wahrscheinlich von sexueller Neugierde getrieben, in das Schlafzimmer der Eltern eindringt und durch das Machtwort des Vaters daraus vertrieben wird.

Ich halte es für überflüssig, weitere Beispiele zu häufen. Sie würden alle nur bestätigen, was wir aus den bereits angeführten entnommen haben, daß ein Urteilsakt im Traume nur die Wiederholung eines Vorbilds aus den Traumgedanken ist. Zumeist eine übel angebrachte, in unpassendem Zusammenhange eingefügte Wiederholung, gelegentlich aber, wie in unseren letzten Beispielen, eine so geschickt verwendete, daß man zunächst den Eindruck einer selbständigen Denktätigkeit im Traume empfangen kann. Von hier aus könnten wir unser Interesse jener psychischen Tätigkeit zuwenden, die zwar nicht regelmäßig bei der Traumbildung mitzuwirken scheint, die aber, wo sie es tut, bemüht ist, die nach ihrer Herkunft disparaten Traumelemente widerspruchsfrei und sinnvoll zu verschmelzen. Wir empfinden es aber vorher noch als dringlich, uns mit den Affektäußerungen zu beschäftigen, die im Traum auftreten, und dieselben mit den Affekten zu vergleichen, welche die Analyse in den Traumgedanken aufdeckt.

H
DIE AFFEKTE IM TRAUME

Eine scharfsinnige Bemerkung von Stricker [1879, 51] hat uns aufmerksam gemacht, daß die Affektäußerungen des Traums nicht die geringschätzige Art der Erledigung gestatten, mit der wir erwacht den Trauminhalt abzuschütteln pflegen: »Wenn ich mich im Traume vor Räubern fürchte, so sind die Räuber zwar imaginär, aber die Furcht ist real« [vgl. S. 95 f.], und ebenso geht es, wenn ich mich im Traume freue. Nach dem Zeugnis unserer Empfindung ist der im Traume erlebte Affekt keineswegs minderwertig gegen den im Wachen erlebten von gleicher Intensität, und energischer als mit seinem Vorstellungsinhalte, erhebt der Traum mit seinem Affektinhalt den Anspruch, unter die wirklichen Erlebnisse unserer Seele aufgenommen zu werden. Wir bringen diese Einreihung nun im Wachen nicht zustande, weil wir einen Affekt nicht anders psychisch zu würdigen verstehen als in der Verknüpfung mit einem Vorstellungsinhalt. Passen Affekt und Vorstellung der Art und der Intensität nach nicht zueinander, so wird unser waches Urteil irre. An den Träumen hat immer Verwunderung erregt, daß Vorstellungsinhalte nicht die Affektwirkung mit sich bringen, die wir als notwendig im wachen Denken erwarten würden. Strümpell äußerte [1877, 27 f.], im Traume seien die Vorstellungen von ihren psychischen Werten entblößt [vgl. oben S. 77]. Es fehlt im Traume aber auch nicht am gegenteiligen Vorkommen, daß intensive Affektäußerung bei einem Inhalte auftritt, der zur Entbindung von Affekt keinen Anlaß zu bieten scheint. Ich bin im Traume in einer gräßlichen, gefahrvollen, ekelhaften Situation, verspüre aber dabei nichts von Furcht oder Abscheu; hingegen entsetze ich mich andere Male über harmlose und freue mich über kindische Dinge. Dieses Rätsel des Traumes verschwindet uns so plötzlich und so vollständig wie vielleicht kein anderes der Traumrätsel, wenn wir vom manifesten Trauminhalt zum latenten übergehen. Wir werden mit seiner Erklärung nichts zu schaffen haben, denn es besteht nicht mehr. Die Analyse lehrt uns, *daß die Vorstellungsinhalte Verschiebungen und Ersetzungen erfahren haben, während die Affekte unverrückt geblieben sind.* Kein Wunder, daß der durch die Traumentstellung veränderte Vorstellungsinhalt zum erhalten gebliebenen Affekt dann nicht mehr paßt; aber auch keine Verwunderung mehr, wenn die Analyse den richtigen Inhalt an seine frühere Stelle eingesetzt hat[1].

[1] [*Zusatz 1919:*] Wenn ich nicht sehr irre, so zeigt der erste Traum, den ich von meinem

An einem psychischen Komplex, welcher die Beeinflussung der Widerstandszensur erfahren hat, sind die Affekte der resistente Anteil, der uns allein den Fingerzeig zur richtigen Ergänzung geben kann. Deutlicher noch als beim Traum enthüllt sich dies Verhältnis bei den Psychoneurosen. Der Affekt hat hier immer recht, wenigstens seiner Qualität nach; seine Intensität ist ja durch Verschiebungen der neurotischen Aufmerksamkeit zu steigern. Wenn der Hysteriker sich wundert, daß er sich vor einer Kleinigkeit so sehr fürchten muß, oder der Mann mit Zwangsvorstellungen, daß ihm aus einer Nichtigkeit ein so peinlicher Vorwurf erwächst, so gehen beide irre, indem sie den Vorstellungsinhalt – die Kleinigkeit oder die Nichtigkeit – für das Wesentliche nehmen, und sie wehren sich erfolglos, indem sie diesen Vorstellungsinhalt zum Ausgangspunkt ihrer Denkarbeit machen. Die Psychoanalyse zeigt ihnen dann den richtigen Weg, indem sie im Gegenteile den Affekt als berechtigt anerkennt und die zu ihm gehörige, durch eine Ersetzung verdrängte Vorstellung aufsucht. Voraussetzung ist dabei, daß Affektentbindung und Vorstellungsinhalt nicht diejenige unauflösbare organische Einheit bilden, als welche wir sie zu behandeln gewöhnt sind, sondern daß beide Stücke aneinandergelötet sein können, so daß sie durch Analyse voneinander lösbar sind. Die Traumdeutung zeigt, daß dies in der Tat der Fall ist.

Ich bringe zuerst ein Beispiel, in dem die Analyse das scheinbare Ausbleiben des Affekts bei einem Vorstellungsinhalte aufklärt, der Affektentbindung erzwingen sollte.

I

Sie sieht in einer Wüste drei Löwen, von denen einer lacht, fürchtet sich aber nicht vor ihnen. Dann muß sie doch vor ihnen geflüchtet sein, denn

---

20 Monate alten Enkel erfahren konnte, den Tatbestand, daß es der Traumarbeit gelungen ist, ihren Stoff in eine Wunscherfüllung zu verwandeln, während der dazugehörige Affekt sich auch im Schlafzustand unverändert durchsetzt. Das Kind ruft in der Nacht vor dem Tage, an dem sein Vater ins Feld abrücken soll, heftig schluchzend: Papa, Papa – Bebi. Das kann nur heißen: Papa und Bebi bleiben beisammen, während das Weinen den bevorstehenden Abschied anerkennt. Das Kind war damals sehr wohl imstande, den Begriff der Trennung auszudrücken. »Fort« (durch ein eigentümlich betontes, lange gezogenes o o o h ersetzt) war eines seiner ersten Worte gewesen, und es hatte mehrere Monate vor diesem ersten Traum mit all seinen Spielsachen »fort« aufgeführt, was auf die früh gelungene Selbstüberwindung, die Mutter fortgehen zu lassen, zurückging. [Ein weiterer Bericht von diesem Kind findet sich im II. Kapitel von *Jenseits des Lustprinzips* (1920 g).]

sie will auf einen Baum klettern, findet aber ihre Cousine, die französische Lehrerin ist, schon oben usw.
Dazu bringt die Analyse folgendes Material: Der indifferente Anlaß zum Traum ist ein Satz ihrer englischen Aufgabe geworden: Die Mähne ist der Schmuck des *Löwen.* Ihr Vater trug einen solchen Bart, der wie eine *Mähne* das Gesicht umrahmte. Ihre englische Sprachlehrerin heißt Miß *Lyons* (*lions* = Löwen). Ein Bekannter hat ihr die Balladen von *Loewe* zugeschickt. Das sind also die drei Löwen; warum sollte sie sich vor ihnen fürchten? – Sie hat eine Erzählung gelesen, in welcher ein Neger, der die anderen zum Aufstand aufgehetzt, mit Bluthunden gejagt wird und zu seiner Rettung auf einen Baum klettert. Dann folgen in übermütigster Stimmung Erinnerungsbrocken wie die: Die Anweisung, wie man Löwen fängt, aus den *Fliegenden Blättern:* Man nehme eine Wüste und siebe sie durch, dann bleiben die Löwen übrig. Ferner die höchst lustige, aber nicht sehr anständige Anekdote von einem Beamten, der gefragt wird, warum er sich denn nicht um die Gunst seines Chefs ausgiebiger bemühe, und der zur Antwort gibt, er habe sich wohl bemüht, da hineinzukriechen, aber sein Vordermann *war schon oben.* Das ganze Material wird verständlich, wenn man erfährt, daß die Dame am Traumtage den Besuch des Vorgesetzten ihres Mannes empfangen hatte. Er war sehr höflich mit ihr, küßte ihr die Hand, und *sie fürchtete sich gar nicht vor ihm,* obwohl er ein sehr *»großes Tier«* ist und in der Hauptstadt ihres Landes die Rolle eines *»Löwen der Gesellschaft«* spielt. Dieser Löwe ist also vergleichbar dem Löwen im *Sommernachtstraum,* der sich als Schnock, der Schreiner, demaskiert, und so sind alle Traumlöwen, vor denen man sich nicht fürchtet.

II

Als zweites Beispiel ziehe ich den Traum jenes Mädchens heran, das den kleinen Sohn der Schwester als Leiche im Sarg liegen sah [S. 168 f. und S. 254], dabei aber, wie ich jetzt hinzufüge, keinen Schmerz und keine Trauer verspürte. Wir wissen aus der Analyse, warum nicht. Der Traum verhüllte nur ihren Wunsch, den geliebten Mann wiederzusehen; der Affekt mußte auf den Wunsch abgestimmt sein und nicht auf dessen Verhüllung. Es war also zur Trauer gar kein Anlaß.

In einer Anzahl von Träumen bleibt der Affekt wenigstens noch in Verbindung mit jenem Vorstellungsinhalte, welcher den zu ihm passenden ersetzt hat. In anderen geht die Auflockerung des Komplexes weiter. Der Affekt erscheint völlig gelöst von seiner zugehörigen Vorstellung und findet sich irgendwo anders im Traume untergebracht, wo er in die neue Anordnung der Traumelemente hineinpaßt. Es ist dann ähnlich, wie wir's bei den Urteilsakten des Traumes erfahren haben [S. 430 ff.]. Findet sich in den Traumgedanken ein bedeutsamer Schluß, so enthält auch der Traum einen solchen; aber der Schluß im Traume kann auf ein ganz anderes Material verschoben sein. Nicht selten erfolgt diese Verschiebung nach dem Prinzip der Gegensätzlichkeit.

Die letztere Möglichkeit erläutere ich an folgendem Traumbeispiele, das ich der erschöpfendsten Analyse unterzogen habe.

III

Ein Schloß am Meere, später liegt es nicht direkt am Meer, sondern an einem schmalen Kanal, der ins Meer führt. Ein Herr P. ist der Gouverneur. Ich stehe mit ihm in einem großen dreifenstrigen Salon, vor dem sich Mauervorsprünge wie Festungszinnen erheben. Ich bin etwa als freiwilliger Marineoffizier der Besatzung zugeteilt. Wir befürchten das Eintreffen von feindlichen Kriegsschiffen, da wir uns im Kriegszustand befinden. Herr P. hat die Absicht wegzugehen; er erteilt mir Instruktionen, was in dem befürchteten Falle zu geschehen hat. Seine kranke Frau befindet sich mit den Kindern im gefährdeten Schloß. Wenn das Bombardement beginnt, soll der große Saal geräumt werden. Er atmet schwer und will sich entfernen; ich halte ihn zurück und frage, auf welche Weise ich ihm nötigenfalls Nachricht zukommen lassen soll. Darauf sagt er noch etwas, sinkt aber gleich darauf tot um. Ich habe ihn wohl mit den Fragen überflüssigerweise angestrengt. Nach seinem Tode, der mir weiter keinen Eindruck macht, Gedanken, ob die Witwe im Schlosse bleiben wird, ob ich dem Oberkommando den Tod anzeigen und als der nächste im Befehl die Leitung des Schlosses übernehmen soll. Ich stehe nun am Fenster und mustere die vorbeifahrenden Schiffe; es sind Kauffahrer, die auf dem dunklen Wasser rapid vorbeisausen, einige mit mehreren Kaminen, andere mit bauschiger Decke (die ganz ähnlich ist wie die Bahnhofsbauten im – nicht erzählten – Vortraum). *Dann steht mein Bruder neben mir, und wir schauen beide aus dem Fenster auf den Kanal. Bei einem Schiff erschrecken wir und rufen: Da kommt das Kriegsschiff. Es zeigt sich aber, daß nur dieselben Schiffe zurückkehren, die ich schon kenne. Nun kommt ein kleines Schiff, komisch abgeschnitten, so daß es mitten in seiner Breite endigt; auf Deck sieht man eigentümliche becher- oder dosenartige Dinge. Wir rufen wie aus einem Munde: Das ist das Frühstücksschiff.*

Die rasche Bewegung der Schiffe, das tiefdunkle Blau des Wassers, der braune Rauch der Kamine, das alles ergibt zusammen einen hochgespannten, düsteren Eindruck.

Die Örtlichkeiten in diesem Traume sind aus mehreren Reisen an die *Adria* zusammengetragen (Miramare, Duino, Venedig, Aquileja [1]). Eine kurze, aber genußreiche Osterfahrt nach *Aquileja* mit meinem Bruder, wenige Wochen vor dem Traume, war mir noch in frischer Erinnerung. Auch der *Seekrieg* zwischen Amerika und Spanien und an ihn geknüpfte Besorgnisse um das Schicksal meiner in Amerika lebenden Verwandten spielen mit hinein. An zwei Stellen dieses Traums treten Affektwirkungen hervor. An der einen Stelle bleibt ein zu erwartender Affekt aus, es wird ausdrücklich hervorgehoben, daß mir der Tod des Gouverneurs keinen Eindruck macht; an einer anderen Stelle, wie ich das Kriegsschiff zu sehen glaube, *erschrecke* ich und verspüre im Schlaf alle Sensationen des Schreckens. Die Unterbringung der Affekte ist in diesem gut gebauten Traum so erfolgt, daß jeder auffällige Widerspruch vermieden ist. Es ist ja kein Grund, daß ich beim Tode des Gouverneurs erschrekken sollte, und es ist wohl angebracht, daß ich als Kommandant des Schlosses bei dem Anblicke des Kriegsschiffes erschrecke. Nun weist aber die Analyse nach, daß Herr P. nur ein Ersatzmann für mein eigenes Ich ist (im Traum bin ich sein Ersatzmann). Ich bin der Gouverneur, der plötzlich stirbt. Die Traumgedanken handeln von der Zukunft der Meinigen nach meinem vorzeitigen Tode. Kein anderer peinlicher Gedanke findet sich in den Traumgedanken. Der Schreck, der im Traume an den Anblick des Kriegsschiffes gelötet ist, muß von dort losgemacht und hieher gesetzt werden. Umgekehrt zeigt die Analyse, daß die Region der Traumgedanken, aus der das Kriegsschiff genommen ist, mit den heitersten Reminiszenzen erfüllt ist. Es war ein Jahr vorher in Venedig, wir standen an einem zauberhaft schönen Tag an den Fenstern unseres Zimmers auf der Riva Schiavoni und schauten auf die blaue Lagune, in der heute mehr Bewegung zu finden war als sonst. Es wurden englische Schiffe erwartet, die feierlich empfangen werden sollten, und plötzlich rief meine Frau heiter wie ein Kind: *»Da kommt das englische Kriegs-*

---

[1] [Aquileja, einige Kilometer landeinwärts gelegen, ist durch einen kleinen Kanal mit der Lagune, auf deren einer Insel Grado liegt, verbunden. Dieser nördliche Zipfel der Adriaküste gehörte bis 1918 zu Österreich.]

schiff!« Im Traume erschrecke ich bei den nämlichen Worten; wir sehen wieder, daß Rede im Traum von Rede im Leben abstammt [vgl. S. 406 ff.]. Daß auch das Element *»englisch«* in dieser Rede für die Traumarbeit nicht verlorengegangen ist, werde ich alsbald zeigen. Ich verkehre also hier zwischen Traumgedanken und Trauminhalt Fröhlichkeit in Schreck und brauche nur anzudeuten, daß ich mit dieser Verwandlung selbst ein Stück des latenten Trauminhalts zum Ausdruck bringe. Das Beispiel beweist aber, daß es der Traumarbeit freisteht, den Affektanlaß aus seinen Verbindungen in den Traumgedanken zu lösen und beliebig anderswo im Trauminhalte einzufügen.

Ich ergreife die nebstbei sich bietende Gelegenheit, das *»Frühstücksschiff«*, dessen Erscheinen im Traume eine rationell festgehaltene Situation so unsinnig abschließt, einer näheren Analyse zu unterziehen. Wenn ich das Traumobjekt besser ins Auge fasse, so fällt mir nachträglich auf, daß es schwarz war und durch sein Abschneiden in seiner größten Breite an diesem Ende eine weitgehende Ähnlichkeit mit einem Gegenstand erzielte, der uns in den Museen etruskischer Städte interessant geworden war. Es war dies eine rechteckige Tasse aus schwarzem Ton, mit zwei Henkeln, auf der Dinge wie Kaffee- oder Teetassen standen, nicht ganz unähnlich einem unserer modernen Service für den *Frühstückstisch*. Auf Befragen erfuhren wir, das sei die Toilette einer etruskischen Dame mit den Schminke- und Puderbüchsen darauf; und wir sagten uns im Scherz, es wäre nicht übel, so ein Ding der Hausfrau mitzubringen. Das Traumobjekt bedeutet also – *schwarze Toilette*, Trauer, und spielt direkt auf einen Todesfall an. Mit dem anderen Ende mahnt das Traumobjekt an den »Nachen« vom Stamme νέκυς [»Leichnam«], wie mein sprachgelehrter Freund mir mitgeteilt, auf den in Vorzeiten die Leiche gelegt und dem Meer zur Bestattung überlassen wurde. Hieran reiht sich, warum im Traume die Schiffe zurückkehren.

»Still, auf gerettetem Boot, treibt in den Hafen der Greis.«[1]

Es ist die Rückfahrt nach dem Schiffbruch, das Frühstücksschiff ist ja wie in seiner Breite abgebrochen. Woher aber der Name »Frühstücks«-schiff? Hier kommt nun das »Englische« zur Verwendung, das wir bei den Kriegsschiffen erübrigt haben. Frühstück = *breakfast, Fastenbrecher*. Das *Brechen* gehört wieder zum Schiff*bruch*, das *Fasten* schließt sich der schwarzen Toilette an.

---

[1] [Schiller, *Nachträge zu den Xenien*, ›Erwartung und Erfüllung‹; die Zeile beschließt eine Allegorie von Leben und Tod.]

An diesem Frühstücksschiffe ist aber nur der Name vom Traume neugebildet. Das Ding hat existiert und mahnt mich an eine der heitersten Stunden der letzten Reise. Der Verpflegung in Aquileja mißtrauend, hatten wir uns von Görz Eßwaren mitgenommen, eine Flasche des vorzüglichsten Istrianer Weins in Aquileja eingekauft, und während der kleine Postdampfer durch den Kanal delle Mee langsam in die öde Lagunenstrecke nach *Grado* fuhr, nahmen wir, die einzigen Passagiere, in heiterster Laune auf Deck das Frühstück ein, das uns schmeckte wie selten eines zuvor. Das war also das »*Frühstücksschiff*«, und gerade hinter dieser Reminiszenz frohesten Lebensgenusses verbirgt der Traum die betrübendsten Gedanken an eine unbekannte und unheimliche Zukunft[1].

Die Ablösung der Affekte von den Vorstellungsmassen, die ihre Entbindung hervorgerufen haben, ist das Auffälligste, was ihnen bei der Traumbildung widerfährt, aber weder die einzige noch die wesentlichste Veränderung, die sie auf dem Wege von den Traumgedanken zum manifesten Traum erleiden. Vergleicht man die Affekte in den Traumgedanken mit denen im Traume, so wird eines sofort klar: Wo sich im Traume ein Affekt findet, da findet er sich auch in den Traumgedanken, aber nicht umgekehrt. Der Traum ist im allgemeinen affektärmer als das psychische Material, aus dessen Bearbeitung er hervorgegangen ist. Wenn ich die Traumgedanken rekonstruiert habe, so übersehe ich, wie in ihnen regelmäßig die intensivsten Seelenregungen nach Geltung ringen, zumeist im Kampfe mit anderen, die ihnen scharf zuwiderlaufen. Blicke ich dann auf den Traum zurück, so finde ich ihn nicht selten farblos, ohne jeden intensiveren Gefühlston. Es ist durch die Traumarbeit nicht bloß der Inhalt, sondern auch oft der Gefühlston meines Denkens auf das Niveau des Indifferenten gebracht. Ich könnte sagen, durch die Traumarbeit wird eine *Unterdrückung der Affekte* zustande gebracht. Man nehme z. B. den Traum von der botanischen Monographie [S. 183 ff.]. Ihm entspricht im Denken ein leidenschaftlich bewegtes Plaidoyer für meine Freiheit, so zu handeln, wie ich handle, mein Leben so einzurichten, wie es mir einzig und allein richtig scheint. Der daraus hervorgegangene Traum klingt gleichgültig: Ich habe eine Monographie geschrieben, sie liegt vor mir, ist mit farbigen Tafeln versehen, getrocknete Pflanzen sind jedem Exemplare beigelegt. Es ist wie die Ruhe eines Leichenfeldes; man verspürt nichts mehr vom Toben der Schlacht.

---

[1] [Dieser Traum wird auf S. 522 f. nochmals erwähnt.]

Es kann auch anders ausfallen, in den Traum selbst können lebhafte Affektäußerungen eingehen; aber wir wollen zunächst bei der unbestreitbaren Tatsache verweilen, daß so viele Träume indifferent erscheinen, während man sich in die Traumgedanken nie ohne tiefe Ergriffenheit versetzen kann.

Die volle theoretische Aufklärung dieser Affektunterdrückung während der Traumarbeit ist hier nicht zu geben; sie würde das sorgfältigste Eindringen in die Theorie der Affekte und in den Mechanismus der Verdrängung voraussetzen. [Vgl. S. 573 ff.] Ich will nur zwei Gedanken hier eine Erwähnung gönnen. Die Affektentbindung bin ich – aus anderen Gründen – genötigt, mir als einen zentrifugalen, gegen das Körperinnere gerichteten Vorgang vorzustellen, analog den motorischen und sekretorischen Innervationsvorgängen[1]. Wie nun im Schlafzustande die Aussendung motorischer Impulse gegen die Außenwelt aufgehoben erscheint, so könnte auch die zentrifugale Erweckung von Affekten durch das unbewußte Denken während des Schlafes erschwert sein. Die Affektregungen, die während des Ablaufs der Traumgedanken zustande kommen, wären also an und für sich schwache Regungen und darum die in den Traum gelangenden auch nicht stärker. Nach diesem Gedankengange wäre die »Unterdrückung der Affekte« überhaupt kein Erfolg der Traumarbeit, sondern eine Folge des Schlafzustandes. Es mag so sein, aber es kann unmöglich alles sein. Wir müssen auch daran denken, daß jeder zusammengesetztere Traum sich auch als das Kompromißergebnis eines Widerstreits psychischer Mächte enthüllt hat. Einerseits haben die wunschbildenden Gedanken gegen den Widerspruch einer zensurierenden Instanz anzukämpfen, anderseits haben wir oft gesehen, daß im unbewußten Denken selbst ein jeder Gedankenzug mit seinem kontradiktorischen Gegenteil zusammengespannt war. Da alle diese Gedankenzüge affektfähig sind, so werden wir im ganzen und großen kaum irregehen, wenn wir die Affektunterdrückung auffassen als Folge der Hemmung, welche die Gegensätze gegeneinander und die Zensur gegen die von ihr unterdrückten Strebungen übt. *Die Affekthemmung wäre dann der zweite Erfolg der Traumzensur, wie die Traumentstellung deren erster war.*

Ich will ein Traumbeispiel einfügen, in dem der indifferente Empfindungston des Trauminhaltes durch die Gegensätzlichkeit in den Traum-

[1] [Die Affektentbindung wird (obwohl zum Körperinneren gerichtet), vom seelischen Apparat aus betrachtet, als »zentrifugal« bezeichnet. S. auch S. 553 unten. – Zu Freuds Verwendung des Terminus »Innervation« s. die Anm. auf S. 513.]

gedanken aufgeklärt werden kann. Ich habe folgenden kurzen Traum zu erzählen, den jeder Leser mit Ekel zur Kenntnis nehmen wird:

IV

Eine Anhöhe, auf dieser etwas wie ein Abort im Freien, eine sehr lange Bank, an deren Ende ein großes Abortloch. Die ganz hintere Kante dicht besetzt mit Häufchen Kot von allen Größen und Stufen der Frische. Hinter der Bank ein Gebüsch. Ich uriniere auf die Bank; ein langer Harnstrahl spült alles rein, die Kotpatzen lösen sich leicht ab und fallen in die Öffnung. Als ob am Ende noch etwas übrigbliebe.

Warum empfand ich bei diesem Traume keinen Ekel?

Weil, wie die Analyse zeigt, an dem Zustandekommen dieses Traumes die angenehmsten und befriedigendsten Gedanken mitgewirkt hatten. Mir fällt in der Analyse sofort der *Augiasstall* ein, den Herkules reinigt. Dieser Herkules bin ich. Die Anhöhe und das Gebüsch gehören nach Aussee, wo jetzt meine Kinder weilen. Ich habe die Kindheitsätiologie der Neurosen aufgedeckt und dadurch meine eigenen Kinder vor Erkrankung bewahrt. Die Bank ist (bis auf das Abortloch natürlich) die getreue Nachahmung eines Möbels, das mir eine anhängliche Patientin zum Geschenk gemacht hat. Sie mahnt mich daran, wie meine Patienten mich ehren. Ja selbst das Museum menschlicher Exkremente ist einer herzerfreuenden Deutung fähig. Sosehr ich mich dort davor ekle, im Traume ist es eine Reminiszenz an das schöne Land Italien, in dessen kleinen Städten bekanntlich die W.C. nicht anders ausgestattet sind. Der Harnstrahl, der alles rein abspült, ist eine unverkennbare Größenanspielung. So löscht Gulliver bei den Liliputanern den großen Brand; er zieht sich dadurch allerdings das Mißfallen der allerkleinsten Königin zu. Aber auch Gargantua, der Übermensch bei Meister Rabelais, nimmt so seine Rache an den Parisern, indem er auf Notre-Dame reitend seinen Harnstrahl auf die Stadt richtet. In den Garnierschen Illustrationen zum Rabelais habe ich gerade gestern vor dem Schlafengehen geblättert. Und merkwürdig wieder ein Beweis, daß ich der Übermensch bin! Die Plattform von Notre-Dame war mein Lieblingsaufenthalt in Paris; jeden freien Nachmittag pflegte ich auf den Türmen der Kirche zwischen den Ungetümen und Teufelsfratzen dort herumzuklettern. Daß aller Kot vor dem Strahle so rasch verschwindet, das ist das Motto: *Afflavit et dissipati sunt*, mit dem ich einmal den Abschnitt über Therapie der Hysterie überschreiben werde. [Vgl. S. 223 und Anm. 2.]

Und nun die wirksame Veranlassung des Traums. Es war ein heißer Nachmittag im Sommer gewesen, ich hatte in den Abendstunden meine Vorlesung über den Zusammenhang der Hysterie mit den Perversionen gehalten, und alles, was ich zu sagen wußte, mißfiel mir so gründlich, kam mir alles Werts entkleidet vor. Ich war müde, ohne Spur von Vergnügen an meiner schweren Arbeit, sehnte mich weg von diesem Wühlen im menschlichen Schmutz, nach meinen Kindern und dann nach den Schönheiten Italiens. In dieser Stimmung ging ich vom Hörsaal in ein Café, um dort in freier Luft einen bescheidenen Imbiß zu nehmen, denn die Eßlust hatte mich verlassen. Aber einer meiner Hörer ging mit mir; er bat um die Erlaubnis, dabeizusitzen, während ich meinen Kaffee trank und an meinem Kipfel würgte, und begann mir Schmeicheleien zu sagen. Wieviel er bei mir gelernt und daß er jetzt alles mit anderen Augen ansehe, daß ich den *Augiasstall* der Irrtümer und Vorurteile in der Neurosenlehre gereinigt, kurz, daß ich ein sehr großer Mann sei. Meine Stimmung paßte schlecht zu seinem Lobgesang; ich kämpfte mit dem Ekel, ging früher heim, um mich loszumachen, blätterte noch vor dem Schlafengehen im Rabelais und las eine Novelle von C. F. Meyer ›Die Leiden eines Knaben‹.

Aus diesem Material war der Traum hervorgegangen. Die Novelle von Meyer brachte die Erinnerung an Kindheitsszenen hinzu (vgl. den Traum vom Grafen Thun, letztes Bild [S. 224 f.]). Die Tagesstimmung von Ekel und Überdruß setzte sich im Traume insofern durch, als sie fast sämtliches Material für den Trauminhalt beistellen durfte. Aber in der Nacht wurde die ihr gegensätzliche Stimmung von kräftiger und selbst übermäßiger Selbstbetonung rege und hob die erstere auf. Der Trauminhalt mußte sich so gestalten, daß er in demselben Material dem Kleinheitswahn wie der Selbstüberschätzung den Ausdruck ermöglichte. Bei dieser Kompromißbildung resultierte ein zweideutiger Trauminhalt, aber auch durch gegenseitige Hemmung der Gegensätze ein indifferenter Empfindungston.

Nach der Theorie der Wunscherfüllung wäre dieser Traum nicht ermöglicht worden, wenn nicht der gegensätzliche, zwar unterdrückte, aber mit Lust betonte Gedankenzug des Größenwahns zu dem des Ekels hinzugetreten wäre. Denn Peinliches soll im Traume nicht dargestellt werden; das Peinliche aus unseren Tagesgedanken kann nur dann den Eintritt in den Traum erringen, wenn es seine Einkleidung gleichzeitig einer Wunscherfüllung leiht. [Vgl. S. 530 f.]

Die Traumarbeit kann mit den Affekten der Traumgedanken noch etwas anderes vornehmen, als sie zuzulassen oder zum Nullpunkt herabzudrücken. Sie kann dieselben *in ihr Gegenteil verkehren.* Wir haben bereits die Deutungsregel kennengelernt, daß jedes Element des Traums für die Deutung auch sein Gegenteil darstellen kann, ebensowohl wie sich selbst. [Vgl. S. 316.] Man weiß nie im vorhinein, ob das eine oder das andere zu setzen ist; erst der Zusammenhang entscheidet hierüber. Eine Ahnung dieses Sachverhaltes hat sich offenbar dem Volksbewußtsein aufgedrängt; die Traumbücher verfahren bei der Deutung der Träume sehr häufig nach dem Prinzip des Kontrasts. Solche Verwandlung ins Gegenteil wird durch die innige assoziative Verkettung ermöglicht, die in unserem Denken die Vorstellung eines Dings an die seines Gegensatzes fesselt. Wie jede andere Verschiebung dient sie den Zwecken der Zensur, ist aber auch häufig das Werk der Wunscherfüllung, denn die Wunscherfüllung besteht ja in nichts anderem als in der Ersetzung eines unliebsamen Dings durch sein Gegenteil. Ebenso wie die Dingvorstellungen können also auch die Affekte der Traumgedanken im Traume ins Gegenteil verkehrt erscheinen, und es ist wahrscheinlich, daß diese Affektverkehrung zumeist von der Traumzensur bewerkstelligt wird. *Affektunterdrückung* wie *Affektverkehrung* dienen ja auch im sozialen Leben, das uns die geläufige Analogie zur Traumzensur gezeigt hat, vor allem der *Verstellung.* Wenn ich mündlich mit der Person verkehre, vor der ich mir Rücksicht auferlegen muß, während ich ihr Feindseliges sagen möchte, so ist es beinahe wichtiger, daß ich die Äußerungen meines Affekts vor ihr verberge, als daß ich die Wortfassung meiner Gedanken mildere. Spreche ich zu ihr in nicht unhöflichen Worten, begleite diese aber mit einem Blick oder einer Gebärde des Hasses und der Verachtung, so ist die Wirkung, die ich bei dieser Person erziele, nicht viel anders, als wenn ich ihr meine Verachtung ohne Schonung ins Gesicht geworfen hätte. Die Zensur heißt mich also vor allem meine Affekte unterdrücken, und wenn ich ein Meister in der Verstellung bin, werde ich den entgegengesetzten Affekt heucheln, lächeln, wo ich zürnen, und mich zärtlich stellen, wo ich vernichten möchte.

Wir kennen bereits ein ausgezeichnetes Beispiel solcher Affektverkehrung im Traum im Dienste der Traumzensur. Im Traum »von des Onkels Bart« [S. 154 ff.] empfinde ich große Zärtlichkeit für meinen Freund R., während und weil die Traumgedanken ihn einen Schwachkopf schelten. Aus diesem Beispiele von Verkehrung der Affekte haben wir uns den ersten Hinweis auf die Existenz einer Traumzensur geholt.

Es ist auch hier nicht nötig anzunehmen, daß die Traumarbeit einen derartigen Gegenaffekt ganz von neuem schafft; sie findet ihn gewöhnlich im Material der Traumgedanken bereitliegend und erhöht ihn bloß mit der psychischen Kraft der Abwehrmotive, bis er für die Traumbildung überwiegen kann. Im letzterwähnten Onkeltraum stammt der zärtliche Gegenaffekt wahrscheinlich aus infantiler Quelle (wie die Fortsetzung des Traumes nahelegt), denn das Verhältnis Onkel und Neffe ist durch die besondere Natur meiner frühesten Kindererlebnisse (vgl. die Analyse S. 411 f. [und S. 465 f.]) bei mir die Quelle aller Freundschaften und allen Hasses geworden.

Ein ausgezeichnetes Beispiel einer solchen Affektverkehrung[1] gibt ein von Ferenczi berichteter Traum (1916): »Ein älterer Herr wird bei Nacht von seiner Frau geweckt, die ängstlich darüber wurde, daß er im Schlafe so laut und unbändig lachte. Der Mann erzählte später, folgenden Traum gehabt zu haben: *Ich lag in meinem Bette, ein bekannter Herr trat ein, ich wollte das Licht aufdrehen, konnte es aber nicht, versuchte es immer wieder – vergebens. Daraufhin stieg meine Frau aus dem Bette, um mir zu helfen, aber auch sie vermochte nichts auszurichten; weil sie sich aber vor dem Herrn wegen ihres Negligés genierte, gab sie es schließlich auf und legte sich wieder ins Bett; all dies war so komisch, daß ich darüber fürchterlich lachen mußte. Die Frau sagte: ›Was lachst du, was lachst du?‹, ich aber lachte nur weiter, bis ich erwachte.* – Tags darauf war der Herr äußerst niedergeschlagen, hatte Kopfschmerzen – vom vielen Lachen, das mich erschüttert hat, meinte er.

Analytisch betrachtet, schaut der Traum minder lustig aus. Der ›bekannte Herr‹, der eintritt, ist in den latenten Traumgedanken das am Vortage geweckte Bild des Todes als des ›großen Unbekannten‹. Der alte Herr, der an Arteriosklerose leidet, hatte am Vortage Grund, ans Sterben zu denken. Das unbändige Lachen vertritt die Stelle des Weinens und Schluchzens bei der Idee, daß er sterben muß. Es ist das Lebenslicht, das er nicht mehr aufdrehen kann. Dieser traurige Gedanke mag sich an vor kurzem beabsichtigte, aber mißlungene Beischlafversuche angeknüpft haben, bei denen ihm auch die Hilfe seiner Frau im Negligé nichts half; er merkte, daß es mit ihm schon abwärts geht. Die Traumarbeit verstand es, die traurige Idee der Impotenz und des Sterbens in eine komische Szene und das Schluchzen in Lachen umzuwandeln.«

---

[1] [Dieser und der nächste Absatz wurden 1919 hinzugefügt.]

Es gibt eine Klasse von Träumen[1], die auf die Bezeichnung als »heuchlerische« einen besonderen Anspruch haben und die Theorie der Wunscherfüllung auf eine harte Probe stellen. Ich wurde auf sie aufmerksam, als Frau Dr. M. Hilferding in der »Wiener Psychoanalytischen Vereinigung« den im Nachstehenden abgedruckten Traumbericht Roseggers zur Diskussion brachte.

Rosegger (in *Waldheimat*, 2. Band) erzählt in der Geschichte ›Fremd gemacht‹ (S. 303]: »Ich erfreue mich sonst eines gesunden Schlummers, aber ich habe die Ruhe von so mancher Nacht eingebüßt, ich habe neben meinem bescheidenen Studenten- und Literatendasein den Schatten eines veritabeln Schneiderlebens durch die langen Jahre geschleppt, wie ein Gespenst, ohne seiner loswerden zu können.

Es ist nicht wahr, daß ich mich tagsüber in Gedanken so häufig und lebhaft mit meiner Vergangenheit beschäftigt hätte. Ein der Haut eines Philisters entsprungener Welt- und Himmelsstürmer hat anderes zu tun. Aber auch an seine nächtlichen Träume wird der flotte Bursche kaum gedacht haben; erst später, als ich gewohnt worden war, über alles nachzudenken, oder auch, als sich der Philister in mir wieder ein wenig zu regen begann, fiel es mir auf, wieso ich denn – wenn ich überhaupt träumte – allemal der Schneidergesell war und daß ich solchergestalt schon so lange Zeit bei meinem Lehrmeister unentgeltlich in der Werkstatt arbeitete. Ich war mir, wenn ich so neben ihm saß und nähte und bügelte, sehr wohl bewußt, daß ich eigentlich nicht mehr dorthin gehöre, daß ich mich als Städter mit anderen Dingen zu befassen habe; doch hatte ich stets Ferien, war stets auf der Sommerfrische, und so saß ich zur Aushilfe beim Lehrmeister. Es war mir oft gar unbehaglich, ich bedauerte den Verlust der Zeit, in welcher ich mich besser und nützlicher zu beschäftigen gewußt hätte. Vom Lehrmeister mußte ich mir mitunter, wenn etwas nicht ganz nach Maß und Schnitt ausfallen wollte, eine Rüge gefallen lassen; von einem Wochenlohn jedoch war gar niemals die Rede. Oft, wenn ich mit gekrümmtem Rücken in der dunklen Werkstatt so dasaß, nahm ich mir vor, die Arbeit zu kündigen und mich fremd zu machen. Einmal tat ich's sogar, jedoch der Meister nahm keine Notiz davon, und nächstens saß ich doch wieder bei ihm und nähte.

Wie mich nach solch langweiligen Stunden das Erwachen beglückte! Und da nahm ich mir vor, wenn dieser zudringliche Traum sich wieder ein-

---

[1] [Dieser Absatz sowie das folgende Rosegger-Zitat samt Diskussion dieses Traumbeispiels sind 1911 hinzugefügt worden. Peter Rosegger (1843–1918) stammte aus ärmlichen bäuerlichen Verhältnissen.]

mal einstellen sollte, ihn mit Energie von mir zu werfen und laut auszurufen: es ist nur Gaukelspiel, ich liege im Bette und will schlafen... Und in der nächsten Nacht saß ich doch wieder in der Schneiderwerkstatt.

So ging es Jahre in unheimlicher Regelmäßigkeit fort. Da war es einmal, als wir, der Meister und ich, beim Alpelhofer arbeiteten, bei jenem Bauern, wo ich in die Lehre eingetreten war, daß sich mein Meister ganz besonders unzufrieden mit meinen Arbeiten zeigte. ›Möcht' nur wissen, wo du deine Gedanken hast!‹ sagte er und sah mich etwas finster an. Ich dachte, das Vernünftigste wäre, wenn ich jetzt aufstünde, dem Meister bedeutete, daß ich nur aus Gefälligkeit bei ihm sei, und wenn ich dann davonging. Aber ich tat es nicht. Ich ließ es mir gefallen, als der Meister einen Lehrling aufnahm und mir befahl, demselben auf der Bank Platz zu machen. Ich rückte in den Winkel und nähte. An demselben Tage wurde auch noch ein Geselle aufgenommen, bigott, es war der Böhm, der vor neunzehn Jahren bei uns gearbeitet hatte und damals auf dem Wege vom Wirtshause in den Bach gefallen war. Als er sich setzen wollte, war kein Platz da. Ich blickte den Meister fragend an, und dieser sagte zu mir: ›Du hast ja doch keinen Schick zur Schneiderei, *du kannst gehen, du bist fremd gemacht.*‹ – So übermächtig war hierüber mein Schreck, daß ich erwachte.

Das Morgengrauen schimmerte zu den klaren Fenstern herein in mein trautes Heim. Gegenstände der Kunst umgaben mich; im stilvollen Bücherschrank harrte meiner der ewige Homer, der gigantische Dante, der unvergleichliche Shakespeare, der glorreiche Goethe – die Herrlichen, die Unsterblichen alle. Vom Nebenzimmer her klangen die hellen Stimmchen der erwachenden und mit ihrer Mutter schäkernden Kinder. Mir war zumute, als hätte ich dieses idyllisch süße, dieses friedensmilde und poesiereiche, helldurchgeistigte Leben, in welchem ich das beschauliche menschliche Glück so oft und tief empfand, von neuem wiedergefunden. Und doch wurmte es mich, daß ich mit der Kündigung meinem Meister nicht zuvorgekommen, sondern von ihm abgedankt worden war.

Und wie merkwürdig ist mir das: Mit jener Nacht, da mich der Meister ›fremd gemacht‹ hatte, genieße ich Ruhe, träume nicht mehr von meiner in ferner Vergangenheit liegenden Schneiderzeit, die in ihrer Anspruchslosigkeit ja so heiter war und die doch einen so langen Schatten in meine späteren Lebensjahre hereingeworfen hat.«

In dieser Traumreihe des Dichters, der in seinen jungen Jahren Schneidergeselle gewesen war, fällt es schwer, das Walten der Wunscherfüllung zu erkennen. Alles Erfreuliche liegt im Tagesleben, während der Traum den gespenstigen Schatten einer endlich überwundenen unerfreulichen Existenz fortzuschleppen scheint. Eigene Träume von ähnlicher Art haben mich in den Stand gesetzt, einige Aufklärung über solche Träume zu geben. Ich habe als junger Doktor lange Zeit im chemischen Institut gearbeitet, ohne es in den dort erforderten Künsten zu etwas bringen zu können, und denke darum im Wachen niemals gern an diese unfruchtbare und eigentlich beschämende Episode meines Lernens. Dagegen ist es bei mir ein wiederkehrender Traum geworden, daß ich im Laboratorium arbeite, Analysen mache, Verschiedenes erlebe usw.; diese Träume sind ähnlich unbehaglich wie die Prüfungsträume und niemals sehr deutlich. Bei der Deutung eines dieser Träume wurde ich endlich auf das Wort *»Analyse«* aufmerksam, das mir den Schlüssel zum Verständnis bot. Ich bin ja seither »Analytiker« geworden, mache Analysen, die sehr gelobt werden, allerdings *Psychoanalysen.* Ich verstand nun: wenn ich auf diese Art von Analysen im Tagesleben stolz geworden bin, mich vor mir selbst rühmen möchte, wie weit ich es gebracht habe, hält mir nächtlicherweile der Traum jene anderen mißglückten Analysen vor, auf die stolz zu sein ich keinen Grund hatte; es sind Strafträume des Emporkömmlings, wie die des Schneidergesellen, der ein gefeierter Dichter geworden war. Wie wird es aber dem Traume möglich, sich in dem Konflikt zwischen Parvenüstolz und Selbstkritik in den Dienst der letzteren zu stellen und eine vernünftige Warnung anstatt einer unerlaubten Wunscherfüllung zum Inhalt zu nehmen? Ich erwähnte schon, daß die Beantwortung dieser Frage Schwierigkeiten macht. Wir können erschließen, daß zunächst eine übermütige Ehrgeizphantasie die Grundlage des Traumes bildete; an ihrer Statt ist aber ihre Dämpfung und Beschämung in den Trauminhalt gelangt. Man darf daran erinnern, daß es masochistische Tendenzen im Seelenleben gibt, denen man eine solche Umkehrung zuschreiben darf. Ich könnte nichts dagegen haben, wenn man diese Art von Träumen als *Strafträume* von den *Wunscherfüllungsträumen* abtrennte. Ich würde darin keine Einschränkung der bisher vertretenen Theorie des Traumes erblicken, sondern bloß ein sprachliches Entgegenkommen für die Auffassung, welcher das Zusammenfallen von Gegensätzen fremdartig erscheint[1]. Genaueres Eingehen auf einzelne dieser Träume läßt aber noch anderes erkennen. In dem un-

---

[1] [Die beiden letzten Sätze wurden 1919 hinzugefügt.]

deutlichen Beiwerk eines meiner Laboratoriumsträume hatte ich gerade jenes Alter, welches mich in das düsterste und erfolgloseste Jahr meiner ärztlichen Laufbahn versetzte; ich hatte noch keine Stellung und wußte nicht, wie ich mein Leben erhalten sollte, aber dabei fand sich plötzlich, daß ich die Wahl zwischen mehreren Frauen hatte, die ich heiraten sollte! Ich war also wieder jung und vor allem, sie war wieder jung, die Frau, die alle diese schweren Jahre mit mir geteilt hatte. Somit war einer der unablässig nagenden Wünsche des alternden Mannes als der unbewußte Traumerreger verraten. Der in anderen psychischen Schichten tobende Kampf zwischen der Eitelkeit und der Selbstkritik hatte zwar den Trauminhalt bestimmt, aber der tiefer wurzelnde Jugendwunsch hatte ihn allein als Traum möglich gemacht. Man sagt sich auch manchmal im Wachen: Es ist ja sehr gut heute, und es war einmal eine harte Zeit; aber es war doch schön damals; du warst ja noch so jung[1].

Eine andere Gruppe von Träumen[2], die ich bei mir selbst häufig gefunden und als heuchlerisch erkannt habe, hat zum Inhalt die Versöhnung mit Personen, zu denen die freundschaftlichen Beziehungen längst erloschen sind. Die Analyse deckt dann regelmäßig einen Anlaß auf, der mich auffordern könnte, den letzten Rest von Rücksicht auf diese ehemaligen Freunde beiseite zu setzen und sie wie Fremde oder wie Feinde zu behandeln. Der Traum aber gefällt sich darin, die gegensätzliche Relation auszumalen. [Vgl. S. 161 Anm. 1.]

Bei der Beurteilung von Träumen, die ein Dichter mitteilt, darf man oft genug annehmen, daß er solche als störend empfundene und für unwesentlich erachtete Einzelheiten des Trauminhalts von der Mitteilung ausgeschlossen hat. Seine Träume geben uns dann Rätsel auf, die bei exakter Wiedergabe des Trauminhalts bald zu lösen wären.

O. Rank machte mich auch aufmerksam, daß im Grimmschen Märchen vom tapferen Schneiderlein oder ›Sieben auf einen Streich‹ ein ganz ähnlicher Traum eines Emporkömmlings erzählt wird. Der Schneider, der Heros und Schwiegersohn des Königs geworden ist, träumt eines

---

[1] [*Zusatz 1930:*] Seitdem die Psychoanalyse die Person in ein Ich und ein Über-Ich zerlegt hat (*Massenpsychologie und Ich-Analyse*, 1921 *c* [und *Das Ich und das Es*, 1923 *b*]), ist es leicht, in diesen Strafträumen Wunscherfüllungen des Über-Ichs zu erkennen. [S. unten S. 531 ff.]

[2] [Dieser Absatz wurde 1919 hinzugefügt und scheint irrtümlicherweise an diese Stelle geraten zu sein. Vielleicht gehört er *hinter* die beiden nächsten Absätze. Diese stammen von 1911, wie die vorhergehende Diskussion des Rosegger-Traums, an die sie unverkennbar anknüpfen. Das Nachstehende datiert dann wieder von 1900. – Einige weitere Bemerkungen zu heuchlerischen Träumen finden sich gegen Ende von Abschnitt III in Freuds Arbeit über einen Fall von weiblicher Homosexualität (1920 *a*).]

Nachts bei der Prinzessin, seiner Gemahlin, von seinem Handwerk; diese, mißtrauisch geworden, bestellt nun Bewaffnete für die nächste Nacht, die das aus dem Traum Gesprochene anhören und sich der Person des Träumers versichern sollen. Aber das Schneiderlein ist gewarnt und weiß jetzt den Traum zu korrigieren.

Die Komplikation der Aufhebungs-, Subtraktions- und Verkehrungsvorgänge, durch welche endlich aus den Affekten der Traumgedanken die des Traumes werden, läßt sich an geeigneten Synthesen vollständig analysierter Träume gut überblicken. Ich will hier noch einige Beispiele der Affektregung im Traume behandeln, die etwa einige der besprochenen Fälle als realisiert erweisen.

V

In dem Traume von der sonderbaren Aufgabe, die mir der alte Brücke stellt, mein eigenes Becken zu präparieren [S. 436 f.], *vermisse ich im Traume selbst das dazugehörige Grauen.* Dies ist nun Wunscherfüllung in mehr als einem Sinne. Die Präparation bedeutet die Selbstanalyse, die ich gleichsam durch die Veröffentlichung des Traumbuches vollziehe, die mir in Wirklichkeit so peinlich war, daß ich den Druck des bereitliegenden Manuskripts um mehr als ein Jahr aufgeschoben habe. Es regt sich nun der Wunsch, daß ich mich über diese abhaltende Empfindung hinaussetzen möge, darum verspüre ich im Traume kein *Grauen.* Das *»Grauen«* im anderen Sinne möchte ich auch gerne vermissen; es graut bei mir schon ordentlich, und dies *Grau* der Haare mahnt mich gleichfalls, nicht länger zurückzuhalten. Wir wissen ja, daß am Schlusse des Traums der Gedanke zur Darstellung durchdringt, ich würde es den Kindern überlassen müssen, in der schwierigen Wanderung ans Ziel zu kommen.

In den zwei Träumen, die den Ausdruck der Befriedigung in die nächsten Augenblicke nach dem Erwachen verlegen, ist diese Befriedigung das eine Mal motiviert durch die Erwartung, ich werde jetzt erfahren, was es heißt, »ich habe schon davon geträumt«, und bezieht sich eigentlich auf die Geburt der ersten Kinder [S. 431 f.], das andere Mal durch die Überzeugung, es werde jetzt eintreffen, »was sich durch ein Vorzeichen angekündigt hat«, und diese Befriedigung ist die nämliche, die seinerzeit den zweiten Sohn begrüßt hat [S. 432]. Es sind hier im

Traume die Affekte verblieben, die in den Traumgedanken herrschen, aber es geht wohl in keinem Traume so ganz einfach zu. Vertieft man sich ein wenig in beide Analysen, so erfährt man, daß diese der Zensur nicht unterliegende Befriedigung einen Zuzug aus einer Quelle erhält, welche die Zensur zu fürchten hat und deren Affekt sicherlich Widerspruch erregen würde, wenn er sich nicht durch den gleichartigen, gerne zugelassenen Befriedigungsaffekt aus der erlaubten Quelle decken, sich gleichsam hinter ihm einschleichen würde. Ich kann dies leider nicht an dem Traumbeispiel selbst erweisen, aber ein Beispiel aus anderer Sphäre wird meine Meinung verständlich machen. Ich setze folgenden Fall: Es gäbe in meiner Nähe eine Person, die ich hasse, so daß in mir eine lebhafte Regung zustande kommt, mich zu freuen, wenn ihr etwas widerfährt. Dieser Regung gibt aber das Moralische in meinem Wesen nicht nach; ich wage es nicht, den Unglückswunsch zu äußern, und nachdem ihr unverschuldet etwas zugestoßen ist, unterdrücke ich meine Befriedigung darüber und nötige mich zu Äußerungen und Gedanken des Bedauerns. Jedermann wird sich schon in solcher Lage befunden haben. Nun ereigne es sich aber, daß die gehaßte Person sich durch eine Überschreitung eine wohlverdiente Unannehmlichkeit zuziehe; dann darf ich meiner Befriedigung darüber freien Lauf lassen, daß sie von der gerechten Strafe getroffen worden ist, und äußere mich darin übereinstimmend mit vielen anderen, die unparteiisch sind. Ich kann aber die Beobachtung machen, daß meine Befriedigung intensiver ausfällt als die der anderen; sie hat einen Zuzug aus der Quelle meines Hasses erhalten, der bis dahin von der inneren Zensur verhindert war, Affekt zu liefern, unter den geänderten Verhältnissen aber nicht mehr gehindert wird. Dieser Fall trifft in der Gesellschaft allgemein zu, wo antipathische Personen oder Angehörige einer ungern gesehenen Minorität eine Schuld auf sich laden. Ihre Bestrafung entspricht dann gewöhnlich nicht ihrem Verschulden, sondern dem Verschulden vermehrt um das bisher effektlose Übelwollen, das sich gegen sie richtet. Die Strafenden begehen dabei zweifellos eine Ungerechtigkeit; sie werden aber an der Wahrnehmung derselben gehindert durch die Befriedigung, welche ihnen die Aufhebung einer lange festgehaltenen Unterdrückung in ihrem Inneren bereitet. In solchen Fällen ist der Affekt seiner Qualität nach zwar berechtigt, aber nicht sein Ausmaß; und die in dem einen Punkt beruhigte Selbstkritik vernachlässigt nur zu leicht die Prüfung des zweiten Punktes. Wenn einmal die Türe geöffnet ist, so drängen sich leicht mehr Leute durch, als man ursprünglich einzulassen beabsichtigte.

Der auffällige Zug des neurotischen Charakters, daß affektfähige Anlässe bei ihm eine Wirkung erzielen, die, qualitativ berechtigt, quantitativ über das Maß hinausgeht, erklärt sich auf diese Weise, soweit er überhaupt eine psychologische Erklärung zuläßt. Der Überschuß rührt aber aus unbewußt gebliebenen, bis dahin unterdrückten Affektquellen her, die mit dem realen Anlaß eine assoziative Verbindung herstellen können und für deren Affektentbindung die einspruchsfreie und zugelassene Affektquelle die erwünschte Bahnung eröffnet. Wir werden so aufmerksam gemacht, daß wir zwischen der unterdrückten und der unterdrückenden seelischen Instanz nicht ausschließlich die Beziehungen gegenseitiger Hemmung ins Auge fassen dürfen. Ebensoviel Beachtung verdienen die Fälle, in denen die beiden Instanzen durch Zusammenwirken, durch gegenseitige Verstärkung, einen pathologischen Effekt zustande bringen. Diese andeutenden Bemerkungen über psychische Mechanik wolle man nun zum Verständnis der Affektäußerungen des Traumes verwenden. Eine Befriedigung, die sich im Traume kundgibt und die natürlich alsbald an ihrer Stelle in den Traumgedanken aufzufinden ist, ist durch diesen Nachweis allein nicht immer vollständig aufgeklärt. In der Regel wird man für sie eine zweite Quelle in den Traumgedanken aufzusuchen haben, auf welcher der Druck der Zensur lastet und die unter diesem Drucke nicht Befriedigung, sondern den gegenteiligen Affekt ergeben hätte, die aber durch die Anwesenheit der ersten Traumquelle in den Stand gesetzt wird, ihren Befriedigungsaffekt der Verdrängung zu entziehen und als Verstärkung zu der Befriedigung aus anderer Quelle stoßen zu lassen. So erscheinen die Affekte im Traume als zusammengefaßt aus mehreren Zuflüssen und als überdeterminiert in bezug auf das Material der Traumgedanken; *Affektquellen, die den nämlichen Affekt liefern können, treten bei der Traumarbeit zur Bildung desselben zusammen*[1].

Ein wenig Einblick in diese verwickelten Verhältnisse erhält man durch die Analyse des schönen Traumes, in dem *»Non vixit«* den Mittelpunkt bildet (vgl. S. 408 ff.). In diesem Traum sind die Affektäußerungen von verschiedener Qualität an zwei Stellen des manifesten Inhalts zusammengedrängt. Feindselige und peinliche Regungen (im Traume selbst

---

[1] [*Zusatz 1909:*] Analog habe ich die außerordentlich starke Lustwirkung der tendenziösen Witze erklärt. [Vgl. 1905 *c*, gegen Ende des IV. Kapitels, *Studienausgabe*, Bd. 4, S. 127 ff.]

heißt es »von merkwürdigen Affekten ergriffen«) überlagern einander dort, wo ich den gegnerischen Freund mit den beiden Worten vernichte. Am Ende des Traumes bin ich ungemein erfreut und urteile dann anerkennend über eine im Wachen als absurd erkannte Möglichkeit, daß es nämlich Revenants gibt, die man durch den bloßen Wunsch beseitigen kann.

Ich habe die Veranlassung dieses Traumes noch nicht mitgeteilt. Sie ist eine wesentliche und führt tief in das Verständnis des Traumes hinein. Ich hatte von meinem Freunde in Berlin (den ich mit Fl. [d. i. Fließ] bezeichnet habe) die Nachricht bekommen, daß er sich einer Operation unterziehen werde und daß in Wien lebende Verwandte mir die weiteren Auskünfte über sein Befinden geben würden. Diese ersten Nachrichten nach der Operation lauteten nicht erfreulich und machten mir Sorge. Ich wäre am liebsten selbst zu ihm gereist, aber ich war gerade zu jener Zeit mit einem schmerzhaften Leiden behaftet, das mir jede Bewegung zur Qual machte. Aus den Traumgedanken erfahre ich nun, daß ich für das Leben des teuren Freundes fürchtete. Seine einzige Schwester, die ich nie gekannt, war, wie ich wußte, in jungen Jahren nach kürzester Krankheit gestorben. (Im Traum: *Fl. erzählt von seiner Schwester und sagt: in drei viertel Stunden war sie tot.*) Ich muß mir eingebildet haben, daß seine eigene Natur nicht viel resistenter sei, und mir vorgestellt, daß ich auf weit schlimmere Nachrichten nun endlich doch reise – und *zu spät* komme, worüber ich mir ewige Vorwürfe machen könnte[1]. Dieser Vorwurf wegen des Zuspätkommens ist zum Mittelpunkt des Traumes geworden, hat sich aber in einer Szene dargestellt, in der der verehrte Meister meiner Studentenjahre Brücke mir mit einem fürchterlichen Blicke seiner blauen Augen den Vorwurf macht. Was diese Ablenkung der Szene zustande gebracht, wird sich bald ergeben; die Szene selbst kann der Traum nicht so reproduzieren, wie ich sie erlebt habe. Er läßt zwar dem anderen die blauen Augen, aber er gibt mir die vernichtende Rolle, eine Umkehrung, die offenbar das Werk der Wunscherfüllung ist. Die Sorge um das Leben des Freundes, der Vorwurf, daß ich nicht zu ihm hinreise, meine Beschämung *(er ist »unauffällig«* – zu mir – *nach Wien gekommen),* mein Bedürfnis, mich durch meine Krankheit für entschuldigt zu halten, das alles setzt den

---

[1] Diese Phantasie aus den unbewußten Traumgedanken ist es, die gebieterisch *non vivit* anstatt *non vixit* verlangt. »Du bist zu spät gekommen, er lebt nicht mehr.« Daß auch die manifeste Situation des Traumes auf *non vivit* zielt, ist S. 409–11 angegeben worden.

Gefühlssturm zusammen, der, im Schlaf deutlich verspürt, in jener Region der Traumgedanken tobt.

An der Traumveranlassung war aber noch etwas anderes, was auf mich eine ganz entgegengesetzte Wirkung hatte. Bei den ungünstigen Nachrichten aus den ersten Tagen der Operation erhielt ich auch die Mahnung, von der ganzen Angelegenheit mit niemandem zu sprechen, die mich beleidigte, weil sie ein überflüssiges Mißtrauen in meine Verschwiegenheit zur Voraussetzung hatte. Ich wußte zwar, daß dieser Auftrag nicht von meinem Freunde ausging, sondern einer Ungeschicklichkeit oder Überängstlichkeit des vermittelnden Boten entsprach, aber ich wurde von dem versteckten Vorwurf sehr peinlich berührt, weil er – nicht ganz unberechtigt war. Andere Vorwürfe als solche, an denen »etwas daran ist«, haften bekanntlich nicht, haben keine aufregende Kraft. Zwar nicht in der Sache meines Freundes, aber früher einmal in viel jüngeren Jahren hatte ich zwischen zwei Freunden, die beide auch mich zu meiner Ehrung so nennen wollten, überflüssigerweise etwas ausgeplaudert, was der eine über den anderen gesagt hatte. Auch die Vorwürfe, die ich damals zu hören bekam, habe ich nicht vergessen. Der eine der beiden Freunde, zwischen denen ich damals den Unfriedenstifter machte, war Professor Fleischl, der andere kann durch den Vornamen Josef, den auch mein im Traume auftretender Freund und Gegner P. führte, ersetzt werden[1].

Von dem Vorwurf, daß ich nichts für mich zu behalten vermöge, zeugen im Traume die Elemente *unauffällig* und die Frage Fl.s, *wieviel von seinen Dingen ich P. denn mitgeteilt habe*. Die Einmengung dieser Erinnerung [an die seinerzeitige Indiskretion und ihre Folgen] ist es aber, welche den Vorwurf des Zuspätkommens aus der Gegenwart in die Zeit, da ich im Brückeschen Laboratorium lebte, verlegt, und indem ich die zweite Person in der Vernichtungsszene des Traums durch einen Josef ersetze, lasse ich diese Szene nicht nur den einen Vorwurf dar-

[1] [Zum besseren Verständnis des Folgenden seien einige Fakten erwähnt, die von Bernfeld (1944) mitgeteilt wurden. Von 1876 bis 1882 arbeitete Freud am Wiener Physiologischen Institut (»Brückes Laboratorium«), dessen Leiter Ernst Brücke (1819 bis 1892) war; seine beiden Assistenten waren zu Freuds Zeiten Sigmund Exner (1846–1925) und Ernst Fleischl von Marxow (1846–91), beide also zehn Jahre älter als Freud. Fleischl litt in späteren Jahren an einer schweren organischen Krankheit. Am gleichen Institut traf Freud mit Josef Breuer (1842–1925) zusammen, seinem erheblich älteren Mitautor der *Studien über Hysterie* (1895 *d*); er ist der zweite Josef in dieser Analyse. Der erste – Freuds frühverstorbener »Freund und Gegner P.« – war Josef Paneth (1857–90), der Freuds Nachfolger am Physiologischen Institut wurde. – S. auch den ersten Band von Ernest Jones' Freud-Biographie (1960).]

stellen, daß ich zu spät komme, sondern auch den von der Verdrängung stärker betroffenen, daß ich kein Geheimnis bewahre. Die Verdichtungs- und Verschiebungsarbeit des Traumes, sowie deren Motive, werden hier augenfällig.

Der in der Gegenwart geringfügige Ärger über die Mahnung, nichts [von Fl.s Krankheit] zu verraten, holt sich aber Verstärkungen aus in der Tiefe fließenden Quellen und schwillt so zu einem Strom feindseliger Regungen gegen in Wirklichkeit geliebte Personen an. Die Quelle, welche die Verstärkung liefert, fließt im Infantilen. Ich habe schon erzählt [s. S. 411 f.], daß meine warmen Freundschaften wie meine Feindschaften mit Gleichalterigen auf meinen Kinderverkehr mit einem um ein Jahr älteren Neffen zurückgehen, in dem er der Überlegene war, ich mich frühzeitig zur Wehre setzen lernte, wir unzertrennlich miteinander lebten und einander liebten, dazwischen, wie Mitteilungen älterer Personen bezeugen, uns rauften und – *verklagten.* Alle meine Freunde sind in gewissem Sinne Inkarnationen dieser ersten Gestalt, die »früh sich einst dem trüben Blick gezeigt«[1], *Revenants.* Mein Neffe selbst kam in den Jünglingsjahren wieder, und damals führten wir Cäsar und Brutus miteinander auf. Ein intimer Freund und ein gehaßter Feind waren mir immer notwendige Erfordernisse meines Gefühlslebens; ich wußte beide mir immer von neuem zu verschaffen, und nicht selten stellte sich das Kindheitsideal so weit her, daß Freund und Feind in dieselbe Person zusammenfielen, natürlich nicht mehr gleichzeitig oder in mehrfach wiederholter Abwechslung, wie es in den ersten Kinderjahren der Fall gewesen sein mag.

Auf welche Weise bei so bestehenden Zusammenhängen ein rezenter Anlaß zum Affekt bis auf den infantilen zurückgreifen kann, um sich durch ihn für die Affektwirkung zu ersetzen, das möchte ich hier nicht verfolgen. [Vgl. S. 521.] Es gehört der Psychologie des unbewußten Denkens an und fände seine Stelle in einer psychologischen Aufklärung der Neurosen. Nehmen wir für unsere Zwecke der Traumdeutung an, daß sich eine Kindererinnerung einstellt oder eine solche phantastisch gebildet wird etwa folgenden Inhalts: Die beiden Kinder geraten in Streit miteinander um ein Objekt – welches, lassen wir dahingestellt, obwohl die Erinnerung oder Erinnerungstäuschung ein ganz bestimmtes im Auge hat –; ein jeder behauptet, *er sei früher gekommen,* habe also das Vorrecht darauf; es kommt zur Schlägerei, Macht geht vor Recht;

---

[1] [Goethe, *Faust,* Zueignung.]

nach den Andeutungen des Traums könnte ich gewußt haben, daß ich im Unrecht bin *(den Irrtum selbst bemerkend);* ich bleibe aber diesmal der Stärkere, behaupte das Schlachtfeld, der Unterlegene eilt zum Vater, respektive Großvater, verklagt mich, und ich verteidige mich mit den mir durch die Erzählung des Vaters bekannten Worten: *Ich habe ihn gelagt, weil er mich gelagt hat,* so ist diese Erinnerung oder wahrscheinlicher Phantasie, die sich mir während der Analyse des Traums – ohne weitere Gewähr, ich weiß selbst nicht wie[1] – aufdrängt, ein Mittelstück der Traumgedanken, das die in den Traumgedanken waltenden Affektregungen, wie eine Brunnenschale die zugeleiteten Gewässer, sammelt. Von hier aus fließen die Traumgedanken in folgenden Wegen: Es geschieht dir ganz recht, daß du mir den Platz hast räumen müssen; warum hast du mich vom Platze verdrängen wollen? Ich brauche dich nicht, ich werde mir schon einen anderen verschaffen, mit dem ich spiele usw. Dann eröffnen sich die Wege, auf denen diese Gedanken wieder in die Traumdarstellung einmünden. Ein solches *»Ôte-toi que je m'y mette«* mußte ich seinerzeit meinem verstorbenen Freunde Josef [P.] zum Vorwurf machen. Er war in meine Fußstapfen als Aspirant im Brückeschen Laboratorium getreten, aber dort war das Avancement langwierig. Keiner der beiden Assistenten rückte von der Stelle, die Jugend wurde ungeduldig. Mein Freund, der seine Lebenszeit begrenzt wußte und den kein intimes Verhältnis an seinen Vordermann band, gab seiner Ungeduld gelegentlich lauten Ausdruck. Da dieser Vordermann [Fleischl] ein Schwerkranker war, konnte der Wunsch, ihn beseitigt zu wissen, außer dem Sinn: durch eine Beförderung, auch eine anstößige Nebendeutung zulassen. Natürlich war bei mir einige Jahre vorher der nämliche Wunsch, eine freigewordene Stelle einzunehmen, noch viel lebhafter gewesen; wo immer es in der Welt Rangordnung und Beförderung gibt, ist ja der Weg für der Unterdrückung bedürftige Wünsche eröffnet. Shakespeares Prinz Hal kann sich nicht einmal am Bett des kranken Vaters der Versuchung entziehen, einmal zu probieren, wie ihm die Krone steht[2]. Aber der Traum straft, wie begreiflich, diesen rücksichtslosen Wunsch nicht an mir, sondern an ihm[3].

---

[1] [Dieser Punkt wird unten auf S. 492 diskutiert.]

[2] [*II Heinrich IV*, IV. Akt, 5. Szene.]

[3] Es wird aufgefallen sein, daß der Name Josef eine so große Rolle in meinen Träumen spielt (siehe den Onkeltraum [S. 154 f.]). Hinter den Personen, die so heißen, kann sich mein Ich im Traume besonders leicht verbergen, denn Josef hieß auch der aus der Bibel bekannte *Traumdeuter*.

»Weil er herrschsüchtig war, darum erschlug ich ihn.«[1] Weil er nicht erwarten konnte, daß ihm der andere den Platz räume, darum ist er selbst hinweggeräumt worden. Diese Gedanken hege ich unmittelbar, nachdem ich in der Universität der Enthüllung des dem anderen gesetzten Denkmals beigewohnt habe. Ein Teil meiner im Traume verspürten Befriedigung deutet sich also: Gerechte Strafe; es ist dir recht geschehen.

Bei dem Leichenbegängnis dieses Freundes [P.s] machte ein junger Mann die unpassend scheinende Bemerkung: Der Redner habe so gesprochen, als ob jetzt die Welt ohne den einen Menschen nicht mehr bestehen könne. Es regte sich in ihm die Auflehnung des wahrhaften Menschen, dem man den Schmerz durch Übertreibung stört. Aber an diese Rede knüpfen sich die Traumgedanken an: Es ist wirklich niemand unersetzlich; wie viele habe ich schon zum Grabe geleitet; ich aber lebe noch, ich habe sie alle überlebt, ich behaupte den Platz. Ein solcher Gedanke im Moment, da ich fürchte, meinen Freund [Fließ] nicht mehr unter den Lebenden anzutreffen, wenn ich zu ihm reise, läßt nur die weitere Entwicklung zu, daß ich mich freue, wieder jemanden zu überleben, daß nicht *ich* gestorben bin, sondern *er*, daß ich den Platz behaupte wie damals in der phantasierten Kinderszene. Diese aus dem Infantilen kommende Befriedigung darüber, daß ich den Platz behaupte, deckt den Hauptanteil des in den Traum aufgenommenen Affekts. Ich freue mich darüber, daß ich überlebe, ich äußere das mit dem naiven Egoismus der Anekdote zwischen Ehegatten: »Wenn eines von uns stirbt, übersiedle ich nach Paris.« Es ist für meine Erwartung so selbstverständlich, daß nicht ich der eine bin.

Man kann sich's nicht verbergen, daß schwere Selbstüberwindung dazugehört, seine Träume zu deuten und mitzuteilen. Man muß sich als den einzigen Bösewicht enthüllen unter all den Edlen, mit denen man das Leben teilt. Ich finde es also ganz begreiflich, daß die *Revenants* nur so lange bestehen, als man sie mag, und daß sie durch den Wunsch beseitigt werden können. Das ist also das, wofür mein Freund Josef gestraft worden ist. Die Revenants sind aber die aufeinanderfolgenden Inkarnationen meines Kindheitsfreundes; ich bin also auch befriedigt darüber, daß ich mir diese Person immer wieder ersetzt habe, und auch für den, den ich jetzt zu verlieren im Begriffe bin, wird sich der Ersatz schon finden. Es ist niemand unersetzlich.

Wo bleibt hier aber die Traumzensur? Warum erhebt sie nicht den ener-

---

[1] [Brutus in Shakespeares *Julius Cäsar*, III. Akt, 2. Szene.]

gischsten Widerspruch gegen diesen Gedankengang der rohesten Selbstsucht und verwandelt die an ihm haftende Befriedigung nicht in schwere Unlust? Ich meine, weil andere einwurfsfreie Gedankenzüge über die nämlichen Personen gleichfalls in Befriedigung ausgehen und mit ihrem Affekt jenen aus der verbotenen infantilen Quelle decken. In einer anderen Schicht von Gedanken habe ich mir bei jener feierlichen Denkmalenthüllung gesagt: Ich habe so viele teure Freunde verloren, die einen durch Tod, die anderen durch Auflösung der Freundschaft; es ist doch schön, daß sie sich mir ersetzt haben, daß ich den einen gewonnen habe, der mir mehr bedeutet, als die anderen konnten, und den ich jetzt in dem Alter, wo man nicht mehr leicht neue Freundschaften schließt, für immer festhalten werde. Die Befriedigung, daß ich diesen Ersatz für die verlorenen Freunde gefunden habe, darf ich ungestört in den Traum hinübernehmen, aber hinter ihr schleicht sich die feindselige Befriedigung aus infantiler Quelle mit ein. Die infantile Zärtlichkeit hilft sicherlich die heute berechtigte verstärken; aber auch der infantile Haß hat sich seinen Weg in die Darstellung gebahnt.

Im Traume ist aber außerdem ein deutlicher Hinweis auf einen anderen Gedankengang enthalten, der in Befriedigung auslaufen darf. Mein Freund [Fließ] hat kurz vorher nach langem Warten ein Töchterchen bekommen. Ich weiß, wie sehr er seine früh verlorene Schwester betrauert hat, und schreibe ihm, auf dieses Kind würde er die Liebe übertragen, die er zur Schwester empfunden; dieses kleine Mädchen würde ihn den unersetzlichen Verlust endlich vergessen machen.

So knüpft auch diese Reihe wieder an den Zwischengedanken des latenten Trauminhalts an [vgl. S. 465 f.], von dem die Wege nach entgegengesetzten Richtungen auseinandergehen: Es ist niemand unersetzlich. Sieh', nur *Revenants;* alles was man verloren hat, kommt wieder. Und nun werden die assoziativen Bande zwischen den widerspruchsvollen Bestandteilen der Traumgedanken enger angezogen durch den zufälligen Umstand, daß die kleine Tochter meines Freundes denselben Namen trägt wie meine eigene kleine Jugendgespielin, die mit mir gleichalterige Schwester meines ältesten Freundes und Gegners. Ich habe den Namen »Pauline« mit *Befriedigung* gehört, und um auf dieses Zusammentreffen anzuspielen, habe ich im Traum einen Josef durch einen anderen Josef ersetzt und fand es unmöglich, den gleichen Anlaut in den Namen Fleischl und Fl. zu unterdrücken. Von hier aus läuft dann ein Gedankenfaden zur Namengebung bei meinen eigenen Kindern. Ich hielt darauf, daß ihre Namen nicht nach der Mode des Tages gewählt, sondern durch das Andenken an teure Personen bestimmt sein sollten. Ihre Namen machen die Kinder zu *»Revenants«*. Und schließlich, ist Kinder haben nicht für uns alle der einzige Zugang zur *Unsterblichkeit?*

Über die Affekte des Traums werde ich nur noch wenige Bemerkungen von einem anderen Gesichtspunkte aus anfügen. In der Seele des Schlafenden kann eine Affektneigung – was wir Stimmung heißen – als dominierendes Element enthalten sein und dann den Traum mitbestimmen. Diese Stimmung kann aus den Erlebnissen und Gedankengängen des Tages hervorgehen, sie kann somatische Quellen haben [vgl. S. 243 f.]; in beiden Fällen wird sie von ihr entsprechenden Gedankengängen begleitet sein. Daß dieser Vorstellungsinhalt der Traumgedanken das eine Mal primär die Affektneigung bedingt, das andere Mal sekundär durch die somatisch zu erklärende Gefühlsdisposition geweckt wird, bleibt für die Traumbildung gleichgültig. Dieselbe steht alle Male unter der Einschränkung, daß sie nur darstellen kann, was Wunscherfüllung ist, und daß sie nur dem Wunsche ihre psychische Triebkraft entlehnen kann. Die aktuell vorhandene Stimmung wird dieselbe Behandlung erfahren wie die aktuell während des Schlafes auftauchende Sensation (vgl. S. 242), die entweder vernachlässigt wird oder im Sinne einer Wunscherfüllung umgedeutet. Peinliche Stimmungen während des Schlafes werden zu Triebkräften des Traumes, indem sie energische Wünsche wecken, die der Traum erfüllen soll. Das Material, an dem sie haften, wird so lange umgearbeitet, bis es zum Ausdruck der Wunscherfüllung verwendbar ist. Je intensiver und je dominierender das Element der peinlichen Stimmung in den Traumgedanken ist, desto sicherer werden die stärkst unterdrückten Wunschregungen die Gelegenheit, zur Darstellung zu kommen, benützen, da sie durch die aktuelle Existenz der Unlust, die sie sonst aus eigenem erzeugen müßten, den schwereren Teil der Arbeit für ihr Durchdringen zur Darstellung bereits erledigt finden, und mit diesen Erörterungen streifen wir wieder das Problem der Angstträume, die sich als der Grenzfall für die Traumleistung herausstellen werden. [Vgl. S. 552 ff.]

I
DIE SEKUNDÄRE BEARBEITUNG

Wir wollen endlich an die Hervorhebung des vierten der bei der Traumbildung beteiligten Momente gehen.

Setzt man die Untersuchung des Trauminhalts in der vorhin eingeleiteten Weise fort, indem man auffällige Vorkommnisse im Trauminhalt auf ihre Herkunft aus den Traumgedanken prüft, so stößt man auch auf Elemente, für deren Aufklärung es einer völlig neuen Annahme bedarf. Ich erinnere an die Fälle, wo man sich im Traume wundert, ärgert, sträubt, und zwar gegen ein Stück des Trauminhalts selbst. Die meisten dieser Regungen von Kritik im Traum sind nicht gegen den Trauminhalt gerichtet, sondern erweisen sich als übernommene und passend verwendete Teile des Traummaterials, wie ich an geeigneten Beispielen dargelegt habe. Einiges der Art fügt sich aber einer solchen Ableitung nicht; man kann das Korrelat dazu im Traummaterial nicht auffinden. Was bedeutet z. B. die im Traum nicht gar seltene Kritik: Das ist ja nur ein Traum? [Vgl. S. 334.] Dies ist eine wirkliche Kritik des Traums, wie ich sie im Wachen üben könnte. Gar nicht selten ist sie auch nur die Vorläuferin des Erwachens; noch häufiger geht ihr selbst ein peinliches Gefühl vorher, das sich nach der Konstatierung des Traumzustandes beruhigt. Der Gedanke: »Das ist ja nur ein Traum« während des Traumes beabsichtigt aber dasselbe, was er auf offener Bühne im Munde der schönen Helena von Offenbach besagen soll[1]; er will die Bedeutung des eben Erlebten herabdrücken und die Duldung des Weiteren ermöglichen. Er dient zur Einschläferung einer gewissen Instanz, die in dem gegebenen Moment alle Veranlassung hätte, sich zu regen und die Fortsetzung des Traums – oder der Szene – zu verbieten. Es ist aber bequemer, weiterzuschlafen und den Traum zu dulden, »weil's doch nur ein Traum ist«. Ich stelle mir vor, daß die verächtliche Kritik: Es ist ja nur ein Traum, dann im Traum auftritt, wenn die niemals ganz schlafende Zensur sich durch den bereits zugelassenen Traum überrumpelt fühlt. Es ist zu spät, ihn zu unterdrücken, somit begegnet sie mit jener Bemerkung der Angst, oder der peinlichen Empfindung, welche sich auf den Traum hin erhebt. Es ist eine Äußerung des *esprit d'escalier* von seiten der psychischen Zensur.

An diesem Beispiel haben wir aber einen einwandfreien Beweis dafür,

[1] [Im Liebesduett von Paris und Helena im II. Akt von *La belle Hélène*, an dessen Schluß das Paar von Menelaos überrascht wird.]

daß nicht alles, was der Traum enthält, aus den Traumgedanken stammt, sondern daß eine psychische Funktion, die von unserem wachen Denken nicht zu unterscheiden ist, Beiträge zum Trauminhalt liefern kann. Es fragt sich nun, kommt dies nur ganz ausnahmsweise vor, oder kommt der sonst nur als Zensur tätigen psychischen Instanz ein regelmäßiger Anteil an der Traumbildung zu?

Man muß sich ohne Schwanken für das letztere entscheiden. Es ist unzweifelhaft, daß die zensurierende Instanz, deren Einfluß wir bisher nur in Einschränkungen und Auslassungen im Trauminhalte erkannten, auch Einschaltungen und Vermehrungen desselben verschuldet. Diese Einschaltungen sind oft leicht kenntlich; sie werden zaghaft berichtet, mit einem »als ob« eingeleitet, haben an und für sich keine besonders hohe Lebhaftigkeit und sind stets an Stellen angebracht, wo sie zur Verknüpfung zweier Stücke des Trauminhalts, zur Anbahnung eines Zusammenhangs zwischen zwei Traumpartien dienen können. Sie zeigen eine geringere Haltbarkeit im Gedächtnis als die echten Abkömmlinge des Traummaterials; unterliegt der Traum dem Vergessen, so fallen sie zuerst aus, und ich hege die starke Vermutung, daß unsere häufige Klage, wir hätten soviel geträumt, das meiste davon vergessen und nur Bruchstücke behalten [S. 282], auf dem alsbaldigen Ausfall gerade dieser Kittgedanken beruht. Bei vollständiger Analyse verraten sich diese Einschaltungen manchmal dadurch, daß sich zu ihnen kein Material in den Traumgedanken findet. Doch muß ich bei sorgfältiger Prüfung diesen Fall als den selteneren bezeichnen; zumeist lassen sich die Schaltgedanken immerhin auf Material in den Traumgedanken zurückführen, welches aber weder durch seine eigene Wertigkeit noch durch Überdeterminierung Anspruch auf Aufnahme in den Traum erheben könnte. Die psychische Funktion bei der Traumbildung, die wir jetzt betrachten, erhebt sich, wie es scheint, nur im äußersten Falle zu Neuschöpfungen; solange es noch möglich ist, verwertet sie, was sie Taugliches im Traummaterial auswählen kann.

Was dieses Stück der Traumarbeit auszeichnet und verrät[1], ist seine Tendenz. Diese Funktion verfährt ähnlich, wie es der Dichter boshaft vom Philosophen behauptet: mit ihren Fetzen und Flicken stopft sie die Lücken im Aufbau des Traums[2]. Die Folge ihrer Bemühung ist, daß der

---

[1] [An anderer Stelle bemerkt Freud, strenggenommen gehöre die »sekundäre Bearbeitung« nicht zur Traumarbeit.]

[2] [Anspielung auf einige Verszeilen aus Heines Gedicht ›Die Heimkehr‹ (LVIII):
»Mit seinen Nachtmützen und Schlafrockfetzen
Stopft er die Lücken des Weltenbaus.«

Traum den Anschein der Absurdität und Zusammenhangslosigkeit verliert und sich dem Vorbilde eines verständlichen Erlebnisses annähert. Aber die Bemühung ist nicht jedesmal vom vollen Erfolge gekrönt. Es kommen so Träume zustande, die für die oberflächliche Betrachtung tadellos logisch und korrekt erscheinen mögen; sie gehen von einer möglichen Situation aus, führen dieselbe durch widerspruchsfreie Veränderungen fort und bringen es, wiewohl dies am seltensten, zu einem nicht befremdenden Abschluß. Diese Träume haben die tiefgehendste Bearbeitung durch die dem wachen Denken ähnliche psychische Funktion erfahren; sie scheinen einen Sinn zu haben, aber dieser Sinn ist von der wirklichen Bedeutung des Traums auch am weitesten entfernt. Analysiert man sie, so überzeugt man sich, daß hier die sekundäre Bearbeitung des Traums am freiesten mit dem Material umgesprungen ist, am wenigsten von dessen Relationen beibehalten hat. Es sind das Träume, die sozusagen schon einmal gedeutet worden sind, ehe wir sie im Wachen der Deutung unterziehen[1]. In anderen Träumen ist diese tendenziöse Bearbeitung nur ein Stück weit gelungen; so weit scheint Zusammenhang zu herrschen, dann wird der Traum unsinnig oder verworren, vielleicht um sich noch ein zweites Mal in seinem Verlaufe zum Anschein des Verständigen zu erheben. In anderen Träumen hat die Bearbeitung überhaupt versagt; wir stehen wie hilflos einem sinnlosen Haufen von Inhaltsbrocken gegenüber.

Ich möchte dieser vierten den Traum gestaltenden Macht, die uns ja bald als eine bekannte erscheinen wird – sie ist in Wirklichkeit die einzige uns auch sonst vertraute unter den vier Traumbildnern –, ich möchte diesem vierten Momente also die Fähigkeit, schöpferisch neue Beiträge zum Traume zu liefern, nicht peremptorisch absprechen. Sicherlich aber äußert sich auch ihr Einfluß, wie der der anderen, vorwiegend in der Bevorzugung und Auswahl von bereits gebildetem psychischen Material in den Traumgedanken. Es gibt nun einen Fall, in dem ihr die Arbeit, an den Traum gleichsam eine Fassade anzubauen, zum größeren Teil dadurch erspart bleibt, daß im Material der Traumgedanken ein solches Gebilde, seiner Verwendung harrend, bereits fertig vorgefunden wird. Das Element der Traumgedanken, das ich im Auge habe, pflege ich als *»Phantasie«* zu bezeichnen; ich gehe vielleicht Mißverständnissen aus dem Wege, wenn ich sofort als das Analoge aus dem Wachleben den

---

Freud zitiert diese Zeilen wörtlich in der letzten seiner *Neuen Folge der Vorlesungen zur Einführung in die Psychoanalyse* (1933 *a*, *Studienausgabe*, Bd. 1, S. 588.]

[1] [S. z. B. die auf S. 475 und S. 554 f. angeführten Träume.]

Tagtraum namhaft mache[1]. Die Rolle dieses Elements in unserem Seelenleben ist von den Psychiatern noch nicht erschöpfend erkannt und aufgedeckt worden; M. Benedikt hat mit dessen Würdigung einen, wie mir scheint, vielversprechenden Anfang gemacht[2]. Dem unbeirrten Scharfblick der Dichter ist die Bedeutung des Tagtraums nicht entgangen; allgemein bekannt ist die Schilderung, die A. Daudet im *Nabab* von den Tagträumen einer der Nebenfiguren des Romans entwirft. [Vgl. S. 511.] Das Studium der Psychoneurosen führt zur überraschenden Erkenntnis, daß diese Phantasien oder Tagträume die nächsten Vorstufen der hysterischen Symptome – wenigstens einer ganzen Reihe von ihnen – sind; nicht an den Erinnerungen selbst, sondern an den auf Grund der Erinnerungen aufgebauten Phantasien hängen erst die hysterischen Symptome. Das häufige Vorkommen bewußter Tagesphantasien bringt diese Bildungen unserer Kenntnis nahe; wie es aber bewußte solche Phantasien gibt, so kommen überreichlich unbewußte vor, die wegen ihres Inhalts und ihrer Abkunft vom verdrängten Material unbewußt bleiben müssen. Eine eingehendere Vertiefung in die Charaktere dieser Tagesphantasien lehrt uns, mit wie gutem Rechte diesen Bildungen derselbe Name zugefallen ist, den unsere nächtlichen Denkproduktionen tragen, der Name *Träume*. Sie haben einen wesentlichen Teil ihrer Eigenschaften mit den Nachtträumen gemein; ihre Untersuchung hätte uns eigentlich den nächsten und besten Zugang zum Verständnis der Nachtträume eröffnen können.

Wie die Träume sind sie Wunscherfüllungen; wie die Träume basieren sie zum guten Teil auf den Eindrücken infantiler Erlebnisse; wie die Träume erfreuen sie sich eines gewissen Nachlasses der Zensur für ihre Schöpfungen. Wenn man ihrem Aufbau nachspürt, so wird man inne, wie das Wunschmotiv, das sich in ihrer Produktion betätigt, das Material, aus dem sie gebaut sind, durcheinandergeworfen, umgeordnet und zu einem neuen Ganzen zusammengefügt hat. Sie stehen zu den Kindheitserinnerungen, auf die sie zurückgehen, etwa in demselben Verhältnis wie manche Barockpaläste Roms zu den antiken Ruinen, deren Quadern und Säulen das Material für den Bau in modernen Formen hergegeben haben.

In der »sekundären Bearbeitung«, die wir unserem vierten traumbilden-

---

1 *Rêve, petit roman – day-dream, story.*

2 [Freud selber widmete dem Thema der Tagträume später zwei Arbeiten: 1908 *a* und 1908 *e*. 1921 veröffentlichte J. Varendonck das Buch *The Psychology of Day-Dreams*, zu dem Freud eine Einführung schrieb (Freud, 1921 *b*).]

den Moment gegen den Trauminhalt zugeschrieben haben, finden wir dieselbe Tätigkeit wieder, die sich bei der Schöpfung der Tagträume ungehemmt von anderen Einflüssen äußern darf. Wir könnten ohne weiteres sagen, dies unser viertes Moment sucht aus dem ihm dargebotenen Material *etwas wie einen Tagtraum* zu gestalten. Wo aber ein solcher Tagtraum bereits im Zusammenhange der Traumgedanken gebildet ist, da wird dieser Faktor der Traumarbeit sich seiner mit Vorliebe bemächtigen und dahin wirken, daß er in den Trauminhalt gelange. Es gibt solche Träume, die nur in der Wiederholung einer Tagesphantasie, einer vielleicht unbewußt gebliebenen, bestehen, so z. B. der Traum des Knaben, daß er mit den Helden des Trojanischen Krieges im Streitwagen fährt [S. 148]. In meinem Traume »*Autodidasker*« [S. 299 ff.] ist wenigstens das zweite Traumstück die getreue Wiederholung einer an sich harmlosen Tagesphantasie über meinen Verkehr mit dem Professor N. Es rührt aus der Komplikation der Bedingungen her, denen der Traum bei seinem Entstehen zu genügen hat, daß häufiger die vorgefundene Phantasie nur ein Stück des Traumes bildet oder daß nur ein Stück von ihr zum Trauminhalt hin durchdringt. Im ganzen wird dann die Phantasie behandelt wie jeder andere Bestandteil des latenten Materials; sie ist aber oft im Traume noch als Ganzes kenntlich. In meinen Träumen kommen oft Partien vor, die sich durch einen von den übrigen verschiedenen Eindruck hervorheben. Sie erscheinen mir wie fließend, besser zusammenhängend und dabei flüchtiger als andere Stücke desselben Traums; ich weiß, dies sind unbewußte Phantasien, die im Zusammenhange in den Traum gelangen, aber ich habe es nie erreicht, eine solche Phantasie zu fixieren. Im übrigen werden diese Phantasien wie alle anderen Bestandteile der Traumgedanken zusammengeschoben, verdichtet, die eine durch die andere überlagert u. dgl.; es gibt aber Übergänge von dem Falle, wo sie fast unverändert den Trauminhalt oder wenigstens die Traumfassade bilden dürfen, bis zu dem entgegengesetzten Fall, wo sie nur durch eines ihrer Elemente oder eine entfernte Anspielung an ein solches im Trauminhalt vertreten sind. Es bleibt offenbar auch für das Schicksal der Phantasien in den Traumgedanken maßgebend, welche Vorteile sie gegen die Ansprüche der Zensur und des Verdichtungszwanges zu bieten vermögen.

Bei meiner Auswahl von Beispielen für die Traumdeutung bin ich Träumen, in denen unbewußte Phantasien eine erhebliche Rolle spielen, möglichst ausgewichen, weil die Einführung dieses psychischen Elements weitläufige Erörterungen aus der Psychologie des unbewußten Denkens erfordert hätte. Gänzlich umgehen kann ich jedoch die »Phantasie« auch in diesem Zusammenhange nicht, da sie häufig voll in den Traum gelangt und noch häufiger deutlich durch ihn durchschimmert. Ich will etwa noch einen Traum anführen, der aus zwei verschiedenen, gegensätzlichen und einander an einzelnen Stellen deckenden Phantasien zusammengesetzt erscheint, von denen die eine die oberflächliche ist, die andere gleichsam zur Deutung der ersteren wird[1]. [Vgl. S. 472.]

Der Traum lautet – es ist der einzige, über den ich keine sorgfältigen Aufzeichnungen besitze – ungefähr so: Der Träumer – ein unverheirateter junger Mann – sitzt in seinem, richtig gesehenen, Stammwirtshause; da erscheinen mehrere Personen, ihn abzuholen, darunter eine, die ihn verhaften will. Er sagt zu seinen Tischgenossen: Ich zahle später, ich komme wieder zurück. Aber die rufen hohnlächelnd: Das kennen wir schon, das sagt ein jeder. Ein Gast ruft ihm noch nach: Da geht wieder einer dahin. Er wird dann in ein enges Lokal geführt, wo er eine Frauensperson mit einem Kinde auf dem Arm findet. Einer seiner Begleiter sagt: Das ist der Herr Müller. Ein Kommissär, oder sonst eine Amtsperson, blättert in einem Packe von Zetteln oder Schriften und wiederholt dabei: Müller, Müller, Müller. Endlich stellt er an ihn eine Frage, die er mit ja beantwortet. Er sieht sich dann nach der Frauensperson um und merkt, daß sie einen großen Bart bekommen hat.

Die beiden Bestandteile sind hier leicht zu sondern. Das Oberflächliche ist eine *Verhaftungsphantasie*, sie scheint uns von der Traumarbeit neu gebildet. Dahinter aber wird als das Material, das von der Traumarbeit eine leichte Umformung erfahren hat, die *Phantasie der Verheiratung* sichtbar, und die Züge, die beiden gemeinsam sein können, treten wieder wie bei einer Galtonschen Mischphotographie besonders deutlich hervor. Das Versprechen des bisherigen Junggesellen, seinen Platz am Stammtische wieder aufzusuchen, der Unglaube der durch viele Erfahrungen gewitzigten Kneipgenossen, der Nachruf: Da geht (heiratet) wieder einer

[1] [*Zusatz 1909:*] Ein gutes Beispiel eines solchen, durch Übereinanderlagerung mehrerer Phantasien entstandenen Traums habe ich im ›Bruchstück einer Hysterie-Analyse‹ 1905 *e* [Abschnitt II] analysiert. Übrigens habe ich die Bedeutung solcher Phantasien für die Traumbildung unterschätzt, solange ich vorwiegend meine eigenen Träume bearbeitete, denen seltener Tagträume, meist Diskussionen und Gedankenkonflikte, zugrunde liegen. Bei anderen Personen ist die *volle Analogie des nächtlichen Traumes mit dem Tagtraume* oft viel leichter zu erweisen. Es gelingt häufig bei Hysterischen eine Attacke durch einen Traum zu ersetzen; man kann sich dann leicht überzeugen, daß für beide psychische Bildungen die Tagtraumphantasie die nächste Vorstufe ist.

dahin, das sind auch für die andere Deutung leicht verständliche Züge. Ebenso das Jawort, das man der Amtsperson gibt. Das Blättern in einem Stoß von Papieren, wobei man denselben Namen wiederholt, entspricht einem untergeordneten, aber gut kenntlichen Zug aus den Hochzeitsfeierlichkeiten, dem Vorlesen der stoßweise angelangten Glückwunschtelegramme, die ja alle auf denselben Namen lauten. In dem persönlichen Auftreten der Braut in diesem Traum hat sogar die Heiratsphantasie den Sieg über die sie deckende Verhaftungsphantasie davongetragen. Daß diese Braut am Ende einen Bart zur Schau trägt, konnte ich durch eine Erkundigung – zu einer Analyse kam es nicht – aufklären. Der Träumer war tags zuvor mit einem Freunde, der ebenso ehefeindlich ist wie er, über die Straße gegangen und hatte diesen Freund auf eine brünette Schönheit aufmerksam gemacht, die ihnen entgegenkam. Der Freund aber hatte bemerkt: Ja, wenn diese Frauen nur nicht mit den Jahren Bärte bekämen wie ihre Väter.
Natürlich fehlt es auch in diesem Traume nicht an Elementen, bei denen die Traumentstellung tiefer gehende Arbeit verrichtet hat. So mag die Rede: »Ich werde später zahlen« auf das zu befürchtende Benehmen des Schwiegervaters in betreff der Mitgift zielen. Offenbar halten den Träumer allerlei Bedenken ab, sich mit Wohlgefallen der Heiratsphantasie hinzugeben. Eines dieser Bedenken, daß man mit der Heirat seine Freiheit verliert, hat sich in der Umwandlung zu einer Verhaftungsszene verkörpert.

Wenn wir nochmals darauf zurückkommen wollen, daß die Traumarbeit sich gerne einer fertig vorgefundenen Phantasie bedient, anstatt eine solche erst aus dem Material der Traumgedanken zusammenzusetzen, so lösen wir mit dieser Einsicht vielleicht eines der interessantesten Rätsel des Traumes. Ich habe auf S. 52 f. den Traum von Maury erzählt, der, von einem Brettchen im Genick getroffen, mit einem langen Traum, einem kompletten Roman aus den Zeiten der großen Revolution, erwacht. Da der Traum für zusammenhängend ausgegeben wird und ganz auf die Erklärung des Weckreizes angelegt ist, von dessen Eintreffen der Schläfer nichts ahnen konnte, so scheint nur die eine Annahme übrigzubleiben, daß der ganze reiche Traum in dem kurzen Zeitraume zwischen dem Auffallen des Brettes auf Maurys Halswirbel und seinem durch diesen Schlag erzwungenen Erwachen komponiert worden und stattgefunden haben muß. Wir würden uns nicht getrauen, der Denkarbeit im Wachen eine solche Raschheit zuzuschreiben, und gelangten so dazu, der Traumarbeit eine bemerkenswerte Beschleunigung des Ablaufs als Vorrecht zuzugestehen.

Gegen diese rasch populär gewordene Folgerung haben neuere Autoren (Le Lorrain, 1894 und 1895, Egger, 1895, u. a.) lebhaften Einspruch erhoben. Sie zweifeln teils die Exaktheit des Traumberichts von seiten Maurys an, teils versuchen sie darzutun, daß die Raschheit unserer wachen Denkleistungen nicht hinter dem zurückbleibt, was man der Traumleistung ungeschmälert lassen kann. Die Diskussion rollt prinzipielle Fragen auf, deren Erledigung mir nicht nahe bevorzustehen scheint. Ich muß aber bekennen, daß die Argumentation, z. B. Eggers, gerade gegen den Guillotinentraum Maurys mir keinen überzeugenden Eindruck gemacht hat. Ich würde folgende Erklärung dieses Traumes vorschlagen: Wäre es denn so sehr unwahrscheinlich, daß der Traum Maurys eine Phantasie darstellt, die in seinem Gedächtnis seit Jahren fertig aufbewahrt war und in dem Momente geweckt – ich möchte sagen: *angespielt* – wurde, da er den Weckreiz erkannte? Es entfällt dann zunächst die ganze Schwierigkeit, eine so lange Geschichte mit all ihren Einzelheiten in dem überaus kurzen Zeitraum, der hier dem Träumer zur Verfügung steht, zu komponieren; sie war bereits komponiert. Hätte das Holz Maurys Nacken im Wachen getroffen, so wäre etwa Raum für den Gedanken gewesen: Das ist ja geradeso, als ob man guillotiniert würde. Da er aber im Schlaf von dem Brette getroffen wird, so benützt die Traumarbeit den anlangenden Reiz rasch zur Herstellung einer Wunscherfüllung, *als ob* sie denken würde (dies ist durchaus figürlich zu nehmen): »Jetzt ist eine gute Gelegenheit, die Wunschphantasie wahr zu machen, die ich mir zu der und der Zeit bei der Lektüre gebildet habe.« Daß der geträumte Roman gerade ein solcher ist, wie ihn der Jüngling unter mächtig erregenden Eindrücken zu bilden pflegt, scheint mir nicht bestreitbar. Wer hätte sich nicht gefesselt gefühlt – und zumal als Franzose und Kulturhistoriker – durch die Schilderungen aus der Zeit des Schreckens, in der der Adel, Männer und Frauen, die Blüte der Nation, zeigte, wie man mit heiterer Seele sterben kann, die Frische ihres Witzes und die Feinheit ihrer Lebensformen bis zur verhängnisvollen Abberufung festhielt? Wie verlockend, sich da mitten hinein zu phantasieren als einer der jungen Männer, die sich mit einem Handkuß von der Dame verabschieden, um unerschrocken das Gerüst zu besteigen! Oder wenn der Ehrgeiz das Hauptmotiv des Phantasierens gewesen ist, sich in eine jener gewaltigen Individualitäten zu versetzen, die nur durch die Macht ihrer Gedanken und ihrer flammenden Beredsamkeit die Stadt beherrschen, in der damals das Herz der Menschheit krampfhaft schlägt, die Tausende von Menschen aus Überzeugung in den Tod schicken und die Umwandlung Europas anbahnen, dabei selbst ihrer Häupter nicht sicher sind und sie eines Tages unter das Messer der Guillotine legen, etwa in die Rolle der Girondisten oder des Heros Danton? Daß die Phantasie Maurys eine solche ehrgeizige gewesen ist, darauf scheint der in der Erinnerung erhaltene Zug hinzuweisen »von einer unübersehbaren Menschenmenge begleitet«.

Diese ganze, seit langem fertige Phantasie braucht aber während des Schlafes auch nicht durchgemacht zu werden; es genügt, wenn sie sozusagen »angetupft« wird. Ich meine das folgendermaßen: Wenn ein paar Takte angeschlagen werden und jemand wie im *Don Juan* dazu sagt: Das ist aus *Figaros Hochzeit* von Mozart, so wogt es in mir mit einem Male von Erinnerungen, aus denen sich im nächsten Moment nichts einzelnes zum Bewußtsein erheben kann. Das Schlagwort dient als Einbruchsstation, von der aus ein Ganzes gleichzeitig in Erregung versetzt wird. Nicht anders brauchte es im unbewußten Denken zu sein. Durch den Weckreiz wird die psychische Station erregt, die den Zugang zur ganzen Guillotinenphantasie eröffnet. Diese wird aber nicht noch im Schlaf durchlaufen, sondern erst in der Erinnerung des Erwachten. Erwacht, erinnert man jetzt in ihren Einzelheiten die Phantasie, an die als Ganzes im Traum gerührt wurde. Man hat dabei kein Mittel zur Versicherung, daß man wirklich etwas Geträumtes erinnert. Man kann dieselbe Erklärung, daß es sich um fertige Phantasien handelt, die durch den Weckreiz als Ganzes in Erregung gebracht werden, noch für andere auf den Weckreiz eingestellte Träume verwenden, z. B. für den Schlachtentraum Napoleons vor der Explosion der Höllenmaschine [s. S. 52 und S. 240 f.]. Unter den Träumen [1], welche Justine Tobowolska in ihrer Dissertation über die scheinbare Zeitdauer im Traume gesammelt hat, erscheint mir jener der beweisendste, den Macario (1857 [46]) von einem Bühnendichter, Casimir Bonjour, berichtet [2]. Dieser Mann wollte eines Abends der ersten Aufführung eines seiner Stücke beiwohnen, war aber so ermüdet, daß er auf seinem Sitz hinter den Kulissen gerade in dem Momente einnickte, als sich der Vorhang hob. In seinem Schlaf machte er nun alle fünf Akte seines Stückes durch und beobachtete alle die verschiedenartigen Zeichen von Ergriffenheit, welche die Zuhörer

---

[1] [Der Rest dieses Absatzes ist, mit Ausnahme des letzten Satzes, der schon in der Erstausgabe enthalten war, 1914 hinzugefügt worden.]

[2] Tobowolska [1900], S. 53.

bei den einzelnen Szenen äußerten. Nach der Beendigung der Vorstellung hörte er dann ganz selig, wie sein Name unter den lebhaftesten Beifallsbezeigungen verkündet wurde. Plötzlich wachte er auf. Er wollte weder seinen Augen noch seinen Ohren trauen, die Vorstellung war nicht über die ersten Verse der ersten Szene hinausgekommen; er konnte nicht länger als zwei Minuten geschlafen haben. Es ist wohl nicht zu gewagt, für diesen Traum zu behaupten, daß das Durcharbeiten der fünf Akte des Bühnenstücks und das Achten auf das Verhalten des Publikums bei den einzelnen Stellen keiner Neuproduktion während des Schlafes zu entstammen braucht, sondern eine bereits vollzogene Phantasiearbeit in dem angegebenen Sinne wiederholen kann. Die Tobowolska hebt mit anderen Autoren als gemeinsame Charaktere der Träume mit beschleunigtem Vorstellungsablauf hervor, daß sie besonders kohärent erscheinen, gar nicht wie andere Träume, und daß die Erinnerung an sie weit eher eine summarische als eine detaillierte ist. Dies wären aber gerade die Kennzeichen, welche solchen fertigen, durch die Traumarbeit angerührten Phantasien zukommen müßten, ein Schluß, welchen die Autoren allerdings nicht ziehen. Ich will nicht behaupten, daß alle Weckträume diese Erklärung zulassen oder daß das Problem des beschleunigten Vorstellungsablaufs im Traume auf diese Weise überhaupt wegzuräumen ist.

Es ist unvermeidlich, daß man sich hier um das Verhältnis dieser sekundären Bearbeitung des Trauminhalts zu den Faktoren der Traumarbeit bekümmere. Geht es etwa so vor sich, daß die traumbildenden Faktoren, das Verdichtungsbestreben, der Zwang, der Zensur auszuweichen, und die Rücksicht auf Darstellbarkeit in den psychischen Mitteln des Traumes, vorerst aus dem Material einen vorläufigen Trauminhalt bilden und daß dieser dann nachträglich umgeformt wird, bis er den Ansprüchen einer zweiten Instanz möglichst genügt? Dies ist kaum wahrscheinlich. Man muß eher annehmen, daß die Anforderungen dieser Instanz von allem Anfang an eine der Bedingungen abgeben, denen der Traum genügen soll, und daß diese Bedingung ebenso wie die der Verdichtung, der Widerstandszensur und der Darstellbarkeit gleichzeitig auf das große Material der Traumgedanken induzierend und auswählend einwirken. Unter den vier Bedingungen der Traumbildung ist aber die letzterkannte jedenfalls die, deren Anforderungen für den Traum am wenigsten zwingend erscheinen. Die Identifizierung dieser psychischen Funktion, welche die sogenannte sekundäre Bearbeitung des Trauminhaltes vornimmt, mit der Arbeit unseres wachen Denkens ergibt sich mit hoher Wahrscheinlichkeit aus folgender Erwägung: Unser waches (vorbewußtes[1]) Denken benimmt sich gegen ein beliebiges Wahrnehmungsmaterial ganz ebenso wie die in Frage stehende Funktion gegen den Trauminhalt. Es ist ihm natürlich, in einem solchen Material Ordnung zu schaffen, Relationen herzustellen, es unter die Erwartung eines intelligibeln Zusammenhangs zu bringen. [Vgl. S. 54f. und S. 70–1.] Wir gehen darin eher zu weit; die Kunststücke der Taschenspieler äffen uns, indem sie sich auf diese unsere intellektuelle Gewohnheit stützen. In dem Bestreben, die gebotenen Sinneseindrücke verständlich zusammenzusetzen, begehen wir oft die seltsamsten Irrtümer oder fälschen selbst die Wahrheit des uns vorliegenden Materials. Die hieher gehörigen Beweise sind zu sehr allgemein bekannt, um breiter Anführung zu bedürfen. Wir lesen über sinnstörende Druckfehler hinweg, indem wir das Richtige illusionieren. Ein Redakteur eines vielgelesenen französischen Journals soll die Wette gewagt haben, er werde in jeden Satz eines langen Artikels durch den Druck einschalten lassen, »von vorne« oder »von hinten«, ohne daß einer der Leser es bemerken würde. Er gewann die Wette. Ein komisches Beispiel von falschem Zusammenhange ist mir vor Jahren bei der Zeitungslektüre aufgefallen. Nach jener Sitzung der französischen Kammer, in welcher Dupuy durch das beherzte Wort: *»La séance continue«* den Schreck über das Platzen der von einem Anarchisten in den Saal geworfenen Bombe aufhob, wurden die Besucher der Galerie als Zeugen über ihre Eindrücke von dem Attentat vernommen. Unter ihnen befanden sich zwei Leute aus der Provinz, deren einer erzählte, unmittelbar nach Schluß einer Rede habe er wohl eine Detonation vernommen, aber gemeint, es sei im Parlament Sitte, jedesmal, wenn ein Redner geendigt, einen Schuß abzufeuern. Der andere, der wahrscheinlich schon mehrere Redner angehört hatte, war in dasselbe Urteil verfallen, jedoch mit der Abänderung, daß solches Schießen eine Anerkennung sei, die nur nach besonders gelungenen Reden erfolge.

Es ist also wohl keine andere psychische Instanz als unser normales Denken, welche an den Trauminhalt mit dem Anspruch herantritt, er müsse verständlich sein, ihn einer ersten Deutung unterzieht und dadurch das volle Mißverständnis desselben herbeiführt. [Vgl. S. 472.] Für unsere Deutung bleibt es Vorschrift, den scheinbaren Zusammenhang im Traum, als seiner Herkunft nach verdächtig, in allen Fällen unbeachtet zu las-

[1] [Es scheint, daß Freud diesen Terminus gedruckt erstmals auf S. 334 verwendet hat; er wird unten auf S. 517 erläutert.]

sen und vom Klaren wie vom Verworrenen den gleichen Weg des Rückgangs zum Traummaterial einzuschlagen.

Wir merken aber dabei, wovon die oben, S. 327 f., erwähnte Qualitätenskala der Träume von der Verworrenheit bis zur Klarheit wesentlich abhängt. Klar erscheinen uns jene Traumpartien, an denen die sekundäre Bearbeitung etwas ausrichten konnte, verworren jene anderen, wo die Kraft dieser Leistung versagt hat. Da die verworrenen Traumpartien so häufig auch die minder lebhaft ausgeprägten sind, so dürfen wir den Schluß ziehen, daß die sekundäre Traumarbeit auch für einen Beitrag zur plastischen Intensität der einzelnen Traumgebilde verantwortlich zu machen ist.

Soll ich für die definitive Gestaltung des Traums, wie sie sich unter der Mitwirkung des normalen Denkens ergibt, irgendwo ein Vergleichsobjekt suchen, so bietet sich mir kein anderes als jene rätselhaften Inschriften, mit denen die *Fliegenden Blätter* so lange ihre Leser unterhalten haben. Für einen gewissen Satz, des Kontrastes halber dem Dialekt angehörig und von möglichst skurriler Bedeutung, soll die Erwartung erweckt werden, daß er eine lateinische Inschrift enthalte. Zu diesem Zwecke werden die Buchstabenelemente der Worte aus ihrer Zusammenfügung zu Silben gerissen und neu angeordnet. Hie und da kommt ein echt lateinisches Wort zustande, an anderen Stellen glauben wir Abkürzungen solcher Worte vor uns zu haben, und an noch anderen Stellen der Inschrift lassen wir uns mit dem Anscheine von verwitterten Partien oder von Lücken der Inschrift über die Sinnlosigkeit der vereinzelt stehenden Buchstaben hinwegtäuschen. Wenn wir dem Scherze nicht aufsitzen wollen, müssen wir uns über alle Requisite einer Inschrift hinwegsetzen, die Buchstaben ins Auge fassen und sie unbekümmert um die gebotene Anordnung zu Worten unserer Muttersprache zusammensetzen[1].

Die sekundäre Bearbeitung[2] ist jenes Moment der Traumarbeit, welches von den meisten Autoren bemerkt und in seiner Bedeutung gewürdigt

---

[1] [Beispiele vom Wirken des Prozesses der sekundären Bearbeitung im Märchen bzw. in *König Ödipus* sind auf S. 249 bzw. auf S. 268 aufgeführt. Die gleichen Vorgänge bei Zwängen und Phobien sind auf S. 249, bei Paranoia in der 24. von Freuds *Vorlesungen zur Einführung in die Psychoanalyse* (1916–17, *Studienausgabe*, Bd. 1, S. 370) erwähnt. Die Analogie zwischen sekundären Traumbearbeitungen und der Konstruktion von Denk-»Systemen« wird ziemlich ausführlich im III. Kapitel, Abschnitt 4, von *Totem und Tabu* (1912–13) diskutiert.]

[2] [Der Rest dieses Kapitels, mit Ausnahme des letzten Absatzes (S. 485 ff.), der schon in der Erstausgabe enthalten war, wurde 1914 hinzugefügt.]

worden ist. In heiterer Verbildlichung schildert H. Ellis dessen Leistung (1911, Einleitung, 10):

»Wir können uns die Sache tatsächlich so denken, daß das Schlafbewußtsein zu sich sagt: Hier kommt unser Meister, das Wachbewußtsein, der ungeheuer viel Wert auf Vernunft, Logik u. dgl. legt. Schnell! Faß die Dinge an, bringe sie in Ordnung, jede Anordnung genügt – ehe er eintritt, um vom Schauplatze Besitz zu ergreifen.«

Die Identität dieser Arbeitsweise mit der des wachen Denkens wird besonders klar von Delacroix (1904, 926) behauptet:

»Cette fonction d'interprétation n'est pas particulière au rêve; c'est le même travail de coordination logique que nous faisons sur nos sensations pendant la veille.«

J. Sully [1893, 355 f.] vertritt dieselbe Auffassung. Ebenso Tobowolska:

»Sur ces successions incohérentes d'hallucinations, l'esprit s'efforce de faire le même travail de coordination logique qu'il fait pendant la veille sur les sensations. Il relie entre elles par un lien imaginaire toutes ces images décousues et bouche les écarts trop grands qui se trouvaient entre elles.« (1900, 93.)

Einige Autoren lassen diese ordnende und deutende Tätigkeit noch während des Träumens beginnen und im Wachen fortgesetzt werden. So Paulhan (1894, 546):

»Cependant j'ai souvent pensé qu'il pouvait y avoir une certaine déformation, ou plutôt reformation, du rêve dans le souvenir... La tendence systématisante de l'imagination pourrait fort bien achever après le réveil ce qu'elle a ébauché pendant le sommeil. De la sorte, la rapidité réelle de la pensée serait augmentée en apparence par les perfectionnements dus à l'imagination éveillée.«

[Bernard-] Leroy et Tobowolska (1901, 592):

»Dans le rêve, au contraire, l'interprétation et la coordination se font non seulement à l'aide des données du rêve, mais encore à l'aide de celles de la veille...«

Es konnte dann nicht ausbleiben, daß dieses einzig erkannte Moment der Traumbildung in seiner Bedeutung überschätzt wurde, so daß man ihm die ganze Leistung, den Traum geschaffen zu haben, zuschob. Diese Schöpfung sollte sich im Moment des Erwachens vollziehen, wie es Goblot (1896 [288 f.]) und noch weitergehend Foucault (1906) annehmen, die dem Wachdenken die Fähigkeit zuschreiben, aus den im Schlaf auftauchenden Gedanken den Traum zu bilden.

[Bernard-] Leroy et Tobowolska (1901) sagen über diese Auffassung: *»On a cru pouvoir placer le rêve au moment du réveil, et ils ont attribué à la pensée de la veille la fonction de construire le rêve avec les images présentes dans la pensée du sommeil.«*

An die Würdigung der sekundären Bearbeitung schließe ich die eines neuen Beitrags zur Traumarbeit, den feinsinnige Beobachtungen von H. Silberer aufgezeigt haben. Silberer hat, wie an anderer Stelle erwähnt (s. S. 339–40), die Umsetzung von Gedanken in Bilder gleichsam in flagranti erhascht, indem er sich in Zuständen von Müdigkeit und Schlaftrunkenheit zu geistiger Tätigkeit nötigte. Dann entschwand ihm der bearbeitete Gedanke, und an seiner Statt stellte sich eine Vision ein, welche sich als der Ersatz des meist abstrakten Gedankens erwies. (Siehe die Beispiele S. 340.) Bei diesen Versuchen ereignete es sich nun, daß das auftauchende, einem Traumelement gleichzusetzende Bild etwas anderes darstellte als den der Bearbeitung harrenden Gedanken, nämlich die Ermüdung selbst, die Schwierigkeit oder Unlust zu dieser Arbeit, also den subjektiven Zustand und die Funktionsweise der sich mühenden Person anstatt des Gegenstands ihrer Bemühung. Silberer nannte diesen bei ihm recht häufig eintretenden Fall das *»funktionale* Phänomen« zum Unterschiede von dem zu erwartenden *»materialen«*.

Z. B.: »Ich liege eines Nachmittags äußerst schläfrig auf meinem Sofa, zwinge mich aber, über ein philosophisches Problem nachzudenken. Ich suche nämlich die Ansichten Kants und Schopenhauers über die Zeit zu vergleichen. Es gelingt mir infolge meiner Schlaftrunkenheit nicht, die Gedankengänge beider nebeneinander festzuhalten, was zum Vergleich nötig wäre. Nach mehreren vergeblichen Versuchen präge ich mir noch einmal die Kantische Ableitung mit aller Willenskraft ein, um sie dann auf die Schopenhauersche Problemstellung anzuwenden. Hierauf lenke ich meine Aufmerksamkeit der letzteren zu; als ich jetzt auf Kant zurückgreifen will, zeigt es sich, daß er mir wieder entschwunden ist, vergebens bemühe ich mich, ihn von neuem hervorzuholen. Diese vergebliche Bemühung, die in meinem Kopf irgendwo verlegten Kant-Akten sogleich wiederzufinden, stellt sich mir nun bei geschlossenen Augen plötzlich wie im Traumbild als anschaulich-plastisches Symbol dar: *Ich verlange eine Auskunft von einem mürrischen Sekretär, der, über einen Schreibtisch gebeugt, sich durch mein Drängen nicht stören läßt. Sich halb aufrichtend, blickt er mich unwillig und abweisend an.«* (Silberer, 1909, 513 f. [Hervorhebung von Freud].)

Andere Beispiele, die sich auf das Schwanken zwischen Schlaf und Wachen beziehen.

»Beispiel Nr. 2. – Bedingungen: Morgens beim Erwachen. In einer gewissen Schlaftiefe (Dämmerzustand) über einen vorherigen Traum nachdenkend, ihn gewissermaßen nach- und austräumend, fühle ich mich dem Wachbewußtsein näher kommend, ich will jedoch in dem Dämmerzustand noch verbleiben.

Szene: *Ich schreite mit einem Fuß über einen Bach, ziehe ihn aber alsbald wieder zurück, trachte, herüben zu bleiben.«* (Silberer, 1912, 625.)

»Beispiel Nr. 6. – Bedingungen wie im Beispiele Nr. 4. (Er will noch ein wenig liegen bleiben, ohne zu verschlafen.) Ich will mich noch ein wenig dem Schlafe hingeben.

Szene: *Ich verabschiede mich von jemand und vereinbare mit ihm (oder ihr), ihn (sie) bald wieder zu treffen.«* [Ibid, 627.]

Das »funktionale« Phänomen, die »Darstellung des Zuständlichen anstatt des Gegenständlichen«, beobachtete Silberer wesentlich unter den zwei Verhältnissen des Einschlafens und des Aufwachens. Es ist leicht zu verstehen, daß nur der letztere Fall für die Traumdeutung in Betracht kommt. Silberer hat an guten Beispielen gezeigt, daß die Endstücke des manifesten Inhalts vieler Träume, an die das Erwachen unmittelbar anschließt, nichts anderes darstellen als den Vorsatz oder den Vorgang des Erwachens selbst. Dieser Absicht dient: das Überschreiten einer Schwelle (»Schwellensymbolik«), das Verlassen eines Raums, um einen anderen zu betreten, das Abreisen, Heimkommen, die Trennung von einem Begleiter, das Eintauchen in Wasser und anderes. Ich kann allerdings die Bemerkung nicht unterdrücken, daß ich die auf Schwellensymbolik zu beziehenden Elemente des Traumes in eigenen Träumen wie in denen der von mir analysierten Personen ungleich seltener angetroffen habe, als man nach den Mitteilungen von Silberer erwarten sollte.

Es ist keineswegs undenkbar oder unwahrscheinlich, daß diese »Schwellensymbolik« auch für manche Elemente mitten im Zusammenhange eines Traumes aufklärend würde, z. B. an Stellen, wo es sich um Schwankungen der Schlaftiefe und Neigung, den Traum abzubrechen, handelte. Doch sind gesicherte Beispiele für dieses Vorkommen noch nicht erbracht[1]. Häufiger scheint der Fall der Überdeterminierung vorzuliegen, daß eine Traumstelle, welche ihren materialen Inhalt aus dem Gefüge der Traumgedanken bezieht, *überdies* zur Darstellung von etwas Zuständlichem an der seelischen Tätigkeit verwendet wurde.

[1] [S. jedoch die spätere Bemerkung Freuds auf S. 533 unten.]

Das sehr interessante funktionale Phänomen Silberers hat ohne Verschulden seines Entdeckers viel Mißbrauch herbeigeführt, indem die alte Neigung zur abstrakt-symbolischen Deutung der Träume eine Anlehnung an dasselbe gefunden hat. Die Bevorzugung der »funktionalen Kategorie« geht bei manchen so weit, daß sie vom funktionalen Phänomen sprechen, wo immer intellektuelle Tätigkeiten oder Gefühlsvorgänge im Inhalt der Traumgedanken vorkommen, obwohl dieses Material nicht mehr und nicht weniger Anrecht hat, als Tagesrest in den Traum einzugehen, als alles andere. [Vgl. S. 223 Anm. 3.]
Wir wollen anerkennen, daß die Silbererschen Phänomene einen zweiten Beitrag zur Traumbildung von Seite des Wachdenkens darstellen, welcher allerdings minder konstant und bedeutsam ist als der erste, unter dem Namen »sekundäre Bearbeitung« eingeführte. Es hatte sich gezeigt, daß ein Stück der bei Tage tätigen Aufmerksamkeit auch während des Schlafzustandes dem Traume zugewendet bleibt, ihn kontrolliert, kritisiert und sich die Macht vorbehält, ihn zu unterbrechen. Es hat uns nahegelegen, in dieser wachgebliebenen seelischen Instanz den Zensor[1] zu erkennen, dem ein so starker eindämmernder Einfluß auf die Gestaltung des Traumes zufällt. Was die Beobachtungen von Silberer dazugeben, ist die Tatsache, daß unter Umständen eine Art von Selbstbeobachtung dabei mittätig ist und ihren Beitrag zum Trauminhalt liefert. Über die wahrscheinlichen Beziehungen dieser selbstbeobachtenden Instanz, die besonders bei philosophischen Köpfen vordringlich werden mag, zur endopsychischen Wahrnehmung, zum Beachtungswahn, zum Gewissen und zum Traumzensor geziemt es sich, an anderer Stelle zu handeln[2].

Ich gehe nun daran, diese ausgedehnten Erörterungen über die Traumarbeit zu resümieren. Wir fanden die Fragestellung vor, ob die Seele alle ihre Fähigkeiten in ungehemmter Entfaltung an die Traumbildung verwende oder nur einen in seiner Leistung gehemmten Bruchteil derselben. Unsere Untersuchungen leiten uns dazu, solche Fragestellung überhaupt als den Verhältnissen inadäquat zu verwerfen. Sollen wir aber bei der Antwort auf demselben Boden bleiben, auf den uns die Frage drängt, so müssen wir beide einander scheinbar durch Gegensatz

---

1 [Freud verwendet sonst fast immer das Wort »Zensur« statt der hier und einige Zeilen weiter unten gebrauchten personalisierten Form »Zensor«.]

2 [*Zusatz 1914:*] ›Zur Einführung des Narzißmus‹ (1914 *c* [Abschnitt III]).

ausschließenden Auffassungen bejahen. Die seelische Arbeit bei der Traumbildung zerlegt sich in zwei Leistungen: die Herstellung der Traumgedanken und die Umwandlung derselben zum Trauminhalt. Die Traumgedanken sind völlig korrekt und mit allem psychischen Aufwand, dessen wir fähig sind, gebildet; sie gehören unserem nicht bewußtgewordenen Denken an, aus dem durch eine gewisse Umsetzung auch die bewußten Gedanken hervorgehen. So viel an ihnen auch wissenswert und rätselhaft sein möge, diese Rätsel haben doch keine besondere Beziehung zum Traume und verdienen nicht, unter den Traumproblemen behandelt zu werden[1]. Hingegen ist jenes andere Stück Arbeit, welches die unbewußten Gedanken in den Trauminhalt verwandelt, dem Traumleben eigentümlich und für dasselbe charakteristisch. Diese eigentliche Traumarbeit entfernt sich nun von dem Vorbild des wachen Denkens viel weiter, als selbst die entschiedensten Verkleinerer der psychischen Leistung bei der Traumbildung gemeint haben. Sie ist nicht etwa nachlässiger, inkorrekter, vergeßlicher, unvollständiger als das wache Denken; sie ist etwas davon qualitativ völlig Verschiedenes und darum zunächst nicht mit ihm vergleichbar. Sie denkt, rechnet, urteilt überhaupt nicht, sondern sie beschränkt sich darauf umzuformen. Sie läßt sich erschöpfend beschreiben, wenn man die Bedingungen ins Auge faßt, denen ihr Erzeugnis zu genügen hat. Dieses Produkt, der Traum, soll vor allem der *Zensur* entzogen werden, und zu diesem Zwecke bedient sich die Traumarbeit der *Verschiebung der psychischen Intensitäten* bis zur Umwertung aller psychischen Werte; es sollen Gedanken ausschließlich oder vorwiegend in dem Material visueller und akustischer Erinne-

[1] [*Zusatz 1925:*] Ich fand es früher einmal so außerordentlich schwierig, die Leser an die Unterscheidung von manifestem Trauminhalt und latenten Traumgedanken zu gewöhnen. Immer wieder wurden Argumente und Einwendungen aus dem ungedeuteten Traum, wie ihn die Erinnerung bewahrt hat, geschöpft und die Forderung der Traumdeutung überhört. Nun, da sich wenigstens die Analytiker damit befreundet haben, für den manifesten Traum seinen durch Deutung gefundenen Sinn einzusetzen, machen sich viele von ihnen einer anderen Verwechslung schuldig, an der sie ebenso hartnäckig festhalten. Sie suchen das Wesen des Traums in diesem latenten Inhalt und übersehen dabei den Unterschied zwischen latenten Traumgedanken und Traumarbeit. Der Traum ist im Grunde nichts anderes als eine besondere *Form* unseres Denkens, die durch die Bedingungen des Schlafzustandes ermöglicht wird. Die *Traumarbeit* ist es, die diese Form herstellt, und sie allein ist das Wesentliche am Traum, die Erklärung seiner Besonderheit. Ich sage dies zur Würdigung der berüchtigten »prospektiven Tendenz« des Traums. [S. unten, S. 551 f. Anm.] Daß der Traum sich mit den Lösungsversuchen der unserem Seelenleben vorliegenden Aufgaben beschäftigt, ist nicht merkwürdiger, als daß unser bewußtes Wachleben sich so beschäftigt, und fügt nur hiezu, daß diese Arbeit auch im Vorbewußten vor sich gehen kann, was uns ja bereits bekannt ist.

rungsspuren wiedergegeben werden, und aus dieser Anforderung erwächst für die Traumarbeit die *Rücksicht auf Darstellbarkeit,* der sie durch neue Verschiebungen entspricht. Es sollen (wahrscheinlich) größere Intensitäten hergestellt werden, als in den Traumgedanken nächtlich zur Verfügung stehen, und diesem Zwecke dient die ausgiebige *Verdichtung,* die mit den Bestandteilen der Traumgedanken vorgenommen wird. Auf die logischen Relationen des Gedankenmaterials entfällt wenig Rücksicht; sie finden schließlich in *formalen* Eigentümlichkeiten der Träume eine versteckte Darstellung. Die Affekte der Traumgedanken unterliegen geringeren Veränderungen als deren Vorstellungsinhalt. Sie werden in der Regel unterdrückt; wo sie erhalten bleiben, von den Vorstellungen abgelöst und nach ihrer Gleichartigkeit zusammengesetzt. Nur ein Stück der Traumarbeit, die in ihrem Ausmaß inkonstante Überarbeitung durch das zum Teil geweckte Wachdenken, fügt sich etwa der Auffassung, welche die Autoren für die gesamte Tätigkeit der Traumbildung geltend machen wollten[1].

[1] [An dieser Stelle folgten in der vierten, fünften, sechsten und siebenten Auflage (von 1914 bis 1922) zwei selbständige Abhandlungen von Otto Rank mit den Titeln ›Traum und Dichtung‹ (1914 *a*) und ›Traum und Mythus‹ (1914 *b*). Von der Veröffentlichung der *Gesammelten Schriften* an, also in den Ausgaben seit 1925, wurden sie wieder weggelassen. S. die ›Editorische Einleitung‹, S. 14 und S. 15.]

VII
ZUR PSYCHOLOGIE DER TRAUMVORGÄNGE[1]

Unter den Träumen, die ich durch Mitteilung von seiten anderer erfahren habe, befindet sich einer, der jetzt einen ganz besonderen Anspruch auf unsere Beachtung erhebt. Er ist mir von einer Patientin erzählt worden, die ihn selbst in einer Vorlesung über den Traum kennengelernt hat; seine eigentliche Quelle ist mir unbekannt geblieben. Jener Dame aber hat er durch seinen Inhalt Eindruck gemacht, denn sie hat es nicht versäumt, ihn »nachzuträumen«, d. h. Elemente des Traums in einem eigenen Traum zu wiederholen, um durch diese Übertragung eine Übereinstimmung in einem bestimmten Punkte auszudrücken.

Die Vorbedingungen dieses vorbildlichen Traumes sind folgende: Ein Vater hat tage- und nächtelang am Krankenbett seines Kindes gewacht. Nachdem das Kind gestorben, begibt er sich in einem Nebenzimmer zur Ruhe, läßt aber die Tür geöffnet, um aus seinem Schlafraum in jenen zu blicken, worin die Leiche des Kindes aufgebahrt liegt, von großen Kerzen umstellt. Ein alter Mann ist zur Wache bestellt worden und sitzt neben der Leiche, Gebete murmelnd. Nach einigen Stunden Schlafs träumt der Vater, *daß das Kind an seinem Bette steht, ihn am Arme faßt und ihm vorwurfsvoll zuraunt: Vater, siehst du denn nicht, daß ich verbrenne?* Er erwacht, merkt einen hellen Lichtschein, der aus dem Leichenzimmer kommt, eilt hin, findet den greisen Wächter eingeschlummert, die Hüllen und einen Arm der teuren Leiche verbrannt durch eine Kerze, die brennend auf sie gefallen war.

Die Erklärung dieses rührenden Traumes ist einfach genug und wurde auch von dem Vortragenden, wie meine Patientin erzählt, richtig gegeben. Der helle Lichtschein drang durch die offenstehende Tür ins Auge des Schlafenden und regte denselben Schluß bei ihm an, den er als Wachender gezogen hätte, es sei durch Umfallen einer Kerze ein Brand in der Nähe der Leiche entstanden. Vielleicht hatte selbst der Vater die Besorgnis mit in den Schlaf hinübergenommen, daß der greise Wächter seiner Aufgabe nicht gewachsen sein dürfte.

---

[1] [Die Schwierigkeiten insbesondere der späteren Abschnitte dieses Kapitels sind durch die Veröffentlichung der Briefe Freuds an Wilhelm Fließ (Freud, 1950*a*) etwas aufgehellt worden. S. die ›Editorische Einleitung‹, S. 16 ff.]

Auch wir finden an dieser Deutung nichts zu verändern, es sei denn, daß wir die Forderung hinzufügten, der Inhalt des Traumes müsse überdeterminiert und die Rede des Kindes aus Reden zusammengesetzt sein, die es im Leben wirklich geführt und die an dem Vater wichtige Ereignisse anknüpfen. Etwa die Klage: *Ich verbrenne*, an das Fieber, in dem das Kind gestorben, und die Worte: *Vater, siehst du denn nicht?* an eine andere uns unbekannte, aber affektreiche Gelegenheit.

Nachdem wir aber den Traum als einen sinnvollen, in den Zusammenhang des psychischen Geschehens einfügbaren Vorgang erkannt haben, werden wir uns verwundern dürfen, daß unter solchen Verhältnissen überhaupt ein Traum zustande kam, wo das rascheste Erwachen geboten war. Wir werden dann aufmerksam, daß auch dieser Traum einer Wunscherfüllung nicht entbehrt. Im Traum benimmt sich das tote Kind wie ein lebendes, es mahnt selbst den Vater, kommt an sein Bett und zieht ihn am Arm, wie es wahrscheinlich in jener Erinnerung tat, aus welcher der Traum das erste Stück der Rede des Kindes geholt hat. Dieser Wunscherfüllung zuliebe hat der Vater nun seinen Schlaf um einen Moment verlängert. Der Traum erhielt das Vorrecht vor der Überlegung im Wachen, weil er das Kind noch einmal lebend zeigen konnte. Wäre der Vater zuerst erwacht und hätte dann den Schluß gezogen, der ihn ins Leichenzimmer führte, so hätte er gleichsam das Leben des Kindes um diesen einen Moment verkürzt.

Es kann kein Zweifel darüber sein, durch welche Eigentümlichkeit dieser kleine Traum unser Interesse fesselt. Wir haben uns bisher vorwiegend darum gekümmert, worin der geheime Sinn der Träume besteht, auf welchem Weg derselbe gefunden wird und welcher Mittel sich die Traumarbeit bedient hat, ihn zu verbergen. Die Aufgaben der Traumdeutung standen bis jetzt im Mittelpunkte unseres Blickfeldes. Und nun stoßen wir auf diesen Traum, welcher der Deutung keine Aufgabe stellt, dessen Sinn unverhüllt gegeben ist, und werden aufmerksam, daß dieser Traum noch immer die wesentlichen Charaktere bewahrt, durch die ein Traum auffällig von unserem wachen Denken abweicht und unser Bedürfnis nach Erklärung rege macht. Nach der Beseitigung alles dessen, was die Deutungsarbeit angeht, können wir erst merken, wie unvollständig unsere Psychologie des Traumes geblieben ist.

Ehe wir aber mit unseren Gedanken diesen neuen Weg einschlagen, wollen wir haltmachen und zurückschauen, ob wir auf unserer Wanderung bis hieher nichts Wichtiges unbeachtet gelassen haben. Denn wir müssen uns klar darüber werden, daß die bequeme und behagliche Strecke unseres Weges hinter uns liegt. Bisher haben alle Wege, die wir gegangen sind, wenn ich nicht sehr irre, ins Lichte, zur Aufklärung und zum vollen Verständnis geführt; von dem Moment an, da wir in die seelischen Vorgänge beim Träumen tiefer eindringen wollen, werden alle Pfade ins Dunkel münden. Wir können es unmöglich dahin bringen, den Traum als psychischen Vorgang *aufzuklären*, denn erklären heißt auf Bekanntes zurückführen, und es gibt derzeit keine psychologische Kenntnis, der wir unterordnen könnten, was sich aus der psychologischen Prüfung der Träume als Erklärungsgrund erschließen läßt. Wir werden im Gegenteil genötigt sein, eine Reihe von neuen Annahmen aufzustellen, die den Bau des seelischen Apparats und das Spiel der in ihm tätigen Kräfte mit Vermutungen streifen und die wir bedacht sein müssen, nicht zu weit über die erste logische Angliederung auszuspinnen, weil sonst ihr Wert sich ins Unbestimmbare verläuft. Selbst wenn wir keinen Fehler im Schließen begehen und alle logisch sich ergebenden Möglichkeiten in Rechnung ziehen, droht uns die wahrscheinliche Unvollständigkeit im Ansatz der Elemente mit dem völligen Fehlschlagen der Rechnung. Einen Aufschluß über die Konstruktion und Arbeitsweise des Seeleninstruments wird man durch die sorgfältigste Untersuchung des Traums oder einer anderen *vereinzelten* Leistung nicht gewinnen oder wenigstens nicht begründen können, sondern wird zu diesem Zwecke zusammentragen müssen, was sich bei dem vergleichenden Studium einer ganzen Reihe von psychischen Leistungen als konstant erforderlich herausstellt. So werden die psychologischen Annahmen, die wir aus der Analyse der Traumvorgänge schöpfen, gleichsam an einer Haltestelle warten müssen, bis sie den Anschluß an die Ergebnisse anderer Untersuchungen gefunden haben, die von einem anderen Angriffspunkte her zum Kern des nämlichen Problems vordringen wollen.

A
DAS VERGESSEN DER TRÄUME

Ich meine also, wir wenden uns vorher zu einem Thema, aus dem sich ein bisher unbeachteter Einwand ableitet, der doch geeignet ist, unseren Bemühungen um die Traumdeutung den Boden zu entziehen. Es ist uns von mehr als einer Seite vorgehalten worden, daß wir den Traum, den wir deuten wollen, eigentlich gar nicht kennen, richtiger, daß wir keine Gewähr dafür haben, ihn so zu kennen, wie er wirklich vorgefallen ist (vgl. S. 70 f.).

Was wir vom Traum erinnern und woran wir unsere Deutungskünste üben, das ist erstens verstümmelt durch die Untreue unseres Gedächtnisses, welches in ganz besonders hohem Grade zur Bewahrung des Traumes unfähig scheint, und hat vielleicht gerade die bedeutsamsten Stücke seines Inhalts eingebüßt. Wir finden uns ja so oft, wenn wir unseren Träumen Aufmerksamkeit schenken wollen, zur Klage veranlaßt, daß wir viel mehr geträumt haben und leider davon nichts mehr wissen als dies eine Bruchstück, dessen Erinnerung selbst uns eigentümlich unsicher vorkommt. Zweitens aber spricht alles dafür, daß unsere Erinnerung den Traum nicht nur lückenhaft, sondern auch ungetreu und verfälscht wiedergibt. So wie man einerseits daran zweifeln kann, ob das Geträumte wirklich so unzusammenhängend und verschwommen war, wie wir es im Gedächtnis haben, so läßt sich anderseits in Zweifel ziehen, ob ein Traum so zusammenhängend gewesen ist, wie wir ihn erzählen, ob wir bei dem Versuch der Reproduktion nicht vorhandene oder durch Vergessen geschaffene Lücken mit willkürlich gewähltem, neuem Material ausfüllen, den Traum ausschmücken, abrunden, zurichten, so daß jedes Urteil unmöglich wird, was der wirkliche Inhalt unseres Traumes war. Ja, bei einem Autor (Spitta [1882, 338])[1] haben wir die Mutmaßung gefunden, daß alles, was Ordnung und Zusammenhang ist, überhaupt erst bei dem Versuch, sich den Traum zurückzurufen, in ihn hineingetragen wird. [Vgl. oben, S. 71.] So sind wir in Gefahr, daß man uns den Gegenstand selbst aus der Hand winde, dessen Wert zu bestimmen wir unternommen haben.

Wir haben bei unseren Traumdeutungen bisher diese Warnungen überhört. Ja wir haben im Gegenteil in den kleinsten, unscheinbarsten und unsichersten Inhaltsbestandteilen des Traumes die Aufforderung zur

---

[1] [*Zusatz 1914:*] Das gleiche bei Foucault [1906, 141 f.] und Tannery [1898].

Deutung nicht minder vernehmlich gefunden als in dessen deutlich und sicher erhaltenen. Im Traum von Irmas Injektion hieß es: Ich rufe *schnell* den Doktor M. herbei [S. 131], und wir nahmen an, auch dieser Zusatz wäre nicht in den Traum gelangt, wenn er nicht eine besondere Ableitung zuließe. So kamen wir zur Geschichte jener unglücklichen Patientin, an deren Bett ich »schnell« den älteren Kollegen berief. In dem scheinbar absurden Traum, der den Unterschied von einundfünfzig und sechsundfünfzig als *quantité négligeable* behandelt, war die Zahl einundfünfzig mehrmals erwähnt [s. S. 421]. Anstatt dies selbstverständlich oder gleichgültig zu finden, haben wir daraus auf einen zweiten Gedankengang in dem latenten Trauminhalt geschlossen, der zur Zahl einundfünfzig hinführt, und die Spur, die wir weiterverfolgten, führte uns zu Befürchtungen, welche einundfünfzig Jahre als Lebensgrenze hinstellen, im schärfsten Gegensatz zu einem dominierenden Gedankenzug, der prahlerisch mit den Lebensjahren um sich wirft. In dem Traume *»Non vixit«* [S. 408 ff.] fand sich als unscheinbares Einschiebsel, das ich anfangs übersah, die Stelle: *»Da P. ihn nicht versteht, fragt mich Fl.«* usw. Als dann die Deutung stockte, griff ich auf diese Worte zurück und fand von ihnen aus den Weg zu der Kinderphantasie, die in den Traumgedanken als intermediärer Knotenpunkt auftritt. [Vgl. S. 465 f.] Es geschah dies mittels der Zeilen des Dichters:

»Selten habt ihr mich *verstanden*,
Selten auch verstand ich Euch,
Nur wenn wir im *Kot* uns fanden,
So verstanden wir uns gleich!«[1]

Jede Analyse könnte mit Beispielen belegen, wie gerade die geringfügigsten Züge des Traumes zur Deutung unentbehrlich sind und wie die Erledigung der Aufgabe verzögert wird, indem sich die Aufmerksamkeit solchen erst spät zuwendet. Die gleiche Würdigung haben wir bei der Traumdeutung jeder Nuance des sprachlichen Ausdrucks geschenkt, in welchem der Traum uns vorlag; ja, wenn uns ein unsinniger oder unzureichender Wortlaut vorgelegt wurde, als ob es der Anstrengung nicht gelungen wäre, den Traum in die richtige Fassung zu übersetzen, haben wir auch diese Mängel des Ausdrucks respektiert. Kurz, was nach der Meinung der Autoren eine willkürliche, in der Verlegenheit eilig zusammengebraute Improvisation sein soll, das haben wir be-

[1] [Heine, *Buch der Lieder,* ›Die Heimkehr‹, LXXVIII.]

handelt wie einen heiligen Text. Dieser Widerspruch bedarf der Aufklärung.

Sie lautet zu unseren Gunsten, ohne darum den Autoren unrecht zu geben. Vom Standpunkte unserer neugewonnenen Einsichten über die Entstehung des Traums vereinigen sich die Widersprüche ohne Rest. Es ist richtig, daß wir den Traum beim Versuch der Reproduktion entstellen; wir finden darin wieder, was wir als die sekundäre und oft mißverständliche Bearbeitung des Traumes durch die Instanz des normalen Denkens bezeichnet haben. [S. 470 ff.] Aber diese Entstellung ist selbst nichts anderes als ein Stück der Bearbeitung, welcher die Traumgedanken gesetzmäßig infolge der Traumzensur unterliegen. Die Autoren haben hier das manifest arbeitende Stück der Traumentstellung geahnt oder bemerkt; uns verschlägt es wenig, da wir wissen, daß eine weit ausgiebigere Entstellungsarbeit, minder leicht faßbar, den Traum bereits von den verborgenen Traumgedanken her zum Objekt erkoren hat. Die Autoren irren nur darin, daß sie die Modifikation des Traums bei seinem Erinnern und In-Worte-Fassen für willkürlich, also für nicht weiter auflösbar und demnach für geeignet halten, uns in der Erkenntnis des Traumes irrezuleiten. Sie unterschätzen die Determinierung im Psychischen. Es gibt da nichts Willkürliches. Es läßt sich ganz allgemein zeigen, daß ein zweiter Gedankenzug sofort die Bestimmung des Elements übernimmt, welches vom ersten unbestimmt gelassen wurde. Ich will mir z. B. ganz willkürlich eine Zahl einfallen lassen; es ist nicht möglich; die Zahl, die mir einfällt, ist durch Gedanken in mir, die meinem momentanen Vorsatz fernestehen mögen, eindeutig und notwendig bestimmt[1]. Ebensowenig willkürlich sind die Veränderungen, die der Traum bei der Redaktion des Wachens erfährt. Sie bleiben in assoziativer Verknüpfung mit dem Inhalt, an dessen Stelle sie sich setzen, und dienen dazu, uns den Weg zu diesem Inhalt zu zeigen, der selbst wieder der Ersatz eines anderen sein mag.

Ich pflege bei den Traumanalysen mit Patienten folgende Probe auf diese Behauptung nie ohne Erfolg anzustellen. Wenn mir der Bericht eines Traums zuerst schwer verständlich erscheint, so bitte ich den Erzähler, ihn zu wiederholen. Das geschieht dann selten mit den nämlichen Worten. Die Stellen aber, an denen er den Ausdruck verändert hat, die sind mir als die schwachen Stellen der Traumverkleidung kenntlich gemacht worden, die dienen mir wie Hagen das gestickte Zeichen an

---

[1] [*Zusatz 1909:*] Vgl. *Psychopathologie des Alltagslebens* (1901 *b* [Kapitel XII (A), Nr. 2 bis 7]).

Siegfrieds Gewand. Dort kann die Traumdeutung ansetzen. Der Erzähler ist durch meine Aufforderung gewarnt worden, daß ich besondere Mühe zur Lösung des Traumes anzuwenden gedenke; er schützt also rasch, unter dem Drange des Widerstands, die schwachen Stellen der Traumverkleidung, indem er einen verräterischen Ausdruck durch einen fernerabliegenden ersetzt. Er macht mich so auf den von ihm fallengelassenen Ausdruck aufmerksam. Aus der Mühe, mit der die Traumlösung verteidigt wird, darf ich auch auf die Sorgfalt schließen, die dem Traum sein Gewand gewebt hat.

Minder recht haben die Autoren, wenn sie dem Zweifel, mit dem unser Urteil der Traumerzählung begegnet, so sehr viel Raum machen. Dieser Zweifel entbehrt nämlich einer intellektuellen Gewähr; unser Gedächtnis kennt überhaupt keine Garantien, und doch unterliegen wir viel öfter, als objektiv gerechtfertigt ist, dem Zwange, seinen Angaben Glauben zu schenken. Der Zweifel an der richtigen Wiedergabe des Traums oder einzelner Traumdaten ist wieder nur ein Abkömmling der Traumzensur, des Widerstands gegen das Durchdringen der Traumgedanken zum Bewußtsein[1]. Dieser Widerstand hat sich mit den von ihm durchgesetzten Verschiebungen und Ersetzungen nicht immer erschöpft, er heftet sich dann noch an das Durchgelassene als Zweifel. Wir verkennen diesen Zweifel um so leichter, als er die Vorsicht gebraucht, niemals intensive Elemente des Traums anzugreifen, sondern bloß schwache und undeutliche. Wir wissen aber jetzt bereits, daß zwischen Traumgedanken und Traum eine völlige Umwertung aller psychischen Werte stattgefunden hat [s. S. 327]; die Entstellung war nur möglich durch Wertentziehung, sie äußert sich regelmäßig darin und begnügt sich gelegentlich damit. Wenn zu einem undeutlichen Element des Trauminhalts noch der Zweifel hinzutritt, so können wir, dem Fingerzeige folgend, in diesem einen direkteren Abkömmling eines der verfemten Traumgedanken erkennen. Es ist damit wie nach einer großen Umwälzung in einer der Republiken des Altertums oder der Renaissance. Die früher herrschenden edlen und mächtigen Familien sind nun verbannt, alle hohen Stellungen mit Emporkömmlingen besetzt; in der Stadt geduldet sind nur noch ganz verarmte und machtlose Mitglieder oder entfernte Anhänger der Gestürzten. Aber auch diese genießen nicht die vollen Bürgerrechte,

---

1 [Bezüglich des gleichen Mechanismus des Zweifelns bei Fällen von Hysterie s. eine Passage in Abschnitt I der Krankengeschichte der »Dora« (1905*e*, *Studienausgabe*, Bd. 6, S. 95–6).]

sie werden mißtrauisch überwacht. An der Stelle des Mißtrauens im Beispiel steht in unserem Falle der Zweifel. Ich verlange darum bei der Analyse eines Traums, daß man sich von der ganzen Skala der Sicherheitsschätzung frei mache, die leiseste Möglichkeit, daß etwas der oder jener Art im Traum vorgekommen sei, behandle wie die volle Gewißheit. Solange jemand bei der Verfolgung eines Traumelements sich nicht zum Verzicht auf diese Rücksicht entschlossen, so lange stockt hier die Analyse. Die Geringschätzung für das betreffende Element hat bei dem Analysierten die psychische Wirkung, daß ihm von den ungewollten Vorstellungen hinter demselben nichts einfallen will. Solche Wirkung ist eigentlich nicht selbstverständlich; es wäre nicht widersinnig, wenn jemand sagte: Ob dies oder jenes im Traume enthalten war, weiß ich nicht sicher; es fällt mir aber dazu folgendes ein. Niemals sagt er so, und gerade diese die Analyse störende Wirkung des Zweifels läßt ihn als einen Abkömmling und als ein Werkzeug des psychischen Widerstands entlarven. Die Psychoanalyse ist mit Recht mißtrauisch. Eine ihrer Regeln lautet: *Was immer die Fortsetzung der Arbeit stört, ist ein Widerstand*[1].

Auch das Vergessen der Träume bleibt so lange unergründlich, als man nicht die Macht der psychischen Zensur zu seiner Erklärung mitheranzieht. Die Empfindung, daß man in einer Nacht sehr viel geträumt und davon nur wenig behalten hat, mag in einer Reihe von Fällen einen anderen Sinn haben, etwa den, daß die Traumarbeit die Nacht hindurch spürbar vor sich gegangen ist und nur den einen kurzen Traum hinterlassen hat. [Vgl. S. 282 f., S. 471 und S. 548.] Sonst ist an der Tatsache, daß man den Traum nach dem Erwachen immer mehr vergißt, ein Zweifel nicht möglich. Man vergißt ihn oft trotz peinlicher Bemühungen, ihn zu merken. Ich meine aber, so wie man in der Regel den Umfang dieses Vergessens überschätzt, so überschätzt man auch die

1 [*Zusatz 1925:*] Der hier so peremptorisch aufgestellte Satz: »Was immer die Fortsetzung der Arbeit stört, ist ein Widerstand«, könnte leicht mißverstanden werden. Er hat natürlich nur die Bedeutung einer technischen Regel, einer Mahnung für den Analytiker. Es soll nicht in Abrede gestellt werden, daß sich während einer Analyse verschiedene Vorfälle ereignen können, die man der Absicht des Analysierten nicht zur Last legen kann. Es kann der Vater des Patienten sterben, ohne daß dieser ihn umgebracht hätte, es kann auch ein Krieg ausbrechen, der der Analyse ein Ende macht. Aber hinter der offenkundigen Übertreibung jenes Satzes steckt doch ein neuer und guter Sinn. Wenn auch das störende Ereignis real und vom Patienten unabhängig ist, so hängt es doch oftmals nur von diesem ab, wieviel störende Wirkung ihm eingeräumt wird, und der Widerstand zeigt sich unverkennbar in der bereitwilligen und übermäßigen Ausnützung einer solchen Gelegenheit.

mit der Lückenhaftigkeit des Traumes verbundene Einbuße an seiner Kenntnis. Alles, was das Vergessen am Trauminhalt gekostet hat, kann man oft durch die Analyse wieder hereinbringen; wenigstens in einer ganzen Anzahl von Fällen kann man von einem einzelnen stehengebliebenen Brocken aus zwar nicht den Traum – aber an dem liegt ja auch nichts –, doch die Traumgedanken alle auffinden. Es verlangt einen größeren Aufwand an Aufmerksamkeit und Selbstüberwindung bei der Analyse; das ist alles, zeigt aber doch an, daß beim Vergessen des Traums eine feindselige [d. h. vom Widerstand ausgehende] Absicht nicht gefehlt hat[1].

Einen überzeugenden Beweis für die tendenziöse, dem Widerstand dienende Natur des Traumvergessens[2] gewinnt man bei den Analysen aus

---

[1] [*Zusatz 1919:*] Als Beispiel für die Bedeutung von Zweifel und Unsicherheit im Traum bei gleichzeitigem Einschrumpfen des Trauminhalts auf ein einzelnes Element entnehme ich meinen *Vorlesungen zur Einführung in die Psychoanalyse* [1916–17, 7. Vorlesung, *Studienausgabe*, Bd. 1, S. 132 f.] folgenden Traum, dessen Analyse nach kurzem zeitlichen Aufschub doch gelungen ist:

»Eine skeptische Patientin hat einen längeren Traum, in dem es vorkommt, daß ihr gewisse Personen von meinem Buche über den ›Witz‹ erzählen und es sehr loben. Dann wird etwas erwähnt von einem ›K a n a l‹, v i e l l e i c h t e i n a n d e r e s B u c h, i n d e m K a n a l v o r k o m m t, o d e r s o n s t e t w a s m i t K a n a l . . . s i e w e i ß e s n i c h t . . . e s i s t j a g a n z u n k l a r.

Nun werden Sie gewiß zu glauben geneigt sein, daß das Element ›Kanal‹ sich der Deutung entziehen wird, weil es selbst so unbestimmt ist. Sie haben mit der vermuteten Schwierigkeit recht, aber es ist nicht darum schwer, weil es undeutlich ist, sondern es ist undeutlich aus einem anderen Grunde, demselben, der auch die Deutung schwermacht. Der Träumerin fällt zu Kanal nichts ein; ich weiß natürlich auch nichts zu sagen. Eine Weile später, in Wahrheit am nächsten Tage, erzählt sie, es sei ihr etwas eingefallen, was *vielleicht* dazugehört. Auch ein Witz nämlich, den sie erzählen gehört hat. Auf einem Schiff zwischen Dover und Calais unterhält sich ein bekannter Schriftsteller mit einem Engländer, welcher in einem gewissen Zusammenhange den Satz zitiert: *Du sublime au ridicule il n'y a qu'un pas.* Der Schriftsteller antwortet: *Oui, le pas de Calais,* womit er sagen will, daß er Frankreich großartig und England lächerlich findet. Der *Pas de Calais* ist aber doch ein *Kanal,* der Ärmelkanal nämlich, *Canal la Manche.* Ob ich meine, daß dieser Einfall etwas mit dem Traum zu tun hat? Gewiß, meine ich, er gibt wirklich die Lösung des rätselhaften Traumelements. Oder wollen Sie bezweifeln, daß dieser Witz bereits vor dem Traum als das Unbewußte des Elements ›Kanal‹ vorhanden war, können Sie annehmen, daß er nachträglich hinzugefunden wurde? Der Einfall bezeugt nämlich die Skepsis, die sich bei ihr hinter aufdringlicher Bewunderung verbirgt, und der Widerstand ist wohl der gemeinsame Grund für beides, sowohl, daß ihr der Einfall so zögernd gekommen, als auch dafür, daß das entsprechende Traumelement so unbestimmt ausgefallen ist. Blicken Sie hier auf das Verhältnis des Traumelements zu seinem Unbewußten. Es ist wie ein Stückchen dieses Unbewußten, wie eine Anspielung darauf; durch seine Isolierung ist es ganz unverständlich geworden.«

[2] Vgl. über die Absicht beim Vergessen überhaupt meine kleine Abhandlung über den »psychischen Mechanismus der Vergeßlichkeit« in der *Monatsschrift für Psychiatrie und Neurologie* (1898 *b*) – [*Zusatz 1909:*] (wurde dann [mit Modifikationen] das I. Kapitel der *Psychopathologie des Alltagslebens,* 1901 *b*).

der Würdigung einer Vorstufe des Vergessens. Es kommt gar nicht selten vor, daß mitten in der Deutungsarbeit plötzlich ein ausgelassenes Stück des Traumes auftaucht, das als bisher vergessen bezeichnet wird. Dieser der Vergessenheit entrissene Traumteil ist nun jedesmal der wichtigste; er liegt auf dem kürzesten Wege zur Traumlösung und war darum dem Widerstande am meisten ausgesetzt. Unter den Traumbeispielen, die ich in den Zusammenhang dieser Abhandlung eingestreut habe, trifft es sich einmal, daß ich so ein Stück Trauminhalt nachträglich einzuschalten habe[1]. Es ist dies ein Reisetraum, der Rache nimmt an zwei unliebenswürdigen Reisegefährten, den ich wegen seines zum Teil grob unflätigen Inhalts fast ungedeutet gelassen habe. [Vgl. S. 439 ff.] Das ausgelassene Stück lautet: *Ich sage auf ein Buch von Schiller: It is from... Korrigiere mich aber, den Irrtum selbst bemerkend: It is by... Der Mann bemerkt hierauf zu seiner Schwester: »Er hat es ja richtig gesagt.«*[2]

Die Selbstkorrektur im Traum, die manchen Autoren so wunderbar erschienen ist, verdient wohl nicht, uns zu beschäftigen. Ich werde lieber für den Sprachirrtum im Traum das Vorbild aus meiner Erinnerung aufzeigen. Ich war neunzehnjährig zum erstenmal in England und einen Tag lang am Strande der Irish Sea. Ich schwelgte natürlich im Fang der von der Flut zurückgelassenen Seetiere und beschäftigte mich gerade mit einem Seestern (der Traum beginnt mit: *Hollthurn-Holothurien*), als ein reizendes kleines Mädchen zu mir trat und mich fragte: *Is it a starfish? Is it alive?* Ich antwortete: *Yes he is alive,* schämte mich aber dann der Inkorrektheit und wiederholte den Satz richtig. An Stelle des Sprachfehlers, den ich damals begangen habe, setzte nun der Traum einen anderen, in den der Deutsche ebenso leicht verfällt. »Das Buch ist von Schiller«, soll man nicht mit *from...*, sondern mit *by...* übersetzen. Daß die Traumarbeit diesen Ersatz vollzieht, weil *from* durch den Gleichklang mit dem deutschen Eigenschaftswort *fromm* eine großartige Verdichtung ermöglicht, das nimmt uns nach allem, was wir von den Absichten der Traumarbeit und von ihrer Rücksichtslosigkeit in der

---

[1] [Ein weiteres Beispiel steht auf S. 170 und Anm. 2; und noch ein anderes ist in der Analyse von »Doras« zweitem Traum enthalten (Freud, 1905 *e*, Abschnitt III, *Studienausgabe*, Bd. 6, S. 167 und Anm. 2).]

[2] [*Zusatz 1914:*] Solche Korrekturen im Gebrauche fremder Sprachen sind in Träumen nicht selten, werden aber häufiger fremden Personen zugeschoben. Maury (1878, 143) träumte einmal zur Zeit, da er Englisch lernte, daß er einer anderen Person die Mitteilung, er habe sie gestern besucht, mit den Worten machte: *I called for you yesterday.* Der andere erwiderte richtig: Es heißt: *I called on you yesterday.*

Wahl der Mittel gehört haben, nicht mehr wunder. Was will aber die harmlose Erinnerung vom Meeresstrand im Zusammenhang des Traums besagen? Sie erläutert an einem möglichst unschuldigen Beispiel, daß ich das *Geschlechtswort* am unrechten Platz gebrauche, also das *Geschlechtliche (he)* dort anbringe, wo es nicht hingehört. Dies ist allerdings einer der Schlüssel zur Lösung des Traumes. Wer dann noch die Ableitung des Buchtitels *»Matter and Motion«* angehört hat (*Molière* im *Malade Imaginaire: La matière est-elle laudable?*[1] – *a motion of the bowels),* der wird sich das Fehlende leicht ergänzen können.

Ich kann übrigens den Beweis, daß das Vergessen des Traums zum großen Teil Widerstandsleistung ist, durch eine *Demonstratio ad oculos* erledigen. Ein Patient erzählt, er habe geträumt, aber den Traum spurlos vergessen; dann gilt er eben als nicht vorgefallen. Wir setzen die Arbeit fort, ich stoße auf einen Widerstand, mache dem Kranken etwas klar, helfe ihm durch Zureden und Drängen, sich mit irgendeinem unangenehmen Gedanken zu versöhnen, und kaum ist das gelungen, so ruft er aus: Jetzt weiß ich auch wieder, was ich geträumt habe. Derselbe Widerstand, der ihn an diesem Tage in der Arbeit gestört hat, hat ihn auch den Traum vergessen lassen. Durch die Überwindung dieses Widerstandes habe ich den Traum zur Erinnerung gefördert.

Ebenso kann sich der Patient, bei einer gewissen Stelle der Arbeit angelangt, an einen Traum erinnern, der vor drei, vier oder mehr Tagen vorgefallen ist und bis dahin in der Vergessenheit geruht hat[2].

Die psychoanalytische Erfahrung[3] hat uns noch einen anderen Beweis dafür geschenkt, daß das Vergessen der Träume weit mehr vom Widerstand als von der Fremdheit zwischen dem Wach- und dem Schlafzustand, wie die Autoren meinen, abhängt [s. S. 70]. Es ereignet sich mir wie anderen Analytikern und den in solcher Behandlung stehenden Patienten nicht selten, daß wir, durch einen Traum aus dem Schlafe geweckt, wie wir sagen möchten, unmittelbar darauf im vollen Besitze unserer Denktätigkeit den Traum zu deuten beginnen. Ich habe in solchen Fällen oftmals nicht geruht, bis ich das volle Verständnis des Traumes gewonnen hatte, und doch konnte es geschehen, daß ich nach dem Erwachen die Deutungsarbeit ebenso vollständig vergessen hatte wie

---

[1] [Alter medizinischer Ausdruck für »Sind die Ausscheidungen in Ordnung?«.]

[2] [*Zusatz 1914:*] E. Jones [1912 *b*] beschreibt den analogen, häufig vorkommenden Fall, daß während der Analyse eines Traums ein zweiter derselben Nacht erinnert wird, der bis dahin vergessen war, ja nicht einmal vermutet wurde.

[3] [Dieser Absatz wurde 1911 hinzugefügt.]

den Trauminhalt, obwohl ich wußte, daß ich geträumt und daß ich den Traum gedeutet hatte. Viel häufiger hatte der Traum das Ergebnis der Deutungsarbeit mit in die Vergessenheit gerissen, als es der geistigen Tätigkeit gelungen war, den Traum für die Erinnerung zu halten. Zwischen dieser Deutungsarbeit und dem Wachdenken besteht aber nicht jene psychische Kluft, durch welche die Autoren das Traumvergessen ausschließend erklären wollen. – Wenn Morton Prince [1910, 141] gegen meine Erklärung des Traumvergessens einwendet, es sei nur ein Spezialfall der Amnesie für abgespaltene seelische Zustände *(dissociated states)* und die Unmöglichkeit, meine Erklärung für diese spezielle Amnesie auf andere Typen von Amnesie zu übertragen, mache sie auch für ihre nächste Absicht wertlos, so erinnert er den Leser daran, daß er in all seinen Beschreibungen solcher dissoziierter Zustände niemals den Versuch gemacht hat, die dynamische Erklärung für diese Phänomene zu finden. Er hätte sonst entdecken müssen, daß die Verdrängung (resp. der durch sie geschaffene Widerstand) ebensowohl die Ursache dieser Abspaltungen wie der Amnesie für ihren psychischen Inhalt ist.

Daß die Träume ebensowenig vergessen werden wie andere seelische Akte und daß sie auch in bezug auf ihr Haften im Gedächtnis den anderen seelischen Leistungen ungeschmälert gleichzustellen sind, zeigt mir eine Erfahrung, die ich bei der Abfassung dieses Manuskripts machen konnte. Ich hatte in meinen Notizen reichlich eigene Träume aufbewahrt, die ich damals aus irgendeinem Grunde nur sehr unvollständig oder auch überhaupt nicht der Deutung unterziehen konnte. Bei einigen derselben habe ich nun ein bis zwei Jahre später den Versuch, sie zu deuten, unternommen, in der Absicht, mir Material zur Illustration meiner Behauptungen zu schaffen. Dieser Versuch gelang mir ausnahmslos; ja ich möchte behaupten, die Deutung ging so lange Zeit später leichter vor sich als damals, solange die Träume frische Erlebnisse waren, wofür ich als mögliche Erklärung angeben möchte, daß ich seither über manche Widerstände in meinem Inneren weggekommen bin, die mich damals störten. Ich habe bei solchen nachträglichen Deutungen die damaligen Ergebnisse an Traumgedanken mit den heutigen, meist viel reichhaltigeren, verglichen und das Damalige unter dem Heutigen unverändert wiedergefunden. Ich trat meinem Erstaunen hierüber rechtzeitig in den Weg, indem ich mich besann, daß ich ja bei meinen Patienten längst in Übung habe, Träume aus früheren Jahren, die sie mir gelegentlich erzählen, deuten zu lassen, als ob es Träume aus der letzten

Nacht wären, nach demselben Verfahren und mit demselben Erfolg. Bei der Besprechung der Angstträume werde ich zwei Beispiele von solch verspäteter Traumdeutung mitteilen. [S. S. 554 ff.] Als ich diesen Versuch zum ersten Male anstellte, leitete mich die berechtigte Erwartung, daß der Traum sich auch hierin nur verhalten werde wie ein neurotisches Symptom. Wenn ich nämlich einen Psychoneurotiker, eine Hysterie etwa, mittels Psychoanalyse behandle, so muß ich für die ersten, längst überwundenen Symptome seines Leidens ebenso Aufklärung schaffen wie für die noch heute bestehenden, die ihn zu mir geführt haben, und finde erstere Aufgabe nur leichter zu lösen als die heute dringende. Schon in den 1895 publizierten *Studien über Hysterie*[1] konnte ich die Aufklärung eines ersten hysterischen Anfalles mitteilen, den die mehr als vierzigjährige Frau in ihrem fünfzehnten Lebensjahre gehabt hatte[2].

In loser Anreihung will ich hier noch einiges vorbringen, was ich über die Deutung der Träume zu bemerken habe und was vielleicht den Leser orientieren wird, der mich durch Nacharbeit an seinen eigenen Träumen kontrollieren will.

Es wird niemand erwarten dürfen, daß ihm die Deutung seiner Träume mühelos in den Schoß falle. Schon zur Wahrnehmung endoptischer Phänomene und anderer für gewöhnlich der Aufmerksamkeit entzogener Sensationen bedarf es der Übung, obwohl kein psychisches Motiv sich gegen diese Gruppe von Wahrnehmungen sträubt. Es ist erheblich schwieriger, der »ungewollten Vorstellungen« habhaft zu werden. Wer dies verlangt, wird sich mit den Erwartungen erfüllen müssen, die in dieser Abhandlung regegemacht werden, und wird in Befolgung der hier gegebenen Regeln jede Kritik, jede Voreingenommenheit, jede affektive oder intellektuelle Parteinahme während der Arbeit bei sich niederzuhalten bestrebt sein. Er wird der Vorschrift eingedenk bleiben, die Claude Bernard[3] für den Experimentator im physiologischen Labora-

---

[1] [Breuer und Freud, 1895. Diese Patientin war Frau Cäcilie M., die gegen Ende der Krankengeschichte V erwähnt wird.]

[2] [*Zusatz 1919:*] Träume, die in den ersten Kindheitsjahren vorgefallen sind und sich nicht selten in voller sinnlicher Frische durch Dezennien im Gedächtnis erhalten haben, gelangen fast immer zu einer großen Bedeutung für das Verständnis der Entwicklung und der Neurose des Träumers. Ihre Analyse schützt den Arzt gegen Irrtümer und Unsicherheiten, die ihn auch theoretisch verwirren könnten. [Hier dachte Freud zweifellos vor allem an den Traum des »Wolfsmannes« (1918 *b*).]

[3] [Der französische Physiologe (1813–78).]

torium aufgestellt hat: *Travailler comme une bête*, d. h. so ausdauernd, aber auch so unbekümmert um das Ergebnis. Wer diese Ratschläge befolgt, der wird die Aufgabe allerdings nicht mehr schwierig finden. Die Deutung eines Traumes vollzieht sich auch nicht immer in einem Zuge; nicht selten fühlt man seine Leistungsfähigkeit erschöpft, wenn man einer Verkettung von Einfällen gefolgt ist, der Traum sagt einem nichts mehr an diesem Tage; man tut dann gut, abzubrechen und an einem nächsten zur Arbeit zurückzukehren. Dann lenkt ein anderes Stück des Trauminhalts die Aufmerksamkeit auf sich, und man findet den Zugang zu einer neuen Schicht von Traumgedanken. Man kann das die »fraktionierte« Traumdeutung heißen.

Am schwierigsten ist der Anfänger in der Traumdeutung zur Anerkennung der Tatsache zu bewegen, daß seine Aufgabe nicht voll erledigt ist, wenn er eine vollständige Deutung des Traums in Händen hat, die sinnreich, zusammenhängend ist und über alle Elemente des Trauminhalts Auskunft gibt. Es kann außerdem eine andere, eine Überdeutung, desselben Traumes möglich sein, die ihm entgangen ist. Es ist wirklich nicht leicht, sich von dem Reichtum an unbewußten, nach Ausdruck ringenden Gedankengängen in unserem Denken eine Vorstellung zu machen und an die Geschicklichkeit der Traumarbeit zu glauben, durch mehrdeutige Ausdrucksweise jedesmal gleichsam sieben Fliegen mit einem Schlage zu treffen, wie der Schneidergeselle im Märchen. Der Leser wird immer geneigt sein, dem Autor vorzuwerfen, daß er seinen Witz überflüssig vergeude; wer sich selbst Erfahrung erworben hat, wird sich eines Besseren belehrt finden. [Vgl. S. 298 f. Anm.]

Anderseits[1] kann ich aber der Behauptung nicht beipflichten, die zuerst von H. Silberer [z. B. 1914, II. Teil, Abschnitt 5] aufgestellt worden ist, daß jeder Traum – oder auch nur zahlreiche und gewisse Gruppen von Träumen – zwei verschiedene Deutungen erfordern, die sogar in fester Beziehung zueinander stehen. Die eine dieser Deutungen, die Silberer die *psychoanalytische* nennt, gibt dem Traume einen beliebigen, zumeist infantil-sexuellen Sinn; die andere, bedeutsamere, von ihm die *anagogische* geheißen, zeigt die ernsthafteren, oft tiefsinnigen Gedanken auf, welche die Traumarbeit als Stoff übernommen hat. Silberer hat diese Behauptung nicht durch Mitteilung einer Reihe von Träumen, die er nach beiden Richtungen analysiert hätte, erwiesen. Ich muß dagegen einwenden, daß eine solche Tatsache nicht besteht. Die meisten Träume

---

[1] [Dieser Absatz wurde 1919 hinzugefügt.]

verlangen doch keine Überdeutung und sind insbesondere einer anagogischen Deutung nicht fähig. Die Mitwirkung einer Tendenz, welche die grundlegenden Verhältnisse der Traumbildung verschleiern und das Interesse von ihren Triebwurzeln ablenken möchte, ist bei der Silbererschen Theorie ebensowenig zu verkennen wie bei anderen theoretischen Bemühungen der letzten Jahre. Für eine Anzahl von Fällen konnte ich die Angaben von Silberer bestätigen; die Analyse zeigte mir dann, daß die Traumarbeit die Aufgabe vorgefunden hatte, eine Reihe von sehr abstrakten und einer direkten Darstellung unfähigen Gedanken aus dem Wachleben in einen Traum zu verwandeln. Sie suchte diese Aufgabe zu lösen, indem sie sich eines anderen Gedankenmaterials bemächtigte, welches in lockerer, oft *allegorisch* zu nennender Beziehung zu den abstrakten Gedanken stand und dabei der Darstellung geringere Schwierigkeiten bereitete. Die abstrakte Deutung eines so entstandenen Traumes wird vom Träumer unmittelbar gegeben; die richtige Deutung des unterschobenen Materials muß mit den bekannten technischen Mitteln gesucht werden [1].

Die Frage, ob jeder Traum zur Deutung gebracht werden kann, ist mit Nein zu beantworten. Man darf nicht vergessen, daß man bei der Deutungsarbeit die psychischen Mächte gegen sich hat, welche die Entstellung des Traumes verschulden. Es wird so eine Frage des Kräfteverhältnisses, ob man mit seinem intellektuellen Interesse, seiner Fähigkeit zur Selbstüberwindung, seinen psychologischen Kenntnissen und seiner Übung in der Traumdeutung den inneren Widerständen den Herrn zeigen kann. Ein Stück weit ist das immer möglich, so weit wenigstens, um die Überzeugung zu gewinnen, daß der Traum eine sinnreiche Bildung ist, und meist auch, um eine Ahnung dieses Sinns zu gewinnen. Recht häufig gestattet ein nächstfolgender Traum, die für den ersten angenommene Deutung zu versichern und weiterzuführen. Eine ganze Reihe von Träumen, die sich durch Wochen oder Monate zieht, ruht oft auf gemeinsamem Boden und ist dann im Zusammenhange der Deutung zu unterwerfen. [Vgl. S. 205 und S. 356.] Von aufeinanderfolgenden Träumen kann man oft merken, wie der eine zum Mittelpunkte nimmt, was in dem nächsten nur in der Peripherie angedeutet wird, und umgekehrt, so daß die beiden einander auch zur Deutung ergänzen. Daß die verschiedenen Träume derselben Nacht ganz allgemein von der Deu-

---

[1] [Freud erörtert diesen Punkt auch in einer langen Fußnote in seiner Arbeit ›Metapsychologische Ergänzung zur Traumlehre‹ (1917 *d*).]

tungsarbeit wie ein Ganzes zu behandeln sind, habe ich bereits durch Beispiele erwiesen [s. S. 330].

In den bestgedeuteten Träumen muß man oft eine Stelle im Dunkel lassen, weil man bei der Deutung merkt, daß dort ein Knäuel von Traumgedanken anhebt, der sich nicht entwirren will, aber auch zum Trauminhalt keine weiteren Beiträge geliefert hat. Dies ist dann der Nabel des Traums, die Stelle, an der er dem Unerkannten aufsitzt. [Vgl. S. 130 Anm. 2.] Die Traumgedanken, auf die man bei der Deutung gerät, müssen ja ganz allgemein ohne Abschluß bleiben und nach allen Seiten hin in die netzartige Verstrickung unserer Gedankenwelt auslaufen. Aus einer dichteren Stelle dieses Geflechts erhebt sich dann der Traumwunsch wie der Pilz aus seinem Mycelium.

Wir kehren zu den Tatsachen des Traumvergessens zurück. Wir haben es nämlich versäumt, einen wichtigen Schluß aus ihnen zu ziehen. Wenn das Wachleben die unverkennbare Absicht zeigt, den Traum, der bei Nacht gebildet worden ist, zu vergessen, entweder als Ganzes unmittelbar nach dem Erwachen oder stückweise im Laufe des Tages, und wenn wir als den Hauptbeteiligten bei diesem Vergessen den seelischen Widerstand gegen den Traum erkennen, der doch schon in der Nacht das Seinige gegen den Traum getan hat, so liegt die Frage nahe, was eigentlich gegen diesen Widerstand die Traumbildung überhaupt ermöglicht hat. Nehmen wir den grellsten Fall, in dem das Wachleben den Traum wieder beseitigt, als ob er gar nicht vorgefallen wäre, wenn wir dabei das Spiel der psychischen Kräfte in Betracht ziehen, so müssen wir aussagen, der Traum wäre überhaupt nicht zustande gekommen, wenn der Widerstand bei Nacht gewaltet hätte wie bei Tag. Unser Schluß ist, daß dieser während der Nachtzeit einen Teil seiner Macht eingebüßt hatte; wir wissen, er war nicht aufgehoben, denn wir haben seinen Anteil an der Traumbildung in der Traumentstellung nachgewiesen. Aber die Möglichkeit drängt sich uns auf, daß er des Nachts verringert war, daß durch diese Abnahme des Widerstands die Traumbildung möglich wurde, und wir verstehen so leicht, daß er, mit dem Erwachen in seine volle Kraft eingesetzt, sofort wieder beseitigt, was er, solange er schwach war, zulassen mußte. Die beschreibende Psychologie lehrt uns ja, daß die Hauptbedingung der Traumbildung der Schlafzustand der Seele ist; wir könnten nun die Erklärung hinzufügen: *der Schlafzustand ermöglicht die Traumbildung, indem er die endopsychische Zensur herabsetzt.*

Wir sind gewiß in Versuchung, diesen Schluß als den einzig möglichen aus den Tatsachen des Traumvergessens anzusehen und weitere Folgerungen über die Energieverhältnisse des Schlafens und des Wachens aus ihm zu entwickeln. Wir wollen aber vorläufig hierin innehalten. Wenn wir uns in die Psychologie des Traums ein Stück weiter vertieft haben, werden wir erfahren, daß man sich die Ermöglichung der Traumbildung auch noch anders vorstellen kann. Der Widerstand gegen das Bewußtwerden der Traumgedanken kann vielleicht auch umgangen werden, ohne daß er an sich eine Herabsetzung erfahren hätte. Es ist auch plausibel, daß beide der Traumbildung günstigen Momente, die Herabsetzung sowie die Umgehung des Widerstandes, durch den Schlafzustand gleichzeitig ermöglicht werden. Wir brechen hier ab, um nach einer Weile hier fortzusetzen. [S. 546 f.]

Es gibt eine andere Reihe von Einwendungen gegen unser Verfahren bei der Traumdeutung, um die wir uns jetzt bekümmern müssen. Wir gehen ja so vor, daß wir alle sonst das Nachdenken beherrschenden Zielvorstellungen fallenlassen, unsere Aufmerksamkeit auf ein einzelnes Traumelement richten und dann notieren, was uns an ungewollten Gedanken zu demselben einfällt. Dann greifen wir einen nächsten Bestandteil des Trauminhalts auf, wiederholen an ihm dieselbe Arbeit und lassen uns, unbekümmert um die Richtung, nach der die Gedanken treiben, von ihnen weiterführen, wobei wir – wie man zu sagen pflegt – vom Hundertsten ins Tausendste geraten. Dabei hegen wir die zuversichtliche Erwartung, am Ende ganz ohne unser Dazutun auf die Traumgedanken zu geraten, aus denen der Traum entstanden ist. Dagegen wird die Kritik nun etwa folgendes einzuwenden haben: Daß man von einem einzelnen Element des Traumes irgendwohin gelangt, ist nichts Wunderbares. An jede Vorstellung läßt sich assoziativ etwas knüpfen; es ist nur merkwürdig, daß man bei diesem ziellosen und willkürlichen Gedankenablauf gerade zu den Traumgedanken geraten soll. Wahrscheinlich ist das eine Selbsttäuschung; man folgt der Assoziationskette von dem einen Elemente aus, bis man sie aus irgendeinem Grunde abreißen merkt; wenn man dann ein zweites Element aufnimmt, so ist es nur natürlich, daß die ursprüngliche Unbeschränktheit der Assoziation jetzt eine Einengung erfährt. Man hat die frühere Gedankenkette noch in Erinnerung und wird darum bei der Analyse der zweiten Traumvorstellung leichter auf einzelne Einfälle stoßen, die auch mit den Einfällen aus der ersten Kette irgend etwas gemein haben. Dann bildet man sich ein, einen Gedanken gefunden zu haben, der einen Knotenpunkt zwischen zwei Traumelementen darstellt. Da man sich sonst jede Freiheit der Gedankenverbindung gestattet und eigentlich nur die Übergänge von einer Vorstellung zur anderen ausschließt, die beim normalen Denken in Kraft treten, so wird es schließlich nicht schwer, aus einer Reihe von »Zwischengedanken« etwas zusammenzubrauen, was man die Traumgedanken benennt und ohne jede Gewähr, da diese sonst nicht bekannt sind, für den psychischen Ersatz des Traumes ausgibt. Es ist aber alles Willkür und witzig erscheinende Ausnützung des Zufalls dabei, und jeder, der sich dieser unnützen Mühe unterzieht, kann zu einem beliebigen Traume auf diesem Wege eine ihm beliebige Deutung herausgrübeln.

Wenn uns solche Einwände wirklich vorgerückt werden, so können wir uns zur Abwehr auf den Eindruck unserer Traumdeutungen berufen, auf die überraschenden Verbindungen mit anderen Traumelementen, die sich während der Verfolgung der einzelnen Vorstellungen ergeben, und auf die Unwahrscheinlichkeit, daß etwas, was den Traum so erschöpfend deckt und aufklärt wie eine unserer Traumdeutungen, anders gewonnen werden könne, als indem man vorher hergestellten psychischen Verbindungen nachfährt. Wir könnten auch zu unserer Rechtfertigung heranziehen, daß das Verfahren bei der Traumdeutung identisch ist mit dem bei der Auflösung der hysterischen Symptome, wo die Richtigkeit des Verfahrens durch das Auftauchen und Schwinden der Symptome zu ihrer Stelle gewährleistet wird, wo also die Auslegung des Textes an den eingeschalteten Illustrationen einen Anhalt findet. Wir haben aber keinen Grund, dem Problem, wieso man durch Verfolgung einer sich willkürlich und ziellos weiterspinnenden Gedankenkette zu einem präexistenten Ziele gelangen könne, aus dem Wege zu gehen, da wir dieses Problem zwar nicht zu lösen, aber voll zu beseitigen vermögen.

Es ist nämlich nachweisbar unrichtig, daß wir uns einem ziellosen Vorstellungsablauf hingeben, wenn wir, wie bei der Traumdeutungsarbeit, unser Nachdenken fallen- und die ungewollten Vorstellungen auftauchen lassen. Es läßt sich zeigen, daß wir immer nur auf die uns bekannten Zielvorstellungen verzichten können und daß mit dem Aufhören dieser sofort unbekannte – wie wir ungenau sagen: unbewußte – Zielvorstellungen zur Macht kommen, die jetzt den Ablauf der ungewollten Vorstellungen determiniert halten. Ein Denken ohne Zielvorstellungen läßt sich durch unsere eigene Beeinflussung unseres Seelenlebens überhaupt nicht herstellen; es ist mir aber auch unbekannt, in welchen Zuständen psychischer Zerrüttung es sich sonst herstellt[1]. Die Psychiater haben hier viel zu früh auf die Festigkeit des psychischen Gefüges verzichtet. Ich weiß, daß ein ungeregelter, der Zielvorstellungen entbehrender Gedankenablauf im Rahmen der Hysterie und der Paranoia ebensowenig vorkommt wie bei der Bildung oder bei der Auflösung der Träume. Er tritt vielleicht bei den endogenen psychischen Affektionen überhaupt nicht ein; selbst die Delirien der Verworrenen sind nach einer geistreichen Vermutung von Leuret [1834, 131] sinnvoll und werden nur durch Auslassungen für uns unverständlich. Ich habe die nämliche Überzeugung gewonnen, wo mir Gelegenheit zur Beobachtung geboten war. Die Delirien sind das Werk einer Zensur, die sich keine Mühe mehr gibt, ihr Walten zu verbergen, die anstatt ihre Mitwirkung zu einer nicht mehr anstößigen Umarbeitung zu leihen, rücksichtslos

---

[1] [*Zusatz 1914:*] Ich bin erst später darauf aufmerksam gemacht worden, daß Ed. v. Hartmann in diesem psychologisch bedeutsamen Punkte die nämliche Anschauung vertritt: »Gelegentlich der Erörterung der Rolle des Unbewußten im künstlerischen Schaffen (1890, Bd. 1, Abschnitt B, Kapitel V) hat Eduard v. Hartmann das Gesetz der von unbewußten Zielvorstellungen geleiteten Ideenassoziation mit klaren Worten ausgesprochen, ohne sich jedoch der Tragweite dieses Gesetzes bewußt zu sein. Ihm ist es darum zu tun, zu erweisen, daß ›jede Kombination sinnlicher Vorstellungen, wenn sie nicht rein dem Zufall anheimgestellt wird, sondern zu einem bestimmten Ziele führen soll, der Hilfe des Unbewußten bedarf‹ [ibid., Bd. 1, 245] und daß das bewußte Interesse an einer bestimmten Gedankenverbindung ein Antrieb für das Unbewußte ist, unter den unzähligen möglichen Vorstellungen die zweckentsprechende herauszufinden. ›Es ist das Unbewußte, welches den Zwecken des Interesses gemäß wählt: und das gilt für die *Ideenassoziation beim abstrakten Denken als sinnlichem Vorstellen oder künstlerischem Kombinieren‹ und beim witzigen Einfall* [ibid., Bd. 1, 247]. Daher ist eine Einschränkung der Ideenassoziation auf die hervorrufende und die hervorgerufene Vorstellung im Sinne der reinen Assoziationspsychologie nicht aufrechtzuerhalten. Eine solche Einschränkung wäre ›nur dann tatsächlich gerechtfertigt, wenn Zustände im menschlichen Leben vorkommen, in denen der Mensch nicht nur von jedem bewußten Zweck, sondern auch von der Herrschaft oder Mitwirkung jedes unbewußten Interesses, jeder Stimmung frei ist. Dies ist aber ein kaum jemals vorkommender Zustand, denn auch, *wenn man seine Gedankenfolge anscheinend völlig dem Zufall anheimgibt oder wenn man sich ganz den unwillkürlichen Träumen der Phantasie überläßt, so walten doch immer zu der einen Stunde andere Hauptinteressen, maßgebende Gefühle und Stimmungen im Gemüt als zu der anderen, und diese werden allemal einen Einfluß auf die Ideenassoziation üben‹.* (Ibid., Bd. 1, 246.) Bei halbunbewußten Träumen kommen immer nur solche Vorstellungen, die dem augenblicklichen (unbewußten) Hauptinteresse entsprechen (loc. cit.). Die Hervorhebung des Einflusses der Gefühle und Stimmungen auf die freie Gedankenfolge läßt nun das methodische Verfahren der Psychoanalyse auch vom Standpunkte der Hartmannschen Psychologie als durchaus gerechtfertigt erscheinen.« (N. E. Pohorilles, 1913.) – Du Prel schließt aus der Tatsache, daß ein Name, auf den wir uns vergeblich besinnen, uns oft plötzlich wieder unvermittelt einfällt, es gebe ein unbewußtes und dennoch zielgerichtetes Denken, dessen Resultat alsdann ins Bewußtsein tritt (1885, 107).

ausstreicht, wogegen sie Einspruch erhebt, wodurch dann das Übriggelassene zusammenhanglos wird. Diese Zensur verfährt ganz analog der russischen Zeitungszensur an der Grenze, welche ausländische Journale nur von schwarzen Strichen durchsetzt in die Hände der zu behütenden Leser gelangen läßt.

Das freie Spiel der Vorstellungen nach beliebiger Assoziationsverkettung kommt vielleicht bei destruktiven organischen Gehirnprozessen zum Vorschein; was bei den Psychoneurosen für solches gehalten wird, läßt sich allemal durch Einwirkung der Zensur auf eine Gedankenreihe aufklären, welche von verborgen gebliebenen Zielvorstellungen in den Vordergrund geschoben wird[1]. Als ein untrügliches Zeichen der von Zielvorstellungen freien Assoziation hat man es betrachtet, wenn die auftauchenden Vorstellungen (oder Bilder) untereinander durch die Bande der sogenannten oberflächlichen Assoziation verknüpft erscheinen, also durch Assonanz, Wortzweideutigkeit, zeitliches Zusammentreffen ohne innere Sinnbeziehung, durch alle die Assoziationen, die wir im Witz und beim Wortspiel zu verwerten uns gestatten. Dieses Kennzeichen trifft für die Gedankenverbindungen, die uns von den Elementen des Trauminhalts zu den Zwischengedanken und von diesen zu den eigentlichen Traumgedanken führen, zu; wir haben bei vielen Traumanalysen Beispiele davon gefunden, die unser Befremden wecken mußten. Keine Anknüpfung war da zu locker, kein Witz zu verwerflich, als daß er nicht die Brücke von einem Gedanken zum andern hätte bilden dürfen. Aber das richtige Verständnis solcher Nachsichtigkeit liegt nicht ferne. *Jedesmal, wenn ein psychisches Element mit einem anderen durch eine anstößige und oberflächliche Assoziation verbunden ist, existiert auch eine korrekte und tiefergehende Verknüpfung zwischen den beiden, welche dem Widerstande der Zensur unterliegt*[2].

Druck der Zensur, nicht Aufhebung der Zielvorstellungen ist die richtige Begründung für das Vorherrschen der oberflächlichen Assoziationen. Die oberflächlichen Assoziationen ersetzen in der Darstellung die tiefen, wenn die Zensur diese normalen Verbindungswege ungangbar macht. Es ist, wie wenn ein allgemeines Verkehrshindernis, z. B. eine Überschwemmung, im Gebirge die großen und breiten Straßen unwegsam werden

---

[1] [*Zusatz 1909:*] Vgl. hiezu die glänzende Bestätigung dieser Behauptung, die C. G. Jung durch Analysen bei Dementia praecox erbracht hat (1907).

[2] [Überall in diesem Buch spricht Freud sonst umgekehrt von »Zensur des Widerstandes«. Die Beziehung zwischen den Begriffen »Widerstand« und »Zensur« wird später in der 29. der *Neuen Folge der Vorlesungen* (1933*a*, *Studienausgabe*, Bd. 1, S. 458 f. und 461 ff.) weiter geklärt.]

läßt; der Verkehr wird dann auf unbequemen und steilen Fußpfaden aufrechterhalten, die sonst nur der Jäger begangen hatte.

Man kann hier zwei Fälle voneinander trennen, die im wesentlichen eins sind. Entweder die Zensur richtet sich nur gegen den Zusammenhang zweier Gedanken, die, voneinander losgelöst, dem Einspruch entgehen. Dann treten die beiden Gedanken nacheinander ins Bewußtsein; ihr Zusammenhang bleibt verborgen; aber dafür fällt uns eine oberflächliche Verknüpfung zwischen beiden ein, an die wir sonst nicht gedacht hätten und die in der Regel an einer anderen Ecke des Vorstellungskomplexes ansetzt, als von welcher die unterdrückte, aber wesentliche Verbindung ausgeht. Oder aber, beide Gedanken unterliegen an sich wegen ihres Inhalts der Zensur; dann erscheinen beide nicht in der richtigen, sondern in modifizierter, ersetzter Form, und die beiden Ersatzgedanken sind so gewählt, daß sie durch eine oberflächliche Assoziation die wesentliche Verbindung wiedergeben, in der die von ihnen ersetzten stehen. *Unter dem Druck der Zensur hat hier in beiden Fällen eine Verschiebung stattgefunden von einer normalen, ernsthaften Assoziation auf eine oberflächliche, absurd erscheinende.*

Weil wir von diesen Verschiebungen wissen, vertrauen wir uns bei der Traumdeutung auch den oberflächlichen Assoziationen ganz ohne Bedenken an[1].

Von den beiden Sätzen, daß mit dem Aufgeben der bewußten Zielvorstellungen die Herrschaft über den Vorstellungsablauf an verborgene Zielvorstellungen übergeht und daß oberflächliche Assoziationen nur ein Verschiebungsersatz sind für unterdrückte tiefer gehende, macht die Psychoanalyse bei Neurosen den ausgiebigsten Gebrauch; ja, sie erhebt die beiden Sätze zu Grundpfeilern ihrer Technik. Wenn ich einem Patienten auftrage, alles Nachdenken fahrenzulassen und mir zu berichten, was immer ihm dann in den Sinn kommt, so halte ich die Voraussetzung fest, daß er die Zielvorstellungen der Behandlung nicht fahrenlassen kann, und halte mich für berechtigt zu folgern, daß das scheinbar

---

[1] Dieselben Erwägungen gelten natürlich auch für den Fall, daß die oberflächlichen Assoziationen im Trauminhalt bloßgelegt werden, wie z. B. in den beiden von Maury mitgeteilten Träumen (S. 82: *pélerinage – Pelletier – pelle; Kilometer – Kilogramm – Gilolo – Lobelia – Lopez – Lotto*). Aus der Arbeit mit Neurotikern weiß ich, welche Reminiszenz sich so darzustellen liebt. Es ist das Nachschlagen im Konversationslexikon (Lexikon überhaupt), aus dem ja die meisten in der Zeit der Pubertätsneugierde ihr Bedürfnis nach Aufklärung der sexuellen Rätsel gestillt haben. [Ein Beispiel hierfür findet sich in der Analyse von »Doras« zweitem Traum (Freud, 1905 *e*, Abschnitt III, *Studienausgabe*, Bd. 6, S. 166 ff.).]

Harmloseste und Willkürlichste, das er mir berichtet, im Zusammenhang mit seinem Krankheitszustande steht. Eine andere Zielvorstellung, von der dem Patienten nichts ahnt, ist die meiner Person. Die volle Würdigung sowie der eingehende Nachweis der beiden Aufklärungen gehört demnach in die Darstellung der psychoanalytischen Technik als therapeutischer Methode. Wir haben hier einen der Anschlüsse erreicht, bei denen wir das Thema der Traumdeutung vorsätzlich fallenlassen[1].

Eines nur ist richtig und bleibt von den Einwendungen bestehen, nämlich, daß wir nicht alle Einfälle der Deutungsarbeit auch in die nächtliche Traumarbeit zu versetzen brauchen. [Vgl. S. 283 und S. 310.] Wir machen ja beim Deuten im Wachen einen Weg, der von den Traumelementen zu den Traumgedanken rückläuft. Die Traumarbeit hat den umgekehrten Weg genommen, und es ist gar nicht wahrscheinlich, daß diese Wege in umgekehrter Richtung gangbar sind. Es erweist sich vielmehr, daß wir bei Tag über neue Gedankenverbindungen Schachte führen, welche die Zwischengedanken und die Traumgedanken bald an dieser, bald an jener Stelle treffen. Wir können sehen, wie sich das frische Gedankenmaterial des Tages in die Deutungsreihen einschiebt, und wahrscheinlich nötigt auch die Widerstandssteigerung, die seit der Nachtzeit eingetreten ist, zu neuen und ferneren Umwegen. Die Zahl oder Art der Kollateralen aber, die wir so bei Tag anspinnen, ist psychologisch völlig bedeutungslos, wenn diese uns nur den Weg zu den gesuchten Traumgedanken führen.

---

[1] [*Zusatz 1909:*] Die hier vorgetragenen, damals sehr unwahrscheinlich klingenden Sätze haben später durch die »diagnostischen Assoziationsstudien« Jungs und seiner Schüler eine experimentelle Rechtfertigung und Verwertung erfahren. [Jung, 1906.]

B
DIE REGRESSION

Nun aber, da wir uns gegen die Einwendungen verwahrt oder wenigstens angezeigt haben, wo unsere Waffen zur Abwehr ruhen, dürfen wir es nicht länger verschieben, in die psychologischen Untersuchungen einzutreten, für die wir uns längst gerüstet haben. Wir stellen die Hauptergebnisse unserer bisherigen Untersuchung zusammen. Der Traum ist ein vollwichtiger psychischer Akt; seine Triebkraft ist alle Male ein zu erfüllender Wunsch; seine Unkenntlichkeit als Wunsch und seine vielen Sonderbarkeiten und Absurditäten rühren von dem Einfluß der psychischen Zensur her, den er bei der Bildung erfahren hat; außer der Nötigung, sich dieser Zensur zu entziehen, haben bei seiner Bildung mitgewirkt eine Nötigung zur Verdichtung des psychischen Materials, eine Rücksicht auf Darstellbarkeit in Sinnesbildern und – wenn auch nicht regelmäßig – eine Rücksicht auf ein rationelles und intelligibles Äußere des Traumgebildes. Von jedem dieser Sätze führt der Weg weiter zu psychologischen Postulaten und Mutmaßungen; die gegenseitige Beziehung des Wunschmotivs und der vier Bedingungen, sowie dieser untereinander, ist zu untersuchen; der Traum ist in den Zusammenhang des Seelenlebens einzureihen.

Wir haben einen Traum an die Spitze dieses Abschnittes [Kapitels] gestellt [S. 488 f.], um uns an die Rätsel zu mahnen, deren Lösung noch aussteht. Die Deutung dieses Traumes vom brennenden Kind bereitete uns keine Schwierigkeiten, wenngleich sie nicht in unserem Sinne vollständig gegeben war. Wir fragten uns, warum hier überhaupt geträumt wurde, anstatt zu erwachen, und erkannten als das eine Motiv des Träumers den Wunsch, das Kind als lebend vorzustellen. Daß noch ein anderer Wunsch dabei eine Rolle spielt, werden wir nach späteren Erörterungen einsehen können [s. S. 543 f.]. Zunächst also ist es die Wunscherfüllung, der zuliebe der Denkvorgang des Schlafens in einen Traum verwandelt wurde.

Macht man diese rückgängig, so bleibt nur noch ein Charakter übrig, welcher die beiden Arten des psychischen Geschehens voneinander scheidet. Der Traumgedanke hätte gelautet: Ich sehe einen Schein aus dem Zimmer, in dem die Leiche liegt. Vielleicht ist eine Kerze umgefallen, und das Kind brennt! Der Traum gibt das Resultat dieser Überlegung unverändert wieder, aber dargestellt in einer Situation, die gegenwärtig und mit den Sinnen wie ein Erlebnis des Wachens zu erfassen ist. Das ist aber der allgemeinste und auffälligste psychologische Charakter des Träumens; ein Gedanke, in der Regel der gewünschte, wird im Traume objektiviert, als Szene dargestellt oder, wie wir meinen, erlebt.

Wie soll man nun diese charakteristische Eigentümlichkeit der Traumarbeit erklären oder – bescheidener ausgedrückt – in den Zusammenhang der psychischen Vorgänge einfügen?

Bei näherem Zusehen merkt man wohl, daß in der Erscheinungsform dieses Traumes zwei voneinander fast unabhängige Charaktere ausgeprägt sind. Der eine ist die Darstellung als gegenwärtige Situation mit Weglassung des »vielleicht«; der andere die Umsetzung des Gedankens in visuelle Bilder und in Rede.

Die Umwandlung, welche die Traumgedanken dadurch erfahren, daß die in ihnen ausgedrückte Erwartung ins Präsens gesetzt wird, scheint vielleicht gerade an diesem Traume nicht sehr auffällig. Es hängt dies mit der besonderen, eigentlich nebensächlichen Rolle der Wunscherfüllung in diesem Traume zusammen. Nehmen wir einen anderen Traum vor, in dem sich der Traumwunsch nicht von der Fortsetzung der Wachgedanken in den Schlaf absondert, z. B. den von Irmas Injektion [S. 126 ff.]. Hier ist der zur Darstellung gelangende Traumgedanke ein Optativ: Wenn doch der Otto an der Krankheit Irmas schuld sein möchte! Der Traum verdrängt den Optativ und ersetzt ihn durch ein simples Präsens: Ja, Otto ist schuld an der Krankheit Irmas. Das ist also die erste der Verwandlungen, die auch der entstellungsfreie Traum mit den Traumgedanken vornimmt. Bei dieser ersten Eigentümlichkeit des Traumes werden wir uns nicht lange aufhalten. Wir erledigen sie durch den Hinweis auf die bewußte Phantasie, auf den Tagtraum, der mit seinem Vorstellungsinhalt ebenso verfährt. Wenn Daudets M. Joyeuse[1] beschäftigungslos durch die Straßen von Paris irrt, während seine Töchter glauben müssen, er habe eine Anstellung und sitze in seinem Bureau, so träumt er von den Vorfällen, die ihm zur Protektion und zu einer Anstellung verhelfen sollen, gleichfalls im Präsens. Der Traum gebraucht also das Präsens in derselben Weise und mit demselben Rechte wie der Tagtraum. Das Präsens ist die Zeitform, in welcher der Wunsch als erfüllt dargestellt wird.

Dem Traume allein zum Unterschiede vom Tagtraume eigentümlich ist aber der zweite Charakter, daß der Vorstellungsinhalt nicht gedacht, sondern in sinnliche Bilder verwandelt wird, denen man dann Glauben

---

[1] [In *Le Nabab* (vgl. S. 473 oben).]

schenkt und die man zu erleben meint. Fügen wir gleich hinzu, daß nicht alle Träume die Umwandlung von Vorstellung in Sinnesbild zeigen; es gibt Träume, die nur aus Gedanken bestehen, denen man die Wesenheit der Träume darum doch nicht bestreiten wird. Mein Traum: *»Autodidasker* – die Tagesphantasie mit Professor N.« [S. 299 ff.] ist ein solcher, in den sich kaum mehr sinnliche Elemente einmengten, als wenn ich seinen Inhalt bei Tag gedacht hätte. Auch gibt es in jedem längeren Traum Elemente, welche die Umwandlung ins Sinnliche nicht mitgemacht haben, die einfach gedacht oder gewußt werden, wie wir es vom Wachen her gewöhnt sind. Ferner wollen wir gleich hier daran denken, daß solche Verwandlung von Vorstellungen in Sinnesbilder nicht dem Traume allein zukommt, sondern ebenso der Halluzination, den Visionen, die etwa selbständig in der Gesundheit auftreten oder als Symptome der Psychoneurosen. Kurz, die Beziehung, die wir hier untersuchen, ist nach keiner Richtung eine ausschließliche; es bleibt aber bestehen, daß dieser Charakter des Traums, wo er vorkommt, uns als der bemerkenswerteste erscheint, so daß wir ihn nicht aus dem Traumleben weggenommen denken könnten. Sein Verständnis erfordert aber weit ausgreifende Erörterungen.

Unter allen Bemerkungen zur Theorie des Träumens, welche man bei den Autoren finden kann, möchte ich eine als anknüpfenswert hervorheben. Der große G. Th. Fechner spricht in seiner *Psychophysik* (1889, Bd. 2, 520 f.) im Zusammenhange einiger Erörterungen, die er dem Traume widmet, die Vermutung aus, daß *der Schauplatz der Träume ein anderer sei als der des wachen Vorstellungslebens.* [Vgl. oben, S. 72.] Keine andere Annahme gestatte es, die besonderen Eigentümlichkeiten des Traumlebens zu begreifen.

Die Idee, die uns so zur Verfügung gestellt wird, ist die einer *psychischen Lokalität.* Wir wollen ganz beiseite lassen, daß der seelische Apparat, um den es sich hier handelt, uns auch als anatomisches Präparat bekannt ist, und wollen der Versuchung sorgfältig aus dem Wege gehen, die psychische Lokalität etwa anatomisch zu bestimmen. Wir bleiben auf psychologischem Boden und gedenken nur der Aufforderung zu folgen, daß wir uns das Instrument, welches den Seelenleistungen dient, vorstellen wie etwa ein zusammengesetztes Mikroskop, einen photographischen Apparat u. dgl. Die psychische Lokalität entspricht dann einem Orte innerhalb eines Apparats, an dem eine der Vorstufen des Bildes zustande kommt. Beim Mikroskop und Fernrohr sind dies bekanntlich zum Teil ideelle Örtlichkeiten, Gegenden, in denen kein greifbarer Bestandteil des Apparats gelegen ist. Für die Unvollkommenheiten dieser und aller ähnlichen Bilder Entschuldigung zu erbitten, halte ich für überflüssig. Diese Gleichnisse sollen uns nur bei einem Versuch unterstützen, der es unternimmt, uns die Komplikation der psychischen Leistung verständlich zu machen, indem wir diese Leistung zerlegen und die Einzelleistung den einzelnen Bestandteilen des Apparats zuweisen. Der Versuch, die Zusammensetzung des seelischen Instruments aus solcher Zerlegung zu erraten, ist meines Wissens noch nicht gewagt worden. Er scheint mir harmlos. Ich meine, wir dürfen unseren Vermutungen freien Lauf lassen, wenn wir dabei nur unser kühles Urteil bewahren, das Gerüste nicht für den Bau halten. Da wir nichts anderes benötigen als Hilfsvorstellungen zur ersten Annäherung an etwas Unbekanntes, so werden wir die rohesten und greifbarsten Annahmen zunächst allen anderen vorziehen.

Wir stellen uns also den seelischen Apparat vor als ein zusammengesetztes Instrument, dessen Bestandteile wir *Instanzen* oder der Anschaulichkeit zuliebe *Systeme* heißen wollen. Dann bilden wir die Erwartung, daß diese Systeme vielleicht eine konstante räumliche Orientierung gegeneinander haben, etwa wie die verschiedenen Linsensysteme des Fernrohres hintereinanderstehen. Strenggenommen, brauchen wir die Annahme einer wirklich *räumlichen* Anordnung der psychischen Systeme nicht zu machen. Es genügt uns, wenn eine feste Reihenfolge dadurch hergestellt wird, daß bei gewissen psychischen Vorgängen die Systeme in einer bestimmten *zeitlichen* Folge von der Erregung durchlaufen werden. Die Folge mag bei anderen Vorgängen eine Abänderung erfahren; eine solche Möglichkeit wollen wir uns offen lassen. Von den Bestandteilen des Apparates wollen wir von nun an der Kürze halber als »ψ-Systeme« sprechen.

Das erste, das uns auffällt, ist nun, daß dieser aus ψ-Systemen zusammengesetzte Apparat eine Richtung hat. All unsere psychische Tätigkeit geht von (inneren oder äußeren) Reizen aus und endigt in Innervationen[1]. Somit schreiben wir dem Apparat ein sensibles und ein moto-

[1] [Der Terminus »Innervation« ist keineswegs eindeutig. Häufig ist er strukturell gemeint und bedeutet dann die anatomische Anordnung der Nerven in einem Organismus oder einer Körperregion. Freud verwendet ihn oft (jedoch nicht ausschließlich) im Sinne des Energietransports zu einem nervösen System oder (wie im obigen Fall) speziell zu einem *efferenten* System – um einen auf Energieabfuhr gerichteten Prozeß zu beschreiben.]

risches Ende zu; an dem sensiblen Ende befindet sich ein System, welches die Wahrnehmungen empfängt, am motorischen Ende ein anderes, welches die Schleusen der Motilität eröffnet. Der psychische Vorgang verläuft im allgemeinen vom Wahrnehmungsende zum Motilitätsende. Das allgemeinste Schema des psychischen Apparats hätte also folgendes Ansehen (Fig. 1):

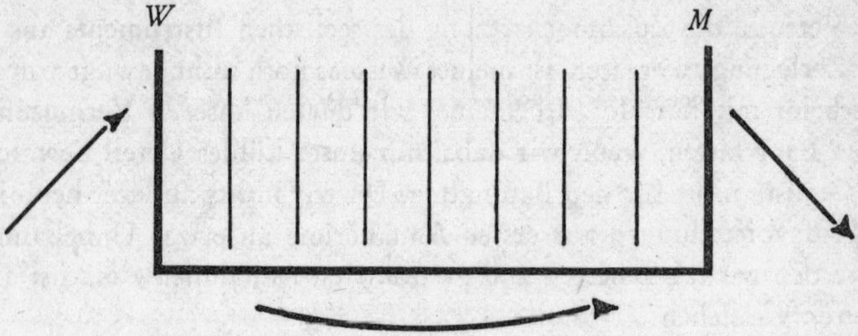

Fig. 1

Das ist aber nur die Erfüllung der uns längst vertrauten Forderung, der psychische Apparat müsse gebaut sein wie ein Reflexapparat. Der Reflexvorgang bleibt das Vorbild auch aller psychischen Leistung.

Wir haben nun Grund, am sensiblen Ende eine erste Differenzierung eintreten zu lassen. Von den Wahrnehmungen, die an uns herankommen, verbleibt in unserem psychischen Apparat eine Spur, die wir *»Erinnerungsspur«* heißen können. Die Funktion, die sich auf diese Erinnerungsspur bezieht, heißen wir ja »Gedächtnis«. Wenn wir Ernst mit dem Vorsatz machen, die psychischen Vorgänge an Systeme zu knüpfen, so kann die Erinnerungsspur nur bestehen in bleibenden Veränderungen an den Elementen der Systeme. Nun bringt es, wie schon von anderer Seite ausgeführt[1], offenbar Schwierigkeiten mit sich, wenn ein und dasselbe System an seinen Elementen Veränderungen getreu bewahren und doch neuen Anlässen zur Veränderung immer frisch und aufnahmefähig entgegentreten soll. Nach dem Prinzip, das unseren Versuch leitet, werden wir also diese beiden Leistungen auf verschiedene Systeme verteilen. Wir nehmen an, daß ein vorderstes System des Apparats die Wahrnehmungsreize aufnimmt, aber nichts von ihnen bewahrt, also kein Gedächtnis hat, und daß hinter diesem ein zweites System liegt, welches

[1] [Von Breuer in einer Fußnote in Abschnitt I seines theoretischen Beitrages zu Breuer und Freud, 1895, wo er u. a. schreibt: »Der Spiegel eines Reflexionsteleskops kann nicht zugleich photographische Platte sein.«]

die momentane Erregung des ersten in Dauerspuren umsetzt. Dann wäre dies das Bild unseres psychischen Apparats (Fig. 2):

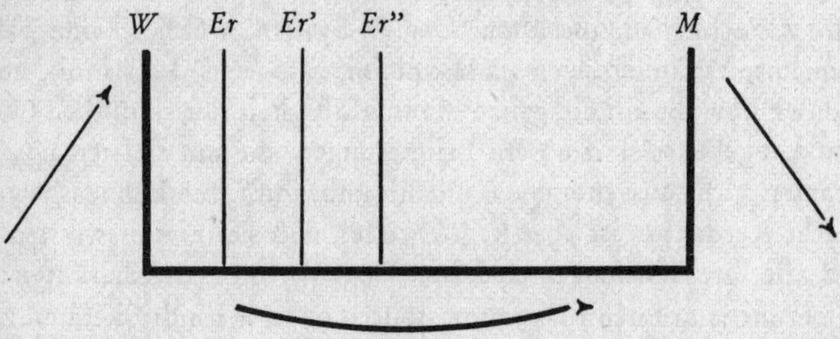

Fig. 2

Es ist bekannt, daß wir von den Wahrnehmungen, die auf System *W* einwirken, noch etwas anderes als bleibend bewahren als den Inhalt derselben. Unsere Wahrnehmungen erweisen sich auch als im Gedächtnis miteinander verknüpft, und zwar vor allem nach ihrem einstigen Zusammentreffen in der Gleichzeitigkeit. Wir heißen das die Tatsache der *Assoziation.* Es ist nun klar, wenn das *W*-System überhaupt kein Gedächtnis hat, daß es auch die Spuren für die Assoziation nicht aufbewahren kann; die einzelnen *W*-Elemente wären in ihrer Funktion unerträglich behindert, wenn sich gegen eine neue Wahrnehmung ein Rest früherer Verknüpfung geltend machen würde. Wir müssen also als die Grundlage der Assoziation vielmehr die Erinnerungssysteme annehmen. Die Tatsache der Assoziation besteht dann darin, daß infolge von Widerstandsverringerungen und Bahnungen von einem der *Er*-Elemente die Erregung sich eher nach einem zweiten als nach einem dritten *Er*-Element fortpflanzt.

Bei näherem Eingehen ergibt sich die Notwendigkeit, nicht eines, sondern mehrere solcher *Er*-Elemente anzunehmen, in denen dieselbe, durch die *W*-Elemente fortgepflanzte Erregung eine verschiedenartige Fixierung erfährt. Das erste dieser *Er*-Systeme wird jedenfalls die Fixierung der Assoziation durch *Gleichzeitigkeit* enthalten, in den weiter entfernt liegenden wird dasselbe Erregungsmaterial nach anderen Arten des Zusammentreffens angeordnet sein, so daß etwa Beziehungen der Ähnlichkeit u. a. durch diese späteren Systeme dargestellt würden. Es wäre natürlich müßig, die psychische Bedeutung eines solchen Systems in Worten angeben zu wollen. Die Charakteristik desselben läge in der Innigkeit seiner Beziehungen zu Elementen des Erinnerungsrohmaterials, d. h., wenn wir auf eine tiefergreifende Theorie hinweisen wollen, in den Abstufungen des Leitungswiderstandes nach diesen Elementen hin.

Eine Bemerkung allgemeiner Natur, die vielleicht auf Bedeutsames hinweist, wäre hier einzuschalten. Das *W*-System, welches keine Fähigkeiten hat, Veränderungen zu bewahren, also kein Gedächtnis, ergibt für unser Bewußtsein die ganze Mannigfaltigkeit der sinnlichen Qualitäten. Umgekehrt sind unsere Erinnerungen, die am tiefsten uns eingeprägten nicht ausgenommen, an sich unbewußt. Sie können bewußtgemacht werden; es ist aber kein Zweifel, daß sie im unbewußten Zustand alle ihre Wirkungen entfalten. Was wir unseren Charakter nennen, beruht ja auf den Erinnerungsspuren unserer Eindrücke, und zwar sind gerade die Eindrücke, die am stärksten auf uns gewirkt hatten, die unserer ersten Jugend, solche, die fast nie bewußt werden. Werden aber Erinnerungen wieder bewußt, so zeigen sie keine sinnliche Qualität oder eine sehr geringfügige im Vergleiche zu den Wahrnehmungen. Ließe sich nun bestätigen, *daß Gedächtnis und Qualität für das Bewußtsein an den ψ-Systemen einander ausschließen*, so eröffnete sich in die Bedingungen der Neuronerregung ein vielversprechender Einblick[1].

Was wir bisher über die Zusammensetzung des psychischen Apparats am sensiblen Ende angenommen haben, erfolgte ohne Rücksicht auf den Traum und die aus ihm ableitbaren psychologischen Aufklärungen. Für die Erkenntnis eines anderen Stückes des Apparats wird uns aber der Traum zur Beweisquelle. Wir haben gesehen [S. 160 f.], daß es uns unmöglich wurde, die Traumbildung zu erklären, wenn wir nicht die Annahme zweier psychischer Instanzen wagen wollten, von denen die eine die Tätigkeit der anderen einer Kritik unterzieht, als deren Folge sich die Ausschließung vom Bewußtwerden ergibt.

Die kritisierende Instanz, haben wir geschlossen, unterhält nähere Beziehungen zum Bewußtsein als die kritisierte. Sie steht zwischen dieser und dem Bewußtsein wie ein Schirm. Wir haben ferner Anhaltspunkte gefunden [S. 470], die kritisierende Instanz mit dem zu identifizieren, was unser waches Leben lenkt und über unser willkürliches, bewußtes

[1] [*Zusatz 1925:*] Ich habe später gemeint, das Bewußtsein entstehe geradezu an *Stelle* der Erinnerungsspur. (Siehe zuletzt: ›Notiz über den »Wunderblock«‹, 1925 *a*.) [Vgl. dazu auch das IV. Kapitel in *Jenseits des Lustprinzips* (1920 g), wo dieselbe Feststellung getroffen wird. – Die gesamte obige Erörterung über das Gedächtnis wird leichter verständlich, wenn man die entsprechenden beiden Passagen der genannten späteren Darstellungen Freuds hinzuzieht. Noch deutlicher wird sie allerdings im Lichte der früheren Überlegungen Freuds, die in seinen Briefen an Fließ gefunden worden sind (Freud, 1950 *a*). S. z. B. Teil I, Abschnitt 3 des ›Entwurfs einer Psychologie‹ (geschrieben im Herbst 1895) sowie im Brief Nr. 52 (vom 6. Dezember 1896).]

Handeln entscheidet. Ersetzen wir nun diese Instanzen im Sinne unserer Annahmen durch Systeme, so wird durch die letzterwähnte Erkenntnis das kritisierende System ans motorische Ende gerückt. Wir tragen nun die beiden Systeme in unser Schema ein und drücken in den ihnen verliehenen Namen ihre Beziehung zum Bewußtsein aus (Fig. 3):

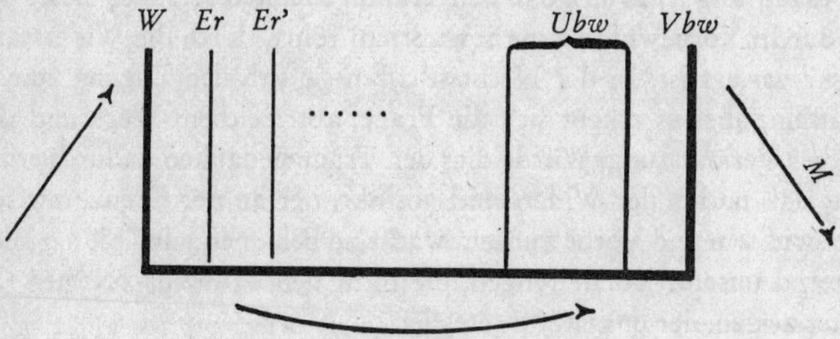

Fig. 3

Das letzte der Systeme am motorischen Ende heißen wir das *Vorbewußte,* um anzudeuten, daß die Erregungsvorgänge in demselben ohne weitere Aufhaltung zum Bewußtsein gelangen können, falls noch gewisse Bedingungen erfüllt sind, z. B. die Erreichung einer gewissen Intensität, eine gewisse Verteilung jener Funktion, die man Aufmerksamkeit zu nennen hat [s. S. 563], u. dgl. Es ist gleichzeitig das System, welches die Schlüssel zur willkürlichen Motilität innehat. Das System dahinter heißen wir das *Unbewußte,* weil es keinen Zugang zum Bewußtsein hat, *außer durch das Vorbewußte,* bei welchem Durchgang sein Erregungsvorgang sich Abänderungen gefallen lassen muß[1].
In welches dieser Systeme verlegen wir nun den Anstoß zur Traumbildung? Der Vereinfachung zuliebe in das System *Ubw.* Wir werden zwar in späteren Erörterungen hören, daß dies nicht ganz richtig ist, daß die Traumbildung genötigt ist, an Traumgedanken anzuknüpfen, die dem System des Vorbewußten angehören [S. 536]. Wir werden aber auch an anderer Stelle, wenn wir vom Traumwunsch handeln, erfahren, daß die Triebkraft für den Traum vom *Ubw* beigestellt wird [S. 534 f.],

[1] [*Zusatz 1919:*] Die weitere Ausführung dieses linear aufgerollten Schemas wird mit der Annahme zu rechnen haben, daß das auf *Vbw* folgende System dasjenige ist, dem wir das Bewußtsein zuschreiben müssen, daß also *W* = *Bw.* [S. weiter unten, S. 583 ff. Für eine ausführlichere Diskussion s. Freuds metapsychologische Arbeit über Träume (1917 *d*). – Freuds spätere schematische Darstellung des seelischen Apparats in *Das Ich und das Es* (1923 *b*), II. Kapitel, die er (mit einigen Änderungen) auch in der *Neuen Folge der Vorlesungen* (1933 *a*), 31. Vorlesung (*Studienausgabe,* Bd. 1, S. 515) gibt, betont mehr die Struktur als die Funktion.]

und wegen dieses letzteren Moments wollen wir das unbewußte System als den Ausgangspunkt der Traumbildung annehmen. Diese Traumerregung wird nun wie alle anderen Gedankenbildungen das Bestreben äußern, sich ins *Vbw* fortzusetzen und von diesem aus den Zugang zum Bewußtsein zu gewinnen.

Die Erfahrung lehrt uns, daß den Traumgedanken tagsüber dieser Weg, der durchs Vorbewußte zum Bewußtsein führt, durch die Widerstandszensur verlegt ist. In der Nacht schaffen sie sich den Zugang zum Bewußtsein, aber es erhebt sich die Frage, auf welchem Wege und dank welcher Veränderung. Würde dies den Traumgedanken dadurch ermöglicht, daß nachts der Widerstand absinkt, der an der Grenze zwischen Unbewußtem und Vorbewußtem wacht, so bekämen wir Träume in dem Material unserer Vorstellungen, die nicht den halluzinatorischen Charakter zeigen, der uns jetzt interessiert.

Das Absinken der Zensur zwischen den beiden Systemen *Ubw* und *Vbw* kann uns also nur solche Traumbildungen erklären wie *Autodidasker*, aber nicht Träume wie den vom *brennenden Kinde*, den wir uns als Problem an den Eingang dieser Untersuchungen gestellt haben.

Was im halluzinatorischen Traum vor sich geht, können wir nicht anders beschreiben, als indem wir sagen: Die Erregung nimmt einen *rückläufigen* Weg. Anstatt gegen das motorische Ende des Apparats pflanzt sie sich gegen das sensible fort und langt schließlich beim System der Wahrnehmungen an. Heißen wir die Richtung, nach welcher sich der psychische Vorgang aus dem Unbewußten im Wachen fortsetzt, die *progrediente*, so dürfen wir vom Traum aussagen, er habe *regredienten* Charakter [1].

Diese Regression ist dann sicherlich eine der psychologischen Eigentümlichkeiten des Traumvorganges; aber wir dürfen nicht vergessen, daß sie dem Träumen nicht allein zukommt. Auch das absichtliche Erinnern und andere Teilvorgänge unseres normalen Denkens entsprechen einem Rückschreiten im psychischen Apparat von irgendwelchem komplexen Vorstellungsakt auf das Rohmaterial der Erinnerungsspuren, die ihm zugrunde liegen. Während des Wachens aber reicht dieses Zurückgreifen

---

[1] [*Zusatz 1914:*] Die erste Andeutung des Moments der Regression findet sich bereits bei Albertus Magnus. Die *Imaginatio*, heißt es bei ihm, baut aus den aufbewahrten Bildern der sinnfälligen Objekte den Traum auf. Der Prozeß vollzieht sich umgekehrt wie im Wachen (nach Diepgen, 1912, 14). – Hobbes sagt (im *Leviathan*, 1651 [I. Teil, Kapitel 2]): *»In sum, our dreams are the reverse of our waking imaginations, the motion, when we are awake, beginning at one end, and when we dream at another.«* (Nach H. Ellis, 1911, 112.)

niemals über die Erinnerungsbilder hinaus; es vermag die halluzinatorische Belebung der Wahrnehmungsbilder nicht zu erzeugen. Warum ist dies im Traume anders? Als wir von der Verdichtungsarbeit des Traumes sprachen, konnten wir der Annahme nicht ausweichen, daß durch die Traumarbeit die an den Vorstellungen haftenden Intensitäten von einer zur anderen voll übertragen werden [S. 326 f.]. Wahrscheinlich ist es diese Abänderung des sonstigen psychischen Vorgangs, welche es ermöglicht, das System der *W* bis zur vollen sinnlichen Lebhaftigkeit in umgekehrter Richtung, von den Gedanken her, zu besetzen.

Ich hoffe, wir sind weit davon entfernt, uns über die Tragweite dieser Erörterungen zu täuschen. Wir haben nichts anderes getan als für ein nicht zu erklärendes Phänomen einen Namen gegeben. Wir heißen es Regression, wenn sich im Traum die Vorstellung in das sinnliche Bild rückverwandelt, aus dem sie irgendeinmal hervorgegangen ist. Auch dieser Schritt verlangt aber Rechtfertigung. Wozu die Namengebung, wenn sie uns nichts Neues lehrt? Nun ich meine, der Name »Regression« dient uns insoferne, als er die uns bekannte Tatsache an das Schema des mit einer Richtung versehenen seelischen Apparats knüpft. An dieser Stelle verlohnt es sich aber zum ersten Male, ein solches Schema aufgestellt zu haben. Denn eine andere Eigentümlichkeit der Traumbildung wird uns ohne neue Überlegung allein mit Hilfe des Schemas einsichtig werden. Wenn wir den Traumvorgang als eine Regression innerhalb des von uns angenommenen seelischen Apparats ansehen, so erklärt sich uns ohne weiteres die empirisch festgestellte Tatsache, daß alle Denkrelationen der Traumgedanken bei der Traumarbeit verlorengehen oder nur mühseligen Ausdruck finden [S. 310 f.]. Diese Denkrelationen sind nach unserem Schema nicht in den ersten *Er*-Systemen, sondern in weiter nach vorn liegenden enthalten und müssen bei der Regression bis auf die Wahrnehmungsbilder ihren Ausdruck einbüßen. *Das Gefüge der Traumgedanken wird bei der Regression in sein Rohmaterial aufgelöst.*

Durch welche Veränderung wird aber die bei Tag unmögliche Regression ermöglicht? Hier wollen wir es bei Vermutungen bewenden lassen. Es muß sich wohl um Veränderungen in den Energiebesetzungen der einzelnen Systeme handeln, durch welche sie wegsamer oder unwegsamer für den Ablauf der Erregung werden; aber in jedem derartigen Apparat könnte der nämliche Effekt für den Weg der Erregung durch mehr als eine Art von solchen Abänderungen zustande gebracht werden. Man denkt natürlich sofort an den Schlafzustand und an Besetzungsänderungen, die er am sensiblen Ende des Apparats hervorruft. Bei Tag gibt es eine kontinuierlich laufende Strömung von dem ψ-System der *W* her zur Motilität; diese hat bei Nacht ein Ende und könnte einer Rückströmung der Erregung kein Hindernis mehr bereiten. Es wäre dies die »Abschließung von der Außenwelt«, welche in der Theorie einiger Autoren die psychologischen Charaktere des Traumes aufklären soll (vgl. S. 74 f.). Indes wird man bei der Erklärung der Regression des Traums Rücksicht auf jene anderen Regressionen nehmen müssen, die in krankhaften Wachzuständen zustande kommen. Bei diesen Formen läßt natürlich die eben gegebene Auskunft im Stiche. Es kommt zur Regression trotz der ununterbrochenen sensiblen Strömung in progredienter Richtung.

Für die Halluzinationen der Hysterie, der Paranoia, die Visionen geistesnormaler Personen kann ich die Aufklärung geben, daß sie tatsächlich Regressionen entsprechen, d. h. in Bilder verwandelte Gedanken sind, und daß nur solche Gedanken diese Verwandlung erfahren, welche mit unterdrückten oder unbewußt gebliebenen Erinnerungen in intimem Zusammenhange stehen. Zum Beispiel einer meiner jüngsten Hysteriker, ein zwölfjähriger Knabe, wird am Einschlafen gehindert durch *»grüne Gesichter mit roten Augen«*, vor denen er sich entsetzt. Quelle dieser Erscheinung ist die unterdrückte, aber einstens bewußte Erinnerung an einen Knaben, den er vor vier Jahren oftmals sah und der ihm ein abschreckendes Bild vieler Kinderunarten bot, darunter auch jener der Onanie, aus der er sich selbst jetzt einen nachträglichen Vorwurf macht. Die Mama hatte damals bemerkt, daß der ungezogene Junge eine *grünliche* Gesichtsfarbe habe und *rote* (d. h. *rotgeränderte*) Augen. Daher das Schreckgespenst, das übrigens nur dazu bestimmt ist, ihn an eine andere Vorhersage der Mama zu erinnern, daß solche Jungen blödsinnig werden, in der Schule nichts erlernen können und früh sterben. Unser kleiner Patient läßt den einen Teil der Prophezeiung eintreffen; er kommt im Gymnasium nicht weiter und fürchtet sich, wie das Verhör seiner ungewollten Einfälle zeigt, entsetzlich vor dem zweiten Teil. Die Behandlung hat allerdings nach kurzer Zeit den Erfolg, daß er schläft, seine Ängstlichkeit verliert und sein Schuljahr mit einem Vorzugszeugnis abschließt.

Hier kann ich die Auflösung einer Vision anreihen, die mir eine vierzigjährige Hysterika aus ihren gesunden Tagen erzählt hat. Eines Morgens schlägt sie die Augen auf und sieht ihren Bruder im Zimmer, der sich doch, wie sie weiß, in der Irrenanstalt befindet. Ihr kleiner Sohn schläft im Bette neben ihr. Damit das Kind nicht *erschrickt* und in *Krämpfe verfällt,* wenn es den *Onkel* sieht, zieht sie die *Bettdecke* über dasselbe, und dann verschwindet die Erscheinung. Die Vision ist die Umarbeitung einer Kindererinnerung der Dame, die zwar bewußt war, aber mit allem unbewußten Material in ihrem Innern in intimster Beziehung stand. Ihre Kinderfrau hatte ihr erzählt, daß die sehr früh verstorbene Mutter (sie selbst war zur Zeit des Todesfalles erst eineinhalb Jahre alt) an epileptischen oder hysterischen *Krämpfen* gelitten hatte, und zwar seit einem *Schreck,* den ihr der Bruder (der *Onkel* meiner Patientin) dadurch verursachte, daß er ihr als Gespenst mit einer *Bettdecke* über dem Kopf erschien. Die Vision enthält dieselben Elemente wie die Erinnerung: Die Erscheinung des Bruders, die Bettdecke, den Schreck und seine Wirkung. Diese Elemente sind aber zu neuem Zusammenhange angeordnet und auf andere Personen übertragen. Das offenkundige Motiv der Vision, der durch sie ersetzte Gedanke, ist die Besorgnis, daß ihr kleiner Sohn, der seinem Onkel physisch so ähnlich war, das Schicksal desselben teilen könnte.

Beide hier angeführten Beispiele sind nicht frei von aller Beziehung zum Schlafzustande und darum vielleicht zu dem Beweise ungeeignet, für den ich sie brauche. Ich verweise also auf meine Analyse einer halluzinierenden Paranoika[1] und auf die Ergebnisse meiner noch nicht veröffentlichten Studien über die Psychologie der Psychoneurosen[2], um zu bekräftigen, daß man in diesen Fällen von regredienter Gedankenverwandlung den Einfluß einer unterdrückten oder unbewußt gebliebenen Erinnerung, meist einer infantilen, nicht übersehen darf. Diese Erinnerung zieht gleichsam den mit ihr in Verbindung stehenden, an seinem Ausdruck durch die Zensur verhinderten Gedanken in die Regression als in jene Form der Darstellung, in der sie selbst psychisch vorhanden ist. Ich darf hier als ein Ergebnis der Studien über Hysterie anführen[3], daß die infantilen Szenen (seien sie nun Erinnerungen oder Phantasien), wenn es gelingt, sie bewußtzumachen, halluzinatorisch gesehen werden und erst beim Mitteilen diesen Charakter abstreifen. Es ist auch bekannt, daß selbst bei Personen, die sonst im Erinnern nicht visuell sind, die frühesten Kindererinnerungen den Charakter der sinnlichen Lebhaftigkeit bis in späte Jahre bewahren.

Wenn man sich nun erinnert, welche Rolle in den Traumgedanken den

---

[1] ›Weitere Bemerkungen über die Abwehr-Neuropsychosen‹ (1896*b*) [Abschnitt III].

[2] [Es gibt keine Veröffentlichung unter diesem Titel.]

[3] [S. *Studien über Hysterie,* Breuer und Freud, 1895 – z. B. in Breuers Krankengeschichte der ›Anna O.‹.]

infantilen Erlebnissen oder den auf sie gegründeten Phantasien zufällt, wie häufig Stücke derselben im Trauminhalt wiederauftauchen, wie die Traumwünsche selbst häufig aus ihnen abgeleitet sind, so wird man auch für den Traum die Wahrscheinlichkeit nicht abweisen, daß die Verwandlung von Gedanken in visuelle Bilder mit die Folge der *Anziehung* sein möge, welche die nach Neubelebung strebende, visuell dargestellte Erinnerung auf den nach Ausdruck ringenden, vom Bewußtsein abgeschnittenen Gedanken ausübt. Nach dieser Auffassung ließe sich der Traum auch beschreiben *als der durch Übertragung auf Rezentes veränderte Ersatz der infantilen Szene.* Die Infantilszene kann ihre Erneuerung nicht durchsetzen; sie muß sich mit der Wiederkehr als Traum begnügen.

Der Hinweis auf die gewissermaßen vorbildliche Bedeutung der Infantilszenen (oder ihrer phantastischen Wiederholungen) für den Trauminhalt macht eine der Annahmen Scherners und seiner Anhänger über die inneren Reizquellen überflüssig. Scherner [1861] nimmt einen Zustand von »Gesichtsreiz«, von innerer Erregung im Sehorgan an, wenn die Träume eine besondere Lebhaftigkeit ihrer visuellen Elemente oder einen besonderen Reichtum an solchen erkennen lassen [vgl. oben, S. 234]. Wir brauchen uns gegen diese Annahme nicht zu sträuben, dürfen uns etwa damit begnügen, einen solchen Erregungszustand bloß für das psychische Wahrnehmungssystem des Sehorgans zu statuieren, werden aber geltend machen, daß dieser Erregungszustand ein durch die Erinnerung hergestellter, die Auffrischung der seinerzeit aktuellen Seherregung ist. Ich habe aus eigener Erfahrung kein gutes Beispiel für solchen Einfluß einer infantilen Erinnerung zur Hand; meine Träume sind überhaupt weniger reich an sinnlichen Elementen, als ich die anderer schätzen muß; aber in dem schönsten und lebhaftesten Traume dieser letzten Jahre wird es mir leicht, die halluzinatorische Deutlichkeit des Trauminhalts auf sinnliche Qualitäten rezenter und kürzlich erfolgter Eindrücke zurückzuführen. Ich habe auf S. 447 ff. einen Traum erwähnt, in dem die tiefblaue Farbe des Wassers, die braune Farbe des Rauchs aus den Kaminen der Schiffe und das düstere Braun und Rot der Bauwerke, die ich sah, mir einen tiefen Eindruck hinterließen. Wenn irgendeiner, so mußte dieser Traum auf Gesichtsreiz gedeutet werden. Und was hatte mein Sehorgan in diesen Reizzustand versetzt? Ein rezenter Eindruck, der sich mit einer Reihe früherer zusammentat. Die Farben, die ich sah, waren zunächst die des Ankersteinbaukastens, mit dem die Kinder am Tage vor meinem Traume ein großartiges Bauwerk aufgeführt hatten, um es meiner Bewunderung zu zeigen. Da fanden sich das nämliche düstere Rot an den großen, das Blau und Braun an den kleinen Steinen. Dazu gesellten sich die Farbeneindrücke der letzten italienischen Reisen, das schöne Blau des Isonzo und der Lagune und das Braun des Karstes[1]. Die Farbenschönheit des Traums war nur eine Wiederholung der in der Erinnerung gesehenen.

Fassen wir zusammen, was wir über die Eigentümlichkeit des Traums, seinen Vorstellungsinhalt in sinnliche Bilder umzugießen, erfahren haben. Wir haben diesen Charakter der Traumarbeit nicht etwa erklärt, auf bekannte Gesetze der Psychologie zurückgeführt, sondern haben ihn als auf unbekannte Verhältnisse hindeutend herausgegriffen und durch den Namen des *»regredienten«* Charakters ausgezeichnet. Wir haben gemeint, diese Regression sei wohl überall, wo sie vorkommt, eine Wirkung des Widerstands, der sich dem Vordringen des Gedankens zum Bewußtsein auf dem normalen Wege entgegensetzt, sowie der gleichzeitigen Anziehung, welche als sinnesstark vorhandene Erinnerungen auf ihn ausüben[2]. Beim Traume käme vielleicht zur Erleichterung der Regression hiezu das Aufhören der progredienten Tagesströmung von den Sinnesorganen, welches Hilfsmoment bei den anderen Formen von Regression durch Verstärkung der anderen Regressionsmotive wettgemacht werden muß. Wir wollen auch nicht vergessen, uns zu merken, daß bei diesen pathologischen Fällen von Regression wie im Traume der Vorgang der Energieübertragung ein anderer sein dürfte als bei den Regressionen des normalen seelischen Lebens, da durch ihn eine volle halluzinatorische Besetzung der Wahrnehmungssysteme ermöglicht wird. Was wir bei der Analyse der Traumarbeit als die »Rücksicht auf Darstellbarkeit« beschrieben haben, dürfte auf die *auswählende Anziehung* der von den Traumgedanken berührten, visuell erinnerten Szenen zu beziehen sein.

Über die Regression wollen wir noch bemerken[3], daß sie in der Theorie der neurotischen Symptombildung eine nicht minder wichtige Rolle wie

[1] [Das Kalkplateau hinter Triest.]

[2] [*Zusatz 1914:*] In einer Darstellung der Lehre von der Verdrängung wäre auszuführen, daß ein Gedanke durch das Zusammenwirken zweier ihn beeinflussenden Momente in die Verdrängung gerät. Er wird von der einen Seite (der Zensur des *Bw*) weggestoßen, von der anderen (dem *Ubw*) angezogen, also ähnlich wie man auf die Spitze der großen Pyramide gelangt. [*Zusatz 1919:*] (Vgl. den Aufsatz ›Die Verdrängung‹, 1915 *d* [auf den ersten Seiten].)

[3] [Dieser Absatz wurde 1914 hinzugefügt.]

in der des Traumes spielt. Wir unterscheiden dann eine dreifache Art der Regression: *a)* eine *topische* im Sinne des hier entwickelten Schemas der ψ-Systeme, *b)* eine *zeitliche,* insofern es sich um ein Rückgreifen auf ältere psychische Bildungen handelt, und *c)* eine *formale,* wenn primitive Ausdrucks- und Darstellungsweisen die gewohnten ersetzen. Alle drei Arten von Regression sind aber im Grunde eines und treffen in den meisten Fällen zusammen, denn das zeitlich ältere ist zugleich das formal primitive und in der psychischen Topik dem Wahrnehmungsende nähere.

Wir können auch das Thema[1] der Regression im Traume nicht verlassen, ohne einem Eindruck Worte zu leihen, der sich uns bereits wiederholt aufgedrängt hat und der nach einer Vertiefung in das Studium der Psychoneurosen neuerdings verstärkt zurückkehren wird: Das Träumen sei im ganzen ein Stück Regression zu den frühesten Verhältnissen des Träumers, ein Wiederbeleben seiner Kindheit, der in ihr herrschend gewesenen Triebregungen und verfügbar gewesenen Ausdrucksweisen. Hinter dieser individuellen Kindheit wird uns dann ein Einblick in die phylogenetische Kindheit, in die Entwicklung des Menschengeschlechts, versprochen, von der die des einzelnen tatsächlich eine abgekürzte, durch die zufälligen Lebensumstände beeinflußte Wiederholung ist. Wir ahnen, wie treffend die Worte Fr. Nietzsches sind, daß sich im Traume »ein uraltes Stück Menschentum fortübt, zu dem man auf direktem Wege kaum mehr gelangen kann«, und werden zur Erwartung veranlaßt, durch die Analyse der Träume zur Kenntnis der archaischen Erbschaft des Menschen zu kommen, das seelisch Angeborene in ihm zu erkennen. Es scheint, daß Traum und Neurose uns mehr von den seelischen Altertümern bewahrt haben, als wir vermuten konnten, so daß die Psychoanalyse einen hohen Rang unter den Wissenschaften beanspruchen darf, die sich bemühen, die ältesten und dunkelsten Phasen des Menschheitsbeginnes zu rekonstruieren.

Leicht möglich, daß dieses erste Stück unserer psychologischen Verwertung des Traumes uns selbst nicht sonderlich befriedigt. Wir wollen uns damit trösten, daß wir ja genötigt sind, ins Dunkle hinaus zu bauen. Sind wir nicht völlig in die Irre geraten, so müssen wir von einem anderen Angriffspunkte her in ungefähr die nämliche Region geraten, in welcher wir uns dann vielleicht besser zurechtfinden werden.

---

[1] [Dieser Absatz kam 1919 hinzu.]

C
ZUR WUNSCHERFÜLLUNG

Der vorangestellte Traum vom brennenden Kinde gibt uns einen willkommenen Anlaß, Schwierigkeiten, auf welche die Lehre von der Wunscherfüllung stößt, zu würdigen. Wir haben es gewiß alle mit Befremden aufgenommen, daß der Traum nichts anderes als eine Wunscherfüllung sein soll, und nicht etwa allein wegen des Widerspruchs, der vom Angsttraum ausgeht. Nachdem uns die ersten Aufklärungen durch die Analyse belehrt hatten, hinter dem Traum verberge sich Sinn und psychischer Wert, so wäre unsere Erwartung keineswegs auf eine so eindeutige Bestimmung dieses Sinnes gefaßt gewesen. Nach der korrekten, aber kärglichen Definition des Aristoteles ist der Traum das in den Schlafzustand – insoferne man schläft – fortgesetzte Denken. [Vgl. S. 30.] Wenn nun unser Denken bei Tage so verschiedenartige psychische Akte schafft, Urteile, Schlußfolgerungen, Widerlegungen, Erwartungen, Vorsätze u. dgl., wodurch soll es bei Nacht genötigt sein, sich allein auf die Erzeugung von Wünschen einzuschränken? Gibt es nicht vielmehr reichlich Träume, die einen andersartigen psychischen Akt in Traumgestalt verwandelt bringen, z. B. eine Besorgnis, und ist nicht gerade der vorangestellte, ganz besonders durchsichtige Traum des Vaters ein solcher? Er zieht auf den Lichtschein hin, der ihm auch schlafend ins Auge fällt, den besorgten Schluß, daß eine Kerze umgefallen sei und die Leiche in Brand gesteckt haben könne; diesen Schluß verwandelt er in einen Traum, indem er ihn in eine sinnfällige Situation und in das Präsens einkleidet. Welche Rolle spielt dabei die Wunscherfüllung, und ist denn die Übermacht des vom Wachen her sich fortsetzenden oder durch den neuen Sinneseindruck angeregten Gedankens darin irgendwie zu verkennen?

Das ist alles richtig und nötigt uns, auf die Rolle der Wunscherfüllung im Traume und auf die Bedeutung der in den Schlaf sich fortsetzenden Wachgedanken näher einzugehen.

Gerade die Wunscherfüllung hat uns bereits zu einer Scheidung der Träume in zwei Gruppen veranlaßt. Wir haben Träume gefunden, die sich offen als Wunscherfüllung gaben; andere, deren Wunscherfüllung unkenntlich, oft mit allen Mitteln versteckt war. In den letzteren erkannten wir die Leistungen der Traumzensur. Die unentstellten Wunschträume fanden wir hauptsächlich bei Kindern; *kurze*, offenherzige Wunschträume *schienen* – ich lege Nachdruck auf diesen Vorbehalt – auch bei Erwachsenen vorzukommen.

Wir können nun fragen, woher jedesmal der Wunsch stammt, der sich im Traume verwirklicht. Aber auf welchen Gegensatz oder auf welche Mannigfaltigkeit beziehen wir dieses »Woher«? Ich meine, auf den Gegensatz zwischen dem bewußt gewordenen Tagesleben und einer unbewußt gebliebenen psychischen Tätigkeit, die sich erst zur Nachtzeit bemerkbar machen kann. Ich finde eine dreifache Möglichkeit für die Herkunft eines Wunsches. Er kann 1) bei Tage erregt worden sein und infolge äußerer Verhältnisse keine Befriedigung gefunden haben; es erübrigt dann für die Nacht ein anerkannter und unerledigter Wunsch; 2) er kann bei Tage aufgetaucht sein, aber Verwerfung gefunden haben; es erübrigt uns dann ein unerledigter, aber unterdrückter Wunsch; oder 3) er kann außer Beziehung mit dem Tagesleben sein und zu jenen Wünschen gehören, die erst nachts aus dem Unterdrückten in uns rege werden. Wenn wir unser Schema des psychischen Apparats vornehmen, so lokalisieren wir einen Wunsch der ersten Art in das System *Vbw;* vom Wunsch der zweiten Art nehmen wir an, daß er aus dem System *Vbw* in das *Ubw* zurückgedrängt worden ist, und wenn überhaupt, nur dort sich erhalten hat; und von der Wunschregung der dritten Art glauben wir, daß sie überhaupt unfähig ist, das System des *Ubw* zu überschreiten. Haben nun Wünsche aus diesen verschiedenen Quellen den gleichen Wert für den Traum, die gleiche Macht, einen Traum anzuregen?

Eine Überschau über die Träume, die uns für die Beantwortung dieser Frage zu Gebote stehen, mahnt uns zunächst, als vierte Quelle des Traumwunsches hinzuzufügen die aktuellen, bei Nacht sich erhebenden Wunschregungen (z. B. auf den Durstreiz, das sexuelle Bedürfnis). Sodann wird uns wahrscheinlich, daß die Herkunft des Traumwunsches an seiner Fähigkeit, einen Traum anzuregen, nichts ändert. Ich erinnere an den Traum der Kleinen, welcher die bei Tage unterbrochene Seefahrt fortsetzt, und an die nebenstehenden Kinderträume [s. S. 145 ff.]; sie werden durch einen unerfüllten, aber nicht unterdrückten Wunsch vom Tage erklärt. Beispiele dafür, daß ein bei Tage unterdrückter Wunsch sich im Traume Luft macht, sind überaus reichlich nachzuweisen; ein einfachstes solcher Art könnte ich hier nachtragen. Eine etwas spottlustige Dame, deren jüngere Freundin sich verlobt hat, beantwortet tagsüber die Anfragen der Bekannten, ob sie den Bräutigam kenne und was sie von ihm halte, mit uneingeschränkten Lobsprüchen, bei denen sie ihrem Urteil Schweigen auferlegt, denn sie hätte gern die Wahrheit gesagt: *Er ist ein Dutzendmensch.* Nachts träumt sie, daß dieselbe Frage an sie gerichtet wird, und antwortet mit der Formel: *Bei Nachbestellungen genügt die Angabe der Nummer.* Endlich, daß in allen Träumen, die der Entstellung unterlegen sind, der Wunsch aus dem Unbewußten stammt und bei Tag nicht vernehmbar werden konnte, haben wir als das Ergebnis zahlreicher Analysen erfahren. So scheinen zunächst alle Wünsche für die Traumbildung von gleichem Wert und gleicher Macht.

Ich kann hier nicht beweisen, daß es sich doch eigentlich anders verhält, aber ich neige sehr zur Annahme einer strengeren Bedingtheit des Traumwunsches. Die Kinderträume lassen ja keinen Zweifel darüber, daß ein bei Tage unerledigter Wunsch der Traumerreger sein kann. Aber es ist nicht zu vergessen, das ist dann der Wunsch eines Kindes, eine Wunschregung von der dem Infantilen eigenen Stärke. Es ist mir durchaus zweifelhaft, ob ein am Tage nicht erfüllter Wunsch bei einem Erwachsenen genügt, um einen Traum zu schaffen. Es scheint mir vielmehr, daß wir mit der fortschreitenden Beherrschung unseres Trieblebens durch die denkende Tätigkeit auf die Bildung oder Erhaltung so intensiver Wünsche, wie das Kind sie kennt, als unnütz immer mehr verzichten. Es mögen sich dabei ja individuelle Verschiedenheiten geltend machen, der eine den infantilen Typus der seelischen Vorgänge länger bewahren als ein anderer, wie ja solche Unterschiede auch für die Abschwächung des ursprünglich deutlich visuellen Vorstellens bestehen. Aber im allgemeinen, glaube ich, wird beim Erwachsenen der unerfüllt vom Tage übriggebliebene Wunsch nicht genügen, einen Traum zu schaffen. Ich gebe gerne zu, daß die aus dem Bewußten stammende Wunschregung einen Beitrag zur Anregung des Traumes liefern wird, aber wahrscheinlich auch nicht mehr. Der Traum entstünde nicht, wenn der vorbewußte Wunsch sich nicht eine Verstärkung von anderswoher zu holen wüßte.

Aus dem Unbewußten nämlich. *Ich stelle mir vor, daß der bewußte Wunsch nur dann zum Traumerreger wird, wenn es ihm gelingt, einen gleichlautenden unbewußten zu wecken, durch den er sich verstärkt.* Diese unbewußten Wünsche betrachte ich, nach den Andeutungen aus der Psychoanalyse der Neurosen, als immer rege, jederzeit bereit, sich Ausdruck zu verschaffen, wenn sich ihnen Gelegenheit bietet, sich mit einer Regung aus dem Bewußten zu alliieren, ihre große Intensität auf deren geringere zu übertragen[1]. Es muß dann zum Anschein kommen,

[1] Sie teilen diesen Charakter der Unzerstörbarkeit mit allen anderen wirklich unbewußten, d. h. dem System *Ubw* allein angehörigen seelischen Akten. Diese sind ein für

als hätte allein der bewußte Wunsch sich im Traume realisiert; allein eine kleine Auffälligkeit in der Gestaltung dieses Traums wird uns ein Fingerzeig werden, dem mächtigen Helfer aus dem Unbewußten auf die Spur zu kommen. Diese immer regen, sozusagen unsterblichen Wünsche unseres Unbewußten, welche an die Titanen der Sage erinnern, auf denen seit Urzeiten die schweren Gebirgsmassen lasten, die einst von den siegreichen Göttern auf sie gewälzt wurden und die unter den Zuckungen ihrer Glieder noch jetzt von Zeit zu Zeit erbeben; – diese in der Verdrängung befindlichen Wünsche, sage ich, sind aber selbst infantiler Herkunft, wie wir durch die psychologische Erforschung der Neurosen erfahren. Ich möchte also den früher [S. 526] ausgesprochenen Satz, die Herkunft des Traumwunsches sei gleichgültig, beseitigen und durch einen anderen ersetzen, der lautet: *Der Wunsch, welcher sich im Traume darstellt, muß ein infantiler sein.* Er stammt dann beim Erwachsenen aus dem *Ubw;* beim Kind, wo es die Sonderung und Zensur zwischen *Vbw* und *Ubw* noch nicht gibt oder wo sie sich erst allmählich herstellt, ist es ein unerfüllter, unverdrängter Wunsch des Wachlebens. Ich weiß, diese Anschauung ist nicht allgemein zu erweisen; aber ich behaupte, sie ist häufig zu erweisen, auch wo man es nicht vermutet hätte, und ist nicht allgemein zu widerlegen.

Die aus dem bewußten Wachleben erübrigten Wunschregungen lasse ich also für die Traumbildung in den Hintergrund treten. Ich will ihnen keine andere Rolle zugestehen als etwa dem Material an aktuellen Sensationen während des Schlafes für den Trauminhalt (vgl. S. 235–6). Ich bleibe auf der Linie, die mir dieser Gedankengang vorschreibt, wenn ich jetzt die anderen psychischen Anregungen in Betracht ziehe, die vom Tagesleben übrigbleiben und die nicht Wünsche sind. Es kann uns gelingen, den Energiebesetzungen unseres wachen Denkens ein vorläufiges Ende zu machen, wenn wir beschließen, den Schlaf aufzusuchen. Wer das gut kann, der ist ein guter Schläfer; der erste Napoleon soll ein Muster dieser Gattung gewesen sein. Aber es gelingt uns nicht immer und nicht immer vollständig. Unerledigte Probleme, quälende Sorgen,

allemal gebahnte Wege, die nie veröden und den Erregungsvorgang immer wieder zur Abfuhr leiten, sooft die unbewußte Erregung sie wiederbesetzt. Um mich eines Gleichnisses zu bedienen: es gibt für sie keine andere Art der Vernichtung als für die Schatten der odysseischen Unterwelt, die zum neuen Leben erwachen, sobald sie Blut getrunken haben. Die vom vorbewußten System abhängigen Vorgänge sind in ganz anderem Sinne zerstörbar. Auf diesem Unterschiede ruht die Psychotherapie der Neurosen. [S. unten, S. 550.]

eine Übermacht von Eindrücken setzen die Denktätigkeit auch während des Schlafes fort und unterhalten seelische Vorgänge in dem System, das wir als das Vorbewußte bezeichnet haben. Wenn uns um eine Einteilung dieser in den Schlaf sich fortsetzenden Denkregungen zu tun ist, so können wir folgende Gruppen derselben aufstellen: 1. Das während des Tages durch zufällige Abhaltung nicht zu Ende Gebrachte, 2. das durch Erlahmen unserer Denkkraft Unerledigte, das Ungelöste, 3. das bei Tag Zurückgewiesene und Unterdrückte. Dazu gesellt sich als eine mächtige 4. Gruppe, was durch die Arbeit des Vorbewußten tagsüber in unserem *Ubw* regegemacht worden ist, und endlich können wir als 5. Gruppe anfügen: die indifferenten und darum unerledigt gebliebenen Eindrücke des Tages.

Die psychischen Intensitäten, welche durch diese Reste des Tageslebens in den Schlafzustand eingeführt werden, zumal aus der Gruppe des Ungelösten, braucht man nicht zu unterschätzen. Sicherlich ringen diese Erregungen auch zur Nachtzeit nach Ausdruck, und ebenso sicher dürfen wir annehmen, daß der Schlafzustand die gewohnte Fortführung des Erregungsvorganges im Vorbewußten und deren Abschluß durch das Bewußtwerden unmöglich macht. Insofern wir unserer Denkvorgänge auf dem normalen Wege bewußtwerden können, auch zur Nachtzeit, insoferne schlafen wir eben nicht. Was für Veränderung der Schlafzustand im System *Vbw* hervorruft, weiß ich nicht anzugeben [1]; aber es ist unzweifelhaft, daß die psychologische Charakteristik des Schlafes wesentlich in den Besetzungsveränderungen gerade dieses Systems zu suchen ist, das auch den Zugang zu der im Schlaf gelähmten Motilität beherrscht. Im Gegensatze dazu wüßte ich von keinem Anlaß aus der Psychologie des Traums, der uns annehmen hieße, daß der Schlaf anders als sekundär in den Verhältnissen des Systems *Ubw* etwas verändere. Der nächtlichen Erregung im *Vbw* bleibt also kein anderer Weg als der, den die Wunscherregungen aus dem *Ubw* nehmen; sie muß die Verstärkung aus dem *Ubw* suchen und die Umwege der unbewußten Erregungen mitmachen. Wie stellen sich aber die vorbewußten Tagesreste zum Traume? Es ist kein Zweifel, daß sie reichlich in den Traum eindringen, daß sie den Trauminhalt benützen, um sich auch zur Nachtzeit dem Bewußtsein aufzudrängen; ja sie dominieren gelegentlich den Trauminhalt, nötigen ihn, die Tagesarbeit fortzusetzen; es ist auch sicher, daß

---

[1] [*Zusatz 1919:*] Ein weiteres Eindringen in die Kenntnis der Verhältnisse des Schlafzustandes und der Bedingungen der Halluzination habe ich in dem Aufsatz ›Metapsychologische Ergänzung zur Traumlehre‹ (1917 *d*) versucht.

die Tagesreste jeden anderen Charakter ebensowohl haben können wie den der Wünsche; aber es ist dabei höchst lehrreich und für die Lehre von der Wunscherfüllung geradezu entscheidend zu sehen, welcher Bedingung sie sich fügen müssen, um in den Traum Aufnahme zu finden. Greifen wir eines der früheren Traumbeispiele heraus, z. B. den Traum, der mir Freund Otto mit den Zeichen der Basedowschen Krankheit erscheinen läßt (S. 273 ff.). Ich hatte am Tage eine Besorgnis gebildet, zu der mir das Aussehen Ottos Anlaß gab, und die Sorge ging mir nahe, wie alles, was diese Person betrifft. Sie folgte mir auch, darf ich annehmen, in den Schlaf. Wahrscheinlich wollte ich ergründen, was ihm fehlen könnte. Zur Nachtzeit fand diese Sorge Ausdruck in dem Traume, den ich mitgeteilt habe, dessen Inhalt erstens unsinnig war und zweitens keiner Wunscherfüllung entsprach. Ich begann aber nachzuforschen, woher der unangemessene Ausdruck der bei Tag verspürten Besorgnis rühre, und durch die Analyse fand ich einen Zusammenhang, indem ich ihn mit einem Baron L., mich selbst aber mit Professor R. identifizierte. Warum ich gerade diesen Ersatz des Tagesgedanken hatte wählen müssen, dafür gab es nur eine Erklärung. Zu der Identifizierung mit Professor R. mußte ich im *Ubw* immer bereit sein, da durch sie einer der unsterblichen Kinderwünsche, der Wunsch der Größensucht, sich erfüllte. Häßliche, der Verwerfung bei Tag sichere Gedanken gegen meinen Freund hatten die Gelegenheit benützt, sich zur Darstellung mit einzuschleichen, aber auch die Sorge des Tages war zu einer Art von Ausdruck durch einen Ersatz im Trauminhalt gekommen. [Vgl. S. 271.] Der Tagesgedanke, der an sich kein Wunsch, sondern im Gegenteil eine Besorgnis war, mußte sich auf irgendeinem Wege die Anknüpfung an einen infantilen, nun unbewußten und unterdrückten Wunsch verschaffen, der ihn dann, wenn auch gehörig zugerichtet, für das Bewußtsein »entstehen« ließ. Je dominierender diese Sorge war, desto gewaltsamer durfte die herzustellende Verbindung sein; zwischen dem Inhalt des Wunsches und dem der Besorgnis brauchte ein Zusammenhang gar nicht zu bestehen und bestand auch keiner in unserem Beispiele.

Vielleicht ist es zweckmäßig[1], dieselbe Frage auch in der Form einer Untersuchung zu behandeln, wie sich der Traum benimmt, wenn ihm in den Traumgedanken ein Material geboten wird, das einer Wunscherfüllung durchwegs widerspricht, also begründete Sorgen, schmerzliche

[1] [Die folgenden sechs Absätze (bis zur Leerzeile auf S. 534) wurden 1919 hinzugefügt.]

Erwägungen, peinliche Einsichten. Die Mannigfaltigkeit der möglichen Erfolge läßt sich dann folgenderart gliedern: *a)* Es gelingt der Traumarbeit, alle peinlichen Vorstellungen durch gegenteilige zu ersetzen und die dazugehörigen unlustigen Affekte zu unterdrücken. Das ergibt dann einen reinen Befriedigungstraum, eine greifbare »Wunscherfüllung«, an der weiter nichts zu erörtern scheint. *b)* Die peinlichen Vorstellungen gelangen, mehr oder weniger abgeändert, aber doch gut kenntlich, in den manifesten Trauminhalt. Dies ist der Fall, der die Zweifel an der Wunschtheorie des Traumes weckt und weiterer Untersuchung bedarf. Solche Träume peinlichen Inhalts können entweder indifferent empfunden werden oder auch den ganzen peinlichen Affekt mitbringen, der durch ihren Vorstellungsinhalt gerechtfertigt scheint, oder selbst unter Angstentwicklung zum Erwachen führen.

Die Analyse weist dann nach, daß auch diese Unlustträume Wunscherfüllungen sind. Ein unbewußter und verdrängter Wunsch, dessen Erfüllung vom Ich des Träumers nicht anders als peinlich empfunden werden könnte, hat sich der Gelegenheit bedient, die ihm durch das Besetztbleiben der peinlichen Tagesreste geboten wird, hat ihnen seine Unterstützung geliehen und sie durch diese traumfähig gemacht. Aber während im Falle *a* der unbewußte Wunsch mit dem bewußten zusammenfiel, wird im Falle *b* der Zwiespalt zwischen dem Unbewußten und dem Bewußten – dem Verdrängten und dem Ich – bloßgelegt, und die Situation des Märchens von den drei Wünschen, welche die Fee dem Ehepaar freigibt, verwirklicht (s. unten S. 552 f. Anm.). Die Befriedigung über die Erfüllung des verdrängten Wunsches kann so groß ausfallen, daß sie den an den Tagesresten hängenden peinlichen Affekten das Gleichgewicht hält [vgl. S. 453]; der Traum ist dann in seinem Gefühlston indifferent, obwohl er einerseits die Erfüllung eines Wunsches, anderseits die einer Befürchtung ist. Oder es kann geschehen, daß das schlafende Ich einen noch ausgiebigeren Anteil an der Traumbildung nimmt, daß es auf die zustande gekommene Befriedigung des verdrängten Wunsches mit einer heftigen Empörung reagiert und selbst dem Traume unter Angst ein Ende macht. Es ist also nicht schwer zu erkennen, daß die Unlust- und die Angstträume im Sinne der Theorie ebensosehr Wunscherfüllungen sind wie die glatten Befriedigungsträume.

Unlustträume können auch *»Strafträume«* sein. [Vgl. S. 456 ff.] Es ist zuzugeben, daß man durch ihre Anerkennung zur Theorie des Traums in gewissem Sinne etwas Neues hinzufügt. Was durch sie erfüllt wird, ist gleichfalls ein unbewußter Wunsch, der nach einer Bestrafung des Träumers für eine verdrängte unerlaubte Wunschregung. Insofern fügen sich die Träume der hier vertretenen Forderung, daß die Triebkraft zur Traumbildung von einem dem Unbewußten angehörigen Wunsche beigestellt werden mußte. Eine feinere psychologische Zergliederung läßt aber den Unterschied von den anderen Wunschträumen erkennen. In den Fällen der Gruppe *b* gehörte der unbewußte, traumbildende Wunsch dem Verdrängten an, bei den Strafträumen ist es gleichfalls ein unbewußter Wunsch, den wir aber nicht dem Verdrängten, sondern dem »Ich« zurechnen müssen. Die Strafträume weisen also auf die Möglichkeit einer noch weiter gehenden Beteiligung des Ichs an der Traumbildung hin. Der Mechanismus der Traumbildung wird überhaupt weit durchsichtiger, wenn man anstatt des Gegensatzes von »Bewußt« und »Unbewußt« den von »Ich« und »Verdrängt« einsetzt. Dies kann nicht ohne Rücksicht auf die Vorgänge bei der Psychoneurose geschehen und ist darum in diesem Buche nicht durchgeführt worden. Ich bemerke nur, daß die Strafträume nicht allgemein an die Bedingung peinlicher Tagesreste geknüpft sind. Sie entstehen vielmehr am leichtesten unter der gegensätzlichen Voraussetzung, daß die Tagesreste Gedanken befriedigender Natur sind, die aber unerlaubte Befriedigungen ausdrücken. Von diesen Gedanken gelangt dann nichts in den manifesten Traum als ihr direkter Gegensatz, ähnlich wie es in den Träumen der Gruppe *a* der Fall war. Der wesentliche Charakter der Strafträume bliebe also, daß bei ihnen nicht der unbewußte Wunsch aus dem Verdrängten (dem System *Ubw*) zum Traumbildner wird, sondern der gegen ihn reagierende, dem Ich angehörige, wenn auch unbewußte (d. h. vorbewußte) Strafwunsch[1].

Ich will einiges von dem hier Vorgebrachten an einem eigenen Traum erläutern, vor allem die Art, wie die Traumarbeit mit einem Tagesrest peinlicher Erwartungen verfährt:

»Undeutlicher Anfang. *Ich sage meiner Frau, ich habe eine Nachricht für sie, etwas ganz Besonderes. Sie erschrickt und will nichts hören. Ich versichere ihr, im Gegenteil, etwas, was sie sehr freuen wird, und be-*

---

[1] [*Zusatz 1930:*] Hier ist die Stelle für die Einfügung des später von der Psychoanalyse erkannten Über-Ichs. [Vgl. S. 459, Anm. 1. – Eine Kategorie von Träumen, die nicht der Wunscherfüllungstheorie folgen (nämlich Träume bei traumatischen Neurosen) diskutiert Freud im II. Kapitel von *Jenseits des Lustprinzips* (1920 g) und auf den letzten Seiten der 29. Vorlesung der *Neuen Folge der Vorlesungen zur Einführung in die Psychoanalyse* (1933 *a*, *Studienausgabe*, Bd. 1, S. 469 ff.).]

ginne zu erzählen, daß das Offizierskorps unseres Sohnes eine Summe Geldes geschickt hat (5000 K?), ... etwas von Anerkennung ... Verteilung ... Dabei bin ich mit ihr in ein kleines Zimmer gegangen, wie eine Vorratskammer, um etwas herauszusuchen. Plötzlich sehe ich meinen Sohn erscheinen, er ist nicht in Uniform, sondern eher im enganliegenden Sportkostüm (wie ein Seehund?), mit kleiner Kappe. Er steigt auf einen Korb, der sich seitlich neben einem Kasten befindet, wie um etwas auf diesen Kasten zu legen. Ich rufe ihn an; keine Antwort. Mir scheint, er hat das Gesicht oder die Stirn verbunden, er richtet sich etwas im Munde, schiebt sich etwas ein. Auch haben seine Haare einen grauen Schimmer. Ich denke: Sollte er so erschöpft sein? Und hat er falsche Zähne? Ehe ich ihn wieder anrufen kann, erwache ich ohne Angst, aber mit Herzklopfen. Meine Nachtuhr zeigt die Stunde 2½.«

Die Mitteilung einer vollständigen Analyse ist auch diesmal unmöglich. Ich beschränke mich auf die Hervorhebung einiger entscheidender Punkte. Den Anlaß zum Traum hatten peinigende Erwartungen des Tages gegeben; von dem an der Front Kämpfenden waren wieder einmal Nachrichten durch länger als eine Woche ausgeblieben. Es ist leicht zu ersehen, daß im Trauminhalt die Überzeugung Ausdruck findet, daß er verwundet oder gefallen ist. Zu Anfang des Traumes merkt man das energische Bemühen, die peinlichen Gedanken durch ihr Gegenteil zu ersetzen. Ich habe etwas Hocherfreuliches mitzuteilen, etwas von Geldsendung, Anerkennung, Verteilung. (Die Geldsumme stammt aus einem erfreulichen Vorkommnis in der ärztlichen Praxis, will also überhaupt vom Thema ablenken.) Aber diese Bemühung mißlingt. Die Mutter ahnt etwas Schreckliches und will mich nicht anhören. Die Verkleidungen sind auch zu dünn, überall schimmert die Beziehung zu dem, was unterdrückt werden soll, durch. Wenn der Sohn gefallen ist, werden seine Kameraden seine Habseligkeiten zurückschicken; ich werde, was er hinterläßt, an die Geschwister und andere zu verteilen haben; Anerkennungen werden häufig dem Offizier nach seinem »Heldentod« verliehen. Der Traum geht also daran, direkt zum Ausdruck zu bringen, was er zunächst verleugnen wollte, wobei sich die wunscherfüllende Tendenz noch durch Entstellungen bemerkbar macht. (Der Wechsel der Örtlichkeit im Traume ist wohl als Schwellensymbolik nach Silberer [1912] zu verstehen. [Vgl. oben, S. 484.]) Wir ahnen freilich nicht, was ihm die dazu erforderliche Triebkraft leiht. Der Sohn erscheint aber nicht als einer, der »fällt«, sondern als einer, der »steigt«. Er ist ja auch ein kühner Bergsteiger gewesen. Er ist nicht in Uniform, sondern im Sportkostüm, d. h. an die Stelle des jetzt gefürchteten Unfalles ist ein früherer getreten, den er im Sport erlitten, als er auf einer Skitour fiel und sich den Oberschenkel brach. Aber die Art, wie er kostümiert ist, so daß er einem Seehund gleicht, erinnert sofort an einen Jüngeren, an unseren kleinen drolligen Enkel; das graue Haar mahnt an dessen vom Kriege arg hergenommenen Vater, unseren Schwiegersohn. Was soll das? Aber genug damit; die Örtlichkeit eine Speisekammer, der Kasten, von dem er sich etwas holen will (etwas darauflegen im Traum), das sind unverkennbare Anspielungen an einen eigenen Unfall, den ich mir zugezogen, als ich über zwei und noch nicht drei Jahre alt war[1]. Ich stieg in der Speisekammer auf einen Schemel, um mir etwas Gutes zu holen, was auf einem Kasten oder Tisch lag. Der Schemel kippte um und traf mich mit seiner Kante hinter dem Unterkiefer. Ich hätte mir auch alle Zähne ausschlagen können. Eine Mahnung meldet sich dabei: Das geschieht dir recht, wie eine feindselige Regung gegen den wackeren Krieger. Die Vertiefung der Analyse läßt mich dann die versteckte Regung finden, die sich an dem gefürchteten Unfall des Sohnes befriedigen könnte. Es ist der Neid gegen die Jugend, den der Gealterte im Leben gründlich erstickt zu haben glaubt, und es ist unverkennbar, daß gerade die Stärke der schmerzlichen Ergriffenheit, wenn ein solches Unglück sich wirklich ereignete, zu ihrer Linderung eine solche verdrängte Wunscherfüllung aufspürt.

Ich kann es nun scharf bezeichnen, was der unbewußte Wunsch für den Traum bedeutet. Ich will zugeben, daß es eine ganze Klasse von Träumen gibt, zu denen die *Anregung* vorwiegend oder selbst ausschließlich aus den Resten des Tageslebens stammt, und ich meine, selbst mein Wunsch, endlich einmal Professor extraordinarius zu werden, hätte mich jene Nacht in Ruhe schlafen lassen können, wäre nicht die Sorge um die Gesundheit meines Freundes vom Tage her noch rührig gewesen [S. 274 f.]. Aber diese Sorge hätte noch keinen Traum gemacht; die *Triebkraft*, die der Traum bedurfte, mußte von einem Wunsche beigesteuert werden; es war Sache der Besorgnis, sich einen solchen Wunsch als Triebkraft des Traumes zu verschaffen. Um es in einem Gleichnis zu sagen: Es ist sehr wohl möglich, daß ein Tagesgedanke die Rolle des *Unternehmers* für den Traum spielt; aber der Unternehmer, der, wie man sagt, die Idee hat und den Drang, sie in Tat umzusetzen, kann doch ohne Kapital

[1] [Vgl. S. 44, Anm. – Vielleicht bewirkte die Erinnerung an die Uhrzeit des Erwachens (s. S. 533) die Assoziation mit diesem Lebensalter.]

nichts machen; er braucht einen *Kapitalisten*, der den Aufwand bestreitet, und dieser Kapitalist, der den psychischen Aufwand für den Traum beistellt, ist alle Male und unweigerlich, was immer auch der Tagesgedanke sein mag, *ein Wunsch aus dem Unbewußten*[1].

Andere Male ist der Kapitalist selbst der Unternehmer; das ist für den Traum sogar der gewöhnlichere Fall. Es ist durch die Tagesarbeit ein unbewußter Wunsch angeregt worden, und der schafft nun den Traum. Auch für alle anderen Möglichkeiten des hier als Beispiel verwendeten wirtschaftlichen Verhältnisses bleiben die Traumvorgänge parallel; der Unternehmer kann selbst eine Kleinigkeit an Kapital mitbringen; es können mehrere Unternehmer sich an denselben Kapitalisten wenden; es können mehrere Kapitalisten gemeinsam das für die Unternehmer Erforderliche zusammensteuern. So gibt es auch Träume, die von mehr als einem Traumwunsche getragen werden, und dergleichen Variationen mehr, die leicht zu übersehen sind und uns kein Interesse mehr bieten. Was an dieser Erörterung über den Traumwunsch noch unvollständig ist, werden wir erst später ergänzen können.

Das *tertium comparationis* der hier gebrauchten Gleichnisse, die in zugemessener Menge zur freien Verfügung gestellte Quantität[2], läßt noch feinere Verwendung zur Beleuchtung der Traumstruktur zu. In den meisten Träumen läßt sich ein mit besonderer sinnlicher Intensität ausgestattetes Zentrum erkennen, wie auf S. 305 [und S. 326 f.] ausgeführt. Das ist in der Regel die direkte Darstellung der Wunscherfüllung, denn, wenn wir die Verschiebungen der Traumarbeit rückgängig machen, finden wir die psychische Intensität der Elemente in den Traumgedanken durch die sinnliche Intensität der Elemente im Trauminhalt ersetzt. Die Elemente in der Nähe der Wunscherfüllung haben mit deren Sinn oft nichts zu tun, sondern erweisen sich als Abkömmlinge peinlicher, dem Wunsch zuwiderlaufender Gedanken. Durch den oft künstlich hergestellten Zusammenhang mit dem zentralen Element haben sie aber so viel Intensität abbekommen, daß sie zur Darstellung fähig geworden sind. So diffundiert die darstellende Kraft der Wunscherfüllung über eine gewisse Sphäre von Zusammenhang, innerhalb deren alle Elemente, auch die an sich mittellosen, zur Darstellung gehoben werden. Bei Träumen mit mehreren treibenden Wünschen gelingt es leicht, die Sphären

[1] [Diesen Absatz zitiert Freud im vollen Wortlaut am Ende der Analyse von »Doras« erstem Traum (1905 *e*, Abschnitt II, *Studienausgabe*, Bd. 6, S. 155 f.). Er bemerkt dazu, dieser Traum beweise alle seine Annahmen.]

[2] [An Kapital im Falle des Beispiels, an psychischer Energie im Falle eines Traumes.]

der einzelnen Wunscherfüllungen voneinander abzugrenzen, oft auch die Lücken im Traume als Grenzzonen zu verstehen.

Wenn wir auch die Bedeutung der Tagesreste für den Traum durch die vorstehenden Bemerkungen eingeschränkt haben, so verlohnt es doch der Mühe, ihnen noch einige Aufmerksamkeit zu schenken. Sie müssen doch ein notwendiges Ingrediens der Traumbildung sein, wenn uns die Erfahrung mit der Tatsache überraschen kann, daß jeder Traum eine Anknüpfung an einen rezenten Tageseindruck, oft der gleichgültigsten Art, mit in seinem Inhalt erkennen läßt. Die Notwendigkeit für diesen Zusatz zur Traummischung vermochten wir noch nicht einzusehen. (S. 193 f.) Sie ergibt sich auch nur, wenn man an der Rolle des unbewußten Wunsches festhält und dann die Neurosenpsychologie um Auskunft befragt. Aus dieser erfährt man, daß die unbewußte Vorstellung als solche überhaupt unfähig ist, ins Vorbewußte einzutreten, und daß sie dort nur eine Wirkung zu äußern vermag, indem sie sich mit einer harmlosen, dem Vorbewußten bereits angehörigen Vorstellung in Verbindung setzt, auf sie ihre Intensität überträgt und sich durch sie decken läßt. Es ist dies die Tatsache der *Übertragung* [1], welche für so viele auffällige Vorfälle im Seelenleben der Neurotiker die Aufklärung enthält. Die Übertragung kann die Vorstellung aus dem Vorbewußten, welche somit zu einer unverdient großen Intensität gelangt, unverändert lassen oder ihr selbst eine Modifikation durch den Inhalt der übertragenden Vorstellung aufdrängen. Man verzeihe mir die Neigung zu Gleichnissen aus dem täglichen Leben, aber ich bin versucht zu sagen, die Verhältnisse liegen für die verdrängte Vorstellung ähnlich wie in unserem Vaterlande für den amerikanischen Zahnarzt, der seine Praxis nicht ausüben darf, wenn er sich nicht eines *rite* promovierten Doktors der Medizin als Aushängeschild und Deckung vor dem Gesetz bedient. Und ebenso wie es nicht gerade die beschäftigtesten Ärzte sind, die solche Alliancen mit dem Zahntechniker eingehen, so werden auch im Psychischen nicht jene vorbewußten oder bewußten Vorstellungen zur Dek-

---

[1] [In späteren Werken benutzt Freud den Ausdruck »Übertragung« in der Regel zur Beschreibung eines etwas anderen, wenn auch verwandten psychischen Vorganges, den er zunächst in der psychoanalytischen Behandlungspraxis entdeckt hatte – nämlich den Prozeß der »Übertragung« von ursprünglich einem infantilen Objekt zugewandten (und unbewußt auch noch immer diesem geltenden) Gefühlen auf ein gegenwärtiges Objekt. (S. z. B. Freud, 1905 *e*, IV. Abschnitt, *Studienausgabe*, Bd. 6, S. 180–4.) Das Wort kommt in diesem letzteren Sinne auch im vorliegenden Band vor – z. B. auf den Seiten 196 und 210.]

kung einer verdrängten erkoren, die selbst genügend von der im Vorbewußten tätigen Aufmerksamkeit auf sich gezogen haben. Das Unbewußte umspinnt mit seinen Verbindungen vorzugsweise jene Eindrücke und Vorstellungen des Vorbewußten, die entweder als indifferent außer Beachtung geblieben sind oder denen diese Beachtung durch Verwerfung alsbald wieder entzogen wurde. Es ist ein bekannter Satz aus der Assoziationslehre, durch alle Erfahrung bestätigt, daß Vorstellungen, die eine sehr innige Verbindung nach der einen Seite angeknüpft haben, sich wie ablehnend gegen ganze Gruppen von neuen Verbindungen verhalten; ich habe einmal den Versuch gemacht, eine Theorie der hysterischen Lähmungen auf diesen Satz zu begründen[1].

Wenn wir annehmen, daß das nämliche Bedürfnis zur Übertragung von den verdrängten Vorstellungen aus, das uns die Analyse der Neurosen kennen lehrt, sich auch im Traume geltend macht, so erklären sich auch mit einem Schlage zwei der Rätsel des Traumes, daß jede Traumanalyse eine Verwebung eines rezenten Eindrucks nachweist und daß dies rezente Element oft von der gleichgültigsten Art ist [S. 193]. Wir fügen hinzu, was wir bereits an anderer Stelle gelernt haben [S. 190], daß diese rezenten und indifferenten Elemente als Ersatz der allerältesten aus den Traumgedanken darum so häufig in den Trauminhalt gelangen, weil sie gleichzeitig von der Widerstandszensur am wenigsten zu befürchten haben. Während aber die Zensurfreiheit uns nur die Bevorzugung der trivialen Elemente aufklärt, läßt die Konstanz der rezenten Elemente auf die Nötigung zur Übertragung durchblicken. Dem Anspruch des Verdrängten auf noch assoziationsfreies Material genügen beide Gruppen von Eindrücken, die indifferenten, weil sie zu ausgiebigen Verbindungen keinen Anlaß geboten haben, die rezenten, weil dazu noch die Zeit gefehlt hat.

Wir sehen so, daß die Tagesreste, denen wir die indifferenten Eindrücke jetzt zurechnen dürfen, nicht nur vom *Ubw* etwas entlehnen, wenn sie an der Traumbildung Anteil gewinnen, nämlich die Triebkraft, über die der verdrängte Wunsch verfügt, sondern daß sie auch dem Unbewußten etwas Unentbehrliches bieten, die notwendige Anheftung zur Übertragung. Wollten wir hier in die seelischen Vorgänge tiefer eindringen, so müßten wir das Spiel der Erregungen zwischen Vorbewußtem und Unbewußtem schärfer beleuchten, wozu wohl das Studium der Psychoneurosen drängt, aber gerade der Traum keinen Anhalt bietet.

---

[1] [S. Freud, 1893 *c*, IV. Abschnitt.]

Nur noch eine Bemerkung über die Tagesreste. Es ist kein Zweifel, daß sie die eigentlichen Störer des Schlafes sind, und nicht der Traum, der sich vielmehr bemüht, den Schlaf zu hüten. Hierauf werden wir noch später zurückkommen [S. 549 ff.].

Wir haben bisher den Traumwunsch verfolgt, ihn aus dem Gebiet des *Ubw* abgeleitet und sein Verhältnis zu den Tagesresten zergliedert, die ihrerseits Wünsche sein können oder psychische Regungen irgendwelcher anderen Art oder einfach rezente Eindrücke. Wir haben so Raum geschaffen für die Ansprüche, die man zugunsten der traumbildenden Bedeutung der wachen Denkarbeit in all ihrer Mannigfaltigkeit erheben kann. Es wäre nicht einmal unmöglich, daß wir auf Grund unserer Gedankenreihe selbst jene extremen Fälle aufklären, in denen der Traum als Fortsetzer der Tagesarbeit eine ungelöste Aufgabe des Wachens zum glücklichen Ende bringt [s. S. 87]. Es mangelt uns nur an einem Beispiel solcher Art, um durch dessen Analyse die infantile oder verdrängte Wunschquelle aufzudecken, deren Heranziehung die Bemühung der vorbewußten Tätigkeit so erfolgreich verstärkt hat. Wir sind aber um keinen Schritt der Lösung des Rätsels näher gekommen, warum das Unbewußte im Schlafe nichts anderes bieten kann als die Triebkraft zu einer Wunscherfüllung? Die Beantwortung dieser Frage muß ein Licht auf die psychische Natur des Wünschens werfen; sie soll an der Hand des Schemas vom psychischen Apparat gegeben werden.

Wir zweifeln nicht daran, daß auch dieser Apparat seine heutige Vollkommenheit erst über den Weg einer langen Entwicklung erreicht hat. Versuchen wir es, ihn in eine frühere Stufe seiner Leistungsfähigkeit zurückzuversetzen. Anderswie zu begründende Annahmen sagen uns, daß der Apparat zunächst dem Bestreben folgte, sich möglichst reizlos zu erhalten[1], und darum in seinem ersten Aufbau das Schema des Reflexapparats annahm, das ihm gestattete, eine von außen an ihn anlangende sensible Erregung alsbald auf motorischem Wege abzuführen. Aber die Not des Lebens stört diese einfache Funktion; ihr verdankt der Apparat auch den Anstoß zur weiteren Ausbildung. In der Form der großen Körperbedürfnisse tritt die Not des Lebens zuerst an ihn heran. Die durch das innere Bedürfnis gesetzte Erregung wird sich einen

---

[1] [Dies ist das sogenannte »Konstanzprinzip«, das auf den ersten Seiten der Arbeit *Jenseits des Lustprinzips* (1920 g) diskutiert wird. Als grundlegende Annahme kommt es jedoch schon in einigen der frühesten psychologischen Arbeiten Freuds vor. Vgl. die ›Editorische Einleitung‹, S. 16 ff.]

Abfluß in die Motilität suchen, die man als »Innere Veränderung« oder als »Ausdruck der Gemütsbewegung« bezeichnen kann. Das hungrige Kind wird hilflos schreien oder zappeln. Die Situation bleibt aber unverändert, denn die vom inneren Bedürfnis ausgehende Erregung entspricht nicht einer momentan stoßenden, sondern einer kontinuierlich wirkenden Kraft. Eine Wendung kann erst eintreten, wenn auf irgendeinem Wege, beim Kinde durch fremde Hilfeleistung, die Erfahrung des *Befriedigungserlebnisses* gemacht wird, das den inneren Reiz aufhebt. Ein wesentlicher Bestandteil dieses Erlebnisses ist das Erscheinen einer gewissen Wahrnehmung (der Nahrung im Beispiel), deren Erinnerungsbild von jetzt an mit der Gedächtnisspur der Bedürfniserregung assoziiert bleibt. Sobald dies Bedürfnis ein nächstesmal auftritt, wird sich, dank der hergestellten Verknüpfung, eine psychische Regung ergeben, welche das Erinnerungsbild jener Wahrnehmung wieder besetzen und die Wahrnehmung selbst wieder hervorrufen, also eigentlich die Situation der ersten Befriedigung wiederherstellen will. Eine solche Regung ist das, was wir einen Wunsch heißen; das Wiedererscheinen der Wahrnehmung ist die Wunscherfüllung, und die volle Besetzung der Wahrnehmung von der Bedürfniserregung her der kürzeste Weg zur Wunscherfüllung. Es hindert uns nichts, einen primitiven Zustand des psychischen Apparats anzunehmen, in dem dieser Weg wirklich so begangen wird, das Wünschen also in ein Halluzinieren ausläuft. Diese erste psychische Tätigkeit zielt also auf eine *Wahrnehmungsidentität*[1], nämlich auf die Wiederholung jener Wahrnehmung, welche mit der Befriedigung des Bedürfnisses verknüpft ist.

Eine bittere Lebenserfahrung muß diese primitive Denktätigkeit zu einer zweckmäßigeren, sekundären modifiziert haben. Die Herstellung der Wahrnehmungsidentität auf dem kurzen regredienten Wege im Innern des Apparats hat an anderer Stelle nicht die Folge, welche mit der Besetzung derselben Wahrnehmung von außen her verbunden ist. Die Befriedigung tritt nicht ein, das Bedürfnis dauert fort. Um die innere Besetzung der äußeren gleichwertig zu machen, müßte dieselbe fortwährend aufrechterhalten werden, wie es in den halluzinatorischen Psychosen und in den Hungerphantasien auch wirklich geschieht, die ihre psychische Leistung in der *Festhaltung* des gewünschten Objekts erschöpfen. Um eine zweckmäßigere Verwendung der psychischen Kraft zu erreichen, wird es notwendig, die volle Regression aufzuhalten, so

---

1 [D. h. auf etwas, das als mit dem »Befriedigungserlebnis« identisch wahrgenommen wird.]

daß sie nicht über das Erinnerungsbild hinausgeht und von diesem aus andere Wege suchen kann, die schließlich zur Herstellung der gewünschten Identität von der Außenwelt her führen[1]. Diese Hemmung sowie die darauf folgende Ablenkung der Erregung wird zur Aufgabe eines zweiten Systems, welches die willkürliche Motilität beherrscht, d. h. an dessen Leistung sich erst die Verwendung der Motilität zu vorher erinnerten Zwecken anschließt. All die komplizierte Denktätigkeit aber, welche sich vom Erinnerungsbild bis zur Herstellung der Wahrnehmungsidentität durch die Außenwelt fortspinnt, stellt doch nur einen durch die Erfahrung notwendig gewordenen *Umweg zur Wunscherfüllung* dar[2]. Das Denken ist doch nichts anderes als der Ersatz des halluzinatorischen Wunsches, und wenn der Traum eine Wunscherfüllung ist, so wird das eben selbstverständlich, da nichts anderes als ein Wunsch unseren seelischen Apparat zur Arbeit anzutreiben vermag. Der Traum, der seine Wünsche auf kurzem regredienten Wege erfüllt, hat uns hiemit nur eine Probe der *primären*, als unzweckmäßig verlassenen Arbeitsweise des psychischen Apparats aufbewahrt. In das Nachtleben scheint verbannt, was einst im Wachen herrschte, als das psychische Leben noch jung und untüchtig war, etwa wie wir in der Kinderstube die abgelegten primitiven Waffen der erwachsenen Menschheit, Pfeil und Bogen, wiederfinden. *Das Träumen ist ein Stück des überwundenen Kinderseelenlebens.* In den Psychosen werden diese sonst im Wachen unterdrückten Arbeitsweisen des psychischen Apparats sich wiederum Geltung erzwingen und dann ihre Unfähigkeit zur Befriedigung unserer Bedürfnisse gegen die Außenwelt an den Tag legen[3].

Die unbewußten Wunschregungen streben offenbar auch bei Tag sich geltend zu machen, und die Tatsache der Übertragung sowie die Psychosen belehren uns, daß sie auf dem Wege durch das System des Vorbewußten zum Bewußtsein und zur Beherrschung der Motilität durchdringen möchten. In der Zensur zwischen *Ubw* und *Vbw*, deren Annahme uns der Traum geradezu aufnötigt, haben wir also den Wächter unserer geistigen Gesundheit zu erkennen und zu ehren. Ist es nun nicht

---

1 [*Zusatz 1919:*] Mit anderen Worten: es wird die Einsetzung einer »Realitätsprüfung« als notwendig erkannt.

2 Von der Wunscherfüllung des Traumes rühmt Le Lorrain mit Recht [1895]: *»Sans fatigue sérieuse, sans être obligé de recourir à cette lutte opiniâtre et longue qui use et corrode les jouissances poursuivies.«*

3 [*Zusatz 1914:*] Ich habe diesen Gedankengang an anderer Stelle (›Formulierungen über die zwei Prinzipien des psychischen Geschehens‹, 1911 *b*) weiter ausgeführt und als die beiden Prinzipien das Lust- und das Realitätsprinzip hingestellt. [Dieser Gedankengang wird außerdem auch weiter unten, auf S. 568 ff., fortgeführt.]

eine Unvorsichtigkeit des Wächters, daß er zur Nachtzeit seine Tätigkeit verringert, die unterdrückten Regungen des *Ubw* zum Ausdrucke kommen läßt, die halluzinatorische Regression wieder ermöglicht? Ich denke nicht, denn wenn sich der kritische Wächter zur Ruhe begibt – wir haben die Beweise dafür, daß er doch nicht tief schlummert –, so schließt er auch das Tor zur Motilität. Welche Regungen aus dem sonst gehemmten *Ubw* sich auch auf dem Schauplatz tummeln mögen, man kann sie gewähren lassen, sie bleiben harmlos, weil sie nicht imstande sind, den motorischen Apparat in Bewegung zu setzen, welcher allein die Außenwelt verändernd beeinflussen kann. Der Schlafzustand garantiert die Sicherheit der zu bewachenden Festung. Minder harmlos gestaltet es sich, wenn die Kräfteverschiebung nicht durch den nächtlichen Nachlaß im Kräfteaufwand der kritischen Zensur, sondern durch pathologische Schwächung derselben oder durch pathologische Verstärkung der unbewußten Erregungen hergestellt wird, solange das Vorbewußte besetzt und die Tore zur Motilität offen sind. Dann wird der Wächter überwältigt, die unbewußten Erregungen unterwerfen sich das *Vbw*, beherrschen von ihm aus unser Reden und Handeln oder erzwingen sich die halluzinatorische Regression und lenken den nicht für sie bestimmten Apparat vermöge der Anziehung, welche die Wahrnehmungen auf die Verteilung unserer psychischen Energie ausüben. Diesen Zustand heißen wir Psychose.

Wir befinden uns da auf dem besten Wege, an dem psychologischen Gerüste weiterzubauen, das wir mit der Einfügung der beiden Systeme *Ubw* und *Vbw* verlassen haben. Wir haben aber noch Motive genug, bei der Würdigung des Wunsches als einziger psychischer Triebkraft für den Traum zu verweilen. Wir haben die Aufklärung entgegengenommen, daß der Traum darum jedesmal eine Wunscherfüllung ist, weil er eine Leistung des Systems *Ubw* ist, welches kein anderes Ziel seiner Arbeit als Wunscherfüllung kennt und über keine anderen Kräfte als die der Wunschregungen verfügt. Wenn wir nun auch nur einen Moment länger an dem Recht festhalten wollen, von der Traumdeutung aus so weitgreifende psychologische Spekulationen auszuführen, so obliegt uns die Verpflichtung zu zeigen, daß wir durch sie den Traum in einen Zusammenhang einreihen, welcher auch andere psychische Bildungen umfassen kann. Wenn ein System des *Ubw* – oder etwas ihm für unsere Erörterungen Analoges – existiert, so kann der Traum nicht dessen einzige Äußerung sein; jeder Traum mag eine Wunscherfüllung sein, aber es muß noch andere Formen abnormer Wunscherfüllungen geben als die Träume. Und wirklich gipfelt die Theorie aller psychoneurotischen Symptome in dem einen Satz, *daß auch sie als Wunscherfüllungen des Unbewußten aufgefaßt werden müssen*[1]. Der Traum wird durch unsere Aufklärung nur das erste Glied einer für den Psychiater höchst bedeutungsvollen Reihe, deren Verständnis die Lösung des rein psychologischen Anteils der psychiatrischen Aufgabe bedeutet[2]. Von anderen Gliedern dieser Reihe von Wunscherfüllungen, z. B. von den hysterischen Symptomen, kenne ich aber einen wesentlichen Charakter, den ich am Traume noch vermisse. Ich weiß nämlich aus den im Laufe dieser Abhandlung oftmals angedeuteten Untersuchungen, daß zur Bildung eines hysterischen Symptoms beide Strömungen unseres Seelenlebens zusammentreffen müssen. Das Symptom ist nicht bloß der Ausdruck eines realisierten unbewußten Wunsches; es muß noch ein Wunsch aus dem Vorbewußten dazukommen, der sich durch das nämliche Symptom erfüllt, so daß das Symptom *mindestens* zweifach determiniert wird, je einmal von einem der im Konflikt befindlichen Systeme her. Einer weiteren Überdeterminierung sind – ähnlich wie beim Traum – keine Schranken gesetzt. Die Determinierung, die nicht dem *Ubw* entstammt, ist, soviel ich sehe, regelmäßig ein Gedankenzug der Reaktion gegen den unbewußten Wunsch, z. B. eine Selbstbestrafung. Ich kann also ganz allgemein sagen, *ein hysterisches Symptom entsteht nur dort, wo zwei gegensätzliche Wunscherfüllungen, jede aus der Quelle eines anderen psychischen Systems, in einem Ausdruck zusammentreffen können.* (Vgl. hiezu meine letzten Formulierungen der Entstehung hysterischer Symptome in dem Aufsatz ›Hysterische Phantasien und ihre Beziehung zur Bisexualität‹, 1908 *a*[3].) Beispiele würden hier wenig fruchten, da nur die vollständige Enthüllung der vorliegenden Komplikationen Überzeugung erwecken kann. Ich lasse es darum bei der Behauptung und bringe ein Beispiel bloß seiner Anschaulichkeit, nicht seiner Beweiskraft wegen. Das hysterische Erbrechen also bei einer Patientin erwies sich einerseits als die Erfüllung einer unbewußten Phantasie aus den Pubertätsjahren, nämlich des Wunsches, fortwährend gravid zu sein, unge-

---

[1] [*Zusatz 1914:*] Korrekter gesagt: Ein Anteil des Symptoms entspricht der unbewußten Wunscherfüllung, ein anderer der Reaktionsbildung gegen dieselbe.

[2] [*Zusatz 1914:*] Hughlings Jackson hatte geäußert: »Findet das Wesen des Traumes, und ihr werdet alles, was man über das Irresein wissen kann, gefunden haben.« *(»Find out all about dreams and you will have found out all about insanity.«)* [Von Ernest Jones (1911) zitiert, der diese Äußerung von Hughlings Jackson selbst gehört hat.]

[3] [Dieser eingeklammerte Satz wurde 1909 hinzugefügt.]

zählt viele Kinder zu haben, wozu später die Erweiterung trat: von möglichst vielen Männern. Gegen diesen unbändigen Wunsch hatte sich eine mächtige Abwehrregung erhoben. Da die Patientin aber durch das Erbrechen ihre Körperfülle und ihre Schönheit verlieren konnte, so daß kein Mann mehr an ihr Gefallen fand, so war das Symptom auch dem strafenden Gedankengang recht und durfte, von beiden Seiten zugelassen, zur Realität werden. Es ist dieselbe Manier, auf eine Wunscherfüllung einzugehen, welche der Partherkönigin gegen den Triumvir Crassus beliebte. Sie meinte, er habe den Feldzug aus Goldgier unternommen; so ließ sie der Leiche geschmolzenes Gold in den Rachen gießen. »Hier hast du, was du dir gewünscht hast.« Vom Traum wissen wir bis jetzt nur, daß er eine Wunscherfüllung des Unbewußten ausdrückt; es scheint, daß das herrschende, vorbewußte System diese gewähren läßt, nachdem es ihr gewisse Entstellungen aufgenötigt hat. Man ist auch wirklich nicht imstande, allgemein einen dem Traumwunsch gegensätzlichen Gedankenzug nachzuweisen, der sich wie sein Widerpart im Traume verwirklicht. Nur hie und da sind uns in den Traumanalysen Anzeichen von Reaktionsschöpfungen begegnet, z. B. die Zärtlichkeit für Freund R. im Onkeltraum (S. 157–8). Wir können aber die hier vermißte Zutat aus dem Vorbewußten an anderer Stelle auffinden. Der Traum darf einen Wunsch aus dem *Ubw* nach allerlei Entstellungen zum Ausdruck bringen, während sich das herrschende System auf den *Wunsch zu schlafen* zurückgezogen hat und diesen Wunsch durch Herstellung der ihm möglichen Besetzungsänderungen innerhalb des psychischen Apparats realisiert, endlich ihn die ganze Dauer des Schlafes über festhält[1].

Dieser festgehaltene Wunsch des Vorbewußten zu schlafen, wirkt nun ganz allgemein erleichternd auf die Traumbildung. Denken wir an den Traum des Vaters, den der Lichtschein aus dem Totenzimmer zur Folgerung anregt, die Leiche könne in Brand geraten sein [S. 488 ff.]. Wir haben als die eine der psychischen Kräfte, die den Ausschlag dafür geben, daß der Vater im Traume diesen Schluß zieht, anstatt sich durch den Lichtschein wecken zu lassen, den Wunsch aufgewiesen, der das Leben des im Traume vorgestellten Kindes um den einen Moment verlängert. Andere aus dem Verdrängten stammende Wünsche entgehen uns wahrscheinlich, weil wir die Analyse dieses Traumes nicht machen können. Aber als zweite Triebkraft dieses Traumes dürfen wir das Schlafbedürfnis des Vaters hinzunehmen; so wie durch den Traum das Leben des

[1] Diesen Gedanken entlehne ich der Schlaftheorie von Liébeault, des Erweckers der hypnotischen Forschung in unseren Tagen (1889).

Kindes, so wird auch der Schlaf des Vaters um einen Moment verlängert. Den Traum gewähren lassen, heißt diese Motivierung, sonst muß ich erwachen. Wie bei diesem Traume, so leiht auch bei allen anderen der Schlafwunsch dem unbewußten Wunsch seine Unterstützung. Wir haben auf S. 142 ff. von Träumen berichtet, die sich offenkundig als Bequemlichkeitsträume geben. Eigentlich haben alle Träume Anspruch auf diese Bezeichnung. Bei den Weckträumen, die den äußeren Sinnesreiz so verarbeiten, daß er mit der Fortsetzung des Schlafens verträglich wird, ihn in einen Traum verweben, um ihm die Ansprüche zu entreißen, die er als Mahnung an die Außenwelt erheben könnte, ist die Wirksamkeit des Wunsches weiterzuschlafen, am leichtesten zu erkennen. Derselbe muß aber ebenso seinen Anteil an der Gestattung aller anderen Träume haben, die nur von innen her als Wecker am Schlafzustand rütteln können. Was das *Vbw* in manchen Fällen dem Bewußtsein mitteilt, wenn der Traum es zu arg treibt: Aber laß doch und schlaf weiter, es ist ja nur ein Traum [s. S. 470], das beschreibt, auch ohne daß es laut wird, ganz allgemein das Verhalten unserer herrschenden Seelentätigkeit gegen das Träumen. Ich muß die Folgerung ziehen, *daß wir den ganzen Schlafzustand über ebenso sicher wissen, daß wir träumen, wie wir es wissen, daß wir schlafen.* Es ist durchaus notwendig, den Einwand dagegen geringzuschätzen, daß unser Bewußtsein auf das eine Wissen nie gelenkt wird, auf das andere nur bei bestimmtem Anlaß, wenn sich die Zensur wie überrumpelt fühlt. Dagegen[1] gibt es Personen, bei denen die nächtliche Festhaltung des Wissens, daß sie schlafen und träumen, ganz offenkundig wird und denen also eine bewußte Fähigkeit, das Traumleben zu lenken, eigen scheint. Ein solcher Träumer ist z. B. mit der Wendung, die ein Traum nimmt, unzufrieden, er bricht ihn, ohne aufzuwachen, ab und beginnt ihn von neuem, um ihn anders fortzusetzen, ganz wie ein populärer Schriftsteller auf Verlangen seinem Schauspiel einen glücklicheren Ausgang gibt. Oder er denkt sich ein anderes Mal im Schlafe, wenn ihn der Traum in eine sexuell erregende Situation versetzt hat: »Das will ich nicht weiterträumen, um mich in einer Pollution zu erschöpfen, sondern hebe es mir lieber für eine reale Situation auf.«

Der Marquis d'Hervey [1867, 268 ff.][2] (Vaschide, 1911, 139) behauptete, eine solche Macht über seine Träume gewonnen zu haben, daß er ihren Ablauf nach Belieben beschleunigen und ihnen eine ihm beliebige

[1] [Der Rest dieses Absatzes wurde 1909 hinzugefügt.]
[2] [Diese letzten beiden Absätze wurden 1914 hinzugefügt.]

Richtung geben konnte. Es scheint, daß bei ihm der Wunsch zu schlafen einem anderen vorbewußten Wunsch Raum gegönnt hatte, dem, seine Träume zu beobachten und sich an ihnen zu ergötzen. Mit einem solchen Wunschvorsatz ist der Schlaf ebensowohl verträglich wie mit einem Vorbehalt als Bedingung des Erwachens (Ammenschlaf) [S. 231]. Es ist auch bekannt, daß das Interesse am Traum bei allen Menschen die Anzahl der nach dem Erwachen erinnerten Träume erheblich steigert.
Über andere Beobachtungen von Lenkung der Träume sagt Ferenczi [1911]: »Der Traum bearbeitet den das Seelenleben gerade beschäftigenden Gedanken von allen Seiten her, läßt das eine Traumbild bei drohender Gefahr des Mißlingens der Wunscherfüllung fallen, versucht es mit einer neuen Art der Lösung, bis es ihm endlich gelingt, eine die beiden Instanzen des Seelenlebens kompromissuell befriedigende Wunscherfüllung zu schaffen.«

D
DAS WECKEN DURCH DEN TRAUM
DIE FUNKTION DES TRAUMES
DER ANGSTTRAUM

Seitdem wir wissen, daß das Vorbewußte über die Nacht auf den Wunsch zu schlafen eingestellt ist, können wir den Traumvorgang mit Verständnis weiterverfolgen. Wir fassen aber zunächst unsere bisherige Kenntnis desselben zusammen. Es seien also von der Wacharbeit Tagesreste übriggeblieben, denen sich die Energiebesetzung nicht völlig entziehen ließ. Oder es sei durch die Wacharbeit tagsüber einer der unbewußten Wünsche rege geworden, oder es treffe beides zusammen; wir haben die hier mögliche Mannigfaltigkeit bereits erörtert. Schon im Laufe des Tages oder erst mit Herstellung des Schlafzustands hat der unbewußte Wunsch sich den Weg zu den Tagesresten gebahnt, seine Übertragung auf sie bewerkstelligt. Es entsteht nun ein auf das rezente Material übertragener Wunsch, oder der unterdrückte rezente Wunsch hat sich durch Verstärkung aus dem Unbewußten neu belebt. Er möchte nun auf dem normalen Wege der Gedankenvorgänge durch das *Vbw*, dem er mit einem Bestandteil ja angehört, zum Bewußtsein vordringen. Aber er stößt auf die Zensur, die noch besteht und deren Einfluß er jetzt unterliegt. Hier nimmt er die Entstellung an, die schon durch die Übertragung auf das Rezente angebahnt war. Bis jetzt ist er nun auf dem Wege, etwas Ähnliches zu werden wie eine Zwangsvorstellung, eine Wahnidee u. dgl., nämlich ein durch Übertragung verstärkter, durch Zensur im Ausdruck entstellter Gedanke. Nun aber gestattet der Schlafzustand des Vorbewußten nicht das weitere Vordringen; wahrscheinlich hat sich das System durch Herabsetzung seiner Erregungen gegen das Eindringen geschützt. Der Traumvorgang schlägt also den Weg der Regression ein, der gerade durch die Eigentümlichkeit des Schlafzustandes eröffnet ist, und folgt dabei der Anziehung, welche Erinnerungsgruppen auf ihn ausüben, die zum Teil selbst nur als visuelle Besetzungen, nicht als Übersetzung in die Zeichen der späteren Systeme vorhanden sind. [Vgl. S. 521 f.] Auf dem Wege zur Regression erwirbt er Darstellbarkeit. Von der Kompression werden wir später handeln [S. 565]. Er hat jetzt das zweite Stück seines mehrmals geknickten Verlaufes zurückgelegt. Das erste Stück spann sich progredient von den unbewußten Szenen oder Phantasien zum Vorbewußten; das zweite Stück strebt von der Zensurgrenze an wieder zu den Wahrnehmungen hin. Wenn der Traumvorgang aber Wahrnehmungsinhalt geworden ist, so hat er das ihm durch Zensur und Schlafzustand im *Vbw* gesetzte Hindernis gleichsam umgangen. [Vgl. S. 504.] Es gelingt ihm, Aufmerksamkeit auf sich zu ziehen und vom Bewußtsein bemerkt zu werden. Das Bewußtsein nämlich, das uns ein Sinnesorgan für die Auffassung psychischer Qualitäten bedeutet, ist im Wachen von zwei Stellen her erregbar. Von der Peripherie des ganzen Apparats, dem Wahrnehmungssystem, in erster Linie; außerdem von den Lust- und Unlusterregungen, die sich als fast einzige psychische Qualität bei den Energieumsetzungen im Innern des Apparats ergeben. Alle Vorgänge in den ψ-Systemen sonst, auch die im *Vbw*, entbehren jeder psychischen Qualität und sind darum kein Objekt des Bewußtseins, insofern sie ihm nicht Lust oder Unlust zur Wahrnehmung liefern. Wir werden uns zur Annahme entschließen müssen, daß *diese Lust- und Unlustentbindungen automatisch den Ablauf der Besetzungsvorgänge regulieren.* Es hat sich aber später die Notwendigkeit herausgestellt, zur Ermöglichung feinerer Leistungen den Vorstellungsablauf unabhängiger von den Unlustzeichen zu gestalten. Zu diesem Zwecke bedurfte das *Vbw*-System eigener Qualitäten, die das Bewußtsein anziehen könnten, und erhielt sie höchst wahrscheinlich durch die Verknüpfung der vorbewußten Vorgänge mit dem nicht qualitätslosen Erinnerungssystem der Sprachzeichen. [Vgl. S. 584 f.] Durch die Qualitäten dieses Systems wird jetzt das Bewußtsein, das vorher nur Sinnesorgan für die Wahrnehmungen war, auch zum Sinnesorgan für einen Teil unserer Denkvorgänge. Es gibt jetzt gleichsam zwei Sinnesoberflächen, die eine dem Wahrnehmen, die andere den vorbewußten Denkvorgängen zugewendet.

Ich muß annehmen, daß die dem *Vbw* zugewendete Sinnesfläche des Bewußtseins durch den Schlafzustand weit unerregbarer gemacht wird als die gegen die *W*-Systeme gerichtete. Das Aufgeben des Interesses für die nächtlichen Denkvorgänge ist ja auch zweckmäßig. Es soll im Denken nichts vorfallen; das *Vbw* verlangt zu schlafen. Ist der Traum aber einmal Wahrnehmung geworden, so vermag er durch die jetzt gewonnenen Qualitäten das Bewußtsein zu erregen. Diese Sinneserregung leistet das, worin überhaupt ihre Funktion besteht; sie dirigiert einen Teil der im *Vbw* verfügbaren Besetzungsenergie als Aufmerksamkeit auf das Erregende. [S. S. 563.] So muß man also zugeben, daß der Traum jedesmal *weckt*, einen Teil der ruhenden Kraft des *Vbw* in Tätigkeit versetzt. Er erfährt nun von dieser jene Beeinflussung, die wir als sekundäre Bearbeitung mit Rücksicht auf Zusammenhang und Verständlichkeit bezeichnet haben. Das will sagen, der Traum wird von ihr behandelt wie jeder andere Wahrnehmungsinhalt; er wird denselben Erwartungsvorstellungen unterzogen, soweit sein Material sie eben zuläßt [S. 479 f.]. Soweit bei diesem dritten Stück des Traumvorganges eine Ablaufsrichtung in Betracht kommt, ist es wieder die progrediente.

Zur Verhütung von Mißverständnissen wird ein Wort über die zeitlichen Eigenschaften dieser Traumvorgänge wohl angebracht sein. Ein sehr anziehender Gedankengang Goblots [1896, 289 f.], der offenbar durch das Rätsel des Mauryschen Guillotinentraumes angeregt ist, sucht darzutun, daß der Traum keine andere Zeit in Anspruch nimmt als die der Übergangsperiode zwischen Schlafen und Erwachen. Das Erwachen braucht Zeit; in dieser Zeit fällt der Traum vor. Man meint, das letzte Bild des Traumes war so stark, daß es zum Erwachen nötigte. In Wirklichkeit war es nur darum so stark, weil wir bei ihm dem Erwachen schon so nahe waren. *»Un rêve c'est un réveil qui commence.«*

Es ist schon von Dugas [1897 *b*] hervorgehoben worden, daß Goblot viel Tatsächliches beseitigen muß, um seine These allgemein zu halten. Es gibt auch Träume, aus denen man nicht erwacht, z. B. manche, in denen man träumt, daß man träumt. Nach unserer Kenntnis der Traumarbeit können wir unmöglich zugeben, daß sie sich nur über die Periode des Erwachens erstrecke. Es muß uns im Gegenteil wahrscheinlich werden, daß das erste Stück der Traumarbeit bereits am Tage, noch unter der Herrschaft des Vorbewußten beginnt. Das zweite Stück derselben, die Veränderung durch die Zensur, die Anziehung durch die unbewußten Szenen, das Durchdringen zur Wahrnehmung, das geht wohl die ganze Nacht hindurch fort, und insofern dürften wir immer recht haben, wenn wir eine Empfindung angeben, wir hätten die ganze Nacht geträumt, auch wenn wir nicht zu sagen wissen, was. [Vgl. S. 495.] Ich glaube aber nicht, daß es notwendig ist, anzunehmen, die Traumvorgänge hielten bis zum Bewußtwerden wirklich die zeitliche Folge ein, die wir beschrieben haben; es sei zuerst der übertragene Traumwunsch vorhanden, dann gehe die Entstellung durch die Zensur vor sich, darauf folge die Richtungsänderung der Regression usw. Wir haben eine solche Sukzession bei der Beschreibung herstellen müssen; in Wirklichkeit handelt es sich wohl vielmehr um gleichzeitiges Erproben dieser und jener Wege, um ein Hin- und Herwogen der Erregung, bis endlich durch deren zweckmäßigste Anhäufung gerade die eine Gruppierung die bleibende wird. Ich möchte selbst nach gewissen persönlichen Erfahrungen glauben, daß die Traumarbeit oft mehr als einen Tag und eine Nacht braucht, um ihr Ergebnis zu liefern, wobei dann die außerordentliche Kunst im Aufbau des Traums alles Wunderbare verliert. Selbst die Rücksicht auf die Verständlichkeit als Wahrnehmungsereignis kann meiner Meinung nach zur Wirkung kommen, ehe der Traum das Bewußtsein an sich zieht. Von da an erfährt der Vorgang allerdings eine Beschleunigung, da der Traum ja jetzt dieselbe Behandlung erfährt wie etwas anderes Wahrgenommenes. Es ist wie mit einem Feuerwerk, das stundenlang hergerichtet und dann in einem Moment entzündet wird.

Durch die Traumarbeit gewinnt der Traumvorgang nun entweder die genügende Intensität, um das Bewußtsein auf sich zu ziehen und das Vorbewußte zu wecken, ganz unabhängig von der Zeit und Tiefe des Schlafes; oder seine Intensität ist dazu nicht genügend, und er muß bereit bleiben, bis ihm unmittelbar vor dem Erwachen die beweglicher gewordene Aufmerksamkeit entgegenkommt. Die meisten Träume scheinen mit vergleichsweise geringen psychischen Intensitäten zu arbeiten, denn sie warten das Erwachen ab. Es erklärt sich so aber auch, daß wir in der Regel etwas Geträumtes wahrnehmen, wenn man uns plötzlich aus tiefem Schlafe reißt. Der erste Blick dabei wie beim spontanen Erwachen trifft den von der Traumarbeit geschaffenen Wahrnehmungsinhalt, der nächste dann den von außen gegebenen.

Das größere theoretische Interesse wendet sich aber den Träumen zu, die mitten im Schlafe zu wecken vermögen. Man darf der sonst überall nachweisbaren Zweckmäßigkeit gedenken und sich fragen, warum dem Traum, also dem unbewußten Wunsch, die Macht gelassen wird, den Schlaf, also die Erfüllung des vorbewußten Wunsches, zu stören. Es muß das wohl an Energierelationen liegen, in welche uns die Einsicht fehlt. Besäßen wir diese, so würden wir wahrscheinlich finden, daß das Gewährenlassen des Traums und der Aufwand einer gewissen detachierten Aufmerksamkeit für ihn eine Ersparnis an Energie darstellt gegen den Fall, daß das Unbewußte nachts ebenso in Schranken gehalten werden sollte wie tagsüber. [Vgl. S. 551.] Wie die Erfahrung zeigt, bleibt das Träumen, selbst wenn es mehrmals in einer Nacht den Schlaf unterbricht, mit dem Schlafen vereinbar. Man erwacht für einen Moment und schläft sofort wieder ein. Es ist, wie wenn man schlafend eine Fliege wegscheucht; man erwacht *ad hoc*. Wenn man wieder einschläft, hat man die Störung beseitigt. Die Erfüllung des Schlafwunsches ist, wie bekannte Beispiele vom Ammenschlaf u. dgl. zeigen [S. 231], ganz gut mit der Unterhaltung eines gewissen Aufwands von Aufmerksamkeit nach einer bestimmten Richtung vereinbar.

Hier verlangt aber ein Einwand gehört zu werden, der auf einer besseren Kenntnis der unbewußten Vorgänge fußt. Wir haben selbst die unbewußten Wünsche als immer rege bezeichnet. Trotzdem seien sie bei Tag nicht stark genug, sich vernehmbar zu machen. Wenn aber der Schlafzustand besteht und der unbewußte Wunsch die Kraft gezeigt hat, einen Traum zu bilden und mit ihm das Vorbewußte zu wecken, warum versiegt diese Kraft, nachdem der Traum zur Kenntnis genommen worden ist? Sollte der Traum sich nicht vielmehr fortwährend erneuern, gerade wie die störende Fliege es liebt, immer wieder nach ihrer Vertreibung wiederzukehren? Mit welchem Recht haben wir behauptet, daß der Traum die Schlafstörung beseitigt?

Es ist ganz richtig, daß die unbewußten Wünsche immer rege bleiben. Sie stellen Wege dar, die immer gangbar sind, sooft ein Erregungsquantum sich ihrer bedient. [Vgl. S. 527f. Anm.] Es ist sogar eine hervorragende Besonderheit unbewußter Vorgänge, daß sie unzerstörbar bleiben. Im Unbewußten ist nichts zu Ende zu bringen, ist nichts vergangen oder vergessen. Man bekommt hievon den stärksten Eindruck beim Studium der Neurosen, speziell der Hysterie. Der unbewußte Gedankenweg, der zur Entladung im Anfall führt, ist sofort wieder gangbar, wenn sich genug Erregung angesammelt hat. Die Kränkung, die vor dreißig Jahren vorgefallen ist, wirkt, nachdem sie sich den Zugang zu den unbewußten Affektquellen verschafft hat, alle die dreißig Jahre wie eine frische. Sooft ihre Erinnerung angerührt wird, lebt sie wieder auf und zeigt sich mit Erregung besetzt, die sich in einem Anfall motorische Abfuhr verschafft. Gerade hier hat die Psychotherapie einzugreifen. Ihre Aufgabe ist es, für die unbewußten Vorgänge eine Erledigung und ein Vergessen zu schaffen. Was wir nämlich geneigt sind, für selbstverständlich zu halten, und für einen primären Einfluß der Zeit auf die seelischen Erinnerungsreste erklären, das Abblassen der Erinnerungen und die Affektschwäche der nicht mehr rezenten Eindrücke, das sind in Wirklichkeit sekundäre Veränderungen, die durch mühevolle Arbeit zustande kommen. Es ist das Vorbewußte, welches diese Arbeit leistet, *und die Psychotherapie kann keinen anderen Weg einschlagen, als das Ubw der Herrschaft des Vbw zu unterwerfen.* [Vgl. S. 527f. Anm.]

Für den einzelnen unbewußten Erregungsvorgang gibt es also zwei Ausgänge. Entweder er bleibt sich selbst überlassen, dann bricht er endlich irgendwo durch und schafft seiner Erregung für dies eine Mal einen Abfluß in die Motilität, oder er unterliegt der Beeinflussung des Vorbewußten, und seine Erregung wird durch dasselbe *gebunden* anstatt *ab-*

geführt. Letzteres aber geschieht beim Traumvorgang. [S. S. 571 Anm.] Die Besetzung, die dem zur Wahrnehmung gewordenen Traum von seiten des *Vbw* entgegenkommt, weil sie durch die Bewußtseinserregung hingelenkt worden ist, bindet die unbewußte Erregung des Traumes und macht sie als Störung unschädlich. Wenn der Träumer für einen Augenblick erwacht, so hat er wirklich die Fliege weggescheucht, die den Schlaf zu stören drohte. Es kann uns jetzt ahnen, daß es wirklich zweckmäßiger und wohlfeiler war, den unbewußten Wunsch gewähren zu lassen, ihm den Weg zur Regression freizugeben, damit er einen Traum bilde, und dann diesen Traum durch einen kleinen Aufwand von vorbewußter Arbeit zu binden und zu erledigen, als das Unbewußte auch die ganze Zeit des Schlafens über im Zaume zu halten. [Vgl. S. 549.] Es stand ja zu erwarten, daß der Traum, auch wenn er ursprünglich kein zweckmäßiger Vorgang war, im Kräftespiel des seelischen Lebens sich einer Funktion bemächtigt haben würde. Wir sehen, welches diese Funktion ist. Er hat die Aufgabe übernommen, die freigelassene Erregung des *Ubw* wieder unter die Herrschaft des Vorbewußten zu bringen; er führt dabei die Erregung des *Ubw* ab, dient ihm als Ventil und sichert gleichzeitig gegen einen geringen Aufwand an Wachtätigkeit den Schlaf des Vorbewußten. So stellt er sich als ein Kompromiß, ganz wie die anderen psychischen Bildungen seiner Reihe, gleichzeitig in den Dienst der beiden Systeme, indem er beider Wünsche, insoweit sie miteinander verträglich sind, erfüllt. Ein Blick auf die Seite 100 mitgeteilte Robertsche »Ausscheidungstheorie« [1886] wird zeigen, daß wir diesem Autor in der Hauptsache, in der Bestimmung der Funktion des Traumes, recht geben müssen, während wir in den Voraussetzungen und in der Würdigung des Traumvorgangs von ihm abweichen. [Vgl. S. 190 f.] [1]

---

[1] [*Zusatz 1914:*] Ist dies die einzige Funktion, die wir dem Traume zugestehen können? Ich kenne keine andere. A. Maeder hat zwar den Versuch gemacht [1912], andere, »sekundäre« Funktionen für den Traum in Anspruch zu nehmen. Er ging von der richtigen Beobachtung aus, daß manche Träume Lösungsversuche von Konflikten enthalten, die späterhin wirklich durchgeführt werden, sich also wie Vorübungen zu Wachtätigkeiten verhalten. Er brachte darum das Träumen in Parallele zu dem Spielen der Tiere und der Kinder, welches als vorübende Betätigung mitgebrachter Instinkte und als Vorbereitung für späteres ernsthaftes Tun aufzufassen ist, und stellte eine *fonction ludique* des Träumens auf. Kurze Zeit vor Maeder war die »vorausdenkende« Funktion des Traumes auch von Alf. Adler [1911, 215, Anm.] betont worden. (In einer von mir 1905[*e*] veröffentlichten Analyse [›Bruchstück einer Hysterie-Analyse‹, II. Abschnitt, s. *Studienausgabe,* Bd. 6, insbesondere S. 136–9] wurde ein als Vorsatz aufzufassender Traum jede Nacht bis zu seiner Ausführung wiederholt. [Vgl. auch oben, S. 202.])
Allein eine leichte Überlegung muß uns lehren, daß diese »sekundäre« Funktion des Traumes im Rahmen einer Traumdeutung keine Anerkennung verdient. Das Voraus-

Die Einschränkung, *insofern beide Wünsche miteinander verträglich sind*, enthält einen Hinweis auf die möglichen Fälle, in denen die Funktion des Traums zum Scheitern gelangt. Der Traumvorgang wird zunächst als Wunscherfüllung des Unbewußten zugelassen; wenn diese versuchte Wunscherfüllung am Vorbewußten so intensiv rüttelt, daß dies seine Ruhe nicht mehr bewahren kann, so hat der Traum das Kompromiß gebrochen, das andere Stück seiner Aufgabe nicht mehr erfüllt. Er wird dann sofort abgebrochen und durch das volle Erwachen ersetzt. Es ist eigentlich auch hier nicht die Schuld des Traums, wenn er, sonst Hüter des Schlafes, als Störer desselben auftreten muß, und braucht uns gegen seine Zweckmäßigkeit nicht einzunehmen. Es ist dies nicht der einzige Fall im Organismus, daß eine sonst zweckmäßige Einrichtung unzweckmäßig und störend wird, sobald an den Bedingungen ihres Entstehens etwas geändert ist, und dann dient die Störung wenigstens dem neuen Zweck, die Veränderung anzuzeigen und die Regulierungsmittel des Organismus wider sie wachzurufen. Ich habe natürlich den Fall des Angsttraumes im Auge, und um nicht dem Anscheine recht zu geben, daß ich diesem Zeugen gegen die Theorie der Wunscherfüllung ausweiche, wo immer ich auf ihn stoße, will ich der Erklärung des Angsttraumes wenigstens mit Andeutungen näher treten.

Daß ein psychischer Vorgang, der Angst entwickelt, darum doch eine Wunscherfüllung sein kann, enthält für uns längst keinen Widerspruch mehr. Wir wissen uns das Vorkommnis so zu erklären, daß der Wunsch dem einen System, dem *Ubw*, angehört, während das System des *Vbw* diesen Wunsch verworfen und unterdrückt hat[1]. Die Unterwerfung des

---

denken, Fassen von Vorsätzen, Entwerfen von Lösungsversuchen, die dann eventuell im Wachleben verwirklicht werden können, dies und viel anderes sind Leistungen der unbewußten und vorbewußten Tätigkeit des Geistes, welche sich als »Tagesrest« in den Schlafzustand fortsetzen und dann mit einem unbewußten Wunsch (siehe S. 525 ff.) zur Traumbildung zusammentreten kann. Die vorausdenkende Funktion des Traumes ist also vielmehr eine Funktion des vorbewußten Wachdenkens, deren Ergebnis uns durch die Analyse der Träume oder auch anderer Phänomene verraten werden kann. Nachdem man so lange den Traum mit seinem manifesten Inhalt zusammenfallen ließ, muß man sich jetzt auch davor hüten, den Traum mit den latenten Traumgedanken zu verwechseln. [Vgl. S. 486, Anm.]

[1] [*Zusatz 1919:*] »Ein zweites, weit wichtigeres und tiefer reichendes Moment, welches der Laie gleichfalls vernachlässigt, ist das folgende. Eine Wunscherfüllung müßte gewiß Lust bringen, aber es fragt sich auch, wem? Natürlich dem, der den Wunsch hat. Vom Träumer ist uns aber bekannt, daß er zu seinen Wünschen ein ganz besonderes Verhältnis unterhält. Er verwirft sie, zensuriert sie, kurz, er mag sie nicht. Eine Erfüllung derselben kann ihm also keine Lust bringen, sondern nur das Gegenteil davon. Die Erfahrung zeigt dann, daß dieses Gegenteil, was noch zu erklären ist, in der Form der Angst auftritt. Der Träumer kann also in seinem Verhältnis zu seinen Traum-

Ubw durch das *Vbw* ist auch bei völliger psychischer Gesundheit keine durchgreifende; das Maß dieser Unterdrückung ergibt den Grad unserer psychischen Normalität. Neurotische Symptome zeigen uns an, daß sich die beiden Systeme im Konflikt miteinander befinden, sie sind die Kompromißergebnisse dieses Konflikts, die ihm ein vorläufiges Ende setzen. Sie gestatten einerseits dem *Ubw* einen Ausweg für den Abfluß seiner Erregung, dienen ihm als Ausfallstor, und geben doch anderseits dem *Vbw* die Möglichkeit, das *Ubw* einigermaßen zu beherrschen. Lehrreich ist es z. B., die Bedeutung einer hysterischen Phobie oder der Platzangst in Betracht zu ziehen. Ein Neurotiker sei unfähig, allein über die Straße zu gehen, was wir mit Recht als »Symptom« anführen. Man hebe nun dieses Symptom auf, indem man ihn zu dieser Handlung nötigt, für die er sich unfähig glaubt. Es erfolgt dann ein Angstanfall, wie auch oft ein Angstanfall auf der Straße die Veranlassung für die Herstellung der Platzangst geworden ist. Wir erfahren so, daß das Symptom konstituiert worden ist, um den Ausbruch der Angst zu verhüten; die Phobie ist der Angst wie eine Grenzfestung vorgelegt.

Unsere Erörterung läßt sich nicht weiterführen, wenn wir nicht auf die Rolle der Affekte bei diesen Vorgängen eingehen, was aber hier nur unvollkommen möglich ist. Stellen wir also den Satz auf, daß die Unterdrückung des *Ubw* vor allem darum notwendig wird, weil der sich selbst überlassene Vorstellungsablauf im *Ubw* einen Affekt entwickeln würde, der ursprünglich den Charakter der Lust hatte, aber seit dem Vorgang der *Verdrängung* den Charakter der Unlust trägt. Die

---

wünschen nur einer Summation von zwei Personen gleichgestellt werden, die doch durch eine starke Gemeinsamkeit verbunden sind. Anstatt aller weiteren Ausführungen biete ich Ihnen ein bekanntes Märchen [vgl. oben, S. 531], in welchem Sie die nämlichen Beziehungen wiederfinden werden: Eine gute Fee verspricht einem armen Menschenpaar, Mann und Frau, die Erfüllung ihrer drei ersten Wünsche. Sie sind selig und nehmen sich vor, diese drei Wünsche sorgfältig auszuwählen. Die Frau läßt sich aber durch den Duft von Bratwürstchen aus der nächsten Hütte verleiten, sich ein solches Paar Würstchen herzuwünschen. Flugs sind sie auch da; das ist die erste Wunscherfüllung. Nun wird der Mann böse und wünscht in seiner Erbitterung, daß die Würste der Frau an der Nase hängen mögen. Das vollzieht sich auch, und die Würste sind von ihrem neuen Standort nicht wegzubringen; das ist nun die zweite Wunscherfüllung, aber der Wunsch ist der des Mannes; der Frau ist diese Wunscherfüllung sehr unangenehm. Sie wissen, wie es im Märchen weitergeht. Da die beiden im Grunde doch eines sind, Mann und Frau, muß der dritte Wunsch lauten, daß die Würstchen von der Nase der Frau weggehen mögen. Wir könnten dieses Märchen noch mehrmals in anderem Zusammenhange verwerten; hier diene es uns nur als Illustration der Möglichkeit, daß die Wunscherfüllung des einen zur Unlust für den anderen führen kann, wenn die beiden miteinander nicht einig sind.« (*Vorlesungen zur Einführung in die Psychoanalyse* [Freud, 1916–17], 14. Vorlesung [*Studienausgabe*, Bd. 1, S. 219 f.].)

Unterdrückung hat den Zweck, aber auch den Erfolg, diese Unlustentwicklung zu verhüten. Die Unterdrückung erstreckt sich auf den Vorstellungsinhalt des *Ubw*, weil vom Vorstellungsinhalt her die Entbindung der Unlust erfolgen könnte. Eine ganz bestimmte Annahme über die Natur der Affektentwicklung ist hier zugrunde gelegt[1]. Dieselbe wird als eine motorische oder sekretorische Leistung angesehen, zu welcher der Innervationsschlüssel in den Vorstellungen des *Ubw* gelegen ist. Durch die Beherrschung von seiten des *Vbw* werden diese Vorstellungen gleichsam gedrosselt, an der Aussendung der Affekt entwikkelnden Impulse gehemmt. Die Gefahr, wenn die Besetzung von seiten des *Vbw* aufhört, besteht also darin, daß die unbewußten Erregungen solchen Affekt entbinden, der – infolge der früher stattgehabten Verdrängung – nur als Unlust, als Angst, verspürt werden kann.

Diese Gefahr wird durch das Gewährenlassen des Traumvorganges entfesselt. Die Bedingungen für deren Realisierung liegen darin, daß Verdrängungen stattgefunden haben und daß die unterdrückten Wunschregungen stark genug werden können. Sie stehen also ganz außerhalb des psychologischen Rahmens der Traumbildung. Wäre es nicht, daß unser Thema durch dies eine Moment, die Befreiung des *Ubw* während des Schlafs, mit dem Thema der Angstentwicklung zusammenhinge, so könnte ich auf die Besprechung des Angsttraumes verzichten und mir alle ihm anhängenden Dunkelheiten hier ersparen.

Die Lehre vom Angsttraum gehört, wie ich schon wiederholt ausgesprochen habe, in die Neurosenpsychologie. Wir haben weiter nichts mit ihr zu schaffen, nachdem wir einmal ihre Berührungsstelle mit dem Thema des Traumvorgangs aufgezeigt haben. Ich kann nur noch eines tun. Da ich behauptet habe, daß die neurotische Angst aus sexuellen Quellen stammt, kann ich Angstträume der Analyse unterziehen, um das sexuelle Material in deren Traumgedanken nachzuweisen[2].

Aus guten Gründen verzichte ich hier auf alle die Beispiele, die mir neurotische Patienten in reicher Fülle bieten, und bevorzuge Angstträume von jugendlichen Personen.

Ich selbst habe seit Jahrzehnten keinen eigentlichen Angsttraum mehr gehabt. Aus meinem siebenten oder achten Jahre erinnere ich mich an einen solchen, den ich etwa dreißig Jahre später der Deutung unterworfen habe. Er war sehr lebhaft und zeigte mir *die geliebte Mutter mit*

---

[1] [Bezüglich dieser Annahme vgl. S. 451 und Anm.]

[2] [In den folgenden Betrachtungen würde einiges im Lichte von Freuds späteren Auffassungen von der Angst revidiert werden müssen. S. auch S. 176, S. 243 und S. 334.]

eigentümlich ruhigem, schlafendem Gesichtsausdruck, die von zwei (oder drei) Personen mit Vogelschnäbeln ins Zimmer getragen und aufs Bett gelegt wird. Ich erwachte weinend und schreiend und störte den Schlaf der Eltern. Die – eigentümlich drapierten – überlangen Gestalten mit Vogelschnäbeln hatte ich den Illustrationen der *Philippson*schen Bibel entnommen[1]; ich glaube, es waren Götter mit Sperberköpfen von einem ägyptischen Grabrelief. Sonst aber liefert mir die Analyse die Erinnerung an einen ungezogenen Hausmeisterjungen, der mit uns Kindern auf der Wiese vor dem Hause zu spielen pflegte; und ich möchte sagen, der hieß *Philipp*. Es ist mir dann, als hätte ich von dem Knaben zuerst das vulgäre Wort gehört, welches den sexuellen Verkehr bezeichnet und von den Gebildeten nur durch ein lateinisches, durch *»coitieren«* ersetzt wird, das aber durch die Auswahl der Sperberköpfe deutlich genug gekennzeichnet ist. Ich muß die sexuelle Bedeutung des Wortes aus der Miene des welterfahrenen Lehrmeisters erraten haben. Der Gesichtsausdruck der Mutter im Traume war vom Angesicht des Großvaters kopiert, den ich einige Tage vor seinem Tode im Koma schnarchend gesehen hatte. Die Deutung der sekundären Bearbeitung [s. S. 472] im Traume muß also gelautet haben, daß die *Mutter* stirbt, auch das *Grab*relief stimmt dazu. In dieser Angst erwachte ich und ließ nicht ab, bis ich die Eltern geweckt hatte. Ich erinnere mich, daß ich mich plötzlich beruhigte, als ich die Mutter zu Gesicht bekam, als ob ich der Beruhigung bedurft hätte: sie ist also nicht gestorben. Diese sekundäre Deutung des Traums ist aber schon unter dem Einfluß der entwickelten Angst geschehen. Nicht daß ich ängstlich war, weil ich geträumt hatte, daß die Mutter stirbt; sondern ich deutete den Traum in der vorbewußten Bearbeitung so, weil ich schon unter der Herrschaft der Angst stand. Die Angst aber läßt sich mittels der Verdrängung zurückführen auf ein dunkles offenkundig sexuelles Gelüste, das in dem visuellen Inhalt des Traums seinen guten Ausdruck gefunden hatte.

Ein siebenundzwanzigjähriger Mann, der seit einem Jahr schwer leidend ist, hat zwischen elf und dreizehn Jahren wiederholt unter schwerer Angst geträumt, *daß ein Mann mit einer Hacke ihm nachsetzt; er möchte laufen, ist aber wie gelähmt und kommt nicht von der Stelle.* Das ist wohl ein gutes Muster eines sehr gemeinen und sexuell unver-

---

[1] [*Die israelitische Bibel*, eine Ausgabe des Alten Testaments in hebräischer und deutscher Sprache, Leipzig 1839–54 (2. Aufl. 1858). Im Fünften Buch Mose, 4. Kapitel, sind in einer Fußnote Holzschnitte von ägyptischen Gottheiten enthalten, darunter einige mit Vogelköpfen.]

dächtigen Angsttraums. Bei der Analyse gerät der Träumer zuerst auf eine der Zeit nach spätere Erzählung seines Onkels, daß er auf der Straße von einem verdächtigen Individuum nächtlich angefallen wurde, und schließt selbst aus diesem Einfall, daß er zur Zeit des Traums von einem ähnlichen Erlebnis gehört haben kann. Zur *Hacke* erinnert er, daß er sich in jener Lebenszeit einmal beim Holzverkleinern mit der *Hacke* an der Hand verletzt hatte. Er gerät dann unvermittelt auf sein Verhältnis zu seinem jüngeren Bruder, den er zu mißhandeln und hinzuwerfen pflegte, erinnert sich speziell eines Males, wo er ihn mit dem Stiefel an dem Kopf traf, so daß er blutete und die Mutter dann äußerte: Ich habe Angst, er wird ihn noch einmal umbringen. Während er so beim Thema der *Gewalttat* festgehalten scheint, taucht ihm plötzlich eine Erinnerung aus dem neunten Lebensjahr auf. Die Eltern waren spät nach Hause gekommen, gingen, während er sich schlafend stellte, zu Bette, und er hörte dann ein Keuchen und andere Geräusche, die ihm unheimlich vorkamen, konnte auch die Lage der beiden im Bette erraten. Seine weiteren Gedanken zeigen, daß er zwischen dieser Beziehung der Eltern und seinem Verhältnis zu seinem jüngeren Bruder eine Analogie hergestellt hatte. Er subsumierte, was bei den Eltern vorfiel, unter den Begriff: *Gewalttat* und *Rauferei*. Ein Beweis für diese Auffassung war ihm, daß er oft *Blut im Bette der Mutter* bemerkt habe.

Daß der sexuelle Verkehr Erwachsener den Kindern, die ihn bemerken, unheimlich vorkommt und Angst in ihnen erweckt, ist, möchte ich sagen, Ergebnis der täglichen Erfahrung. Ich habe für diese Angst die Erklärung gegeben, daß es sich um eine sexuelle Erregung handelt, die von ihrem Verständnis nicht bewältigt wird, auch wohl darum auf Ablehnung stößt, weil die Eltern in sie verflochten sind, und die darum sich in Angst verwandelt. In einer noch früheren Lebensperiode stößt die sexuelle Regung für den gegengeschlechtlichen Teil des Elternpaares noch nicht auf Verdrängung und äußert sich frei, wie wir gehört haben (S. 260 ff.).

Auf die bei Kindern so häufigen nächtlichen Angstanfälle mit Halluzinationen (den *pavor nocturnus*) würde ich dieselbe Erklärung unbedenklich anwenden. Es kann sich auch da nur um unverstandene und abgelehnte sexuelle Regungen handeln, bei deren Aufzeichnung sich auch wahrscheinlich eine zeitliche Periodizität herausstellen würde, da eine Steigerung der sexuellen Libido ebensowohl durch zufällige erregende Eindrücke als auch durch die spontanen, schubweise eintreffenden Entwicklungsvorgänge erzeugt werden kann.

Mir fehlt es an dem erforderlichen Beobachtungsmaterial, um diese Erklärung durchzuführen[1]. Den Kinderärzten scheint es dagegen an dem Gesichtspunkte zu fehlen, der allein das Verständnis der ganzen Reihe von Phänomenen sowohl nach der somatischen als auch nach der psychischen Seite gestattet. Als ein komisches Beispiel, wie nahe man, durch die Scheuklappen der medizinischen Mythologie geblendet, am Verständnis solcher Fälle vorbeigehen kann, möchte ich den Fall anführen, den ich in der These über den *pavor nocturnus* von Debacker (1881, 66) gefunden habe.

Ein dreizehnjähriger Knabe von schwacher Gesundheit begann ängstlich und verträumt zu werden, sein Schlaf wurde unruhig und fast jede Woche einmal durch einen schweren Anfall von Angst mit Halluzinationen unterbrochen. Die Erinnerung an diese Träume war immer sehr deutlich. Er konnte also erzählen, daß der Teufel ihn angeschrien habe: Jetzt haben wir dich, jetzt haben wir dich, und dann roch es nach Pech und Schwefel, und das Feuer verbrannte seine Haut. Aus diesem Traum schreckte er dann auf, konnte zuerst nicht schreien, bis die Stimme frei wurde und man ihn deutlich sagen hörte: »Nein, nein, nicht mich, ich hab' ja nichts getan«, oder auch: »Bitte, nicht, ich werd' es nie mehr tun.« Einige Male sagte er auch: »Albert hat das nicht getan.« Er vermied es später, sich auszukleiden, »weil das Feuer ihn nur ergreife, wenn er ausgekleidet sei«. Mitten aus diesen Teufelsträumen, die seine Gesundheit in Gefahr brachten, wurde er aufs Land geschickt, erholte sich dort im Verlaufe von eineinhalb Jahren und gestand dann einmal, fünfzehn Jahre alt: *»Je n'osais pas l'avouer, mais j'éprouvais continuellement des picotements et des surexcitations aux p a r t i e s[2], à la fin, cela m'énervait tant que plusieurs fois, j'ai pensé me jeter par la fenêtre du dortoir.«*

Es ist wahrlich nicht schwer zu erraten, 1) daß der Knabe in früheren Jahren masturbiert, es wahrscheinlich geleugnet hatte und mit schweren Strafen für seine Unart bedroht worden war. (Sein Geständnis: *Je ne le ferai plus;* sein Leugnen: *Albert n'a jamais fait ça*); 2) daß unter dem Andrang der Pubertät die Versuchung zu masturbieren in dem Kitzel an den Genitalien wieder erwachte; daß aber jetzt 3) ein Verdrängungskampf in ihm losbrach, der die Libido unterdrückte und

---

[1] [*Zusatz 1919:*] Dieses Material ist seither von der psychoanalytischen Literatur in reichlichem Ausmaß beigestellt worden.

[2] Von mir hervorgehoben; übrigens nicht mißverständlich.

sie in Angst verwandelte, welche Angst nachträglich die damals angedrohten Strafen aufnahm.

Hören wir dagegen die Folgerungen unseres Autors (ibid., 69): »Es geht aus dieser Beobachtung hervor, daß 1) der Einfluß der Pubertät bei einem Knaben von geschwächter Gesundheit einen Zustand von großer Schwäche herbeiführen und daß es dabei zu einer *sehr erheblichen Gehirnanämie*[1] kommen kann.

2) Diese Gehirnanämie erzeugt eine Charakterveränderung, dämonomanische Halluzinationen und sehr heftige nächtliche, vielleicht auch tägliche Angstzustände.

3) Die Dämonomanie und die Selbstvorwürfe des Knaben gehen auf die Einflüsse der religiösen Erziehung zurück, die als Kind auf ihn gewirkt hatten.

4) Alle Erscheinungen sind infolge eines längeren Landaufenthalts durch körperliche Übung und Wiederkehr der Kräfte nach abgelaufener Pubertät verschwunden.

5) Vielleicht darf man der Heredität und der alten Syphilis des Vaters einen prädisponierenden Einfluß auf die Entstehung des Gehirnzustandes beim Kinde zuschreiben.«

Das Schlußwort: »*Nous avons fait entrer cette observation dans le cadre des délires apyrétiques d'inanition, car c'est à l'ischémie cérébrale que nous rattachons cet état particulier.*«

[1] Meine Hervorhebung.

E
DER PRIMÄR- UND DER SEKUNDÄRVORGANG
DIE VERDRÄNGUNG

Indem ich den Versuch wagte, tiefer in die Psychologie der Traumvorgänge einzudringen, habe ich eine schwierige Aufgabe unternommen, welcher auch meine Darstellungskunst kaum gewachsen ist. Die Gleichzeitigkeit eines so komplizierten Zusammenhangs durch ein Nacheinander in der Beschreibung wiederzugeben und dabei bei jeder Aufstellung voraussetzungslos zu erscheinen will meinen Kräften zu schwer werden. Es rächt sich nun an mir, daß ich bei der Darstellung der Traumpsychologie nicht der historischen Entwicklung meiner Einsichten folgen kann. Mir waren die Gesichtspunkte für die Auffassung des Traums durch vorhergegangene Arbeiten über die Psychologie der Neurosen gegeben, auf die ich mich hier nicht beziehen soll und doch immer wieder beziehen muß, während ich in umgekehrter Richtung vorgehen und vom Traume aus den Anschluß an die Psychologie der Neurosen erreichen möchte. Ich kenne alle Beschwerden, die sich hieraus für den Leser ergeben; aber ich weiß kein Mittel, sie zu vermeiden. [Vgl. S. 124 Anm. 2.]

Unbefriedigt von dieser Sachlage, verweile ich gerne bei einem anderen Gesichtspunkte, der mir den Wert meiner Bemühung zu heben scheint. Ich fand ein Thema vor, das von den schärfsten Widersprüchen in den Meinungen der Autoren beherrscht war, wie die Einführung des ersten Abschnittes gezeigt hat. Nach unserer Bearbeitung der Traumprobleme ist für die meisten dieser Widersprüche Raum geschaffen worden. Nur zweien der geäußerten Ansichten, daß der Traum ein sinnloser [S. 78 ff.] und ein somatischer [S. 99 f.] Vorgang sei, mußten wir selbst entschieden widersprechen; sonst aber haben wir allen einander widersprechenden Meinungen an irgendeiner Stelle des verwickelten Zusammenhangs recht geben und nachweisen können, daß sie etwas Richtiges herausgefunden hatten. Daß der Traum die Anregungen und Interessen des Wachlebens fortsetzt [S. 34 f.], hat sich durch die Aufdeckung der verborgenen *Traumgedanken* ganz allgemein bestätigt. Diese beschäftigen sich nur mit dem, was uns wichtig scheint und uns mächtig interessiert. Der Traum gibt sich nie mit Kleinigkeiten ab. Aber auch das Gegenteil haben wir gelten lassen, daß der Traum die gleichgültigen Abfälle des Tages aufklaubt [S. 45 f.] und sich eines großen

Tagesinteresses nicht eher bemächtigen kann, als bis es sich der Wacharbeit einigermaßen entzogen hat [S. 44]. Wir fanden dies gültig für den *Trauminhalt*, der den Traumgedanken einen durch Entstellung veränderten Ausdruck gibt. Der Traumvorgang, sagten wir, bemächtigt sich aus Gründen der Assoziationsmechanik leichter des frischen oder des gleichgültigen Vorstellungsmaterials, welches von der wachen Denktätigkeit noch nicht mit Beschlag belegt ist, und aus Gründen der Zensur überträgt er die psychische Intensität von dem Bedeutsamen, aber auch Anstößigen, auf das Indifferente. Die Hypermnesie des Traums [S. 38 ff.] und die Verfügung über das Kindheitsmaterial [S. 42 ff.] sind zu Grundpfeilern unserer Lehre geworden; in unserer Traumtheorie haben wir dem aus dem Infantilen stammenden Wunsch die Rolle des unentbehrlichen Motors für die Traumbildung zugeschrieben. An der experimentell nachgewiesenen Bedeutung der äußeren Sinnesreize während des Schlafes zu zweifeln, konnte uns natürlich nicht einfallen [S. 49 ff.], aber wir haben dies Material in dasselbe Verhältnis zum Traumwunsch gesetzt wie die von der Tagesarbeit erübrigten Gedankenreste. Daß der Traum den objektiven Sinnesreiz nach Art einer Illusion deutet [S. 54 f.], brauchen wir nicht zu bestreiten; aber wir haben das von den Autoren unbestimmt gelassene Motiv für diese Deutung hinzugefügt. Die Deutung erfolgt so, daß das wahrgenommene Objekt für die Schlafstörung unschädlich und für die Wunscherfüllung verwendbar wird. Den subjektiven Erregungszustand der Sinnesorgane während des Schlafes, der durch Trumbull Ladd [1892; s. oben, S. 58] nachgewiesen scheint, lassen wir zwar nicht als besondere Traumquelle gelten, aber wir wissen ihn durch regrediente Belebung der hinter dem Traum wirkenden Erinnerungen zu erklären. Auch den inneren organischen Sensationen, die gern zum Angelpunkt der Traumerklärung genommen werden [S. 59 ff.], ist in unserer Auffassung eine, wenngleich bescheidenere Rolle verblieben. Sie stellen uns – die Sensationen des Fallens, Schwebens, Gehemmtseins – ein allezeit bereites Material dar, dessen sich die Traumarbeit zum Ausdruck der Traumgedanken, sooft es not tut, bedient.

Daß der Traumvorgang ein rapider, momentaner ist [S. 86], erscheint uns richtig für die Wahrnehmung des vorgebildeten Trauminhalts durch das Bewußtsein; für die vorhergehenden Stücke des Traumvorgangs haben wir einen langsamen, wogenden Ablauf wahrscheinlich gefunden. Zum Rätsel des überreichen, in den kürzesten Moment zusammengedrängten Trauminhalts konnten wir den Beitrag liefern, daß es sich dabei um das Aufgreifen bereits fertiger Gebilde des psychischen Lebens handle. Daß der Traum von der Erinnerung entstellt und verstümmelt wird [S. 70 f.], fanden wir richtig, aber nicht hinderlich, da dies nur das letzte manifeste Stück einer von Anfang der Traumbildung an wirksamen Entstellungsarbeit ist. In dem erbitterten und einer Versöhnung scheinbar unfähigen Streite, ob das Seelenleben nachts schlafe [S. 77 f.] oder über all seine Leistungsfähigkeit wie bei Tag verfüge [S. 83 f.], haben wir beiden Teilen recht und doch keinem ganz recht geben können. In den Traumgedanken fanden wir die Beweise einer höchst komplizierten, mit fast allen Mitteln des seelischen Apparats arbeitenden, intellektuellen Leistung; doch ist es nicht abzuweisen, daß diese Traumgedanken bei Tag entstanden sind, und es ist unentbehrlich anzunehmen, daß es einen Schlafzustand des Seelenlebens gibt. So kam selbst die Lehre vom partiellen Schlaf [S. 99] zur Geltung; aber nicht in dem Zerfall der seelischen Zusammenhänge haben wir die Charakteristik des Schlafzustandes gefunden, sondern in der Einstellung des den Tag beherrschenden psychischen Systems auf den Wunsch zu schlafen. Die Ablenkung von der Außenwelt [S. 34] bewahrte auch für unsere Auffassung ihre Bedeutung; sie hilft, wenn auch nicht als einziges Moment, die Regression der Traumdarstellung ermöglichen. Der Verzicht auf die willkürliche Lenkung des Vorstellungsablaufes [S. 73 f.] ist unbestreitbar; aber das psychische Leben wird darum nicht ziellos, denn wir haben gehört, daß nach dem Aufgeben der gewollten Zielvorstellungen ungewollte zur Herrschaft gelangen. Die lockere Assoziationsverknüpfung im Traume [S. 81] haben wir nicht nur anerkannt, sondern ihrer Herrschaft einen weit größeren Umfang zugewiesen, als geahnt werden konnte; wir haben aber gefunden, daß sie nur der erzwungene Ersatz für eine andere, korrekte und sinnvolle ist. Gewiß nannten auch wir den Traum absurd; aber Beispiele konnten uns lehren, wie klug der Traum ist, wenn er sich absurd stellt. Von den Funktionen, die dem Traume zuerkannt worden sind, trennt uns kein Widerspruch. Daß der Traum die Seele wie ein Ventil entlaste [S. 101] und daß nach Roberts Ausdruck [1886, 10 f.] allerlei Schädliches durch das Vorstellen im Traume unschädlich gemacht wird, trifft nicht nur genau mit unserer Lehre von der zweifachen Wunscherfüllung durch den Traum zusammen, sondern wird für uns sogar nach seinem Wortlaut verständlicher als bei Robert. Das freie Sichergehen der Seele im Spiele ihrer Fähigkeiten [S. 103 f.] findet sich bei uns wieder in dem Gewährenlassen des Traums durch die vorbewußte Tätigkeit. Die »Rückkehr auf den embryonalen Standpunkt des Seelenlebens im Traume« und die Bemerkung von Havelock Ellis [1899, 721], *»an archaic world of vast emotions and imperfect thoughts«* [S. 83], erscheinen uns als glückliche Vorwegnahmen unserer Ausführungen, die *primitive*, bei Tag unterdrückte Arbeitsweisen an der Traumbildung beteiligt sein lassen; die Behauptung von Sully [1893, 362], »der Traum bringe unsere früheren sukzessive entwickelten Persönlichkeiten wieder, unsere alte Art, die Dinge anzusehen, Impulse und Reaktionsweisen, die uns vor langen Zeiten beherrscht haben« [S. 83], konnten wir im vollen Umfange zu der unsrigen machen[1]; wie bei Delage [1891] wird bei uns das *»Unterdrückte«* [S. 103] zur Triebfeder des Träumens.

Die Rolle, welche Scherner [1861] der Traumphantasie zuschreibt und die Deutungen Scherners selbst haben wir in vollem Umfange anerkannt [S. 104 ff.], aber ihnen gleichsam eine andere Lokalität im Problem anweisen müssen. Nicht der Traum bildet die Phantasie, sondern an der Bildung der Traumgedanken hat die unbewußte Phantasietätigkeit den größten Anteil. Wir bleiben Scherner für den Hinweis auf die Quelle der Traumgedanken verpflichtet; aber fast alles, was er der Traumarbeit zuschreibt, ist der Tätigkeit des bei Tag regsamen Unbewußten zuzurechnen, welche die Anregungen für die Träume nicht minder ergibt als die für die neurotischen Symptome. Die Traumarbeit mußten wir von dieser Tätigkeit als etwas gänzlich Verschiedenes und weit mehr Gebundenes absondern. Endlich haben wir die Beziehung des Traums zu den Seelenstörungen [S. 109 ff.] keineswegs aufgegeben, sondern sie auf neuem Boden fester begründet.

Durch das Neue in unserer Traumlehre wie durch eine höhere Einheit zusammengehalten, finden wir also die verschiedenartigsten und widersprechendsten Ergebnisse der Autoren unserem Gebäude eingefügt, manche derselben anders gewendet, nur wenige gänzlich verworfen. Aber auch unser Aufbau ist noch unfertig. Von den vielen Unklarheiten abgesehen, die wir durch unser Vordringen in das Dunkel der Psychologie auf uns gezogen haben, scheint auch noch ein neuer Widerspruch uns zu bedrücken. Wir haben einerseits die Traumgedanken durch völlig normale geistige Arbeit entstehen lassen, anderseits aber eine Reihe von ganz abnormen Denkvorgängen unter den Traumgedanken, und von

[1] [Der Teil des Satzes von »die Behauptung von Sully« bis »unsrigen machen« wurde 1914 hinzugefügt.]

ihnen aus zum Trauminhalt, aufgefunden, welche wir dann bei der Traumdeutung wiederholen. Alles, was wir die »Traumarbeit« geheißen haben, scheint sich von den uns als korrekt bekannten Vorgängen so weit zu entfernen, daß die härtesten Urteile der Autoren über die niedrige psychische Leistung des Träumens uns wohl angebracht dünken müssen.

Hier schaffen wir vielleicht nur durch noch weiteres Vordringen Aufklärung und Abhilfe. Ich will eine der Konstellationen herausgreifen, die zur Traumbildung führen:

Wir haben erfahren, daß der Traum eine Anzahl von Gedanken ersetzt, die aus unserem Tagesleben stammen und vollkommen logisch gefügt sind. Wir können darum nicht bezweifeln, daß diese Gedanken unserem normalen Geistesleben entstammen. Alle Eigenschaften, welche wir an unseren Gedankengängen hochschätzen, durch welche sie sich als komplizierte Leistungen hoher Ordnung kennzeichnen, finden wir an den Traumgedanken wieder. Es besteht aber keine Nötigung anzunehmen, daß diese Gedankenarbeit während des Schlafes vollzogen wurde, was unsere bisher festgehaltene Vorstellung vom psychischen Schlafzustand arg beirren würde. Diese Gedanken können vielmehr sehr wohl vom Tage stammen, sich von ihrem Anstoß an, unserem Bewußtsein unbemerkt, fortgesetzt haben und fanden sich dann mit dem Einschlafen als fertig vor. Wenn wir aus dieser Sachlage etwas entnehmen sollen, so ist es höchstens der Beweis, *daß die kompliziertesten Denkleistungen ohne Mittun des Bewußtseins möglich sind*, was wir ohnedies aus jeder Psychoanalyse eines Hysterischen oder einer Person mit Zwangsvorstellungen erfahren mußten. Diese Traumgedanken sind an sich sicherlich nicht bewußtseinsunfähig; wenn sie uns tagsüber nicht bewußt worden sind, so mag dies verschiedene Gründe haben. Das Bewußtwerden hängt mit der Zuwendung einer bestimmten psychischen Funktion [S. 517], der Aufmerksamkeit, zusammen, die, wie es scheint, nur in bestimmter Quantität aufgewendet wird, welche von dem betreffenden Gedankengang durch andere Ziele abgelenkt sein mochte[1]. Eine andere Art, wie solche Gedankengänge dem Bewußtsein vorenthalten werden können, ist folgende: Von unserem bewußten Nachdenken her wissen wir, daß wir bei Anwendung der Aufmerksamkeit einen bestimmten Weg verfolgen. Kommen wir auf diesem Wege an eine Vorstellung, welche der

---

1 [Der Begriff »Aufmerksamkeit« spielt in Freuds späteren Schriften keine zentrale Rolle. Dagegen nimmt er in seinem ›Entwurf einer Psychologie‹ (Freud, 1950 *a*) einen hervorragenden Platz ein. Vgl. auch S. 547 und 582.]

Kritik nicht standhält, so brechen wir ab; wir lassen die Aufmerksamkeitsbesetzung fallen. Es scheint nun, daß der begonnene und verlassene Gedankengang sich dann fortspinnen kann, ohne daß sich ihm die Aufmerksamkeit wieder zuwendet, wenn er nicht an einer Stelle eine besonders hohe Intensität erreicht, welche die Aufmerksamkeit erzwingt. Eine anfängliche, etwa mit Bewußtsein erfolgte Verwerfung durch das Urteil als unrichtig oder als unbrauchbar für den aktuellen Zweck des Denkakts kann also die Ursache sein, daß ein Denkvorgang vom Bewußtsein unbemerkt sich bis zum Einschlafen fortsetzt.

Resümieren wir, daß wir einen solchen Gedankengang einen *vorbewußten* heißen, ihn für völlig korrekt halten und daß er ebensowohl ein bloß vernachlässigter, wie ein abgebrochener, unterdrückter sein kann. Sagen wir auch frei heraus, in welcher Weise wir uns den Vorstellungsablauf veranschaulichen. Wir glauben, daß von einer Zielvorstellung aus eine gewisse Erregungsgröße, die wir »Besetzungsenergie« heißen, längs der durch diese Zielvorstellung ausgewählten Assoziationswege verschoben wird. Ein »vernachlässigter« Gedankengang hat eine solche Besetzung nicht erhalten; von einem »unterdrückten« oder »verworfenen« ist sie wieder zurückgezogen worden; beide sind ihren eigenen Erregungen überlassen. Der zielbesetzte Gedankengang wird unter gewissen Bedingungen fähig, die Aufmerksamkeit des Bewußtseins auf sich zu ziehen, und erhält dann durch dessen Vermittlung eine »Überbesetzung«. Unsere Annahmen über die Natur und Leistung des Bewußtseins werden wir ein wenig später klarlegen müssen. [S. S. 583 ff.]

Ein so im Vorbewußten angeregter Gedankengang kann spontan erlöschen oder sich erhalten. Den ersteren Ausgang stellen wir uns so vor, daß seine Energie nach allen von ihm ausgehenden Assoziationsrichtungen diffundiert, die ganze Gedankenkette in einen erregten Zustand versetzt, der für eine Weile anhält, dann aber abklingt, indem die abfuhrbedürftige Erregung sich in ruhende Besetzung umwandelt. Tritt dieser erste Ausgang ein, so hat der Vorgang weiter keine Bedeutung für die Traumbildung. Es lauern aber in unserem Vorbewußten andere Zielvorstellungen, die aus den Quellen unserer unbewußten und immer regen Wünsche stammen. Diese können sich der Erregung in dem sich selbst überlassenen Gedankenkreise bemächtigen, stellen die Verbindung zwischen ihm und dem unbewußten Wunsche her, *übertragen* ihm die dem unbewußten Wunsch eigene Energie, und von jetzt an ist der vernachlässigte oder unterdrückte Gedankengang imstande, sich zu erhalten, obwohl er durch diese Verstärkung keinen Anspruch auf den Zugang

zum Bewußtsein erhält. Wir können sagen, der bisher vorbewußte Gedankengang *ist ins Unbewußte gezogen* worden.
Andere Konstellationen zur Traumbildung wären, daß der vorbewußte Gedankengang von vornherein in Verbindung mit dem unbewußten Wunsche stand und darum auf Abweisung von seiten der herrschenden Zielbesetzung stieß oder daß ein unbewußter Wunsch aus anderen (etwa somatischen) Gründen rege geworden ist und ohne Entgegenkommen eine Übertragung auf die vom *Vbw* nicht besetzten psychischen Reste sucht. Alle drei Fälle treffen endlich in einem Ergebnis zusammen, daß ein Gedankenzug im Vorbewußten zustande kommt, der, von der vorbewußten Besetzung verlassen, vom unbewußten Wunsch her Besetzung gefunden hat.
Von da an erleidet der Gedankenzug eine Reihe von Umwandlungen, die wir nicht mehr als normale psychische Vorgänge anerkennen und die ein uns befremdendes Resultat, eine psychopathologische Bildung, ergeben. Wir wollen dieselben herausheben und zusammenstellen:
1) Die Intensitäten der einzelnen Vorstellungen werden nach ihrem ganzen Betrage abflußfähig und übergehen von einer Vorstellung auf die andere, so daß einzelne mit großer Intensität versehene Vorstellungen gebildet werden. [Vgl. S. 327.] Indem sich dieser Vorgang mehrmals wiederholt, kann die Intensität eines ganzen Gedankenzugs schließlich in einem einzigen Vorstellungselement gesammelt sein. Dies ist die Tatsache der *Kompression* oder *Verdichtung*, die wir während der Traumarbeit kennengelernt haben. Sie trägt die Hauptschuld an dem befremdenden Eindruck des Traums, denn etwas ihr Analoges ist uns aus dem normalen und dem Bewußtsein zugänglichen Seelenleben ganz unbekannt. Wir haben auch hier Vorstellungen, die als Knotenpunkte oder als Endergebnisse ganzer Gedankenketten eine große psychische Bedeutung besitzen, aber diese Wertigkeit äußert sich in keinem für die innere Wahrnehmung *sinnfälligen* Charakter; das in ihr Vorgestellte wird darum in keiner Weise intensiver. Im Verdichtungsvorgang setzt sich aller psychische Zusammenhang in die *Intensität* des Vorstellungsinhalts um. Es ist der nämliche Fall, wie wenn ich in einem Buch ein Wort, dem ich einen überragenden Wert für die Auffassung des Textes beilege, gesperrt oder fett drucken lasse. In der Rede würde ich dasselbe Wort laut und langsam sprechen und nachdrücklich betonen. Das erstere Gleichnis führt unmittelbar zu einem der Traumarbeit entlehnten Beispiele (*Trimethylamin* im Traum von Irmas Injektion [S. 135]). Die Kunsthistoriker machen uns darauf aufmerksam, daß die ältesten histo-

rischen Skulpturen ein ähnliches Prinzip befolgen, indem sie die Ranggröße der dargestellten Personen durch die Bildgröße zum Ausdruck bringen. Der König wird zwei- oder dreimal so groß gebildet als sein Gefolge oder der überwundene Feind. Ein Bildwerk aus der Römerzeit wird sich zu demselben Zweck feinerer Mittel bedienen. Es wird die Figur des Imperators in die Mitte stellen, ihn hoch aufgerichtet zeigen, besondere Sorgfalt auf die Durchbildung seiner Gestalt verwenden, die Feinde zu seinen Füßen legen, ihn aber nicht mehr als Riesen unter Zwergen erscheinen lassen. Indes ist die Verbeugung des Untergebenen vor seinem Vorgesetzten in unserer Mitte noch heute ein Nachklang jenes alten Darstellungsprinzips.

Die Richtung, nach welcher die Verdichtungen des Traumes fortschreiten, ist einerseits durch die korrekten vorbewußten Relationen der Traumgedanken, anderseits durch die Anziehung der visuellen Erinnerungen im Unbewußten vorgeschrieben. Der Erfolg der Verdichtungsarbeit erzielt jene Intensitäten, die zum Durchbruch gegen die Wahrnehmungssysteme erfordert werden.

2) Es werden wiederum durch freie Übertragbarkeit der Intensitäten und im Dienste der Verdichtung *Mittelvorstellungen* gebildet, Kompromisse gleichsam (vgl. die zahlreichen Beispiele [z. B. S. 294 ff.]). Gleichfalls etwas Unerhörtes im normalen Vorstellungsablauf, bei dem es vor allem auf die Auswahl und Festhaltung des »richtigen« Vorstellungselements ankommt. Dagegen ereignen sich Misch- wie Kompromißbildungen außerordentlich häufig, wenn wir für die vorbewußten Gedanken den sprachlichen Ausdruck suchen, und werden als Arten des »Versprechens« angeführt.

3) Die Vorstellungen, die einander ihre Intensitäten übertragen, stehen in den *lockersten Beziehungen* zueinander und sind durch solche Arten von Assoziationen verknüpft, welche von unserem Denken verschmäht und nur dem witzigen Effekt zur Ausnützung überlassen werden. Insbesondere gelten Gleichklangs- und Wortlautassoziationen als den anderen gleichwertig.

4) Einander widersprechende Gedanken streben nicht danach, einander aufzuheben, sondern bestehen nebeneinander, setzen sich oft, *als ob kein Widerspruch* bestünde, zu Verdichtungsprodukten zusammen oder bilden Kompromisse, die wir unserem Denken nie verzeihen würden, in unserem Handeln aber oft gutheißen.

Dies wären einige der auffälligsten abnormen Vorgänge, denen im Laufe der Traumarbeit die vorher rationell gebildeten Traumgedanken unterzogen werden. Man erkennt als den Hauptcharakter derselben, daß aller Wert darauf gelegt wird, die besetzende Energie beweglich und *abfuhrfähig* zu machen; der Inhalt und die eigene Bedeutung der psychischen Elemente, an denen diese Besetzungen haften, wird zur Nebensache. Man könnte noch meinen, die Verdichtung und Kompromißbildung geschehe nur im Dienste der Regression, wenn es sich darum handelt, Gedanken in Bilder zu verwandeln. Allein die Analyse – und noch deutlicher die Synthese – solcher Träume, die der Regression auf Bilder entbehren, z. B. des Traumes »Autodidasker – Gespräch mit Professor N.« [S. 299 ff.], ergeben die nämlichen Verschiebungs- und Verdichtungsvorgänge wie die anderen.

So können wir uns also der Einsicht nicht verschließen, daß an der Traumbildung zweierlei wesensverschiedene psychische Vorgänge beteiligt sind; der eine schafft vollkommen korrekte, dem normalen Denken gleichwertige Traumgedanken; der andere verfährt mit denselben auf eine höchst befremdende, inkorrekte Weise. Den letzteren haben wir schon im Abschnitt [Kapitel] VI als die eigentliche Traumarbeit abgesondert. Was haben wir nun zur Ableitung dieses letzteren psychischen Vorgangs vorzubringen?

Wir könnten hier eine Antwort nicht geben, wenn wir nicht ein Stück weit in die Psychologie der Neurosen, speziell der Hysterie, eingedrungen wären. Aus dieser aber erfahren wir, daß die nämlichen inkorrekten psychischen Vorgänge – und noch andere nicht aufgezählte – die Herstellung der hysterischen Symptome beherrschen. Auch bei der Hysterie finden wir zunächst eine Reihe von völlig korrekten, unseren bewußten ganz gleichwertigen Gedanken, von deren Existenz in dieser Form wir aber nichts erfahren können, die wir erst nachträglich rekonstruieren. Wenn sie irgendwo zu unserer Wahrnehmung durchgedrungen sind, so ersehen wir aus der Analyse des gebildeten Symptoms, daß diese normalen Gedanken eine abnorme Behandlung erlitten haben und *mittels Verdichtung, Kompromißbildung, über oberflächliche Assoziationen, unter Deckung der Widersprüche, eventuell auf dem Wege der Regression in das Symptom übergeführt wurden.* Bei der vollen Identität zwischen den Eigentümlichkeiten der Traumarbeit und der psychischen Tätigkeit, welche in die psychoneurotischen Symptome ausläuft, werden wir uns für berechtigt halten, die Schlüsse, zu denen uns die Hysterie nötigt, auf den Traum zu übertragen.

Aus der Lehre von der Hysterie entnehmen wir den Satz, *daß solche abnorme psychische Bearbeitung eines normalen Gedankenzugs nur dann vorkommt, wenn dieser zur Übertragung eines unbewußten Wunsches geworden ist, der aus dem Infantilen stammt und sich in der Verdrängung befindet.* Diesem Satz zuliebe haben wir die Theorie des Traums auf die Annahme gebaut, daß der treibende Traumwunsch allemale aus dem Unbewußten stammt, was, wie wir selbst zugestanden, sich nicht allgemein nachweisen, wenn auch nicht zurückweisen läßt. Um aber sagen zu können, was die »*Verdrängung*« ist, mit deren Namen wir schon so oft gespielt haben, müssen wir ein Stück an unserm psychologischen Gerüste weiterbauen.

Wir hatten uns in die Fiktion eines primitiven psychischen Apparats vertieft [S. 538 ff.], dessen Arbeit durch das Bestreben geregelt wird, Anhäufung von Erregung zu vermeiden und sich möglichst erregungslos zu erhalten. Er war darum nach dem Schema eines Reflexapparats gebaut; die Motilität, zunächst der Weg zur inneren Veränderung des Körpers, war die ihm zu Gebote stehende Abfuhrbahn. Wir erörterten dann die psychischen Folgen eines Befriedigungserlebnisses und hätten dabei schon die zweite Annahme einfügen können, daß Anhäufung der Erregung – nach gewissen uns nicht bekümmernden Modalitäten – als Unlust empfunden wird und den Apparat in Tätigkeit versetzt, um das Befriedigungsergebnis, bei dem die Verringerung der Erregung als Lust verspürt wird, wieder herbeizuführen. Eine solche, von der Unlust ausgehende, auf die Lust zielende Strömung im Apparat heißen wir einen Wunsch; wir haben gesagt, nichts anderes als ein Wunsch sei imstande, den Apparat in Bewegung zu bringen, und der Ablauf der Erregung in ihm werde automatisch durch die Wahrnehmungen von Lust und Unlust geregelt. Das erste Wünschen dürfte ein halluzinatorisches Besetzen der Befriedigungserinnerung gewesen sein. Diese Halluzination erwies sich aber, wenn sie nicht bis zur Erschöpfung festgehalten werden sollte, als untüchtig, das Aufhören des Bedürfnisses, also die mit der Befriedigung verbundene Lust, herbeizuführen.
Es wurde so eine zweite Tätigkeit – in unserer Ausdrucksweise die Tätigkeit eines zweiten Systems – notwendig, welche nicht gestattete, daß die Erinnerungsbesetzung zur Wahrnehmung vordringe und von dort aus die psychischen Kräfte binde, sondern die vom Bedürfnisreiz ausgehende Erregung auf einen Umweg leite[te], der endlich über die willkürliche Motilität die Außenwelt so verändert, daß die reale Wahrnehmung des Befriedigungsobjekts eintreten kann. So weit haben wir das

Schema des psychischen Apparats bereits verfolgt; die beiden Systeme sind der Keim zu dem, was wir als *Ubw* und *Vbw* in den voll ausgebildeten Apparat einsetzen.

Um die Außenwelt zweckmäßig durch die Motilität verändern zu können, bedarf es der Anhäufung einer großen Summe von Erfahrungen in den Erinnerungssystemen und einer mannigfachen Fixierung der Beziehungen, die durch verschiedene Zielvorstellungen in diesem Erinnerungsmaterial hervorgerufen werden. [Vgl. S. 515.] Wir gehen nun in unseren Annahmen weiter. Die vielfach tastende, Besetzungen aussendende und wieder einziehende Tätigkeit des zweiten Systems bedarf einerseits der freien Verfügung über alles Erinnerungsmaterial; anderseits wäre es überflüssiger Aufwand, wenn sie große Besetzungsquantitäten auf die einzelnen Denkwege schickte, die dann unzweckmäßig abströmen und die für die Veränderung der Außenwelt notwendige Quantität verringern würden. Der Zweckmäßigkeit zuliebe postuliere ich also, daß es dem zweiten System gelingt, die Energiebesetzungen zum größeren Anteil in Ruhe zu erhalten und nur einen kleineren Teil zur Verschiebung zu verwenden. Die Mechanik dieser Vorgänge ist mir ganz unbekannt; wer mit diesen Vorstellungen Ernst machen wollte, müßte die physikalischen Analogien heraussuchen und sich einen Weg zur Veranschaulichung des Bewegungsvorgangs bei der Neuronerregung bahnen. Ich halte nur an der Vorstellung fest, daß die Tätigkeit des ersten ψ-Systems *auf freies Abströmen der Erregungsquantitäten* gerichtet ist und daß das zweite System durch die von ihm ausgehenden Besetzungen eine *Hemmung* dieses Abströmens, eine Verwandlung in ruhende Besetzung, wohl unter Niveauerhöhung, herbeiführt. Ich nehme also an, daß der Ablauf der Erregung unter der Herrschaft des zweiten Systems an ganz andere mechanische Verhältnisse geknüpft wird als unter der Herrschaft des ersten. Hat das zweite System seine probende Denkarbeit beendigt, so hebt es auch die Hemmung und Stauung der Erregungen auf und läßt dieselben zur Motilität abfließen.

Es ergibt sich nun eine interessante Gedankenfolge, wenn man die Beziehungen dieser Abflußhemmung durch das zweite System zur Regulierung durch das Unlustprinzip[1] ins Auge faßt. Suchen wir uns das Gegenstück zum primären Befriedigungserlebnis auf, das *äußere Schreckerlebnis*. Es wirke ein Wahrnehmungsreiz auf den primitiven Apparat ein, der die Quelle einer Schmerzerregung ist. Es werden dann so lange

---

[1] [In seinen späteren Werken spricht Freud von diesem Faktor als dem »Lustprinzip«.]

ungeordnete motorische Äußerungen erfolgen, bis eine derselben den Apparat der Wahrnehmung und gleichzeitig dem Schmerz entzieht, und diese wird bei Wiederauftreten der Wahrnehmung sofort wiederholt werden (etwa als Fluchtbewegung), bis die Wahrnehmung wieder verschwunden ist. Es wird aber hier keine Neigung übrigbleiben, die Wahrnehmung der Schmerzquelle halluzinatorisch oder anderswie wiederzubesetzen. Vielmehr wird im primären Apparat die Neigung bestehen, dies peinliche Erinnerungsbild sofort, wenn es irgendwie geweckt wird, wieder zu verlassen, weil ja das Überfließen seiner Erregung auf die Wahrnehmung Unlust hervorrufen würde (genauer: hervorzurufen beginnt). Die Abwendung von der Erinnerung, die nur eine Wiederholung der einstigen Flucht vor der Wahrnehmung ist, wird auch dadurch erleichtert, daß die Erinnerung nicht wie die Wahrnehmung genug Qualität besitzt, um das Bewußtsein zu erregen und hiedurch neue Besetzung an sich zu ziehen. Diese mühelos und regelmäßig erfolgende Abwendung des psychischen Vorgangs von der Erinnerung des einst Peinlichen gibt uns das Vorbild und das erste Beispiel der *psychischen Verdrängung*. Es ist allgemein bekannt, wieviel von dieser Abwendung vom Peinlichen, von der Taktik des Vogels Strauß, noch im normalen Seelenleben des Erwachsenen nachweisbar geblieben ist.

Zufolge des Unlustprinzips ist das erste ψ-System also überhaupt unfähig, etwas Unangenehmes in den Denkzusammenhang zu ziehen. Das System kann nichts anderes als wünschen. Bliebe es so, so wäre die Denkarbeit des zweiten Systems gehindert, welches die Verfügung über alle in der Erfahrung niedergelegten Erinnerungen braucht. Es eröffnen sich nun zwei Wege; entweder macht sich die Arbeit des zweiten Systems vom Unlustprinzip völlig frei, setzt ihren Weg fort, ohne sich um die Erinnerungsunlust zu kümmern; oder sie versteht es, die Unlusterinnerung in solcher Weise zu besetzen, daß die Unlustentbindung dabei vermieden wird. Wir können die erste Möglichkeit zurückweisen, denn das Unlustprinzip zeigt sich auch als Regulator für den Erregungsablauf des zweiten Systems; somit werden wir auf die zweite gewiesen, daß dies System eine Erinnerung so besetzt, daß der Abfluß von ihr gehemmt wird, also auch der einer motorischen Innervation vergleichbare Abfluß zur Entwicklung der Unlust. Zur Hypothese, daß die Besetzung durch das zweite System gleichzeitig eine Hemmung für den Abfluß der Erregung darstellt, werden wir also von zwei Ausgangspunkten her geleitet, von der Rücksicht auf das Unlustprinzip und [wie im vorletzten Absatz dargestellt] von dem Prinzip des kleinsten Innervationsaufwands. Halten wir aber daran fest – es ist der Schlüssel zur Verdrängungslehre –, *daß das zweite System nur dann eine Vorstellung besetzen kann, wenn es imstande ist, die von ihr ausgehende Unlustentwicklung zu hemmen.* Was sich etwa dieser Hemmung entzöge, bliebe auch für das zweite System unzugänglich, würde dem Unlustprinzip zufolge alsbald verlassen werden. Die Hemmung der Unlust braucht indes keine vollständige zu sein; ein Beginn derselben muß zugelassen werden, da es dem zweiten System die Natur der Erinnerung und etwa deren mangelnde Eignung für den vom Denken gesuchten Zweck anzeigt.

Den psychischen Vorgang, welchen das erste System allein zuläßt, werde ich jetzt *Primärvorgang* nennen; den, der sich unter der Hemmung des zweiten ergibt, *Sekundärvorgang*[1]. Ich kann noch an einem anderen Punkte zeigen, zu welchem Zwecke das zweite System den Primärvorgang korrigieren muß. Der Primärvorgang strebt nach Abfuhr der Erregung, um mit der so gesammelten Erregungsgröße eine *Wahrnehmungsidentität* [mit dem Befriedigungserlebnis (s. S. 539 f.)] herzustellen; der Sekundärvorgang hat diese Absicht verlassen und an ihrer Statt die andere aufgenommen, eine *Denkidentität* zu erzielen. Das ganze Denken ist nur ein Umweg von der als Zielvorstellung genommenen Befriedigungserinnerung bis zur identischen Besetzung derselben Erinnerung, die auf dem Wege über die motorischen Erfahrungen wieder erreicht werden soll. Das Denken muß sich für die Verbindungswege zwischen den Vorstellungen interessieren, ohne sich durch die Intensitäten derselben beirren zu lassen. Es ist aber klar, daß die Verdichtungen von Vorstellungen, Mittel- und Kompromißbildungen in der Erreichung dieses Identitätsziels hinderlich sind; indem sie die eine Vorstellung für die andere setzen, lenken sie vom Wege ab, der von der ersteren weitergeführt hätte. Solche Vorgänge werden also im sekundären Denken sorgfältig vermieden. Es ist auch nicht schwer zu übersehen, daß das Unlustprinzip dem Denkvorgang, welchem es sonst die wichtigsten Anhaltspunkte bietet, auch Schwierigkeiten in der Verfolgung der Denk-

1 [Die Unterscheidung zwischen Primär- und Sekundärsystem und die Hypothese, daß die Psyche in ihnen auf verschiedene Weise funktioniere, gehören zu den wichtigsten Grundannahmen Freuds. Mit ihnen ist (wie auf S. 569 und zu Beginn des nächsten Abschnitts angegeben) die Hypothese verknüpft, daß die psychische Energie in zwei Formen auftritt: als »freie« oder »bewegliche« (wie im System *Ubw*) und als »gebundene« oder »ruhende« Energie (wie im System *Vbw*). Wo immer Freud in seinen späteren Arbeiten dieses Thema erörtert (z. B. in der Arbeit ›Das Unbewußte‹, 1915 *e*, am Ende des V. Abschnitts, und in *Jenseits des Lustprinzips*, 1920 g, IV. Kapitel), schreibt er diese letztere Unterscheidung bestimmten Gedankengängen Breuers in ihrer gemeinsamen Arbeit *Studien über Hysterie* (1895) zu.]

identität in den Weg legt. Die Tendenz des Denkens muß also dahin gehen, sich von der ausschließlichen Regulierung durch das Unlustprinzip immer mehr zu befreien und die Affektentwicklung durch die Denkarbeit auf ein Mindestes, das noch als Signal verwertbar ist, einzuschränken[1]. Durch eine neuerliche Überbesetzung, die das Bewußtsein vermittelt, soll diese Verfeinerung der Leistung erzielt werden. [S. unten, S. 583 ff.] Wir wissen aber, daß diese selbst im normalen Seelenleben selten vollständig gelingt und daß unser Denken der Fälschung durch die Einmengung des Unlustprinzips immer zugänglich bleibt.

Aber nicht dies ist die Lücke in der Funktionstüchtigkeit unseres seelischen Apparats, durch welche es möglich wird, daß Gedanken, die sich als Ergebnisse der sekundären Denkarbeit darstellen, dem primären psychischen Vorgang verfallen, mit welcher Formel wir jetzt die zum Traume und zu den hysterischen Symptomen führende Arbeit beschreiben können. Der Fall von Unzulänglichkeit ergibt sich durch das Zusammentreffen zweier Momente aus unserer Entwicklungsgeschichte, von denen das eine ganz dem seelischen Apparat anheimfällt und einen maßgebenden Einfluß auf das Verhältnis der beiden Systeme ausgeübt hat, das andere im wechselnden Betrage zur Geltung kommt und Triebkräfte organischer Herkunft ins Seelenleben einführt. Beide stammen aus dem Kinderleben und sind ein Niederschlag der Veränderung, die unser seelischer und somatischer Organismus seit den infantilen Zeiten erfahren hat.

Wenn ich den einen psychischen Vorgang im Seelenapparat den *primären* benannt habe, so tat ich dies nicht allein mit Rücksicht auf die Rangordnung und Leistungsfähigkeit, sondern durfte auch die zeitlichen Verhältnisse bei der Namengebung mitsprechen lassen. Ein psychischer Apparat, der nur den Primärvorgang besäße, existiert zwar unseres Wissens nicht und ist insoferne eine theoretische Fiktion; aber soviel ist tatsächlich, daß die Primärvorgänge in ihm von Anfang an gegeben sind, während die sekundären erst allmählich im Laufe des Lebens sich ausbilden, die primären hemmen und überlagern und ihre volle Herrschaft über sie vielleicht erst mit der Lebenshöhe erreichen. Infolge dieses verspäteten Eintreffens der sekundären Vorgänge bleibt der Kern unse-

---

[1] [Dieser Gedanke eines minimalen Unlustbetrages, der als »Signal« dient, um vor größerer Unlust zu schützen, wurde von Freud nach Jahren wiederaufgegriffen und auf das Angstproblem angewandt. S. *Hemmung, Symptom und Angst* (1926*d*, XI. Kapitel, Abschnitt A(*b*), *Studienausgabe*, Bd. 6, S. 298 ff.).]

res Wesens, aus unbewußten Wunschregungen bestehend, unfaßbar und unhemmbar für das Vorbewußte, dessen Rolle ein für allemal darauf beschränkt wird, den aus dem Unbewußten stammenden Wunschregungen die zweckmäßigsten Wege anzuweisen. Diese unbewußten Wünsche stellen für alle späteren seelischen Bestrebungen einen Zwang dar, dem sie sich zu fügen haben, den etwa abzuleiten und auf höher stehende Ziele zu lenken sie sich bemühen dürfen. Ein großes Gebiet des Erinnerungsmaterials bleibt auch infolge dieser Verspätung der vorbewußten Besetzung unzugänglich.

Unter diesen aus dem Infantilen stammenden, unzerstörbaren und unhemmbaren Wunschregungen befinden sich nun auch solche, deren Erfüllungen in das Verhältnis des Widerspruchs zu den Zielvorstellungen des sekundären Denkens getreten sind. Die Erfüllung dieser Wünsche würde nicht mehr einen Lust-, sondern einen Unlustaffekt hervorrufen, *und eben diese Affektverwandlung macht das Wesen dessen aus, was wir als »Verdrängung« bezeichnen.* Auf welchem Wege, durch welche Triebkräfte eine solche Verwandlung vor sich gehen kann, darin besteht das Problem der Verdrängung, das wir hier nur zu streifen brauchen[1]. Es genügt uns festzuhalten, daß eine solche Affektverwandlung im Laufe der Entwicklung vorkommt (man denke nur an das Auftreten des anfänglich fehlenden Ekels im Kinderleben) und daß sie an die Tätigkeit des sekundären Systems geknüpft ist. Die Erinnerungen, von denen aus der unbewußte Wunsch die Affektentbindung hervorruft, waren dem *Vbw* niemals zugänglich; darum ist deren Affektentbindung auch nicht zu hemmen. Eben wegen dieser Affektentwicklung sind diese Vorstellungen jetzt auch nicht von den vorbewußten Gedanken her zugänglich, auf die sie ihre Wunschkraft übertragen haben. Vielmehr tritt das Unlustprinzip in Kraft und veranlaßt, daß das *Vbw* sich von diesen Übertragungsgedanken abwendet. Dieselben werden sich selbst überlassen, »verdrängt«, und somit wird das Vorhandensein eines infantilen, dem *Vbw* von Anfang an entzogenen Erinnerungsschatzes zur Vorbedingung der Verdrängung.

Im günstigsten Falle nimmt die Unlustentwicklung ein Ende, sowie den Übertragungsgedanken im *Vbw* die Besetzung entzogen ist, und dieser Erfolg kennzeichnet das Eingreifen des Unlustprinzips als zweckmäßig. Anders aber, wenn der verdrängte unbewußte Wunsch eine organische

---

1 [Das Thema ist danach viel ausführlicher in Freuds Arbeit ›Die Verdrängung‹ (1915 *d*) behandelt; seine späteren Ansichten dazu finden sich in der 32. Vorlesung der *Neuen Folge der Vorlesungen* (1933 *a*, *Studienausgabe*, Bd. 1, S. 519–29).]

Verstärkung erfährt, die er seinen Übertragungsgedanken leihen, wodurch er sie in den Stand setzen kann, mit ihrer Erregung den Versuch zum Durchdringen zu machen, auch wenn sie von der Besetzung des *Vbw* verlassen worden sind. Es kommt dann zum Abwehrkampf, indem das *Vbw* den Gegensatz gegen die verdrängten Gedanken verstärkt (Gegenbesetzung[1]), und in weiterer Folge zum Durchdringen der Übertragungsgedanken, welche Träger des unbewußten Wunsches sind, in irgendeiner Form von Kompromiß durch Symptombildung. Von dem Moment aber, da die verdrängten Gedanken von der unbewußten Wunscherregung kräftig besetzt, von der vorbewußten Besetzung dagegen verlassen sind, unterliegen sie dem primären psychischen Vorgang, zielen sie nur auf motorische Abfuhr oder, wenn der Weg frei ist, auf halluzinatorische Belebung der gewünschten Wahrnehmungsidentität. Wir haben früher empirisch gefunden, daß die beschriebenen inkorrekten Vorgänge sich nur mit Gedanken abspielen, die in der Verdrängung stehen. Wir erfassen jetzt ein weiteres Stück des Zusammenhangs. Diese inkorrekten Vorgänge sind die im psychischen Apparat *primären;* sie treten überall dort ein, wo Vorstellungen von der vorbewußten Besetzung verlassen, sich selbst überlassen werden und sich mit der ungehemmten, nach Abfluß strebenden Energie vom Unbewußten her erfüllen können. Einige andere Beobachtungen kommen hinzu, die Auffassung zu stützen, daß diese inkorrekt genannten Vorgänge nicht wirklich Fälschungen der normalen, Denkfehler, sind, sondern die von einer Hemmung befreiten Arbeitsweisen des psychischen Apparats. So sehen wir, daß die Überleitung der vorbewußten Erregung auf die Motilität nach denselben Vorgängen geschieht und daß die Verknüpfung der vorbewußten Vorstellungen mit Worten leicht die nämlichen, der Unaufmerksamkeit zugeschriebenen Verschiebungen und Vermengungen zeigt. Endlich möchte sich ein Beweis für den Arbeitszuwachs, der bei der Hemmung dieser primären Verlaufsweisen notwendig wird, aus der Tatsache ergeben, daß wir einen *komischen* Effekt, einen durch *Lachen* abzuführenden Überschuß erzielen, *wenn wir diese Verlaufsweisen des Denkens zum Bewußtsein vordringen lassen*[2].

Die Theorie der Psychoneurosen behauptet mit ausschließender Sicherheit, daß es nur sexuelle Wunschregungen aus dem Infantilen sein kön-

---

[1] [Dieses Wort wurde 1919 eingefügt.]

[2] [Dieser Gedankengang wird ausführlich im V. Kapitel des Buches über den Witz (1905 *c*) behandelt. S. *Studienausgabe,* Bd. 4, insbesondere S. 138–42.]

nen, welche in den Entwicklungsperioden der Kindheit die Verdrängung (Affektverwandlung) erfahren haben, in späteren Entwicklungsperioden dann einer Erneuerung fähig sind, sei es infolge der sexuellen Konstitution, die sich ja aus der ursprünglichen Bisexualität herausbildet, sei es infolge ungünstiger Einflüsse des sexuellen Lebens, und die somit die Triebkräfte für alle psychoneurotische Symptombildung abgeben[1]. Nur durch die Einführung dieser sexuellen Kräfte sind die in der Theorie der Verdrängung noch aufweisbaren Lücken zu schließen. Ich will es dahingestellt sein lassen, ob die Forderung des Sexuellen und Infantilen auch für die Theorie des Traums erhoben werden darf; ich lasse diese hier unvollendet, weil ich schon durch die Annahme, der Traumwunsch stamme jedesmal aus dem Unbewußten, einen Schritt weit über das Beweisbare hinausgegangen bin[2]. Ich will auch nicht weiter untersuchen, worin der Unterschied im Spiel der psychischen Kräfte bei der Traumbildung und bei der Bildung der hysterischen Symptome

---

[1] [Das Thema dieses Satzes wird von Freud in seinen *Drei Abhandlungen zur Sexualtheorie* (1905 *d*) weiter ausgearbeitet.]

[2] Es sind hier wie an anderen Stellen Lücken in der Bearbeitung des Themas, die ich absichtlich belassen habe, weil deren Ausfüllung einerseits einen zu großen Aufwand, anderseits die Anlehnung an ein dem Traume fremdes Material erfordern würde. So habe ich es z. B. vermieden anzugeben, ob ich mit dem Worte »unterdrückt« einen anderen Sinn verbinde als mit dem Worte »verdrängt«. Es dürfte nur klar geworden sein, daß letzteres die Zugehörigkeit zum Unbewußten stärker als das erstere betont. Ich bin auf das naheliegende Problem nicht eingegangen, warum die Traumgedanken die Entstellung durch die Zensur auch für den Fall erfahren, daß sie auf die progrediente Fortsetzung zum Bewußtsein verzichten und sich für den Weg der Regression entscheiden, u. dgl. Unterlassungen mehr. Es kam mir vor allem darauf an, einen Eindruck von den Problemen zu erwecken, zu denen die weitere Zergliederung der Traumarbeit führt, und die anderen Themata anzudeuten, mit denen dieses auf dem Wege zusammentrifft. Die Entscheidung, an welcher Stelle die Verfolgung abgebrochen werden soll, ist mir dann nicht immer leicht geworden. – Daß ich die Rolle des sexuellen Vorstellungslebens für den Traum nicht erschöpfend behandelt und die Deutung von Träumen mit offenkundig sexuellem Inhalt vermieden habe, beruht auf einer besonderen Motivierung, die sich vielleicht mit der Erwartung der Leser nicht deckt. Es liegt gerade meinen Anschauungen und den Lehrmeinungen, die ich in der Neuropathologie vertrete, völlig ferne, das Sexualleben als ein Pudendum anzusehen, das weder den Arzt noch den wissenschaftlichen Forscher zu bekümmern hat. Auch finde ich die sittliche Entrüstung lächerlich, durch welche der Übersetzer des Artemidoros aus Daldis über die *Symbolik der Träume* sich bewegen ließ, das dort enthaltene Kapitel über sexuelle Träume der Kenntnis der Leser zu unterschlagen. Für mich war allein die Einsicht maßgebend, daß ich mich bei der Erklärung sexueller Träume tief in die noch ungeklärten Probleme der Perversion und der Bisexualität verstricken müßte, und so sparte ich mir dies Material für einen anderen Zusammenhang.
[Übrigens hat der Übersetzer der *Oneirocritica*, F. S. Krauss, in seiner Zeitschrift *Anthropophyteia*, aus der Freud oben (S. 350, Anm. 2) zitiert, das ausgelassene Kapitel später selbst veröffentlicht.]

gelegen ist; es fehlt uns ja hiezu die genauere Kenntnis des einen der in Vergleich zu bringenden Glieder. Aber auf einen anderen Punkt lege ich Wert und schicke das Bekenntnis voraus, daß ich nur dieses Punktes wegen all die Erörterungen über die beiden psychischen Systeme, ihre Arbeitsweisen und die Verdrängung hier aufgenommen habe. Es kommt jetzt nämlich nicht darauf an, ob ich die in Rede stehenden psychologischen Verhältnisse annähernd richtig oder, wie bei so schwierigen Dingen leicht möglich, schief und lückenhaft aufgefaßt habe. Wie immer die Deutung der psychischen Zensur, der korrekten und der abnormen Bearbeitung des Trauminhalts sich verändern mag, es bleibt gültig, daß solche Vorgänge bei der Traumbildung wirksam sind und daß sie die größte Analogie im wesentlichen mit den bei der hysterischen Symptombildung erkannten Vorgängen zeigen. Nun ist der Traum kein pathologisches Phänomen; er hat keine Störung des psychischen Gleichgewichts zur Voraussetzung; er hinterläßt keine Schwächung der Leistungsfähigkeit. Der Einwand, daß meine Träume und die meiner neurotischen Patienten nicht auf die Träume gesunder Menschen schließen lassen, dürfte wohl ohne Würdigung abzuweisen sein. Wenn wir also aus den Phänomenen auf deren Triebkräfte schließen, so erkennen wir, daß der psychische Mechanismus, dessen sich die Neurose bedient, nicht erst durch eine das Seelenleben ergreifende krankhafte Störung geschaffen wird, sondern in dem normalen Aufbau des seelischen Apparats bereitliegt. Die beiden psychischen Systeme, die Übergangszensur zwischen ihnen, die Hemmung und Überlagerung der einen Tätigkeit durch die andere, die Beziehungen beider zum Bewußtsein – oder was eine richtigere Deutung der tatsächlichen Verhältnisse an deren Statt ergeben mag –; das alles gehört zum normalen Aufbau unseres Seeleninstruments, und der Traum zeigt uns einen der Wege, die zur Kenntnis der Struktur desselben führen. Wenn wir uns mit einem Minimum von völlig gesichertem Erkenntniszuwachs begnügen wollen, so werden wir sagen, der Traum beweist uns, *daß das Unterdrückte auch beim normalen Menschen fortbesteht und psychischer Leistungen fähig bleibt.* Der Traum ist selbst eine der Äußerungen dieses Unterdrückten; nach der Theorie ist er es in allen Fällen, nach der greifbaren Erfahrung wenigstens in einer großen Anzahl, welche die auffälligen Charaktere des Traumlebens gerade am deutlichsten zur Schau trägt. Das seelisch Unterdrückte, welches im Wachleben durch *die gegensätzliche Erledigung der Widersprüche* am Ausdruck gehindert und von der inneren Wahrnehmung abgeschnitten wurde, findet im Nachtleben und unter der Herrschaft der Kompromißbildungen Mittel und Wege, sich dem Bewußtsein aufzudrängen.

»Flectere si nequeo superos, Acheronta movebo.« [1]

Die Traumdeutung aber ist die Via regia zur Kenntnis des Unbewußten im Seelenleben.

Indem wir der Analyse des Traums folgen, bekommen wir ein Stück weit Einsicht in die Zusammensetzung dieses allerwunderbarsten und allergeheimnisvollsten Instruments, freilich nur ein kleines Stück weit, aber es ist damit der Anfang gemacht, um von anderen – pathologisch zu heißenden – Bildungen her weiter in die Zerlegung desselben vorzudringen. Denn die Krankheit – wenigstens die mit Recht funktionell genannte – hat nicht die Zertrümmerung dieses Apparats, die Herstellung neuer Spaltungen in seinem Innern zur Voraussetzung; sie ist *dynamisch* aufzuklären durch Stärkung und Schwächung der Komponenten des Kräftespiels, von dem so viele Wirkungen während der normalen Funktion verdeckt sind. An anderer Stelle könnte noch gezeigt werden, wie die Zusammensetzung des Apparats aus den beiden Instanzen eine Verfeinerung auch der normalen Leistung gestattet, die einer einzigen unmöglich wäre [2].

---

1 [»Kann ich die höheren Mächte nicht beugen, bewege ich doch die Unterwelt.« Freud bemerkt in einer Notiz in *G. S.*, Bd. 3 (1925), S. 169, daß dieser Vers Vergils (*Äneis*, VII, 312) »das Streben der verdrängten Triebregungen andeuten soll«. Er hat ihn auch als Motto über das ganze Buch gestellt. – Der nächste Satz wurde 1909 eingefügt.]

2 Der Traum ist nicht das einzige Phänomen, welches die Psychopathologie auf die Psychologie zu begründen gestattet. In einer kleinen, noch nicht abgeschlossenen Reihe von Aufsätzen in der *Monatsschrift für Psychiatrie und Neurologie* (›Über den psychischen Mechanismus der Vergeßlichkeit‹, 1898 *b* – ›Über Deckerinnerungen‹, 1899 *a*) suche ich eine Anzahl von alltäglichen psychischen Erscheinungen als Stützen der nämlichen Erkenntnis zu deuten. [*Zusatz 1909:*] Diese und weitere Aufsätze über Vergessen, Versprechen, Vergreifen usw. sind seither als *Psychopathologie des Alltagslebens* gesammelt erschienen (1901 *b*).

F
DAS UNBEWUSSTE UND DAS BEWUSSTSEIN
DIE REALITÄT

Wenn wir genauer zusehen, ist es nicht der Bestand von *zwei Systemen* nahe dem motorischen Ende des Apparats, sondern von *zweierlei Vorgängen* oder *Ablaufsarten der Erregung*, deren Annahme uns durch die psychologischen Erörterungen der vorstehenden Abschnitte nahegelegt wurde. Es gälte uns gleich; denn unsere Hilfsvorstellungen fallenzulassen, müssen wir immer bereit sein, wenn wir uns in der Lage glauben, sie durch etwas anderes zu ersetzen, was der unbekannten Wirklichkeit besser angenähert ist. Versuchen wir es jetzt, einige Anschauungen richtigzustellen, die sich mißverständlich bilden konnten, solange wir die beiden Systeme im nächsten und rohesten Sinne als zwei Lokalitäten innerhalb des seelischen Apparats im Auge hatten, Anschauungen, die ihren Niederschlag in den Ausdrücken »verdrängen« und »durchdringen« zurückgelassen haben. Wenn wir also sagen, ein unbewußter Gedanke strebe nach Übersetzung ins Vorbewußte, um dann zum Bewußtsein durchzudringen, so meinen wir nicht, daß ein zweiter, an neuer Stelle gelegener Gedanke gebildet werden soll, eine Umschrift gleichsam, neben welcher das Original fortbesteht; und auch vom Durchdringen zum Bewußtsein wollen wir jede Idee einer Ortsveränderung sorgfältig ablösen. Wenn wir sagen, ein vorbewußter Gedanke wird verdrängt und dann vom Unbewußten aufgenommen, so könnten uns diese dem Vorstellungskreis des Kampfes um ein Terrain entlehnten Bilder zur Annahme verlocken, daß wirklich in der einen psychischen Lokalität eine Anordnung aufgelöst und durch eine neue in der anderen Lokalität ersetzt wird. Für diese Gleichnisse setzen wir ein, was dem realen Sachverhalt besser zu entsprechen scheint, daß eine Energiebesetzung auf eine bestimmte Anordnung verlegt oder von ihr zurückgezogen wird, so daß das psychische Gebilde unter die Herrschaft einer Instanz gerät oder ihr entzogen ist. Wir ersetzen hier wiederum eine topische Vorstellungsweise durch eine dynamische; nicht das psychische Gebilde erscheint uns als das Bewegliche, sondern dessen Innervation[1].

[1] [*Zusatz 1925:*] Diese Auffassung erfuhr eine Ausgestaltung und Abänderung, nachdem man als den wesentlichen Charakter einer vorbewußten Vorstellung die Verbindung mit Wortvorstellungsresten erkannt hatte (›Das Unbewußte‹, 1915 *e*, [Abschnitt VII]). [Wie dort angemerkt, war dies schon in der Erstausgabe des vorliegenden Werkes angedeutet. (S. die Seiten 547 und 584 f.) – Für den Gebrauch des Wortes »Innervation« vgl. S. 513, Anm.]

Dennoch halte ich es für zweckmäßig und berechtigt, die anschauliche Vorstellung der beiden Systeme weiter zu pflegen. Wir weichen jedem Mißbrauch dieser Darstellungsweise aus, wenn wir uns erinnern, daß Vorstellungen, Gedanken, psychische Gebilde im allgemeinen überhaupt nicht in organischen Elementen des Nervensystems lokalisiert werden dürfen, sondern sozusagen *zwischen ihnen*, wo Widerstände und Bahnungen das ihnen entsprechende Korrelat bilden. Alles, was Gegenstand unserer inneren Wahrnehmung werden kann, ist *virtuell*, wie das durch den Gang der Lichtstrahlen gegebene Bild im Fernrohr. Die Systeme aber, die selbst nichts Psychisches sind und nie unserer psychischen Wahrnehmung zugänglich werden, sind wir berechtigt anzunehmen gleich den Linsen des Fernrohrs, die das Bild entwerfen. In der Fortsetzung dieses Gleichnisses entspräche die Zensur zwischen zwei Systemen der Strahlenbrechung beim Übergang in ein neues Medium.

Wir haben bisher Psychologie auf eigene Faust getrieben; es ist Zeit, sich nach den Lehrmeinungen umzusehen, welche die heutige Psychologie beherrschen, und deren Verhältnis zu unseren Aufstellungen zu prüfen. Die Frage des Unbewußten in der Psychologie ist nach dem kräftigen Worte von Lipps (1897) weniger *eine* psychologische Frage als *die* Frage der Psychologie. Solange die Psychologie diese Frage durch die Worterklärung erledigte, das »Psychische« sei eben das »Bewußte«, und »unbewußte psychische Vorgänge« ein greifbarer Widersinn, blieb eine psychologische Verwertung der Beobachtungen, welche ein Arzt an abnormen Seelenzuständen gewinnen konnte, ausgeschlossen. Erst dann treffen der Arzt und der Philosoph zusammen, wenn beide anerkennen, unbewußte psychische Vorgänge seien »der zweckmäßige und wohlberechtigte Ausdruck für eine feststehende Tatsache«. Der Arzt kann nicht anders, als die Versicherung, »das Bewußtsein sei der unentbehrliche Charakter des Psychischen«, mit Achselzucken zurückweisen, und etwa, wenn sein Respekt vor den Äußerungen der Philosophen noch stark genug ist, annehmen, sie behandelten nicht dasselbe Objekt und trieben nicht die gleiche Wissenschaft. Denn auch nur eine einzige verständnisvolle Beobachtung des Seelenlebens eines Neurotikers, eine einzige Traumanalyse muß ihm die unerschütterliche Überzeugung aufdrängen, daß die kompliziertesten und korrektesten Denkvorgänge, denen man doch den Namen psychischer Vorgänge nicht versagen wird, vorfallen können, ohne das Bewußtsein der Person zu erregen [1]. Gewiß

[1] [*Zusatz 1914:*] Ich freue mich, auf einen Autor hinweisen zu können, der aus dem

erhält der Arzt von diesen unbewußten Vorgängen nicht eher Kunde, als bis sie eine Mitteilung oder Beobachtung zulassende Wirkung auf das Bewußtsein ausgeübt haben. Aber dieser Bewußtseinseffekt kann einen von dem unbewußten Vorgang ganz abweichenden psychischen Charakter zeigen, so daß die innere Wahrnehmung unmöglich den einen als den Ersatz des anderen erkennen kann. Der Arzt muß sich das Recht wahren, durch einen *Schlußprozeß* vom Bewußtseinseffekt zum unbewußten psychischen Vorgang vorzudringen; er erfährt auf diesem Wege, daß der Bewußtseinseffekt nur eine entfernte psychische Wirkung des unbewußten Vorgangs ist und daß letzterer nicht als solcher bewußtgeworden ist, auch daß er bestanden und gewirkt hat, ohne sich noch dem Bewußtsein irgendwie zu verraten.

Die Rückkehr von der Überschätzung der Bewußtseinseigenschaft wird zur unerläßlichen Vorbedingung für jede richtige Einsicht in den Hergang des Psychischen. Das Unbewußte muß nach dem Ausdrucke von Lipps [1897, 146f.] als allgemeine Basis des psychischen Lebens angenommen werden. Das Unbewußte ist der größere Kreis, der den kleineren des Bewußten in sich einschließt; alles Bewußte hat eine unbewußte Vorstufe, während das Unbewußte auf dieser Stufe stehenbleiben und doch den vollen Wert einer psychischen Leistung beanspruchen kann. Das Unbewußte ist das eigentlich reale Psychische, *uns nach seiner inneren Natur so unbekannt wie das Reale der Außenwelt und uns durch die Daten des Bewußtseins ebenso unvollständig gegeben wie die Außenwelt durch die Angaben unserer Sinnesorgane.*

Wenn der alte Gegensatz von Bewußtleben und Traumleben durch die Einsetzung des unbewußten Psychischen in die ihm gebührende Stellung entwertet ist, so werden eine Reihe von Traumproblemen abgestreift, welche frühere Autoren noch eingehend beschäftigt haben. So manche Leistungen, über deren Vollziehung im Traume man sich wundern konnte, sind nun nicht mehr dem Traum anzurechnen, sondern dem auch bei Tage arbeitenden unbewußten Denken. Wenn der Traum mit

---

Studium des Traums den nämlichen Schluß über das Verhältnis der bewußten zur unbewußten Tätigkeit gezogen hat.

Du Prel sagt: »Die Frage, was die Seele ist, erheischt offenbar eine Voruntersuchung darüber, ob Bewußtsein und Seele identisch seien. Gerade diese Vorfrage nun wird vom Traume verneint, welcher zeigt, daß der Begriff der Seele über den des Bewußtseins hinausragt, wie etwa die Anziehungskraft eines Gestirns über seine Leuchtsphäre« (1885, 47).

»Es ist eine Wahrheit, die man nicht ausdrücklich genug hervorheben kann, daß Bewußtsein und Seele nicht Begriffe von gleicher Ausdehnung sind« (ibid., 306 [zitiert nach Maudsley, 1868, 15]).

einer symbolisierenden Darstellung des Körpers, nach Scherner [1861, 114f.], zu spielen scheint [s. oben, S. 106], so wissen wir, dies ist die Leistung unbewußter Phantasien, die wahrscheinlich sexuellen Regungen nachgeben und die nicht nur im Traum, sondern auch in den hysterischen Phobien und anderen Symptomen zum Ausdruck kommen. Wenn der Traum Arbeiten des Tages fortführt und erledigt und selbst wertvolle Einfälle ans Licht fördert, so haben wir hievon nur die Traumverkleidung abzuziehen als Leistung der Traumarbeit und als Marke der Hilfeleistung dunkler Mächte der Seelentiefen (vgl. den Teufel in Tartinis Sonatentraum[1]). Die intellektuelle Leistung selbst fällt denselben Seelenkräften zu, die tagsüber alle solche vollbringen. Wir neigen wahrscheinlich in viel zu hohem Maße zur Überschätzung des bewußten Charakters auch der intellektuellen und künstlerischen Produktion. Aus den Mitteilungen einiger höchstproduktiver Menschen, wie Goethe und Helmholtz, erfahren wir doch eher, daß das Wesentliche und Neue ihrer Schöpfungen ihnen einfallsartig gegeben wurde und fast fertig zu ihrer Wahrnehmung kam. Die Mithilfe der bewußten Tätigkeit in anderen Fällen hat nichts Befremdendes, wo eine Anstrengung aller Geisteskräfte vorlag. Aber es ist das viel mißbrauchte Vorrecht der bewußten Tätigkeit, daß sie uns alle anderen verdecken darf, wo immer sie mittut.

Es verlohnt sich kaum der Mühe, die historische Bedeutung der Träume als ein besonderes Thema aufzustellen. Wo ein Häuptling etwa durch einen Traum zu einem kühnen Unternehmen bestimmt wurde, dessen Erfolg verändernd in die Geschichte eingegriffen hat, da ergibt sich ein neues Problem nur so lange, als man den Traum wie eine fremde Macht anderen vertrauteren Seelenkräften gegenüberstellt, nicht mehr, wenn man den Traum als eine *Form des Ausdrucks* für Regungen betrachtet, auf denen bei Tage ein Widerstand lastete und die sich bei Nacht Verstärkung aus tiefliegenden Erregungsquellen holen konnten[2]. Die Achtung aber, mit der dem Traum bei den alten Völkern begegnet wurde, ist eine auf richtige psychologische Ahnung gegründete Huldi-

---

[1] [Der Komponist und Geiger Tartini (1692–1770) hat angeblich einmal geträumt, er habe seine Seele dem Teufel verkauft. Daraufhin habe der Teufel eine Geige ergriffen und mit vollendeter Technik eine überaus schöne Sonate gespielt. Beim Erwachen habe Tartini sofort aufgeschrieben, was er noch davon erinnern konnte, und so entstand seine berühmte »Teufelstriller-Sonate«.]

[2] [*Zusatz 1911:*] Vgl. hiezu den (oben S. 119f., Anm.) mitgeteilten Traum (Σὰ Τύϱος) Alexanders des Großen bei der Belagerung von Tyrus.

gung vor dem Ungebändigten und Unzerstörbaren in der Menschenseele, dem *Dämonischen,* welches den Traumwunsch hergibt und das wir in unserem Unbewußten wiederfinden.

Ich sage nicht ohne Absicht, *in unserem Unbewußten,* denn was wir so heißen, deckt sich nicht mit dem Unbewußten der Philosophen, auch nicht mit dem Unbewußten bei Lipps. Dort soll es bloß den Gegensatz zu dem Bewußten bezeichnen; daß es außer den bewußten Vorgängen auch unbewußte psychische gibt, ist die heiß bestrittene und energisch verteidigte Erkenntnis. Bei Lipps hören wir von dem weiter reichenden Satz, daß alles Psychische als unbewußt vorhanden ist, einiges davon dann auch als bewußt. Aber nicht zum Erweis für *diesen* Satz haben wir die Phänomene des Traums und der hysterischen Symptombildung herangezogen; die Beobachtung des normalen Tageslebens reicht allein hin, ihn über jeden Zweifel festzustellen. Das Neue, was uns die Analyse der psychopathologischen Bildungen und schon ihres ersten Gliedes, der Träume, gelehrt, besteht darin, daß das Unbewußte – also das Psychische – als Funktion zweier gesonderter Systeme vorkommt und schon im normalen Seelenleben so vorkommt. Es gibt also *zweierlei Unbewußtes,* was wir von den Psychologen noch nicht gesondert finden. Beides ist Unbewußtes im Sinne der Psychologie; aber in unserem ist das eine, das wir *Ubw* heißen, auch *bewußtseinsunfähig,* während das andere, *Vbw,* von uns darum so genannt wird, weil dessen Erregungen, zwar auch nach Einhaltung gewisser Regeln, vielleicht erst unter Überstehung einer neuen Zensur, aber doch ohne Rücksicht auf das *Ubw*-System zum Bewußtsein gelangen können. Die Tatsache, daß die Erregungen, um zum Bewußtsein zu kommen, eine unabänderliche Reihenfolge, einen Instanzenzug durchzumachen haben, der uns durch ihre Zensurveränderung verraten wurde, diente uns zur Aufstellung eines Gleichnisses aus der Räumlichkeit. Wir beschrieben die Beziehungen der beiden Systeme zueinander und zum Bewußtsein, indem wir sagten, das System *Vbw* stehe wie ein Schirm zwischen dem System *Ubw* und dem Bewußtsein. Das System *Vbw* sperre nicht nur den Zugang zum Bewußtsein, es beherrsche auch den Zugang zur willkürlichen Motilität und verfüge über die Aussendung einer mobilen Besetzungsenergie, von der uns ein Anteil als Aufmerksamkeit vertraut ist. [Vgl. S. 563.] [1]

---

[1] [*Zusatz 1914:*] Vgl. hiezu meine ›Bemerkungen über den Begriff des Unbewußten in der Psychoanalyse‹ [1912 g] (englisch in *Proceedings of the Society for Psychical Research,* Bd. 26 [312]), in denen die deskriptive, dynamische und systematische Bedeutung des vieldeutigen Wortes »unbewußt« voneinander geschieden werden. [Der

Auch von der Unterscheidung *Ober-* und *Unterbewußtsein*, die in der neueren Literatur der Psychoneurosen so beliebt geworden ist, müssen wir uns fernhalten, da gerade sie die Gleichstellung des Psychischen und des Bewußten zu betonen scheint.

Welche Rolle verbleibt in unserer Darstellung dem einst allmächtigen, alles andere verdeckenden Bewußtsein? Keine andere als *die eines Sinnesorgans zur Wahrnehmung psychischer Qualitäten*. Nach dem Grundgedanken unseres schematischen Versuchs können wir die Bewußtseinswahrnehmung nur als die eigene Leistung eines besonderen Systems auffassen, für welches sich die Abkürzungsbezeichnung *Bw* empfiehlt. Dies System denken wir uns in seinen mechanischen Charakteren ähnlich wie die Wahrnehmungssysteme *W*, also erregbar durch Qualitäten und unfähig, die Spur von Veränderungen zu bewahren, also ohne Gedächtnis. Der psychische Apparat, der mit dem Sinnesorgan der *W*-Systeme der Außenwelt zugekehrt ist, ist selbst Außenwelt für das Sinnesorgan des *Bw*, dessen teleologische Rechtfertigung in diesem Verhältnisse ruht. Das Prinzip des Instanzenzugs, welches den Bau des Apparats zu beherrschen scheint, tritt uns hier nochmals entgegen. Das Material an Erregungen fließt dem *Bw*-Sinnesorgan von zwei Seiten her zu, von dem *W*-System her, dessen durch Qualitäten bedingte Erregung wahrscheinlich eine neue Verarbeitung durchmacht, bis sie zur bewußten Empfindung wird, und aus dem Innern des Apparats selbst, dessen quantitative Vorgänge als Qualitätenreihe der Lust und Unlust empfunden werden, wenn sie bei gewissen Veränderungen angelangt sind.
Die Philosophen, welche innewurden, daß korrekte und hoch zusammengesetzte Gedankenbildungen auch ohne Dazutun des Bewußtseins möglich sind, haben es dann als Schwierigkeit erfunden, dem Bewußtsein eine Verrichtung zuzuschreiben; es erschien ihnen als überflüssige Spiegelung des vollendeten psychischen Vorgangs. Die Analogie unseres *Bw*-Systems mit den Wahrnehmungssystemen entreißt uns dieser Verlegenheit. Wir sehen, daß die Wahrnehmung durch unsere Sinnesorgane die Folge hat, eine Aufmerksamkeitsbesetzung auf die Wege zu leiten, nach denen die ankommende Sinneserregung sich verbreitet; die qualitative Erregung des *W*-Systems dient der mobilen Quantität im psychischen Apparat als Regulator ihres Ablaufs. Dieselbe Verrichtung

---

ganze Themenkomplex wird im Lichte von Freuds späteren Auffassungen im I. Kapitel von *Das Ich und das Es* (1923 *b*) erörtert.]

können wir für das überlagernde Sinnesorgan des *Bw*-Systems in Anspruch nehmen. Indem es neue Qualitäten wahrnimmt, leistet es einen neuen Beitrag zur Lenkung und zweckmäßigen Verteilung der mobilen Besetzungsquantitäten. Mittels der Lust- und Unlustwahrnehmung beeinflußt es den Verlauf der Besetzungen innerhalb des sonst unbewußt und durch Quantitätsverschiebungen arbeitenden psychischen Apparats. Es ist wahrscheinlich, daß das Unlustprinzip die Verschiebungen der Besetzung zunächst automatisch regelt; aber es ist sehr wohl möglich, daß das Bewußtsein dieser Qualitäten eine zweite und feinere Regulierung hinzutut, die sich sogar der ersteren widersetzen kann und die Leistungsfähigkeit des Apparats vervollkommnet, indem sie ihn gegen seine ursprüngliche Anlage in den Stand setzt, auch was mit Unlustentbindung verknüpft ist, der Besetzung und Bearbeitung zu unterziehen. Aus der Neurosenpsychologie erfährt man, daß diesen Regulierungen durch die Qualitätserregung der Sinnesorgane eine große Rolle bei der Funktionstätigkeit des Apparats zugedacht ist. Die automatische Herrschaft des primären Unlustprinzips und die damit verbundene Einschränkung der Leistungsfähigkeit wird durch die sensiblen Regulierungen, die selbst wieder Automatismen sind, gebrochen. Man erfährt, daß die Verdrängung, die, ursprünglich zweckmäßig, doch in schädlichen Verzicht auf Hemmung und seelische Beherrschung ausläuft, sich so viel leichter an Erinnerungen als an Wahrnehmungen vollzieht, weil bei ersteren der Besetzungszuwachs durch die Erregung der psychischen Sinnesorgane ausbleiben muß. Wenn ein abzuwehrender Gedanke einerseits nicht bewußt wird, weil er der Verdrängung unterlegen ist, so kann er andere Male nur darum verdrängt werden, weil er aus anderen Gründen der Bewußtseinswahrnehmung entzogen wurde. Es sind das Winke, deren sich die Therapie bedient, um vollzogene Verdrängungen rückgängig zu machen.

Der Wert der Überbesetzung, welche durch den regulierenden Einfluß des *Bw*-Sinnesorgans auf die mobile Quantität hergestellt wird, ist im teleologischen Zusammenhang durch nichts besser dargetan als durch die Schöpfung einer neuen Qualitätenreihe und somit einer neuen Regulierung, welche das Vorrecht des Menschen vor den Tieren ausmacht. Die Denkvorgänge sind nämlich an sich qualitätslos bis auf die sie begleitenden Lust- und Unlusterregungen, die ja als mögliche Störung des Denkens in Schranken gehalten werden sollen. Um ihnen eine Qualität zu verleihen, werden sie beim Menschen mit den Worterinnerungen assoziiert, deren Qualitätsreste genügen, um die Aufmerksamkeit des

Bewußtseins auf sich zu ziehen und von ihm aus dem Denken eine neue mobile Besetzung zuzuwenden. [Vgl. S. 547 und S. 578 Anm.]

Die ganze Mannigfaltigkeit der Bewußtseinsprobleme läßt sich erst bei der Zergliederung der hysterischen Denkvorgänge übersehen. Man empfängt dann den Eindruck, daß auch der Übergang vom Vorbewußten zur Bewußtseinsbesetzung mit einer Zensur verknüpft ist, ähnlich der Zensur zwischen *Ubw* und *Vbw*[1]. Auch diese Zensur setzt erst bei einer gewissen quantitativen Grenze ein, so daß ihr wenig intensive Gedankenbildungen entgehen. Alle möglichen Fälle der Abhaltung von dem Bewußtsein sowie des Durchdringens zu demselben unter Einschränkungen finden sich im Rahmen der psychoneurotischen Phänomene vereinigt; sämtlich weisen sie auf den innigen und zweiseitigen Zusammenhang zwischen Zensur und Bewußtsein hin. Mit der Mitteilung zweier derartiger Vorkommnisse will ich diese psychologischen Erörterungen beschließen.

Ein Konsilium im Vorjahre führte mich zu einem intelligent und unbefangen blickenden Mädchen. Ihr Aufzug ist befremdend; wo doch sonst die Kleidung des Weibes bis in die letzte Falte beseelt ist, trägt sie einen Strumpf herabhängend und zwei Knöpfe der Bluse offen. Sie klagt über Schmerzen in einem Bein und entblößt unaufgefordert eine Wade. Ihre Hauptklage aber lautet wörtlich: Sie hat ein Gefühl im Leib, als ob etwas *darin stecken würde,* was sich *hin und her bewegt* und sie durch und durch *erschüttert.* Manchmal wird ihr dabei der ganze Leib wie *steif.* Mein mitanwesender Kollege sieht mich dabei an; er findet die Klage nicht mißverständlich. Merkwürdig erscheint uns beiden, daß die Mutter der Kranken sich dabei nichts denkt; sie muß sich ja wiederholt in der Situation befunden haben, welche ihr Kind beschreibt. Das Mädchen selbst hat keine Ahnung von dem Belang ihrer Rede, sonst würde sie dieselbe nicht im Munde führen. Hier ist es gelungen, die Zensur so abzublenden, daß eine sonst im Vorbewußten verbleibende Phantasie wie harmlos in der Maske einer Klage zum Bewußtsein zugelassen wird.

Ein anderes Beispiel: Ich beginne eine psychoanalytische Behandlung mit einem vierzehnjährigen Knaben, der an *tic convulsif,* hysterischem Erbrechen, Kopfschmerz u. dgl. leidet, indem ich ihm versichere, er werde nach dem Augenschluß Bilder sehen oder Einfälle bekommen, die er mir

---

[1] [Von der Zensur zwischen *Vbw* und *Bw* ist in Freuds späteren Schriften nur selten die Rede. Sie wird jedoch ausführlich im VI. Abschnitt seiner Arbeit ›Das Unbewußte‹ (1915 *e*) abgehandelt.]

mitteilen soll. Er antwortet in Bildern. Der letzte Eindruck, ehe er zu mir gekommen ist, lebt in seiner Erinnerung visuell auf. Er hatte mit seinem Onkel ein Brettspiel gespielt und sieht jetzt das Brett vor sich. Er erörtert verschiedene Stellungen, die günstig sind oder ungünstig, Züge, die man nicht machen darf. Dann sieht er auf dem Brett einen Dolch liegen, einen Gegenstand, den sein Vater besitzt, den aber seine Phantasie auf das Brett verlegt. Dann liegt eine Sichel auf dem Brett, dann kommt eine Sense hinzu, und jetzt tritt das Bild eines alten Bauern auf, der das Gras vor dem entfernten heimatlichen Hause mit der Sense mäht. Nach wenigen Tagen habe ich das Verständnis für diese Aneinanderreihung von Bildern gewonnen. Unerfreuliche Familienverhältnisse haben den Knaben in Aufregung gebracht. Ein harter, jähzorniger Vater, der mit der Mutter in Unfrieden lebte, dessen Erziehungsmittel Drohungen waren; die Scheidung des Vaters von der weichen und zärtlichen Mutter; die Wiederverheiratung des Vaters, der eines Tages eine junge Frau als die neue Mama nach Hause brachte. In den ersten Tagen nachher brach die Krankheit des vierzehnjährigen Knaben aus. Es ist die unterdrückte Wut gegen den Vater, die jene Bilder zu verständlichen Anspielungen zusammengesetzt hat. Eine Reminiszenz aus der Mythologie hat das Material gegeben. Die Sichel ist die, mit der Zeus den Vater entmannte, die Sense und das Bild des Bauern schildern den Kronos, den gewalttätigen Alten, der seine Kinder frißt und an dem Zeus so unkindlich Rache nimmt. [Vgl. S. 261.] Die Heirat des Vaters war eine Gelegenheit, ihm die Vorwürfe und Drohungen zurückzugeben, die das Kind früher einmal von ihm gehört hatte, weil es mit den Genitalien *spielte* (das Brettspiel; die verbotenen Züge; der Dolch, mit dem man umbringen kann). Hier sind es lang verdrängte Erinnerungen und deren unbewußt gebliebene Abkömmlinge, die auf dem ihnen eröffneten Umwege sich als *scheinbar sinnlose* Bilder ins Bewußtsein schleichen.

So würde ich also den theoretischen Wert der Beschäftigung mit dem Traum in den Beiträgen zur psychologischen Erkenntnis und in der Vorbereitung für das Verständnis der Psychoneurosen suchen. Wer vermag zu ahnen, zu welcher Bedeutung sich eine gründliche Bekanntschaft mit dem Bau und den Leistungen des Seelenapparats noch erheben kann, wenn schon der heutige Stand unseres Wissens eine glückliche therapeutische Beeinflussung der an sich heilbaren Formen von Psychoneurosen gestattet? Und der praktische Wert dieser Beschäftigung, höre ich fragen, für die Seelenkenntnis, die Aufdeckung der verborgenen Charaktereigenschaften der einzelnen? Haben denn die unbewußten Regungen, die der Traum offenbart, nicht den Wert von realen Mächten im Seelenleben? Ist die ethische Bedeutung der unterdrückten Wünsche gering anzuschlagen, die, wie sie Träume schaffen, eines Tages anderes schaffen können?

Ich fühle mich nicht berechtigt, auf diese Fragen zu antworten. Meine Gedanken haben diese Seite des Traumproblems nicht weiter verfolgt. Ich meine nur, jedenfalls hatte der römische Kaiser unrecht, welcher einen Untertanen hinrichten ließ, weil dieser geträumt hatte, daß er den Imperator ermordet. [Vgl. S. 89.] Er hätte sich zuerst darum bekümmern sollen, was dieser Traum bedeutete; sehr wahrscheinlich war es nicht dasselbe, was er zur Schau trug. Und selbst wenn ein Traum, der anders lautete, diese majestätsverbrecherische Bedeutung hätte, wäre es noch am Platze, des Wortes von Plato zu gedenken, daß der Tugendhafte sich begnügt, von dem zu träumen, was der Böse im Leben tut [S. 89 oben]. Ich meine also, am besten gibt man die Träume frei. Ob den unbewußten Wünschen *Realität* zuzuerkennen ist, kann ich nicht sagen. Allen Übergangs- und Zwischengedanken ist sie natürlich abzusprechen. Hat man die unbewußten Wünsche, auf ihren letzten und wahrsten Ausdruck gebracht, vor sich, so muß man wohl sagen, daß die *psychische* Realität eine besondere Existenzform ist, welche mit der *materiellen* Realität nicht verwechselt werden soll[1]. Es erscheint dann ungerechtfertigt, wenn die Menschen sich sträuben, die Verantwortung für die Immoralität ihrer Träume zu übernehmen. Durch die Würdigung der Funktionsweise des seelischen Apparats und die Einsicht in die Beziehung zwischen Bewußtem und Unbewußtem wird das ethisch Anstößige unseres Traum- und Phantasielebens meist zum Verschwinden gebracht.

»Was der Traum uns an Beziehungen zur Gegenwart (Realität) kundgetan hat, wollen wir dann auch im Bewußtsein aufsuchen und dürfen uns nicht wundern, wenn wir das Ungeheuer, das wir unter dem Vergrößerungsglas der Analyse gesehen haben, dann als Infusionstierchen wiederfinden.« (H. Sachs [1912, 569].)

Für das praktische Bedürfnis der Charakterbeurteilung des Menschen genügt zumeist die Tat und die bewußt sich äußernde Gesinnung. Die Tat vor allem verdient in die erste Reihe gestellt zu werden, denn viele

---

[1] [Dieser Satz kam in der vorliegenden Form 1914 hinzu. Jedoch war dort, anstatt von »materieller«, von »faktischer« Realität die Rede. »Materieller« stammt von 1919. – Der Rest dieses Absatzes und der folgende Absatz wurden 1914 hinzugefügt.]

zum Bewußtsein durchgedrungene Impulse werden noch durch reale Mächte des Seelenlebens vor ihrem Einmünden in die Tat aufgehoben; ja, sie begegnen oft darum keinem psychischen Hindernis auf ihrem Wege, weil das Unbewußte ihrer anderweitigen Verhinderung sicher ist. Es bleibt auf alle Fälle lehrreich, den viel durchwühlten Boden kennenzulernen, auf dem unsere Tugenden sich stolz erheben. Die nach allen Richtungen hin dynamisch bewegte Komplikation eines menschlichen Charakters fügt sich höchst selten der Erledigung durch eine einfache Alternative, wie unsere überjährte Morallehre es möchte[1].

Und der Wert des Traums für die Kenntnis der Zukunft? Daran ist natürlich nicht zu denken. [Vgl. S. 32 und Anm.] Man möchte dafür einsetzen: für die Kenntnis der Vergangenheit. Denn aus der Vergangenheit stammt der Traum in jedem Sinne. Zwar entbehrt auch der alte Glaube, daß der Traum uns die Zukunft zeigt, nicht völlig des Gehalts an Wahrheit. Indem uns der Traum einen Wunsch als erfüllt vorstellt, führt er uns allerdings in die Zukunft; aber diese vom Träumer für gegenwärtig genommene Zukunft ist durch den unzerstörbaren Wunsch zum Ebenbild jener Vergangenheit gestaltet.

[1] [In der Ausgabe von 1911, aber nur in dieser, war an dieser Stelle die folgende Anmerkung angehängt: »Prof. Ernst Oppenheim (Wien) hat mir an volkskundlichem Material gezeigt, daß es eine Klasse von Träumen gibt, für welche auch das Volk die Erwartung der Zukunftsbedeutung fallen läßt und die in völlig korrekter Weise auf Wunschregungen und Bedürfnisse, die während des Schlafes auftreten, zurückgeführt werden. Er wird über diese, meist als ›Schwänke‹ erzählten Träume in nächster Zeit ausführlichen Bericht geben.« – Vgl. den von Freud und Oppenheim gemeinsam verfaßten Artikel über ›Träume im Folklore‹ (1957 *a* [1911]).]

Anhang

APPENDIX

Liste derjenigen Schriften Freuds, die vorwiegend oder relativ ausführlich vom Thema des Traumes handeln

Es wäre kaum übertrieben zu sagen, daß in der Mehrzahl der Werke Freuds auf den Traum Bezug genommen wird. Indessen wird die folgende Liste mit Schriften (sehr unterschiedlicher Bedeutung) vielleicht doch von einigem praktischen Nutzen sein. Das Datum zu Beginn jeder Eintragung gibt das Jahr an, in dem das betreffende Werk geschrieben wurde, dasjenige am Ende das Erscheinungsjahr. Unter diesem zweiten Datum finden sich nähere Einzelheiten in der diesem Appendix folgenden *Bibliographie A.* Die in eckiger Klammer stehenden Eintragungen beziehen sich auf Schriften, die posthum veröffentlicht wurden.

[1895 ›Entwurf einer Psychologie‹ (Abschnitte 19, 20 und 21 des I. Teils). (1950 *a.*)]
1899 *Die Traumdeutung.* (1900 *a.*)
[1899 ›Eine erfüllte Traumahnung.‹ (1941 *c.*)]
1901 *Über den Traum.* (1901 *a.*)
1901 ›Bruchstück einer Hysterie-Analyse‹. [Ursprünglicher Titel: ›Traum und Hysterie‹.] (1905 *e.*)
1905 *Der Witz und seine Beziehung zum Unbewußten* (VI. Kapitel). (1905 c.)
1907 *Der Wahn und die Träume in W. Jensens ›Gradiva‹.* (1907 *a*).
1910 ›Typisches Beispiel eines verkappten Ödipustraumes.‹ (1910 *l.*)
1911 ›Nachträge zur Traumdeutung.‹ (1911 *a.*)
1911 ›Die Handhabung der Traumdeutung in der Psychoanalyse.‹ (1911 *e.*)
[1911 ›Träume im Folklore‹ (mit D. E. Oppenheim). (1957 *a.*)]
1913 ›Ein Traum als Beweismittel.‹ (1913 *a.*)
1913 ›Märchenstoffe in Träumen.‹ (1913 *d.*)
1913 ›Erfahrungen und Beispiele aus der analytischen Praxis.‹ (1913 *h.*)
1914 ›Darstellung der »großen Leistung« im Traum.‹ (1914 *e.*)
1914 ›Aus der Geschichte einer infantilen Neurose‹ (Abschnitt IV). (1918 *b.*)
1916 *Vorlesungen zur Einführung in die Psychoanalyse* (II. Teil). (1916–17.)
1917 ›Metapsychologische Ergänzung zur Traumlehre.‹ (1917 *d.*)
1920 ›Ergänzungen zur Traumlehre.‹ (1920 *f.*)
1922 ›Traum und Telepathie.‹ (1922 *a.*)
1923 ›Bemerkungen zur Theorie und Praxis der Traumdeutung.‹ (1923 *c.*)
1923 ›Josef Popper-Lynkeus und die Theorie des Traumes.‹ (1923 *f.*)
1925 ›Einige Nachträge zum Ganzen der Traumdeutung.‹ (1925 *i.*)
1929 Brief an Maxime Leroy: ›Über einen Traum des Cartesius.‹ (1929 *b.*)
1932 ›Meine Berührung mit Josef Popper-Lynkeus.‹ (1932 *c.*)

1932 *Neue Folge der Vorlesungen zur Einführung in die Psychoanalyse* (Vorlesungen 29 und 30). (1933 *a.*)
[1938 *Abriß der Psychoanalyse* (V. Kapitel). (1940 *a.*)]

BIBLIOGRAPHIEN

Vorbemerkung: Titel von Büchern und Zeitschriften sind kursiv, Titel von Beiträgen zu Zeitschriften oder Büchern in einfache Anführungszeichen gesetzt. Die Abkürzungen entsprechen der *World List of Scientific Periodicals* (London, 1963–65). Weitere in diesem Band verwendete Abkürzungen finden sich in der *Liste der Abkürzungen* auf Seite 622. Die mit einem Sternchen markierten Eintragungen konnten für die vorliegende Ausgabe nicht verifiziert werden (siehe die ›Editorische Einleitung‹, S. 14 und S. 15). Für nicht-wissenschaftliche Autoren und für wissenschaftliche Autoren, von denen kein spezielles Werk erwähnt wird, siehe das *Namen- und Sachregister.*

A
LISTE DER ZITIERTEN WERKE SOWIE AUTORENREGISTER

Die in runde Klammern gesetzten Zahlen am Ende bibliographischer Eintragungen geben die Seite bzw. Seiten des vorliegenden Bandes an, wo auf das betreffende Werk hingewiesen wird. Die kursivierten Kleinbuchstaben hinter den Jahreszahlen der unten aufgeführten Freud-Schriften beziehen sich auf die verbindliche Freud-Gesamtbibliographie, die im letzten Band der englischen Gesamtausgabe, der *Standard Edition of the Complete Psychological Works of Sigmund Freud,* enthalten ist. Eine deutsche Fassung dieser Gesamtbibliographie liegt in der Broschüre *Sigmund Freud-Konkordanz und -Gesamtbibliographie,* S. Fischer, Frankfurt am Main 1975, 3., korr. Aufl. 1980, vor.

ABEL, K. (1884) *Über den Gegensinn der Urworte,* Leipzig. (316)

ABRAHAM, K. (1909) *Traum und Mythus: Eine Studie zur Völkerpsychologie,* Leipzig und Wien. Neuausgabe in: K. Abraham, *Psychoanalytische Studien zur Charakterbildung* (Und andere Schriften), hrsg. von J. Cremerius, *Conditio humana,* Frankfurt am Main, 1969, S. 261; 1971 zweite Auflage unter dem Titel *Psychoanalytische Studien I.* (346, 392)

ADLER, A. (1910) ›Der psychische Hermaphroditismus im Leben und in der Neurose‹, *Fortschr. Med.,* Bd. 28, S. 486. (387–88)
(1911) ›Beitrag zur Lehre vom Widerstand‹, *Zentbl. Psychoanal.,* Bd. 1, S. 214. (551)

ALLISON, A. (1868) ›Nocturnal Insanity‹, *Med. Times & Gaz.,* Bd. 947, S. 210. (110)

ALMOLI, S. (1637) *siehe* Salomon Almoli (1637)

AMRAM, N. (1901) *Sepher pithrôn chalômôth*, Jerusalem. (32)

ARISTOTELES *De somniis* und *De divinatione per somnum*. (30, 59, 118, 317, 525)
[*Deutsche Übersetzung* von Hermann Bender: ›Über Träume und Traumdeutung‹ *(De somniis)* und ›Von der Traumdeutung‹ *(De divinatione per somnum)*, in *Langenscheidtsche Bibliothek griechischer u. römischer Klassiker*, Bd. 25: *Aristoteles VI: Kleine naturwissenschaftliche Schriften (Parva Naturalia)*, Berlin und Stuttgart, 1855–97, IV. Teil, S. 60–70 und S. 70–75.]

ARTEMIDORUS VON DALDIS *Oneirocritica*. (31, 119, 120, 325, 349, 575)
[*Deutsche Übersetzung* von F. S. Krauss: *Symbolik der Träume*, Wien, 1881; von Hans Licht: ›Erotische Träume und ihre Symbolik‹, *Anthropophyteia*, Bd. 9 (1912), S. 316.]

ARTIGUES, R. (1844) *Essai sur la valeur séméiologique du rêve* (Dissertation), Paris. (59)

BENINI, V. (1898) ›La memoria e la durata dei sogni‹ *Riv. ital. filos.*, Bd. 13 *a*, S. 149. (70, 93)

BERNARD-LEROY, E., u. TOBOWOLSKA, J. (1901) ›Mécanisme intellectuel du rêve‹, *Rev. phil.*, Bd. 51, S. 570. (482–83)

BERNFELD, S. (1944) ›Freud's Earliest Theories and the School of Helmholtz‹, *Psychoanal. Quart.*, Bd. 13, S. 341. (17, 464)

BERNSTEIN, I., und SEGEL, B. W. (1908) *Jüdische Sprichwörter und Redensarten*, Warschau. (150)

BETLHEIM, S., und HARTMANN, H. (1924) ›Über Fehlreaktionen des Gedächtnisses bei der Korsakoffschen Psychose‹, *Arch. Psychiat. Nervenkr.*, Bd. 72, S. 278. (376–77)

BIANCHIERI, F. (1912) ›I sogni dei bambini di cinque anni‹, *Riv. psicol.*, Bd. 8, S. 325. (149)
Siehe auch Doglia, S., und Bianchieri, F.

BINZ, C. (1878) *Über den Traum*, Bonn. (46, 79–80, 98–9, 108)

BLEULER, E. (1910) ›Die Psychoanalyse Freuds‹, *Jb. psychoanalyt. psychopath. Forsch.*, Bd. 2, S. 623. (346)

BONATELLI, F. (1880) ›Del sogno‹, *La filosofia delle scuole italiane*, Feb. 16. (70)

• BÖRNER, J. (1855) *Das Alpdrücken, seine Begründung und Verhütung*, Würzburg. (60)

*BÖTTINGER (1795) In C. P. J. Sprengel: *Beiträge zur Geschichte der Medizin*, Bd. 2. (59)

Bouché-Leclercq, A.	(1879–82) *Histoire de la divination dans l'antiquité,* Paris. (59)
Breuer, J., und Freud, S.	(1895) *siehe* Freud, S. (1895 *d*) (1940 [1892]) *siehe* Freud, S. (1940 *d*)
Büchsenschütz, B.	(1868) *Traum und Traumdeutung im Altertum,* Berlin. (30, 118, 150)
Burdach, K. F.	(1838) *Die Physiologie als Erfahrungswissenschaft,* Bd. 3 d. 2. Aufl., 1832–40. (1. Aufl., 1826–32.) (34, 49, 74, 76–7, 100, 103–4, 231)
Busemann, A.	(1909) ›Traumleben der Schulkinder‹, *Z. päd. Psychol.,* Bd. 10, S. 294. (149) (1910) ›Psychologie der kindlichen Traumerlebnisse‹, *Z. päd. Psychol.,* Bd. 11, S. 320. (149)
Cabanis, P. J. G.	(1802) *Rapports du physique et du moral de l'homme,* Paris. (110)
Calkins, M. W.	(1893) ›Statistics of Dreams‹, *Am. J. Psychol.,* Bd. 5, S. 311. (46, 47, 68–9, 229)
Careña, Caesare	(1631) *Tractatus de Officio Sanctissimae Inquisitionis,* ... etc., Cremona. (92)
Chabaneix, P.	(1897) *Physiologie cérébrale: le subconscient chez les artistes, les savants, et les écrivains,* Paris. (69, 87)
Cicero	*De divinatione.* (36, 79) [*Deutsche Übersetzung* von G. H. Moser: ›Von der Weissagung‹, in Cicero, *Werke,* Bd. 7/8, Stuttgart, 1828.]
Claparède, E.	(1905) ›Esquisse d'une théorie biologique du sommeil‹, *Arch. psychol.,* Bd. 4, S. 245. (76)
Clerk-Maxwell, J.	(1876) *Matter and Motion,* London. (440, 498)
Coriat, I. H.	(1913) ›Zwei sexual-symbolische Beispiele von Zahnarzt-Träumen‹, *Zentbl. Psychoanal.,* Bd. 3, S. 440. (379)
Dattner, B.	(1913) ›Gold und Kot‹, *Int. Z. ärztl. Psychoanal.,* Bd. 1, S. 495. (394)
Davidson, Wolf	(1799) *Versuch über den Schlaf* (2. Aufl.), Berlin. (1. Aufl., 1795.) (84)
Debacker, F.	(1881) *Des hallucinations et terreurs nocturnes chez les enfants* (Dissertation), Paris. (151–52, 557–58)
Delacroix, H.	(1904) ›Sur la structure logique du rêve‹, *Rev. métaphys.,* Bd. 12, S. 921. (482)
Delage, Y.	(1891) ›Essai sur la théorie du rêve‹, *Rev. industr.,* Bd. 2, S. 40. (44–5, 102–3, 192, 562)
Delboeuf, J. R. L.	(1885) *Le sommeil et les rêves,* Paris. (38–9, 46–7, 75, 81, 83, 97–8, 125, 192, 196)

DIEPGEN, P. (1912) *Traum und Traumdeutung als medizinisch-naturwissenschaftliches Problem im Mittelalter*, Berlin. (31, 518)

DOGLIA, S., und BIANCHIERI, F. (1910–11) ›I sogni dei bambini di tre anni‹, *Contrib. psicol.*, Bd. 1, S. 9. (149)

DÖLLINGER, J. (1857) *Heidenthum und Judenthum*, Regensburg. (59)

DREXL, F. X. (1909) *Achmets Traumbuch: Einleitung und Probe eines kritischen Textes* (Dissertation), München. (32)

DUGAS, L. (1897 *a*) ›Le sommeil et la cérébration inconsciente durant le sommeil‹, *Rev. phil.*, Bd. 43, S. 410. (78, 82–3)

(1897 *b*) ›Le souvenir du rêve‹, *Rev. phil.*, Bd. 44, S. 220. (548)

DU PREL, C. (1885) *Die Philosophie der Mystik*, Leipzig. (86, 149, 151, 283, 506, 580)

EDER, M. D. (1913) ›Augenträume‹, *Int. Z. ärztl. Psychoanal.*, Bd. 1, S. 157. (389)

EGGER, V. (1895) ›La durée apparente des rêves‹, *Rev. phil.*, Bd. 40, S. 41. (53, 86–7, 477)

(1898) ›Le souvenir dans le rêve‹, *Rev. phil.*, Bd. 46, S. 154 (71)

ELLIS, HAVELOCK (1899) ›The Stuff that Dreams are made of‹, *Popular Science Monthly*, Bd. 54, S. 721. (45, 83, 562)

(1911) *The World of Dreams*, London. (87, 182, 195, 347–48, 367, 393, 482, 518)

[*Deutsche Übersetzung* von Hans Kurella: *Die Welt der Träume*, Würzburg, 1911.]

ERDMANN, J. E. (1852) *Psychologische Briefe* (Brief VI), Leipzig. (93)

FECHNER, G. T. (1860) *Elemente der Psychophysik* (2 Bde.), Leipzig. (2. Aufl., Leipzig, 1889.) (72, 79, 512)

FEDERN, P. (1914) ›Über zwei typische Traumsensationen‹, *Jb. Psychoanalyse*, Bd. 6, S. 89. (385–6)

FÉRÉ, C. (1886) ›Note sur un cas de paralysie hystérique consécutive à un rêve‹, *Soc. biolog.*, Bd. 41 (Nov. 20). (109–110)

(1887) ›A Contribution to the Pathology of Dreams and of Hysterical Paralysis‹, *Brain*, Bd. 9, S. 488. (109)

FERENCZI, S. (1910) ›Die Psychoanalyse der Träume‹, *Psychiat.-neurol. Wschr.*, Bd. 12, S. 102, 114 und 125. (120, 150, 250–51, 323)

(1911) ›Über lenkbare Träume‹, *Zentbl. Psychoanal.*, Bd. 2, S. 31. Neuausgabe in: S. Ferenczi, *Schriften zur Psychoanalyse I*, hrsg. von M. Balint, *Conditio humana*, Frankfurt am Main, 1970, S. 97. (545)

FERENCZI, S. (Forts.) (1912) ›Symbolische Darstellung des Lust- und Realitätsprinzips im Ödipus-Mythos‹, *Imago*, Bd. 1, S. 276. (267–268)

(1913) ›Zur Augensymbolik‹, *Int. Z. ärztl. Psychoanal.*, Bd. 1, S. 161. (389)

(1916) ›Affektvertauschung im Traume‹, *Int. Z. ärztl. Psychoanal.*, Bd. 4, S. 112. Neuausgabe in: S. Ferenczi, *Schriften zur Psychoanalyse I*, hrsg. von M. Balint, *Conditio humana*, Frankfurt am Main, 1970, S. 227. (455)

(1917) ›Träume der Ahnungslosen‹, *Int. Z. ärztl. Psychoanal.*, Bd. 4, S. 208. Neuausgabe in: S. Ferenczi, *Schriften zur Psychoanalyse I*, hrsg. von M. Balint, *Conditio humana*, Frankfurt am Main, 1970, S. 239. (370)

FICHTE, I. H. (1864) *Psychologie: die Lehre vom bewußten Geiste des Menschen* (2 Bde.), Leipzig. (34, 85–6, 93)

FISCHER, K. P. (1850) *Grundzüge des Systems der Anthropologie* (Teil I, Bd. 2, in *Grundzüge des Systems der Philosophie*, Erlangen. (88–9)

FLIESS, W. (1906) *Der Ablauf des Lebens*, Wien. (115, 180–82, 424)

FÖRSTER, M. (1910) ›Das lateinisch-altenglische pseudo-Danielsche Traumbuch in Tiberius A. III‹, *Archiv Stud. neueren Sprachen und Literaturen*, Bd. 125, S. 39. (31)

(1911) ›Ein mittelenglisches Vers-Traumbuch des 13. Jahrhunderts‹, *Archiv Stud. neueren Sprachen und Literaturen*, Bd. 127, S. 31. (31)

FOSTER, M., und SHERRINGTON, C. S. (1897) ›The Central Nervous System‹, *A Textbook of Physiology*, Teil III, 7. Aufl., London. (17)

FOUCAULT, M. (1906) *Le rêve: études et observations*, Paris. (482–83, 491)

FREUD, S. (1877 *a*) ›Über den Ursprung der hinteren Nervenwurzeln im Rückenmarke von Ammocoetes (Petromyzon Planeri)‹, *S. B. Akad. Wiss. Wien* (Math.-Naturwiss. Kl.), III Abt., Bd. 75, S. 15. (402)

(1884 *e*) ›Über Coca‹, *Zentbl. ges. Ther.*, Bd. 2, S. 289. (131, 183)

(1893 *c*) ›Quelques considérations pour une étude comparative des paralysies motrices organiques et hystériques. *G. W.*, Bd. 1, S. 39. (537)

(1894 *a*) ›Die Abwehr-Neuropsychosen‹, *G. W.*, Bd. 1, S. 59. (238)

(1895 *b* [1894]) ›Über die Berechtigung, von der Neurasthenie einen bestimmten Symptomenkomplex als »Angstneurose« abzutrennen‹, *G. W.*, Bd. 1, S. 315; *Studienausgabe*, Bd. 6, S. 25. (171, 176)

FREUD, S. (Forts.) (1895*d*) und Breuer, J., *Studien über Hysterie,* Wien; Neuausgabe (Fischer Taschenbuch), Frankfurt am Main, 1970. *G. W.*, Bd. 1, S. 77 (ohne die Beiträge von Breuer). (16, 120–21, 192, 464, 500, 514, 521, 571)

(1896*b*) ›Weitere Bemerkungen über die Abwehr-Neuropsychosen‹, *G. W.*, Bd. 1, S. 379. (238, 521)

(1898*b*) ›Zum psychischen Mechanismus der Vergeßlichkeit‹, *G. W.*, Bd. 1, S. 519. (496, 577)

(1899*a*) ›Über Deckerinnerungen‹, *G. W.*, Bd. 1, S. 531. (186, 577)

(1900*a*) *Die Traumdeutung,* Wien. *G. W.*, Bd. 2–3; *Studienausgabe,* Bd. 2. (13–19, 114, 116, 120, 135, 141, 195, 268, 359, 381–4, 388, 400, 438, 591)

(1901*a*) *Über den Traum,* Wiesbaden. *G. W.*, Bd. 2–3, S. 643 (591)

(1901*b*) *Zur Psychopathologie des Alltagslebens,* Berlin, 1904. *G. W.*, Bd. 4. (208, 440, 493, 496, 577)

(1905*c*) *Der Witz und seine Beziehung zum Unbewußten,* Wien. *G. W.*, Bd. 6; *Studienausgabe,* Bd. 4, S. 9. (139, 206, 272, 299, 303, 336, 350, 429, 462, 574, 591)

(1905*d*) *Drei Abhandlungen zur Sexualtheorie,* Wien. *G. W.*, Bd. 5, S. 29; *Studienausgabe,* Bd. 5. (13, 24–5, 148, 250, 276, 349, 387, 575)

(1905*e* [1901]) ›Bruchstück einer Hysterie-Analyse‹, *G. W.*, Bd. 5, S. 163; *Studienausgabe,* Bd. 6, S. 83. (202, 309, 313, 336, 349, 379, 386, 475, 494, 497, 508, 535, 536, 551, 591)

(1906*a*) ›Meine Ansichten über die Rolle der Sexualität in der Ätiologie der Neurosen‹, *G. W.*, Bd. 5, S. 149; *Studienausgabe,* Bd. 5. (290)

(1907*a* [1906]) *Der Wahn und die Träume in W. Jensens ›Gradiva‹,* Wien. *G. W.*, Bd. 7, S. 31; *Studienausgabe,* Bd. 10, S. 9. (118, 366, 591)

(1908*a*) ›Hysterische Phantasien und ihre Beziehung zur Bisexualität‹, *G. W.*, Bd. 7, S. 191; *Studienausgabe,* Bd. 6, S. 187. (473, 542)

(1908*b*) ›Charakter und Analerotik‹, *G. W.*, Bd. 7, S. 203; *Studienausgabe,* Bd. 7. (211, 394)

(1908*c*) ›Über infantile Sexualtheorien‹, *G. W.*, Bd. 7, S. 171; *Studienausgabe,* Bd. 5. (255, 357)

(1908*e* [1907]) ›Der Dichter und das Phantasieren‹, *G. W.*, Bd. 7, S. 213; *Studienausgabe,* Bd. 10, S. 169. (473)

(1909*a* [1908]) ›Allgemeines über den hysterischen Anfall‹, *G. W.*, Bd. 7, S. 235; *Studienausgabe,* Bd. 6, S. 197. (325)

FREUD, S. (Forts.) (1909 *b*) ›Analyse der Phobie eines fünfjährigen Knaben‹, *G. W.*, Bd. 7, S. 243; *Studienausgabe*, Bd. 8, S. 9 (149, 255, 256, 258)

(1909 *d*) ›Bemerkungen über einen Fall von Zwangsneurose‹, *G. W.*, Bd. 7, S. 381; *Studienausgabe*, Bd. 7. (304, 336, 429)

(1910 *a* [1909]) *Über Psychoanalyse*, Wien. *G.W.*, Bd. 8, S. 3. (28)

(1910 *d*) ›Die zukünftigen Chancen der psychoanalytischen Therapie‹, *G. W.*, Bd. 8, S. 104. (349–50, 359, 364, 394)

(1910 *e*) ›»Über den Gegensinn der Urworte«‹, *G. W.*, Bd. 8, S. 214; *Studienausgabe*, Bd. 4, S. 227. (316)

(1910 *h*) ›Über einen besonderen Typus der Objektwahl beim Manne‹, *G. W.*, Bd. 8, S. 66; *Studienausgabe*, Bd. 5. (394)

(1910 *l*) ›Typisches Beispiel eines verkappten Ödipustraumes‹, *Zentbl. Psychoanal.*, Bd. 1, S. 45; abgedruckt in *Die Traumdeutung*, *G. W.*, Bd. 2–3, S. 404 Anm.; *Studienausgabe*, Bd. 2, S. 389–90 Anm. (161, 389–90, 591)

(1911 *a*) ›Nachträge zur Traumdeutung‹, *Zentbl. Psychoanal.*, Bd. 1, S. 187; abgedruckt (unvollständig) in *Die Traumdeutung*, *G. W.*, Bd. 2–3, S. 365 ff. und S. 412 f.; (vollständig) in *Studienausgabe*, Bd. 2, S. 354–5 und Anm., S. 356–9, S. 397–8. (354–5, 359, 397, 591)

(1911 *b*) ›Formulierungen über die zwei Prinzipien des psychischen Geschehens‹, *G. W.*, Bd. 8, S. 230; *Studienausgabe*, Bd. 3. (417, 540)

(1911 *e*) ›Die Handhabung der Traumdeutung in der Psychoanalyse‹, *G. W.*, Bd. 8, S. 350. (591)

(1912 *g*) ›A Note on the Unconscious in Psycho-Analysis‹ [auf englisch], *Proc. Soc. Psychical Research*, Bd. 26, S. 312. (582)

[*Deutsche Übersetzung* von Hanns Sachs: ›Einige Bemerkungen über den Begriff des Unbewußten in der Psychoanalyse‹, *G. W.*, Bd. 8, S. 340.]

(1912–13) *Totem und Tabu*, Wien, 1913. *G. W.*, Bd. 9; *Studienausgabe*, Bd. 9. (260, 261, 268, 399, 481)

(1913 *a*) ›Ein Traum als Beweismittel‹, *G. W.*, Bd. 10, S. 12 (591)

(1913 *d*) ›Märchenstoffe in Träumen‹, *G. W.*, Bd. 10, S. 2. (591)

(1913 *f*) ›Das Motiv der Kästchenwahl‹, *G. W.*, Bd. 10, S. 244; *Studienausgabe*, Bd. 10, S. 181. (260)

FREUD, S. (Forts.) (1913 *h*) ›Erfahrungen und Beispiele aus der analytischen Praxis‹, *Int. Z. ärztl. Psychoanal.*, Bd. 1, S. 377; (unvollständig) *G. W.*, Bd. 10, S. 40; (unvollständig) in *Die Traumdeutung, G. W.*, Bd. 2–3, S. 238, 359 ff., 413 f. und 433; *Studienausgabe*, Bd. 2, S. 239, 349, 350, 398 und 417–18. (239, 398, 591)

(1914 *c*) ›Zur Einführung des Narzißmus‹, *G. W.*, Bd. 10, S. 138; *Studienausgabe*, Bd. 3. (485)

(1914 *d*) ›Zur Geschichte der psychoanalytischen Bewegung‹, *G. W.*, Bd. 10, S. 44. (18)

(1914 *e*) ›Darstellung der »großen Leistung« im Traume‹, *Int. Z. ärztl. Psychoanal.*, Bd. 2, S. 384; (unvollständig) in *Die Traumdeutung, G. W.*, Bd. 2–3, S. 416; *Studienausgabe*, Bd. 2, S. 401. (401, 591)

(1915 *b*) ›Zeitgemäßes über Krieg und Tod‹, *G. W.*, Bd. 10, S. 324; *Studienausgabe*, Bd. 9. (260)

(1915 *d*) ›Die Verdrängung‹, *G. W.*, Bd. 10, S. 248; *Studienausgabe*, Bd. 3. (523, 573)

(1915 *e*) ›Das Unbewußte‹, *G. W.*, Bd. 10, S. 264; *Studienausgabe*, Bd. 3. (297, 571, 578, 585)

(1916 *d*) ›Einige Charaktertypen aus der psychoanalytischen Arbeit‹, *G. W.*, Bd. 10, S. 364; *Studienausgabe*, Bd. 10, S. 229. (270)

(1916–17 [1915–17]) *Vorlesungen zur Einführung in die Psychoanalyse*, Wien. *G. W.*, Bd. 11; *Studienausgabe*, Bd. 1, S. 33. (26, 44, 150, 160, 170, 239, 299, 353–4, 358, 395, 397, 398, 402, 405, 417, 481, 496, 552–3, 591)

(1917 *d* [1915]) ›Metapsychologische Ergänzung zur Traumlehre‹, *G. W.*, Bd. 10, S. 412; *Studienausgabe*, Bd. 3. (502, 517, 529, 591)

(1918 *b* [1914]) ›Aus der Geschichte einer infantilen Neurose‹, *G. W.*, Bd. 12, S. 29; *Studienausgabe*, Bd. 8, S. 125. (196, 309, 366, 500, 591)

(1919 *h*) ›Das Unheimliche‹, *G. W.*, Bd. 12, S. 229; *Studienausgabe*, Bd. 4, S. 241. (351)

(1920 *a*) ›Über die Psychogenese eines Falles von weiblicher Homosexualität‹, *G. W.*, Bd. 12, S. 271; *Studienausgabe*, Bd. 7. (459)

(1920 *f*) ›Ergänzungen zur Traumlehre‹, *Int. Z. Psychoanal.*, Bd. 6, S. 397. (591)

(1920 *g*) *Jenseits des Lustprinzips*, Wien. *G. W.*, Bd. 13, S. 3; *Studienausgabe*, Bd. 3. (251, 272, 445, 516, 532, 538, 571)

(1921 *b*) Introduction [auf englisch] zu Varendonck, *The Psychology of Day-Dreams*, London. (473)

FREUD, S. (Forts.) [*Deutsche Fassung:* (unvollständig) *G. W.*, Bd. 13, S. 439.]

(1921 *c*) *Massenpsychologie und Ich-Analyse*, Wien. *G. W.*, Bd. 13, S. 73; *Studienausgabe*, Bd. 9. (166, 459)

(1922 *a*) ›Traum und Telepathie‹, *G. W.*, Bd. 13, S. 165. (591)

(1922 *b*) ›Über einige neurotische Mechanismen bei Eifersucht, Paranoia und Homosexualität‹, *G. W.*, Bd. 13, S. 195; *Studienausgabe*, Bd. 7. (110)

(1923 *b*) *Das Ich und das Es*, Wien. *G. W.*, Bd. 13, S. 237; *Studienausgabe*, Bd. 3. (175, 459, 517, 582–3)

(1923 *c*) [1922]) ›Bemerkungen zur Theorie und Praxis der Traumdeutung‹, *G. W.*, Bd. 13, S. 301. (591)

(1923 *d* [1922]) ›Eine Teufelsneurose im siebzehnten Jahrhundert‹, *G. W.*, Bd. 13, S. 317; *Studienausgabe*, Bd. 7. (352)

(1923 *f*) ›Josef Popper-Lynkeus und die Theorie des Traumes‹, *G. W.*, Bd. 13, S. 357. (115, 308, 591)

(1924 *c*) ›Das ökonomische Problem des Masochismus‹, *G. W.*, Bd. 13, S. 371; *Studienausgabe*, Bd. 3. (174)

(1925 *a* [1924]) ›Notiz über den »Wunderblock«‹, *G. W.*, Bd. 14, S. 3; *Studienausgabe*, Bd. 3. (516)

(1925 *i*) ›Einige Nachträge zum Ganzen der Traumdeutung‹, *G. W.*, Bd. 1, S. 561. (591)

(1925 *j*) ›Einige psychische Folgen des anatomischen Geschlechtsunterschieds‹, *G. W.*, Bd. 14, S. 19; *Studienausgabe*, Bd. 5. (262)

(1926 *d* [1925]) *Hemmung, Symptom und Angst*, Wien. *G. W.*, Bd. 14, S. 113; *Studienausgabe*, Bd. 6, S. 227. (176, 334, 391, 572)

(1927 *c*) *Die Zukunft einer Illusion*, Wien, *G. W.*, Bd. 14, S. 325; *Studienausgabe*, Bd. 9. (438)

(1929 *b*) Brief an Maxim [*sic*] Leroy: ›Über einen Traum des Cartesius‹ (französische Übersetzung vermutlich von Maxime Leroy), *G. W.*, Bd. 14, S. 558. (591)

(1930 *a*) *Das Unbehagen in der Kultur*, Wien. *G. W.*, Bd. 14, S. 421; *Studienausgabe*, Bd. 9. (99)

(1930 *e*) Ansprache im Frankfurter Goethe-Haus, *G. W.*, Bd. 14, S. 547; *Studienausgabe*, Bd. 10, S. 292. (158, 270)

(1931 *b*) ›Über die weibliche Sexualität‹, *G. W.*, Bd. 14, S. 517; *Studienausgabe*, Bd. 5. (262)

(1932 *c*) ›Meine Berührung mit Josef Popper-Lynkeus‹, *G.W.*, Bd. 16, S. 261. (115, 308, 591)

Freud, S. (Forts.) (1932*e* [1931]) Preface [auf englisch] to the Third (revised) English Edition of *The Interpretation of Dreams*, London and New York; *Studienausgabe*, Bd. 2, S. 28. (19, 28)

(1933*a* [1932]) *Neue Folge der Vorlesungen zur Einführung in die Psychoanalyse*, Wien. *G. W.*, Bd. 15; *Studienausgabe*, Bd. 1, S. 447. (32, 113, 330, 350, 472, 507, 517, 532, 573, 592)

(1933*e* [1932]) Drei Briefe an André Breton [französische Übersetzung], *Le surréalisme au service de la révolution*, Nr. 5, S. 10. Deutsches Original von einem Brief in Faksimile. (14)

(1940*a* [1938]) *Abriß der Psychoanalyse*, *G. W.*, Bd. 17, S. 67. (592)

(1940*d* [1892]) und Breuer, J., ›Zur Theorie des hysterischen Anfalls‹, *G. W.*, Bd. 17, S. 9. (17)

(1941*c* [1899]) ›Eine erfüllte Traumahnung‹, *G. W.*, Bd. 17, S. 21. (591)

(1950*a* [1887–1902]) *Aus den Anfängen der Psychoanalyse*, London; Frankfurt am Main (Fischer Paperbacks), 1962. (Enthält ›Entwurf einer Psychologie‹, 1895.) 16–19, 24, 115, 135, 140, 141, 206, 215, 238, 268, 316, 438, 488, 516, 563, 591)

(1942*a* [1905–6]) ›Psychopathische Personen auf der Bühne‹, *Neue Rundschau*, Bd. 73 (1962), S. 53; *Studienausgabe*, Bd. 10, S. 161. (270)

(1957*a* [1911]) und Oppenheim, D. E., ›Träume im Folklore‹, *Dreams in Folklore*, New York, 1958, Teil II. In S. Freud, *Über Träume und Traumdeutung*, Frankfurt am Main (Fischer Bücherei), 1971, S. 53. (394, 588, 591)

Fuchs, E. (1909–12) *Illustrierte Sittengeschichte* (Ergänzungsbände), München. (341)

Galton, F. (1907) *Inquiries into Human Faculty and its Development* (2. Aufl.), London. (1. Aufl., 1883.) (155, 295, 475)

Garnier, A. (1872) *Traité des facultés de l'âme, contenant l'histoire des principales théories psychologiques* (3 Bde.), Paris. (1. Aufl., 1852.) (52, 240)

Giessler, C. M. (1888) *Beiträge zur Phänomenologie des Traumlebens*, Halle. (109)

(1890) *Aus den Tiefen des Traumlebens*, Halle. (109)

(1896) *Die physiologischen Beziehungen der Traumvorgänge*, Halle. (109)

Girou de Bouzareinges, C., und Girou de Bouzareinges, L. (1848) *Physiologie: essai sur le mécanisme des sensations, des idées et des sentiments,* Paris. (50–51)

Goblot, E. (1896) ›Sur le souvenir des rêves‹, *Rev. phil.,* Bd. 42, S. 288. (482–83, 548)

Gomperz, T. (1866) *Traumdeutung und Zauberei,* Wien. (119)

Gotthardt, O. (1912) *Die Traumbücher des Mittelalters,* Eisleben. (31–2)

Griesinger, W. (1845) *Pathologie und Therapie der psychischen Krankheiten,* Stuttgart. (151)

(1861) Dasselbe, 2. Aufl. (zitiert bei Radestock). (111–112, 238)

Gruppe, P. O. (1906) *Griechische Mythologie und Religionsgeschichte,* München. In I. E. P. von Müller, *Handbuch der klassischen Altertums-Wissenschaft,* Bd. 5, S. 2. (31)

Guislain, J. (1833) *Leçons orales sur les phrénopathies* (3 Bde.), Brüssel. (110)

[*Deutsche Übersetzung: Abhandlungen über die Phrenopathien,* Nürnberg, 1838.]

Haffner, P. (1887) ›Schlafen und Träumen‹, *Sammlung zeitgemäßer Broschüren,* Frankfurt, S. 226. (32, 34, 75–6, 85, 89–91)

Hagen, F. W. (1846) ›Psychologie und Psychiatrie‹, *Wagners Handwörterbuch der Physiologie,* Braunschweig, Bd. 2, S. 692. (111)

Hallam, F., und Weed, S. (1896) ›A Study of Dream Consciousness‹, *Am. J. Psychol.,* Bd. 7, S. 405. (44–5, 151, 177)

Hartmann, E. von (1890) *Philosophie des Unbewußten* (10. Aufl.), Leipzig. (1. Aufl., 1869.) (151, 506)

Hartmann, H. (1924) *siehe* Betlheim, S., und Hartmann, H. (1924)

Hennings, J. C. (1784) *Von den Träumen und Nachtwandlern,* Weimar. (40, 50)

Henzen, W. (1890) *Über die Träume in der altnordischen Sagaliteratur* (Dissertation), Leipzig. (397)

Herbart, J. F. (1892) *Psychologie als Wissenschaft neu gegründet auf Erfahrung, Metaphysik und Mathematik. (Zweiter, analytischer Teil);* Bd. 6 in *Herbarts Sämtliche Werke* (hrsg. von K. Kehrbach), Langensalza. (1. Aufl., Königsberg, 1825.) (98)

Hermann, K. F. (1858) *Lehrbuch der gottesdienstlichen Alterthümer der Griechen* (2. Aufl.), Heidelberg. (Teil II in *Lehrbuch der griechischen Antiquitäten.)* (59)

(1882) *Lehrbuch der griechischen Privatalterthümer* (3. Aufl.), Freiburg. Teil IV in *Lehrbuch der griechischen Antiquitäten.)* (59)

HERODOT — *Geschichte.* (389)
[*Deutsche Übersetzung* von Friedrich Lange: *Die Geschichten des Herodotos* (neu hrsg. von O. Güthling), II. Teil, Leipzig [um 1885], 6. Buch: *Erato.*]

HERVEY DE SAINT-DENYS, MARQUIS D' — (1867) *Les rêves et les moyens de les diriger,* Paris. (Anonym veröffentlicht.) (40–41, 51, 83–4, 544–45)

HILDEBRANDT, F. W. — (1875) *Der Traum und seine Verwerthung für's Leben,* Leipzig. (36–7, 42, 45–6, 51–4, 79, 84–6, 89–94, 177)

HIPPOKRATES — Περί ἀρχαίας ἰατρικῆς *(Die alte Heilkunst).* (30)
[*Deutsche Übersetzung: Die alte Heilkunst,* 10, in Hippocrates, *Schriften* (hrsg. und übers. von Hans Diller), Hamburg, 1962, S. 210–11.]
Περί διαίτης *(Die Regelung der Lebensweise).* (30, 59, 393)
[*Deutsche Übersetzung: Die Regelung der Lebensweise,* Viertes Buch, ›Über die Träume‹, in ibid., S. 253–61.]

HITSCHMANN, E. — (1913) ›Goethe als Vatersymbol‹, *Int. Z. ärztl. Psychoanal.,* Bd. 1, S. 569. (348)

HOBBES, T. — (1651) *Leviathan,* London. (518)

HOFFBAUER, J. C. — (1796) *Naturlehre der Seele,* Halle. (50)

* HOHNBAUM, C. — (1830) in C. F. Nasse: *Jb. Anthrop.,* Bd. 1. (109)

HUG-HELLMUTH, H. VON — (1911) ›Analyse eines Traumes eines 5½jährigen Knaben‹, *Zentbl. Psychoanal.,* Bd. 2, S. 122. (149)
(1913) ›Kinderträume‹, *Int. Z. ärztl. Psychoanal.,* Bd. 1, S. 470. (149)
(1915) ›Ein Traum, der sich selbst deutet‹, *Int. Z. ärztl. Psychoanal.,* Bd. 3, S. 33. (159–60)

IDELER, K. W. — (1853) ›Über die Entstehung des Wahnsinns aus Träumen‹, *Annalen des Charité-Krankenhauses,* Berlin, Bd. 3 (2), S. 284. (109)

IWAYA, S. — (1902) ›Traumdeutung in Japan‹, *Ost-Asien,* Bd. 5, S. 312. (32)

JEKELS, L. — (1917) ›Shakespeares Macbeth‹, *Imago,* Bd. 5, S. 170. (270)

JESSEN, P. — (1855) *Versuch einer wissenschaftlichen Begründung der Psychologie,* Berlin. (35, 40, 49–51, 70–71, 88, 94–5)

JODL, F. — (1896) *Lehrbuch der Psychologie,* Stuttgart. (80)

JONES, E. — (1910*a*) ›The Oedipus Complex as an Explanation of Hamlet's Mystery‹, *Am. J. Psychol.,* Bd. 21, S. 72. (270)
[*Deutsche Übersetzung* von Paul Tausig: *Das Problem des Hamlet und der Ödipus-Komplex,* Leipzig und Wien, 1912.]

JONES, E. (Forts.) (1910 *b*) ›Freud's Theory of Dreams‹, *Am. J. Psychol.*, Bd. 21, S. 283. (391–2)

(1911) ›The Relationship between Dreams and Psychoneurotic Symptoms‹, *Am. J. Insanity*, Bd. 68, S. 57. (542)

(1912 *a*) ›Unbewußte Zahlenbehandlung‹, *Zentbl. Psychoanal.*, Bd. 2, S. 241. (406)

(1912 *b*) ›A Forgotten Dream‹, *J. abnorm. Psychol.*, Bd. 7, S. 5. (498)

(1914 *a*) ›Frau und Zimmer‹, *Int. Z. ärztl. Psychoanal.*, Bd. 2, S. 380. (349)

(1914 *b*) ›Zahnziehen und Geburt‹, *Int. Z. ärztl. Psychoanal.*, Bd. 2, S. 380. (379)

(1916) ›The Theory of Symbolism‹, *Brit. J. Psychol.*, Bd. 9, S. 181. (346)

[*Deutsche Übersetzung* von Hanns Sachs: ›Die Theorie der Symbolik‹, *Int. Z. ärztl. Psychoanal.*, Bd. 5, S. 244.]

(1949) *Hamlet and Oedipus*, London. (270)

(1960) *Das Leben und Werk von Sigmund Freud*, Bd. 1, Bern und Stuttgart. (131, 183, 464)

JOSEPHUS, FLAVIUS *Antiquitates Judaicae*. (330–31)

[*Deutsche Übersetzung: Jüdische Altertümer* (hrsg. und übers. von Heinrich Clementz), Halle [1900], Bd. 1. (Abgedruckt, Berlin und Wien, 1923.) (N. B. Nicht die von Freud zitierte Übersetzung.)]

JUNG, C. G. (1906) (hrsg. von) *Diagnostische Assoziationsstudien* (2 Bde.), Leipzig. (509)

(1907) *Über die Psychologie der Dementia praecox*, Halle. (507)

(1910 *a*) ›Über Konflikte der kindlichen Seele‹, *Jb. psychoanalyt. psychopath. Forsch.*, Bd. 2, S. 33. (149)

(1910 *b*) ›Ein Beitrag zur Psychologie des Gerüchtes‹, *Zentbl. Psychoanal.*, Bd. 1, S. 81. (331)

(1911) ›Ein Beitrag zur Kenntnis des Zahlentraumes‹, *Zentbl. Psychoanal.*, Bd. 1, S. 567. (406)

KANT, I. (1764) *Versuch über die Krankheiten des Kopfes*, Königsberg. (110–11)

(1798) *Anthropologie in pragmatischer Hinsicht abgefaßt*, Königsberg. (92–3)

KARPINSKA, L. VON (1914) ›Ein Beitrag zur Analyse »sinnloser« Worte im Traume‹, *Int. Z. ärztl. Psychoanal.*, Bd. 2, S. 164. (304)

KAZOWSKY, A. D. (1901) ›Zur Frage nach dem Zusammenhange von Träumen und Wahnvorstellungen‹, *Neurol. Zentbl.*, Bd. 20, S. 440 und S. 508. (109)

Kirchgraber, F. (1912) ›Der Hut als Symbol des Genitales‹, *Zentbl. Psychoanal.*, Bd. 3, S. 95. (356)

Kleinpaul, R. (1898) *Die Lebendigen und die Toten in Volksglauben, Religion und Sage,* Leipzig. (346)

Krauss, A. (1858–59) ›Der Sinn im Wahnsinn‹, *Allg. Z. Psychiat.*, Bd. 15, S. 617 und Bd. 16, S. 10 und S. 222. (62, 109, 110–11, 112–13)

Kris, E. (1950) Einleitung zu S. Freud, *Aus den Anfängen der Psychoanalyse,* London; Frankfurt am Main (Fischer Paperbacks), 1962. (17, 115)

Ladd, G. T. (1892) ›Contribution to the Psychology of Visual Dreams‹, *Mind,* (New Series) Bd. 1, S. 299. (58, 560)

Landauer, K. (1918) ›Handlungen des Schlafenden‹, *Z. ges. Neurol. Psychiat.*, Bd. 39, S. 329. (232)

Lasègue, G. (1881) ›Le délire alcoolique n'est pas un délire, mais un rêve‹, *Archs gén Méd.*, Bd. 2, S. 513. (109)

Lauer, C. (1913) ›Das Wesen des Traumes in der Beurteilung der talmudischen und rabbinischen Literatur‹, *Int. Z. ärztl. Psychoanal.*, Bd. 1, S. 459. (32)

Lehmann, A. (1908) *Aberglaube und Zauberei von den ältesten Zeiten bis in die Gegenwart* (deutsche Übersetzung von Petersen), Stuttgart. (59)

Le Lorrain, J. (1894) ›La durée du temps dans les rêves‹, *Rev. phil.*, Bd. 38, S. 275. (53, 86–7, 477)
(1895) ›Le rêve‹, *Rev. phil.*, Bd. 40, S. 59. (477, 540)

Lélut, L.-F. (1852) ›Mémoire sur le sommeil, les songes et le sonnambulisme‹, *Ann. méd.-psychol.*, [2. série] Bd. 4, S. 331. (110)

Lemoine, A. (1855) *Du sommeil au point de vue physiologique et psychologique,* Paris. (78)

Leroy *Siehe* Bernard-Leroy

Leuret, F. (1834) *Fragmens psychologiques sur la folie,* Paris. (506)

Liébeault, A. A. (1889) *Le sommeil provoqué et les états analogues,* Paris. (543)

Lipps, T. (1883) *Grundtatsachen des Seelenlebens,* Bonn. (231)
(1897) ›Der Begriff des Unbewußten in der Psychologie‹, *Records of the Third Int. Congr. Psychol.*, München. (579–80, 582)

* Lloyd, W. (1877) *Magnetism and Mesmerism in Antiquity,* London. (59)

* Löwinger	(1908) ›Der Traum in der jüdischen Literatur‹, *Mitt. jüd. Volksk.*, Bd. 10. (32)
Lucretius	*De rerum natura.* (35–6) [*Deutsche Übersetzung* von K. L. von Knebel: *De rerum natura*, Verlag Göschen (2. Aufl.), Leipzig 1831.]
»Lynkeus« [J. Popper]	(1899) *Phantasien eines Realisten*, Dresden. (2. Aufl., Wien, 1900.) (115, 308)
Maass, J. G. E.	(1805) *Versuch über die Leidenschaften*, Halle. (35)
Macario, M. M. A.	(1847) ›Des rêves considerés sous le rapport physiologique et pathologique‹, Teil IV, *Ann. méd.-psychol.*, [1. série] Bd. 9, S. 27. (110) (1857) *Du sommeil, des rêves et du sonnambulisme dans l'état de santé et de maladie*, Paris–Lyon. (478–9)
Macnish, R.	(1830) *Philosophy of Sleep*, Glasgow. (50–51) [*Deutsche Übersetzung: Der Schlaf in allen seinen Gestalten*, Leipzig, 1835.]
Maeder, A.	(1908) ›Die Symbolik in den Legenden, Märchen, Gebräuchen und Träumen‹, *Psychiat.-neurol. Wschr.*, Bd. 10, S. 55. (346) (1912) ›Über die Funktion des Traumes‹, *Jb. psychoanalyt. psychopath. Forsch.*, Bd. 4, S. 692. (551–2)
Maine de Biran, M. F. P.	(1834) *Nouvelles considérations sur les rapports du physique et du moral de l'homme* (hrsg. von V. Cousin), Paris. (110)
Marcinowski, J.	(1911) ›Eine kleine Mitteilung‹, *Zentbl. Psychoanal.*, Bd. 1, S. 575. (303) (1912 *a*) ›Gezeichnete Träume‹, *Zentbl. Psychoanal.*, Bd. 2, S. 490. (351) (1912 *b*) ›Drei Romane in Zahlen‹, *Zentbl. Psychoanal.*, Bd. 2, S. 619. (406)
Maudsley, H.	(1868) *Physiology and Pathology of Mind* (2. Aufl.), London. (580)
Maury, L. F. A.	(1853) ›Nouvelles observations sur les analogies des phénomènes du rêve et de l'aliénation mentale‹, Teil II, *Ann. méd.-psychol.*, [2. série] Bd. 5, S. 404. (53, 110, 111) (1878) *Le sommeil et les rêves*, Paris. (1. Aufl., 1861.) (35, 36, 39–40, 43, 51–3, 57–8, 60, 78, 80, 82–4, 86, 95, 99, 109, 113, 201, 476–8, 497, 508, 548)
* Meier, G. F.	(1758) *Versuch einer Erklärung des Nachtwandelns*, Halle. (50)

MEYNERT, T. (1892) *Sammlung von populärwissenschaftlichen Vorträgen über den Bau und die Leistungen des Gehirns,* Wien. (256)

MIURA, K. (1906) ›Über japanische Traumdeuterei‹, *Mitt. dt. Ges. Naturk. Ostasiens,* Bd. 10, S. 291. (32)

MOREAU, J. (1855) ›De l'identité de l'état de rêve et de folie‹, *Ann. méd.-psychol.,* (3. série) Bd. 1, S. 361. (110)

MÜLLER, J. (1826) *Über die phantastischen Gesichtserscheinungen,* Koblenz. (57–8)

MYERS, F. W. H. (1892) ›Hypermnesic Dreams‹, *Proc. Soc. Psych. Res.,* Bd. 8, S. 362. (41)

NÄCKE, P. * (1903) ›Über sexuelle Träume‹, *Arch. KrimAnthropol.,* S. 307. (387)

(1905) ›Der Traum als feinstes Reagens f. d. Art d. sexuellen Empfindens‹, *Mschr. Krim.-Psychol.,* Bd. 2, S. 500. (387)

(1907) ›Kontrastträume und spezielle sexuelle Kontrastträume‹, *Arch. KrimAnthropol.,* Bd. 24, S. 1. (387)

(1908) ›Beiträge zu den sexuellen Träumen‹, *Arch. KrimAnthropol.,* Bd. 29, S. 363. (387)

* (1911) ›Die diagnostische und prognostische Brauchbarkeit der sexuellen Träume‹, *Ärztl. Sachv.-Ztg.,* Nr. 2. (387)

NEGELEIN, J. VON (1912) ›Der Traumschlüssel des Jaggadeva‹, *Relig. Gesch. Vers.,* Bd. 11, S. 4. (32)

NELSON, J. (1888) ›A Study of Dreams‹, *Am. J. Psychol.,* Bd. 1, S. 367. (44)

NORDENSKJÖLD, O. *et al.* (1904) *Antarctic. Zwei Jahre in Schnee und Eis am Südpol* (2 Bde.), Berlin. (149)

OPPENHEIM, D. E., und FREUD, S. (1957) *siehe* Freud, S. (1957 *a* [1911])

PACHANTONI, D. (1909) ›Der Traum als Ursprung von Wahnideen bei Alkoholdeliranten‹, *Zentbl. Nervenheilk.,* Bd. 32, S. 796. (109)

PAULHAN, F. (1894) ›À propos de l'activité de l'esprit dans le rêve‹, in ›Correspondence‹, *Rev. phil.,* Bd. 38, S. 546. (482)

PEISSE, L. (1857) *La médecine et les médecins,* Paris. (113)

PESTALOZZI, R. (1956) Artikel in *Neue Zürcher Zeitung,* Juli 1. (426)

PFAFF, E. R. (1868) *Das Traumleben und seine Deutung nach den Prinzipien der Araber, Perser, Griechen, Inder und Ägypter,* Leipzig. (89)

PFISTER, O. (1909) ›Ein Fall von psychoanalytischer Seelsorge und Seelenheilung‹, *Evangelische Freiheit*, Tübingen, (neue Folge) Bd. 9, S. 108. (394)

(1911–12) ›Die psychologische Enträtselung der religiösen Glossolalie und der automatischen Kryptographie‹, *Jb. psychoanalyt. psychopath. Forsch.*, Bd. 3, S. 427 und S. 730. (351)

(1913) ›Kryptolalie, Kryptographie und unbewußtes Vexierbild bei Normalen‹, *Jb. psychoanalyt. psychopath. Forsch.*, Bd. 5, S. 117. (351)

PICHON, A. E. (1896) *Contribution à l'étude des délires oniriques ou délires de rêve*, Bordeaux. (109)

PILCZ, A. (1899) ›Über eine gewisse Gesetzmäßigkeit in den Träumen‹, Abstract (vom Autor verfaßt), *Mschr. Psychiat. Neurol.*, Bd. 5, S. 231. (47)

PLATO *Staat*. (89, 587)

POHORILLES, N. E. (1913) ›Eduard von Hartmanns Gesetz der von unbewußten Zielvorstellungen geleiteten Assoziationen‹, *Int. Z. ärztl. Psychoanal.*, Bd. 1, S. 605. (506)

PÖTZL, O. (1917) ›Experimentell erregte Traumbilder in ihren Beziehungen zum indirekten Sehen‹, *Z. ges. Neurol. Psychiat.*, Bd. 37, S. 278. (194)

PRINCE, MORTON (1910) ›The Mechanism and Interpretation of Dreams‹, *J. abnorm. Psychol.*, Bd. 5, S. 139. (499)

PURKINJE, J. E. (1846) ›Wachen, Schlaf, Traum und verwandte Zustände‹, in R. Wagner, *Handwörterbuch der Physiologie mit Rücksicht auf physiologische Pathologie*, Braunschweig, Bd. 3, S. 412. (104, 151)

PUTNAM, J. J. (1912) ›Ein charakteristischer Kindertraum‹, *Zentbl. Psychoanal.*, Bd. 2, S. 328. (149)

* RAALTE, F. VAN (1912) ›Kinderdroomen‹, *Het Kind*, Januar. (149)

RADESTOCK, P. (1879) *Schlaf und Traum*, Leipzig. (35, 60, 69–70, 79–80, 88, 93, 109–12, 151)

RANK, O. (1909) *Der Mythus von der Geburt des Helden*, Leipzig und Wien. (261, 391)

(1910) ›Ein Traum, der sich selbst deutet‹, *Jb. psychoanalyt. psychopath. Forsch.*, Bd. 2, S. 465. (175, 244, 309, 331, 343, 389, 396)

(1911 *a*) ›Beispiel eines verkappten Ödipustraumes‹, *Zentbl. Psychoanal.*, Bd. 1, S. 167. (389)

(1911 *b*) ›Belege zur Rettungsphantasie‹, *Zentbl. Psychoanal.*, Bd. 1, S. 331. (394)

Rank, O. (Forts.) (1911 *c*) ›Zum Thema der Zahnreizträume‹, *Zentbl. Psychoanal.*, Bd. 1, S. 408. (380–84)

(1912 *a*) ›Die Symbolschichtung im Wecktraum und ihre Wiederkehr im mythischen Denken‹, *Jb. psychoanalyt. psychopath. Forsch.*, Bd. 4, S. 51. (227, 244, 347, 361, 392–94)

(1912 *b*) ›Aktuelle Sexualregungen als Traumanlässe‹, *Zentbl. Psychoanal.*, Bd. 2, S. 596. (244)

(1912 *c*) *Das Inzest-Motiv in Dichtung und Sage*, Leipzig und Wien. (261)

(1913) ›Eine noch nicht beschriebene Form des Ödipus-Traumes‹, *Int. Z. ärztl. Psychoanal.*, Bd. 1, S. 151. (389)

(1914 *a*) ›Traum und Dichtung‹, in S. Freud, *Die Traumdeutung* (4. Aufl. bis 7. Aufl.), Leipzig und Wien. (14, 15, 26, 28, 487)

(1914 *b*) ›Traum und Mythus‹, in S. Freud, *Die Traumdeutung* (4. Aufl. bis 7. Aufl.), Leipzig und Wien. (14, 15, 26, 28, 487)

(1914 *c*) ›Die »Geburts-Rettungsphantasie« in Traum und Dichtung‹, *Int. Z. ärztl. Psychoanal.*, Bd. 2, S. 43. (394)

Rank, O., und Sachs, H. (1913) *Die Bedeutung der Psychoanalyse für die Geisteswissenschaften*, Wiesbaden. (346)

Régis, E. (1894) ›Les hallucinations oniriques ou du sommeil des dégénérés mystiques, *Compte rendu Congrès Méd. Alién.*, Paris, 1895, S. 260. (109)

Reik, T. (1911) ›Zur Rettungssymbolik‹, *Zentbl. Psychoanal.*, Bd. 1, S. 499. (394)

(1915) ›Gold und Kot‹, *Int. Z. ärztl. Psychoanal.*, Bd. 3, S. 183. (394)

Reitler, R. (1913 *a*) ›Zur Augensymbolik‹, *Int. Z. ärztl. Psychoanal.*, Bd. 1, S. 159. (389)

(1913 *b*) ›Zur Genital- und Sekret-Symbolik‹, *Int. Z. ärztl. Psychoanal.*, Bd. 1, S. 492. (353)

Robert, W. (1886) *Der Traum als Naturnotwendigkeit erklärt*, Hamburg. (44, 100–03, 177, 178, 190–91, 201, 551, 561)

Robitsek, A. (1912) ›Zur Frage der Symbolik in den Träumen Gesunder‹, *Zentbl. Psychoanal.*, Bd. 2, S. 340. (367–70)

Roffenstein, G. (1923) ›Experimentelle Symbolträume‹, *Z. ges. Neurol. Psychiat.*, Bd. 87, S. 362. (376)

R[orschach], H. (1912) ›Zur Symbolik der Schlange und der Krawatte‹, *Zentbl. Psychoanal.*, Bd. 2, S. 675. (350)

SACHS, H. (1911) ›Zur Darstellungs-Technik des Traumes‹, *Zentbl. Psychoanal.*, Bd. 1, S. 413. (400)

(1912) ›Traumdeutung und Menschenkenntnis‹, *Jb. psychoanalyt. psychopath. Forsch.*, Bd. 3, S. 568. (587)

(1913) ›Ein Traum Bismarcks‹, *Int. Z. ärztl. Psychoanal.*, Bd. 1, S. 80. (371–74)

(1914) ›Das Zimmer als Traumdarstellung des Weibes‹, *Int. Z. ärztl. Psychoanal.*, Bd. 2, S. 35. (349)

SACHS, H., und RANK, O. (1913) *siehe* Rank, O., und Sachs, H. (1913)

SALOMON ALMOLI BEN JACOB (1637) *Pithrôn Chalômôth*, Amsterdam. (32)

SANCTIS, SANTE DE (1896) *I sogni e il sonno nell' isterismo e nella epilessia*, Rom. (109)

(1897 *a*) ›Les maladies mentales et les rêves‹, extrait des *Ann. Soc. Méd. de Gand*, Bd. 76, S. 177. (109)

* (1897 *b*) ›Sui rapporti d'identità, di somiglianza, di analogia e di equivalenza fra sogno e pazzia‹, *Riv. quindicinale Psicol. Psichiat. Neuropatol.*, Nov. 15. (109)

(1898 *a*) ›Psychoses et rêves‹, *Rapport au Congrès de neurol. et d'hypnologie de Bruxelles 1897; Comptes rendus*, Bd. 1, S. 137. (109)

(1898 *b*) ›I sogni dei neuropatici e dei pazzi‹, *Arch. psichiat. antrop. crim.*, Bd. 19, S. 342. (109)

(1899) *I sogni*, Turin. (110, 114–15)
[*Deutsche Übersetzung* von O. Schmidt: *Die Träume*, Halle, 1901.]

SCHERNER, K. A. (1861) *Das Leben des Traumes*, Berlin. (62, 104–08, 117, 150, 232–34, 331, 341, 347, 353, 393, 522, 562, 580–81)

SCHLEIERMACHER, F. E. D. (1862) *Psychologie*, in *Gesammelte Werke* (hrsg. von L. George), Bd. 6, III, Berlin. (73, 93, 122)

SCHOLZ, F. (1887) *Schlaf und Traum*, Leipzig. (46–7, 81, 89, 151)

SCHOPENHAUER, A. (1862) ›Versuch über das Geistersehen und was damit zusammenhängt‹, *Parerga und Paralipomena* (V) (2. Aufl.), Bd. 1, S. 213, Berlin. (1. Aufl., Leipzig, 1851.) In *Sämtliche Werke* (hrsg. von A. Hübscher) (2. Aufl.), Bd. 5, S. 239, Wiesbaden, 1946. (61–2, 88, 110–11)

SCHRÖTTER, K. (1912) ›Experimentelle Träume‹, *Zentbl. Psychoanal.*, Bd. 2, S. 638. (376)

SCHUBERT, G. H. VON (1814) *Die Symbolik des Traumes*, Bamberg. (85–6, 347)

SCHWARZ, F. (1913) ›Traum und Traumdeutung nach »Abdalgani an-Nabulusi«‹, *Z. dt. morgenl. Ges.*, Bd. 67, S. 437. (32)

SECKER, F. (1910) ›Chinesische Ansichten über den Traum‹, *Neue metaphysische Rundschau*, Bd. 17, S. 101. (32)

SEGEL, B. W., und BERNSTEIN, I. (1908) *siehe* Bernstein, I., und Segel, B. W. (1908)

SIEBECK, H. (1877) ›Das Traumleben der Seele‹, *Sammlung gemeinverständlicher Vorträge*, Berlin. (81)

SILBERER, H. (1909) ›Bericht über eine Methode, gewisse symbolische Halluzinations-Erscheinungen hervorzurufen und zu beobachten‹, *Jb. psychoanalyt. psychopath. Forsch.*, Bd. 1, S. 513. (73, 122, 339–40, 371, 483–85)

(1910) ›Phantasie und Mythos‹, *Jb. psychoanalyt. psychopath. Forsch.*, Bd. 2, S. 541. (122, 223)

(1912) ›Symbolik des Erwachens und Schwellensymbolik überhaupt‹, *Jb. psychoanalyt. psychopath. Forsch.*, Bd. 3, S. 621. (122, 483–85, 533)

(1914) *Probleme der Mystik und ihrer Symbolik*, Leipzig und Wien. (501–02)

SIMON, P. M. (1888) *Le monde des rêves*, Paris. (55–6, 59, 60, 63, 151)

SPERBER, H. (1912) ›Über den Einfluß sexueller Momente auf Entstehung und Entwicklung der Sprache‹, *Imago*, Bd. 1, S. 405. (347)

SPIELREIN, S. (1913) ›Traum von »Pater Freudenreich«‹, *Int. Z. ärztl. Psychoanal.*, Bd. 1, S. 484. (149)

SPITTA, H. (1882) *Die Schlaf- und Traumzustände der menschlichen Seele* (2. Aufl.), Tübingen. (1. Aufl., 1878.) (60, 71, 74, 78, 80–82, 85, 88–9, 92, 94, 109, 111, 229, 491)

SPITTELER, C. (1914) *Meine frühesten Erlebnisse*, Jena. (175, 257)

STANNIUS, H. (1849) *Das peripherische Nervensystem der Fische, anatomisch und physiologisch untersucht*, Rostock. (402, 437)

STÄRCKE, A. (1911) ›Ein Traum, der das Gegenteil einer Wunscherfüllung zu verwirklichen schien‹, *Zentbl. Psychoanal.*, Bd. 2, S. 86. (173–74)

STÄRCKE, J. (1913) ›Neue Traumexperimente in Zusammenhang mit älteren und neueren Traumtheorien‹, *Jb. psychoanalyt. psychopath. Forsch.*, Bd. 5, S. 233. (84, 150)

STEKEL, W. (1909) ›Beiträge zur Traumdeutung‹, *Jb. psychoanalyt. psychopath. Forsch.*, Bd. 1, S. 458. (279, 334, 343, 351–352, 356, 373)

(1911) *Die Sprache des Traumes*, Wiesbaden. (2. Aufl., 1922.) (345–46, 352–53, 387–88, 400)

Stricker, S. (1879) *Studien über das Bewußtsein,* Wien. (80, 95–6, 444)

Strümpell, A. von (1883–84) *Lehrbuch der speciellen Pathologie und Therapie der inneren Krankheiten,* Leipzig. (49)

Strümpell, L. (1877) *Die Natur und Entstehung der Träume,* Leipzig. (34, 42–3, 45, 47, 49, 54–5, 59, 63, 68–70, 74–5, 77, 80–81, 100, 141, 177, 194, 229–31, 233–34, 241, 444)

Stumpf, E. J. G. (1899) *Der Traum und seine Deutung,* Leipzig. (120)

Sully, J. (1893) ›The Dream as a Revelation‹, *Fortnightly Rev.,* Bd. 53, S. 354. (83, 152, 482, 562)

Swoboda, H. (1904) *Die Perioden des menschlichen Organismus in ihrer psychologischen und biologischen Bedeutung,* Leipzig und Wien. (115, 180–82, 376)

Tannery, M. P. (1898) ›Sur la mémoire dans le rêve‹, *Rev. phil.,* Bd. 45, S. 637. (491)

Tausk, V. (1913) ›Zur Psychologie der Kindersexualität‹, *Int. Z. ärztl. Psychoanal.,* Bd. 1, S. 444. (149, 304)

(1914) ›Kleider und Farben im Dienste der Traumdarstellung‹, *Int. Z. ärztl. Psychoanal.,* Bd. 2, S. 464. (400–401)

Tfinkdji, J. (1913) ›Essai sur les songes et l'art de les interpréter (onirocritie) en Mésopotamie‹, *Anthropos,* Bd. 8, S. 505. (32, 119)

Thomayer, J. (1897) ›La signification de quelques rêves‹, recueilli par V. Simerka, *Rev. neurol.,* Bd. 5, S. 98. (110)

Tissié, P. (1898) *Les rêves, physiologie et pathologie,* Paris. (1. Aufl., 1870.) (59, 60, 61, 66, 70, 109–10, 151)

Tobowolska, J. (1900) *Étude sur les illusions de temps dans les rêves du sommeil normal* (Dissertation), Paris. (87, 478–79, 482)

Tobowolska, J., u. Bernard-Leroy, E. (1901) *siehe* Bernard-Leroy, E., und Tobowolska, J. (1901)

Varendonck, J. (1921) *The Psychology of Day-Dreams,* London. (473)

Vaschide, N. (1911) *Le sommeil et les rêves,* Paris. (38, 40–41, 84, 544–45)

Vespa, B. (1897) ›Il sonno e i sogni nei neuro- e psicopatici‹, *Boll. Soc. Lancisiana Osp.,* Bd. 17, S. 193. (109)

Vold, J. Mourly (1896) ›Expériences sur les rêves et en particulier sur ceux d'origine musculaire et optique‹ (Referat), *Rev. phil.,* Bd. 42, S. 542. (64)

(1910–12) *Über den Traum* (2 Bde.) (hrsg. von O. Klemm), Leipzig. (64, 231, 386)

VOLKELT, J. (1875) *Die Traum-Phantasie,* Stuttgart. (43, 52, 62, 65–6, 78–9, 81–2, 88, 93, 104–07, 151, 232–34, 341)

WALDEYER, W. (1891) ›Über einige neuere Forschungen im Gebiete der Anatomie des Centralnervensystems‹, *Berl. klin. Wschr.,* Bd. 28, S. 691. (17)

WEED, S., und HALLAM, F. (1896) *siehe* Hallam, F., und Weed, S. (1896)

WEYGANDT, W. (1893) *Entstehung der Träume,* Leipzig. (34–5, 51, 60, 66, 81, 143)

WHITON CALKINS *Siehe* Calkins, M. W.

WIGGAM, A. (1909) ›A Contribution to the Data of Dream Psychology‹, *Ped. Sem. J. Genet. Psychol.,* Bd. 16, S. 250. (149)

WINTERSTEIN, A. VON (1912) ›Zwei Belege für die Wunscherfüllung im Traume‹, *Zentbl. Psychoanal.,* Bd. 2, S. 292. (35)

WITTELS, F. (1924) *Sigmund Freud: der Mann, die Lehre, die Schule,* Wien. (223, 410)

WUNDT, W. (1874) *Grundzüge der physiologischen Psychologie,* Leipzig. (54, 56, 65–6, 80–81, 111, 230–31, 241)

ZELLER, A. (1818) ›Irre‹, in J. S. Ersch und J. G. Gruber, *Allgemeine Encyclopedie der Wissenschaften und Künste,* Bd. 24, S. 120. (92)

B

LISTE DER VOR 1900 VERÖFFENTLICHTEN WERKE ÜBER DEN TRAUM

[*Es handelt sich im folgenden um Werke, die Freud in seine Bibliographien aufgenommen hatte, jedoch nicht im Text erwähnt.*]

AHMAD IBN SĪRĪN *Achmetis f. Seirim Oneirocriticae,* ed. N. Rigaltius, Paris, 1603.

* ALBERTI, MICHAEL (1744) *Diss. de insomniorum influxi in sanitatem et morbos.* Resp. Titius Halae M.

ALIX (1883) ›Les rêves‹, *Rev. Sci. Industr.* (3. série), Bd. 6, S. 554.

* ANON (1890) ›Rêves et l'hypnotisme‹, *Le Monde,* Aug. 25.
* (1890) ›Science of Dreams‹, *The Lyceum,* p. 28, Dublin.
(1893) ›The Utility of Dreams‹, *J. Comp. Neurol.,* Bd. 3, S. 17, Granville.

BACCI, DOMENICO (1857) *Sui sogni e sul sonnambulismo, pensiero fisiologico-metafisici.* Venedig.

BALL, B. (1885) *La morphinomanie, les rêves prolongés*, Paris.

BENEZÉ, EMIL (1897) ›Das Traummotiv in der mittelhochdeutschen Dichtung bis 1250 und in alten deutschen Volksliedern‹, Benezé: *Sageng. und lit.-hist. Unters.*, 1, *Das Traummotiv*, Halle.

* BENINI, V. (1898) ›Nel moneto dei sogni‹, *Il Pensiero nuovo*, Apr.

* BIRKMAIER, HIERON (1715) *Licht im Finsterniss der nächtlichen Gesichte und Träume*, Nürnberg.

BISLAND, E. (1896) ›Dreams and their Mysteries‹, *N. Am. Rev.*, Bd. 162, S. 716.

BRADLEY, F. H. (1894) ›On the Failure of Movement in Dream‹, *Mind*, (new series), Bd. 3, S. 373, London.

BRANDER, R. (1884) *Der Schlaf und das Traumleben*, Leipzig.

BREMER, L. (1893) ›Traum und Krankheit‹, *New York med. Mschr.*, Bd. 5, S. 281.

* BUSSOLA, SERAFINO (1834) *De somniis*, (Dissertation) Ticini Reg.

CAETANI-LOVATELLI, E. (1889) ›I sogni e l'ipnotismo nel mondo antico‹, *Nuova Antologia*, Bd. 24, Serie III, 1. Dez.

CANE, FRANCIS E. (1889) ›The Physiology of Dreams‹, *The Lancet*, Bd. 67, (II), S. 1330 (28. Dez.)

CARDANO, GIROLAMO (1562) *Somniorum synesiorum, omnis generis insomnia explicantes libri IV*, Basel.
(2. Aufl. in *Opera omnia Cardani*, Bd. 5, S. 593, Lyon, 1663.)

CARIERO, ALESSANDRO (1575) *De somniis deque divinatione per somnia*, Padua.

CARPENTER (1849–52) ›Dreaming‹ (under ›Sleep‹), *Cyclop. of Anat. and Physiol.*, Bd. 4, S. 687, London.

CLAVIÈRE (1897) ›La rapidité de la pensée dans le rêve‹, *Rev. phil.*, Bd. 43, S. 507.

COUTTS, G. A. (1896) ›Night-terrors‹, *Amer. J. med. Sc.*

D. L. (1895) ›À propos de l'appréciation du temps dans le rêve‹, *Rev. phil.*, Bd. 40, S. 69.

DAGONET, H. (1889) ›Du rêve et du délire alcoolique‹, *Ann. méd.-psychol.*, (7. série) Bd. 10, S. 193.

DANDOLO, G. (1889) *La conscienza nel sogno*, Padua.

DECHAMBRE, A. (1880) ›Cauchemar‹, *Dict. encycl. sc. méd.*, Bd. 2, S. 48.

* DIETRICH, J. D. (1726) *An ea, quae hominibus in somno et somnio accidunt, iisdem possint imputari?* resp. Gava, Wittemberg.

* DOCHMASA, A. M. (1890) *Dreams and their Significance as Forebodings of Disease*, Kazan.

DREHER, E. (1890) ›Sinneswahrnehmung und Traumbild‹, *Reichsmed. Anzeiger*, Bd. 15, Nr. 20, 21, 22, 23, 24; Bd. 16, Nr. 3, 8, Leipzig.

DUCOSTÉ, M. (1899) ›Les songes d'attaques des épileptiques‹, *Journ. Méd. Bordeaux*, 26. Nov. und 3. Dez.

* DU PREL, C. (1869) ›Oneirokritikon: der Traum vom Standpunkte des transcend. Idealismus‹, *Deutsche Vierteljahrschrift*, Bd. 2, Stuttgart.

(1880) *Psychologie der Lyrik*, Leipzig.

* (1889) ›Künstliche Träume‹, *Sphinx*, Juli.

EGGER, V. (1888) ›Le sommeil et la certitude, le sommeil et la mémoire‹, *Critique philos.*, Bd. 1, S. 341, Paris.

ELLIS, HAVELOCK (1895) ›On Dreaming of the Dead‹, *Psychol. Rev.*, Bd. 2, S. 458.

(1897) ›A Note on hypnagogic Paramnesia‹, *Mind*, Bd. 6, S. 283.

ERDMANN, J. E. (1855) ›Das Träumen‹, *Ernste Spiele*, Kap. 12, Berlin.

ERK, VINZ. VON (1874) *Über den Unterschied von Traum und Wachen*, Prag.

* ESCANDE DE MESSIÈRES (1895) ›Les rêves chez les hystériques‹ (Dissertation), Bordeaux.

FAURE (1876) ›Études sur les rêves morbides. Rêves persistants‹, *Arch. génér. Méd.*, (6. série) Bd. 27, S. 550.

* FENIZIA (1896) ›L'azione suggestiva delle cause esterne nei sogni‹, *Arch. per l'Antrop.*, Bd. 26.

* FÉRÉ, C. (1897) ›Les rêves d'accès chez les épileptiques‹, *Méd. mod.*, 8. Dez.

FISCHER, JOH. (1899) *Ad artis veterum onirocriticae historiam symbola*, (Dissertation) Jena.

FLORENTIN, V. (1899) ›Das Traumleben: Plauderei‹, *Alte und neue Welt*, Bd. 33, S. 725.

FORNASCHON, H. (1897) ›Die Geschichte eines Traumes als Beitrag der Transcendentalpsychologie‹, *Psychische Studien*, Bd. 24, S. 274.

FRENSBERG (1885) ›Schlaf und Traum‹, *Sammlung gemeinverst. wiss. Vortr.*, Virchow-Holtzendorff, Serie 20, Bd. 466.

FRERICHS, J. H. (1866) *Der Mensch: Traum, Herz, Verstand,* Norden.

GALEN *De praecognitione, ad Epigenem,* Lyon, 1540.

* GIRGENSOHN, L. (1845) *Der Traum: psychol.-physiol. Versuch.*

* GLEICHEN-RUSSWURM, A. VON (1899) ›Traum in der Dichtung‹, *Nat. Z.,* Nr. 553–559.

* GLEY, E. (1898) ›Appréciation du temps pendant le sommeil‹, *L'intermédiaire des Biologistes,* Bd. 10, S. 228.

GORTON, D. A. (1896) ›Psychology of the Unconscious‹, *Amer. med. Times,* Bd. 24, S. 33 und S. 37.

GOULD, G. M. (1889) ›Dreams, Sleep, and Consciousness‹, *The Open Court* (Chicago), 2, 1433–6 und 1444–7.

* GRABENER, G. C. (1710) *Ex antiquitate judaica de menûdim bachalôm sive excommunicatis per insomnia exerc. resp. Klebius,* Wittemberg.

GRAFFUNDER, P. C. (1894) ›Traum und Traumdeutung‹, *Sammlung gemeinverständlicher wiss. Vorträge,* Bd. 197.

GREENWOOD, F. (1894) *Imaginations in Dreams and their Study,* London.

* GROT, N. (1878) *Dreams, a Subject of Scientific Analysis* (in Russisch), Kiew.

GUARDIA, J. M. (1892) ›La personnalité dans les rêves‹, *Rev. phil.,* Bd. 34, S. 225.

GUTFELDT, I. (1899) ›Ein Traum‹, *Psychol. Studien,* Bd. 26, S. 491.

HAMPE, T. (1896) ›Über Hans Sachsens Traumgedichte‹, *Z. deutsch. Unterricht,* Bd. 10, S. 616.

HEERWAGEN (1889) ›Statist. Untersuch. über Träume u. Schlaf‹, *Philos. Stud.,* Bd. 5, S. 301.

HILLER, G. (1899) ›Traum, Ein Kapitel zu den zwölf Nächten‹, *Leipz. Tagbl. und Anz.,* Nr. 657, Zusatz 1.

HITSCHMANN, F. (1894) ›Über das Traumleben der Blinden‹, *Z. Psychol.,* Bd. 7, S. 387.

JASTROW, J. (1888) ›The Dreams of the Blind‹, *New Princeton Rev.,* Bd. 5, S. 18.

JENSEN, J. (1871) ›Träumen und Denken‹, *Samml. gemeinv. wiss. Vortr.,* Virchow-Holtzendorff, Serie 6, Bd. 134.

KINGSFORD, A. (1888) *Dreams and Dream-Stories,* (hrsg. von E. Maitland) (2. Aufl.), London.

KLOEPFEL, F. (1899) ›Träumerei und Traum: Allerlei aus unserem Traumleben‹, *Universum,* Bd. 15, S. 2469 und S. 2607.

* Kramar, Oldrich — (1882) O *spànku a snu, Prager Akad. Gymn.*

Krasnicki, E. von — (1897) ›Karls IV. Wahrtraum‹, *Psych. Stud.*, Bd. 24, S. 697.

Kucera, E. — (1895) ›Aus dem Traumleben‹, *Mähr-Weisskirchen, Gymn.*

Laistner, L. — (1889) *Das Rätsel der Sphinx* (2 Bde.), Berlin.

* Landau, M. — (1892) ›Aus dem Traumleben‹, *Münchner Neueste Nachrichten*, 9. Jan.

Laupts. — (1895) ›Le fonctionnement cérébral pendant le rêve et pendant le sommeil hypnotique‹, *Ann. méd.-psychol.*, (8. série)‹, Bd. 2, S. 354.

* Leidesdorf, M. — (1880) ›Das Traumleben‹, *Sammlung der ›Alma Mater‹*, Wien.

* Lerch, M. F. — (1883–84) ›Das Traumleben und seine Bedeutung‹, *Gymn. Progr.*, Komotau.

* Liberali, Francesco — (1834) *Dei sogni*, (Dissertation) Padua.

Liébeault, A. — (1893) ›A travers les états passifs, le sommeil et les rêves‹, *Rev. hypnot.*, Bd. 8, S. 41, S. 65 und S. 106.

Luksch, L. — (1894) *Wunderbare Traumerfüllung als Inhalt des wirklichen Lebens*, Leipzig.

Macario, M. M. A. — (1846) ›Des rêves, considérés sous le rapport physiologique et pathologique‹, Teil I, II, III, *Ann. méd-psychol.*, [1. série] Bd. 8, S. 170, S. 180 und S. 184.

(1889) ›Des rêves morbides‹, *Gaz. méd. de Paris*, Bd. 8, S. 1, S. 85, S. 97, S. 109 und S. 121.

Macfarlane, A. W. — (1890) ›Dreaming‹, *Edinb. med. J.*, Bd. 36, S. 499.

Maine de Biran, M. F. P. — (1792) ›Nouvelles considérations sur le sommeil, les songes, et le sonnambulisme‹, *Œuvres Philosophiques*, S. 209, (hrsg. von V. Cousin), Paris, 1841.

Maury, L. F. A. — (1857) ›De certains faits observés dans les rêves‹, *Ann. méd.-psychol.*, (3. série) Bd. 3, S. 157.

* Meisel, Jos. (pseud.) — (1783) *Natürlich-göttliche und teuflische Träume*, Sieghartstein.

Melinand, M. C. — (1898) ›Dream and Reality‹, *Popular Science Monthly*, Bd. 54, S. 96.

Melzentin, C. — (1899) ›Über wissenschaftliche Traumdeutung‹, *Gegenwart*, Nr. 50, Leipzig.

MENTZ, R. (1888) *Die Träume in den altfranzösischen Karls- und Artusepen,* Marburg.

MONROE, W. S. (1899) ›A study of taste-dreams‹, *Am. J. Psychol.,* Bd. 10, S. 326.

MOREAU DE LA SARTHE, J. L. (1820) ›Rêve‹, *Dict. sc. méd.,* Bd. 48, S. 245.

MOTET (1829–36) ›Cauchemar‹, *Dict. méd. chir. pratiques,* Paris.

MURRAY, J. C. (1894) ›Do we ever dream of tasting?‹ *Proc. Am. psychol. Ass.,* S. 20.

* NAGELE, A. (1889) ›Der Traum in der epischen Dichtung‹, *Programm der Realschule,* Marburg.

NEWBOLD, W. R. (1896) ›Sub-conscious Reasoning‹, *Proc. Soc. psychic. Res.,* Bd. 12, S. 11, London.

PASSAVANTI, J. (1891) *Libro dei sogni,* Rom.

PAULHAN, F. (1894) ›À propos de l'activité de l'esprit dans le rêve‹, *Rev. phil.,* Bd. 38, S. 546.

PICK, A. (1896) ›Über pathologische Träumerei und ihre Beziehungen zur Hysterie‹, *Jb. Psychiat.,* Bd. 14, S. 280.

* RAMM, K. (1889) *Diss. pertractans somnia,* Wien.

* RÉGIS, E. (1890) ›Les rêves Bordeaux‹, *La Gironde* (Variétés), 31. Mai.

RICHARD, JEROME (1766) *La théorie des songes,* Paris.

RICHARDSON, B. W. (1892) ›The Physiology of Dreams‹, *Asclep.,* Bd. 9, S. 129.

RICHIER, E. (1816) *Onéirologie ou dissertation sur les songes, considérés dans l'état de maladie,* (Dissertation) Paris.

* RICHTER, J. P. [JEAN PAUL] (1813) ›Blicke in die Traumwelt‹, *Museum,* Bd. 2, (auch in *Werke,* hrsg. von Hempel, Bd. 44, S. 128.)
* ›Über Wahl- und Halbträume‹, *Werke,* Bd. 44, S. 142.
(1826–33) *Wahrheit aus Jean Pauls Leben.*

ROBINSON, L. (1893) ›What Dreams are made of‹, *N. Am. Rev.,* Bd. 157, S. 687.

ROUSSET, C. (1876) *Contribution à l'étude du cauchemar,* (Dissertation) Paris.

ROUX, J. (1898) ›Le rêve et les délires onitiques‹, *Province méd. Lyon,* Bd. 12, S. 212.

* RYFF, W. H. (1554) *Traumbüchlein,* Straßburg.

* SANTEL, A. (1874) ›Poskus raz kladbe nekterih pomentjivih prokazni spanja in sanj‹, *Progr. Gymn.,* Görz.

Sarlo, F. de (1887) *I sogni. Saggio psicologico,* Neapel.

Sch. Fr. (1897) ›Etwas über Träume‹, *Psych. Studien,* Bd. 24, S. 686.

Schleich, K. L. (1899) ›Schlaf und Traum‹, *Zukunft,* Bd. 29, S. 14 und S. 54.

Schwartzkopff, P. (1887) *Das Leben im Traum: eine Studie,* Leipzig.

Stevenson, R. L. (1892) ›A Chapter on Dreams‹, *Across the Plain.*

Stryk, M. von (1899) ›Der Traum und die Wirklichkeit‹, (nach C. Mélinand), *Baltische Mschr.,* S. 189, Riga.

Sully, J. (1881) *Illusions, a Psychological Study,* London.
(1882) ›Études sur les rêves‹, *Rev. scientif.,* (3. série) Bd. 3, S. 385.
(1892) *The Human Mind,* (2 Bde.), London.
(1875–89) ›Dreams‹, *Enc. Brit.* (9. Aufl.)

Summers, T. O. (1895) ›The Physiology of Dreaming‹, *St. Louis Clin.,* Bd. 8, S. 401.

Surbled, G. (1895) ›Origine des rêves‹, *Rev. quest. scient.*
(1898) *Le rêve,* Paris.

Synesius of Syrene *Liber de insomniis.*
[*Deutsche Übersetzung* von F. S. Krauss: *Oneiromantik,* Wien, 1888.]

Tannery, M. P. (1894) ›Sur l'activité de l'esprit dans le rêve‹, *Rev. phil.,* Bd. 38, S. 630.
(1898) ›Sur la paramnésie dans les rêves‹, *Rev. phil.,* Bd. 46, S. 420.

Thiéry, A. (1896) ›Aristote et la psychologie physiologique du rêve‹, *Rev. neo-scol.,* Bd. 3, S. 260.

* Thomayer, S. (1897) ›Beiträge zur Pathologie der Träume‹ (auf tschechisch), *Poliklinik der tschechischen Universität,* Prag.

Tissié, P. (1896) ›Les rêves; rêves pathogènes et thérapeutiques; rêves photographiés‹, *Journ. méd. Bordeaux,* Bd. 36, S. 293, S. 308 und S. 320.

Titchener, E. B. (1895) ›Taste Dreams‹, *Am J. Psychol.,* Bd. 6, S. 505.

Tonnini, S. (1887) ›Suggestione e sogni‹, *Arch. psichiatr. antrop. crim.,* Bd. 8, S. 264.

* Tonsor, J. H. (1627) *Disp. de vigilia, somno et somniis, prop. Lucas,* Marburg.

Tuke, D. H. (1892) ›Dreaming‹, *Dict. of Psychol. Med.* (hrsg. von Hack Tuke), London.

ULLRICH, M. W. (1896) *Der Schlaf und das Traumleben, Geisteskraft und Geistesschwäche* (3. Aufl.), Berlin.

UNGER, F. (1898) *Die Magie des Traumes als Unsterblichkeitsbeweis. Nebst e. Vorwort: Okkultismus und Sozialismus von C. du Prel,* (2. Aufl.), Münster.

VIGNOLI, T. (1879) *Mito e scienza: Saggio,* Mailand.
[*Englische Übersetzung: Myth and Science: An Essay,* London, 1882 (Kap. VIII).]

* VISCHER, F. T. (1876) ›Studien über den Traum‹, *Beilage allg. Z.,* S. 105.

VOLD, J. MOURLY (1897) ›Einige Experimente über Gesichtsbilder im Traume‹, *Bericht über d. 3. Psych. Kongr.,* München, und *Z. Psychol. Physiol. Sinnesorgane,* Bd. 13, S. 66.

* VYKOUKAL, F. V. (1898) *Über Träume und Traumdeutungen,* (auf tschechisch) Prag.

WEDEL, R. (1899) ›Untersuchungen ausländischer Gelehrter über gew. Traumphänomene‹, *Beitr. zur Grenzwissenschaft,* S. 24.

* WEHR, H. (1887) ›Das Unbewußte im menschlichen Denken‹, *Programm der Oberrealschule,* Klagenfurt.

WEILL, A. (1872) *Qu'est-ce que le rêve?* Paris.

* WENDT, K. (1858) *Kriemhilds Traum, (Dissertation)* Rostock.

WILKS, S. (1893–94) ›On the Nature of Dreams‹, *Med. Mag.,* Bd. 2, S. 597, London.

WILLIAMS, H. S. (1891–92) ›The Dream State and its Psychic Correlatives‹, *Amer. J. Insanity,* Bd. 48, S. 445.

WOODWORTH, R. S. (1897) ›Note on the Rapidity of Dreams‹, *Psychol. Rev.,* Bd. 4, S. 524.
* (1886) ›Ce qu'on peut rêver en cinq secondes‹, *Rev. sc.,* (3. série) Bd. 11, S. 572.

ZUCCARELLI (1894–95) ›Polluzioni notturne ed epilepsia‹, *L'anomalo,* Bd. 1, Bd. 2 und Bd. 3.

LISTE DER ABKÜRZUNGEN

G. S.	Freud, *Gesammelte Schriften* (12 Bände), Wien, 1924–34.
G. W.	Freud, *Gesammelte Werke* (18 Bände), Bände 1–17 London, 1940–52, Band 18 Frankfurt am Main, 1968. Die ganze Edition seit 1960 bei S. Fischer Verlag, Frankfurt am Main.
Studienausgabe	Freud, *Studienausgabe* (10 Bände), S. Fischer Verlag, Frankfurt am Main, seit 1969.
Conditio humana	Reihe *Conditio humana, Ergebnisse aus den Wissenschaften vom Menschen,* S. Fischer Verlag, Frankfurt am Main, seit 1969.

Sonstige in diesem Band verwendeten Abkürzungen entsprechen der *World List of Scientific Periodicals* (4. Auflage), London, 1963–65.

TRAUMREGISTER

A
Freuds eigene Träume

B

Träume anderer Personen

Die Angaben in Klammern führen zuerst den Träumer, danach den Berichterstatter des Traumes auf.

SYMBOLREGISTER

A
Symbole

B
Das Symbolisierte

REGISTER DER GLEICHNISSE

REGISTER DER REDENSARTEN, WORTSPIELE, SCHERZE, ANEKDOTEN, WITZE UND ZITATE

A
Redensarten – Wortspiele – Scherze

B
Anekdoten – Witze

C
Zitate

NAMEN- UND SACHREGISTER

Zusammengestellt von Ingeborg Meyer-Palmedo

In dieses Register sind sämtliche Namen nicht-wissenschaftlicher Autoren aufgenommen. Die Namen wissenschaftlicher Autoren sind nur für die Textstellen angeführt, wo Freud lediglich den Namen des betreffenden Autors, nicht aber ein spezielles Werk erwähnt. Für Hinweise auf wissenschaftliche Autoren und ihre Werke möge der Leser die Bibliographie A konsultieren. Begriffe, die im Text ausschließlich im Zusammenhang mit Symbolik vorkommen, wurden in dieses Register nicht mit aufgenommen, sie sind im Symbolregister zu finden.

STUDIENAUSGABE IN ZEHN BÄNDEN · INHALTSÜBERSICHT

* [Im übrigen wird der editorische Apparat in diesem Gesamtinhaltsplan, der lediglich zeigen soll, welche Werke Sigmund Freuds in die einzelnen Bände der *Studienausgabe* aufgenommen wurden, nicht berücksichtigt.]

Sigmund Freud
Briefausgaben

Sigmund Freud / C. G. Jung. Briefwechsel
Herausgegeben von William McGuire und Wolfgang Sauerländer
Mit 9 Fotos und 15 Faksimiles auf Tafeln

Aus den Anfängen der Psychoanalyse 1887–1902
Briefe an Wilhelm Fließ
Abhandlungen und Notizen aus den Jahren 1887 bis 1902
Herausgegeben von Marie Bonaparte, Anna Freud und Ernst Kris

Briefe 1873–1939
Herausgegeben von Ernst und Lucie Freud
Mit 8 Fotos auf Tafeln und 2 Faksimiles

Sigmund Freud / Oskar Pfister. Briefe 1909–1939
Herausgegeben von Ernst L. Freud und Heinrich Meng

Sigmund Freud / Karl Abraham. Briefe 1907–1926
Herausgegeben von Hilda C. Abraham und Ernst L. Freud
Mit 2 Fotos auf Tafeln

Sigmund Freud / Lou Andreas-Salomé. Briefwechsel
Herausgegeben von Ernst Pfeiffer
Mit 2 Fotos auf Tafeln und 4 Faksimiles

Sigmund Freud / Arnold Zweig. Briefwechsel
Herausgegeben von Ernst L. Freud

Sigmund Freud / Edoardo Weiss. Briefe zur psychoanalytischen Praxis
Mit den Erinnerungen von Edoardo Weiss
Vorbemerkung und Einleitung von Martin Grotjahn

Psychologie

Claus Henning Bachmann
Kritik der Gruppendynamik
Band 6718

Jörg von Bannsberc-Freiheit
Wahrhaftige Anatomie eines normalen Wahnsinnigen
Band 6716

Dirk Blasius
Der verwaltete Wahnsinn
Band 6726

Ernest Borneman
Die Ur-Szene
Band 6711

Hilde Bruch
Der goldene Käfig
Band 6744

Klaus Dörner
Bürger und Irre
Band 6282

Hans Jürgen Eysenck
Neurose ist heilbar
Band 6713

Anna Freud/Thesi Bergmann
Kranke Kinder
Band 6363

Haim G. Ginott
Gruppenpsychotherapie mit Kindern
Band 6707

Georg Groddeck
Das Buch vom Es
Band 6367

Peter Groskurth/Walter Volpert
Lohnarbeitspsychologie
Band 6288

Aglaja Heintschel-Heinegg
Kontakte mit Unsichtbaren
Band 6717

Erna M. Johansen
Betrogene Kinder
Band 6622

Theodore Lidz
Der gefährdete Mensch
Band 6318

Margaret S. Mahler/Fred Pine/Anni Bergmann
Die psychische Geburt des Menschen
Band 6731

Erich Neumann
Kulturentwicklung und Religion
Band 6388

Nosrat Peseschkian
Psychotherapie des Alltagslebens
Band 1855
Der Kaufmann und der Papagei
Band 3300

Psychologie

Jean Piaget/Bärbel Inhelder
Die Psychologie des Kindes
Band 6339

Hans-Werner Prahl
Prüfungsangst
Band 6706

Mary Ann Pulaski
Piaget
Band 6370

Thomas J. Scheff
Das Etikett »Geisteskrankheit«
Band 6719

Gitta Sereny
Ein Kind mordet – Der Fall Mary Bell
Band 6721

A. C. Robin Skynner
Die Familie. Schicksal und Chance
Band 6729

Stuart Sutherland
Die seelische Krise
Band 6720

Thomas S. Szasz
Die Fabrikation des Wahnsinns
Band 6321
Psychiatrie
Band 6389
Recht, Freiheit und Psychiatrie
Band 6722
Schizophrenie
Band 6743

Frank Wesley/Claire Wesley
Die Psychologie der Geschlechter
Band 6728

Rainer Winkel
Pädagogische Psychiatrie für Eltern, Lehrer und Erzieher
Band 6709

Lew S. Wygotski
Denken und Sprechen
Band 6350

Reader zum Funk-Kolleg
Pädagogische Psychologie
Band 6113: Entwicklung und Sozialisation
Band 6114: Lernen und Instruktion

Funk-Kolleg
Pädagogische Psychologie
Band 6115/Band 6116

Theodore Lidz
Hamlets Feind
Mythos und Manie in Shakespeares Drama
(S. Fischer Verlag)

Harry Stack Sullivan
Die interpersonale Theorie der Psychiatrie (S. Fischer Verlag)

Sigmund Freud
Einzelbände im Taschenbuch

Abriß der Psychoanalyse/
Das Unbehagen in der Kultur
Band 6043
Analyse der Phobie eines fünfjährigen Knaben
Falldarstellung
»Der kleine Hans«
Band 6715
Beiträge zur Psychologie des Liebeslebens und andere Schriften
Band 6732
Bruchstück einer Hysterie-Analyse
Band 6736
Darstellungen der Psychoanalyse
Band 6016
Drei Abhandlungen zur Sexualtheorie und verwandte Schriften
Band 6044
Das Ich und das Es und andere metapsychologische Schriften
Band 6394
Der Mann Moses und die montheistische Religion
Band 6300
Massenpsychologie und Ich-Analyse/Die Zukunft einer Illusion
Band 6054
Neue Folge der Vorlesungen zur Einführung in die Psychoanalyse
Band 6390
»Selbstdarstellung«
Schriften zur Geschichte der Psychoanalyse
Band 6096
Totem und Tabu
Band 6053
Die Traumdeutung
Band 6344
Über Träume und Traumdeutungen
Band 6073
Vorlesungen zur Einführung in die Psychoanalyse
Band 6348
Der Wahn und die Träume in W. Jensens »Gradiva« mit dem Text der Erzählung von Wilhelm Jensen
Band 6172
Der Witz und seine Beziehung zum Unbewußten
Band 6083
Zur Psychopathologie des Alltagslebens
Band 6079
Zwei Falldarstellungen
Der Rattenmann/
Der Fall Schreber
Band 6745
Sigmund Freud/Josef Breuer
Studien über Hysterie
Band 6001

Muriel Gardiner (Hrsg.)
Der Wolfsmann vom Wolfsmann
Sigmund Freuds berühmtester Fall
Erinnerungen, Berichte, Diagnosen
Aktualisierte Ausgabe
Band 6794 (Juli 82)

Fischer Taschenbuch Verlag

Psychoanalytische Grundbegriffe
Eine Einführung
in Sigmund Freuds Terminologie und Theoriebildung

Herausgegeben von Humberto Nagera
Unter Mitarbeit von
S. Baker, A. Colonna, E. Dansky, R. Edgcumbe, E. First,
A. Gavshon, A. Holder, G. Jones, M. Kawenoka, L. Kearney,
E. Koch, M. Laufer, C. Legg, D. Meers, H. Nagera (Hrsg.),
L. Neurath, P. Radford und K. Rees

Mit einem Vorwort von Anna Freud,
Literaturverzeichnis, Gesamtbibliographie der veröffentlichten
Schriften Sigmund Freuds, Stichwortverzeichnis
Band 6331

»Eine Untersuchung der Geschichte psychoanalytischer Grundbegriffe von ihrem ersten Auftauchen in den frühen Schriften Freuds bis zum letzten Band seiner gesammelten Werke« – so charakterisierte Anna Freud den Inhalt des vorliegenden Handbuches, das von Professor Dr. Nagera und seinen Mitarbeitern im Rahmen eines mehrjährigen Forschungsprogramms an der von Anna Freud geleiteten *Hamstead Child Therapy Clinic* erarbeitet wurde. In übersichtlichen Kapiteln werden alle wesentlichen psychoanalytischen Konzepte, die Sigmund Freud in einem langen Forscherleben entwickelt und vielfach modifiziert hatte, im historischen Zusammenhang vorgestellt. Ziel des vorliegenden Bandes ist es, dem Fachmann wie dem an Psychoanalyse interessierten Laien den Zugang zum umfangreichen Freudschen Gesamtwerk zu erleichtern und gleichzeitig Mißverständnisse oder gar Falschdarstellungen durch isoliertes Herausgreifen von Einzelheiten zu verhindern. In der wissenschaftlichen Öffentlichkeit wird das Handbuch als »unschätzbare Hilfe« bezeichnet.

Fischer Taschenbuch Verlag

Hermann Glaser
Sigmund Freuds Zwanzigstes Jahrhundert

Seelenbilder einer Epoche
Materialien und Analysen
Band 6395

»Dieses Buch erzählt von einem großen Mann und einer armen Zeit; von einem armen Mann in einer Zeit, die in vielem groß war, der aber dann, als sie sich selbst groß wähnte, alles in Scherben zerfiel; es erzählt, wie diese Zeit sich als die Zeit des großen Mannes erwies, und der Mann als Mann der armen Zeit.« So beginnt Hermann Glaser sein materialreiches Buch über Freud und das 20. Jahrhundert, über die Psychoanalyse und die Möglichkeiten psychoanalytischer Soziologie.

Ausgehend von den kulturphilosophischen und gesellschaftskritischen Schriften wird die »Seele« des Zeitalters beschrieben, wie sie sich in den politischen, sozialen und kulturellen Bewegungen um die Jahrhundertwende bis zum Zweiten Weltkrieg manifestiert – und wie sie Freuds Theorie selber bestimmte: Er war ein Bürger dieser Zeit; er deutete seine Zeit als Bürger.

Auf der Couch der Psychoanalyse wurde nicht nur der einzelne analysiert, sondern auch die Gesellschaft, die nach Freud nichts anderes ist als ein »umfangreicher Mensch«. Von der »›Kulturellen‹ Sexualmoral und die moderne Nervosität« (1908) bis zum »Unbehagen in der Kultur« und zu der Frage »Warum Krieg?« (1933) wird der Weg des Freudschen Denkens nachgezeichnet, das bis heute seine moralische und intellektuelle Kraft nicht verloren hat.

Aber Hermann Glaser beläßt es nicht dabei, die psychoanalytischen Kategorien auf die Sozialpsychologie zu projizieren. Er behält stets die gesellschaftliche und politische Praxis der Gegenwart im Auge, die den Erkenntniswert der Freudschen Traktate erst in Ansätzen zur Kenntnis genommen hat.

So ist sein Buch auch im Hinblick auf das letzte Drittel dieses Jahrhunderts geschrieben und denen empfohlen, die es in der Hand haben oder in die Hand nehmen wollen, den gesellschaftlichen Prozeß in einen menschlichen zurückzuführen.

Fischer Taschenbuch Verlag